Die künftige Leasingbilanzierung nach IFRS

Betriebswirtschaftliche Forschung im Rechnungswesen

Herausgegeben von Nils Crasselt, Rolf Uwe Fülbier, Joachim Gassen, Bernhard Pellens und Thorsten Sellhorn

Band 10

PL ACADEMIC RESEARCH

Jane Fehr

Die künftige Leasingbilanzierung nach IFRS

Auswirkungen auf das Entscheidungsverhalten der Akteure

PL ACADEMIC RESEARCH

Bibliografische Information der Deutschen Nationalbibliothek
Die Deutsche Nationalbibliothek verzeichnet diese Publikation in der Deutschen Nationalbibliografie; detaillierte bibliografische Daten sind im Internet über http://dnb.d-nb.de abrufbar.

Zugl.: Bayreuth, Univ., Diss., 2012

Umschlaggestaltung und Lichtbildwerk:
© Olaf Glöckler, Atelier Platen, Friedberg

D 703
ISSN 2191-6098
ISBN 978-3-631-63502-5

PL Academic Research ist ein Imprint der Peter Lang GmbH

www.peterlang.de

Geleitwort

Seit den 1990er Jahren wird intensiv über die Reform der gegenwärtigen Leasingbilanzierung auf IFRS und US-GAAP-Ebene diskutiert. Einerseits wird die Zweiteilung der Leasingverhältnisse in bilanzwirksames Finanzierungsleasing und bilanzunwirksames Operating Leasing als ermessenbehaftet kritisiert. Andererseits wird die Bilanzunwirksamkeit des Operating Leasing – nachweisbar das häufigere Ziel der Leasingvertragsgestaltung – aus Sicht einer informationsorientierten Rechnungslegung abgelehnt. Die Reformüberlegungen haben sich seit 2009 in ersten (Vor-)Entwürfen des IASB und FASB niedergeschlagen und folgen einer Grundidee, die seit den G4+1-Konsultationen der 1990er Jahre im Prinzip unverändert als Lösung im Raume steht: Die bilanzwirksame Gleichbehandlung aller Leasingverträge auf der Grundlage des *right of use approach.*

Die vorliegende Arbeit beschreitet nicht – wie viele Arbeiten zuvor – die konzeptionelle Aufarbeitung der Leasingbilanzreform. Frau Fehr legt stattdessen eine Arbeit vor, die die ökonomischen Konsequenzen dieser möglichen neuen Leasingbilanzierung untersucht. Seit dem vielzitierten Aufsatz von Stephen Zeff (1978, Journal of Accountancy) zu den *economic consequences* von Rechnungslegungsregeln geht es hierbei aus ökonomischer Sicht um regelinduzierte Verhaltens- bzw. Entscheidungsänderungen der betroffenen Vertragsbeteiligten eines Unternehmens. Diese Entscheidungsänderungen sollten, zumindest gilt das für den Idealzustand, von Regulierungsseite immer berücksichtigt werden, wenn es um Regulierung oder Reregulierung geht. Da die Regeländerung gegenwärtig noch diskutiert wird, kann das tatsächlich veränderte Entscheidungsverhalten von der empirischen Forschung leider noch nicht ex post gemessen werden. Stattdessen ist die Forschung, die in den Worten von Katherine Schipper (1994, Accounting Horizons) als *ex ante research* agiert, auf bestimmte, messbare Indikatoren angewiesen, die künftige Entscheidungsänderungen zumindest erwarten lassen. Hier sind entweder Bilanzsimulationen gefragt, die die Regelauswirkung auf bilanzielle Strukturen auf der Basis gegenwärtiger Informationen und zusätzlicher Annahmen abzuschätzen versuchen, um daraus mögliche Verhaltensänderungen ableiten zu können, oder Befragungsstudien, die die unmittelbar Betroffenen direkt auf ihre möglichen Reaktionen hin befragen. Frau Fehr geht den (mühevollen) zweiten Weg, auch weil der erste Weg inzwischen – auch in Deutschland – bereits beschritten wurde und weltweit (noch) fast keine vergleichbaren Befragungsstudien hierzu existieren. Dies gilt insbesondere auch für den von ihr konkret gewählten Forschungsansatz. Während die wenigen existierenden Ex-ante-Befragungsstudien nicht nur auf ganz andere Märkte zielen, sondern das Instrument der Fragebögen wählen, versucht Frau Fehr über Experteninterviews mehr und präzisere Informationen zu erlangen. Dafür muss sie allerdings die Nachteile eines noch kleineren Samples und einer rein qualitativen Auswertung in Kauf nehmen. Ganz „nebenbei“ wertet sie auch noch über 1.000 Kommentierungsschreiben an IASB/FASB aus dem *due process* zu *leases* aus und steuert so den Experteninterviews weitere valide empirische Daten unterstützend bei. Dabei ist zwar festzustellen, dass die Ergebnisse von einer gewissen Heterogenität geprägt sind, so dass ein-eindeutige Aussagen regelmäßig schwer möglich sind und primär Tendenzaussagen greifen. Frau Fehr legt dennoch eine detailreiche, qualitativ-methodisch saubere Arbeit vor, die weitgehend originäre und sehr lesenswerte Erkenntnisse generiert.

Wenn die ungewöhnlich hohe Zahl von über 1.000 Kommentierungsschreiben als Indikator für das Ausmaß der Kontroverse über die künftige Leasingbilanzierung und für die fehlende Akzeptanz der bisherigen Lösungsvorschläge von IASB und FASB gesehen wird, dürften empirisch fundierte Argumente in diesem Kontext eine hohe Bedeutung haben. Obwohl die Arbeit von Frau Fehr primär der positiven Forschung zuzuschreiben ist, erlangt sie mit ihren Ergebnissen vor diesem Hintergrund auch eine normative Note, mit der sie – im Sinne des Postulats der Werturteilsfreiheit durchaus korrekt – zurückhaltend umgeht. Damit ist diese Arbeit im besten Sinne *policy relevant*. Nicht nur deshalb verdient sie in Wissenschaft und Praxis einen breiten Leserkreis.

Bayreuth, im September 2012 StB Prof. Dr. Rolf Uwe Fülbier

Vorwort

Die vorliegende Arbeit wurde im Jahr 2012 von der Rechts- und Wirtschaftswissenschaftlichen Fakultät der Universität Bayreuth unter dem Titel „Ökonomische Konsequenzen der neuen IFRS-Leasingbilanzierung – Auswirkungen auf das Entscheidungsverhalten der Akteure" als Dissertation angenommen. Die Fertigstellung dieser Arbeit verdanke ich der Unterstützung einer Vielzahl von Menschen, denen ich besonders herzlich danken möchte.

An erster Stelle steht mein Doktorvater Rolf Uwe Fülbier, der mich während des gesamten Promotionsvorhabens außerordentlich motiviert und geprägt hat. Ihm danke ich nicht nur für die konstruktiven Gespräche, lehrreichen Erfahrungen und Projekte an seinem Lehrstuhl, sondern auch für eine tolle Startphase an der Universität Bayreuth. Als ich mich als wissenschaftliche Mitarbeiterin an seinem Lehrstuhl an der WHU in Vallendar bewarb, teilte er mir in unserem ersten Gespräch mit, dass er Rufe anderer Universitäten vorliegen hätte und ein Verbleib an der WHU nicht sicher wäre. Unabhängig davon, wie seine Entscheidung ausfallen würde, versprach er mir eine tolle Promotionszeit. Nach etwas mehr als einem halben Jahr an der WHU wechselte ich an seinen neu gegründeten Lehrstuhl für Internationale Rechnungslegung der Universität Bayreuth und kann heute sagen: Er hat sein Versprechen gehalten. Die intensive Zeit des Lehrstuhlaufbaus mit all den kleinen und größeren Organisationshürden hat mir ebenso Freude bereitet wie die anschließende tolle Zusammenarbeit. Ebenso herzlich danke ich Jochen Sigloch, der die Zweitbetreuung meiner Dissertation übernommen hat. Sein großes Interesse an meiner Arbeit hat mich überaus motiviert.

Großer Dank gilt meinen Kollegen, die immer für eine fachliche Diskussion bereit standen und mit denen ich schöne Erinnerungen teile. Für die vielen kleinen und großen Hilfen danke ich Friederike Hablizel, Claudia Heymann, Malte Klein, Patrick Kuschel, Monika Mages, Claudia Roberts, Theresa Weiß und Manuel Weller.

Danken möchte ich auch Nils Crasselt, Joachim Gassen, Bernhard Pellens und Thorsten Sellhorn, die mir während meiner Promotionszeit – insbesondere im Rahmen des Doktorandenkolloquiums – konstruktive Anmerkungen und wertvolle Hinweise gaben sowie die Aufnahme meiner Arbeit in ihre Schriftenreihe befürwortet haben. Herzlicher Dank gebührt zudem Edgar Löw, der mich durch viele Freiräume während meiner Anfangszeit in seiner Abteilung maßgeblich bei der Finalisierung meiner Arbeit unterstützt hat.

Ganz besonders möchte ich meinem Freund Rüdiger danken, der mich durch alle Höhen und Tiefen der Promotion begleitet und unzählige Stunden des Korrekturlesens aufgewendet hat.

Mein größter Dank gilt dem wichtigsten in meinem Leben: meiner Familie! An erster Stelle stehen hier meine Eltern Elke und Bernd, die mich während meiner Promotion wie bei allen Vorhaben auf meinem bisherigen Lebensweg in jedweder Hinsicht mit beispielloser Liebe unterstützt haben. Ein besonderer Dank gebührt meiner Schwester Nadine, die nicht nur eifrig beim Korrekturlesen und Literaturverwalten geholfen hat, sondern auch mit mir gemeinsam das Ende der Promotion herbeigesehnt hat.

Herzlich danken möchte ich darüber hinaus meiner Oma Anni, die nicht nur mit ihrer Verpflegung stets für mich gesorgt hat sowie meiner Oma Gertrud für die unterstützenden Gespräche am Telefon. Mein leider schon verstorbener Opa Rudolf wäre sicherlich sehr stolz auf den ersten Doktor in der Familie. Ohne die gemeinsame Zeit mit ihm wäre diese Arbeit wohl nie zustande gekommen. Sie sei daher meiner Familie gewidmet.

Limburg, im September 2012 Jane Fehr

Inhaltsübersicht

Kapitel I: Einführung ... 1
1 Problemstellung und Zielsetzung ... 1
2 Gang der Untersuchung ... 4

Kapitel II: Gegenwärtige internationale Leasingbilanzierung und Reformbestrebungen ... 7
1 Gegenwärtige internationale Leasingbilanzierung ... 7
2 Reformbestrebungen ... 25

Kapitel III: Stand der Forschung zur internationalen Leasingbilanzierung und Herleitung des Forschungsbedarfs ... 47
1 Stand der Forschung zur internationalen Leasingbilanzierung ... 47
2 Herleitung des Forschungsbedarfs ... 97

Kapitel IV: Konkretisierung der Forschungsfragen ... 103
1 Konkretisierung der Forschungsfragen für die Gruppe der Leasingnehmer ... 103
2 Konkretisierung der Forschungsfragen für die Gruppe der Wirtschaftsprüfer ... 119
3 Konkretisierung der Forschungsfragen für die Gruppe der Banken ... 128

Kapitel V: Methodik der Datenerhebung und Datenauswertung ... 143
1 Methodische Einordnung ... 143
2 Methoden der Datenerhebung ... 144
3 Methoden der Datenauswertung ... 175
4 Gütekriterien qualitativer Forschung ... 185

Kapitel VI: Ergebnisse der empirischen Untersuchungen ... 191
1 Ergebnisse aus den Interviews mit Leasingnehmern, Wirtschaftsprüfern und Banken ... 191
2 Ergebnisse aus den Auswertungen von Stellungnahmen zum Diskussionspapier und Standardentwurf ... 331

Kapitel VII: Schlussbetrachtung und Implikationen ... 425

Inhaltsverzeichnis

Abkürzungsverzeichnis ... XXIX

Abbildungsverzeichnis ... XXXI

Tabellenverzeichnis ... XXXIII

Kapitel I: Einführung ... 1

1 Problemstellung und Zielsetzung ... 1

2 Gang der Untersuchung ... 4

Kapitel II: Gegenwärtige internationale Leasingbilanzierung und Reformbestrebungen ... 7

1 Gegenwärtige internationale Leasingbilanzierung ... 7

1.1 Leasingbilanzierung nach IFRS ... 7

1.1.1 Überblick und Vorgehensweise ... 7

1.1.2 Anwendungsbereich ... 8

1.1.3 Klassifizierung von Leasingverhältnissen ... 10

1.1.4 Bilanzierung von Finanzierungsleasingverhältnissen ... 12

1.1.5 Bilanzierung von operativen Leasingverhältnissen ... 16

1.1.6 Vergleichende Darstellung der bilanziellen Abbildung von Leasingverhältnissen ... 17

1.1.7 Sale-and-Leaseback Transaktionen ... 19

1.1.8 Angabevorschriften ... 20

1.2 Leasingbilanzierung nach US-GAAP ... 21

1.2.1 Überblick ... 21

1.2.2 Klassifizierungskriterien gemäß ASC 840 ... 22

1.3 Zusammenfassung ... 24

2 Reformbestrebungen ... 25

2.1 Projekthistorie ... 25

2.2 Reformvorschläge des Standardentwurfs ... 27

2.2.1 Geplanter Anwendungsbereich und Erfassungszeitpunkt ... 27

2.2.2 Geplante Leasingnehmerbilanzierung ... 28

2.2.2.1 Ansatz zur Bilanzierung von Nutzungsrechten ... 28

2.2.2.2 Bewertungskonzeption ... 29

2.2.2.3 Darstellung der künftigen bilanziellen Abbildung von Leasingverhältnissen aus Leasingnehmersicht 31

2.2.2.4 Konzeptionelle Gesamtbeurteilung 33

2.2.3 Geplante Leasinggeberbilanzierung 35

2.2.3.1 Bilanzierungsmethoden 35

2.2.3.2 Bewertungskonzeption 36

2.2.3.3 Darstellung der künftigen bilanziellen Abbildung von Leasingverhältnissen aus Leasinggebersicht 38

2.2.3.4 Konzeptionelle Gesamtbeurteilung 40

2.2.4 Sale-and-Leaseback Transaktionen 42

2.2.5 Leasingverträge mit Dienstleistungskomponenten 42

2.3 Reformüberlegungen nach Veröffentlichung des Standardentwurfs 43

2.4 Zusammenfassung 44

Kapitel III: Stand der Forschung zur internationalen Leasingbilanzierung und Herleitung des Forschungsbedarfs 47

1 Stand der Forschung zur internationalen Leasingbilanzierung 47

1.1 Simulationsstudien zur Bilanzierung operativer Leasingverhältnisse 47

1.1.1 Simulationsmodelle 47

1.1.2 Darstellung ausgewählter Simulationsstudien 49

1.2 Entscheidungsverhalten der Kapitalmarktteilnehmer als Jahresabschlussadressaten 57

1.2.1 Methoden zur Untersuchung der Bewertungsrelevanz von Leasingverhältnissenam Kapitalmarkt 58

1.2.2 Aggregierte Betrachtung des Entscheidungsverhaltens der Kapitalmarktteilnehmer als Jahresabschlussadressaten 59

1.2.3 Individuelle Betrachtung des Entscheidungsverhaltens der Kapitalmarktteilnehmer als Jahresabschlussadressaten 63

1.2.3.1 Bedeutung und Verwendung von Jahresabschlussinformationen 63

1.2.3.2 Auswirkungen unterschiedlicher Leasingbilanzierungsmethoden auf das Entscheidungsverhalten der Investoren und Analysten 67

1.2.3.3 Auswirkungen einer Bilanzierung sämtlicher Leasingverhältnisse auf das Entscheidungsverhalten der Investoren und Analysten 70

1.3 Entscheidungsverhalten der Leasingnehmer ... 71

1.3.1 Auswirkungen unterschiedlicher Leasingbilanzierungsmethoden auf das Entscheidungsverhalten der Leasingnehmer ... 71

1.3.2 Auswirkungen einer Bilanzierung sämtlicher Leasingverhältnisse auf das Entscheidungsverhalten der Leasingnehmer ... 73

1.3.3 Hypothesen zur Erklärung eines veränderten Entscheidungsverhaltens ... 74

1.4 Entscheidungsverhalten der Wirtschaftsprüfer ... 76

1.4.1 Entscheidungsverhalten der Wirtschaftsprüfer hinsichtlich Prüfungsintensität und Fehlertoleranz ... 77

1.4.2 Auswirkungen unterschiedlicher Leasingbilanzierungsmethoden auf das Entscheidungsverhalten der Wirtschaftsprüfer ... 80

1.5 Entscheidungsverhalten der Fremdkapitalgeber ... 83

1.5.1 Bedeutung und Verwendung von Jahresabschlussinformationen ... 83

1.5.2 Auswirkungen unterschiedlicher Leasingbilanzierungsmethoden auf das Entscheidungsverhalten der Fremdkapitalgeber ... 87

1.5.3 Auswirkungen einer Bilanzierung sämtlicher Leasingverhältnisse auf das Entscheidungsverhalten der Fremdkapitalgeber ... 94

1.6 Zusammenfassung ... 96

2 Herleitung des Forschungsbedarfs ... 97

2.1 Forschungsdefizit ... 97

2.2 Forschungsfragen ... 99

2.3 Forschungsmodell ... 101

Kapitel IV: Konkretisierung der Forschungsfragen ... 103

1 Konkretisierung der Forschungsfragen für die Gruppe der Leasingnehmer ... 103

1.1 Berücksichtigung und bilanzielle Behandlung von Leasingverhältnissen im Bilanzierungsprozess der Leasingnehmer ... 103

1.1.1 Vorgehensweise im Rahmen der Klassifizierung von Leasingverhältnissen ... 103

1.1.2 Berücksichtigung bilanzieller und prüfungsbezogener Konsequenzen bei Abschluss von Leasingverträgen ... 104

1.2 Beurteilung der gegenwärtigen Leasingbilanzierung und der Reformbestrebungen ... 104

1.2.1 Beurteilung der gegenwärtigen Leasingbilanzierung ... 104

1.2.2 Beurteilung der Reformbestrebungen ... 107

1.3 Erwartete Auswirkungen der reformierten Leasingbilanzierung und Veränderungen im Entscheidungsverhalten der Leasingnehmer 108

1.3.1 Erwartete Auswirkungen der reformierten Leasingbilanzierung aus Sicht der Leasingnehmer 108

1.3.2 Erwartete Veränderungen im Entscheidungsverhalten der Leasingnehmer 116

2 Konkretisierung der Forschungsfragen für die Gruppe der Wirtschaftsprüfer.. 119

2.1 Berücksichtigung und Behandlung von Leasingverhältnissen im Prüfungsprozess der Wirtschaftsprüfer 119

2.1.1 Vorgehensweise im Rahmen der Prüfung von Leasingverhältnissen 119

2.1.2 Bedeutung der Rechenwerke und des Anhangs in der Prüfung von Leasingverhältnissen 119

2.2 Beurteilung der gegenwärtigen Leasingbilanzierung und der Reformbestrebungen 120

2.2.1 Beurteilung der gegenwärtigen Leasingbilanzierung 120

2.2.2 Beurteilung der Reformbestrebungen 122

2.3 Erwartete Veränderungen im Entscheidungsverhalten der Wirtschaftsprüfer, erwartete Auswirkungen für zu prüfende Leasingnehmer und Veränderungen in deren Entscheidungsverhalten 123

2.3.1 Erwartete Veränderungen im Entscheidungsverhalten der Wirtschaftsprüfer 123

2.3.2 Erwartete Auswirkungen der reformierten Leasingbilanzierung für zu prüfende Leasingnehmer 125

2.3.3 Erwartete Veränderungen im Entscheidungsverhalten zu prüfender Leasingnehmer 127

3 Konkretisierung der Forschungsfragen für die Gruppe der Banken 128

3.1 Berücksichtigung und Behandlung von Leasingverhältnissen im Kreditvergabeprozess von Banken 128

3.1.1 Bedeutung des Jahresabschlusses in der Kreditwürdigkeitsprüfung 128

3.1.2 Relevante Finanzkennzahlen in der Kreditwürdigkeitsprüfung 129

3.1.3 Bedeutung und Berücksichtigung bilanzunwirksamer Elemente in der Kreditwürdigkeitsprüfung 130

3.1.4 Bedeutung und Berücksichtigung von Leasingverhältnissen in der Kreditwürdigkeitsprüfung 130

3.1.5 Verwendete Methoden zur Jahresabschlusskorrektur um operative Leasingverhältnisse ... 131

3.2 Beurteilung der gegenwärtigen Leasingbilanzierung und der Reformbestrebungen ... 132

3.2.1 Beurteilung der gegenwärtigen Leasingbilanzierung ... 132

3.2.2 Beurteilung der Reformbestrebungen ... 134

3.3 Erwartete Veränderungen im Entscheidungsverhalten der Banken, erwartete Auswirkungen für kreditnachfragende Leasingnehmer und Veränderungen in deren Entscheidungsverhalten ... 135

3.3.1 Erwartete Veränderungen im Entscheidungsverhalten der Banken ... 135

3.3.2 Erwartete Auswirkungen für kreditnachfragende Leasingnehmer ... 138

3.3.3 Erwartete Veränderungen im Entscheidungsverhalten kreditnachfragender Leasingnehmer ... 140

Kapitel V: Methodik der Datenerhebung und Datenauswertung ... 143

1 Methodische Einordnung ... 143

2 Methoden der Datenerhebung ... 144

2.1 Experteninterviews ... 144

2.1.1 Kriterien für die Auswahl der Gesprächspartner ... 144

2.1.2 Interviewleitfaden ... 147

2.1.3 Kriterien für die Auswahl der Unternehmen, Wirtschaftsprüfungsgesellschaften und Banken ... 149

2.1.4 Auswahl des Interviewsamples ... 152

2.1.5 Informationen zum zeitlichen Ablauf der Interviews und den Gesprächspartnern ... 156

2.1.6 Datentriangulation ... 157

2.2 Stellungnahmen zum Diskussionspapier und Standardentwurf ... 157

2.2.1 Informationen zum zeitlichen Ablauf der Kommentierungsphasen ... 158

2.2.2 Gruppen- und Länderstrukturanalyse der Stellungnahmen zum Diskussionspapier und Standardentwurf ... 158

2.2.3 Auswahl der Stellungnahmen zum Diskussionspapier und Standardentwurf ... 167

3 Methoden der Datenauswertung ... 175

3.1 Inhaltsanalyse 175

3.1.1 Grundlagen der Inhaltsanalyse 175

3.1.2 Vorgehensweise im Rahmen der Inhaltsanalyse 176

3.1.2.1 Trankription, Zusammenfassung und Explikation des Kommunikationsmaterials 177

3.1.2.2 Codierung des Kommunikationsmaterials 179

3.2 Pattern matching logic und cross-group analysis 183

4 Gütekriterien qualitativer Forschung 185

4.1 Validität 186

4.2 Reliabilität 188

Kapitel VI: Ergebnisse der empirischen Untersuchungen 191

1 Ergebnisse aus den Interviews mit Leasingnehmern, Wirtschaftsprüfern und Banken 191

1.1 Ergebnisse aus den Interviews mit Leasingnehmern 191

1.1.1 Berücksichtigung und Behandlung von Leasingverhältnissen im Bilanzierungsprozess der Leasingnehmer 191

1.1.1.1 Vorgehensweise im Rahmen der Klassifizierung von Leasingverhältnissen 191

1.1.1.2 Berücksichtigung bilanzieller und prüfungsbezogener Konsequenzen bei Abschluss von Leasingverträgen 193

1.1.2 Beurteilung der gegenwärtigen Leasingbilanzierung und der Reformbestrebungen 195

1.1.2.1 Beurteilung der gegenwärtigen Leasingbilanzierung 195

1.1.2.1.1 Beurteilung der Existenz unterschiedlicher Bilanzierungsmethoden für Leasingverhältnisse und der damit verbundenen Gestaltungsspielräume 195

1.1.2.1.2 Beurteilung der Möglichkeit zur Einschätzung von Bilanzauswirkungen operativer Leasingverhältnisse 196

1.1.2.1.3 Beurteilung der Vergleichbarkeit von Jahresabschlüssen 197

1.1.2.1.4 Beurteilung der Möglichkeit zur Einschätzung finanzieller Verpflichtungen aus Leasingverhältnissen 198

1.1.2.2 Beurteilung der Reformbestrebungen 199

1.1.2.2.1 Beurteilung der Bilanzierungspflicht für sämtliche Leasingverhältnisse und des Ansatzes zur Bilanzierung und Bewertung von Nutzungsrechten 199

1.1.2.2.2 Beurteilung der bilanziellen Behandlung von Optionen, Restwertgarantien und bedingten Leasingzahlungen 201

1.1.2.3 Zusammenfassung 204

1.1.3 Erwartete Auswirkungen der reformierten Leasingbilanzierung und Veränderungen im Entscheidungsverhalten der Leasingnehmer 205

1.1.3.1 Erwartete Auswirkungen der reformierten Leasingbilanzierung aus Sicht der Leasingnehmer 205

1.1.3.1.1 Erwartete Auswirkungen auf Finanzkennzahlen 205

1.1.3.1.2 Erwartete Auswirkungen auf das Entscheidungsverhalten von Banken 207

1.1.3.1.3 Erwartete Auswirkungen auf das Entscheidungsverhalten von Investoren und Analysten 210

1.1.3.1.4 Erwartete Auswirkungen auf das Entscheidungsverhalten von Wirtschaftsprüfern 213

1.1.3.1.5 Erwartete Auswirkungen auf die variable Vergütung 215

1.1.3.1.6 Erwartete Auswirkungen auf die Komplexität der bilanziellen Behandlung von Leasingverhältnissen und das Kosten-Nutzen-Verhältnis 216

1.1.3.1.7 Ausweitung des Ansatzes zur Bilanzierung von Nutzungsrechten auf andere Bereiche der Rechnungslegung 218

1.1.3.1.8 Zusammenfassung 220

1.1.3.2 Erwartete Veränderungen im Entscheidungsverhalten der Leasingnehmer 223

1.1.3.2.1 Nachverhandlung bestehender Leasingverträge 223

1.1.3.2.2 Veränderung der Laufzeiten künftiger Leasingverträge 224

1.1.3.2.3 Verwendung von laufzeitbezogenen Optionen, Restwertgarantien und bedingten Leasingzahlungen ... 226

1.1.3.2.4 Substitution von Leasingtransaktionen durch alternative Finanzierungsmöglichkeiten ... 228

1.1.3.2.5 Zusammenfassung ... 231

1.2 Ergebnisse aus den Interviews mit Wirtschaftsprüfern ... 234

1.2.1 Berücksichtigung und Behandlung von Leasingverhältnissen im Prüfungsprozess der Wirtschaftsprüfer ... 234

1.2.1.1 Vorgehensweise im Rahmen der Prüfung von Leasingverhältnissen ... 234

1.2.1.2 Bedeutung der Rechenwerke und des Anhangs in der Prüfung von Leasingverhältnissen ... 236

1.2.2 Beurteilung der gegenwärtigen Leasingbilanzierung und der Reformbestrebungen ... 238

1.2.2.1 Beurteilung der gegenwärtigen Leasingbilanzierung ... 238

1.2.2.1.1 Beurteilung der Existenz unterschiedlicher Bilanzierungsmethoden für Leasingverhältnisse und der damit verbundenen Gestaltungsspielräume ... 238

1.2.2.1.2 Beurteilung der Möglichkeit zur Einschätzung von Bilanzauswirkungen operativer Leasingverhältnisse ... 240

1.2.2.1.3 Beurteilung der Vergleichbarkeit von Jahresabschlüssen ... 242

1.2.2.1.4 Beurteilung der Möglichkeit zur Einschätzung finanzieller Verpflichtungen aus Leasingverhältnissen ... 242

1.2.2.2 Beurteilung der Reformbestrebungen ... 244

1.2.2.2.1 Beurteilung der Bilanzierungspflicht für sämtliche Leasingverhältnisse und des Ansatzes zur Bilanzierung und Bewertung von Nutzungsrechten ... 244

1.2.2.2.2 Beurteilung der bilanziellen Behandlung von Optionen, Restwertgarantien und bedingten Leasingzahlungen ... 246

1.2.2.3 Zusammenfassung ... 249

1.2.3 Erwartete Veränderungen im Entscheidungsverhalten der Wirtschaftsprüfer, erwartete Auswirkungen für zu prüfende Leasingnehmer und Veränderungen in deren Entscheidungsverhalten ... 250

1.2.3.1 Erwartete Veränderungen im Entscheidungsverhalten der Wirtschaftsprüfer ... 250

1.2.3.1.1 Erwartete Veränderungen der Vorgehensweise im Rahmen der Prüfung von Leasingverhältnissen ... 250

1.2.3.1.2 Erwartete Auswirkungen auf die Bedeutung der Rechenwerke und des Anhangs in der Prüfung von Leasingverhältnissen ... 252

1.2.3.1.3 Erwartete Auswirkungen auf die Komplexität der Prüfung von Leasingverhältnissen und das Kosten-Nutzen-Verhältnis ... 255

1.2.3.1.4 Zusammenfassung ... 257

1.2.3.2 Erwartete Auswirkungen der reformierten Leasingbilanzierung für zu prüfende Leasingnehmer ... 260

1.2.3.2.1 Erwartete Auswirkungen auf Finanzkennzahlen zu prüfender Leasingnehmer ... 260

1.2.3.2.2 Erwartete Auswirkungen auf das Entscheidungsverhalten von Banken ... 261

1.2.3.2.3 Erwartete Auswirkungen auf das Entscheidungsverhalten von Investoren und Analysten ... 264

1.2.3.2.4 Ausweitung des Ansatzes zur Bilanzierung von Nutzungsrechten auf andere Bereiche der Rechnungslegung ... 265

1.2.3.2.5 Zusammenfassung ... 267

1.2.3.3 Erwartete Veränderungen im Entscheidungsverhalten zu prüfender Leasingnehmer ... 269

1.2.3.3.1 Veränderung der Laufzeiten künftiger Leasingverträge ... 269

1.2.3.3.2 Verwendung von laufzeitbezogenen Optionen, Restwertgarantien und bedingten Leasingzahlungen ... 271

1.2.3.3.3 Substitution von Leasingtransaktionen durch alternative Finanzierungsmöglichkeiten ... 273

1.2.3.3.4 Zusammenfassung ... 276

1.3 Ergebnisse aus den Interviews mit Banken 279
1.3.1 Berücksichtigung und Behandlung von Leasingverhältnissen im Kreditvergabeprozess von Banken 279
1.3.1.1 Bedeutung des Jahresabschlusses in der Kreditwürdigkeitsprüfung 279
1.3.1.2 Relevante Finanzkennzahlen in der Kreditwürdigkeitsprüfung 281
1.3.1.3 Bedeutung und Berücksichtigung bilanzunwirksamer Elemente in der Kreditwürdigkeitsprüfung 282
1.3.1.4 Bedeutung und Berücksichtigung von Leasingverhältnissen in der Kreditwürdigkeitsprüfung 283
1.3.1.5 Verwendete Methoden zur Jahresabschlusskorrektur um operative Leasingverhältnisse 285
1.3.1.6 Zusammenfassung 286
1.3.2 Beurteilung der gegenwärtigen Leasingbilanzierung und der Reformbestrebungen 287
1.3.2.1 Beurteilung der gegenwärtigen Leasingbilanzierung 287
1.3.2.1.1 Beurteilung der Existenz unterschiedlicher Bilanzierungsmethoden für Leasingverhältnisse und der damit verbundenen Gestaltungsspielräume 287
1.3.2.1.2 Beurteilung der Möglichkeit zur Einschätzung von Bilanzauswirkungen operativer Leasingverhältnisse 289
1.3.2.1.3 Beurteilung der Vergleichbarkeit von Jahresabschlüssen 291
1.3.2.1.4 Beurteilung der Möglichkeit zur Einschätzung finanzieller Verpflichtungen aus Leasingverhältnissen 293
1.3.2.2 Beurteilung der Reformbestrebungen 294
1.3.2.2.1 Beurteilung der Bilanzierungspflicht für sämtliche Leasingverhältnisse und des Ansatzes zur Bilanzierung und Bewertung von Nutzungsrechten 294
1.3.2.2.2 Beurteilung der bilanziellen Behandlung von Optionen, Restwertgarantien und bedingten Leasingzahlungen 298
1.3.2.3 Zusammenfassung 301

1.3.3 Erwartete Veränderungen im Entscheidungsverhalten der Banken, erwartete Auswirkungen für kreditnachfragende Leasingnehmer und Veränderungen in deren Entscheidungsverhalten 301

1.3.3.1 Erwartete Veränderungen im Entscheidungsverhalten der Banken 301

1.3.3.1.1 Erwartete Auswirkungen auf die Bedeutung des Jahresabschlusses in der Kreditwürdigkeitsprüfung 301

1.3.3.1.2 Erwartete Auswirkungen auf künftige Kreditvergabeentscheidungen 303

1.3.3.1.3 Erwartete Auswirkungen auf bestehende Kreditvereinbarungen 307

1.3.3.1.4 Erwartete Auswirkungen auf die Komplexität der Kreditwürdigkeitsprüfung und das Kosten-Nutzen-Verhältnis 309

1.3.3.1.5 Zusammenfassung 311

1.3.3.2 Erwartete Auswirkungen für kreditnachfragende Leasingnehmer 313

1.3.3.2.1 Erwartete Auswirkungen auf Finanzkennzahlen kreditnachfragender Leasingnehmer 313

1.3.3.2.2 Erwartete Auswirkungen auf das Entscheidungsverhalten von Investoren und Analysten 315

1.3.3.2.3 Erwartete Auswirkungen auf das Entscheidungsverhalten von Wirtschaftsprüfern kreditnachfragender Leasingnehmer 317

1.3.3.2.4 Ausweitung des Ansatzes zur Bilanzierung von Nutzungsrechten auf andere Bereiche der Rechnungslegung 319

1.3.3.2.5 Zusammenfassung 321

1.3.3.3 Erwartete Veränderungen im Entscheidungsverhalten kreditnachfragender Leasingnehmer 322

1.3.3.3.1 Veränderung der Laufzeiten künftiger Leasingverträge 322

1.3.3.3.2 Verwendung von laufzeitbezogenen Optionen, Restwertgarantien und bedingten Leasingzahlungen 324

1.3.3.3.3 Substitution von Leasingtransaktionen durch alternative Finanzierungsmöglichkeiten 326

1.3.3.3.4 Zusammenfassung 329

2 Ergebnisse aus den Auswertungen von Stellungnahmen zum Diskussionspapier und Standardentwurf 331

2.1 Ergebnisse aus den Auswertungen von Stellungnahmen der Leasingnehmer zum Diskussionspapier und Standardentwurf 332

2.1.1 Beurteilung der gegenwärtigen Leasingbilanzierung und der Reformbestrebungen 332

2.1.1.1 Beurteilung der gegenwärtigen Leasingbilanzierung 332

2.1.1.1.1 Beurteilung der Existenz unterschiedlicher Bilanzierungsmethoden für Leasingverhältnisse und der damit verbundenen Gestaltungsspielräume 332

2.1.1.1.2 Beurteilung der Möglichkeit zur Einschätzung von Bilanzauswirkungen operativer Leasingverhältnisse 333

2.1.1.1.3 Beurteilung der Vergleichbarkeit von Jahresabschlüssen 335

2.1.1.1.4 Beurteilung der Möglichkeit zur Einschätzung finanzieller Verpflichtungen aus Leasingverhältnissen 336

2.1.1.2 Beurteilung der Reformbestrebungen 337

2.1.1.2.1 Beurteilung der Bilanzierungspflicht für sämtliche Leasingverhältnisse und des Ansatzes zur Bilanzierung und Bewertung von Nutzungsrechten 337

2.1.1.2.2 Beurteilung der bilanziellen Behandlung von Optionen, Restwertgarantien und bedingten Leasingzahlungen 339

2.1.1.3 Zusammenfassung 341

2.1.2 Erwartete Auswirkungen der reformierten Leasingbilanzierung und Veränderungen im Entscheidungsverhalten der Leasingnehmer 342

2.1.2.1 Erwartete Auswirkungen der reformierten Leasingbilanzierung aus Sicht der Leasingnehmer 342

2.1.2.1.1 Erwartete Auswirkungen auf Finanzkennzahlen 342

2.1.2.1.2 Erwartete Auswirkungen auf das Entscheidungsverhalten von Banken ... 344

2.1.2.1.3 Erwartete Auswirkungen auf das Entscheidungsverhalten von Investoren und Analysten ... 346

2.1.2.1.4 Erwartete Auswirkungen auf das Entscheidungsverhalten von Wirtschaftsprüfern ... 347

2.1.2.1.5 Erwartete Auswirkungen auf die variable Vergütung ... 348

2.1.2.1.6 Erwartete Auswirkungen auf die Komplexität der bilanziellen Behandlung von Leasingverhältnissen und das Kosten-Nutzen-Verhältnis ... 349

2.1.2.1.7 Ausweitung des Ansatzes zur Bilanzierung von Nutzungsrechten auf andere Bereiche der Rechnungslegung ... 351

2.1.2.1.8 Zusammenfassung ... 352

2.1.2.2 Erwartete Veränderungen im Entscheidungsverhalten der Leasingnehmer ... 356

2.1.2.2.1 Nachverhandlung bestehender Leasingverträge .. 356

2.1.2.2.2 Veränderung der Laufzeiten künftiger Leasingverträge ... 357

2.1.2.2.3 Verwendung von laufzeitbezogenen Optionen, Restwertgarantien und bedingten Leasingzahlungen ... 358

2.1.2.2.4 Substitution von Leasingtransaktionen durch alternative Finanzierungsmöglichkeiten ... 359

2.1.2.2.5 Zusammenfassung ... 360

2.2 Ergebnisse aus den Auswertungen von Stellungnahmen der Wirtschaftsprüfer zum Diskussionspapier und Standardentwurf ... 363

2.2.1 Beurteilung der gegenwärtigen Leasingbilanzierung und der Reformbestrebungen ... 363

2.2.1.1 Beurteilung der gegenwärtigen Leasingbilanzierung ... 363

2.2.1.1.1 Beurteilung der Existenz unterschiedlicher Bilanzierungsmethoden für Leasingverhältnisse und der damit verbundenen Gestaltungsspielräume ... 363

2.2.1.1.2 Beurteilung der Möglichkeit zur Einschätzung von Bilanzauswirkungen operativer Leasingverhältnisse ... 364

2.2.1.1.3 Beurteilung der Vergleichbarkeit von Jahresabschlüssen ... 365

2.2.1.1.4 Beurteilung der Möglichkeit zur Einschätzung finanzieller Verpflichtungen aus Leasingverhältnissen ... 366

2.2.1.2 Beurteilung der Reformbestrebungen ... 367

2.2.1.2.1 Beurteilung der Bilanzierungspflicht für sämtliche Leasingverhältnisse und des Ansatzes zur Bilanzierung und Bewertung von Nutzungsrechten ... 367

2.2.1.2.2 Beurteilung der bilanziellen Behandlung von Optionen, Restwertgarantien und bedingten Leasingzahlungen ... 369

2.2.1.3 Zusammenfassung ... 372

2.2.2 Erwartete Veränderungen im Entscheidungsverhalten der Wirtschaftsprüfer, erwartete Auswirkungen für zu prüfende Leasingnehmer und Veränderungen in deren Entscheidungsverhalten ... 373

2.2.2.1 Erwartete Veränderungen im Entscheidungsverhalten der Wirtschaftsprüfer ... 373

2.2.2.1.1 Erwartete Veränderungen der Vorgehensweise im Rahmen der Prüfung von Leasingverhältnissen ... 373

2.2.2.1.2 Erwartete Auswirkungen auf die Bedeutung der Rechenwerke und des Anhangs in der Prüfung von Leasingverhältnissen ... 374

2.2.2.1.3 Erwartete Auswirkungen auf die Komplexität der Prüfung von Leasingverhältnissen und das Kosten-Nutzen-Verhältnis ... 375

2.2.2.1.4 Zusammenfassung ... 377

2.2.2.2 Erwartete Auswirkungen der reformierten Leasingbilanzierung für zu prüfende Leasingnehmer ... 379

2.2.2.2.1 Erwartete Auswirkungen auf Finanzkennzahlen zu prüfender Leasingnehmer ... 379

2.2.2.2.2 Erwartete Auswirkungen auf das Entscheidungsverhalten von Banken ... 381

2.2.2.2.3 Erwartete Auswirkungen auf das Entscheidungsverhalten von Investoren und Analysten ... 383

2.2.2.2.4 Ausweitung des Ansatzes zur Bilanzierung von Nutzungsrechten auf andere Bereiche der Rechnungslegung ... 384

2.2.2.2.5 Zusammenfassung ... 385

2.2.2.3 Erwartete Veränderungen im Entscheidungsverhalten zu prüfender Leasingnehmer ... 387

2.2.2.3.1 Veränderung der Laufzeiten künftiger Leasingverträge ... 387

2.2.2.3.2 Verwendung von laufzeitbezogenen Optionen, Restwertgarantien und bedingten Leasingzahlungen ... 388

2.2.2.3.3 Substitution von Leasingtransaktionen durch alternative Finanzierungsmöglichkeiten ... 389

2.2.2.3.4 Zusammenfassung ... 390

2.3 Ergebnisse aus den Auswertungen von Stellungnahmen der Banken zum Diskussionspapier und Standardentwurf ... 392

2.3.1 Beurteilung der gegenwärtigen Leasingbilanzierung und der Reformbestrebungen ... 392

2.3.1.1 Beurteilung der gegenwärtigen Leasingbilanzierung ... 392

2.3.1.1.1 Beurteilung der Existenz unterschiedlicher Bilanzierungsmethoden für Leasingverhältnisse und der damit verbundenen Gestaltungsspielräume ... 392

2.3.1.1.2 Beurteilung der Möglichkeit zur Einschätzung von Bilanzauswirkungen operativer Leasingverhältnisse ... 393

2.3.1.1.3 Beurteilung der Vergleichbarkeit von Jahresabschlüssen ... 395

2.3.1.1.4 Beurteilung der Möglichkeit zur Einschätzung finanzieller Verpflichtungen aus Leasingverhältnissen ... 396

2.3.1.2 Beurteilung der Reformbestrebungen ... 397

2.3.1.2.1 Beurteilung der Bilanzierungspflicht für sämtliche Leasingverhältnisse und des Ansatzes zur Bilanzierung und Bewertung von Nutzungsrechten ... 397

2.3.1.2.2 Beurteilung der bilanziellen Behandlung von Optionen, Restwertgarantien und bedingten Leasingzahlungen ... 399

2.3.1.3 Zusammenfassung ... 401

2.3.2 Erwartete Veränderungen im Entscheidungsverhalten der Banken, erwartete Auswirkungen für kreditnachfragende Leasingnehmer und Veränderungen in deren Entscheidungsverhalten ... 402

2.3.2.1 Erwartete Veränderungen im Entscheidungsverhalten der Banken ... 402

2.3.2.1.1 Erwartete Auswirkungen auf die Bedeutung des Jahresabschlusses in der Kreditwürdigkeitsprüfung ... 402

2.3.2.1.2 Erwartete Auswirkungen auf künftige Kreditvergabeentscheidungen ... 404

2.3.2.1.3 Erwartete Auswirkungen auf bestehende Kreditvereinbarungen ... 406

2.3.2.1.4 Erwartete Auswirkungen auf die Komplexität der Kreditwürdigkeitsprüfung und das Kosten-Nutzen-Verhältnis ... 407

2.3.2.1.5 Zusammenfassung ... 409

2.3.2.2 Erwartete Auswirkungen für kreditnachfragende Leasingnehmer ... 411

2.3.2.2.1 Erwartete Auswirkungen auf Finanzkennzahlen kreditnachfragender Leasingnehmer ... 411

2.3.2.2.2 Erwartete Auswirkungen auf das Entscheidungsverhalten von Investoren und Analysten ... 413

2.3.2.2.3 Erwartete Auswirkungen auf das Entscheidungsverhalten von Wirtschaftsprüfern kreditnachfragender Leasingnehmer ... 414

2.3.2.2.4 Ausweitung des Ansatzes zur Bilanzierung von Nutzungsrechten auf andere Bereiche der Rechnungslegung ... 415

2.3.2.2.5 Zusammenfassung ... 415

2.3.2.3 Erwartete Veränderungen im Entscheidungsverhalten kreditnachfragender Leasingnehmer ... 418

2.3.2.3.1 Veränderung der Laufzeiten künftiger Leasingverträge ... 418

2.3.2.3.2 Verwendung von laufzeitbezogenen Optionen, Restwertgarantien und bedingten Leasingzahlungen 419

2.3.2.3.3 Substitution von Leasingtransaktionen durch alternative Finanzierungsmöglichkeiten 420

2.3.2.3.4 Zusammenfassung 421

Kapitel VII: Schlussbetrachtung und Implikationen 425

Anhang 435

Anhang 1: Konkretisierung der Forschungsfragen 437

Anhang 2: Interviewleitfäden 443

Anhang 3: Übersicht der geführten Experteninterviews 455

Anhang 4: Zusätzlich Datenquellen im Rahmen der Datentriangulation 457

Anhang 5: Exemplarischer Codiervorgang 458

Anhang 6: Kategoriensysteme und Codierungen der Interviews 459

Anhang 7: Kategoriensysteme und Codierungen der Auswertungen von Stellungnahmen zum Diskussionspapier 466

Anhang 8: Kategoriensysteme und Codierungen der Auswertungen von Stellungnahmen zum Standardentwurf 472

Anhang 9: Chi-Quadrat-Unabhängigkeitstest 478

Literaturverzeichnis 483

Rechtsquellenverzeichnis 509

Abkürzungsverzeichnis

AAS	Australian Accounting Standard
AICPA	American Institute of Certified Public Accountants
APB	Accounting Principles Board
ARB	Accounting Research Bulletin
ASC	Accounting Standards Codification
ASR	Accounting Series Release
Aufl.	Auflage
bzw.	beziehungsweise
DAX	Deutscher Aktienindex
d.h.	das heißt
DP	Discussion Paper/Diskussionspapier
DPR	Deutsche Prüfstelle
EBIT	Earnings before Interests and Taxes
EBITDA	Earnings before Interests, Taxes, Depreciation and Amoritzation
ED	Exposure Draft/Standardentwurf
EITF	Emerging Issues Task Force
EPS	Earnings per Share
et al.	et alii
etc.	et cetera
EU	Europäische Union
FASB	Financial Accounting Standards Board
FIN	FASB Interpretation Number
Fn.	Fußnote
GuV	Gewinn- und Verlustrechnung
HGB	Handelsgesetzbuch
Hrsg.	Herausgeber
i.V.m.	in Verbindung mit
IAS	International Accounting Standard
IASB	International Accounting Standards Board
IASC	International Accounting Standards Committee
IFRIC	International Financial Reporting Interpretations Committee
IFRS	International Financial Reporting Standard
insb.	insbesondere
Jg.	Jahrgang
KGV	Kurs-Gewinn-Verhältnis
m.w.N.	mit weiteren Nachweisen
MDAX	Mid-Cap-DAX
No.	Number
Nr.	Nummer
o.ä.	oder ähnlich/ähnliches
o.V.	ohne Verfasser
Rn.	Randnummer(n)
ROCE	Return on Capital Employed

S.	Seite
SAB	Staff Accounting Bulletin
S&P 100	Standard & Poor's Aktienindex
SBF 120	Société des Bourses Francaises, französischer Aktienindex
SDAX	Small-Cap-DAX
SEC	Securities and Exchange Commission
SFAS	Statement of Financial Accounting Standards
SIC	Standing Interpretations Committee
sog.	sogenannt(e, en)
SSAP	Statement of Standard Accounting Practice
u.a.	unter anderem
u.ä.	und ähnlich(e, es)
UK	United Kingdom
UK-ASB	UK-Accounting Standards Board
US	United States
USA	United States of America
US-GAAP	US-Generally Accepted Accounting Principles
usw.	und so weiter
vgl.	vergleiche
vs.	versus
WP	Wirtschaftsprüfer
z.B.	zum Beispiel

Abbildungsverzeichnis

Abbildung 1: Forschungsmodell der vorliegenden Arbeit 101
Abbildung 2: Vorgehensweise im Rahmen der qualitativen Inhaltsanalyse 177
Abbildung 3: Exemplarische Darstellung der Verfahren der pattern matching logic und der cross-group analysis 184
Abbildung 4: Exemplarischer Codiervorgang 458

Tabellenverzeichnis

Tabelle 1: Auswirkungen eines beispielhaften operativen Leasingverhältnisses auf Bilanz und GuV ... 17
Tabelle 2: Auswirkungen eines beispielhaften Finanzierungsleasingverhältnisses auf Bilanz und GuV ... 18
Tabelle 3: Künftige Bilanzierung eines Leasingvertrags mit Verlängerungsoption seitens des Leasingnehmers ... 32
Tabelle 4: Künftige Bilanzierung eines Leasingvertrags seitens des Leasinggebers gemäß dem performance obligation approach ... 39
Tabelle 5: Künftige Bilanzierung eines Leasingvertrags seitens des Leasinggebers gemäß dem derecognition approach ... 40
Tabelle 6: Übersicht des Datenzugangs und Antwortverhaltens der Zielgruppe der Leasingnehmer ... 154
Tabelle 7: Übersicht des Datenzugangs und Antwortverhaltens der Zielgruppe der Wirtschaftsprüfer ... 155
Tabelle 8: Übersicht des Datenzugangs und Antwortverhaltens der Zielgruppe der Banken ... 156
Tabelle 9: Gruppenstruktur der Stellungnahmen zum DP ... 160
Tabelle 10: Gruppenstruktur der Stellungnahmen zum ED ... 160
Tabelle 11: Länderstruktur der Stellungnahmen zum DP ... 164
Tabelle 12: Länderstruktur der Stellungnahmen zum ED ... 165
Tabelle 13: Relevante Stellungnahmen zum DP ... 167
Tabelle 14: Relevante Stellungnahmen zum ED ... 167
Tabelle 15: Länderstruktur der Stellungnahmen von Leasingnehmern zum DP ... 168
Tabelle 16: Länderstruktur der Stellungnahmen von Leasingnehmern zum ED ... 169
Tabelle 17: Stellungnahmen deutscher und nicht-deutscher Leasingnehmer zum DP ... 170
Tabelle 18: Stellungnahmen deutscher und nicht-deutscher Leasingnehmer zum ED ... 170
Tabelle 19: Länderstruktur der Stellungnahmen von Wirtschaftsprüfern zum DP ... 171
Tabelle 20: Länderstruktur der Stellungnahmen von Wirtschaftsprüfern zum ED ... 171
Tabelle 21: Stellungnahmen deutscher und nicht-deutscher Wirtschaftsprüfer zum DP ... 172

Tabelle 22: Stellungnahmen deutscher und nicht-deutscher Wirtschaftsprüfer zum ED 172

Tabelle 23: Länderstruktur der Stellungnahmen von Banken zum DP 173

Tabelle 24: Länderstruktur der Stellungnahmen von Banken zum ED 173

Tabelle 25: Stellungnahmen deutscher und nicht-deutscher Banken zum DP 174

Tabelle 26: Stellungnahmen deutscher und nicht-deutscher Banken zum ED 174

Tabelle 27: Erwartete Auswirkungen der reformierten Leasingbilanzierung aus Sicht der befragten Leasingnehmer 222

Tabelle 28: Erwartete Veränderungen im Entscheidungsverhalten der befragten Leasingnehmer 233

Tabelle 29: Erwartete Veränderungen im Entscheidungsverhalten der befragten Wirtschaftsprüfer 259

Tabelle 30: Erwartete Auswirkungen der reformierten Leasingbilanzierung für zu prüfende Leasingnehmer aus Sicht der befragten Wirtschaftsprüfer 268

Tabelle 31: Erwartete Veränderungen im Entscheidungsverhalten zu prüfender Leasingnehmer aus Sicht der befragten Wirtschaftsprüfer 278

Tabelle 32: Erwartete Veränderungen im Entscheidungsverhalten der befragten Banken 312

Tabelle 33: Erwartete Auswirkungen der reformierten Leasingbilanzierung für kreditnachfragende Leasingnehmer aus Sicht der befragten Banken 322

Tabelle 34: Erwartete Veränderungen im Entscheidungsverhalten kreditnachfragender Leasingnehmer aus Sicht der befragten Banken 331

Tabelle 35: Erwartete Auswirkungen der reformierten Leasingbilanzierung aus Sicht der stellungnehmenden Leasingnehmer zum DP 354

Tabelle 36: Erwartete Auswirkungen der reformierten Leasingbilanzierung aus Sicht der stellungnehmenden Leasingnehmer zum ED 355

Tabelle 37: Erwartete Veränderungen im Entscheidungsverhalten der stellungnehmenden Leasingnehmer zum DP 361

Tabelle 38: Erwartete Veränderungen im Entscheidungsverhalten der stellungnehmenden Leasingnehmer zum ED 362

Tabelle 39: Erwartete Veränderungen im Entscheidungsverhalten der stellungnehmenden Wirtschaftsprüfer zum DP 378

Tabelle 40: Erwartete Veränderungen im Entscheidungsverhalten der stellungnehmenden Wirtschaftsprüfer zum ED 379

Tabelle 41: Erwartete Auswirkungen der reformierten Leasingbilanzierung für zu prüfende Leasingnehmer aus Sicht der stellungnehmenden Wirtschaftsprüfer zum DP ... 386

Tabelle 42: Erwartete Auswirkungen der reformierten Leasingbilanzierung für zu prüfende Leasingnehmer aus Sicht der stellungnehmenden Wirtschaftsprüfer zum ED ... 387

Tabelle 43: Erwartete Veränderungen im Entscheidungsverhalten zu prüfender Leasingnehmer aus Sicht der stellungnehmenden Wirtschaftsprüfer zum DP ... 391

Tabelle 44: Erwartete Veränderungen im Entscheidungsverhalten zu prüfender Leasingnehmer aus Sicht der stellungnehmenden Wirtschaftsprüfer zum ED ... 391

Tabelle 45: Erwartete Veränderungen im Entscheidungsverhalten der stellungnehmenden Banken zum DP ... 410

Tabelle 46: Erwartete Veränderungen im Entscheidungsverhalten der stellungnehmenden Banken zum ED ... 411

Tabelle 47: Erwartete Auswirkungen der reformierten Leasingbilanzierung für kreditnachfragende Leasingnehmer aus Sicht der stellungnehmenden Banken zum DP ... 417

Tabelle 48: Erwartete Auswirkungen der reformierten Leasingbilanzierung für kreditnachfragende Leasingnehmer aus Sicht der stellungnehmenden Banken zum ED ... 418

Tabelle 49: Erwartete Veränderungen im Entscheidungsverhalten kreditnachfragender Leasingnehmer aus Sicht der stellungnehmenden Banken zum DP ... 422

Tabelle 50: Erwartete Veränderungen im Entscheidungsverhalten kreditnachfragender Leasingnehmer aus Sicht der stellungnehmenden Banken zum ED ... 422

Tabelle 51: Übersicht der geführten Experteninterviews ... 455

Tabelle 52: Übersicht der verwendeten zusätzlichen Datenquellen ... 457

Kapitel I: Einführung

1 Problemstellung und Zielsetzung

Der Begriff „Leasing“ wurde erstmals im Jahr 1877 verwendet, als eine US-amerikanische Telefongesellschaft Telefone nicht verkaufte, sondern an Kunden vermietete[1]. Über das Vermieten von Kraftfahrzeugen in den 1930er und 1940er Jahren gewannen Leasingtransaktionen an Popularität[2]. Eine weitere Professionalisierung erreichte die Finanzierung über Leasing Anfang der 1950er Jahre, als in den USA die erste Leasinggesellschaft gegründet wurde. Diese Entwicklung griff kurze Zeit später auf andere industrialisierte, marktwirtschaftlich orientierte Staaten über. In Deutschland erlangten Leasingtransaktionen Anfang der 1970er Jahre Akzeptanz als gleichwertige Finanzierungsalternative, als eine erhöhte Rechtssicherheit durch finanzministerielle Erlasse zur steuerlichen Behandlung und bilanziellen Abbildung von Leasingverhältnissen geschaffen wurde. Seitdem hat sich der Anteil der Leasingtransaktionen an den gesamtwirtschaftlichen Investitionen kontinuierlich erhöht[3]. Im Jahr 2008 betrug die Leasingquote in Deutschland knapp 20%[4]. Nahezu ein Fünftel der gesamtwirtschaftlichen Bruttoanlageninvestitionen (ohne Wohnungsbau) waren über Leasing finanziert.

Auf internationaler Ebene existierten bis Mitte der 1970er Jahre keine Vorschriften zur Bilanzierung von Leasingverhältnissen. Sämtliche Leasingverträge waren bis zu dieser Zeit – wie gegenwärtig operative Leasingverhältnisse – bilanzunwirksam. Mit zunehmender Popularität des Leasing wurden allerdings Forderungen laut, wenigstens die aus Leasingverträgen resultierenden Verpflichtungen im Jahresabschluss zu zeigen[5]. Erste Forschungsbemühungen datieren um die 1960er Jahre[6]. Darin werden die Auswirkungen von Leasingverhältnissen auf Finanzkennzahlen beispielhaft dargestellt. Die teilweise erheblichen Veränderungen der Finanzkennzahlen veranlassten zu der Forderung einer bilanzwirksamen Darstellung von Leasingverhältnissen. Diese Forderung wurde zudem durch die als erschwert erachtete Beurteilung der bilanziellen Auswirkungen von ausschließlich im Anhang abgebildeten Leasingverhältnissen bekräftigt[7].

Mit Einführung des Leasingstandards SFAS 13 in den USA im Jahr 1976 und der damit einhergehenden Unterscheidung in Finanzierungsleasingverhältnisse und operative Leasingverhältnisse schien die Problematik irreführender Finanzkennzahlen für die Mehrzahl der Leasingverträge, die langfristig abgeschlossen und insofern als Finanzierungsleasingverhältnis eingestuft worden waren, aufgehoben. Die Anzahl

1 Vgl. Spittler (1981), S. 1.
2 Vgl. Gäfgen (1968), S. 108.
3 Zur Entwicklung der Leasingquote vgl. Marek (2001), S. 14.
4 Vgl. ifo Institut für Wirtschaftsforschung (2008), S. 72.
5 Vgl. ARB No. 38. Vgl. hierzu ausführlicher IASB (2007a), S. 2-3.
6 Vgl. hierzu und im Folgenden Gant (1959).
7 Vgl. Hennessy (1961), S. 43-44.

kurzfristiger Leasingverträge, die als operative Leasingverhältnisse klassifiziert wurden, war zum damaligen Zeitpunkt nicht signifikant[1]. Allerdings resultierte die ausschließlich auf Finanzierungsleasingverhältnisse zielende Bilanzwirksamkeit in einer Verlagerung von Finanzierungsleasingverhältnissen zu weiterhin bilanzunwirksamen operativen Leasingverhältnissen[2]. In Großbritannien resultierte die Einführung des zum SFAS 13 und späteren IAS 17 inhaltlich vergleichbaren SSAP 21 im Jahr 1984 in einem ähnlichen Ergebnis: Die Nutzung operativer Leasingverhältnisse nahm in den Jahren nach Einführung von SSAP 21 stetig zu[3]. Im Jahr 1994 überstiegen die jährlichen Zahlungen britischer börsennotierter Unternehmen für operative Leasingverhältnisse diejenigen für Finanzierungsleasingverhältnisse um das Fünffache. Operative Leasingverhältnisse waren zu einer der wichtigsten Finanzierungsarten für britische börsennotierte Unternehmen geworden.

Diese Ausweichhandlungen verdeutlichen einerseits, dass Leasingverhältnisse mitunter bilanzpolitisch motiviert eingegangen worden sind und andererseits die Problematik der Nichtbilanzierung finanzieller Verpflichtungen aus Leasingverhältnissen nach der Einführung von Regelungen zur Bilanzierung von Leasingverhältnissen teilweise fortbesteht bzw. sich durch die gesteigerte Bedeutung der Leasingfinanzierung noch verstärkt hat. Allerdings hat die Einführung der Bilanzierungsregeln insoweit eine Verbesserung erzielt, als operative Leasingverhältnisse im Anhang des Jahresabschlusses offengelegt werden müssen. Insofern kann argumentiert werden, dass Jahresabschlussadressaten entscheidungsnützliche Informationen über sämtliche Leasingverhältnisse erhalten. Diese Argumentation wird von einigen empirischen Studien – insbesondere kapitalmarktorientierten Studien – belegt[4]. Demgegenüber zeigen andere Studien, die auf einzelne Jahresabschlussadressaten abstellen, dass deren Entscheidungsverhalten durchaus von der dichotomen Leasingbilanzierung beeinflusst ist[5].

Vor dem Hintergrund der bilanzpolitisch motivierten Verwendung von Leasingverhältnissen, die zudem durch ermessenbehaftete Klassifizierungskriterien begünstigt wird und der damit verbundenen Kritik („*conceptually and operationally an accounting nightmare*"[6]) ist die Leasingbilanzierung von IASB und FASB im Rahmen eines Konvergenzprojekts im Jahr 2006 auf die aktive Agenda gesetzt worden. Das mittlerweile veröffentlichte Diskussionspapier (nachfolgend DP) „*Leases – Preliminary Views*"[7] und der daran anschließend im August 2010 herausgegebene Standardentwurf (nachfolgend ED) „*Leases*"[8] deuten weitreichende Änderungen an, die im Kern die Abschaffung der dichotomen Unterscheidung in operative Leasingverhältnisse und Finanzierungsleasingverhältnisse sowie die Bilanzierung von Nutzungsrechten um-

1 Vgl. Hennessy (1961), S. 42.
2 Vgl. Abdel-khalik (1981) zu den Auswirkungen der Einführung von SFAS 13 in den USA. Die Entwicklung operativer Leasingverhältnisse untersuchen zudem Franzen/Rodgers/Simin (2009).
3 Vgl. hierzu und im Folgenden Goodacre/Beattie (1999), S. 88 sowie die diesbezügliche Grafik in Goodacre (2003a), S. 50.
4 Vgl. z.B. Beattie/Goodacre/Thomson (2000a), Ely (1995).
5 Vgl. z.B. Hartman/Sami (1989), Munter/Ratcliffe (1983).
6 Reither (1998), S. 288.
7 Vgl. IASB (2009).
8 Vgl. IASB (2010a).

fasst. Dieses ehrgeizige Vorhaben kommt einem Paradigmenwechsel gleich[1] und führt zu der Frage, welche Auswirkungen eine solche Reform der Leasingbilanzierung auf das Entscheidungsverhalten der Akteure der Rechnungslegung haben könnte.

Das Ziel dieser Arbeit ist daher die Untersuchung der ökonomischen Konsequenzen der reformierten Leasingbilanzierung. Im Rahmen der Rechnungslegung beschreiben ökonomische Konsequenzen den Einfluss von Jahresabschlussinformationen auf das Entscheidungsverhalten der Akteure der Rechnungslegung[2]. Ökonomische Konsequenzen entstehen, wenn Veränderungen der Regulierung die Verteilung der Cashflows oder den Wohlstand zwischen den beteiligten Parteien beeinflussen, die Jahresabschlüsse als Grundlage für Vertragsabschlüsse oder zur Entscheidungsfindung nutzen[3].

Die Untersuchung von Veränderungen im Entscheidungsverhalten der Jahresabschlussersteller und Jahresabschlussadressaten aufgrund einer veränderten Leasingbilanzierung stellt im Rahmen einer interdisziplinären Herangehensweise eine Verbindung zur verhaltensorientierten Forschung her. Verhaltensorientierte Forschungsansätze in der Rechnungslegung – auch als *behavioral accounting*-Forschung bezeichnet – sollen Zusammenhänge zwischen den Informationen der Rechnungslegung und dem Verhalten der Informationssender und Informationsempfänger aufdecken[4]: „*Behavioral accounting research may be defined as the study of the behavior of accountants or the behavior of non-accountants as they are influenced by accounting functions and reports*[5]". Neben der erklärenden Funktion von Auswirkungen der Ausgestaltung der Rechnungslegung auf das Entscheidungsverhalten der Akteure besteht

---

1 Vgl. z.B. Baetge/Graupe (2010), S. 477, Fülbier/Pferdehirt (2005), S. 276, Küting et al. (2011), S. 1.

2 Vgl. Zeff (1978), S. 56. Blake (1992) klassifiziert ökonomische Konsequenzen u.a. in Konsequenzen, die durch Veränderungen von Jahresabschlusspositionen automatisch ausgelöst werden (*mechanistic consequences*) und Konsequenzen, die aus einem bestimmten Entscheidungsverhalten resultieren (*judgemental consequences*). Eine mechanistische ökonomische Konsequenz wäre beispielsweise eine Verschlechterung wesentlicher Kennzahlen aufgrund der Bilanzwirksamkeit sämtlicher Leasingverhältnisse. Eine entscheidungsbezogene Konsequenz liegt beispielsweise vor, wenn Leasingtransaktionen durch alternative Finanzierungsmöglichkeiten substituiert werden, weil die Möglichkeit zur bilanzunwirksamen Finanzierung entfällt. Die Klassifizierung erscheint insofern nicht trennscharf, als aus einer mechanistischen Konsequenz nachgelagerte entscheidungsbezogene Konsequenzen entstehen können. So könnte die Verschlechterung wesentlicher Kennzahlen zu einer Substitution von Leasingtransaktionen führen. Vor diesem Hintergrund wird in dieser Arbeit auf eine Klassifizierung ökonomischer Konsequenzen verzichtet und stattdessen die allgemeine Definition ökonomischer Konsequenzen als Veränderung im Entscheidungsverhalten verwendet, die eben auch nachgelagert aufgrund automatischer Auswirkungen einer Regulierungsänderung entstehen können.

3 Vgl. Holthausen/Leftwich (1983), S. 77, ähnlich Whittred/Zimmer (1988), S. 10.

4 Vgl. Belkaoui (1989), S. xi-xii, Schönbrunn (1988), S. 67. Vgl. grundlegend zur *behavioral accounting*-Forschung Gillenkirch/Arnold (2008). Vgl. Birnberg (1993) für einen Überblick über die Bereiche der *behavioral accounting*-Forschung. Ein Überblick über ausgewählte *behavioral accounting*-Studien findet sich z.B. bei Libby/Seybert (2009), McEwen/ Welsh (2001). Zur Entwicklung der verhaltensorientierten Forschung in der Rechnungslegung vgl. Bloomfield (2010), S. 8-12. Zu den Ursprüngen verhaltenswissenschaftlicher Forschung in der Betriebswirtschaftslehre vgl. weiterführend Deters (1992).

5 Hofstedt/Kinard (1970), S. 43.

ein weiteres Ziel der *behavioral accounting*-Forschung in der Abgabe von Gestaltungsempfehlungen. Insofern kommt der *behavioral accounting*-Forschung nicht nur eine erklärende, sondern auch eine beratende Funktion für die Regulierung der Rechnungslegung zu[1].

Theoretisch grundlegend für diese Forschungsrichtung ist die *positive accounting theory*, die im Wesentlichen auf *Watts/Zimmerman* zurückgeht[2]. Aus der Prinzipal-Agent-Theorie abgeleitete Hypothesen über das Verhalten des Managements werden mittels verhaltenswissenschaftlicher Untersuchungen zu verifizieren versucht[3]. Die Untersuchung der ökonomischen Konsequenzen einer veränderten Leasingbilanzierung ist insofern Teil der positiven Rechnungslegungsforschung, die die Ausgestaltung der Regulierung zu erklären versucht und sich dabei auch mit den Akteuren der Rechnungslegung beschäftigt[4]. Als Akteure der Rechnungslegung werden in dieser Arbeit die Ersteller des Jahresabschlusses, die hauptsächlich als Leasingnehmer agieren und in dieser Funktion betrachtet werden sollen, Wirtschaftsprüfer als Verifikationsinstanz und Banken als zentraler Jahresabschlussadressat identifiziert. Die Studie ist zugleich als ex ante-Forschung zu bezeichnen, da sie vor Veröffentlichung des finalen Standards durchgeführt wird[5]. Nach *Schipper* besitzt ex ante-Forschung Relevanz für den Standardsetzungsprozess, wenn Fragen hinsichtlich der Auswirkungen von Regeländerungen auf den Jahresabschluss, das Entscheidungsverhalten der Jahresabschlussersteller und Jahresabschlussadressaten beantwortet werden[6]. Die vorliegende Arbeit untersucht die Auswirkungen der reformierten Leasingbilanzierung auf den Jahresabschluss und daraus resultierende Veränderungen im Entscheidungsverhalten der Akteure der Rechnungslegung. Sie kann insofern als für den Standardsetzungsprozess relevante ex ante-Forschung bezeichnet werden.

2 Gang der Untersuchung

Die vorliegende Arbeit ist in sieben Kapitel gegliedert. Die fünf Hauptkapitel (Kapitel II bis Kapitel VI) werden von einem einführenden und einem zusammenfassenden Kapitel umrahmt (Kapitel I und VII). Kapitel II ist der Darstellung der gegen-

1 Zur Bedeutung der *behavioral accounting*-Forschung für den Standardsetzungsprozess vgl. Maines (1994). Vgl. demgegenüber Abdel-khalik (1994), der die Bedeutung der *behavioral accounting*-Forschung für den Standardsetzungsprozess u.a. aufgrund der geringen externen Validität als eingeschränkt erachtet und eine Triangulation der Forschungsmethoden unter Berücksichtigung der *behavioral accounting*-Forschung fordert.

2 Vgl. Watts/Zimmerman (1978), Watts/Zimmerman (1986). Vgl. hierzu kritisierend Christenson (1983).

3 Vgl. Haller (1989), S. 384.

4 Vgl. Feldhoff (1992), S. 31. Zur Entwicklung der positiven Rechnungslegungsforschung vgl. z.B. Jeanjean/Ramirez (2009). Die Dominanz der positiven Rechnungslegungsforschung wird von Hopwood (2007) kritisiert. Vgl. demgegenüber zumindest teilweise verteidigend Dunmore (2010).

5 Vgl. Beresford/Johnson (1995), S. 115.

6 Vgl. Schipper (1994), S. 63-64. Zur Relevanz der Forschung für den Standardsetzungsprozess vgl. auch Barth (2006), Beresford (1994), Fülbier/Hitz/Sellhorn (2009).

wärtigen internationalen Leasingbilanzierung und der Reformbestrebungen gewidmet. Das Kapitel beginnt mit einer detaillierten Betrachtung der gegenwärtigen internationalen Leasingbilanzierung nach IFRS und US-GAAP (Kapitel II.1). Dies erscheint einerseits notwendig, um die aus den Reformvorschlägen resultierenden Veränderungen verdeutlichen zu können. Andererseits basiert ein Teil der empirischen Untersuchung auf den gegenwärtigen Regelungen von IAS 17. Da die Reform der Leasingbilanzierung als Konvergenzprojekt von IASB und FASB betrieben wird, ist zudem eine kurze Betrachtung der gegenwärtigen Leasingbilanzierung nach US-GAAP erforderlich. Die Darstellung beschränkt sich hierbei auf die Hervorhebung wesentlicher Gemeinsamkeiten und Unterschiede zu IAS 17. Nach einer kurzen historischen Einordnung des Reformprojekts zur Leasingbilanzierung werden anschließend die Reformbestrebungen für Leasingnehmer und Leasinggeber auf Basis des ED mit Verweis auf die wesentlichen Veränderungen gegenüber dem DP dargestellt, ehe ein abschließender Überblick über die überarbeiteten Reformvorschläge nach Veröffentlichung des ED erfolgt (Kapitel II.2).

Kapitel III dient der Aufarbeitung des gegenwärtigen Stands der Forschung und der Herleitung des Forschungsbedarfs. Im Sinne eines Literaturüberblicks werden zunächst für die Forschungsfrage relevante Studien und deren Ergebnisse dargestellt sowie verglichen (Kapitel III.1). Ausgehend von dem Stand der Forschung und der bestehenden Literatur werden anschließend gegenwärtige Forschungsdefizite aufgedeckt (Kapitel III.2). Die identifizierten Forschungsdefizite verdeutlichen zugleich den Forschungsbedarf. Daraus werden drei übergeordnete Forschungsfragen hergeleitet und in das Forschungsmodell dieser Arbeit integriert.

In Kapitel IV erfolgt die Konkretisierung der Forschungsfragen. Hierbei werden die drei übergeordneten Forschungsfragen um Detailfragen für jede identifizierte Interessengruppe ergänzt. Kapitel IV.1 enthält die Konkretisierung der Forschungsfragen für die Gruppe der Leasingnehmer. In Kapitel IV.2 werden die Forschungsfragen für die Gruppe der Wirtschaftsprüfer konkretisiert, ehe in Kapital IV.3 die Konkretisierung für die Gruppe der Banken erfolgt.

Kapitel V widmet sich der Methodik der Datenerhebung und Datenauswertung. Nach einer kurzen methodischen Einordnung der Arbeit (Kapitel V.1) werden die in dieser Arbeit verwendeten Methoden der Datenerhebung beschrieben, die Experteninterviews und die Stellungnahmen zum DP bzw. ED umfassen (Kapitel V.2). Kapitel V.3 stellt die Methoden zur Auswertung der erhobenen Daten dar. Kapitel V.4 dient der Beurteilung der gewählten Forschungsmethodik.

Die Ergebnisse der empirischen Untersuchung werden in Kapitel VI präsentiert. Kapitel VI.1 stellt die Ergebnisse aus den Interviews mit Leasingnehmern, Wirtschaftsprüfern und Banken in der Reihenfolge der für jede Interessengruppe formulierten Forschungsfragen und den entsprechenden Teilfragen dar. Kapitel VI.2 enthält die Ergebnisse aus den Auswertungen von Stellungnahmen zum DP und ED für sämtliche Interessengruppen in der Reihenfolge der für jede Interessengruppe formulierten Forschungsfragen und den entsprechenden Teilfragen. Eine Schlussbetrachtung mit Zusammenfassung der wesentlichen Ergebnisse dieser Arbeit und daraus ableitbare Implikationen für den weiteren Standardsetzungsprozess stehen am Ende dieser Arbeit in Kapitel VII.

Kapitel II: Gegenwärtige internationale Leasingbilanzierung und Reformbestrebungen

Dieses Kapitel dient der Darstellung der gegenwärtigen internationalen Leasingbilanzierung und der Reformbestrebungen. In Kapitel II.1 erfolgt eine detaillierte Betrachtung der gegenwärtigen internationalen Leasingbilanzierung nach IFRS und US-GAAP. In Kapitel II.2 werden nach einer kurzen historischen Einordnung des Reformprojekts zur Leasingbilanzierung die Reformvorschläge für Leasingnehmer und Leasinggeber auf Basis des ED mit Verweis auf die wesentlichen Veränderungen gegenüber dem DP vorgestellt, ehe aus Gründen der Aktualität ein abschließender Überblick über die überarbeiteten Reformvorschläge nach Veröffentlichung des ED erfolgt.

1 Gegenwärtige internationale Leasingbilanzierung

1.1 Leasingbilanzierung nach IFRS

1.1.1 Überblick und Vorgehensweise

Die Bilanzierung von Leasingverhältnissen als entgeltliche Nutzungsüberlassung auf Zeit ist in IAS 17 geregelt und folgt einer wirtschaftlichen Betrachtungsweise. In Abhängigkeit davon, ob das wirtschaftliche Eigentum an dem zur Nutzung überlassenen Vermögenswert auf den Leasingnehmer übergeht oder bei dem Leasinggeber verbleibt, werden Leasingverhältnisse als operative Leasingverhältnisse oder Finanzierungsleasingverhältnisse klassifiziert. Im Rahmen der Klassifizierung ist zu prüfen, in welchem Umfang die mit dem wirtschaftlichen Eigentum verbundenen Risiken und Chancen bei dem Leasinggeber oder Leasingnehmer liegen[1]. Während bei einem operativen Leasingverhältnis der Leasinggegenstand bei dem Leasinggeber bilanziert wird und die Leasingzahlungen sofort als Aufwand bzw. Ertrag erfasst werden, wird bei einem Finanzierungsleasingverhältnis der Leasingnehmer wirtschaftlicher Eigentümer des Leasinggegenstands und bilanziert insofern den Leasinggegenstand und eine korrespondierende Verbindlichkeit. Der Leasinggeber bucht eine Forderung anstelle des Leasinggegenstands ein. Zusätzlich enthält IAS 17 Regelungen für Sondersachverhalte, wie Sale-and-Leaseback Transaktionen[2] oder Leasingverträge, bei denen Händler oder Hersteller als Leasinggeber auftreten[3]. Nachfolgend wird zunächst kurz auf den Anwendungsbereich von IAS 17 und damit zusammenhängend die Interpretationen IFRIC 4 und SIC 27 eingegangen. Daran schließt sich die Betrachtung der Klassifizierung von Leasingverhältnissen an, ehe in einem weiteren Schritt die Bilanzierung von operativen Leasingverhältnissen und Finanzierungsleasingverhältnissen aus Leasing-

1 Vgl. IAS 17.7-8.
2 Vgl. IAS 17.58-66.
3 Vgl. IAS 17.42-46.

nehmer- und Leasinggebersicht dargestellt wird. Das Kapitel geht abschließend auf die Bilanzierung von Sale-and-Leaseback Transaktionen und die Angabevorschriften ein.

1.1.2 Anwendungsbereich

IAS 17 ist grundsätzlich auf sämtliche Leasingverhältnisse anzuwenden. Ein Leasingverhältnis definiert sich als eine „Vereinbarung, bei der der Leasinggeber dem Leasingnehmer gegen eine Zahlung oder eine Reihe von Zahlungen das Recht auf Nutzung eines Vermögenswerts für einen vereinbarten Zeitraum überträgt“[1]. Die Nutzungsüberlassung stellt demnach das entscheidende Charakteristikum eines Leasingverhältnisses dar. Gleichermaßen sind Mietkaufverträge, bei denen nach einer Phase der Nutzungsüberlassung auch das rechtliche Eigentum mittels einer Kaufoption übertragen wird, als Leasingverhältnisse zu bezeichnen[2]. Vom Anwendungsbereich ausgenommen sind Leasingverhältnisse in Bezug auf die Entdeckung und Verarbeitung nicht regenerativer Ressourcen und Lizenzvereinbarungen über Filme, Videoaufnahmen, Theaterstücke, Manuskripte, Patente oder andere Urheberrechte[3]. Dienstleistungsverträge begründen ebenfalls kein Leasingverhältnis, sofern es an einer Übertragung des Nutzungsrechts mangelt[4].

Der Anwendungsbereich von IAS 17 erfährt eine Erweiterung durch IFRIC 4. Damit wird dem Gedanken Rechnung getragen, dass Vereinbarungen ohne direkte Übertragung eines Nutzungsrechts ein Leasingverhältnis enthalten können. Diese indirekten Leasingverhältnisse erschließen sich häufig über das Heranziehen von Nebenabreden zu den grundsätzlichen Vereinbarungen oder mit den Vereinbarungen in Zusammenhang stehende Transaktionen. Gegenstand von IFRIC 4 sind langfristige Lieferverträge, bei denen der Empfänger der Lieferung realiter ein Nutzungsrecht an der Produktionsanlage zur Herstellung der zu liefernden Gegenstände oder Leistungen – das Produktionsergebnis – erhält. Ein solches indirektes Nutzungsrecht liegt demnach vor, wenn die Erfüllung der Vereinbarung von der Nutzung eines spezifischen Vermögenswerts abhängt und die Vereinbarung ein Recht auf Nutzung des Vermögenswerts überträgt[5]. Die Voraussetzung eines spezifischen Vermögenswerts ist gegeben, wenn die Erfüllung der Liefervereinbarung von einem explizit identifizierten Vermögenswert – aus vertraglichen oder wirtschaftlichen Gründen – abhängt[6]. Die Übertragung eines Nutzungsrechts liegt vor, wenn eine der drei folgenden Voraussetzungen erfüllt ist[7]:

1 IAS 17.4. Vgl. hierzu auch Kümpel/Becker (2006), S. 3, ähnlich Büschgen (1998a), S. 2-5, Büschgen (1998b), S. 366-367.

2 Vgl. IAS 17.6, Pellens et al. (2011), S. 656.

3 Vgl. IAS 17.2.

4 Vgl. IAS 17.3.

5 Vgl. IFRIC 4.6. Vgl. ausführlicher Kümpel/Becker (2006), S. 6-8, Kümpel/Becker (2008).

6 Vgl. IFRIC 4.7. Beispielsweise kann die Nutzung eines alternativen Vermögenswerts wirtschaftlich nicht zweckmäßig oder praktikabel sein. Vgl. hierzu und im Folgenden Götz/ Spanheimer (2005), S. 260-261.

7 Vgl. IFRIC 4.9.

1. Der Empfänger der Lieferung besitzt die operationale Verfügungsmacht. Beispielsweise kann der Empfänger die Produktionsanlage selbst betreiben oder Anweisungen erteilen und erhält gleichzeitig den überwiegenden Teil des Produktionsergebnisses[1].
2. Der Empfänger der Lieferung besitzt die physische Verfügungsmacht. Beispielsweise kann der Empfänger dem Hersteller der Lieferung den Zugang zu der Produktionsanlage verweigern.
3. Es ist unwahrscheinlich, dass Dritte mehr als einen geringfügigen Betrag des Produktionsergebnisses beziehen. Zudem müssen die mit der Produktionsanlage verbundenen Risiken und Chancen auf den Empfänger der Lieferung übergehen. Davon ist auszugehen, wenn der Preis, den der Empfänger für das Produktionsergebnis zahlen wird, weder vertraglich festgelegt wird noch dem aktuellen Marktpreis zum Zeitpunkt der Lieferung entspricht.

Entgegen IFRIC 4 führt SIC 27 zu einer Einschränkung des Anwendungsbereichs von IAS 17. SIC 27 schließt solche Verträge aus, die zwar die rechtliche Form eines Leasingverhältnisses nutzen, ökonomisch jedoch nicht als Leasingverhältnis anzusehen sind[2]. Im Fokus von SIC 27 stehen grenzüberschreitende Lease-and-Leaseback Transaktionen[3], wonach ein Unternehmen Vermögenswerte an ein anderes Unternehmen verleast und über einen weiteren Leasingvertrag den Vermögenswert zurückleast. Alternativ ist der Verkauf der Vermögenswerte mit anschließendem Leasingvertrag möglich[4]. Die Bilanzierung hat den wirtschaftlichen Gehalt der Vereinbarung widerzuspiegeln[5]. Mehrere Vereinbarungen sind als ein einheitlicher Geschäftsvorfall zu bilanzieren, wenn die wirtschaftlichen Auswirkungen insgesamt nur bei einer Gesamtbetrachtung der einzelnen Transaktionen verständlich sind[6]. Die wirtschaftliche Betrachtung führt in den vorgestellten – oftmals steuerlich motivierten – Transaktionen nicht zu einer Nutzungsüberlassung[7]. Insofern ist die Definition eines Leasingverhältnisses gemäß IAS 17.4 nicht erfüllt. Haupt- und Untermietvertrag im Lease-and-Leaseback Geschäft bzw. Kauf- und Mietvertrag im Sale-and-Leaseback Geschäft neutralisieren sich[8]. Etwaige Erträge sind gemäß IAS 18 zu behandeln.

---

1 An einer Konkretisierung, wann der Anteil am Produktionsergebnis als „überwiegend" gilt, mangelt es in IFRIC 4. Als Orientierungshilfe wird in der Literatur mit Bezug auf die Vorschriften der US-GAAP ein Grenzwert von 10% genannt, d.h. Dritte erhalten weniger als 10% des Produktionsergebnisses. Vgl. Alvarez/Büttner (2008), S. 46, Küting/Hellen/Koch (2006), S. 653, Roß/Kunz/Drögemüller (2003), S. 2024. Die 10%-Grenze entbindet allerdings nicht von einer Gesamtwürdigung der Vereinbarung. Vgl. Lüdenbach/Freiberg (2010), Rn. 8.

2 Vgl. SIC 27.1.

3 Auch als Cross-Border-Leasing bezeichnet.

4 Auch als Sale-and-Leaseback bezeichnet.

5 Vgl. SIC 27.4.

6 Vgl. SIC 27.3.

7 SIC 27 nennt zudem Indikatoren, die darauf hinweisen, ob der wirtschaftliche Gehalt einer Vereinbarung ein Leasingverhältnis darstellt. Eine Konkretisierung dieser Indikatoren unterbleibt indes. Vgl. SIC 27.5.

8 Vgl. Lüdenbach/Freiberg (2010), Rn. 166.

1.1.3 Klassifizierung von Leasingverhältnissen

Grundlage der zu Beginn eines Leasingverhältnisses durchzuführenden Klassifizierung von Leasingverhältnissen ist der Umfang, in welchem die mit dem Leasinggegenstand verbundenen Risiken und Chancen beim Leasinggeber oder Leasingnehmer liegen[1]. „Ein Leasingverhältnis wird als Finanzierungsleasing eingestuft, wenn es im Wesentlichen alle Risiken und Chancen, die mit dem Eigentum verbunden sind, überträgt"[2]. In diesem Fall wird der Leasinggegenstand dem Leasingnehmer zugerechnet. Als operative Leasingverhältnisse gelten im Sinne einer Negativabgrenzung Leasingverhältnisse, die nicht als Finanzierungsleasingverhältnis klassifiziert werden[3]. Diese abstrakte Klassifizierung verdeutlicht wiederum den Grundgedanken der wirtschaftlichen Betrachtungsweise: Der wirtschaftliche Gehalt einer Vereinbarung prägt die Klassifizierung von Leasingverhältnissen. Als Auslegungshilfe und zur Konkretisierung des Übergangs der wesentlichen Risiken und Chancen werden in IAS 17 fünf Beispiele und drei Indikatoren genannt[4].

Die Beispiele in IAS 17.10 lassen vermuten, dass dem Leasingnehmer die Nutzung des Leasinggegenstands während des überwiegenden Teils der wirtschaftlichen Nutzungsdauer möglich ist. Die Übertragung des rechtlichen Eigentums an dem Leasinggegenstand am Ende der Leasingvertragslaufzeit[5] und eine wahrscheinliche Übertragung des rechtlichen Eigentums aufgrund einer günstigen Kaufoption[6] führen dazu, dass dem Leasingnehmer sämtliche Risiken und Chancen des Vermögenswerts zufallen. Im Falle einer Vertragslaufzeit, die den überwiegenden Teil der wirtschaftlichen Nutzungsdauer umfasst[7], geht zwar nicht das rechtliche Eigentum am Ende der Leasingvertragslaufzeit auf den Leasingnehmer über. Dennoch trägt der Leasingnehmer den Großteil der Risiken und Chancen, da der Leasingnehmer den Leasinggegenstand über den überwiegenden Teil der wirtschaftlichen Nutzungsdauer nutzen kann. Ähnliches gilt für Situationen, in denen der Barwert der Mindestleasingzahlun-

1 Vgl. IAS 17.7.

2 IAS 17.8.

3 Vgl. IAS 17.4.

4 Die Unterscheidung in Beispiele und Indikatoren bleibt unklar. Epstein/Jermakowicz (2010), S. 660 führen diesbezüglich aus, dass das Vorliegen eines Beispiels regelmäßig zur Klassifizierung als Finanzierungsleasingverhältnis führt, während die Erfüllung eines Indikators lediglich darauf hindeutet, dass ein Finanzierungsleasingverhältnis vorliegt. Lüdenbach/Freiberg (2010), Rn. 22-23 verweisen ebenfalls auf einen geringeren Verbindlichkeitsgrad der Indikatoren und schlagen eine Integration der Indikatoren in die zu prüfenden Beispiele vor.

5 Vgl. IAS 17.10(a).

6 Vgl. IAS 17.10(b). Von einer günstigen Kaufoption ist auszugehen, wenn der Kaufpreis deutlich niedriger als der erwartete beizulegende Zeitwert des Leasinggegenstands zum Zeitpunkt der Optionsausübung ist. Zur Definition von „deutlich niedriger" wird in der Literatur ein Grenzwert von 20% genannt. Sofern der Kaufpreis 20% oder mehr unter dem beizulegenden Zeitwert liegt, gilt die Kaufoption als günstig. Vgl. Kümpel/Becker (2006), S. 31, Lüdenbach/Freiberg (2010), Rn. 28.

7 Vgl. IAS 17.10(c). Eine Konkretisierung des Begriffs „überwiegender Teil der Nutzungsdauer" lässt sich in IAS 17 nicht finden und führt somit zu einem Ermessensspielraum. In der Literatur werden Diskussionen um Grenzwerte zwischen 50%-75% in Anlehnung an US-GAAP und 80%-90% in Anlehnung an das deutsche Steuerrecht geführt. Vgl. Beine/Nardmann (2009), Rn. 24, Epstein/Jermakowicz (2010), S. 660, Lüdenbach/Freiberg (2010), Rn. 35-38.

gen[1] im Wesentlichen mindestens dem beizulegenden Zeitwert des Leasinggegenstands entspricht[2]. Die annähernde Übereinstimmung von Barwert der Mindestleasingzahlungen und beizulegendem Zeitwert, der im Falle eines Kaufs zu entrichten wäre, lässt die Vermutung zu, dass der Leasingnehmer das Nutzungsrecht über den überwiegenden Teil der Nutzungsdauer besitzt. Der Leasinggeber wird für den gesamten Wert des Vermögenswerts kompensiert[3]. Eine ausschließliche Nutzung des Leasinggegenstands durch den Leasingnehmer liegt zudem im Rahmen eines Spezialleasing vor[4]. Der Leasinggegenstand ist derart speziell beschaffen, dass er ohne wesentliche Veränderung keiner sinnvollen Drittverwendungsmöglichkeit zugeführt werden kann. Mangels einer Verwendung durch Dritte muss sich der Leasinggegenstand aus Sicht des Leasinggebers daher während der Leasingvertragslaufzeit voll amortisieren[5]. Dies lässt den Schluss zu, dass die wesentlichen Risiken und Chancen auf den Leasingnehmer übergehen.

Die Indikatoren in IAS 17.11 können in einer Klassifizierung als Finanzierungsleasingverhältnis resultieren. Gemäß dem ersten und zweiten Indikator kann ein Finanzierungsleasingverhältnis vorliegen, wenn sich der Leasingnehmer verpflichtet, Verluste des Leasinggebers aus einer vorzeitigen Kündigung des Leasingverhältnisses zu tragen[6] oder wenn dieser maßgeblich am Restwert partizipiert[7]. In diesen Fällen besitzt der Leasingnehmer das Nutzungsrecht zwar nicht über den überwiegenden Teil der wirtschaftlichen Nutzungsdauer. Dennoch kann aufgrund der Übernahme von Risiken und Chancen nach Ablauf der Leasingvertragslaufzeit davon ausgegangen werden, dass eine Vollamortisation während der Leasingvertragslaufzeit erreicht wird. Als dritter Indikator wird eine günstige Verlängerungsoption genannt. Die niedrigere Anschlussmiete kann hiernach als Indiz für die von dem Leasingnehmer zuvor übernommenen und bereits abgegoltenen Risiken und Chancen erachtet werden[8].

Die Erfüllung eines der angeführten Beispielkriterien oder einer der Indikatoren resultiert nicht zwingend in dem Vorliegen eines Finanzierungsleasingverhältnisses. Vielmehr wird ein Leasingverhältnis als operatives Leasingverhältnis klassifiziert,

---

1 Die Mindestleasingzahlungen sind diejenigen Zahlungen, welche der Leasingnehmer während der Laufzeit des Leasingverhältnisses zu leisten hat oder zu denen er herangezogen werden kann. Dazu gehören auch garantierte Beträge, einschließlich garantierte Restwerte. Vgl. IAS 17.4, ausführlicher Kümpel/Becker (2006), S. 43-51, Pellens et al. (2011), S. 663.

2 Vgl. IAS 17.10(d). Auch diesem Kriterium mangelt es in IAS 17 an einer Konkretisierung. Der Ausdruck „im Wesentlichen mindestens" erscheint sogar widersprüchlich. Vgl. Pferdehirt (2007), Fn. 552. In der Literatur erfolgt häufig eine Quantifizierung unter Rückgriff auf die US-GAAP. Eine Übereinstimmung zwischen Barwert der Mindestleasingzahlungen und beizulegendem Zeitwert liegt hiernach bei einem Grenzwert von 90% vor. Vgl. Beine/Nardmann (2009), Rn. 24, Epstein/Jermakowicz (2010), S. 660-661, Lüdenbach/Freiberg (2010), Rn. 43. Findeisen (1997), S. 842 schlägt demgegenüber ein Grenzwert von 95%, Alvarez/Wotschofsky/Miethig (2001), S. 938 gar von 99% vor.

3 Vgl. Epstein/Jermakowicz (2010), S. 660. Diesbezüglich kann ein Ratenkauf vermutet werden. Vgl. Pellens et al. (2011), S. 659.

4 Vgl. IAS 17.10(e).

5 Vgl. Pellens et al. (2011), S. 659.

6 Vgl. IAS 17.11(a).

7 Vgl. IAS 17.11(b).

8 Vgl. Pellens et al. (2011), S. 659.

wenn aus anderen Merkmalen klar hervorgeht, dass ein Leasingverhältnis nicht im Wesentlichen alle Risiken und Chancen überträgt, die mit Eigentum verbunden sind[1].

Der Klassifizierung von Leasingverhältnissen über Immobilien kommt eine besondere Stellung zu. Dies erklärt sich aus der grundsätzlich unbegrenzten Nutzungsdauer von Grundstücken, die den Leasinggeber unabhängig von der Laufzeit des Leasingvertrags über das vollständige Nutzenpotential des Grundstücks und damit über die wesentlichen Risiken und Chancen verfügen lässt[2]. Ein Finanzierungsleasingverhältnis ist ohne anderweitige Sicherstellung des Übergangs der Risiken und Chancen – etwa die Übertragung des rechtlichen Eigentums am Ende der Leasinglaufzeit – nicht möglich[3]. Gebäude unterscheiden sich insofern nicht von mobilen Leasinggegenständen, als hierbei die Risiken und Chancen auf den Leasingnehmer übergehen können. Bei bebauten Grundstücken müssen daher die Grundstücks- und Gebäudekomponenten zum Zwecke der Klassifizierung gesondert betrachtet werden. Eine Ausnahme von diesem Grundsatz besteht, wenn der Wert des Grundstücks im Verhältnis zum Gesamtwert von Grundstück und Gebäude unwesentlich ist[4]. Nach Festlegung einer getrennten oder kombinierten Klassifizierung erfolgt diese nach den Regeln für mobile Leasinggegenstände.

1.1.4 Bilanzierung von Finanzierungsleasingverhältnissen

Die Darstellung der Bilanzierung von Finanzierungsleasingverhältnissen erfolgt zunächst aus Sicht des Leasingnehmers, ehe auf die leasinggeberseitige Bilanzierung eingegangen wird. Bei einem Finanzierungsleasingverhältnis wird der Leasingnehmer wirtschaftlicher Eigentümer des Leasinggegenstands. Daher hat der Leasingnehmer den Leasinggegenstand und eine Schuld in gleicher Höhe zu bilanzieren. Die korrespondierende Höhe beider Positionen bestimmt sich aus dem beizulegenden Zeitwert des Leasinggegenstands oder dem Barwert der Mindestleasingzahlungen[5], sofern dieser Wert niedriger ist[6]. Bei der Ermittlung des Barwerts ist der dem Leasingverhältnis zugrundeliegende Zinssatz als Diskontierungssatz zu verwenden. Dieser definiert sich als Zinssatz, bei dem die Summe der Barwerte der Mindestleasingzahlungen und des nicht garantierten Restwerts der Summe des beizulegenden Zeitwerts des Leasinggegenstands entspricht[7]. Aus Sicht des Leasinggebers spiegelt der Zinssatz die interne Verzinsung der Investition in das Leasingobjekt wider und gilt als Effektivverzin-

1 Vgl. IAS 17.12. Ein solcher Fall liegt beispielsweise vor, wenn die Übertragung des Eigentums am Ende des Leasingverhältnisses gegen eine variable Zahlung in Höhe des beizulegenden Zeitwerts übertragen wird, also keine günstige Kaufoption vorliegt.

2 Vgl. hierzu und im Folgenden IAS 17.15A.

3 Vgl. Pellens et al. (2011), S. 658.

4 Vgl. IAS 17.17. Handelt es sich bei dem Anteil des Leasingnehmers an den Grundstücken und Gebäuden um als Finanzinvestition gehaltene Immobilien gemäß IAS 40 und wird das Modell des beizulegenden Zeitwerts angewendet, ist eine gesonderte Behandlung der Grundstücks- und Gebäudekomponenten ebenfalls nicht erforderlich. Vgl. IAS 17.18.

5 Zur Definition der Mindestleasingzahlungen vgl. Fn. 1, S. 8.

6 Vgl. hierzu und im Folgenden IAS 17.20.

7 Vgl. IAS 17.4.

sung[1]. Sofern dem Leasingnehmer die Ermittlung des internen Zinssatzes nicht möglich ist, kann er alternativ den Grenzfremdkapitalzinssatz verwenden. Dabei handelt es sich um denjenigen Zinssatz, den der Leasingnehmer in einem vergleichbaren Leasingverhältnis oder für ein Kreditgeschäft in gleicher Höhe und mit gleicher Laufzeit und Besicherung zahlen müsste[2]. Anschaffungsnebenkosten von Leasingverhältnissen sind teilweise dem Leasinggegenstand zuzurechnen[3].

Im Rahmen der Folgebewertung laufen die ursprünglich korrespondierenden Bewertungen von Vermögenswert und Schuld auseinander. Der Vermögenswert ist gemäß den allgemeinen Regelungen zu den planmäßigen Abschreibungen im Wert zu reduzieren[4]. Für die bilanzielle Berücksichtigung von Wertminderungen ist IAS 36 heranzuziehen[5]. Der Abschreibungszeitraum bestimmt sich in Abhängigkeit von einem möglichen Eigentumsübergang am Ende der Leasingvertragslaufzeit. Ist ein solcher Eigentumsübergang wahrscheinlich, entspricht der Abschreibungszeitraum der verbleibenden wirtschaftlichen Nutzungsdauer. Andernfalls erfolgt die Abschreibung entweder über die Leasingvertragslaufzeit oder die wirtschaftliche Restnutzungsdauer, je nachdem welcher Zeitraum kürzer ist[6]. Die Abschreibungssumme soll überdies etwaige garantierte Restwerte berücksichtigen. Demnach ist der Leasinggegenstand auf den garantierten Restwert bzw. auf den beizulegenden Zeitwert am Ende des Leasingverhältnisses abzuschreiben, sofern dieser niedriger ist. Diese Vorgehensweise stellt eine systematische Verteilung der Aufwendungen über die Perioden sicher und vermeidet überproportional hohe Aufwendungen in der Periode der Garantieauszahlung[7].

Die Folgebewertung der Schuld erfolgt unter Aufteilung der Leasingverbindlichkeit in die zu leistenden Finanzierungskosten (Zinsaufwendungen) und die Tilgungskomponente. Die Finanzierungskosten sind dabei derart über die Leasingvertragslaufzeit zu verteilen, dass sich ein konstanter Zinssatz auf die verbleibende Restschuld ergibt[8]. Gemäß dieser Effektivzinsmethode ergeben sich die Finanzierungskosten durch Multiplikation der Schuld mit dem zuvor ermittelten Diskontierungssatz. Der Tilgungsanteil stellt die Differenz aus Leasingzahlung und Finanzierungskosten dar. Zur Vereinfachung der zeitlichen Verteilung von Zins- und Tilgungsanteil sind auch Näherungsverfahren anwendbar[9]. Analog zu einem Kreditgeschäft nimmt im zeitlichen Verlauf des Leasingverhältnisses der Anteil der zu leistenden Finanzierungskosten ab, während der Tilgungsanteil steigt. Die Summe der Tilgungsbeträge entspricht am Ende der Vertragslaufzeit der anfänglichen Leasingverbindlichkeit. Diese ist somit

1 Vgl. Lüdenbach/Freiberg (2010), Rn. 56.
2 Vgl. IAS 17.4.
3 Vgl. IAS 17.24.
4 Dementsprechend sind die Abschreibungen für materielle Vermögenswerte gemäß IAS 16 bzw. für immaterielle Vermögenswerte gemäß IAS 38 zu berechnen. Vgl. IAS 17.27.
5 Vgl. IAS 17.30.
6 Vgl. IAS 17.28.
7 Vgl. Beine/Nardmann (2009), Rn. 62-63, Epstein/Jermakowicz (2010), S. 665.
8 Vgl. IAS 17.25.
9 Vgl. IAS 17.26. Als Näherungsverfahren gelten z.B. die lineare Verteilung der Finanzierungskosten über die Vertragslaufzeit oder die Verteilung nach der Zinsstaffelmethode. Vgl. hierzu Lüdenbach/Freiberg (2010), Rn. 128.

vollständig getilgt. Die diesen Betrag übersteigenden Zahlungen entsprechen den Finanzierungskosten. Die vollständige Tilgung der Leasingverbindlichkeit unterbleibt indes im Falle eines vorhandenen garantierten Restwerts, der am Ende der Leasingvertragslaufzeit als Verbindlichkeit bestehen bleibt und erst durch Rückgabe des Leasinggegenstands aufgelöst wird[1]. Diese Vorgehensweise korrespondiert mit der Folgebewertung des Vermögenswerts, in dessen Abschreibungen garantierte Restwerte Berücksichtigung finden.

Die bilanzielle Abbildung eines Finanzierungsleasingverhältnisses beim Leasinggeber erfolgt – analog zu der Abbildung beim Leasingnehmer – unter Berücksichtigung des Übergangs des wirtschaftlichen Eigentums. Da das wirtschaftliche Eigentum an dem Leasinggegenstand auf den Leasingnehmer übergeht, wird bilanztechnisch ein Veräußerungsvorgang fingiert. Der Leasinggeber bucht den Vermögenswert aus und erfasst stattdessen eine Forderung auf Erhalt der Leasingzahlungen in Höhe des Nettoinvestitionswerts[2]. Ein Veräußerungsgeschäft resultiert gewöhnlich insofern in einem Veräußerungserfolg, als der Buchwert des veräußerten Vermögenswerts unter dem beizulegenden Zeitwert des Vermögenswerts liegt. Leasingverträge stellen diesbezüglich eine Besonderheit dar. Der Buchwert des Vermögenswerts entspricht regelmäßig dem beizulegenden Zeitwert des Vermögenswerts. Der Leasinggeber kauft den Leasinggegenstand ausschließlich, um diesen zu verleasen[3]. Ein Veräußerungsgewinn wird insofern nicht erzielt[4]. Im Vordergrund der Leasingtransaktion steht vielmehr die Finanzierungsfunktion. Der Leasinggeber erzielt daher ausschließlich Finanzierungserfolge[5].

Im Rahmen der Folgebewertung der Forderung sind die Leasingzahlungen – ähnlich der Folgebewertung der Verbindlichkeit auf Seiten des Leasingnehmers – in zu erhaltende Finanzierungserträge (Zinserträge) und die Tilgungskomponente aufzuteilen. Die Aufteilung der Zinserträge hat gemäß der Effektivzinsmethode derart zu erfolgen, dass eine konstante periodische Verzinsung der Nettoinvestition gegeben ist[6]. Der den Zinsanteil übersteigende Teil der Leasingzahlungen reduziert als Tilgungsan-

1 Liegt der beizulegende Wert des Leasinggegenstands unter dem garantierten Restwert, ist eine Ausgleichszahlung in Höhe der Differenz zu leisten. Vgl. Beine/Nardmann (2009), Rn. 62.

2 Vgl. IAS 17.36. Der Nettoinvestitionswert entspricht dem diskontierten Bruttoinvestitionswert. Der Bruttoinvestitionswert umfasst die Summe aus den vom Leasinggeber im Rahmen eines Finanzierungsleasingverhältnisses zu erhaltenden Mindestleasingzahlungen und einen eventuellen nicht garantierten Restwert. Als Diskontierungssatz ist der interne Zinsfuß zu verwenden. Bei der Berechnung dieses Zinssatzes müssen der Barwert des Bruttoinvestitionswerts und der beizulegende Zeitwert des Leasinggegenstands zuzüglich anfänglicher direkter Kosten übereinstimmen. Der Nettoinvestitionswert entspricht insofern dem beizulegenden Zeitwert des Leasinggegenstands zuzüglich anfänglicher direkter Kosten. Die Differenz zwischen Brutto- und Nettoinvestitionswert, der sich durch die Abzinsung des Bruttoinvestitionswertes ergibt, wird als nicht realisierter Finanzertrag bezeichnet. Vgl. IAS 17.4.

3 Auch als Direktfinanzierungsleasing bezeichnet. Vgl. Beine/Nardmann (2009), Rn. 74, Epstein/Jermakowicz (2010), S. 674.

4 Sofern Hersteller oder Händler als Leasinggeber auftreten, liegt indes ein (Raten-)Kauf mit entsprechendem Veräußerungserfolg vor. Auf diesen Sonderfall wird nachfolgend eingegangen.

5 Insofern kann die Differenz zwischen Brutto- und Nettoinvestitionswert als nicht realisierter Finanzertrag bezeichnet werden. Vgl. IAS 17.4 sowie Lüdenbach/Freiberg (2010), Rn. 131.

6 Vgl. IAS 17.39.

teil die Forderung[1]. Die in der Forderung enthaltenen Restwerte können während der Leasinglaufzeit Veränderungen unterliegen. Nicht garantierte Restwerte basieren auf Schätzungen, die regelmäßig auf Realisierbarkeit überprüft werden müssen. Im Falle einer Minderung des nicht garantierten Restwerts muss die Ertragsverteilung über die Leasinglaufzeit berichtigt werden. Bereits abgelaufene Perioden sind retrospektiv GuV-wirksam zu korrigieren[2].

Neben dem Direktfinanzierungsleasing ist der Fall des Hersteller- oder Händlerleasing zu betrachten. Während beim Direktfinanzierungsleasing auf die Finanzierungsfunktion fokussiert und somit ein Veräußerungserfolg regelmäßig nicht realisiert wird, weicht beim Hersteller- oder Händlerleasing der beizulegende Zeitwert des Leasinggegenstands von dessen Buchwert ab. Neben dem Finanzierungsgeschäft fällt insofern ein zusätzlicher Erfolg aus dem Veräußerungsgeschäft an. Die Höhe des Veräußerungserfolgs determiniert sich aus der Differenz von Umsatzerlös und Umsatzkosten. Als Umsatzerlös gilt der niedrigere Betrag aus beizulegendem Zeitwert des Leasinggegenstands und Barwert der Mindestleasingzahlungen. Dieser ist als Forderung anzusetzen. Die Umsatzkosten bestimmen sich durch die Anschaffungs- oder Herstellungskosten bzw. – falls abweichend – durch den Buchwert des Leasinggegenstands abzüglich des Barwerts des nicht garantierten Restwerts[3]. Dem Zinssatz zur Ermittlung des Barwerts der Mindestleasingzahlungen und dem des nicht garantierten Restwerts kommt eine besondere Bedeutung zu. Hersteller oder Händler kalkulieren häufig mit Zinssätzen, die unter den Marktzinsen liegen, um Kaufanreize zu stimulieren. Mittels eines künstlich niedrig gehaltenen Zinssatzes lässt sich die Differenz zwischen dem Barwert der Mindestleasingzahlungen als Ausdruck der Umsatzerlöse und den Umsatzkosten erhöhen[4]. Im Falle künstlich niedriger Zinsen muss der Veräußerungserfolg daher mit marktüblichen Zinsen ermittelt werden[5]. Im Rahmen der Folgebewertung sind die Leasingzahlungen – in Übereinstimmung zum Direktfinanzierungsleasing – in zu erhaltende Finanzierungserträge (Zinserträge) und die Tilgungskomponente aufzuteilen.

Die Realisierung eines Veräußerungserfolgs erscheint zudem notwendig, wenn der Leasinggeber zwar nicht als Hersteller oder Händler auftritt, jedoch der Buchwert des Leasinggegenstands unter dem beizulegenden Zeitwert liegt[6]. Dieser Fall wird in IAS 17 nicht geregelt. Dennoch ist davon auszugehen, dass der Leasinggeber – analog

1 Vgl. IAS 17.40. Näherungsverfahren zur zeitlichen Verteilung von Zins- und Tilgungsanteil werden nicht explizit genannt. Mit Verweis auf eine konsistente Behandlung von Leasingnehmer und Leasinggeber kann vermutet werden, dass die Anwendung von Näherungsverfahren auch leasinggeberseitig zulässig ist.

2 Vgl. IAS 17.41 sowie Kirsch (2010), Rn. 42 und Lüdenbach/Freiberg (2010), Rn. 133.

3 Vgl. IAS 17.44 sowie Beine/Nardmann (2009), Rn. 83. Anfängliche direkte Kosten werden als Aufwand erfasst und mindern insofern den Veräußerungserfolg. Vgl. IAS 17.46.

4 Vgl. IAS 17.45 sowie Beine/Nardmann (2009), Rn. 84.

5 Vgl. IAS 17.42. Beine/Nardmann (2009), Rn. 84 verlangen indes, dass der marktübliche Zinssatz stets anzuwenden ist, denn künstlich hohe Zinsen führten zu höheren Finanzerträgen.

6 Ein solcher Fall liegt beispielsweise vor, wenn der Leasinggeber aufgrund seiner Spezialisierung den Leasinggegenstand zu derart günstigen Konditionen beschaffen kann, dass die mit dem Buchwert identischen Anschaffungskosten unter dem beizulegenden Zeitwert liegen. Vgl. hierzu und im Folgenden Kümpel/Becker (2006), 154-155.

zum Hersteller- oder Händlerleasing – eine Forderung in Höhe des beizulegenden Zeitwerts oder des niedrigeren Barwerts der Mindestleasingzahlungen anzusetzen hat. Der Veräußerungserfolg determiniert sich aus der Differenz von Forderung und Buchwert des Leasinggegenstands abzüglich des Barwerts des nicht garantierten Restwerts und ist als außerordentlicher Gewinn zu erfassen[1].

1.1.5 Bilanzierung von operativen Leasingverhältnissen

Bei operativen Leasingverhältnissen bleibt der Leasinggeber wirtschaftlicher Eigentümer des Leasinggegenstands. Die wesentlichen Risiken und Chancen werden somit nicht auf den Leasingnehmer übertragen[2]. Bilanziell werden operative Leasingverhältnisse wie Mietverhältnisse behandelt. Der Leasinggeber bilanziert weiterhin den Leasinggegenstand[3]. Der Leasingnehmer hat keinerlei Ansatzpflichten. Lediglich die Leasingzahlungen als Entgelt für den Erwerb des Nutzungsrechts sind als Aufwand linear GuV-wirksam zu erfassen[4]. Von der linearen Erfassung ist abzuweichen, wenn eine andere systematische Grundlage eher dem zeitlichen Verlauf des Nutzens für den Leasingnehmer entspricht. Als Beispiel dienen Anreizvereinbarungen, bei denen der Leasinggeber dem Leasingnehmer Vorteile bei Abschluss eines Leasingvertrags, u.a. in Form von Zahlungspausen, gewährt[5]. Der Leasingnehmer hat auch in diesem Fall den aggregierten Nutzen, der ihm als Anreiz für die Vereinbarung eines Leasingvertrags vom Leasinggeber zufließt, als Reduktion der Mietaufwendungen linear über die Laufzeit des Leasingverhältnisses zu verteilen, es sei denn, eine andere Verteilung entspricht eher dem zeitlichen Nutzenverlauf des geleasten Gegenstands[6]. Sofern der zeitliche Verlauf der Leasingzahlung und des Nutzens nicht übereinstimmen, sind die Zahlungen entsprechend aktivisch oder passivisch abzugrenzen.

Der Leasinggeber erfasst die erhaltenen Leasingzahlungen linear über die Leasinglaufzeit als Ertrag. Analog zum Leasingnehmer ist von der linearen Erfassung abzuweichen, wenn eine andere planmäßige Verteilung eher dem zeitlichen Verlauf entspricht, in dem sich der Nutzenvorteil verringert[7]. Insofern muss wiederum eine aktivische oder passivische Abgrenzung durchgeführt werden. Die Abgrenzung erfolgt spiegelbildlich zu der Behandlung beim Leasingnehmer[8]. Im Rahmen der Folgebewertung muss der Leasinggeber den Leasinggegenstand gemäß den Grundsätzen in IAS 16, IAS 36 und IAS 38 abschreiben[9].

---

1 Vgl. mit ähnlicher Auffassung Pferdehirt (2007), S. 97.
2 Vgl. IAS 17.8.
3 Vgl. IAS 17.49. Anfängliche direkte Kosten werden dem Leasinggegenstand hinzugerechnet und über die Laufzeit des Leasingverhältnisses als Aufwand erfasst. Vgl. IAS 17.52.
4 Vgl. IAS 17.33 sowie Beine/Nardmann (2009), Rn. 48.
5 Vgl. hierzu SIC 15 sowie das Beispiel in Epstein/Jermakowicz (2010), S. 664.
6 Vgl. hierzu und im Folgenden Kirsch (2010), Rn. 59.
7 Vgl. IAS 17.50.
8 Vgl. hierzu das Beispiel in Alfredson et al. (2009), S. 538.
9 Vgl. IAS 17.53.

1.1.6 Vergleichende Darstellung der bilanziellen Abbildung von Leasingverhältnissen

Anhand des folgenden Beispiels sollen kurz die Unterschiede in den bilanziellen Wirkungen eines operativen Leasingverhältnisses und eines Finanzierungsleasingverhältnisses seitens des Leasingnehmers verdeutlicht werden[1]. Diese Darstellung trägt zu einem besseren Verständnis bei und erscheint im Hinblick auf die empirische Untersuchung dieser Arbeit angebracht.

Über einen Vermögenswert wird ein Leasingvertrag über fünf Jahre abgeschlossen. Der Vermögenswert hat einen beizulegenden Zeitwert von 10.000€ und eine wirtschaftliche Nutzungsdauer von acht Jahren. Die jeweils am Ende des Jahres zu zahlenden Leasingraten betragen 2.500€. Der geschätzte Restwert am Ende der Leasingvertragslaufzeit beläuft sich auf 1.000€. Nebenkosten fallen nicht an. Aus den vorstehenden Angaben resultiert ein dem Leasingverhältnis zugrundeliegender Zinssatz von ca. 10%, der dem Leasingnehmer bekannt ist. Latente Steuern werden aus Gründen der Komplexitätsreduktion vernachlässigt. Der Leasingvertrag wird am 31.12. des Jahres Null effektiv. Dementsprechend muss er im Jahr Null bereits bilanziert werden. Die Zahlungen und Aufwendungen entstehen indes erst in den folgenden Jahren.

Bei Klassifizierung des Leasingvertrags als operatives Leasingverhältnis erfasst der Leasingnehmer die zu leistenden Leasingzahlungen linear als Aufwand in jeder Periode[2]. Die jährlichen Aufwendungen betragen 2.500€, die sich zu einem Gesamtaufwand am Ende der Leasingvertragslaufzeit in Höhe von 12.500€ summieren. Tabelle 1 verdeutlicht die Auswirkungen eines operativen Leasingverhältnisses auf Bilanz und GuV während der Leasingvertragslaufzeit.

Tabelle 1: Auswirkungen eines beispielhaften operativen Leasingverhältnisses auf Bilanz und GuV

Leasinglaufzeit	**0**	**1**	**2**	**3**	**4**	**5**	**Summe**
Bilanz zum Jahresende							
Kassenabgang	0	2.500	2.500	2.500	2.500	2.500	**12.500**
GuV							
Leasingaufwand		2.500	2.500	2.500	2.500	2.500	**12.500**

Bei Klassifizierung als Finanzierungsleasingverhältnis hat der Leasingnehmer einen Vermögenswert und eine korrespondierende Verbindlichkeit zu bilanzieren. Der Wert der zu bilanzierenden Posten leitet sich aus dem niedrigeren Betrag aus beizulegendem Zeitwert des Leasinggegenstands und Barwert der Mindestleasingzahlungen ab. Letzterer beträgt im vorliegenden Fall 9.389€. Im Rahmen der Folgebewertung unterliegt der Leasinggegenstand der linearen Abschreibung über den kürzeren Abschreibungszeitraum aus Leasingvertragslaufzeit und wirtschaftlicher Nutzungsdauer. Die Verbindlichkeit wird unter Anwendung der Effektivzinsmethode in einen

1 Ähnliche Beispiele finden sich in Fülbier/Pferdehirt (2005), S. 277 und Pferdehirt (2007), S. 98-101.

2 Eine andere systematische Verteilungsgrundlage, die eher dem zeitlichen Verlauf des Nutzens für den Leasingnehmer entspricht, liegt annahmegemäß nicht vor.

Zins- und Tilgungsanteil aufgeteilt. Tabelle 2 verdeutlicht die Wertentwicklung des Leasinggegenstands und der Verbindlichkeit sowie damit zusammenhängende Auswirkungen auf Bilanz und GuV während der Leasingvertragslaufzeit.

Tabelle 2: Auswirkungen eines beispielhaften Finanzierungsleasingverhältnisses auf Bilanz und GuV

Leasinglaufzeit	**0**	**1**	**2**	**3**	**4**	**5**	**Summe**
Bilanz zum Jahresende							
Leasinggegenstand	9.389	7.511	5.633	3.756	1.878	0	-
Verbindlichkeit	9.389	7.862	6.177	4.317	2.265	0	-
Kassenabgang		2.500	2.500	2.500	2.500	2.500	**12.500**
GuV							
Abschreibung		1.878	1.878	1.878	1.878	1.878	**9.389**
Zinsaufwand		973	815	640	447	235	**3.111**
Periodenaufwand		2.851	2.693	2.518	2.325	2.113	**12.500**

Leasinggegenstand und Verbindlichkeit entsprechen sich wertmäßig lediglich zu Beginn und am Ende der Leasinglaufzeit. Während der Laufzeit zeigt sich die unterschiedliche Entwicklung der beiden Positionen: Der Leasinggegenstand unterliegt einer linearen Abschreibung und somit einer konstanten Wertminderung. Die Verbindlichkeit erfährt indes keine lineare Wertentwicklung. Dies ist der Effektivzinsmethode geschuldet, die zu einem im Zeitablauf sinkenden Zinsaufwand und gleichzeitig zunehmenden Tilgungsanteil führt.

Der Zinsaufwand errechnet sich durch Multiplikation der Verbindlichkeit mit dem Diskontierungssatz. Aufgrund der Reduktion der Verbindlichkeit im Zeitablauf vermindert sich auch der Zinsaufwand. Der Tilgungsanteil ergibt sich als Differenz aus der zu zahlenden Leasingrate und dem Zinsaufwand. Der über die Leasinglaufzeit abnehmende Zinsaufwand führt insofern zu einem Anstieg des Tilgungsanteils. Der gesamte Zinsaufwand über sämtliche Leasingperioden hinweg beträgt 3.111€ und errechnet sich als Differenz aus dem Gesamtaufwand in Höhe von 12.500€ und den Abschreibungen in Höhe von 9.389€, die zugleich der Tilgungssumme entsprechen.

Insgesamt zeigt sich somit eine konstante Aufwandsbelastung im Falle eines operativen Leasingverhältnisses, während bei einem Finanzierungsleasingverhältnis aufgrund des höheren Zinsaufwands die Aufwandsbelastung in frühen Perioden der Leasingvertragslaufzeit höher ist als in späteren Perioden. Im Unterschied zu einem operativen Leasingverhältnis findet bei einem Finanzleasingverhältnis eine Vorverlagerung von Aufwand statt. Im vorliegenden Beispiel werden im Falle des Finanzierungsleasingverhältnisses in den ersten drei Jahren vergleichsweise höhere Aufwendungen als bei Vorliegen eines operativen Leasingverhältnisses erfasst.

Die Darstellung der gegenwärtigen Vorschriften zur Bilanzierung von Leasingverhältnissen sowie die Ausführungen zu den bilanziellen Wirkungen sind notwendig, um die im Rahmen der empirischen Studie zu untersuchenden ökonomischen Konsequenzen der Reformbestrebungen hinreichend erfassen und beurteilen zu können.

Auf vorstehende Ausführungen wird im Laufe der Arbeit insofern noch häufiger zu verweisen sein.

1.1.7 Sale-and-Leaseback Transaktionen

Sale-and-Leaseback Transaktionen stellen eine Kombination zweier Transaktionen dar. Im Rahmen eines Veräußerungsgeschäfts geht das rechtliche Eigentum von dem Verkäufer auf den Erwerber über. In der anschließenden Leasingtransaktion erhält der Verkäufer das Nutzungsrecht an dem veräußerten Vermögenswert von dem Erwerber zurück[1]. Anreize für Sale-and-Leaseback Transaktionen liegen häufig in der Beschaffung liquider Mittel bei fortgesetzter Nutzung des Vermögenswerts[2]. Zudem können Sale-and-Leaseback Transaktionen steuerlich motiviert sein oder der Verbesserung wesentlicher Kennzahlen dienen.

Die Bilanzierung von Sale-and-Leaseback Transaktionen erfolgt in Abhängigkeit von der Klassifizierung des Leaseback Geschäfts, die sich – analog zu den sonstigen Leasingverhältnissen – nach der Verteilung der Risiken und Chancen richtet. In der Mehrzahl der Fälle wird die Leasingvereinbarung als Finanzierungsleasingverhältnis klassifiziert. Dies ist der Motivation von Sale-and-Leaseback Transaktionen geschuldet, lediglich das rechtliche, nicht jedoch das wirtschaftliche Eigentum zu übertragen. Finanzierungsleasingverhältnisse im Rahmen von Sale-and-Leaseback Transaktionen stellen insofern eine Kreditfinanzierung durch den Leasinggeber an den Leasingnehmer dar, wobei der Vermögenswert als Sicherheit dient[3]. Da bei wirtschaftlicher Betrachtung das Vermögen des Verkäufers bzw. Leasingnehmers keiner Veränderung unterliegt, ist ein aus der Verkaufstransaktion resultierender Veräußerungsgewinn – definiert als Differenz zwischen Buchwert und Veräußerungspreis – abzugrenzen und über die Laufzeit des Leasingvertrags GuV-wirksam zu verteilen[4]. Unter der Annahme, dass sich beizulegender Zeitwert und Veräußerungspreis des Vermögenswerts entsprechen, muss die Verteilung des Veräußerungsgewinns derart erfolgen, dass die Abschreibungen beim Verkäufer bzw. Leasingnehmer denjenigen entsprechen, die ohne Sale-and-Leaseback Transaktion angefallen wären[5].

Fälle, in denen der Veräußerungspreis den beizulegenden Zeitwert übersteigt, werden in IAS 17 nicht explizit geregelt. In der Differenz von Veräußerungspreis und beizulegendem Zeitwert dürfte jedoch eine zusätzliche Kreditfinanzierung vermutet

1 Vgl. IAS 17.58.
2 Vgl. hierzu und im Folgenden Beine/Nardmann (2009), Rn. 89.
3 Vgl. IAS 17.60.
4 Vgl. IAS 17.59.
5 Dies erklärt sich aus dem gegenüber dem Buchwert höheren Wertansatz, bestimmt durch den niedrigeren Betrag aus beizulegendem Zeitwert und Barwert der Mindestleasingzahlungen. Der höhere Wertansatz führt insofern zu höheren Abschreibungen in den Folgeperioden. Da die kumulierte Differenz zwischen den Abschreibungen ohne Sale-and-Leaseback Transaktion und den erhöhten Abschreibungen im Rahmen der Sale-and-Leaseback Transaktion dem abgegrenzten Veräußerungsgewinn entspricht, wird die Auflösung des Veräußerungsgewinns zur Minderung der Abschreibungsaufwendungen auf die ursprünglichen Abschreibungen ohne Sale-and-Leaseback Transaktion verwendet. Vgl. Pellens et al. (2011), S. 680, Pferdehirt (2007), S. 105-106.

werden[1]. Insofern ist der Veräußerungsgewinn aufzuteilen. Der Teil, der die Differenz zwischen beizulegendem Zeitwert und Buchwert widerspiegelt, ist als Veräußerungsgewinn abzugrenzen und über die Laufzeit aufzulösen. Der andere Teil stellt die Differenz zwischen Veräußerungspreis und beizulegendem Zeitwert dar und ist als Verbindlichkeit anzusetzen, die in den künftigen Perioden verzinst und getilgt wird. Liegt der Veräußerungspreis unter dem beizulegenden Zeitwert, kann vermutet werden, dass statt einer Verbindlichkeit im Falle eines den beizulegenden Zeitwert übersteigenden Veräußerungspreises der nun resultierende Verlust als Vorauszahlung abzugrenzen und über die Laufzeit des Leasingverhältnisses zu verteilen ist[2].

Die leasinggeberseitige bilanzielle Behandlung eines Finanzierungsleasingverhältnisses im Rahmen einer Sale-and-Leaseback Transaktion wird in IAS 17 ebenfalls nicht reguliert. Insofern sind die grundsätzlichen Vorschriften für Kaufgeschäfte und Leasingverträge anzuwenden. Analog zum Leasingnehmer sind Differenzen zwischen beizulegendem Zeitwert und Veräußerungspreis vermutlich als zusätzliches Kreditgeschäft bzw. Vorauszahlung zu erachten.

Sofern das Leaseback Geschäft als operatives Leasingverhältnis klassifiziert wird, geht zusätzlich zu dem rechtlichen Eigentum auch das wirtschaftliche Eigentum auf den Erwerber bzw. Leasinggeber über. Die bilanzielle Behandlung des Veräußerungsgewinns- oder verlusts ist davon abhängig, ob die Transaktion zu marktüblichen Konditionen, also zum beizulegenden Zeitwert, getätigt wird[3]. Sofern der Veräußerungspreis dem beizulegenden Zeitwert entspricht, sind Gewinne und Verluste aus der Differenz von Buchwert und beizulegendem Zeitwert sofort GuV-wirksam zu erfassen. Übersteigt hingegen der Veräußerungspreis den beizulegenden Zeitwert, ist die Differenz zwischen beizulegendem Zeitwert und Buchwert sofort GuV-wirksam zu erfassen. Der den beizulegenden Zeitwert übersteigende Betrag ist abzugrenzen und über die Leasinglaufzeit GuV-wirksam zu verteilen[4]. Liegt der Veräußerungspreis unter dem beizulegenden Zeitwert, muss der Gewinn (Verkaufspreis liegt über dem Buchwert) oder Verlust (Verkaufspreis liegt unter dem Buchwert) sofort GuV-wirksam erfasst werden. Eine Ausnahme besteht, wenn der resultierende Verlust durch künftige, unter dem Marktpreis liegende Leasingzahlungen ausgeglichen wird. In diesem Fall ist der Verlust abzugrenzen und entsprechend den Leasingzahlungen über die Laufzeit aufzulösen.

1.1.8 Angabevorschriften

IAS 17 unterscheidet bei den Angabevorschriften einerseits zwischen operativen Leasingverhältnissen und Finanzierungsleasingverhältnissen und andererseits zwischen Leasingnehmer und Leasinggeber. Zusätzlich zu den speziellen Angabepflichten in IAS 17 sind zudem die Angabevorschriften in IFRS 7 sowie in Abhängigkeit von der Klassifizierung die Angabepflichten in IAS 16, 36, 38, 40 und 41 zu beachten.

---

1 Vgl. hierzu und im Folgenden Pellens et al. (2011), S. 682.

2 Vgl. ähnlich Adler/Düring/Schmaltz (2002), Rn. 212, Pferdehirt (2007), S. 106.

3 Vgl. hierzu und im Folgenden IAS 17.61-63 sowie Epstein/Jermakowicz (2010), S. 677-678, Pellens et al. (2011), S. 683.

4 Vgl. hierzu grafisch Pawelzik (2009), S. 229.

Leasingnehmer haben im Rahmen von Finanzierungsleasingverhältnissen u.a. eine Überleitungsrechnung von der Summe der künftigen Mindestleasingzahlungen zu deren Barwert anzugeben. Zusätzlich sind die Summe der künftigen Mindestleasingzahlungen und deren Barwert für Perioden bis zu einem Jahr, länger als ein Jahr und bis zu fünf Jahren sowie länger als fünf Jahre offenzulegen[1]. Leasinggeber müssen im Falle eines Finanzierungsleasingverhältnisses u.a. den noch nicht realisierten Finanzertrag und eine Überleitung von der Bruttoinvestition zum Barwert der ausstehenden Mindestleasingzahlungen angeben[2]. Im Rahmen eines operativen Leasingverhältnisses bestehen leasingnehmerseitig Angabepflichten hinsichtlich der Summe der ausstehenden Mindestleasingzahlungen für Perioden bis zu einem Jahr, länger als ein Jahr und bis zu fünf Jahren sowie länger als fünf Jahre[3]. Leasinggeberseitig kommt der spiegelbildlich zum Leasingnehmer bestehenden Pflicht zur Angabe der Summe der künftigen Mindestleasingzahlungen für Perioden bis zu einem Jahr, länger als ein Jahr und bis zu fünf Jahren sowie länger als fünf Jahre eine besondere Bedeutung zu[4].

1.2 Leasingbilanzierung nach US-GAAP

1.2.1 Überblick

Die Reform der Leasingbilanzierung wird als Konvergenzprojekt von IASB und FASB durchgeführt, das in einem gemeinsamen Standard zur Leasingbilanzierung resultieren soll. Vor diesem Hintergrund sollen die derzeit existierenden Gemeinsamkeiten und Unterschiede in der Leasingregulierung der beiden Rechnungslegungssysteme kurz dargestellt werden[5]. Die Leasingbilanzierung nach US-GAAP ist in ASC 840 geregelt[6].

Der Anwendungsbereich von IAS 17 stimmt weitestgehend mit dem von ASC 840 überein[7]. Erweiterungen des Anwendungsbereichs – beispielsweise durch IFRIC 4 – finden sich mit nahezu wörtlicher Übereinstimmung auch in ASC 840[8]. Beide Leasingregulierungen klassifizieren zudem Leasingverträge in mietähnliche operative Leasingverhältnisse und kaufähnliche Finanzierungsleasingverhältnisse gemäß dem Übergang der wesentlichen Risiken und Chancen[9]. Die Vorschriften zur bilanziellen

1 Vgl. IAS 17.31-32.
2 Vgl. IAS 17.47-48.
3 Vgl. IAS 17.35.
4 Vgl. IAS 17.56-57.
5 Eine detaillierte Darstellung der Bilanzierung von Leasingverhältnissen nach US-GAAP findet sich in Leippe (2002), S. 120-161. Eine vergleichende Darstellung der Bilanzierung von Leasingverhältnissen nach US-GAAP und IFRS wird von Ammann/Hucke (2000) und Ammann/Wulf (2000) vorgenommen.
6 Vor der Neuordnung der US-GAAP im Jahr 2009 gab es zahlreiche Verlautbarungen zu der Bilanzierung von Leasingverhältnissen. Zentrale Bedeutung hatte SFAS 13. Zwischen SFAS 13 und ASC 840 bestehen keine inhaltlichen Unterschiede. Vgl. Pellens et al. (2011), S. 694-695.
7 Vgl. IAS 17.2 und ASC 840-10-15.
8 Vgl. Götz/Spanheimer (2005), S. 259 noch mit Bezug auf EITF 01-8, der durch die Neuordnung der US-GAAP in ASC 840 integriert wurde.
9 Vgl. IAS 17.8 i.V.m. ASC 840-10-10-1.

Behandlung von operativen Leasingverhältnissen und Finanzierungsleasingverhältnissen unterscheiden sich in beiden Rechnungslegungssystemen lediglich in Details[1]. Wesentliche Unterschiede bestehen indes hinsichtlich der Klassifizierungskriterien, auf die im Folgenden kurz eingegangen wird.

1.2.2 Klassifizierungskriterien gemäß ASC 840

ASC 840 nennt – analog zu IAS 17 – den Übergang der wesentlichen Risiken und Chancen vom Leasinggeber zum Leasingnehmer als zentrales Kriterium zur Unterscheidung in operative Leasingverhältnisse und Finanzierungsleasingverhältnisse[2]. Anders als nach IFRS geben die US-GAAP quantifizierte Kriterien zur Konkretisierung des Übergangs der wesentlichen Risiken und Chancen vor. ASC 840 unterscheidet vier Fälle, die jeweils zu einer Klassifizierung als Finanzierungsleasingverhältnis führen[3].

Die Fälle des Eigentumsübergangs am Ende der Leasinglaufzeit und des Vorliegens einer günstigen Kaufoption entsprechen den in IAS 17 genannten Beispielen[4]. Als dritten Fall nennt ASC 840 die Laufzeit des Leasingvertrags. Sofern die Leasingvertragslaufzeit mindestens 75% der wirtschaftlichen Restnutzungsdauer entspricht und der Anteil der Restnutzungsdauer mindestens 25% der gesamten Nutzungsdauer umfasst, ist das Leasingverhältnis ebenfalls als Finanzierungsleasingverhältnis zu klassifizieren[5]. Im vierten Fall wird ein Finanzierungsleasingverhältnis vermutet, wenn der Barwert der Mindestleasingzahlungen mindestens 90% des beizulegenden Zeitwerts des Leasinggegenstands beträgt[6].

Die Klassifizierung von Leasingverhältnissen über Immobilien wird – analog zu IAS 17 – separat geregelt. Die Klassifizierung von Leasingverhältnissen über Grundstücke ohne Gebäude erfolgt anhand der Kriterien des Eigentumsübergangs am Ende der Leasinglaufzeit und der günstigen Kaufoption[7]. Wird keines der beiden Kriterien erfüllt, liegt ein operatives Leasingverhältnis vor. Sofern Leasingverträge Grundstück und Gebäude umfassen und das Kriterium des Eigentumsübergangs oder der günstigen Kaufoption zutrifft, sind Grundstück und Gebäude getrennt zu klassifi-

1 So verlangt ASC 840 im Rahmen von Finanzierungsleasingverhältnissen beispielsweise die Anwendung des Grenzfremdkapitalzinssatzes zur Diskontierung der Mindestleasingzahlungen des Leasingnehmers, während IAS 17 grundsätzlich die Anwendung des dem Leasingverhältnis zugrundeliegenden Zinssatzes vorsieht und den Grenzfremdkapitalzinssatz erst bei Ermittlungsschwierigkeiten des internen Zinssatzes erlaubt. Vgl. IAS 17.20 i.V.m. ASC 840-30-30-2, Bragg (2011), S. 810.

2 Vgl. IAS 17.8 i.V.m. ASC 840-10-10-1.

3 Ein Vergleich der Klassifizierungskriterien gemäß IFRS und US-GAAP findet sich in Küting/Hellen/Brakensiek (1998), S. 1468-1470.

4 Vgl. IAS 17.10(a) i.V.m. ASC 840-10-25-1(a) und IAS 17.10(b) i.V.m. ASC 840-10-25-1(b). Eine konkrete Umschreibung, was als günstige Kaufoption anzusehen ist, unterbleibt in Analogie zu IAS 17. Die Auslegung hat insofern nach den allgemeinen Grundsätzen zu erfolgen. Zwischen der Auslegung nach IFRS und US-GAAP dürfte kein Unterschied bestehen. Vgl. Findeisen (2005), S. 29-32.

5 Vgl. ASC 840-10-25-1(c).

6 Vgl. ASC 840-10-25-1(d).

7 Vgl. ASC 840-10-25-37.

zieren. Dafür ist der Barwert der Mindestleasingzahlungen beider Posten im Verhältnis des jeweiligen beizulegenden Zeitwerts aufzuteilen[1]. Erfüllen Leasingverträge über Grundstücke und Gebäude demgegenüber weder das Kriterium des Eigentumsübergangs noch das Kriterium der günstigen Kaufoption und beträgt der Wert des Grundstücks nicht mehr als 25% des Gesamtwerts, sind Grundstück und Gebäude als Einheit bei der Prüfung der weiteren Klassifizierungskriterien gemäß ASC 840-10-25-1(c) und (d) anzusehen[2]. Sofern eines dieser Kriterien erfüllt ist, setzt der Leasingnehmer Grundstück und Gebäude als Einheit an. Beträgt der Wert des Grundstücks mehr als 25% des Gesamtwerts, sind die Klassifizierungskriterien gemäß ASC 840-10-25-1(c) und (d) getrennt für Grundstück und Gebäude zu prüfen.

Ein Vergleich der Klassifizierungskriterien in IFRS und US-GAAP offenbart insgesamt Übereinstimmung hinsichtlich der Kriterien des Eigentumsübergangs und der günstigen Kaufoption[3]. Zudem nennen beide Rechnungslegungssysteme das Laufzeitkriterium und den Barwerttest. Unterschiede bestehen insofern, als nach IAS 17 rein qualitative Kriterien vorgegeben werden, während nach ASC 840 eine Quantifizierung der Kriterien über Grenzwerte erfolgt. In IAS 17 finden sich zudem weitere Klassifizierungskriterien, etwa das Spezialleasing oder die maßgebliche Partizipation am Restwert[4]. Die Kriterien der US-GAAP stellen demzufolge eine Teilmenge der Klassifizierungskriterien der IFRS dar. Dies lässt darauf schließen, dass nach IFRS eine Klassifizierung als Finanzierungsleasingverhältnis häufiger vorliegt[5]. Diese Schlussfolgerung wird von dem Grundsatz der US-GAAP gestützt, Leasinggegenstände mit einer Restnutzungsdauer von maximal 25% als operatives Leasingverhältnis einzuordnen. IAS 17 kennt keine solche Einschränkung. Einer häufigeren Klassifizierung als Finanzierungsleasingverhältnis nach IFRS steht indes eine Einschränkung der vorgegebenen Beispiele und Indikatoren in IAS 17 relativierend gegenüber[6]. Demnach kann ein Leasingverhältnis trotz Erfüllung der Klassifizierungskriterien als operatives Leasingverhältnis eingeordnet werden, wenn aus anderen Merkmalen hervorgeht, dass ein Leasingverhältnis nicht im Wesentlichen alle Risiken und Chancen überträgt. Die Klassifizierung von Immobilien nach IAS 17 und ASC 840 kann als ähnlich bezeichnet werden. Beide Rechnungslegungssysteme sehen grundsätzlich eine separate Klassifizierung von Grundstück und Gebäude vor. Eine gemeinsame Klassifizierung ist lediglich im Falle einer unwesentlichen Grundstückskomponente zulässig, wobei die US-GAAP – abweichend von den IFRS – eine Quantifizierung der Wesentlichkeitsgrenze vornehmen[7].

1 Vgl. ASC 840-10-25-38(a).
2 Vgl. hierzu und im Folgenden ASC 840-10-25-38(b).
3 Ein Vergleich der Klassifizierungskriterien nach IFRS und US-GAAP findet sich in Ammann/Hucke (2000), S. 92-32 und Ammann/Wulf (2000), S. 913-915.
4 Vgl. IAS 17.10-11.
5 Vgl. hierzu Pferdehirt (2007), S. 110.
6 Vgl. hierzu und im Folgenden IAS 17.12.
7 ASC 840 nennt diesbezüglich einen Grenzwert von 25%.

1.3 Zusammenfassung

Leasingverhältnisse nach IAS 17 stellen Transaktionen zur zeitlich begrenzten Nutzungsüberlassung gegen Entgelt dar. Die Bilanzierung von Leasingverhältnissen folgt einem *all or nothing approach*, wonach Leasingverhältnisse in Abhängigkeit der übertragenen Risiken und Chancen in eine Dichotomie von mietähnlichen operativen Leasingverhältnissen und kaufähnlichen Finanzierungsleasingverhältnissen eingeordnet werden. Diese abstrakte Klassifizierung verdeutlicht den Grundgedanken der wirtschaftlichen Betrachtungsweise und wird durch die Vorgabe von Klassifizierungskriterien konkretisiert.

Aus der jeweiligen Klassifizierung resultieren unterschiedliche Bilanzierungskonsequenzen. Operative Leasingverhältnisse werden analog zu Dauerschuldverhältnissen als schwebende Geschäfte behandelt. Der bilanzielle Ansatz von Vermögenswerten und Schulden wird weder beim Leasingnehmer noch beim Leasinggeber von operativen Leasingverhältnissen beeinflusst. Die Leasingzahlungen stellen unmittelbar Aufwand beim Leasingnehmer bzw. Ertrag beim Leasinggeber dar. Finanzierungsleasingverhältnisse führen beim Leasingnehmer zum Ansatz eines Vermögenswerts und einer Verbindlichkeit. Die korrespondierende Höhe der beiden Positionen bestimmt sich aus dem beizulegenden Zeitwert des Leasinggegenstands oder dem Barwert der Mindestleasingzahlungen, sofern dieser Wert niedriger ist. Häufig erfolgt die Bewertung zum Barwert der Mindestleasingzahlungen und damit zum Wert der übertragenen Rechte[1]. Der Leasinggeber setzt eine Forderung auf Erhalt der Leasingzahlungen an. In Abhängigkeit von der Ausgestaltung des Leasingverhältnisses hat der Leasinggeber eventuell noch einen Veräußerungserfolg zu erfassen.

Die Leasingbilanzierung nach US-GAAP ist in weiten Teilen mit den diesbezüglichen Regelungen der IFRS vergleichbar. Unterschiede zwischen den beiden Regelungssystemen bestehen hinsichtlich der Klassifizierungskriterien. Zum einen stellen die Kriterien in ASC 840 lediglich eine Teilmenge der Kriterien in IAS 17 dar. Zum anderen enthalten die Kriterien in ASC 840 eine Quantifizierung. Die Quantifizierung der Kriterien wird in IAS 17 bewusst unterlassen. Hierin zeigt sich einerseits der eher prinzipienorientierte Ansatz der IFRS gegenüber der regelbasierten Vorgehensweise der US-GAAP[2]. Andererseits sollen bilanzpolitisch motivierte Sachverhaltsgestaltungen, die an Grenzwerten orientiert sind, verhindert werden. Die mangelnde Operationalisierbarkeit der rein qualitativen Kriterien hat allerdings in der Praxis zu einer Orientierung an den Grenzwerten der US-GAAP und insofern zu einer konzeptionellen Problematik in IAS 17 geführt. Die Ermessens- und Interpretationsspielräume durch Vorgabe qualitativer Kriterien werden nicht reduziert[3].

1 Die Inkonsistenz zwischen gegenständlicher Bilanzierung und einer an Rechten orientierten Bewertung der bilanzierten Gegenstände wird von Pferdehirt (2007), S. 92 und 114-115 bemängelt.

2 Vgl. hierzu und im Folgenden Beine/Nardmann (2009), Rn. 24.

3 Vgl. Alvarez/Wotschofsky/Miethig (2001), S. 937, Lüdenbach/Freiberg (2010), z.B. Rn. 34-35.

2 Reformbestrebungen

2.1 Projekthistorie

Die Reform der internationalen Leasingbilanzierung wird als Konvergenzprojekt zwischen IASB und FASB seit dem Jahr 2006 aktiv betrieben[1]. Ziel des Konvergenzprojekts ist eine einheitliche Leasingbilanzierung, die den Grundsätzen beider Rechnungslegungssysteme entspricht. Angesichts der grundlegenden Neujustierung der Leasingbilanzierung und der Wechselwirkungen mit anderen Projekten – insbesondere dem *framework*-Projekt[2] und dem *revenue recognition*-Projekt[3] – wurde das Leasingprojekt auf Seiten des IASB im Jahr 2003 zunächst als langfristiges Forschungsprojekt aufgelegt – damals in Kooperation mit dem UK-ASB. Das US-amerikanische Pendant FASB hat die Reformnotwendigkeit der Leasingbilanzierung ebenfalls erkannt, zumal die SEC 2005 in dem sog. *off balance sheet*-Report diesbezügliche Veränderungen offen einforderte[4]. Vor diesem Hintergrund ist die Leasingbilanzierung in Gestalt eines Konvergenzprojekts auf die aktive Agenda von IASB und FASB gesetzt und dort seitdem kontinuierlich diskutiert worden.

Bevor im folgenden Abschnitt der derzeitige Stand der Diskussionen dargestellt wird, soll zunächst ein kurzer Abriss der Projekthistorie erfolgen. Das Leasingprojekt basiert auf einem Reformvorschlag der G4+1-Gruppe[5]. Dieser wiederum ist aus Vorarbeiten der 1990er Jahre entstanden. Nach der Erarbeitung des australischen Rahmenkonzepts hat *McGregor* im Jahr 1993 Inkompatibilitäten zwischen den darin genannten Grundsätzen und der Leasingbilanzierung erkannt[6]. Die Inkompatibilität gestaltet sich beispielsweise derart, dass gemäß dem Rahmenkonzept sämtliche Finanzierungsleasingverhältnisse und eine Vielzahl der operativen Leasingverhältnisse den Ansatz von Vermögenswerten und Schulden begründen, während der Ansatz dieser Posten in der entsprechenden Leasingbilanzierung unterbleibt[7]. Infolgedessen wurde im Jahr 1996 federführend von *McGregor* das Positionspapier der G4+1-Gruppe zur

1 Vgl. IASB (2006), S. 7.

2 Vgl. zum aktuellen Status des Projekts IASB (2011a).

3 Vgl. zum aktuellen Status des Projekts IASB (2011b).

4 Vgl. SEC (2005). Vgl. hierzu ähnlich AICPA (1994), Chapter 6. Vor diesem Hintergrund erscheint der Aufsatz von Myers (1948) interessant, der schon sehr früh die Bilanzwirksamkeit von Leasingverhältnissen – insbesondere der diesbezüglichen Verbindlichkeiten – einforderte.

5 Die G4+1-Gruppe bestand aus fünf nationalen Institutionen der Rechnungslegungsstandardsetzung (Australien, Großbritannien, Kanada, Neuseeland und USA) und dem IASC als Beobachter. Im Jahr 2001 wurde sie im Rahmen der Umstrukturierung des IASB aufgelöst.

6 Vgl. McGregor (1993). Die Unterscheidung zwischen Finanzierungsleasingverhältnissen und operativen Leasingverhältnissen wird zudem als „*purely arbitrary*" (McGregor (1993), S. 18) bezeichnet.

7 Vgl. hierzu McGregor (1993), S. 20. Nailor/Lennard (2000), Rn. 2.8 verweisen auf die vergleichbaren Definitionen von Vermögenswerten und Schulden in den jeweiligen Rahmenkonzepten der Mitglieder der G4+1-Gruppe. Insofern lassen sich die Anmerkungen hinsichtlich der Inkompatibilität zwischen den Grundsätzen des australischen Rahmenkonzepts und der Leasingbilanzierung auf die Rechnungslegung nach IFRS übertragen.

Reform der Leasingbilanzierung veröffentlicht[1]. Darin schlagen die fünf nationalen Institutionen der Rechnungslegungsstandardsetzung erstmals eine Bilanzierung von Rechten für Leasingverhältnisse vor. Auf Basis dieses wenig detaillierten Positionspapiers ist im Jahr 1999 ein DP der G4+1-Gruppe erarbeitet worden, das konkrete Vorschriften zur künftigen Leasingbilanzierung enthält[2]. Darin verdeutlicht sich die Abkehr von dem bisherigen Grundprinzip der Leasingbilanzierung, wonach Leasinggegenstände nach dem Kriterium des wirtschaftlichen Eigentums zugerechnet und als Vermögenswert aktiviert werden. Künftig sollen demgegenüber grundsätzlich Nutzungsrechte beim Leasingnehmer erfasst werden. Die dichotome Einteilung in operative Leasingverhältnisse und Finanzierungsleasingverhältnisse entfiele[3]. Neben diesem Ansatz ist eine Alternativlösung – allerdings als Mindermeinung – vorgeschlagen worden, die grundsätzlich den Ansatz des gesamten Vermögenswerts vorsieht[4]. Dieser Ansatz manifestiert zwar ebenfalls die Hinwendung zu einer grundsätzlichen Bilanzwirksamkeit von Leasingverträgen, verdrängt indes die Orientierung an Nutzungsrechten.

Seit der Einstufung der Leasingbilanzierung als aktives Projekt haben die vorstehenden Ansätze teilweise namentliche und inhaltliche Veränderungen erfahren. Zusätzlich sind alternative Ansätze diskutiert worden[5]. Die Diskussionen um Reformvorschläge haben im Jahr 2009 zu einem gemeinsamen DP von IASB und FASB geführt, das ausschließlich auf die leasingnehmerseitige Bilanzierung fokussiert[6]. Die Bilanzierung aus Sicht des Leasinggebers sowie die bilanzielle Abbildung komplexer Sachverhalte sind dagegen erst in dem im Jahr 2010 veröffentlichten ED aufgegriffen worden, auf dem die folgenden Ausführungen basieren[7]. Dabei werden auch die wesentlichen leasingnehmerseitigen Veränderungen zum DP insofern beleuchtet, als diese teilsweise die Grundlage für die empirische Studie dieser Arbeit bilden[8].

---

1 Vgl. hierzu und im Folgenden McGregor (1996a), insb. S. 15-18. Vgl. kommentierend hierzu z.B. Mellwig (1998). Zur Notwendigkeit der Reformbestrebungen vgl. McGregor (1996b).

2 Das DP wird in Nailor/Lennard (2000) ausführlich dargestellt. Vgl. kommentierend hierzu Monson (2001), Lipe (2001), Ryan et al. (2001).

3 Vgl. ausführlicher zu dem auch als „*financial components approach*“ bezeichneten Ansatz u.a. Fülbier/Pferdehirt (2005), Helmschrott (2000), Küting/Hellen/Brakensiek (2000), Sigloch (2006), Waßmer/Helmschrott (2000).

4 Vgl. ausführlicher zu dem von Monson (2001) bezeichneten „*whole asset approach*“ u.a. Fülbier/Pferdehirt (2005), Sigloch (2006).

5 Für eine ausführliche Darstellung der diskutierten Ansätze vgl. Fülbier/Fehr (2008), Oversberg (2007).

6 Zur Begründung der Fokussierung auf die leasingnehmerseitige Bilanzierung vgl. IASB (2009), Rn. 1.21.

7 Zu den folgenden Ausführungen zum ED vgl. auch Fülbier/Fehr (2010).

8 Einen Überblick über das DP findet sich z.B. in Bömelburg/Landgraf/Singh-Verma (2009), Fülbier/Fehr (2009a), Leibfried/Kleibold (2009). Vgl. kommentierend Wollmert (2009).

2.2 Reformvorschläge des Standardentwurfs

2.2.1 Geplanter Anwendungsbereich und Erfassungszeitpunkt

Die Definition eines Leasingverhältnisses erfolgt – ähnlich zu IAS 17 – aus der Perspektive der Nutzungsrechte: „*A contract in which the right to use a specified asset (the underlying asset) is conveyed, for a period of time, in exchange for consideration*"[1]. Ein Leasingverhältnis ist somit jeder Vertrag, durch den das Recht zur Nutzung eines bestimmten Vermögenswerts für eine bestimmte Zeit gegen Entgelt übertragen wird[2]. Der Anwendungsbereich erstreckt sich grundsätzlich auf sämtliche Leasingverträge – darunter auch Untermietverträge (*subleases*). Vom Anwendungsbereich ausgenommen werden Leasingverhältnisse, die sich auf immaterielle und biologische Vermögenswerte beziehen[3], Leasingverträge zur Entdeckung oder Verarbeitung natürlicher Ressourcen[4], belastende Verträge gemäß IAS 37, bei denen der zugrundeliegende Vermögenswert dem Leasingnehmer noch nicht verfügbar gemacht wurde[5] und Kauf- und Verkaufsverträge bezüglich des Leasinggegenstands[6]. Darüber hinaus fallen geleaste als Finanzinvestition gehaltene Immobilien, die zum beizulegenden Zeitwert bilanziert werden, nicht in den Anwendungsbereich des Standards[7]. Die Vorschriften von IFRIC 4 und SIC 27[8] sollen in den neuen Leasingstandard integriert werden[9]. Demnach gelten beispielsweise Liefervereinbarungen, deren Erfüllung von der Nutzung eines spezifischen Vermögenswerts abhängt und die ein Recht auf Nutzung des Vermögenswerts übertragen, weiterhin als Leasingverhältnis. Leasingverträgen über Immobilien kommt gegenwärtig insofern eine besondere Stellung zu, als die geleasten Grundstücke aufgrund der langen wirtschaftlichen Nutzungsdauer regelmäßig nicht bilanzierungspflichtig auf Seiten des Leasingnehmers werden. Der ED sieht vor, dass Leasingverträge über Immobilien nach den allgemeinen Grundsätzen der künftigen Leasingbilanzierung behandelt und somit nicht vom Anwendungsbereich ausgeschlossen werden sollen[10].

Hinsichtlich des Erfassungszeitpunkts von Vermögenswerten und Schulden kommt der Zeitpunkt der Vertragsunterzeichnung (*date of inception*) oder der Zeitpunkt in Betracht, an dem der Leasinggeber dem Leasingnehmer den Leasinggegenstand zur Nutzung bereitstellt (*date of commencement*)[11]. Ersterer wird insofern abge-

1 IASB (2010a), Appendix A.

2 Vgl. IASB (2010a), Appendix B, Rn. B1, IASB (2010b), Rn. BC29 sowie Küting et al. (2011), S. 2, Laubach/Findeisen/Murer (2010), S. 2401.

3 Vgl. IASB (2010a), Rn. 5(a) und (c).

4 Vgl. IASB (2010a), Rn. 5(b).

5 Vgl. IASB (2010a), Rn. 5(d), Küting et al. (2011), S. 2.

6 Vgl. IASB (2010a), Rn. 8. Zur Abgrenzung von Leasingverträgen und Kauf- bzw. Verkaufsverträgen vgl. IASB (2010a), Appendix B, Rn. B9-10.

7 Vgl. IASB (2010a), Rn. 7.

8 Vgl. hierzu Kapitel II.1.1.2.

9 Vgl. hierzu und im Folgenden IASB (2010b), Rn. BC28-32. Vgl. weiterführend Kroner/Leuchtenstern/Ranker (2010b), S. 607-608.

10 Vgl. IASB (2010b), Rn. BC38.

11 Vgl. hierzu und im Folgenden IASB (2010b), Rn. BC173-174 sowie IASB (2010a), Appendix A. Vgl. hierzu auch Muggenthaler/Mujkanovic (2010), Rn. 306.

lehnt, als zu diesem Zeitpunkt ein schwebendes Geschäft vorliegen würde. Stattdessen wird der Zeitpunkt, an dem der Leasingnehmer den zugrundeliegenden Vermögenswert nutzen kann, als Erfassungszeitpunkt gewählt. In dem Zeitraum zwischen Vertragsunterzeichnung und Nutzungsüberlassung erfolgt somit kein Ansatz von Vermögenswerten und Schulden[1]. Eine Ausnahme bildet der Verpflichtungsüberschuss gemäß IAS 37.

2.2.2 Geplante Leasingnehmerbilanzierung

2.2.2.1 Ansatz zur Bilanzierung von Nutzungsrechten

Kernelement des ED ist die einheitliche bilanzielle Berücksichtigung sämtlicher Leasingverhältnisse. Demzufolge sieht der ED von einer Einteilung in Finanzierungsleasingverhältnisse und operative Leasingverhältnisse ab. Stattdessen ist ein Ansatz zur Bilanzierung von Nutzungsrechten vorgesehen, der auf die vertraglichen Rechte und Pflichten aus Leasingverträgen abstellt. Der Leasingnehmer hat im Sinne dieses Ansatzes einen Vermögenswert für das Recht zur Nutzung des Leasinggegenstands (*right of use asset*) und eine korrespondierende Verpflichtung zur Zahlung der Leasingraten anzusetzen[2]. Die Kompatibilität mit dem IASB-Rahmenkonzept bzw. den Grundsätzen der US-GAAP und den diesbezüglichen Definitions- und Ansatzkriterien eines Vermögenswerts scheint insofern gewahrt, als auf das zeitlich begrenzte und kontrollierbare Nutzungsrecht fokussiert wird, das künftig zu Nutzenzuflüssen führt[3]. In entsprechender Analogie führt die Verpflichtung zur Zahlung der Leasingraten zum Ansatz einer Schuld[4]. Aus der Pflicht zur Rückgabe des Leasinggegenstands am Ende der Laufzeit entsteht indes keine Schuldposition, da diese Verpflichtung nicht mit einer das Nutzungsrecht berührenden Nutzenreduktion verbunden ist[5].

Die Leasingverpflichtung ist separat von anderen finanziellen Verbindlichkeiten in der Bilanz des Leasingnehmers darzustellen[6]. Der Ausweis des Nutzungsrechts erfolgt unter den Sachanlagen oder als zur Finanzinvestition gehaltene Immobilie in der Bilanz, separiert von den im rechtlichen Eigentum stehenden Vermögenswerten[7]. Wahlweise in der Gesamtergebnisrechnung oder im Anhang weist der Leasingnehmer die Abschreibungen des Nutzungsrechts sowie die Zinsaufwendungen separiert von anderen Abschreibungs- und Zinsaufwendungen aus[8]. Die Leasingzahlungen sind innerhalb der Kapitalflussrechnung dem Cashflow aus Finanzierungstätigkeit als separater Posten zuzuordnen[9].

---

1 Sofern die aus dem Leasingverhältnis resultierenden Vermögenswerte und Schulden wesentlich sind, müssen Angaben in Anhang gemacht werden.
2 Vgl. IASB (2010a), Rn. 10.
3 Vgl. IASB (2009), Rn. 3.16-17.
4 Vgl. IASB (2009), Rn. 3.20-21.
5 Vgl. IASB (2009), Rn. 3.23-24.
6 Vgl. IASB (2010a), Rn. 25(a).
7 Vgl. IASB (2010a), Rn. 25(b).
8 Vgl. IASB (2010a), Rn. 26.
9 Vgl. IASB (2010a), Rn. 27.

2.2.2.2 *Bewertungskonzeption*

Der erstmalige Ansatz der Schuld soll mit dem Barwert der Leasingzahlungen diskontiert mit dem Grenzfremdkapitalzins oder – sofern bestimmbar – mit dem vom Leasinggeber verlangten Zinssatz erfolgen[1]. Darunter fällt beispielsweise auch der dem Leasingverhältnis zugrundeliegende Zinssatz[2]. Das Nutzungsrecht wird erstmalig mit den Anschaffungskosten bewertet, die der Höhe der Schuld zur Zahlung der Leasingraten zuzüglich anfänglicher direkter Kosten entsprechen[3]. Insofern haben sich keine wesentlichen Veränderungen gegenüber dem DP ergeben.

Die Mehrzahl der Leasingverträge enthält optionale Komponenten. Dazu gehören Verlängerungs-, Kündigungs- und Kaufoptionen[4]. Daneben existieren bedingte Leasingzahlungen, die sich grundsätzlich in drei Kategorien einteilen lassen[5]. Häufig sehen Leasingverhältnisse zudem die Beteiligung des Leasingnehmers am Restwert vor. Im Rahmen von Restwertgarantien kann der Leasingnehmer dazu verpflichtet werden, die Differenz zwischen dem Restwert des Leasinggegenstands und dem zugesicherten Betrag auszugleichen[6].

Nach Ansicht von IASB und FASB sind laufzeitbezogene Optionen (Verlängerungs- und Kündigungsoptionen), bedingte Leasingzahlungen und Restwertgarantien nicht – den Regelungen von IAS 39 entsprechend – separat zu erfassen (*component approach*), sondern dem Nutzungsrecht bzw. der Zahlungsverpflichtung im Wert zuzuschlagen (*single asset and liability approach*)[7]. Begründet wird dies mit der wirtschaftlichen Verbundenheit der Positionen[8]. Die Ermittlung des Barwerts der Leasingzahlungen erfolgt auf Basis der längstmöglichen Leasinglaufzeit, die sich nach dem Kriterium *more likely than not* einstellen dürfte[9]. Diese Schätzung berücksichtigt insofern auch Verlängerungs- und Kündigungsoptionen. Kaufoptionen werden indes nicht im Rahmen dieser Paketbewertung erfasst[10]. Zur Bestimmung der Leasingzahlungen

1 Vgl. IASB (2010a), Rn. 12(a).

2 Vgl. IASB (2010a), Appendix B, Rn. B12.

3 Vgl. IASB (2010a), Rn. 12(b).

4 Verlängerungs- und Kündigungsoptionen stellen de facto identische Optionen dar. Vgl. IASB (2009), Rn. 6.7.

5 Zu der ersten Kategorie zählen Leasingverträge, deren Leasingzahlungen von der Nutzungsintensität des Leasinggegenstands abhängen (z.B. die Laufleistung eines Leasingfahrzeugs). Der zweiten Kategorie sind Leasingverträge zugehörig, deren Leasingzahlungen – ähnlich der ersten Kategorie – von dem Gebrauch des Leasinggegenstands abhängen, jedoch anhand des daraus entstehenden Erfolgs gemessen werden (z.B. umsatzabhängige Zahlungen). Die dritte Kategorie bedingter Leasingraten umfasst Leasingverträge, deren Zahlungen von externen Faktoren, die der Leasingnehmer nicht beeinflussen kann, bestimmt werden (z.B. Preisindizes oder Marktzinssätze).Vgl. IAS 17.4 sowie IASB (2009), Rn. 7.3.

6 Vgl. hierzu das Beispiel in Nailor/Lennard (2000), Rn. 5.19.

7 Vgl. IASB (2009), Rn. 3.33.

8 Zur Ablehnung einer separaten Erfassung vgl. IASB (2009), Rn. 3.32.

9 Vgl. hierzu und im Folgenden IASB (2010a), Appendix B, Rn. B16-20.

10 Der noch im DP vorgeschlagene zur Behandlung von Verlängerungsoptionen korrespondierende Ansatz wird im ED verworfen, weil bei Ausübung der Kaufoption der Leasinggegenstand erworben und das Leasingverhältnis beendet wird. Insofern soll der Ausübungspreis nicht als Leasingzahlung gelten und in der Ermittlung der Leasingverbindlichkeit Berücksichtigung fin-

zudem ein Erwartungswert zu ermitteln, der Restwertgarantien, bedingte Leasingzahlungen und Strafzahlungen bei Nichtausübung einer Option einschließt[1]. Diese Vorgehensweise verdeutlicht die Abkehr von der aus IAS 17 bekannten vertraglich abgesicherten Mindestlaufzeit und den Mindestleasingzahlungen – eine Entwicklung, die bereits das DP offenbarte. Allerdings fokussierte das DP im Rahmen von Optionen auf die Ermittlung der wahrscheinlichsten Leasinglaufzeit (*most likely lease term*)[2]. Hinsichtlich der Bewertung von Restwertgarantien und bedingten Leasingzahlungen basierend auf dem Erwartungswert oder dem wahrscheinlichsten Wert bestand im DP Uneinigkeit zwischen IASB und FASB[3].

Die Folgebewertung der Zahlungsverpflichtung des Leasingnehmers soll zu fortgeführten Anschaffungskosten unter Anwendung der Effektivzinsmethode erfolgen[4]. Dies entspricht der Vorgehensweise im Rahmen gegenwärtiger Finanzierungsleasingverhältnisse, bei denen der Zinsanteil als Aufwand GuV-wirksam wird und der Tilgungsanteil die Verpflichtung reduziert. Eine noch im DP erwogene Anpassung des Diskontierungssatzes an aktuelle Gegebenheiten ist im ED nicht mehr vorgesehen[5]. Der Wert der Zahlungsverpflichtung ist zu überprüfen, wenn Tatsachen oder Umstände auftreten, die auf eine wesentliche Änderung der Leasingverpflichtung gegenüber der Vorperiode hindeuten[6]. Im Vergleich zum DP verschiebt sich die vormals vorgesehene Überprüfung zu jedem Bilanzstichtag im ED auf sog. *triggering events*, ohne diese jedoch zu konkretisieren[7]. Sofern Indikatoren einer Wertänderung der Zahlungsverpflichtung vorliegen, hat gegebenenfalls eine Anpassung der Leasinglaufzeit unter Berücksichtigung vorhandener Optionen zu erfolgen[8]. Die Bewertungsanpassung der Zahlungsverpflichtung aufgrund einer veränderten Leasinglaufzeit führt zu einer korrespondierenden Anpassung des Nutzungsrechts und damit zu einer GuV-neutralen Anpassung. Das Vorliegen von Hinweisen auf eine Bewertungsänderung der Zahlungsverpflichtung hat zudem eine Überprüfung der Erwartungswerte hinsichtlich bedingter Leasingzahlungen, Restwertgarantien und Strafzahlungen zur Folge[9]. Falls eine Anpassung notwendig wird, ist diese für künftige Perioden GuV-neutral über die Anpassung des Nutzungsrechts vorzunehmen[10]. Bezieht sich die Änderung auf gegenwärtige oder frühere Perioden, hat die Anpassung GuV-wirksam zu erfolgen[11].

---

den. Vgl. IASB (2010a), Rn. 15, IASB (2010b), Rn. BC63-64. Vgl. hierzu auch Laubach/Findeisen/Murer (2010), S. 2403.

1 Vgl. IASB (2010a), Rn. 13-14. Vgl. hierzu auch Kroner/Leuchtenstern/Ranker (2010a), S. 534-535, Küting et al. (2011), S. 3-4.

2 Vgl. IASB (2009), Rn. 6.36.

3 Vgl. IASB (2009), Rn. 7.20-21, 7.46.

4 Vgl. IASB (2010a), Rn. 16(a).

5 Vgl. IASB (2010a), Rn. 19. Vgl. hierzu auch IASB (2009), Rn. 5.24-25 sowie Findeisen/Sabel (2009), S. 1887, Kümpel/Becker (2010), S. 460.

6 Vgl. hierzu und im Folgenden IASB (2010a), Rn. 17.

7 Vgl. hierzu auch IASB (2009), Rn. 6.47, 7.25, 7.48.

8 Vgl. hierzu und im Folgenden IASB (2010a), Rn. 17(a).

9 Vgl. IASB (2010a), Rn. 17(b).

10 Vgl. IASB (2010a), Rn. 18(b).

11 Vgl. IASB (2010a), Rn. 18(a).

Die Folgebewertung des Nutzungsrechts soll grundsätzlich zu fortgeführten Anschaffungskosten durchgeführt werden[1]. Demnach ist das Nutzungsrecht entweder über die erwartete Leasinglaufzeit oder – sofern kürzer – über die wirtschaftliche Nutzungsdauer des Leasinggegenstands abzuschreiben[2]. Ein Wertminderungstest ist gemäß IAS 36 zu jedem Bilanzstichtag durchzuführen[3]. Anstelle der Bewertung zu fortgeführten Anschaffungskosten kann das Nutzungsrecht im Rahmen der Folgebewertung – unabhängig von dem Vorliegen eines aktiven Markts – zu einem Neubewertungsbetrag angesetzt werden, der dem beizulegenden Zeitwert abzüglich Abschreibungen und Wertminderungen im Zeitpunkt der Neubewertung entspricht[4]. Diese Vorgehensweise folgt IAS 16 und zeigt damit die Parallele zwischen Nutzungsrechten an Leasinggegenständen und dem „normalen" Sachanlagevermögen auf. Die Neubewertung ist dann allerdings für sämtliche Vermögenswerte in der entsprechenden Gruppe des Sachanlagevermögens gemäß IAS 16 durchzuführen. Gewinne und Verluste aus der Neubewertung sind innerhalb der Gesamtergebnisrechnung analog zu IAS 38 regelmäßig GuV-neutral zu erfassen[5].

Aus Gründen der Vereinfachung sieht der ED ein Wahlrecht im Rahmen kurzfristiger Leasingverhältnisse mit einer maximalen, Verlängerungs- und Kündigungsoptionen umfassenden Laufzeit von bis zu einem Jahr vor[6]. Demnach kann der Leasingnehmer zu Beginn des jeweiligen Leasingverhältnisses wählen, ob das Nutzungsrecht und die korrespondierende Verpflichtung zur Zahlung der Leasingraten zum jeweils undiskontierten Betrag der Leasingraten – erstmalig und in Folgeperioden – angesetzt werden[7]. Die Leasingzahlungen würden GuV-wirksam über die Leasinglaufzeit erfasst. Das Nutzungsrecht und die Verpflichtung reduzierten sich in dieser Höhe. Von der im DP noch erwogenen Ausnahme von der Bilanzierung kurzfristiger Leasingverträge ist insofern abgerückt worden[8].

2.2.2.3 Darstellung der künftigen bilanziellen Abbildung von Leasingverhältnissen aus Leasingnehmersicht

Anhand des folgenden Beispiels soll kurz die künftige bilanzielle Darstellung von Leasingverhältnissen seitens des Leasingnehmers verdeutlicht werden[9]. Diese Dar-

1 Vgl. IASB (2010a), Rn. 16(b).

2 Vgl. IASB (2010a), Rn. 20.

3 Vgl. IASB (2010a), Rn. 24.

4 Vgl. hierzu und im Folgenden IASB (2010a), Rn. 21.

5 Vgl. IASB (2010a), Rn. 23.

6 Vgl. hierzu und im Folgenden IASB (2010a), Rn. 64. Vgl. auch Muggenthaler/Mujkanovic (2010), S. 310, von Oertzen/Esser (2010), S. 483.

7 Dem Nutzungsrecht werden noch die anfänglichen direkten Kosten zugerechnet.

8 Vgl. hierzu IASB (2009), Rn. 2.18-2.19. Die Nichtbilanzierung kurzfristiger Leasingverhältnisse ist im Wesentlichen mit Praktikabilitätsüberlegungen begründet worden. Diese Vorgehensweise hätte allerdings erneut eine dichotome Einteilung von Leasingverhältnissen zur Folge gehabt. Die Grenzziehung bei einem Jahr wäre ebenso arbiträr gewesen.

9 Ein ähnliches Beispiel findet sich u.a. in Schmidt/Hartmann-Wendels/Adolph (2010), S. 540. Vgl. weiterführend die Fallstudie von Wulf/Seebacher (2011).

stellung fördert das Verständnis und erscheint im Hinblick auf die empirische Untersuchung dieser Arbeit angebracht.

Über einen Vermögenswert wird ein Leasingvertrag mit einer unkündbaren Grundlaufzeit von drei Jahren abgeschlossen. Der Vermögenswert hat einen beizulegenden Zeitwert von 10.000€ und eine wirtschaftliche Nutzungsdauer von acht Jahren. Die jeweils am Ende des Jahres zu zahlenden Leasingraten betragen 2.500€. Der Grenzfremdkapitalzins beträgt 10%. Nebenkosten fallen nicht an. Latente Steuern werden vernachlässigt. Der Leasingvertrag wird am 31.12. des Jahres Null effektiv. Dementsprechend muss er im Jahr Null bereits bilanziert werden. Die Zahlungen und Aufwendungen entstehen indes erst in den folgenden Jahren. Am Ende der Leasingvertragslaufzeit besteht die Option zur Verlängerung des Leasingverhältnisses um weitere zwei oder vier Jahre zu gleichen Konditionen. Zu Beginn des Leasingvertrags werden folgende Ausübungswahrscheinlichkeiten der Verlängerungsoption geschätzt:

- *Laufzeit des Leasingvertrags von drei Jahren ohne Ausübung der Option: 40%*
- *Verlängerung um zwei Jahre zu einer Gesamtlaufzeit von fünf Jahren: 30%*
- *Verlängerung um vier Jahre zu einer Gesamtlaufzeit von sieben Jahren: 30%.*

Gemäß den vorstehenden Angaben beträgt die Leasinglaufzeit mindestens drei Jahre. Die Wahrscheinlichkeit einer Leasinglaufzeit von fünf Jahren beträgt 60% (Wahrscheinlichkeit von 30%, dass das Leasingverhältnis fünf Jahre besteht zuzüglich der Wahrscheinlichkeit von 30%, dass das Leasingverhältnis sieben Jahre besteht). Die Wahrscheinlichkeit eines Leasingverhältnisses über sieben Jahre beläuft sich indes nur auf 30%. Insofern beträgt die längstmögliche Leasinglaufzeit auf Basis des Kriteriums more likely than not fünf Jahre. Die folgende Tabelle 3 stellt die bilanzielle Abbildung über die Leasinglaufzeit dar.

Tabelle 3: Künftige Bilanzierung eines Leasingvertrags mit Verlängerungsoption seitens des Leasingnehmers

Leasinglaufzeit	**0**	**1**	**2**	**3**	**4**	**5**	**Summe**
Bilanz zum Jahresende							
Nutzungsrecht	9.477	7.582	5.686	3.791	1.895	0	-
Verbindlichkeit	9.477	7.925	6.217	4.339	2.273	0	-
Kassenabgang	0	2.500	2.500	2.500	2.500	2.500	**12.500**
GuV							
Abschreibung	0	1.895	1.895	1.895	1.895	1.895	**9.477**
Zinsaufwand	0	948	792	622	434	227	**3.023**
Periodenaufwand	0	2.843	2.688	2.517	2.329	2.123	**12.500**

Die jährlichen Leasingzahlungen werden über die geschätzte Leasingdauer diskontiert. Der hieraus resultierende Barwert der Leasingzahlungen in Höhe von 9.477€ stellt den erstmaligen Wertansatz für das Nutzungsrecht und die Leasingverbindlichkeit dar. In den Folgeperioden wird das Nutzungsrecht über die Laufzeit des Leasingverhältnisses abgeschrieben. Mithilfe der Effektivzinsmethode erfolgt die Aufteilung der Leasingzahlungen in die Zins- bzw. Tilgungskomponente.

2.2.2.4 *Konzeptionelle Gesamtbeurteilung*

Der ED fokussiert seitens des Leasingnehmers auf eine Bilanzierung von Rechten und Pflichten, die aus Leasingverträgen resultieren. Darin dokumentiert sich die Abkehr von der Gegenstandsbilanzierung hin zu einer Bilanzierung von Rechten. Diese veränderte Bilanzierungskonzeption ermöglicht eine einheitliche bilanzielle Abbildung sämtlicher Leasingverhältnisse unter Aufgabe der dichotomen Einteilung in bilanzwirksame Finanzierungsleasingverhältnisse und bilanzunwirksame operative Leasingverhältnisse. Insofern kann den Reformbestrebungen insgesamt nicht abgesprochen werden, dass sie eine oftmals kritisierte („*conceptually and operationally an accounting nightmare*“[1], „*worst pronouncement*“[2], „Eldorado bilanzpolitischer Möglichkeiten“[3]) und durchaus problematische Leasingbilanzierung abzuschaffen gedenken[4]. Derzeitige Strukturierungsmöglichkeiten zur Umgehung der Bilanzwirksamkeit von Leasingverhältnissen würden wohl reduziert. Diesbezüglich dürften Transaktionskosten sinken, weil sich umfassende Korrekturrechnungen[5] und/oder Fehlinterpretationen bei operativen Leasingverhältnissen auf Seiten der Jahresabschlussadressaten reduzierten – eine These, die im empirischen Teil dieser Arbeit noch genauer zu untersuchen ist[6].

Den gesunkenen Transaktionskosten der Adressaten dürften indes erhöhte ökonomische Kosten an anderer Stelle gegenüberstehen. Für die Bilanzierenden würde eine neue Ebene der Komplexität geschaffen, wenn sämtliche Leasingverträge auf Leasingnehmerseite bilanziert sowie erst- und folgebewertet werden müssten[7]. Diese Komplexität reduzierte sich durch die vereinfachten Bilanzierungsregeln für kurzfristige Leasingverhältnisse wohl kaum, würden sie letztlich sämtliche sonstigen Mietverträge in die Bilanzwirksamkeit treiben. Abgesehen davon führte eine Vereinfachungsregel, die „*on a lease-by-lease basis*“[8] angewendet werden kann, zu Inkonsistenzen innerhalb der Bilanzpositionen. Die Abkehr von der vertraglich abgesicherten Laufzeit und den Mindestleasingzahlungen hin zu geschätzten Leasinglaufzeiten sowie die Paketbewertung sämtlicher Vertragselemente dürften zudem Entobjektivierungen und mithin neue Strukturierungsmöglichkeiten markieren[9]. Außerdem schließt der ED Kauf- und Verkaufsverträge bezüglich des Leasinggegenstands vom Anwendungsbereich aus. Die Kriterien zur Abgrenzung von Leasingverträgen und Kauf- bzw. Verkaufsverträgen erinnern an diejenigen zur Unterscheidung in operative Leasingverhältnisse und Finanzierungsleasingverhältnisse und dürften insofern zu einer ähnlichen Abgrenzungsproblematik mit entsprechenden Strukturierungsanstrengungen führen[10]. Bilanzpolitisch genutzt werden könnte zudem das Wahlrecht hinsichtlich des adäqua-

1 Reither (1998), S. 288.
2 Collins/Pasewark/Strawser (2002), S. 147.
3 Vater (2002), S. 2094.
4 Vgl. hierzu und im Folgenden Fülbier/Fehr (2010), S. 1022.
5 Ein Beispiel für umfassende Korrekturen liefert Standard & Poor's (2008), S. 69-71.
6 Vgl. Kapitel VI.
7 Vgl. hierzu auch Fölkersamb/Hellen/Tesche (2010), S. 35.
8 IASB (2010a), Rn. 64.
9 Vgl. hierzu kritisch z.B. Fülbier (2011).
10 Vgl. Baetge/Graupe (2010), S. 478, Biondi et al. (2011), S. 8.

ten Zinssatzes (Grenzfremdkapitalzinssatz oder – sofern bekannt – der vom Leasinggeber verlangte Zinssatz), das die Höhe der zu bilanzierenden Verpflichtung direkt beeinflusst[1]. Das Transaktionskostenargument seitens der Jahresabschlussadressaten könnte daher Relativierungen unterliegen.

Konzeptionelle Fragen ergeben sich auch hinsichtlich der generellen Behandlung von Dauerschuldverhältnissen. Dauerschuldverhältnisse sind insofern eine besondere Art des schwebenden Geschäfts, als der Umfang der zu erbringenden Leistung bei Vertragsabschluss nicht feststeht, sondern von der Dauer der Vereinbarung abhängt[2]. Der in einem Dauerschuldverhältnis zu erbringende künftige Leistungsanteil bleibt bis zur Erfüllung in dem Zustand eines schwebenden Geschäfts. Die Grundsätze der IFRS sehen keine Bilanzierung sämtlicher schwebender Geschäfte vor. Eine Bilanzierung ist lediglich bei Erfüllung der am künftigen Nutzenzufluss orientierten Definitions- und Ansatzkriterien für Vermögenswerte und Schulden möglich[3]. Im Rahmen von Nutzungsüberlassungen werden diese Kriterien regelmäßig erfüllt[4]. In diesem Zusammenhang erscheint aber auch eine Ausweitung der Bilanzierung von Nutzungsüberlassungen auf andere Dauerschuldverhältnisse abseits der Leasingbilanzierung – beispielsweise auf Arbeitsverträge – möglich und vor dem Hintergrund einer konsistenten Anwendung sogar notwendig. Inwieweit dies sinnvoll erscheint, bleibt fraglich[5].

Aus konzeptioneller Sicht erscheint zudem die Übereinstimmung mit den gegenwärtigen Rahmenkonzepten diskussionswürdig. Hierbei ist insbesondere zu fragen, was als Vermögenswert bilanziell darzustellen ist – ein konkreter Gegenstand oder (Teil-)Rechte daran[6]. Gleichermaßen offen ist, ob die Paketbewertung mit dem Vermögenswert- und Schuldbegriff der Rahmenkonzepte konform geht. Der Leasingnehmer hat beispielsweise im Rahmen optionaler Leasingperioden die Möglichkeit, sich der Leasingverpflichtung zu entziehen[7]. Inkonsistent erscheint zudem die Paketbewertung vor dem Hintergrund, dass IASB und FASB optionale Komponenten und Restwertgarantien als eigenständige Vermögenswerte und Schulden anerkennen[8]. Diesbezüglich bleiben die Entwicklungen im Rahmen des *framework*-Projekts abzuwarten, aus dem neue Definitionen des Vermögenswert- und Schuldbegriffs hervorgehen mögen.

Die ökonomischen Konsequenzen der Reformbestrebungen sind insbesondere vor der Einführung einer neu regulierten Leasingbilanzierung von Interesse. So kann die

1 Vgl. hierzu auch Küting/Koch/Tesche (2011), S. 428.
2 Vgl. Crezelius (1988), S. 84.
3 Vgl. Mellwig/Sabel (2005), S. 366.
4 Zur Bilanzierung schwebender Dauerschuldverhältnisse und von Nutzungsrechten vgl. weiterführend z.B. Babel (1997), Barth (1999), Kußmaul (1987), Sabel (2006), S. 161-173.
5 Vgl. hierzu auch Hoffmann (2011), Küting et al. (2011), S. 5, Lorenz (2010), S. 2556. Vgl. hierzu konträr Jung/Ruthardt/Hermes (2011), S. 201, die zwar die Ansatzkriterien des Rahmenkonzepts für leasinginduzierte Nutzungsrechte, nicht jedoch für andere Dauerschuldverhältnisse, beispielsweise Arbeitsverträge aufgrund einer mangelnden Kontrolle über den Arbeitnehmer, erfüllt sehen.
6 Vgl. Samuelson (1996) zur Forderung einer Definition von Vermögenswerten auf der Basis von Nutzungsrechten.
7 Vgl. hierzu auch Baetge/Graupe (2010), S. 478, Küting et al. (2011), S. 5.
8 Vgl. IASB (2009), Rn. 6.8, 7.38.

künftige bilanzielle Abbildung von Leasingverhältnissen mit einer Ausweitung der Bilanzsumme und entsprechend negativen Konsequenzen für Eigenkapitalkennzahlen und Verschuldungsgrade einhergehen[1]. Ergebnisorientierte Kennzahlen werden möglicherweise positiv beeinflusst. Infolge der Auswirkungen auf wesentliche Kennzahlen könnten Leasingnehmer veränderte Entscheidungen der Jahresabschlussadressaten erwarten und ihrerseits Veränderungen im Entscheidungsverhalten vornehmen. Denkbar wären beispielsweise Anpassungen der Leasinglaufzeiten, was allerdings zu einer erhöhten Volatilität der Leasingverbindlichkeiten führen würde[2]. Erkenntnisse über die erwarteten ökonomischen Konsequenzen wird die in Kapitel VI durchgeführte empirische Studie liefern.

2.2.3 Geplante Leasinggeberbilanzierung

2.2.3.1 Bilanzierungsmethoden

Während beim Leasingnehmer künftig sämtliche Leasingverhältnisse bilanziell einheitlich abgebildet würden, sieht der ED beim Leasinggeber zwei Bilanzierungsmethoden vor[3]. Hierbei besteht kein Wahlrecht. Die Bilanzierung orientiert sich an der Frage, ob beim Leasinggeber – entweder während der Laufzeit oder danach – wesentliche Risiken und Chancen bezüglich des Leasinggegenstands verbleiben. Ist dies zu bejahen, muss der Leasinggeber dem *performance obligation approach* folgen, andernfalls dem *derecognition approach*[4]. Der zu Beginn des Leasingverhältnisses gewählte Ansatz ist in den Folgeperioden beizubehalten. Zur Konkretisierung nennt der ED Indikatoren, die auf den Verbleib der wesentlichen Risiken und Chancen beim Leasinggeber während der Laufzeit und nach Beendigung des Leasingverhältnisses hinweisen sollen[5].

Bei dem *performance obligation approach* bilanziert der Leasinggeber den Leasinggegenstand, das Recht auf Erhalt der Leasingzahlungen (als Forderung) und die Leistungsverpflichtung zur Nutzungsüberlassung[6]. Kerncharakteristikum dieses Ansatzes ist das Nicht-Ausbuchen des Leasinggegenstands. Dieser verbleibt auf der Aktivseite. Auf der Passivseite wird ihm eine Schuldposition gegenübergestellt, die den Zugriff des Leasingnehmers auf den Leasinggegenstand repräsentiert. Der zu-

1 Zu den Auswirkungen auf Kennzahlen deutscher Unternehmen vgl. z.B. Fülbier/Lirio Silva/Pferdehirt (2008). Einen Dreiländervergleich bietet Pferdehirt (2007), S. 234-292. Zu den Auswirkungen auf relevante Bilanzkennzahlen von DAX-Unternehmen vgl. z.B. Küting/Koch/Tesche (2010). Vgl. Kapitel III.1.1.2 für einen Überblick über weitere diesbezügliche Studien.

2 Vgl. hierzu auch Laubach/Findeisen/Murer (2010), S. 2405.

3 Vgl. hierzu und im Folgenden IASB (2010a), Rn. 28-29.

4 Ein Wahlrecht besteht allerdings im Rahmen kurzfristiger Leasingverhältnisse mit einer maximalen, Verlängerungs- und Kündigungsoptionen umfassenden Laufzeit von bis zu einem Jahr. Aus Gründen der Vereinfachung können Leasinggeber auf den Ansatz von Vermögenswerten und Schulden im Rahmen dieser kurzfristigen Leasingverhältnisse verzichten und die Leasingraten GuV-wirksam erfassen. Vgl. IASB (2010a), Rn. 65, auch Muggenthaler/Mujkanovic (2010), S. 310, von Oertzen/Esser (2010), S. 483.

5 Vgl. IASB (2010a), Appendix B, Rn. B22-27. Eine ausführliche Darstellung dieser Indikatoren findet sich z.B. in Leuchtenstern/Ranker/Henneberger (2011), S. 29-31.

6 Vgl. hierzu und im Folgenden IASB (2010a), Rn. 30.

grundeliegende Vermögenswert, das Recht auf Erhalt der Leasingzahlungen und die Leistungsverpflichtung sollen separat in einer Vorspalte mit anschließender Zusammenfassung zu einem Nettoleasingvermögenswert oder einer Nettoleasingverbindlichkeit in der Hauptspalte der Bilanz dargestellt werden[1]. Der Ausweis eines Nettobetrags soll die Interdependenz zwischen dem zugrundeliegenden Vermögenswert, der Forderung und der Leistungsverpflichtung verdeutlichen und zugleich Bedenken einer Bilanzverlängerung entgegenwirken[2]. In der Gesamtergebnisrechnung werden die Zinserträge, die Erträge aus der Rückführung der Leistungsverpflichtung und die Abschreibungen separiert von vergleichbaren, nicht-leasinginduzierten Posten erfasst[3].

Der *derecognition approach* ist durch das teilweise Ausbuchen des Leasinggegenstands beim Leasinggeber gekennzeichnet. Ausgebucht wird derjenige Betrag, der das Nutzungsrecht des Leasingnehmers repräsentiert[4]. Im *derecognition approach* bilanziert der Leasinggeber demnach eine Restwertposition als Nettogröße und – analog zum *performance obligation approach* – eine leasinginduzierte Forderung[5]. Die Leasingforderung ist separat von anderen finanziellen Vermögenswerten, der Restwert separat innerhalb des Sachanlagevermögens auszuweisen[6]. In der Gesamtergebnisrechnung erfasst der Leasinggeber Zinserträge sowie Aufwendungen und Erträge aus der Veränderung der Nettoposition[7]. Leasinginduzierte Erträge werden als Umsatzerlöse und entsprechende Aufwendungen als Umsatzkosten behandelt, wenn das Leasinggeschäft der normalen Geschäftstätigkeit des Leasinggebers zuzuordnen ist[8].

2.2.3.2 Bewertungskonzeption

Im Rahmen des *performance obligation approach* erfolgt die Erstbewertung der Forderung mit der Summe des Barwerts der Leasingzahlungen, diskontiert mit dem vom Leasinggeber verlangten Zinssatz, zuzüglich anfänglich direkter Kosten[9]. Die Leistungsverpflichtung erfährt eine zur Forderung korrespondierende Erstbewertung[10]. Analog zur Leasingnehmerbilanzierung erfolgt die Bewertung der Vermögenswerte und Schulden auf Basis der erwarteten Leasinggesamtlaufzeit und der entsprechend erwarteten Zahlungen[11].

Im *derecognition approach* wird derjenige Betrag ausgebucht, der das Nutzungsrecht des Leasingnehmers repräsentiert. Dabei wird dieses Nutzungsrecht nicht mit dem vollen Barwert der Leasingzahlungen wie beim *performance obligation approach* bewertet, sondern nur mit dem proportionalen Buchwertanteil[12]. Der auszubuchende

1 Vgl. IASB (2010a), Rn. 42, Appendix B, Rn. B29 analog. Vgl. auch Fischer (2010), S. 297.
2 Vgl. IASB (2010b), Rn. 148, auch Laubach/Findeisen/Murer (2010), S. 2408.
3 Vgl. IASB (2010a), Rn. 31(a)-(b), 44.
4 Vgl. IASB (2010a), Rn. 46(b).
5 Vgl. IASB (2010a), Rn. 46(a), (c).
6 Vgl. IASB (2010a), Rn. 60.
7 Vgl. IASB (2010a), Rn. 47.
8 Vgl. IASB (2010a), Rn. 48.
9 Vgl. IASB (2010a), Rn. 33(a).
10 Vgl. IASB (2010a), Rn. 33(b).
11 Vgl. IASB (2010a), Rn. 34-35, Appendix B, Rn. B16-20.
12 Vgl. hierzu und im Folgenden IASB (2010a), Rn. 49(b), 50.

Betrag ergibt sich insofern rechnerisch aus dem Verhältnis von Buchwert und beizulegendem Zeitwert des zugrundeliegenden Vermögenswerts multipliziert mit dem beizulegenden Zeitwert des Rechts auf Erhalt der Leasingzahlungen. Der beim Leasinggeber verbleibende Teil des Leasinggegenstands ist als Restwert (*residual asset*) zu klassifizieren, der die noch bei ihm verbleibenden Rechte an diesem Vermögenswert darstellt[1]. Durch die Anpassung über den proportionalen Buchwertanteil ist der Restwert nicht zwingend mit der Zusammenfassung von Leasinggegenstand und Leistungsverpflichtung im *performance obligation approach* identisch. Zudem sieht der *derecognition approach* einen Ergebniseffekt in der Erstbewertung vor, während der *performance obligation approach* ohne GuV-Wirkung bleibt. Der Ergebniseffekt im *derecognition approach* entsteht, weil buchhalterisch der – analog zum *performance obligation approach* – ebenfalls einzubuchenden Forderung auf Erhalt der Leasingzahlungen[2] nur der Teil des Leasinggenstands gegenübersteht, der das Nutzungsrecht des Leasingnehmers repräsentiert. Die darüber hinausgehende Differenz wird GuV-wirksam[3].

In beiden Bilanzierungsmethoden ist das Recht auf Erhalt der Leasingzahlungen in den Folgeperioden zu fortgeführten Anschaffungskosten unter Anwendung der Effektivzinsmethode zu bewerten[4]. Sofern die Forderung in den Folgeperioden aufgrund von Tatsachen oder äußeren Umständen im Verhältnis zur Ausgangssituation tangiert wird, hat eine Überprüfung und gegebenenfalls eine Anpassung der Leasinglaufzeit zu erfolgen. Im Rahmen des *performance obligation approach* soll eine Neueinschätzung der Leasinglaufzeit GuV-neutral durch Anpassung der Leistungsverpflichtung vorgenommen werden[5]. Der *derecognition approach* sieht diesbezüglich eine Aufteilung des Anpassungsbetrags auf den Restwert und den auszubuchenden Teil des Vermögenswerts vor[6].

Das Vorliegen von Hinweisen auf eine Bewertungsänderung der Forderung hat zudem eine Überprüfung der Erwartungswerte hinsichtlich bedingter Leasingzahlungen, Restwertgarantien und Strafzahlungen zur Folge. Im Rahmen des *performance obligation approach* ist eine Änderung der Forderung GuV-wirksam vorzunehmen, sofern sich diese auf eine bereits erfüllte Leistungsverpflichtung bezieht[7]. Bezieht sich

1 Vgl. IASB (2010a), Rn. 46(c).

2 Die Erstbewertung erfolgt wiederum mit der Summe des Barwerts der Leasingzahlungen diskontiert mit dem vom Leasinggeber verlangten Zinssatz zuzüglich anfänglicher direkter Kosten. Vgl. IASB (2010a), Rn. 49(a), 51-52, Appendix B, Rn. B16-20.

3 Der Buchungssatz lautet gemäß IASB (2010a), Appendix B, Rn. B30: „Per Leasingforderung (in Höhe des Barwerts einschließlich anfänglicher direkter Kosten) und Umsatzkosten (in Höhe des buchwertproportionalen Nutzungsrechts) an Leasinggegenstand (in Höhe des buchwertproportionalen Nutzungsrechts) und Umsatzerlöse (in Höhe des Barwerts zuzüglich anfänglicher direkter Kosten)". Insgesamt wird also die Differenz von Barwert einschließlich anfänglicher direkter Kosten und buchwertproportionalem Nutzungsrecht unmittelbar als Nettoertrag erfasst.

4 Vgl. IASB (2010a), Rn. 37(a), 54.

5 Vgl. IASB (2010a), Rn. 39(a).

6 Vgl. IASB (2010a), Rn. 56(a). Insofern kommt es zu einer Verschiebung zwischen dem beim Leasinggeber verbleibenden Restwert und dem zur Nutzung auf den Leasingnehmer übertragenen Teil des Vermögenswerts. Vgl. hierzu auch Schmidt/Hartmann-Wendels/Adolph (2011), S. 24.

7 Vgl. hierzu und im Folgenden IASB (2010a), Rn. 39(b).

die Änderung indes auf noch nicht erfüllte Leistungsverpflichtungen, hat die Anpassung GuV-neutral zu erfolgen. Im Falle des *derecognition approach* ist die Änderung der Forderung, die auf eine Neueinschätzung bedingter Leasingzahlungen und Restwertgarantien zurückzuführen ist, grundsätzlich GuV-wirksam vorzunehmen[1]. Zusätzlich zur Neubewertung des Rechts auf Erhalt der Leasingzahlungen hat der Leasinggeber – unabhängig vom Bilanzierungsmodell – zu jedem Berichtszeitpunkt gemäß IAS 39 zu bestimmen, ob die Forderung beispielsweise durch Ausfall von Leasingzahlungen im Wert gemindert ist. Diese Wertminderungen sind GuV-wirksam zu erfassen[2]. Die Folgebewertung der Leistungsverpflichtung im Rahmen des *performance obligation approach* bestimmt sich nach einem systematischen Schema der Verwendung durch den Leasingnehmer oder – sofern nicht bestimmbar – nach einem linearen Verlauf[3]. Der Restwert gemäß *derecognition approach* unterliegt indes keiner „normalen" Folgebewertung[4]. Zu einer Bewertungsanpassung kommt es lediglich im Rahmen der vorstehend dargestellten Neubewertung des Rechts auf Erhalt der Leasingzahlungen oder bei Vorliegen von Wertminderungen, die GuV-wirksam zu erfassen sind[5].

2.2.3.3 *Darstellung der künftigen bilanziellen Abbildung von Leasingverhältnissen aus Leasinggebersicht*

Aus Gründen der Verständlichkeit sollen die künftig unterschiedlichen Bilanzierungsmethoden von Leasingverhältnissen seitens des Leasinggebers kurz anhand eines jeweiligen Beispiels verdeutlicht werden[6]. Zunächst folgt ein Beispiel zur Bilanzierung gemäß dem *performance obligation approach*:

Über einen Vermögenswert wird ein Leasingvertrag mit einer Laufzeit von fünf Jahren abgeschlossen. Der Vermögenswert hat einen beizulegenden Zeitwert von 10.000€ und eine wirtschaftliche Nutzungsdauer von 12 Jahren. Die jeweils am Ende des Jahres zu zahlenden Leasingraten betragen 2.000€. Der vom Leasinggeber verlangte Zinssatz beträgt 10%. Nebenkosten fallen nicht an. Latente Steuern werden vernachlässigt. Der Leasingvertrag wird am 31.12. des Jahres Null effektiv.

Das Leasingverhältnis ist gemäß dem performance obligation approach zu bilanzieren, da die Leasinglaufzeit nicht den wesentlichen Teil der Nutzungsdauer des Leasinggegenstands umfasst[7]. Der Leasinggeber hat nach Beendigung des Leasingverhältnisses wesentliche Risiken und Chancen in Zusammenhang mit dem Leasinggegenstand. Die folgende Tabelle 4 stellt die bilanzielle Abbildung über die Leasinglaufzeit dar.

1 Vgl. IASB (2010a), Rn. 56(b).
2 Vgl. IASB (2010a), Rn. 41, 58.
3 Vgl. IASB (2010a), Rn. 37(b), 38.
4 Vgl. IASB (2010a), Rn. 55.
5 Vgl. IASB (2010a), Rn. 59.
6 Weitere Beispiele finden sich u.a. in Bauman/Francis (2011), S. 250-251, Leuchtenstern/Ranker/Henneberger (2011), Schmidt/Hartmann-Wendels/Adolph (2011).
7 Vgl. IASB (2010a), Appendix B, Rn. B24(a).

Tabelle 4: Künftige Bilanzierung eines Leasingvertrags seitens des Leasinggebers gemäß dem performance obligation approach

Leasinglaufzeit	**0**	**1**	**2**	**3**	**4**	**5**	**Summe**
Bilanz zum Jahresende							
Leasinggegenstand	10.000	9.167	8.333	7.500	6.667	5.833	-
Forderung	7.582	6.340	4.974	3.471	1.818	0	-
Leistungsverpflichtung	7.582	6.066	4.549	3.033	1.516	0	-
Kassenzugang	0	2.000	2.000	2.000	2.000	2.000	**10.000**
GuV							
Abschreibung	0	833	833	833	833	833	**4.167**
Zinsertrag	0	758	634	497	347	182	**2.419**
Ertrag aus Rückf. Leist.verpf.	0	1.516	1.516	1.516	1.516	1.516	**7.582**
Nettoleasingergebnis	0	1.441	1.317	1.180	1.030	865	**5.834**

Die Forderung und die Leistungsverpflichtung werden mit dem Barwert der Leasingzahlungen in Höhe von 7.582€ erstmalig angesetzt. In den Folgeperioden wird der Leasinggegenstand linear über die Nutzungsdauer abgeschrieben. Die Folgebewertung der Leistungsverpflichtung folgt ebenfalls einem linearen Verlauf. Die Forderung wird der Effektivzinsmethode entsprechend bewertet. Gleichzeitig entsteht ein Zinsertrag, der sich während der Leasinglaufzeit reduziert. Im ersten Jahr reduziert sich die Forderung somit um 1.242€ auf 6.340€. Der Zinsertrag beträgt im ersten Jahr 758€. Dem Zinsertrag und dem Ertrag aus Rückführung der Leistungsverpflichtung steht die Abschreibung des Leasinggegenstands gegenüber, so dass im ersten Jahr ein Nettoergebnis von 1.441€ aus dem Leasingverhältnis resultiert. Aufgrund des sinkenden Zinsertrags reduziert sich das Nettoleasingergebnis über die Leasinglaufzeit.

Im Folgenden wird nun ein Beispiel zur Bilanzierung gemäß dem *derecognition approach* dargestellt:

Über einen Vermögenswert wird ein Leasingvertrag mit einer Laufzeit von fünf Jahren abgeschlossen. Der Vermögenswert hat einen Buchwert von 8.000€ und eine wirtschaftliche Nutzungsdauer von sechs Jahren. Der beizulegende Zeitwert beträgt 10.000€. Die jeweils am Ende des Jahres zu zahlenden Leasingraten belaufen sich auf 2.000€. Der vom Leasinggeber verlangte Zinssatz beträgt 10%. Nebenkosten fallen nicht an. Latente Steuern werden vernachlässigt. Der Leasingvertrag wird am 31.12. des Jahres Null effektiv.

Das vorliegende Leasingverhältnis ist gemäß dem derecognition approach zu bilanzieren, da die Leasinglaufzeit den wesentlichen Teil der Nutzungsdauer des Leasinggegenstands umfasst[1]*. Der Leasinggeber hat nach Beendigung des Leasingverhältnisses keine wesentlichen Risiken und Chancen in Zusammenhang mit dem Leasinggegenstand. Die folgende Tabelle 5 stellt die bilanzielle Abbildung über die Leasinglaufzeit dar.*

1 Vgl. IASB (2010a), Appendix B, Rn. B24(a).

Tabelle 5: Künftige Bilanzierung eines Leasingvertrags seitens des Leasinggebers gemäß dem derecognition approach

Leasinglaufzeit	**0**	**1**	**2**	**3**	**4**	**5**	**Summe**
Bilanz zum Jahresende							
Forderung	7.582	6.340	4.974	3.471	1.818	0	-
Restwert	1.934	1.934	1.934	1.934	1.934	1.934	-
Kassenzugang	0	2.000	2.000	2.000	2.000	2.000	**10.000**
GuV							
Aufwand (Umsatzkosten)	6.066						**6.066**
Ertrag (Umsatzerlöse)	7.582						**7.582**
Zinsertrag	0	758	634	497	347	182	**2.419**
Nettoleasingergebnis	1.516	758	634	497	347	182	**3.935**

Die Leasingforderung wird – analog zum performance obligation approach – zum Barwert der Leasingzahlungen in Höhe von 7.582€ erstmalig erfasst und in den Folgeperioden gemäß der Effektivzinsmethode bewertet. Der dabei entstehende Zinsertrag beläuft sich im ersten Jahr auf 758€. Der auszubuchende Betrag errechnet sich aus dem Verhältnis von Buchwert und beizulegendem Zeitwert des Leasinggegenstands multipliziert mit dem beizulegenden Zeitwert der Forderung, der hier dem Barwert der Leasingzahlungen gleichzusetzen ist. Dementsprechend beträgt der auszubuchende Betrag 6.066€, der Restwert korrespondierend 1.934€. Zu Beginn des Leasingverhältnisses ergibt sich aufgrund der Ausbuchung eines Teils des Buchwerts und der Einbuchung der Leasingforderung ein positives Nettoleasingergebnis von 1.516€. In den Folgeperioden bestimmt sich das Nettoleasingergebnis ausschließlich durch die Zinserträge.

2.2.3.4 Konzeptionelle Gesamtbeurteilung

Die künftige Existenz zweier Bilanzierungsmethoden für Leasinggeber resultiert in einer erneuten Klassifizierung von Leasingverträgen, die dem Ziel der Vergleichbarkeit von Jahresabschlüssen widerstreben dürfte. Die diesbezügliche Zuordnungsregel ist wenig konkret und schafft neue Strukturierungsmöglichkeiten. Die unverbindlichen Beispielfälle der im Anhang aufgenommenen *application guidance* erinnern an die gegenwärtigen Klassifizierungskriterien für Finanzierungsleasingverhältnisse und tragen nur teilweise zur Konkretisierung bei. Interessant erscheint hierbei, dass selbst diese wenigen Kriterien wieder insofern relativiert werden, als diese keine endgültige Beurteilungsgrundlage markieren dürfen[1]. Künftige Strukturierungsanstrengungen sind zudem vor dem Hintergrund der erheblichen Ergebnisunterschiede in der Erstbewertung zwischen den beiden Bilanzierungsmethoden zu erwarten. Dieser Ergebnisunterschied dürfte dabei umso drastischer ausfallen, je mehr stille Reserven in dem Leasinggegenstand enthalten sind. Hierbei müssen allerdings die endgültigen Rege-

1 IASB (2010a), Appendix B, Rn. B26: „*The existence of one or more indicators is not conclusive in determining whether the lessor retains exposure to significant risks or benefits associated with the underlying asset.*"

lungen zur Ertragsrealisation im Rahmen des *revenue recognition*-Projekts abgewartet werden.

Die mit der Paketbewertung von laufzeitbezogenen Optionen, Restwertgarantien und bedingten Leasingzahlungen verbundenen Entobjektivierungen seitens des Leasingnehmers dürften sich gleichermaßen auf den Leasinggeber übertragen. Der Leasinggeber muss die Ausübungs- bzw. Eintrittswahrscheinlichkeiten der Leasingnehmer antizipieren und benötigt insofern eine umfangreiche Informationsgrundlage. Diese Informationsgrundlage ist zudem erforderlich, um die Notwendigkeit einer Neueinschätzung der Forderung beurteilen zu können. Hierin verdeutlicht sich der künftige Komplexitätsgrad der Leasinggeberbilanzierung. Komplexitätssteigernd kann zudem die Ermittlung der beizulegenden Zeitwerte der hingegebenen und zurückbehaltenen Rechte im Rahmen der Ermittlung des Ausbuchungsbetrags im *derecognition approach* wirken. Damit zusammenhängend entstünden neue Ermessensspielräume in der Ermittlung des zu realisierenden Ertrags. Zu Kritik führt darüber hinaus die Vereinfachungsregel für kurzfristige Leasingverhältnisse, die – analog zur Leasingnehmerbilanzierung – aufgrund der Anwendung „*on a lease-by-lease basis*“[1] Inkonsistenzen innerhalb der Bilanzpositionen zur Folge hätte. Zudem trägt die Nichtbilanzierung relevanter leasinginduzierter Vermögenswerte und Schulden nicht zur Transparenz der Bilanzierung bei.

Aus konzeptioneller Sicht wirft der *performance obligation approach* Fragen hinsichtlich der Vereinbarkeit mit den Definitionen des Vermögenswert- und Schuldbegriffs der Rahmenkonzepte auf. Die Bilanzierung einer Forderung bei gleichzeitigem Einbuchen einer Leistungsverpflichtung erscheint in der Literatur diskussionswürdig[2]. Einerseits wird argumentiert, dass der Leasinggeber die Verpflichtung bereits bei Übergabe des Vermögenswerts zur Nutzung erfüllt hat. In diesem Fall wäre lediglich eine Forderung seitens des Leasinggebers zu bilanzieren. Andererseits wird angeführt, dass die Leistungsverpflichtung kontinuierlich über die Leasinglaufzeit erfüllt wird und es sich insofern zumindest teilweise um ein schwebendes Geschäft handelt, welches mit dem Saldo aus Forderungen und Verpflichtungen zu bilanzieren wäre. Letztlich drückt sich dieser Gedanke in dem im ED vorgeschlagenen Ausweis einer Nettoposition aus. Zudem kann die grundsätzliche Notwendigkeit des *derecognition approach* bezweifelt werden. Diese Zweifel begründen sich aus der Auffassung, dass Leasingverträge, die zu einem Übergang der wesentlichen Risiken und Chancen auf den Leasingnehmer führen, als Kaufverträge gewertet werden könnten und insofern aus dem Anwendungsbereich des ED fielen[3].

1 IASB (2010a), Rn. 65.

2 Vgl. hierzu und im Folgenden z.B. Schmidt/Hartmann-Wendels/Adolph (2011), S. 27.

3 Vgl. zu dieser Auffassung Muggenthaler/Mujkanovic (2010), S. 312. Zum Ausschluss von Kaufverträgen aus dem Anwendungsbereich des ED vgl. Kapitel II.2.2.1.

2.2.4 Sale-and-Leaseback Transaktionen

Für Sale-and-Leaseback Transaktionen sieht der ED spezielle Regelungen vor. Zunächst ist zu klären, ob diese Transaktionen ein Kauf- bzw. Verkaufsgeschäft im Sinne des ED beinhalten. Ein Verkaufsgeschäft liegt vor, wenn am Ende der gesamten Vertragslaufzeit die Beherrschung des zugrundeliegenden Vermögenswerts auf die andere Partei übergeht und allenfalls geringfügige Risiken und Chancen an diesem Vermögenswert verbleiben[1]. Konkretisierend nennt der ED Beispiele, in denen mehr als lediglich geringfügige Risiken und Chancen verbleiben und somit keine Verkaufstransaktion vorliegt[2]. So spricht beispielsweise eine Verpflichtung bzw. Option zum Rückkauf des Leasinggegenstands seitens des Leasingnehmers zu nicht marktüblichen Konditionen gegen eine Verkaufstransaktion[3].

Liegt ein Verkauf bzw. Kauf vor, müssen Verkäufer/Leasingnehmer und Käufer/Leasinggeber einen Kauf- und einen Leasingvertrag bilanzieren[4]. Letzterer orientiert sich an den Bilanzierungsregeln des ED, die hinsichtlich der Leasinggeberbilanzierung auf den *performance obligation approach* beschränkt sind. Zusätzlich sieht der ED Anpassungen vor, wenn die mit der Sale-and-Leaseback Transaktion verbundenen Zahlungen nicht dem beizulegenden Zeitwert entsprechen[5]. Wird die Transaktion nicht als Verkauf bzw. Kauf gewertet, bilanziert der „Verkäufer"/ Leasingnehmer die Transaktion als reines Finanzierungsgeschäft, ohne den übertragenen Vermögenswert auszubuchen[6]. Erhaltene Beträge werden als finanzielle Verbindlichkeiten erfasst. Der „Käufer"/Leasinggeber erfasst die gezahlten Beträge als Forderung, ohne den übertragenen Vermögenswert anzusetzen.

2.2.5 Leasingverträge mit Dienstleistungskomponenten

Leasingverträge können zusätzlich zur Nutzungsüberlassung auch Dienstleistungskomponenten enthalten[7]. Im Rahmen der Bilanzierung solcher Verträge ist zu klären, ob die Dienstleistungskomponente klar von der Leasingkomponente unterscheidbar und insofern separierbar ist[8]. Beinhalten Verträge sowohl Dienstleistungs- als auch Leasingkomponenten, ist der gesamte Vertrag als Leasingverhältnis zu bilanzieren, wenn die Zahlungen für die Dienstleistungs- und Leasingkomponenten nicht klar unterschieden werden können[9]. Liegt Unterscheidbarkeit vor, ist die Dienstleistungskomponente nach dem Standard zu bilanzieren, der aus dem gegenwärtig vorliegenden

1 Vgl. IASB (2010a), Appendix B, Rn. B9-10.
2 Vgl. hierzu IASB (2010a), Appendix B, Rn. B31.
3 Vgl. IASB (2010a), Appendix B, Rn. B31(a).
4 Vgl. hierzu und im Folgenden IASB (2010a), Rn. 67(a), 68(a).
5 Vgl. IASB (2010a), Rn. 69.
6 Vgl. hierzu und im Folgenden IASB (2010a), Rn. 67(b), 68(b).
7 Beispielsweise könnte ein Unternehmen ein Fahrzeug verleasen und zugleich die Wartungsleistungen übernehmen.
8 Gemäß dem ED liegt eine unterscheidbare Dienstleistungskomponente vor, wenn das relevante Unternehmen oder ein anderes Unternehmen eine vergleichbare Dienstleistung separat verkauft oder die Dienstleistung eine unterscheidbare Funktion bzw. eigenständige Gewinnmarge hat. Vgl. IASB (2010a), Appendix B, Rn. B7.
9 Vgl. IASB (2010a), Appendix B, Rn. B5(b).

Entwurf „*Revenue from Contracts with Customers*“ hervorgeht[1]. Wenn der Leasinggeber den *derecognition approach* anwendet, müssen die Zahlungen bei ihm auch bei Nichtunterscheidbarkeit auf vernünftiger Basis separiert und unterschiedlich behandelt werden[2].

2.3 Reformüberlegungen nach Veröffentlichung des Standardentwurfs

Nach der Veröffentlichung des ED ist die künftige Regulierung der Leasingbilanzierung weiter diskutiert worden. IASB und FASB haben zwischenzeitlich einige der im ED enthaltenen Vorschläge zur Bilanzierung von Leasingverhältnissen überarbeitet[3]. Die wesentlichen Reformüberlegungen nach Veröffentlichung des Standardentwurfs werden nachfolgend kurz dargestellt.

Entgegen den Vorschlägen des ED sollen Kauf- und Verkaufsverträge bezüglich des Leasinggegenstands – analog zum gegenwärtigen IAS 17 – wieder in den Anwendungsbereich des künftigen Leasingstandards fallen. Demgegenüber wären Leasingverhältnisse, die sich auf immaterielle Vermögenswerte beziehen, nicht verpflichtend gemäß dem künftigen Leasingstandard zu bilanzieren.

Im Rahmen der Leasingnehmerbilanzierung sollen laufzeitbezogene Optionen lediglich in den Fällen berücksichtigt werden, in denen ein wesentlicher wirtschaftlicher Anreiz zur Ausübung besteht. Dies dürfte gegenüber den Regelungen des ED zu grundsätzlich kürzeren Laufzeiten von Leasingverträgen führen. Eine Anpassung der Leasinglaufzeit unter Berücksichtigung vorhandener Optionen ist gemäß den gegenwärtigen Überlegungen erforderlich, wenn sich wesentliche Änderungen ergeben, die Auswirkungen auf die Beurteilung haben, ob ein wesentlicher wirtschaftlicher Anreiz zur Ausübung der Option vorliegt. Bedingte Leasingzahlungen, die nutzungs- oder leistungsabhängig sind, sollen nicht in den Leasingzahlungen erfasst, sondern erst bei deren Anfall berücksichtigt werden. Indexabhängige bedingte Leasingzahlungen finden demgegenüber Berücksichtigung in den Leasingzahlungen. Leasingnehmer sollen zudem ein Wahlrecht im Rahmen kurzfristiger Leasingverhältnisse mit einer maximalen Laufzeit von bis zu einem Jahr haben. Aus Gründen der Vereinfachung kann auf den Ansatz von Vermögenswerten und Schulden im Rahmen dieser kurzfristigen Leasingverhältnisse verzichtet und die Leasingraten GuV-wirksam erfasst werden.

Die zwei vorgeschlagenen Bilanzierungsmethoden für Leasinggeber im ED werden gemäß den derzeitigen Überlegungen durch ein auf sämtliche Leasingverhältnisse anzuwendendes Bilanzierungsmodell ersetzt. Diesem *receivable and residual approach* entsprechend ist ein Teil des Buchwerts des Leasinggegenstands auszubuchen. Der Leasinggeber soll das Recht auf Erhalt der Leasingzahlungen als Forderung und den nicht ausgebuchten Teil des Leasinggegenstands als Restwert (*residual asset*) bilanziell erfassen. Die Bewertung der Forderung erfolgt zum Barwert der Leasingzahlungen diskontiert mit dem vom Leasinggeber verlangten Zinssatz, wäh-

1 Vgl. IASB (2010a), Appendix B, Rn. B5(a).
2 Vgl. IASB (2010a), Appendix B, Rn. B5(c).
3 Vgl. hierzu und im Folgenden IASB (2011c).

rend die Restwertposition mit dem proportionalen Buchwertanteil berücksichtigt wird. Die Erfassung des durch die teilweise Ausbuchung des Leasinggegenstands resultierenden Ergebniseffekts hängt davon ab, ob der Effekt hinreichend sicher ist. Ist dies zu bejahen, ist der Ergebniseffekt zu Beginn des Leasingverhältnisses zu erfassen, andernfalls über die Leasinglaufzeit zu verteilen. Kurzfristige Leasingverhältnisse mit einer maximalen Laufzeit von bis zu einem Jahr sind vom Anwendungsbereich des *receivable and residual approach* ausgeschlossen. Insofern hat der Leasinggeber weiterhin den Leasinggegenstand bilanziell zu erfassen und abzuschreiben. Die erhaltenen Leasingzahlungen sollen gemäß einer systematischen Verteilung über die Leasinglaufzeit als Ertrag erfasst werden.

2.4 Zusammenfassung

Der ED markiert das vorläufige Ergebnis einer lange diskutierten Reform der Leasingbilanzierung. Die angedachte Bilanzierung von Nutzungsrechten folgt früheren Vorschlägen in der Literatur und führt erstmalig zu einer Bilanzierung sämtlicher Leasingverhältnisse seitens des Leasingnehmers. Der Ansatz zur Bilanzierung von Nutzungsrechten scheint in der Lage, die oftmals kritisierte gegenwärtige Leasingbilanzierung mit der immanenten Trennung in operative Leasingverhältnisse und Finanzierungsleasingverhältnisse abzuschaffen. Die Orientierung an einer Bilanzierung von Rechten bleibt allerdings nicht ohne Kritik. Im Mittelpunkt dieser Kritik stehen konzeptionelle Fragen, wie die Behandlung anderer Dauerschuldverhältnisse, die hohe Komplexität der künftigen Leasingbilanzierung sowie neue Strukturierungsmöglichkeiten und Entobjektivierungen. Die vorgeschlagene Leasinggeberbilanzierung bleibt ebenfalls nicht ohne Kritik. Dies ist im Wesentlichen auf die Existenz zweier Bilanzierungsmethoden zurückzuführen, die mit neuen Abgrenzungsproblemen und damit einhergehenden Strukturierungsanstrengungen verbunden sein dürfte.

Zusätzlich regelt der ED Sondersachverhalte, wie Sale-and-Leaseback Transaktionen oder Leasingverträge mit Dienstleistungskomponenten. Erstere können in Zukunft nicht mehr bilanzunwirksam abgebildet werden, weil der Verkäufer/Leasingnehmer grundsätzlich eine Verbindlichkeit zu bilanzieren hat. Im Rahmen von Leasingverträgen mit Dienstleistungskomponenten dürften künftig insofern Anreize zur Strukturierung bestehen als Dienstleistungskomponenten weitgehend bilanzunwirksam sind. Die Determinierung, ob eine Dienstleistung unterscheidbar ist, kann in vielen Fällen subjektiv und in erheblichem Umfang ermessenbehaftet sein. Offen bleibt zudem, wie die Separierung von Leasing- und Dienstleistungskomponente im Rahmen des *derecognition approach* bei Nichtunterscheidbarkeit der beiden Komponenten konkret vollzogen werden soll.

Nach der Veröffentlichung des ED sind überarbeitete Vorschläge zur künftigen Bilanzierung von Leasingverhältnissen diskutiert worden. Diese fokussieren im Rahmen der Leasingnehmerbilanzierung auf die bilanzielle Behandlung von laufzeitbezogenen Optionen und bedingten Leasingzahlungen. Hinsichtlich der Leasinggeberbilanzierung verdeutlicht sich die Abkehr von den bislang unterschiedlichen Bilanzierungsmethoden hin zu einem einheitlichen Modell für sämtliche Leasingverhältnisse.

Neben dem Projekt zur Reform der Leasingbilanzierung forcieren IASB und FASB weitere Reformprojekte. Dabei dürften insbesondere die Projekte zur Ertragsrealisation und zur Überarbeitung des Rahmenkonzepts Einfluss auf die künftige Leasingbilanzierung nehmen. Die Fortschritte in diesen Projekten müssen auch im Rahmen der Leasingbilanzierungsreform Beachtung finden, um künftig ein in sich abgestimmtes Regelwerk zu gewährleisten.

Die propagierte Reform der Leasingbilanzierung kann mit erheblichen ökonomischen Konsequenzen verbunden sein und sich auf sämtliche Akteure der Rechnungslegung auswirken. So mag beispielsweise die Beeinflussung wesentlicher Finanzkennzahlen eines Leasingnehmers mit einer negativen Kreditvergabeentscheidung einer Bank einhergehen. Diese und andere ökonomische Konsequenzen für die verschiedenen Akteure der Rechnungslegung werden im Rahmen der empirischen Untersuchung noch zu analysieren sein.

Kapitel III: Stand der Forschung zur internationalen Leasingbilanzierung und Herleitung des Forschungsbedarfs

Vor dem Hintergrund der aufgezeigten Entwicklung des Leasing und den daraus entstandenen Bilanzierungsregeln gibt Kapitel III.1 einen Überblick über den aktuellen Stand der Forschung zur internationalen Leasingbilanzierung[1]. Dazu werden zunächst Simulationsstudien vorgestellt. Diese Studien sind aus der Kritik an der Nichtbilanzierung operativer Leasingverhältnisse entstanden und untersuchen, welche Auswirkungen die Bilanzierungspflicht für sämtliche Leasingverträge auf Jahresabschlüsse hätte. Im Anschluss werden Studien vorgestellt, die einerseits den Einfluss der gegenwärtigen Leasingbilanzierungsmethoden und andererseits die Auswirkungen der Bilanzierungspflicht für sämtliche Leasingverhältnisse auf das Entscheidungsverhalten der Akteure der Rechnungslegung analysieren und insofern auf mögliche ökonomische Konsequenzen einer reformierten Leasingbilanzierung hindeuten. Kapitel III.2 dient der Herleitung des Forschungsbedarfs.

1 Stand der Forschung zur internationalen Leasingbilanzierung

1.1 Simulationsstudien zur Bilanzierung operativer Leasingverhältnisse

1.1.1 Simulationsmodelle

Im Rahmen von Simulationsstudien werden Jahresabschlüsse unter der Annahme einer Bilanzierung sämtlicher Leasingverhältnisse nach Maßgabe der gegenwärtigen Regelungen für Finanzierungsleasingverhältnisse dargestellt. Im Mittelpunkt dieser Studien steht die Korrektur der Bilanz und der Gesamtergebnisrechnung um operative Leasingverhältnisse mit dem Ziel, deren bilanzielle Auswirkungen – insbesondere die Veränderung von Finanzkennzahlen – zu quantifizieren. Die Motivation zur Durchführung von Simulationsstudien liegt in der Kritik an der gegenwärtigen Unterteilung von Leasingverhältnissen und der damit verbundenen Nichtbilanzierung von Verpflichtungen im Rahmen operativer Leasingverhältnisse. Die Ergebnisse dieser Studien leisten somit einerseits einen Beitrag zur Abschätzung der Bedeutung operativer Leasingverhältnisse für Jahresabschlüsse. Andererseits lassen sich die Auswirkungen der Neuregelung der Leasingbilanzierung auf Finanzkennzahlen anhand der Simulationsergebnisse zumindest in Grundzügen bemessen. Simulationsstudien leisten insofern einen Beitrag zur ex ante-Forschung[2].

---

1 Ein Überblick über bisherige Forschungsergebnisse findet sich auch in Fülbier/Fehr (2009b).

2 So gefordert von Schipper (1994).

Die nachfolgend dargestellten Simulationsstudien basieren auf zwei unterschiedlichen Simulationsmodellen[1]. Zum einen erfolgt eine Simulation unter Verwendung von Faktormodellen, die sich in das einfache Faktormodell und das weiterentwickelte *net present value*-Modell einteilen lassen. Zum anderen kommt das von *Imhoff, Jr./Lipe/Wright* entwickelte Modell der *constructive capitalization* zur Anwendung[2]. Beide Simulationsmodelle verwenden die vorhandenen Anhangangaben und zu treffende Annahmen. Dazu werden den Verbindlichkeiten die diskontierten Leasingzahlungen zugeschlagen, während auf der Aktivseite ein Leasinggegenstand angesetzt wird. In der Gesamtergebnisrechnung werden die Zinskomponente der aufgeteilten Leasingzahlungen sowie die Abschreibungen analog zu Finanzierungsleasingverhältnissen erfasst.

Im Rahmen einfacher Faktormodelle erfolgt die Anpassung der Bilanz um operative Leasingverhältnisse durch Multiplikation der im Anhang veröffentlichen Leasingzahlungen der Folgejahre mit einem gewählten Faktor, der als Barwertfaktor erachtet werden kann. Dem Modell liegt die Annahme zugrunde, dass die Leasingzahlungen über die Laufzeit konstant bleiben. Ferner wird angenommen, dass der simulierte Leasinggegenstand und die korrespondierende Verbindlichkeit in gleicher Höhe anzusetzen sind, so dass keine Eigenkapitalauswirkungen auftreten. Diese Vorgehensweise gewährleistet, dass die leasinginduzierten Aufwendungen aus operativen Leasingverhältnissen denen aus Finanzierungsleasingverhältnissen entsprechen und der Gewinn oder Verlust insofern keiner Veränderung unterliegt. Die Aufteilung der Leasingaufwendungen ist hierbei in der Vergangenheit häufig durch Multiplikation mit einem zusätzlichen Faktor erfolgt. Die Differenz zwischen dem so ermittelten Zinsaufwand und den Leasingaufwendungen stellt den Abschreibungsaufwand dar[3].

Das *net present value*-Modell stellt eine Weiterentwicklung des einfachen Faktormodells dar und wird beispielsweise von Rating-Agenturen zur bilanziellen Berücksichtigung operativer Leasingverhältnisse verwendet[4]. Im Rahmen dieses Modells wird anhand der Anhangangaben ein Zahlungsstrom für die Folgejahre simuliert, der anschließend unter Verwendung eines zu wählenden Zinssatzes der Diskontierung unterliegt. Im Vergleich zu dem einfachen Faktormodell kann dem *net present value*-Modell insofern eine höhere Analysegenauigkeit unterstellt werden, als auf die Multiplikation der Leasingzahlungen mit einem pauschalen Faktor verzichtet und der Barwert der Verpflichtung präziser bestimmt werden kann[5]. Die Korrektur der Aktiv- und Passivseite der Bilanz erfolgt – analog zu dem einfachen Faktormodell – korrespondierend. Hinsichtlich der Anpassung der Gesamtergebnisrechnung ergibt sich im Vergleich zum einfachen Faktormodell lediglich insofern ein Unterschied, als der Zinsanteil mittels des gewählten Zinssatzes ermittelt wird.

---

1 Vgl. ausführlicher hierzu und im Folgenden Pferdehirt (2007), S. 162-167.

2 Vgl. Imhoff, Jr./Lipe/Wright (1991).

3 Vgl. Sannella (1989), S. 50.

4 Vgl. Moody's (1999), Moody's (2006), Standard & Poor's (2002). Bis Ende der 1980er Jahre fand das einfache Faktormodell eine vergleichsweise häufigere Anwendung in der Praxis. Vgl. Houlihan/Sondhi (1984), S. 5, Sannella (1989), S. 50.

5 Vgl. Sannella (1989), S. 53-54.

Die zweite Gruppe der in den nachfolgenden Simulationsstudien verwendeten Simulationsmodelle stellt die von *Imhoff, Jr./Lipe/Wright* entwickelte Methode der *constructive capitalization* dar[1]. Gemäß diesem Modell wird – dem *net present value*-Modell entsprechend – ein Zahlungsstrom für die Folgejahre simuliert. Im Unterschied zu den vorstehend beschriebenen Faktormodellen verwendet die Methode der *constructive capitalization* die Effektivzinsmethode zur Aufteilung der Leasingzahlungen in eine Zins- und Tilgungskomponente. Bei ebenfalls unterstellter linearer Abschreibung des Leasinggegenstands werden die Verbindlichkeit und der Leasinggegenstand in der Folgebewertung in unterschiedlicher Höhe und mit entsprechender Beeinflussung des Eigenkapitals sowie der latenten Steuern erfasst. Diese Vorgehensweise entspricht insofern der bilanziellen Abbildung eines gegenwärtigen Finanzierungsleasingverhältnisses. Zur Korrektur der Gesamtergebnisrechnung werden die Leasingzahlungen aus operativen Leasingverhältnissen in den Abschreibungsaufwand, der dem Betriebsergebnis zuzurechnen ist und den dem Finanzergebnis zuzuordnenden Zinsaufwand aufgeteilt. Der Zinsaufwand ergibt sich durch Multiplikation der Verbindlichkeit mit dem Diskontierungssatz. Diese Vorgehensweise führt im Vergleich zu operativen Leasingverhältnissen zu einer Vorverlagerung von Aufwand – ein Effekt, der sich in den Folgeperioden allerdings umkehrt. Mit der Aufwandsverlagerung geht zudem eine Beeinflussung des Eigenkapitals der einzelnen Perioden einher. Die Anpassung der Gesamtergebnisrechnung ist – entgegen der Vorgehensweise bei den Faktormodellen – nicht GuV-neutral. Bei Betrachtung der Totalperiode gleichen sich die Verschiebungen wieder aus.

1.1.2 Darstellung ausgewählter Simulationsstudien

Die nachfolgenden Simulationsstudien beschreiben die Auswirkungen der Bilanzwirksamkeit von Leasingverhältnissen auf Finanzkennzahlen. Zunächst wird kurz auf die erste Studie dieser Art eingegangen. Anschließend werden Studien vorgestellt, die sich auf zufällig gewählte Unternehmen und Börsensegmente eines Landes beziehen[2]. Die Auswahl der Studien ist hierbei von der Motivation einer möglichst breiten Berücksichtigung von Ländern geprägt. Zudem wird eine diesbezügliche länderübergreifende Studie vorgestellt[3]. Abschließend erfolgt die Darstellung von Simulationsstudien, die sich auf Unternehmen einer oder mehrerer Branchen oder leasingintensiver Bereiche beziehen[4]. Die Auswahl dieser Studien ist vor dem Hintergrund einer Untersuchung unterschiedlicher Branchen erfolgt.

---

1 Vgl. Imhoff, Jr./Lipe/Wright (1991), Imhoff, Jr./Lipe/Wright (1997). Eine detaillierte Darstellung der Methode der *constructive capitalization* findet sich zudem in Pferdehirt (2007), S. 219-227.

2 Vgl. Beattie/Edwards/Goodacre (1998), Bennett/Bradbury (2003), Ely (1995), Fülbier/Lirio Silva/Pferdehirt (2008), Giersberg/Vögtle (2007), Hodge/Ahmed (2003), Jesswein (2009), Lückerath-Rovers/de Bos (2009), Küting/Koch/Tesche (2010), Wilkins/Mok (1993).

3 Vgl. Pferdehirt (2007).

4 Vgl. Beattie/Edwards/Goodacre (1998), Beckman/Jervis (2009), Bryan/Lilien/Martin (2010), Durocher (2008), Fülbier/Lirio Silva/Pferdehirt (2008), Goodacre (2003b), Gosman/Hanson (2000), Gritta (1974), Gritta/Lippman/Chow (1994), Imhoff, Jr./Lipe/Wright (1993), Lanfranconi/Wiedman (2000), Mulford/Gram (2007), Noland (2006), Pferdehirt (2007).

Die „Pilotstudie“[1] von *Nelson* im Jahr 1963 ist vor Einführung von Regelungen zur Leasingbilanzierung durchgeführt worden[2]. *Nelson* wendet ein *net present value*-Modell auf die Jahresabschlüsse elf börsennotierter US-amerikanischer Unternehmen an, die ausreichend freiwillige Informationen zu Leasingverhältnissen im Anhang bereitstellen, um entsprechende Bilanzkorrekturen vornehmen zu können. Die Studie offenbart erhebliche Konsequenzen für die Bilanzstruktur und damit zusammenhängende Kennzahlen. Für sämtliche betrachtete Unternehmen verschlechtert sich beispielsweise der Verschuldungsgrad. Auch die Rangfolge der Unternehmen wird von der Bilanzwirksamkeit der Leasingverhältnisse beeinflusst. In mehr als der Hälfte der Fälle hat sich die Positionierung der Unternehmen um zwei oder mehr Plätze verschoben[3]. Fehler in der auf nicht adjustierten Kennzahlen basierten Unternehmensanalyse scheinen insofern unausweichlich[4].

Beattie/Edwards/Goodacre verwenden die Methode der *constructive capitalization* zur Anpassung der Bilanzen und Gesamtergebnisrechnungen von 300 britischen börsennotierten Unternehmen aus verschiedenen Branchen um operative Leasingverhältnisse[5]. Dabei zeigt sich, dass die nicht-bilanzierte Verschuldung durchschnittlich 39% der bilanzierten Verschuldung darstellt, während die bilanzierten Vermögenswerte im Durchschnitt um 6% zu niedrig in der Bilanz ausgewiesen werden. Zudem werden signifikante Auswirkungen auf Finanzkennzahlen festgestellt[6]. Hervorzuheben sind hierbei die reduzierte Gesamtkapitalrentabilität und die erhöhten Verschuldungsgrade[7]. *Beattie/Edwards/Goodacre* zeigen darüber hinaus eine Auswirkung auf die Unternehmensrangfolge mit Bezug auf die verwendeten Verschuldungsgrade.

Bennet/Bradbury simulieren – ebenfalls unter Anwendung der Methode der *constructive capitalization* – die Bilanzen und Gesamtergebnisrechnungen von 38 börsennotierten Unternehmen in Neuseeland[8]. Die Verschuldung steigt demnach durchschnittlich um 23% an, während sich die Vermögenswerte durchschnittlich um fast 9% erhöhen. Neben den Auswirkungen auf den Verschuldungsgrad und die Gesamtkapitalrentabilität werden zudem negative Konsequenzen für Liquiditätskennzahlen festgestellt[9].

Hodge/Ahmed führen eine vergleichbare Studie für australische börsennotierte Unternehmen durch[10]. Die Studie offenbart signifikante durchschnittliche Veränderungen der Vermögenswert- und Schuldpositionen. Infolgedessen zeigen sich Ver-

1 Nelson (1963), S. 57.
2 Vgl. hierzu und im Folgenden Nelson (1963).
3 Vgl. Nelson (1963), S. 56, Tabelle 4.
4 Vgl. Nelson (1963), S. 54 und 57.
5 Vgl. hierzu und im Folgenden Beattie/Edwards/Goodacre (1998).
6 Vgl. Beattie/Edwards/Goodacre (1998), Tabelle 5 für Definitionen der verwendeten Kennzahlen.
7 Vgl. Beattie/Edwards/Goodacre (1998), S. 248. Insgesamt werden drei Verschuldungsmaße berechnet.
8 Vgl. hierzu und im Folgenden Bennett/Bradbury (2003). Die erhobenen Daten stammen aus dem Jahr 1995.
9 Vgl. Bennett/Bradbury (2003), S. 110.
10 Vgl. hierzu und im Folgenden Hodge/Ahmed (2003). Die Daten stammen aus dem Jahr 1996/1997.

schlechterungen der Gesamtkapitalrentabilität und des Verschuldungsgrads. Die Studie bestätigt zudem eine frühere, auf australische Unternehmen bezogene Studie von *Wilkins/Mok*[1].

In einer Studie von *Fülbier/Lirio Silva/Pferdehirt* werden basierend auf einem modifizierten Modell der *constructive capitalization* für deutsche Unternehmen im DAX, MDAX und SDAX Kennzahlen unter der Annahme einer bilanzwirksamen Behandlung aller Leasingverträge simuliert[2]. Die bilanzierte Verschuldung der analysierten Unternehmen erhöht sich durchschnittlich um 77,3%. Das Anlagevermögen steigt im Schnitt um 20,4%. Auswirkungen auf die Gesamtergebnisrechnung sind ebenfalls identifizierbar: Das Ergebnis vor Steuern und Zinsen (EBIT) steigt durchschnittlich um 8,1%, der Jahresüberschuss erhöht sich indes lediglich um 0,9%[3]. Die moderaten Veränderungen des Jahresüberschusses und des Ergebnisses vor Steuern und Zinsen zeigen, dass bestehende operative Leasingaufwendungen nur geringfügig höher als die simulierten Abschreibungen des Leasinggegenstands (moderater Anstieg von EBIT) und ähnlich der simulierten Summe aus Abschreibung und Zinsaufwand (nahezu keine Auswirkungen auf den Jahresüberschuss) sind.

Die Bilanzstrukturkennzahlen (Anlagenintensität, Verschuldungsgrad, Eigenkapitalquote) erfahren durchschnittliche relative Veränderungen von +9%, +22% und -9,6%. Den beträchtlichen Auswirkungen auf Bilanzstrukturkennzahlen stehen mäßige Änderungen der Rentabilitätskennzahlen gegenüber. Die relativen Veränderungen der wesentlichen Rentabilitätskennzahlen deutscher Unternehmen reichen im Durchschnitt von -3,1% (Rentabilität des investierten Kapitals, ROCE) bis +8,1% (Umsatzrentabilität). Die kapitalmarktorientierten Kennzahlen erfahren ebenfalls eine geringfügige Beeinflussung. Der Gewinn je Aktie und das Kurs-Gewinn-Verhältnis bleiben mit durchschnittlichen relativen Veränderungen von +1,6% und -1,4% nahezu unverändert[4]. Die Untersuchung möglicher Veränderungen der relativen Bewertung der Unternehmen – gemessen am Spearman-Rangkorrelationskoeffizienten – zeigt keine Auswirkung[5].

Für Unternehmen des DAX untersuchen zudem *Küting/Koch/Tesche* mögliche Veränderungen wesentlicher Kennzahlen[6]. Unter Festlegung relativ vereinfachter Annahmen kommen *Küting/Koch/Tesche* zu dem Ergebnis, dass die Bilanzierung sämtlicher Leasingverhältnisse insgesamt zu lediglich moderaten Veränderungen der Eigenkapitalquote und des Verschuldungsgrads führt. Für einzelne Unternehmen

---

1 Vgl. Wilkins/Mok (1993).

2 Vgl. hierzu und im Folgenden Fülbier/Lirio Silva/Pferdehirt (2008). Insgesamt werden 90 Unternehmen analysiert. Die Daten stammen aus den Jahren 2003 und 2004. Eine Zusammenfassung der Ergebnisse dieser Studie findet sich in Fülbier/Fehr (2009b), S. 596-604. Eine Simulationsstudie für Unternehmen des DAX und MDAX führen auch Leibfried/Rogowski (2005) durch. Die Auswirkungen auf die Kennzahlen Anlagenintensität und Eigenkapitalquote werden jedoch vergleichsweise unpräzise dargestellt, weshalb auf eine genauere Betrachtung der Studie verzichtet wird.

3 Vgl. Fülbier/Lirio Silva/Pferdehirt (2008), S. 132.

4 Vgl. Fülbier/Lirio Silva/Pferdehirt (2008), S. 133.

5 Vgl. Fülbier/Lirio Silva/Pferdehirt (2008), S. 135.

6 Vgl. hierzu und im Folgenden Küting/Koch/Tesche (2010), insb. S. 290-293. Die Daten stammen aus dem Jahr 2008 bzw. 2007/2008.

zeigen sich indes gravierende Auswirkungen. Daraus lässt sich schließen, dass einige Branchen stärker als andere von der Leasingbilanzierungsreform betroffen sind.

In einer weiteren Simulationsstudie für DAX-Unternehmen stellen *Giersberg/Vögtle* unter Festlegung von ebenfalls relativ vereinfachten Annahmen teilweise erhebliche Veränderungen von Bilanzstruktur- und Rentabilitätskennzahlen sowie kapitalmarktorientierten Kennzahlen fest[1].

Lückerath-Rovers/de Bos führen eine Simulationsstudie in Anlehnung an die Methode der *constructive capitalization* für 584 börsennotierte Unternehmen in den Niederlanden durch[2]. In Übereinstimmung mit den vorangegangenen Studien zeigt sich ein erheblicher Anstieg der bilanziellen Verschuldung mit entsprechenden Auswirkungen auf den Verschuldungsgrad.

In den USA werden Simulationsstudien – bis auf die bereits vorgestellte Studie von *Nelson* – weitestgehend branchenbezogen durchgeführt[3]. Eine Ausnahme stellen die Studien von *Ely* und *Jesswein* dar, in deren primären Fokus indes nicht die Auswirkungen auf Finanzkennzahlen stehen. *Ely* simuliert Bilanzen US-amerikanischer börsennotierter Unternehmen, um den Einfluss der Bilanzwirksamkeit operativer Leasingverhältnisse auf die Beurteilung des systematischen Risikos zu untersuchen[4]. Veränderungen der simulierten Kennzahlen werden nicht veröffentlicht. *Jesswein* verwendet die Daten von 595 US-amerikanischen Unternehmen, um die Auswirkungen der Bilanzierung sämtlicher Leasingverhältnisse auf die Beurteilung der Kreditwürdigkeit zu untersuchen[5]. Analog zu bisherigen Studien zeigt sich hierbei eine erhebliche Verschlechterung des Verschuldungsgrads[6].

In einer länderübergreifenden Studie aktualisiert und erweitert *Pferdehirt* die Simulationsstudie von *Fülbier/Lirio Silva/Pferdehirt* unter Einbezug der Börsenindizes S&P 100 für die USA und SBF 120 für Frankreich[7]. Es wird ein modifiziertes Modell der *constructive capitalization* angewendet. Die Studie kommt im Vergleich zu vorhergehenden Untersuchungen zu ähnlichen Ergebnissen hinsichtlich der durchschnittlichen Veränderungen der bilanzierten Verschuldung (+25,3%) und des Anlagevermögens (+36,8%). Die Veränderungen verdeutlichen erneut die Relevanz der aus operativen Leasingverhältnissen resultierenden Vermögenswerte und Verbindlichkeiten. Demgegenüber sind die Veränderungen von EBIT (+8,1%) und des Jahresüberschus-

1 Vgl. Giersberg/Vögtle (2007).

2 Vgl. hierzu und im Folgenden Lückerath-Rovers/de Bos (2009).

3 Dazu zählen auch die Beiträge von Imhoff, Jr./Lipe/Wright (1991) und Imhoff, Jr./Lipe/Wright (1997). Diese konzentrieren sich zudem auf die Weiterentwicklung der Simulationsmethodik. Ausschlaggebende Simulationsergebnisse werden nicht aufgezeigt, so dass von einer ausführlichen Darstellung der Ergebnisse abgesehen wird. Kilpatrick/Wilburn (2007) wiederholen die Studie von Imhoff, Jr./Lipe/Wright (1991) auf Basis von Daten des Jahres 2004. Aufgrund der geringen Stichprobe von neun Unternehmen wird auf diese Simulationsergebnisse nicht näher eingegangen.

4 Vgl. Ely (1995). Die Ergebnisse dieser Studie werden in Kapitel III.1.2.2 dargestellt.

5 Vgl. Jesswein (2009). Die Ergebnisse dieser Studie werden in Kapitel III.1.5.3 dargestellt.

6 Der Verschuldungsgrad ist definiert als Quotient von Verbindlichkeiten zu Bilanzsumme. Vgl. Jesswein (2009), S. 79.

7 Vgl. hierzu und im Folgenden Pferdehirt (2007), S. 217-300. Insgesamt werden 227 Unternehmen analysiert. Die Daten stammen aus dem Jahr 2005.

ses (+0,2%) – korrespondierend zu der Studie von *Fülbier/Lirio Silva/Pferdehirt* – als moderat zu bezeichnen[1]. Die untersuchten Bilanzstrukturkennzahlen (Anlagenintensität, Verschuldungsgrad, Eigenkapitalquote) weisen durchschnittliche Veränderungen von +5,2%, +12,4% und -6,3% auf. Die Auswirkungen auf Rentabilitätskennzahlen und kapitalmarktorientierte Kennzahlen fallen geringer aus. Die Rentabilität des investierten Kapitals verändert sich beispielsweise durchschnittlich um -0,4%. Der Gewinn je Aktie steigt um 0,2%[2]. Mögliche Veränderungen der Unternehmensrangfolge werden anhand des Spearman-Rangkorrelationskoeffizienten untersucht. Die Mehrheit der Unternehmen erfährt hierbei geringfügige Änderungen in den Rängen, während bei einigen Unternehmen bedeutende Veränderungen auftreten[3].

Die vorstehenden empirischen Untersuchungen beziehen sich auf zufällig gewählte Unternehmen oder Börsensegmente eines Landes. Im Folgenden werden Simulationsstudien vorgestellt, die eine Fokussierung auf bestimmte Branchen oder leasingintensive Bereiche aufweisen. Die Auswahl dieser Studien ist vor dem Hintergrund einer Untersuchung unterschiedlicher Branchen erfolgt.

In einer frühen Studie, noch vor Einführung von SFAS 13, führt *Gritta* eine Simulationsstudie für elf US-amerikanische Fluggesellschaften auf Basis eines Faktormodells durch[4]. Leasingverträge waren zum Zeitpunkt der Studie gänzlich bilanzunwirksam. Die Auswahl der Luftfahrtbranche erfolgte vor dem Hintergrund der diesbezüglichen Leasingintensität. Die Studie offenbart indes Heterogenität im Leasingverhalten der Fluggesellschaften. Die Leasingquote – als Verhältnis von geleasten Flugzeugen und gesamten Flugzeugbestand – liegt zwischen 0% und 83%[5]. Für das Unternehmen mit der höchsten Leasingquote ergeben sich entsprechend starke Auswirkungen auf die Bilanzstruktur. Die bilanzierte Verschuldung erhöht sich um 241%[6]. Insgesamt erfahren sämtliche Fluggesellschaften mit Leasinganteil eine Verschlechterung der Bilanzkennzahlen[7].

Gritta/Lippman/Chow wiederholen die Simulationsstudie im Jahr 1991 nach Einführung der Leasingbilanzierung mit entsprechender Differenzierung in operative Leasingverhältnisse und Finanzierungsleasingverhältnisse[8]. Die Untersuchung zeigt gegenüber der Ausgangsstudie einen Anstieg der durchschnittlichen Leasingquote von 19% auf 54%. Zudem wird eine Tendenz von langfristigen Finanzierungsleasingverhältnissen zu kurzfristigen operativen Leasingverhältnissen festgestellt. Während in der Ausgangssituation der Anteil operativer Leasingverhältnisse bei 13% liegt, sind es im Jahr 1991 82%[9]. Der negative Einfluss der Bilanzwirksamkeit sämtlicher Leasing-

1 Vgl. Pferdehirt (2007), S. 240.
2 Vgl. Pferdehirt (2007), S. 244.
3 Vgl. Pferdehirt (2007), S. 246.
4 Vgl. hierzu und im Folgenden Gritta (1974). Die Daten stammen aus dem Jahr 1969.
5 Vgl. Gritta (1974), S. 48.
6 Vgl. Gritta (1974), S. 49.
7 Vgl. Gritta (1974), S. 50.
8 Vgl. hierzu und im Folgenden Gritta/Lippman/Chow (1994).
9 Vgl. Gritta/Lippman/Chow (1994), S. 191-193. Die zur Unterscheidung in operative Leasingverhältnisse und Finanzierungsleasingverhältnisse gewählte Definition bilanzwirksamer Leasingverhältnisse der Ausgangsstudie war allerdings restriktiver als die in SFAS 13, so dass der Anteil operativer Leasingverhältnisse in der Ausgangsstudie gemäß der Definition von

verhältnisse auf den Verschuldungsgrad hat sich in der Folgestudie im Vergleich zur Ausgangsuntersuchung verstärkt[1]. Der höhere Anteil operativer Leasingverhältnisse lässt vermuten, dass Fluggesellschaften durch das Eingehen operativer Leasingverhältnisse die negativen Auswirkungen einer Bilanzierung leasinginduzierter Verbindlichkeiten zu vermeiden versuchen. Insofern hätte die Einführung von SFAS 13 lediglich einen Anreiz zur Strukturierung von Leasingverträgen bewirkt, ohne den Anteil der bilanzierten Verschuldung zu erhöhen[2].

Imhoff, Jr./Lipe/Wright untersuchen die Auswirkungen einer bilanziellen Abbildung sämtlicher Leasingverhältnisse für 51 US-amerikanische Unternehmen der Handelsbranche und 29 Fluggesellschaften gemäß der Methode der *constructive capitalization*[3]. Die Simulationsstudie kommt zu dem Ergebnis, dass der prozentuale Anstieg des Verschuldungsgrads einen Median für Handelsunternehmen von 10,8% bzw. für Fluggesellschaften von 11,8% aufweist. Die Bilanzierung sämtlicher Leasingverhältnisse geht für mehr als die Hälfte der betrachteten Unternehmen mit einer Verschlechterung des Verschuldungsgrads um über 10% einher.

Gosman/Hanson korrigieren die Bilanzen von 126 US-amerikanischen Unternehmen aus den Branchen Luftfahrt, Handel und Gastronomie[4]. Dabei zeigt sich, dass durchschnittlich mehr als 70% der Flugzeuge bzw. Immobilien von den analysierten Unternehmen geleast werden. Im Durchschnitt sind 91% dieser Leasingverträge als operative Leasingverhältnisse klassifiziert[5]. Bezogen auf den Gesamtbestand der von den analysierten Unternehmen betriebenen Flugzeuge bzw. Immobilien zeigt sich, dass durchschnittlich 66% der aus Flugzeugen bzw. Immobilien resultierenden Vermögenswerte und Schulden nicht bilanzwirksam abgebildet werden. Entsprechend den Ergebnissen voranstehender Studien führt die Simulationsstudie von *Gosman/Hanson* zu einem Anstieg der bilanzierten Verschuldung über alle betrachteten Branchen hinweg, allerdings mit unterschiedlichen Ausmaßen für die untersuchten Unternehmen[6].

Noland führt eine Simulationsstudie für 273 nicht-börsennotierte US-amerikanische Unternehmen der Transportbranche unter Verwendung eines Faktormodells durch[7]. Dabei offenbaren sich erhebliche Auswirkungen auf den durchschnittlichen Verschuldungsgrad (+21,9%) und die durchschnittliche Gesamtkapitalrentabilität (-45%) sowie eine Beeinflussung der Unternehmensrangfolge. Demgegenüber untersuchen *Mulford/Gram* die Auswirkungen einer Bilanzwirksamkeit sämtlicher Leasingverhältnisse für 19 börsennotierte US-amerikanische Handelsunternehmen gemäß der *net present value*-Methode[8]. Die mediane Veränderung der Vermögenswer-

SFAS 13 unter 13% gelegen haben dürfte. Zur verwendeten Definition bilanzwirksamer Leasingverhältnisse der Ausgangsstudie vgl. Vancil (1963), S. 8.

1 Vgl. Gritta/Lippman/Chow (1994), S. 195 und S. 198.

2 Der Anreiz zur Strukturierung ist dabei umso ausgeprägter, je höher die bereits bilanzierte Verschuldung ist. Für eine Einschätzung der Verschuldungssituation von Fluggesellschaften vgl. Gritta/Freed/Chow (2000).

3 Vgl. hierzu und im Folgenden Imhoff, Jr./Lipe/Wright (1993).

4 Vgl. hierzu und im Folgenden Gosman/Hanson (2000).

5 Vgl. Gosman/Hanson (2000), S. 55.

6 Vgl. Gosman/Hanson (2000), S. 57.

7 Vgl. hierzu und im Folgenden Noland (2006).

8 Vgl. hierzu und im Folgenden Mulford/Gram (2007). Die Daten stammen aus dem Jahr 2006.

te beträgt +14,6%, die der bilanzierten Verschuldung +26,4%. Die Veränderungen der Rentabilitätskennzahlen Gesamtkapitalrentabilität (-1,7%) und Eigenkapitalrentabilität (-0,6%) sind indes nicht signifikant[1].

Beckman/Jervis simulieren die Bilanzen und Gesamtergebnisrechnungen von 92 US-amerikanischen Unternehmen der Baubranche gemäß der Methode der *constructive capitalization*[2]. Die bilanzierte Verschuldung erhöht sich durchschnittlich um 89%, die mediane Veränderung beträgt jedoch nur 7%. Die Auswirkungen auf Rentabilitätskennzahlen erscheinen demgegenüber gering[3]. Zu ähnlichen Ergebnissen kommt die Studie von *Bryan/Lilien/Martin*, die die Branchen Handel, Transport und Dienstleistungen als die am stärksten betroffenen Wirtschaftsbereiche identifiziert[4]. Hierbei werden – im Unterschied zu der Untersuchung von *Beckman/Jervis* – erhebliche Auswirkungen auf Rentabilitätskennzahlen, etwa die Gesamtkapitalrentabilität, festgestellt, die sich für Handelsunternehmen um fast 30% verschlechtert.

Beattie/Edwards/Goodacre betrachten in der vorstehend dargestellten Simulationsstudie für 300 britische börsennotierte Unternehmen zusätzlich branchenabhängige Veränderungen der Finanzkennzahlen[5]. Das Ausmaß der reduzierten Gesamtkapitalrentabilität und der erhöhten Verschuldungsgrade ist in der Dienstleistungsbranche am höchsten. Die Auswirkungen einer Bilanzierung sämtlicher Leasingverhältnisse auf 102 britische Handelsunternehmen werden von *Goodacre* für die Jahre 1994 bis 1999 untersucht[6]. Als Simulationsmethodik dient die Methode der *constructive capitalization*. Insgesamt zeigen sich erhebliche durchschnittliche Veränderungen der Finanzkennzahlen. So verschlechtern sich beispielsweise die drei berechneten Verschuldungsmaße im Durchschnitt zwischen 295% und 2.246%. Die Gesamtkapitalrentabilität reduziert sich um durchschnittlich 44,8%[7]. Anhand des Spearman- und Pearson-Rangkorrelationskoeffizienten untersucht *Goodacre,* inwieweit die Unternehmensrangfolge – gemessen an Kennzahlen – von der Bilanzwirksamkeit operativer Leasingverhältnisse beeinflusst wird. Im Ergebnis liegt über alle betrachteten Kennzahlen hinweg eine Beeinflussung der Unternehmensrangfolge vor. Die deutlichste Veränderung der Unternehmensrangfolge zeigt sich hierbei im Rahmen der Verschuldungsmaße[8]. Die Vergleichbarkeit zwischen Unternehmen und die Einschätzung finanzieller Risiken wird insofern durch die Nichtbilanzierung operativer Leasingverhältnisse erschwert[9].

Durocher untersucht die Auswirkungen der Bilanzwirksamkeit operativer Leasingverhältnisse für die 100 größten kanadischen Unternehmen mit Hilfe einer verfeinerten Methode der *constructive capitalization*[10]. Von den 100 Unternehmen veröf-

1 Vgl. Mulford/Gram (2007), S. 6-7.
2 Vgl. hierzu und im Folgenden Beckman/Jervis (2009).
3 Vgl. Beckman/Jervis (2009), S. 34.
4 Vgl. hierzu und im Folgenden Bryan/Lilien/Martin (2010). Vgl. ähnlich Grossman/Grossman (2010), Kostolansky/Stanko (2011), Wicker/Young (2011).
5 Vgl. hierzu und im Folgenden Beattie/Edwards/Goodacre (1998).
6 Vgl. hierzu und im Folgenden Goodacre (2003b). Vgl. auch Goodacre (2001).
7 Vgl. Goodacre (2003b), S. 114.
8 Vgl. Goodacre (2003b), S. 112.
9 Vgl. Goodacre (2003b), S. 121.
10 Vgl. hierzu und im Folgenden Durocher (2008).

fentlichen 83 Unternehmen Informationen zu operativen Leasingverhältnissen im Anhang. Eine Anpassung der Bilanz und Gesamtergebnisrechnung anhand der vorhandenen Informationen ist lediglich für 68 Unternehmen möglich. Die Ergebnisse zeigen einen Anstieg der bilanzierten Verschuldung um durchschnittlich 11,5%. Das Anlagevermögen steigt im Durchschnitt um 5,6%[1]. Daraus resultiert ein Anstieg des Verschuldungsgrads bzw. eine Minderung der Liquiditätskennzahlen für alle betrachteten Branchen[2]. Veränderungen der Kennzahlen Gesamtkapitalrentabilität, Eigenkapitalrentabilität und Gewinn je Aktie ergeben sich lediglich in den Branchen Handel und Unterkunft, Öl und Gas sowie Finanzdienstleistungen[3]. Die Unternehmensrangfolge bleibt unverändert[4]. Zu ähnlichen Ergebnissen kommt die Simulationsstudie von *Lanfranconi/Wiedman* für kanadische Unternehmen der Branchen Handel und Unterkunft[5]. Für acht der zehn untersuchten Unternehmen ergibt sich eine Steigerung der bilanzierten Verschuldung um mehr als die Hälfte. Die bilanzierten Vermögenswerte dieser acht Unternehmen erhöhen sich um über 35%[6].

Die auf deutsche Unternehmen im DAX, MDAX und SDAX fokussierte Studie von *Fülbier/Lirio Silva/Pferdehirt* führt zusätzlich eine nach Branchen differenzierte Untersuchung durch[7]. Hierbei ergeben sich die größten Kennzahlenveränderungen in den Wirtschaftszweigen Mode und Handel, was signifikante Vermögenswerte und Schulden außerhalb der Bilanz induziert[8]. Hinsichtlich möglicher Unterschiede in den Auswirkungen der Bilanzwirksamkeit operativer Leasingverhältnisse in Abhängigkeit von den Rechnungslegungssystemen zeigt sich, dass deutsche Unternehmen, die nach HGB bilanzieren, einen höheren kennzahlenorientierten Effekt als die nach IFRS oder US-GAAP bilanzierenden deutschen Unternehmen aufweisen[9]. Ein Unterschied zwischen den US-GAAP- und IFRS-Unternehmen ist indes kaum erkennbar[10].

Pferdehirt ergänzt ebenfalls die allgemeine Untersuchung verschiedener Börsensegmente um eine Branchenbetrachtung[11]. Handels- und Dienstleistungsunternehmen erweisen sich diesbezüglich als am stärksten betroffenen[12]. Diese Ergebnisse werden durch bisherige Studien gestützt, die belegen, dass einige Branchen stärker als andere

1 Vgl. Durocher (2008), S. 245.
2 Vgl. Durocher (2008), S. 246.
3 Vgl. Durocher (2008), S. 247.
4 Vgl. Durocher (2008), S. 251.
5 Vgl. Lanfranconi/Wiedman (2000).
6 Vgl. Lanfranconi/Wiedman (2000), S. 63-64.
7 Vgl. hierzu und im Folgenden Fülbier/Lirio Silva/Pferdehirt (2008).
8 Vgl. Fülbier/Lirio Silva/Pferdehirt (2008), S. 139.
9 Die Kennzahlenunterschiede dürften allerdings nicht ausschließlich durch die vollständige Bilanzwirksamkeit der Leasingverhältnisse bedingt sein. Die Heterogenität der Rechnungslegungsstandards führt ebenfalls zu Unterschieden in den Kennzahlen. Zudem könnte die ungleich verteilte Häufung leasingintensiver Unternehmen in der Gruppe der nach HGB bilanzierenden Unternehmen die Unterschiede verursachen. Unterschiedliche Diskontierungssätze können demgegenüber als Erklärung ausgeschlossen werden, da die Kennzahlenunterschiede bei Anwendung eines einheitlichen Diskontierungssatzes fortbestehen. Vgl. Fülbier/Lirio Silva/Pferdehirt (2008), S. 140.
10 Vgl. Fülbier/Lirio Silva/Pferdehirt (2008), S. 140.
11 Vgl. hierzu und im Folgenden Pferdehirt (2007), S. 217-300.
12 Vgl. Pferdehirt (2007), S. 276.

operative Leasingverhältnisse eingehen[1]. Allerdings werden diese Vergleiche aufgrund unterschiedlicher Branchenabgrenzungen und methodischer Ansätze in deren Aussage relativiert[2]. Analog zu *Fülbier/Lirio Silva/Pferdehirt* kann *Pferdehirt* keine Unterschiede in den Auswirkungen auf US-GAAP- und IFRS-Unternehmen feststellen[3]. Im Rahmen der Studie werden zudem länderspezifische Effekte erfasst. Deutsche Unternehmen scheinen demnach am stärksten von der Bilanzierung sämtlicher Leasingverträge betroffen zu sein[4]. Die Verschuldungsgrade deutscher Unternehmen verschlechtern sich im Vergleich zu französischen Unternehmen signifikant. Dies veranlasst zu der Aussage, dass deutsche Unternehmen in relativ größerem Umfang in operativen Leasingverhältnissen engagiert sind. Die länderspezifischen Unterschiede in den Auswirkungen auf die Rentabilitätskennzahlen sind indes von untergeordneter Bedeutung. Die Berechnung der Rangkorrelationskoeffizienten ergibt, dass die relative Bewertung deutscher Unternehmen von der bilanzwirksamen Abbildung von Leasingverhältnissen stärker beeinflusst wird als in den USA und Frankreich[5].

Insgesamt offenbaren sämtliche Studien erhebliche Veränderungen der Finanzkennzahlen. In den auf Branchen bezogenen Studien erweisen sich die Bereiche Luftfahrt und Handel als am stärksten von einer Bilanzierung sämtlicher Leasingverhältnisse betroffen. Teilweise zeigen die Studien zudem eine Veränderung der Unternehmensrangfolge. So belegen beispielsweise *Beattie/Edwards/Goodacre* und *Goodacre* eine Veränderung der relativen Bewertung britischer Unternehmen bzw. britischer Handelsunternehmen. *Durocher* kommt zu einem ähnlichen Ergebnis für kanadische Unternehmen, während *Fülbier/Lirio Silva/Pferdehirt* keine Veränderung der Rangfolge deutscher Unternehmen feststellen. Die Vergleichbarkeit der Studien ist vor dem Hintergrund unterschiedlicher Simulationsmodelle und damit verbundener unterschiedlicher Modellannahmen eingeschränkt.

1.2 Entscheidungsverhalten der Kapitalmarktteilnehmer als Jahresabschlussadressaten

Die vorstehend dargestellten Simulationsstudien zeigen, dass die gegenwärtige dichotome Leasingbilanzierung Auswirkungen auf Finanzkennzahlen hat und teilweise die Unternehmensrangfolge beeinflusst. Offen ist indes, ob gleichermaßen ein Einfluss auf die Bewertung von Unternehmen am Kapitalmarkt besteht. Insofern soll nachfolgend der Frage nachgegangen werden, ob die unterschiedlichen Methoden der internationalen Leasingbilanzierung die Unternehmensbewertung beeinflussen bzw. ob die Anhangangaben zu operativen Leasingverhältnissen Bewertungsrelevanz besitzen[6].

1 Vgl. z.B. Durocher (2008), Goodacre (2003b), Gritta/Lippman/Chow (1994).
2 Vgl. auch Fülbier/Lirio Silva/Pferdehirt (2008), S. 138.
3 Vgl. Pferdehirt (2007), S. 263.
4 Relativierend wirkt die fehlende Gleichverteilung der Leasingintensität über die ausgewählten Unternehmen in den Ländern und die heterogene Unternehmensauswahl hinsichtlich der Unternehmensgröße.
5 Vgl. Pferdehirt (2007), S. 270-272.
6 Zum Beitrag kapitalmarktorientierter Forschung für den Standardsetzungsprozess vgl. Brown/Howieson (1998).

Sofern die Leasingbilanzierungsmethoden zu einer unterschiedlichen Beeinflussung der Unternehmensbewertung führen, ließen sich daraus ökonomische Konsequenzen der Reformbestrebungen ableiten. Zunächst wird auf die Methoden zur Untersuchung der Bewertungsrelevanz von Informationen über Leasingverhältnisse am Kapitalmarkt eingegangen. Anschließend erfolgt die Darstellung von Studien, die in einer aggregierten Sichtweise die Bewertungsrelevanz von Informationen über Leasingverhältnisse am Kapitalmarkt untersuchen. Abschließend werden Studien vorgestellt, die eine individuelle Betrachtung der Kapitalmarktteilnehmer vornehmen. Hierbei wird zunächst auf Studien eingegangen, die die Bedeutung und Verwendung von Jahresabschlussinformationen im Rahmen des Entscheidungsprozesses von Investoren und Analysten untersuchen, ehe Studien vorgestellt werden, die untersuchen, ob das Entscheidungsverhalten einzelner Investoren und Analysten von der bilanziellen Behandlung von Leasingverhältnissen beeinflusst wird und welche Auswirkungen eine Bilanzierung sämtlicher Leasingverhältnisse auf das Entscheidungsverhalten einzelner Investoren und Analysten hätte.

1.2.1 Methoden zur Untersuchung der Bewertungsrelevanz von Leasingverhältnissen am Kapitalmarkt

Die Bewertungsrelevanz von Informationen über Leasingverhältnisse lässt sich einerseits über experimentelle Studien oder direkte Befragungen der Jahresabschlussadressaten untersuchen[1]. Andererseits ermöglichen statistische Methoden eine Messung der Bewertungsrelevanz[2]. Im Rahmen der statistischen Methoden ist zwischen einer direkten und einer indirekten Messung des Zusammenhangs zwischen der Kapitalmarktbewertung von Unternehmen und den Informationen zu Leasingverhältnissen im Jahresabschluss zu differenzieren. Im ersten Fall misst die statistische Methode zum einen den Zusammenhang zwischen der vom Kapitalmarkt vorgenommenen Unternehmensbewertung und dem um operative Leasingverhältnisse angepassten Jahresabschluss. Zum anderen erfolgt eine Messung des Zusammenhangs zwischen der Unternehmensbewertung und nicht um operative Leasingverhältnisse adjustierten Jahresabschlussinformationen. Sofern der Markt (halbstark) informationseffizient ist, sollten sich sämtliche öffentlich verfügbaren Informationen in der Bewertung des Unternehmens widerspiegeln[3]. Bei Vorliegen eines informationseffizienten Kapitalmarkts wäre der Zusammenhang zwischen Unternehmensbewertung und um operative Leasingverhältnisse angepassten Jahresabschlussinformationen signifikanter als der Zusammenhang zwischen Unternehmensbewertung und nicht angepassten Jahresabschlussinformationen. Dieser Vergleich der statistischen Zusammenhänge ist allerdings durch die Tatsache eingeschränkt, dass auch Hinzurechnungen anderer nicht-bilanzierter Verschuldungen zu einem signifikanten Zusammenhang zwischen Unternehmensbewertung und angepasstem Jahresabschluss führen können, ohne dass die aus Leasingverhältnissen resultierende Verschuldung berücksichtigt wurde.

1 Darauf wird im Laufe dieses Kapitels und den nachfolgenden Kapiteln III.1.3-1.5 eingegangen.

2 Vgl. hierzu und im Folgenden ausführlicher Pferdehirt (2007), S. 173-177.

3 Zum Konzept der Informationseffizienz vgl. Fama (1970). Zur *efficient market*-Hypothese vgl. ausführlich Watts/Zimmerman (1986), S. 15-36.

Die indirekte Messung versucht, den Zusammenhang zwischen der Abbildung von Leasingverhältnissen im Jahresabschluss und den für die Unternehmensbewertung relevanten Kennzahlen zur Messung des Risikos zu erfassen. Unternehmensbewertungen werden anhand unterschiedlicher Methoden durchgeführt. Häufig finden *discounted cashflow*-Modelle[1] oder das *capital asset pricing model*[2] Anwendung. Sämtliche Modelle beinhalten in Variationen die Risikokennzahl Beta, die das systematische Risiko eines Eigenkapitaltitels im Verhältnis zum systematischen Risiko eines Marktportfolios bestimmt. Einige Studien verwenden statt des Beta teilweise auch die Varianz der Aktienrendite als Risikokennzahl. Um einen Zusammenhang zwischen diesen Risikokennzahlen und der Leasingbilanzierung herzustellen, ist eine Regressionsanalyse durchzuführen.

Neben den kapitalmarktorientierten Risikokennzahlen bestehen zudem jahresabschlussbezogene Risikokennzahlen, die in operative und finanzielle Risikokennzahlen unterteilt werden können[3]. Operative und finanzielle Risiken stellen zusammen das Gesamtrisiko eines Unternehmens dar. Operative Risiken stehen in Zusammenhang mit den betrieblichen Prozessen und lassen sich beispielsweise über Veränderungen des Betriebsergebnisses (EBIT) messen. Demgegenüber spiegelt sich das finanzielle Risiko hauptsächlich in der Verschuldungssituation eines Unternehmens wider, weshalb beispielsweise Verschuldungsgrade als Messgröße des finanziellen Risikos dienen. Im Rahmen des operativen Risikos kann zudem in systematisches Risiko und unsystematisches Risiko unterschieden werden. Das systematische operative Risiko – in Anlehnung an das kapitalmarktorientierte Risikomaß Beta auch als *accounting beta* bezeichnet – ist nicht vom Unternehmen beeinflussbar. Hierunter fallen beispielsweise externe Faktoren, wie Rohstoffpreise. Insofern gibt das systematische operative Risiko den Grad wieder, zu dem das Ergebnis eines Unternehmens zu den kumulierten Ergebnissen anderer Unternehmen im Portfolio variiert[4]. Das unsystematische operative Risiko ist hingegen unternehmensspezifisch und kann insofern vom Unternehmen beeinflusst werden. Zur Messung des Anteils des systematischen operativen Risikos am gesamten operativen Risiko ist – analog zu den kapitalmarktorientierten Risikokennzahlen – eine Regressionsanalyse durchzuführen.

1.2.2 Aggregierte Betrachtung des Entscheidungsverhaltens der Kapitalmarktteilnehmer als Jahresabschlussadressaten

In den 1970er Jahren ergab sich in den USA mit Einführung von ASR 147[5], der die Angabepflichten für Leasingverhältnisse in APB Opinion No. 31 ausweitete und von

1 Vgl. hierzu ausführlicher z.B. Kruschwitz/Loeffler (2006), S. 19-29.

2 Vgl. hierzu grundlegend Sharpe (1964).

3 Vgl. hierzu White/Sondhi/Fried (2003), S. 647-650.

4 Vgl. zum *accounting beta* White/Sondhi/Fried (2003), S. 650.

5 ASR 147 verlangte die Angabe des Barwerts der Mindestleasingzahlungen, die für Finanzierungsleasingverhältnisse entstehen. Als Finanzierungsleasingverhältnis galt gemäß ASR 147, Abschnitt 4.3 ein Leasingvertrag, der u.a. eine Laufzeit von mindestens 75% der Nutzungsdauer des Leasinggegenstands aufweist. Vgl. hierzu auch Lipe (2001), S. 301. Diese Finanzierungsleasingverhältnisse waren allerdings nicht bilanzierungspflichtig. Lediglich die als Ratenkauf zu

SFAS 13, der die Bilanzierungspflicht für sämtliche Finanzierungsleasingverhältnisse vorsah, die Möglichkeit, Auswirkungen der veränderten Leasingbilanzierung auf die Unternehmensbewertung am Kapitalmarkt zu untersuchen. Diesbezügliche Studien werden nachfolgend dargestellt.

Finnerty/Fitzsimmons/Oliver untersuchen Veränderungen des marktinhärenten systematischen Risikos als Reaktion auf die Einführung von ASR 147 und SFAS 13[1]. Die Studie zeigt, dass die veränderte Regulierung keinen Einfluss auf die Risikobeurteilung von Unternehmen am Kapitalmarkt hat[2]. *Abdel-khalik* und *Martin/ Anderson/Keown* kommen in auf SFAS 13 bezogenen Studien zu dem gleichen Schluss[3]. *Bowman* untersucht ähnlich zu *Finnerty/Fitzsimmons/Oliver* die Beziehung zwischen Leasingverhältnissen und dem systematischen Risiko und verwendet dazu die Anhangangaben gemäß ASR 147[4]. Allerdings fokussiert diese Studie lediglich auf den Zeitraum vor Einführung von SFAS 13. *Bowman* zeigt, dass der Kapitalmarkt die Angaben zu Leasingverhältnissen im Anhang bei der Bewertung von Unternehmen berücksichtigt[5]. Insofern besteht Übereinstimmung mit den Erkenntnissen von *Finnerty/Fitzsimmons/Oliver*, wonach die Einführung von ASR 147 und SFAS 13 nicht zu einer Beeinflussung des Kapitalmarkts geführt hat[6]. *Cheung* untersucht ebenfalls die Auswirkungen von ASR 147 auf das systematische Risiko[7]. Die Studie zeigt ein Absinken des systematischen Risikos von Unternehmen, die Informationen über Leasingverhältnisse infolge von ASR 147 im Anhang veröffentlichen müssen. Als Erklärung führt *Cheung* an, dass der Kapitalmarkt bereits vor der Einführung von ASR 147 über Leasinginformationen aus anderen Informationsquellen verfügt. Aufgrund der qualitativen Natur dieser Informationen wird eine Überschätzung des systematischen Risikos vermutet, die sich durch die verpflichtenden Anhangangaben relativiert. Die vorgestellten Studien unterstützen insofern die halbstarke Informationseffizienz.

Im Unterschied zu den vorstehenden Studien analysiert *Ro* nicht die Auswirkungen der veränderten Angabe- und Bilanzierungsvorschriften auf das systematische Risiko[8]. Vielmehr untersucht er den Informationsgehalt der in ASR 147 geforderten Angaben zu Leasingverhältnissen und kommt zu dem Ergebnis, dass diese Angaben die Verteilung der Aktienrenditen leasingintensiver Unternehmen signifikant negativ beeinflussen. Zudem zeigt *Ro*, dass Unternehmen, die lediglich die bilanziellen Auswirkungen von Leasingverhältnissen veröffentlichen, weniger von Bewertungsab-

klassifizierenden Leasingverhältnisse gemäß APB Opinion No. 5 waren zum damaligen Zeitpunkt bilanzwirksam.

1 Vgl. Finnerty/Fitzsimmons/Oliver (1980).
2 Vgl. Finnerty/Fitzsimmons/Oliver (1980), S. 636-637.
3 Vgl. Abdel-khalik (1981), S. 127-161, Martin/Anderson/Keown (1979).
4 Vgl. Bowman (1980).
5 Vgl. Bowman (1980), S. 251.
6 Zu einem ähnlichen Ergebnis kommt die Studie von Murray (1982). Demnach ist es für einen effizienten Kapitalmarkt irrelevant, ob Leasingverhältnisse bilanzwirksam oder im Anhang dargestellt werden. Entscheidend ist lediglich, dass sämtliche Informationen zur Beurteilung der bilanziellen Auswirkungen von Leasingverhältnissen zugänglich sind.
7 Vgl. hierzu und im Folgenden Cheung (1982).
8 Vgl. hierzu und im Folgenden Ro (1978).

schlägen betroffen sind als Unternehmen, die sowohl Bilanzeffekte als auch Auswirkungen auf die Ertragslage darstellen. Als mögliche Erklärung kann angeführt werden, dass bilanzielle Auswirkungen von Leasingverhältnissen bereits vor der Regeländerung in den Aktienrenditen enthalten waren. Außerdem erweisen sich die Informationseffekte als risikoabhängig. So kommt *Ro* zu dem Ergebnis, dass Unternehmen mit einem höheren Betafaktor auch höhere Bewertungsabschläge hinnehmen müssen[1]. Die Ergebnisse von *Ro* werden in einer späteren Studie von *El-Gazzar* aus dem Jahr 1993 bestätigt[2]. *El-Gazzar* zeigt, dass die Einführung von SFAS 13 mit negativen Auswirkungen auf die Aktienrendite verbunden ist. Das Ausmaß des Bewertungsabschlags korreliert indes mit den Auswirkungen von SFAS 13 auf in Kreditvereinbarungen determinierten Verschuldungsgrenzen. Unternehmen, deren Verschuldungsgrenzen durch die Bilanzierungspflicht von Finanzierungsleasingverhältnissen nicht eingehalten werden können, haben demnach höhere Bewertungsabschläge zu verzeichnen[3].

Der neuregulierten Leasingbilanzierung in den USA folgte mit der Einführung von SSAP 21 im Jahr 1984 eine ähnliche Leasingbilanzierung in Großbritannien. Vor Einführung von SSAP 21 bestanden in Großbritannien keine Vorschriften zur Abbildung von Leasingverhältnissen in Jahresabschlüssen. *Garrod* nutzt diesen Umstand, um zu untersuchen, ob die Einführung von SSAP 21 Auswirkungen auf die Bewertung von Unternehmen am Kapitalmarkt hat[4]. Er stellt fest, dass Unternehmen, die zuvor keine freiwilligen Angaben über Leasingverhältnisse veröffentlicht haben, nach Einführung von SSAP 21 geringere positive abnormale Renditen generieren. Dies deutet auf eine verbesserte Risikobeurteilung hin. Zudem konstatiert *Garrod* eine Reduktion der nicht-leasinginduzierten bilanzierten Verschuldung gerade dieser Unternehmen und vermutet, dass das Management bereits vor Einführung von SSAP 21 Maßnahmen ergriffen und somit die Verschuldung gezielt reduziert hat, um negative Auswirkungen auf die Bilanzkennzahlen zu verhindern. Dies könnte auch die Ergebnisse der US-amerikanischen Studien von *Finnerty/Fitzsimmons/Oliver*, *Abdel-khalik* und *Bowman* erklären, wonach der Kapitalmarkt keine Reaktionen auf die veränderte Regulierung der Leasingbilanzierung zeigt.

Neuere empirische Studien fokussieren – entgegen den vorstehenden Studien – ausschließlich auf die Frage, ob die Angaben zu operativen Leasingverhältnissen in der Unternehmensbewertung am Kapitalmarkt berücksichtigt werden. Die Bilanzwirksamkeit operativer Leasingverhältnisse wird hierbei über die Methode der *constructive capitalization* bzw. Faktormodelle hergestellt. Die Studien beziehen sich zudem nicht mehr auf den Betafaktor, sondern durchgängig auf die Standardabweichung der Aktienrendite. *Ely* und *Imhoff, Jr./Lipe/Wright* untersuchen den US-amerikanischen Kapitalmarkt und belegen, dass Angaben zu operativen Leasingverhältnissen in der Risikobeurteilung bzw. in der Standardabweichung der Aktienrendite enthalten sind[5].

1 Vgl. Ro (1978), S. 328-336.
2 Vgl. El-Gazzar (1993).
3 Vgl. El-Gazzar (1993), S. 267-269.
4 Vgl. hierzu und im Folgenden Garrod (1989), insb. S. 72-83.
5 Vgl. Ely (1995), Imhoff, Jr./Lipe/Wright (1993). Vgl. hierzu ähnlich Boatsman/Dong (2011), die zeigen, dass die Leasingbilanzierung keinen direkten Einfluss auf den Wert des Eigenkapitals hat, weil die Eigenkapitalkosten exogen bestimmt sind.

Beattie/Goodacre/Thomson kommen zu dem gleichen Ergebnis für den britischen Kapitalmarkt[1]. Auf Basis einer weitaus größeren Stichprobe zeigen *Ge/Imhoff, Jr./Lee* für den US-amerikanischen Kapitalmarkt indes, dass Angaben zu operativen Leasingverhältnissen nicht in die Risikobeurteilung einfließen[2]. Der australische Kapitalmarkt berücksichtigt gemäß der Studie von *Gallery/Imhoff, Jr.* die Angaben zu operativen Leasingverhältnissen im Rahmen der Unternehmensbewertung nur unvollständig[3].

Die Studie von *Sakai* untersucht Auswirkungen einer veränderten Leasingbilanzierung auf die Bewertung von Unternehmen am japanischen Kapitalmarkt[4]. Die Veränderung der Leasingregulierung gestaltet sich derart, dass ähnlich zu SFAS 13 oder IAS 17 definierte Finanzierungsleasingverhältnisse künftig nicht mehr als Anhangangabe veröffentlicht, sondern bilanzwirksam abgebildet werden müssen. *Sakai* zeigt, dass der Kapitalmarkt im Durchschnitt nicht zwischen leasinginduzierten Anhangangaben und bilanzwirksamen Informationen differenziert und insofern keine Auswirkungen auf die Bewertung auftreten dürften.

Die Ergebnisse vorstehender Studien zeigen ein uneinheitliches Bild. Während einige Untersuchungen belegen, dass der Kapitalmarkt in einer Gesamtbetrachtung operative Leasingverhältnisse im Rahmen der Unternehmensbewertung in Teilen zu berücksichtigen scheint und damit auf eine halbstarke Informationseffizienz hindeuten, kommen andere Studien zu gegenteiligen Ergebnissen. Der Rückgriff der neueren Studien auf die Standardabweichung der Aktienrendite statt des Betafaktors impliziert einige Annahmen[5], die zu Verzerrungen im Ergebnis führen können. Untersuchungen, die auf Risikokennzahlen abstellen, beziehen sich auf das *capital asset pricing model* und die *efficient market*-Hypothese, wonach Auswirkungen veränderter Bilanzierungsnormen auf Cashflows negiert werden[6]. Diesen Studien liegt daher die Annahme zugrunde, dass die unterschiedlichen Leasingbilanzierungsmethoden keine Auswirkungen auf die Erwartungen der Kapitalmarktteilnehmer hinsichtlich künftiger Cashflows haben. Gerade diese Annahme gilt als zweifelhaft, da vermutet werden kann, dass die modifizierten Bilanzkennzahlen und der veränderte Jahresüberschuss die Erwartungen bezüglich künftiger Cashflows beeinflussen. In einer experimentellen Studie *Abdel-khaliks* wird dies zudem nachgewiesen[7]. Insofern kann der Aussagegehalt statistischer Methoden zur Messung der Bewertungsrelevanz als eingeschränkt erachtet werden. Um zu klären, ob operative Leasingverhältnisse in den Entscheidungsprozessen der Kapitalmarktteilnehmer äquivalent zu Finanzierungsleasingverhältnissen Berücksichtigung finden und dies korrekt erfolgt, muss eine individuelle Betrachtung der Akteure erfolgen.

1 Vgl. Beattie/Goodacre/Thomson (2000a). Vgl. kommentierend hierzu Oswald (2000).

2 Vgl. Ge/Imhoff, Jr./Lee (2008). Vgl. hierzu gegensätzlich Ge (2006), der allerdings auf den Einfluss operativer Leasingverhältnisse auf künftige Aktienrenditen fokussiert.

3 Vgl. Gallery/Imhoff, Jr. (1998).

4 Vgl. hierzu und im Folgenden Sakai (2010).

5 Das Abstellen auf die Varianz bzw. Standardabweichung der Aktienrendite setzt z.B. die Annahme voraus, dass neben der erwarteten Rendite des Marktportfolios auch die Standardabweichung des Marktportfolios nicht von der Leasingbilanzierung beeinflusst wird. Vgl. Pferdehirt (2007), S. 175-176.

6 Vgl. Watts/Zimmerman (1986), S. 73.

7 Vgl. Abdel-khalik (1981), S. 103-108.

1.2.3 Individuelle Betrachtung des Entscheidungsverhaltens der Kapitalmarktteilnehmer als Jahresabschlussadressaten

Um zu untersuchen, wie einzelne Investoren und Analysten mit Informationen über Leasingverhältnisse umgehen, wird zunächst die Bedeutung und Verwendung von Jahresabschlussinformationen im Rahmen des Investitionsentscheidungsprozesses mittels vorhandener empirischer Studien verdeutlicht, ehe eine detaillierte Analyse der Berücksichtigung von Angaben zu operativen Leasingverhältnissen im Investitionsentscheidungsprozess erfolgt. Die Untersuchung der Einflussnahme operativer Leasingverhältnisse auf das Entscheidungsverhalten von Investoren und Analysten soll zudem auf mögliche Veränderungen im Entscheidungsverhalten aufgrund der Reformbestrebungen hindeuten. Abschließend werden daher Studien dargestellt, die mögliche Auswirkungen eine Bilanzierung sämtlicher Leasingverhältnisse auf das Entscheidungsverhalten einzelner Investoren und Analysten untersuchen.

1.2.3.1 Bedeutung und Verwendung von Jahresabschlussinformationen

Die Bedeutung von Jahresabschlussdaten für Investoren und Analysten wird in einer internationalen Untersuchung von *Chang/Most/Brain* aus dem Jahr 1983 näher betrachtet[1]. *Chang/Most/Brain* befragen 4.000 private Investoren, 9.000 institutionelle Investoren und 900 Finanzanalysten aus Großbritannien, Neuseeland und den USA. Die Studie kommt zu dem Ergebnis, dass die drei Gruppen der Nutzung von Jahresabschlüssen für Investitionsentscheidungen eine hohe Bedeutung zuweisen. Insbesondere die quantitativen Informationen des Jahresabschlusses werden von Investoren und Analysten als Entscheidungsgrundlage verwendet. Dies gilt sowohl für Kauf- als auch für Verkaufs- bzw. Halteentscheidungen. Außerdem zeigt die Studie, dass die Gruppe der privaten Investoren als nicht homogen einzuordnen ist. Eine Abstraktion der diesbezüglichen Ergebnisse ist daher zu negieren[2]. *Chang/Most/Brain* identifizieren zudem kulturelle Unterschiede zwischen den privaten Investoren der drei Länder. Demnach erachten britische und neuseeländische Investoren Informationen aus Zeitungen und Magazinen als wichtigste Informationsquelle, während amerikanische Investoren den Jahresabschlussdaten die höchste Bedeutung beimessen[3].

Anderson führt eine schriftliche Befragung von 188 australischen Analysten durch[4]. Die befragten Analysten erachten die Jahresabschlussdaten als wichtigste Informationsquelle für deren Entscheidungsprozess. Innerhalb des Jahresabschlusses

1 Vgl. hierzu und im Folgenden Chang/Most/Brain (1983).

2 Vgl. Chang/Most/Brain (1983), S. 82-83. Im Rahmen der Analyse privater Investoren muss jedoch berücksichtigt werden, dass diese häufig Investitionsentscheidungen auf Basis von Empfehlungen professioneller Finanzanalysten treffen und insofern eine lediglich indirekte Verwendung von Jahresabschlussdaten vorliegt. Vgl. Houlihan/Sondhi (1984), S. 4-5, Schipper (1991), S. 107 und S. 113.

3 Vgl. Chang/Most/Brain (1983), S. 65-66. Hierbei ist offen, inwieweit Zeitungsberichte Jahresabschlussinformationen beinhalten. Insofern würden Jahresabschlüsse wiederum indirekt als Entscheidungsgrundlage genutzt. Vgl. hierzu auch Pferdehirt (2007), S. 183, Fn. 322.

4 Vgl. hierzu und im Folgenden Anderson (1981).

kommt der Bilanz und der Gesamtergebnisrechnung die höchste Bedeutung zu. Zusätzlich fordern die Analysten weitere Angaben zu bilanzunwirksamen Sachverhalten.

Der Investitionsentscheidungsprozess einzelner Finanzanalysten wird von *Bouwman/Frishkoff/Frishkoff* experimentell untersucht[1]. Der Prozess ist durch drei Phasen gekennzeichnet. In der Einarbeitungsphase („*familiarization*") machen sich die Analysten mit dem potentiellen Investitionsobjekt vertraut. In dieser Phase werden insbesondere Jahresabschlüsse genutzt. Die Gesamtergebnisrechnung und diesbezügliche Kennzahlen entsprechen mehr als 50% der genutzten Informationen. Die Bilanz wird kaum herangezogen[2]. Die zweite Phase der Analyse („*exploring*" und „*scanning*") und die sich anschließende Phase der Begründung („*reasoning*") dienen der Suche nach Gründen, um das Investitionsobjekt abzulehnen. Folglich sind Jahresabschlussinformationen insbesondere am Anfang des Investitionsentscheidungsprozesses bedeutend, um einen Einblick in das zu analysierende Unternehmen zu erhalten[3].

Die Studie von *Gniewosz* aus dem Jahr 1990 stellt demgegenüber fest, dass der Jahresabschluss nicht nur dem Verschaffen eines ersten Überblicks dient, sondern weitere Funktionen während des Investitionsentscheidungsprozesses einnimmt[4]. Die Bedeutung des Jahresabschlusses als Informationsquelle variiert allerdings im Verlauf des Entscheidungsprozesses zwischen einer primären Informationsquelle und einer Bestätigungsfunktion. Institutionelle Investoren verwenden Jahresabschlussdaten demnach zur Validierung früherer Prognosen, als Grundlage für künftige Prognosen und als Basis zur Identifikation von Werttreibern. Darüber hinaus dient der Jahresabschluss als Grundlage zur Bestimmung von zu untersuchenden Sachverhalten und als Bestätigung anderer Informationsquellen[5].

Die Ergebnisse der vorstehend dargestellten Studien werden von neueren Studien bestätigt. *Previts et al.* zeigen anhand einer Inhaltsanalyse von 479 Unternehmensberichten von Finanzanalysten, dass Jahresabschlussdaten eine wichtige, aber unvollständige Informationsquelle für den Entscheidungsprozess von Finanzanalysten darstellen[6]. *Yap* befragt 260 australische Mitarbeiter der Finanzbranche und identifiziert Jahresabschlussdaten – insbesondere die Gesamtergebnisrechnung und die Bilanz – als wichtigste Informationsquelle und Entscheidungsgrundlage professioneller Investoren[7]. Demgegenüber kommen *Epstein/Palepu* im Rahmen einer Befragung von 140 Analysten im Jahr 1999 zu dem Ergebnis, dass private Kontakte und Analystenkonferenzen die wichtigsten Informationsquellen darstellen[8]. Jahresabschlussdaten nehmen den dritten Platz in der Rangfolge der bedeutendsten Informationsquellen ein. Die Anhangangaben werden allerdings als schwer verständlich eingeschätzt. Vor dem Hintergrund eines – selbst von professionellen Analysten – als schwer verständlich eingeschätzten Anhangs muss eine äquivalente Beachtung von bilanzierten Finanzierungs-

1 Vgl. hierzu und im Folgenden Bouwman/Frishkoff/Frishkoff (1987).
2 Vgl. Bouwman/Frishkoff/Frishkoff (1987), S. 23.
3 Vgl. Bouwman/Frishkoff/Frishkoff (1987), S. 24.
4 Vgl. hierzu und im Folgenden Gniewosz (1990).
5 Vgl. Gniewosz (1990), S. 227.
6 Vgl. Previts et al. (1994).
7 Vgl. Yap (1997).
8 Vgl. hierzu und im Folgenden Epstein/Palepu (1999).

leasingverhältnissen und bilanzunwirksamen operativen Leasingverhältnissen in der Praxis zumindest in Frage gestellt werden.

Friedrich befragt in einer im Jahr 2007 veröffentlichten Studie 23 Analysten nach deren Informationsbedürfnissen und Informationsquellen im Rahmen des Analyseprozesses[1]. Analysten bewerten Gespräche mit Unternehmensvertretern und Jahres- bzw. Quartalsabschlüsse als die wichtigsten Informationsquellen, gefolgt von Analystenkonferenzen. Ähnlich zu *Bouwman/Frishkoff/Frishkoff* stellt die Gesamtergebnisrechnung insofern den bedeutendsten Bestandteil des Jahresabschlusses dar, als in diesem Abschlusselement die Entwicklung des Ergebnisses über den Berichtszeitraum abgebildet wird. *Friedrich* zeigt zudem, dass Anhang und Bilanz eine ähnlich hohe Bedeutung für Analysten haben – ein zu *Epstein/Palepu* konträres Ergebnis.

Nachdem die Bedeutung von Jahresabschlussinformationen für den Entscheidungsprozess von Investoren und Analysten betrachtet worden ist, soll im Folgenden auf die konkrete Verwendung von Jahresabschlussdaten im Rahmen der Unternehmensbewertung eingegangen werden. Die primäre Analysemethode der Finanzanalysten zur Bewertung von Unternehmen stellt nach *Arnold/Moizer* die Fundamentalanalyse dar[2]. Diese basiert auf einer Betrachtung von Jahresabschlussinformationen, insbesondere von Bilanzkennzahlen und der Geschäftstätigkeit eines Unternehmens, den sog. Fundamentaldaten[3]. Gemäß der Studie von *Arnold/Moizer* – und korrespondierend zu *Anderson* – erachten Finanzanalysten bilanzunwirksame Sachverhalte, wie operative Leasingverhältnisse, in Zusammenhang mit der Durchführung von Fundamentalanalysen als problematisch, weil diese eine korrekte Unternehmensbewertung erschweren[4].

Die Verwendung von Bilanzkennzahlen in der Fundamentalanalyse dient häufig Prognosezwecken und setzt die Vergleichbarkeit der Kennzahlen sowohl über die Zeit hinweg als auch zwischen Unternehmen voraus[5]. Bilanzunwirksame operative Leasingverhältnisse beeinflussen indes die kontinuierliche Vergleichbarkeit der Bilanzkennzahlen aufgrund der unterschiedlichen Nutzungsintensität operativer Leasingverhältnisse zwischen einzelnen Unternehmen und Branchen sowie im Zeitablauf eines Unternehmens[6]. *Elam* kommt in diesem Zusammenhang zu dem Ergebnis, dass die Berücksichtigung bilanzierter Leasingverhältnisse die Fähigkeit von Jahresabschlussadressaten zur Insolvenzprognose nicht verbessert[7]. Die Studie von *Altman/Haldeman/Narayanan* stellt hingegen eine diesbezügliche Verbesserung fest[8]. Insofern

1 Vgl. hierzu und im Folgenden Friedrich (2007), insb. S. 217-228.

2 Vgl. Arnold/Moizer (1984).

3 Vgl. weiterführend Hielscher (1999), S. 48-50.

4 Vgl. Arnold/Moizer (1984), S. 204.

5 Vgl. z.B. Barnes (1987), S. 449 und S. 455. Im Mittelpunkt der Prognose steht neben der Schätzung der Ertragskraft zumeist die Insolvenzprognose. Vgl. hierzu z.B. Altman/Haldeman/Narayanan (1977), Jesswein (2009).

6 Vgl. beispielhaft die Studien von Gritta (1974) und Gritta/Lippman/Chow (1994), die Veränderungen in der Art der Leasingverhältnisse über die Zeit hinweg aufgrund geänderter Bilanzierungsvorschriften feststellen.

7 Vgl. Elam (1975).

8 Vgl. Altman/Haldeman/Narayanan (1977). Brown (1983) kommt zu einem ähnlichen Ergebnis für die Prognose der Ertragskraft.

bleibt offen, inwieweit die Vergleichbarkeit von Kennzahlen für Prognosezwecke durch die derzeitigen Reformvorschläge verbessert werden könnte.

In einer auf die konkrete Unternehmensbewertung bezogenen Studie präsentiert *Barker* die von britischen Analysten und Fondsmanagern präferierten Bewertungsmodelle[1]. *Barker* zeigt, dass Analysten und Fondsmanager häufig auf einfache Bewertungsmodelle und entsprechende Jahresabschlussdaten zurückgreifen und identifiziert den Zinsdeckungsgrad, den Dividendendeckungsgrad, die Umsatzmarge und den Verschuldungsgrad als die bedeutendsten Kennzahlen im Rahmen der Unternehmensbewertung[2]. Trotz der Vergangenheitsorientierung von Jahresabschlussdaten und der damit möglicherweise assoziierten geringen Entscheidungsrelevanz werden Informationen des Jahresabschlusses aufgrund deren Verlässlichkeit vor anderen Quellen bevorzugt[3]. Die Entscheidungsrelevanz von Informationen variiert folglich in Abhängigkeit von der Verlässlichkeit, mit der anhand dieser Informationen Prognosen vorgenommen werden können[4]. *Friedrich* zeigt in einer Befragung von Analysten, dass die *discounted cashflow*-Methode und *multiples* im Rahmen der Unternehmensbewertung am häufigsten Anwendung finden[5]. Darin dokumentiert sich – ähnlich zu *Barker* – die hohe Bedeutung von Finanzkennzahlen für die Unternehmensbewertung.

Insgesamt zeigen die empirischen – überwiegend in Form von Befragungen durchgeführten – Studien, dass Investoren und Analysten Jahresabschlussinformationen als bedeutende Informationsquelle für deren Entscheidungsprozess bewerten[6]. Allerdings lässt sich insofern eine Veränderung der relativen Bedeutung von Jahresabschlussinformationen feststellen, als frühere Untersuchungen eine überlegene Rolle von Jahresabschlussdaten identifizieren, während neuere Studien auf eine größere Bedeutung direkter Kontakte mit Unternehmensvertretern hindeuten. Jahresabschlussinformationen und daraus generierte Kennzahlen dienen sowohl zur Herstellung eines ersten Einblicks in potentielle Investitionsobjekte als auch zur konkreten Bewertung von Unternehmen. Begründen lässt sich dies mit der Verlässlichkeit der Daten und deren Vergleichbarkeit zwischen Unternehmen und über die Zeit hinweg. Die Vergleichbarkeit ist aufgrund der dichotomen Behandlung von Leasingverhältnissen indes beeinträchtigt. Bilanzunwirksame Leasingverhältnisse beeinflussen die Vergleichbarkeit aufgrund der unterschiedlichen Nutzungsintensität einzelner Unternehmen und Branchen sowie im Zeitablauf eines Unternehmens. Vor diesem Hintergrund werden nachfolgend Studien dargestellt, die untersuchen, ob Investoren und Analysten um die Mängel der Verwendung von Jahresabschlussinformationen wissen und Angaben zu operativen Leasingverhältnissen im Entscheidungsprozess berücksichtigen, um eine diesbezügliche Beeinflussung zu verhindern.

1 Vgl. hierzu und im Folgenden Barker (1999).
2 Vgl. Barker (1999), S. 201.
3 Vgl. hierzu ähnlich Hax (1998), S. 12.
4 Vgl. Barker (1999), S. 204.
5 Vgl. Friedrich (2007), S. 229.
6 Vgl. hierzu auch Knutson (1993), S. 15-17.

1.2.3.2 Auswirkungen unterschiedlicher Leasingbilanzierungsmethoden auf das Entscheidungsverhalten der Investoren und Analysten

In einer bereits im Jahr 1959 durchgeführten Befragung von US-amerikanischen Versicherungen, Banken, Fondsgesellschaften, Finanzanalysten und Rating-Agenturen zeigen *Vancil/Anthony*, dass 77% der befragten Institutionen Jahresabschlüsse um bilanzunwirksame Leasingverhältnisse mittels formalanlytischer Methoden anpassen[1]. 81% der befragten Finanzanalysten erachten langfristige Verpflichtungen aus Leasingverhältnissen als vergleichbare Schuldposition. Zur Absicherung dieser Ergebnisse wird eine zweite Befragung durchgeführt, in der die Teilnehmer der ersten Untersuchung nach Einzelheiten der formalanalytischen Methoden zur Korrektur der Rechenwerke im Jahresabschluss befragt werden. Anhand fiktiver Unternehmen sollen die Methoden zur Korrektur des Jahresabschlusses angewendet werden. Dabei stellt sich heraus, dass lediglich eine geringe Teilnehmerzahl formalanalytische Verfahren zur Bilanzkorrektur anwendet. 90% der befragten Analysten geben an, dass die Nutzung von langfristigen unkündbaren Leasingverhältnissen einem Unternehmen eine höhere Verschuldungsgrenze ermöglicht als die Finanzierung über Fremdkapital. Analysten erachten Leasing demnach nicht als Äquivalent der Fremdfinanzierung. Die Unterschiede in den Ergebnissen der beiden Befragungen verdeutlichten, dass Kapitalmarktteilnehmer um die Schwierigkeit bilanzunwirksamer Leasingverhältnisse wissen und Methoden zur bilanziellen Berücksichtigung kennen. Dennoch werden Bilanzkorrekturen aufgrund eines fehlenden Methodenverständnisses nur selten durchgeführt. Dieses Ergebnis lässt vermuten, dass Investoren und Analysten in deren Entscheidungsfindung aufgrund mangelnder Berücksichtigung operative Leasingverhältnisse fehlgeleitet werden können. Diese Hypothese bildet auch den Abschluss der bereits dargestellten Simulationsstudie von *Nelson* aus dem Jahr 1963[2].

Die experimentelle Studie von *Abdel-khalik* aus dem Jahr 1981 steht in Einklang mit den vorstehenden Ergebnissen und Hypothesen[3]. An dem Experiment nehmen u.a. 93 Leasingnehmer, 125 Banken, 102 Wirtschaftsprüfer, 54 Fremdkapitalanalysten und 79 Eigenkapitalanalysten teil[4]. *Abdel-khalik* verlangt von den Teilnehmern des Experiments die Bewertung zweier Unternehmen, die sich lediglich in der Bilanzierung langfristiger Leasingverhältnisse unterscheiden. Während ein Unternehmen Leasingverträge bilanziert, veröffentlicht das andere Unternehmen Angaben zu Leasingverhältnissen im Anhang des Jahresabschlusses. 39% der Fremdkapitalanalysten, 45% der Eigenkapitalanalysten und 40% der Banken erachten das Unternehmen mit Leasingangaben im Anhang als profitabler. Über 75% der Jahresabschlussersteller messen beiden Unternehmen demgegenüber eine gleich hohe Profitabilität bei. Die Ergebnisse deuten darauf hin, dass die Adressaten des Jahresabschlusses im Vergleich zu den

---

1 Vgl. hierzu und im Folgenden Vancil/Anthony (1959).

2 Vgl. Nelson (1963), S. 57. Gant (1959), S. 132-139 stellt eine ähnliche Hypothese unter Verwendung eines fiktiven Unternehmens auf. Hennessy (1961), S. 43-44 führt aus, dass die Angaben zu Leasingverhältnissen für viele Jahresabschlussadressaten – darunter auch Investoren und Analysten – unübersichtlich seien und aufgrund eines fehlenden Methodenverständnisses unzureichend im Entscheidungsprozess berücksichtigt würden.

3 Vgl. hierzu und im Folgenden Abdel-khalik (1981), S. 103-108 und Anhang zu Kapitel 5.

4 Vgl. Abdel-khalik (1981), S. 96.

Erstellern einer größeren Beeinflussung durch die Bilanzierungsmethoden für Leasingverhältnisse unterliegen. Auch die Fähigkeit von Analysten und Banken zur Prognose der Cashflows scheint von der unterschiedlichen Behandlung der Leasingverhältnisse beeinflusst. Damit könnte zudem der widersprüchliche Aussagegehalt statistischer Methoden zur Messung der Bewertungsrelevanz erklärt werden, die unterstellen, dass die unterschiedlichen Leasingbilanzierungsmethoden keine Auswirkungen auf die Erwartungen bezüglich künftiger Cashflows haben[1].

Munter/Ratcliffe bitten Investoren in einer 1983 veröffentlichten Studie um eine Investitionsentscheidung zwischen drei fiktiven Unternehmen, deren einziges Unterscheidungsmerkmal die bilanzielle Abbildung von Leasingverhältnissen darstellt[2]. Im Jahresabschluss des ersten Unternehmens werden sämtliche Leasingverträge in der Bilanz erfasst. Das zweite Unternehmen bilanziert Leasingverträge nach SFAS 13, wonach ausschließlich Finanzierungsleasingverhältnisse bilanzwirksam werden. Der Jahresabschluss des dritten Unternehmens enthält Informationen zu Leasingverhältnissen lediglich im Anhang des Abschlusses. Die Studie zeigt Unterschiede in den Investitionspräferenzen der 81 Teilnehmer zwischen den drei Investitionsobjekten. Die Investoren präferieren danach Investitionen in die Unternehmen, die Leasingverträge lediglich teilweise oder gar nicht bilanzwirksam abbilden. Die Unterschiede in den Investitionspräferenzen zwischen dem Unternehmen, das Leasingverträge nach SFAS 13 bilanziert und dem Unternehmen mit Leasinginformationen im Anhang sind indes nicht signifikant.

Wilkins/Zimmer untersuchen die Reaktionen von Analysten auf unterschiedliche Bilanzierungsmethoden für Leasingverhältnisse[3]. Das Experiment verlangt die Abgabe von Gewinnprognosen und die Bewertung zweier leasingintensiver fiktiver Unternehmen, deren einziges Unterscheidungsmerkmal der Verschuldungsgrad ist. Ein Unternehmen ist durch eine branchentypische Verschuldung gekennzeichnet, während das andere Unternehmen eine sehr hohe Verschuldung aufweist. Die Analysten werden in zwei Gruppen aufgeteilt. Eine Gruppe erhält Jahresabschlussinformationen der beiden fiktiven Unternehmen gemäß SFAS 13. Die andere Gruppe erhält Jahresabschlussinformationen, die Angaben zu Leasingverhältnissen im Anhang enthalten. Die Studie zeigt keine Unterschiede in der Bewertung beider Unternehmen. Allerdings wird deutlich, dass die Prognose des Gewinns für das Unternehmen mit branchentypischem Verschuldungsgrad von der unterschiedlichen bilanziellen Behandlung der Leasingverhältnisse beeinflusst wird. Eine signifikante Beeinflussung der Gewinnprognose bei dem hoch verschuldeten Unternehmen kann nicht festgestellt werden. *Wilkins/Zimmer* vermuten den Grund hierfür in dem geringeren Einfluss von Leasingverhältnissen auf Kennzahlen höher verschuldeter Unternehmen. Die Studie von *Previts et al.* weist dagegen darauf hin, dass Finanzanalysten den Verbindlichkeiten von Unternehmen mit hohem Verschuldungsgrad besondere Beachtung schenken[4].

1 Vgl. Kapitel III.1.2.2.
2 Vgl. hierzu und im Folgenden Munter/Ratcliffe (1983).
3 Vgl. hierzu und im Folgenden Wilkins/Zimmer (1983a).
4 Vgl. Previts et al. (1994), S. 63.

In einem ähnlich aufgebauten Experiment von *Breton/Taffler* sollen erfahrene Analysten aus Großbritannien zwei Unternehmen bewerten[1]. Die Unternehmen unterscheiden sich lediglich aufgrund diverser bilanzpolitisch motivierter Maßnahmen, welche im Anhang des Jahresabschlusses ersichtlich sind. Dazu gehören auch die unterschiedlichen Leasingbilanzierungsmethoden bzw. die bilanzunwirksame Behandlung von Leasingverhältnissen und deren Angabe im Anhang. Von 63 Untersuchungsteilnehmern nehmen gerade einmal elf Analysten Korrekturen der bilanzpolitischen Maßnahmen vor. Die unterschiedliche Wahrnehmung von bilanzierten und nicht-bilanzierten Leasinginformationen wird in einem Experiment von *Krische/Sanders/ Smith* bestätigt[2]. Demnach beurteilen Investoren das Risiko einer Investition als geringer, sofern Leasingverbindlichkeiten lediglich im Anhang veröffentlicht werden. Die experimentelle Studie von *Nelson/Tayler* deutet zudem darauf hin, dass die Risikobeurteilungen von Investoren von dem Prozess der Bilanzkorrektur um operative Leasingverhältnissen beeinflusst werden[3]. Demnach haben Bilanzkorrekturen, die von den Investoren selbst vorgenommen werden, einen größeren Einfluss auf die Risikobeurteilungen als Bilanzkorrekturen, die von Dritten durchgeführt und den Investoren vorgelegt werden. Insofern werden die Entscheidungen von Investoren und Analysten nicht nur von der unterschiedlichen Wahrnehmung bilanzierter und nicht-bilanzierter Leasingverhältnisse beeinflusst, sondern auch von dem Prozess der Bilanzkorrektur um operative Leasingverhältnisse selbst.

Insgesamt verdeutlichen die vorstehenden Untersuchungen, dass das Entscheidungsverhalten von Investoren und Analysten von der unterschiedlichen bilanziellen Behandlung von Leasingverhältnissen beeinflusst wird[4]. Investoren und Analysten sind sich zwar der Problematik bilanzunwirksamer Leasingverhältnisse teilweise bewusst und kennen Methoden zur bilanziellen Berücksichtigung operativer Leasingverhältnisse. Dennoch werden Bilanzkorrekturen aufgrund eines fehlenden Methodenverständnisses selten durchgeführt. Lediglich professionelle Analysten größerer Institutionen verfügen über standardisierte Verfahren zur Berücksichtigung von Jahresabschlussinformationen[5]. Eine gleichwertige Wahrnehmung von Informationen aus dem Anhang und anderen Jahresabschlussbestandteilen ist zu bezweifeln. Investoren und Analysten können insofern fehlerbehaftete Bewertungen und Prognosen abgeben. Auch die im Jahr 1993 veröffentlichte Studie der *Association for Investment and Management Research (AIMR)*, die von *Knutson* vorbereitend erstellt wurde, verdeutlicht einerseits die hohe Bedeutung des Jahresabschlusses zur Informationsgewinnung für Investoren und Analysten und identifiziert andererseits schwebende Geschäfte mit Bezug auf bilanzunwirksame Leasingverhältnisse als Schwachstelle im Rahmen der

1 Vgl. Breton/Taffler (1995).

2 Vgl. hierzu und im Folgenden Krische/Sanders/Smith (2007).

3 Vgl. hierzu und im Folgenden Nelson/Tayler (2007). Die Studie wird mit MBA-Studenten durchgeführt, die durchschnittlich sechs Kurse im Bereich Rechnungslegung und Finanzen belegt haben und über fünf Jahre Berufserfahrung verfügen.

4 Nach Auffassung des IASB werden die Entscheidungen von Investoren und Analysten allerdings nur geringfügig von der Bilanzierungsmethode der Leasingverhältnisse beeinflusst. Vgl. IASB (2007b), Rn. 35.

5 Vgl. beispielhaft Moody's (1999), Moody's (2006), Standard & Poor's (2002). Vgl. hierzu auch Altamuro et al. (2011).

Jahresabschlussinformationen[1]. Zur Beseitigung der Schwachstelle wird die Bilanzwirksamkeit schwebender Geschäfte und damit auch sämtlicher Leasingverhältnisse mit einer Laufzeit von mehr als einem Jahr vorgeschlagen[2]. Dieser Vorschlag bestätigt insofern vorstehende Vermutung, dass Investoren und Analysten mehrheitlich mit der Bilanzkorrektur um operative Leasingverhältnisse überfordert sind.

1.2.3.3 Auswirkungen einer Bilanzierung sämtlicher Leasingverhältnisse auf das Entscheidungsverhalten der Investoren und Analysten

Die Studie *Abdel-khaliks* untersucht die Reaktionen von Abschlusserstellern, Analysten und Banken auf die Bilanzwirksamkeit sämtlicher Leasingverhältnisse mit einer Laufzeit von zwei Jahren und länger[3]. Die Ersteller lehnen diesen Vorschlag ab, weil er die Komplexität und den Aufwand der Bilanzierung erhöhe. Analysten und Banken verweisen im Falle einer gänzlichen Bilanzwirksamkeit von Leasingverträgen indes auf den gesteigerten Informationsgehalt und verbesserte Prognoseeigenschaften des Abschlusses. Zudem erhöhe sich die Vergleichbarkeit von Jahresabschlüssen. Hierin dokumentiert sich erneut der Wunsch nach einer einheitlichen bilanzwirksamen Abbildung von Leasingverhältnissen. Interessant erscheint hierbei auch die Erwartungshaltung der Investoren und Analysten hinsichtlich möglicher Veränderungen im Entscheidungsverhalten der Leasingnehmer[4]. *Abdel-khalik* zeigt diesbezüglich, dass Investoren und Analysten mehrheitlich eine Strukturierung neuer Leasingverträge erwarten, um die Bilanzwirksamkeit zu umgehen.

Eine neuere Studie von *Beattie/Goodacre/Thomson* aus dem Jahr 2006 befragt 41 Analysten zu den Reformvorschlägen der G4+1-Gruppe und deren ökonomischen Konsequenzen[5]. Sie bestätigt die vorstehenden Ergebnisse. Die befragten Analysten präferieren danach eine einheitliche Bilanzierung für sämtliche Leasingverhältnisse und verbinden mit der Bilanzwirksamkeit sämtlicher Leasingverhältnisse eine Verbesserung der Beurteilung der Verschuldungssituation sowie der Vergleichbarkeit von Unternehmen. Zudem wird mit erhöhten Risikoeinschätzungen gerechnet. Negative Auswirkungen der Reformvorschläge auf die Investitions- und Leasingvolumina in Großbritannien erwarten die befragten Analysten jedoch nicht.

Die beiden Studien deuten insgesamt Veränderungen im Entscheidungsverhalten von Investoren und Analysten aufgrund einer Bilanzierung sämtlicher Leasingverhältnisse an. Dabei muss nicht die grundsätzliche Entscheidung für oder gegen eine Investition betroffen sein. Möglicherweise ergeben sich jedoch Auswirkungen auf die Investitionssumme, auch wenn die Studie von *Beattie/Goodacre/Thomson* diesbezüglich andeutet, dass die Reform nicht zu veränderten Investitionsvolumina führen würde.

---

1 Vgl. Knutson (1993). Vgl. hierzu auch Tweedie/Whittington (1990).

2 Vgl. Knutson (1993), S. 49-50 und 87-88. Dieser Vorschlag korrespondiert weitestgehend mit den Reformüberlegungen von IASB und FASB. Vgl. Kapitel II.2.

3 Vgl. hierzu und im Folgenden Abdel-khalik (1981), S. 113-114.

4 Vgl. hierzu und im Folgenden Abdel-khalik (1981), S. 118-119.

5 Vgl. hierzu und im Folgenden Beattie/Goodacre/Thomson (2006).

1.3 Entscheidungsverhalten der Leasingnehmer

Die leasingnehmerorientierte Forschung zielt auf Jahresabschlussersteller ab, die hauptsächlich als Leasingnehmer agieren. Im Mittelpunkt stehen die Reaktionen der Leasingnehmer auf Änderungen der Regulierung der Leasingbilanzierung und damit zusammenhängende Änderungen im Entscheidungsverhalten[1]. Dieser Abschnitt beginnt mit einer Darstellung von Studien, die die Auswirkungen unterschiedlicher Leasingbilanzierungsmethoden auf das Entscheidungsverhalten der Leasingnehmer untersuchen. Im Anschluss werden Studien vorgestellt, die potentielle Veränderungen im Entscheidungsverhalten der Leasingnehmer aufgrund einer Bilanzierung sämtlicher Leasingverhältnisse untersuchen, ehe abschließend drei Erklärungsansätze zur Begründung von Veränderungen im Entscheidungsverhalten beschrieben werden.

1.3.1 Auswirkungen unterschiedlicher Leasingbilanzierungsmethoden auf das Entscheidungsverhalten der Leasingnehmer

Abdel-khalik befragt in der im Jahr 1981 veröffentlichten Studie 174 Ersteller von Jahresabschlüssen (darunter 93 Unternehmen, die als Leasingnehmer agieren), 102 Wirtschaftsprüfer, 133 Analysten und 125 Banken zu den ökonomischen Konsequenzen der Einführung von SFAS 13 und möglichen Veränderungen im Entscheidungsverhalten[2]. Die Studie stellt dar, dass leasingintensive Unternehmen bereits vor der Einführung von SFAS 13 Maßnahmen gegen erwartete negative Auswirkungen der neuen Regulierung ergriffen haben[3]. Leasingintensive Unternehmen haben in Einzelfällen bestehende Leasingverträge nachverhandelt, um der Bilanzierungspflicht nach Einführung von SFAS 13 zu entgehen. Neue Leasingverträge sind direkt als operative Leasingverträge gestaltet worden. Zudem haben sich einige Unternehmen dazu entschlossen, Leasingverhältnisse durch einen eigen- oder fremdkapitalfinanzierten Kauf bzw. Eigenproduktion zu substituieren. Ein geringerer Teil der befragten Unternehmen hat die geplante Erhöhung des Fremdkapitals verschoben bzw. das Eigenkapital durch die Ausgabe neuer Aktien erhöht. Insgesamt sollen diese Maßnahmen die erwartete Zunahme der bilanzierten Verschuldung und mögliche Verschlechterungen der Bilanzkennzahlen vermeiden.

Anders als *Abdel-khalik* führen *Imhoff, Jr./Thomas* eine direkte Beobachtung von Veränderungen des Jahresabschlusses um den Zeitpunkt der Einführung von SFAS 13 durch[4]. Die Auswirkungen der Einführung von SFAS 13 auf Jahresabschlussinformationen beeinflussen die betrachteten Leasingnehmer signifikant. Demnach ist eine systematische Substitution von Finanzierungsleasingverhältnissen durch operative Leasingverhältnisse sowie – allerdings in einem vergleichsweise geringeren Ausmaß – eine Zunahme nicht-leasinginduzierter Finanzierungen zu verzeichnen. Zudem werden

1 Zu den Reaktionen von Jahresabschlusserstellern auf Reformvorschläge zur Rechnungslegungsregulierung und Reaktionen des Kapitalmarkts auf Jahresabschlussinformationen sowie daraus resultierende Verhaltensänderungen vgl. allgemein kommentierend Parfet (2000).

2 Vgl. Abdel-khalik (1981).

3 Vgl. hierzu und im Folgenden Abdel-khalik (1981), S. 118-119.

4 Vgl. hierzu und im Folgenden Imhoff, Jr./Thomas (1988).

Maßnahmen zur Reduktion der bilanzierten Verschuldung beispielsweise in Form von Eigenkapitalerhöhungen unternommen. Die Studie bestätigt die Ergebnisse von *Abdelkhalik*. Direkte Beobachtung und Abfragen von Veränderungen im Entscheidungsverhalten kommen somit zu identischen Ergebnissen.

In Großbritannien befragen *Taylor/Turley* 198 Jahresabschlussersteller vor Einführung von SSAP 21 zu möglichen ökonomischen Konsequenzen einer veränderten Leasingbilanzierung[1]. Danach erwartet lediglich eine Minderheit der befragten Unternehmen signifikante Veränderungen im Entscheidungsverhalten, auch wenn 73% der befragten Bilanzierenden einen zusätzlichen administrativen Aufwand aus der neuregulierten Leasingbilanzierung erkennen. Die Attraktivität des Leasing als Finanzierungsalternative erachten 41% der Befragten als gemindert. Infolgedessen erwarten 34% der Unternehmen Veränderungen der Leasingvolumina. Jeweils etwa ein Viertel der Befragten würde zudem den Kauf von Vermögenswerten dem Leasing vorziehen, Investitionen nicht oder mit anderen Formen der Fremdfinanzierung tätigen und das Eigenkapital erhöhen. Allerdings geben 50% der Unternehmen an, neue Leasingverträge derart zu strukturieren, dass die Definition von Finanzierungsleasingverhältnissen und damit die Bilanzwirksamkeit umgangen werden kann[2].

Die Ersteller des Jahresabschlusses werden darüber hinaus zu deren vermuteten Auswirkungen der Leasingregulierung auf das Entscheidungsverhalten der Jahresabschlussadressaten befragt[3]. Mehrheitlich gehen die befragten Unternehmen davon aus, dass die Einführung von SSAP 21 die Vergleichbarkeit der Abschlüsse, die Bewertung der langfristigen Verpflichtungen von Unternehmen und die Prognose künftiger Cashflows für Adressaten vereinfachen würde. Darüber hinaus erwarten die Jahresabschlussersteller, dass die von den Adressaten vorgenommene Einschätzung finanzieller Risiken leasingintensiver Unternehmen erhöht wird. Während 28% der Befragten keine Auswirkungen auf die Beurteilung der Rückzahlungsfähigkeit von Verbindlichkeiten erwarten, rechnen 33% der Bilanzierenden mit einer Herabstufung im Kreditrating. 16% der Befragten erwarten, dass Anteilseigner ihre Erwartungen über künftige Dividenden reduzieren werden.

Garrod untersucht in einer im Jahr 1989 veröffentlichten Studie Veränderungen im Entscheidungsverhalten der Leasingnehmer als Reaktion auf die Einführung von SSAP 21 in Großbritannien[4]. Methodisch ähnlich zu *Imhoff, Jr./Thomas* zeigt *Garrod*, dass Unternehmen, die vor Einführung von SSAP 21 Leasinginformationen freiwillig veröffentlicht haben, eine vergleichsweise höhere Zunahme an Fremdkapital erreichten als Unternehmen, die durch SSAP 21 erstmalig gezwungen wurden, Informationen über Leasingtransaktionen zu veröffentlichen. Letztere Gruppe von Unternehmen scheint insofern durch eine geänderte Finanzierungsstrategie die bilanzierte Verschuldung aus alternativen Fremdfinanzierungen zu reduzieren, um negative Auswirkungen

1 Vgl. hierzu und im Folgenden Taylor/Turley (1985).

2 Vgl. Taylor/Turley (1985), insb. S. 63-64. Zu einem vergleichbaren Ergebnis kommt die Studie von Drury/Braund (1990), S. 188, die 273 britische Jahresabschlussersteller befragen und zudem Unterschiede im Antwortverhalten in Abhängigkeit von der Unternehmensgröße feststellen.

3 Vgl. hierzu und im Folgenden Taylor/Turley (1985), insb. S. 64-65.

4 Vgl. hierzu und im Folgenden Garrod (1989), insb. S. 83-88.

der Bilanzierungspflicht von Leasingverhältnissen auf Bilanzrelationen zu verringern. Bereits im Jahr 1985 veröffentlichte *Ashton* eine Untersuchung, die sich – in ähnlicher Weise zu *Garrod* – mit den ökonomischen Konsequenzen der Einführung von SSAP 21 beschäftigt[1]. *Ashton* kann keine signifikanten Veränderungen im Entscheidungsverhalten von Unternehmen feststellen. Dieses Ergebnis dürfte allerdings durch die Auswahl der Stichprobe beeinflusst sein (*sample selection bias*)[2]. *Ashton* bezieht in seine Studie lediglich 23 leasingintensive Unternehmen ein, die SSAP 21 bereits freiwillig vor dessen verpflichtendem Anwendungszeitpunkt berücksichtigt haben. Die freiwillige Anwendung deutet darauf hin, dass diese Unternehmen keine negativen Auswirkungen der veränderten Leasingregulierung erwarten. Folgerichtig ergeben sich in der Studie keine signifikanten ökonomischen Konsequenzen.

Godfrey/Warren untersuchen die Reaktionen australischer Unternehmen auf die Einführung von AAS 17, der analog zu SFAS 13 die Bilanzierungspflicht für Finanzierungsleasingverhältnisse vorsieht[3]. Ähnlich zu *Imhoff, Jr./Thomas* führen *Godfrey/ Warren* eine direkte Beobachtung von Veränderungen der Jahresabschlüsse 121 börsennotierter Unternehmen durch und stellen signifikante ökonomische Konsequenzen fest. Die Mehrzahl der Unternehmen reduziert demnach bestehende Finanzierungsleasingverhältnisse und ersetzt die Finanzierung über Leasing durch nichtleasinginduzierte Fremdfinanzierungen bzw. erhöht das Eigenkapital. Die Studie offenbart insofern vergleichbare Ergebnisse zu den Untersuchungen von *Abdel-khalik* und *Imhoff, Jr./Thomas* für die USA sowie *Garrod* für Großbritannien.

In der Studie von *Blake/Salas/Clarke* aus dem Jahr 1995 werden 82 spanische Jahresabschlussersteller nach den Reaktionen auf die Einführung einer bilanzwirksamen Behandlung von Finanzierungsleasingverhältnissen befragt[4]. Die Mehrheit der Befragten erwartet, dass die Attraktivität der Finanzierungsalternative Leasing sinkt und durch alternative Fremdfinanzierungen substituiert würde. Die Jahresabschlussersteller erwägen zudem mehrheitlich die Strukturierung von Leasingverträgen als operative Leasingverhältnisse. Befragt nach der bevorzugten Bilanzierungsmethode für Leasingverhältnisse, gibt fast die Hälfte der Jahresabschlussersteller eine Präferenz für eine bilanzunwirksame Behandlung sämtlicher Leasingverhältnisse an.

1.3.2 Auswirkungen einer Bilanzierung sämtlicher Leasingverhältnisse auf das Entscheidungsverhalten der Leasingnehmer

Beattie/Goodacre/Thomson beschäftigen sich mit den ökonomischen Konsequenzen der Reformvorschläge der G4+1-Gruppe, die grundsätzlich mit den gegenwärtigen

1 Vgl. hierzu und im Folgenden Ashton (1985).

2 Vgl. zu dieser Einschätzung auch Beattie/Goodacre/Thomson (2006), S. 81.

3 Vgl. hierzu und im Folgenden Godfrey/Warren (1995).

4 Vgl. hierzu und im Folgenden Blake/Salas/Clarke (1995). Die spanische Leasingregulierung unterscheidet ebenfalls in Finanzierungsleasingverhältnisse und operative Leasingverhältnisse, definiert Finanzierungsleasingverhältnisse im Vergleich zu IAS 17 indes restriktiver. Das Vorliegen eines Finanzierungsleasingverhältnisses setzt demnach die Existenz einer Kaufoption voraus. Vgl. hierzu Blake/Salas/Clarke (1995), S. 28.

Reformvorschlägen vergleichbar sind[1]. Als Methode wird ein Fragebogen verwendet, der von 91 Jahresabschlusserstellern aus Großbritannien beantwortet wird. Trotz einer moderaten Zustimmung für eine einheitliche Bilanzierung und die Bilanzwirksamkeit wesentlicher Leasingverträge erwarten die befragten Jahresabschlussersteller neben dem Anstieg der bilanzierten Verschuldung die Notwendigkeit zur Nachverhandlung kreditvertraglicher Nebenbestimmungen (*covenants*). Verschlechterungen des Kreditratings und ein signifikanter Anstieg des administrativen Aufwands werden ebenfalls für wahrscheinlich gehalten. Die Jahresabschlussersteller geben an, auf diese Auswirkungen mit einem veränderten Entscheidungsverhalten zu reagieren. So würden künftig Leasingverträge mit kürzeren Laufzeiten abgeschlossen, um die bilanzierte Verschuldung zu reduzieren. Leasingfinanzierungen würden zudem als weniger attraktiv erachtet. Eine Substitution von Leasingtransaktionen durch fremdkapitalfinanzierte Investitionen schließen die Jahresabschlussersteller allerdings mehrheitlich aus. Für dieses Antwortverhalten sind mehrere Erklärungen denkbar. Auch wenn Leasingfinanzierungen an Attraktivität einbüßten, könnten sie in Relation zu anderen Fremdfinanzierungen noch immer präferiert werden. Zudem mag für einige Unternehmen keine alternative Finanzierungsmöglichkeit neben Leasing bestehen, entweder weil höher verschuldeten Unternehmen mit schlechtem Kreditrating eine gewöhnliche Fremdkapitalbeschaffung versagt bleibt oder weil der Leasinggegenstand aufgrund seiner Beschaffenheit nicht erworben oder selbst hergestellt werden kann.

Die vorstehenden Studien deuten insgesamt auf ein verändertes Entscheidungsverhalten der Jahresabschlussersteller als Reaktion auf eine veränderte Leasingregulierung hin. Es stellt sich nun die Frage, warum die Bilanzierenden beispielsweise mit einer Substitution von Finanzierungsleasingverhältnissen durch alternative Finanzierungsmöglichkeiten reagieren. In der Literatur werden diesbezüglich Hypothesen aufgestellt, von denen im Folgenden die drei bedeutendsten dargestellt werden sollen[2].

1.3.3 Hypothesen zur Erklärung eines veränderten Entscheidungsverhaltens

Die *debt covenant*-Hypothese stellt einen gläubigerorientierten Ansatz zur Erklärung des veränderten Entscheidungsverhaltens von Jahresabschlusserstellern als Konsequenz geänderter Vorschriften zur Leasingbilanzierung dar[3]. Sie unterstellt, dass Kreditvereinbarungen Nebenbestimmungen in Form von Kreditauflagen beinhalten, die sich an Rechnungslegungsinformationen – insbesondere Bilanzrelationen, wie dem Verschuldungsgrad – orientieren. Eine Änderung der Leasingbilanzierung kann diese Verschuldungsgrenzen aufgrund der Auswirkungen auf Bilanzkennzahlen beeinflussen, sofern Leasingverhältnisse nicht explizit in der Festlegung der Kreditauflagen be-

1 Vgl. hierzu und im Folgenden Beattie/Goodacre/Thomson (2006).

2 Für einen vervollständigenden Überblick über Hypothesen zur Beeinflussung des Verhaltens von Jahresabschlusserstellern aufgrund veränderter Vorschriften zur Leasingbilanzierung vgl. El-Gazzar/Lilien/Pastena (1986).

3 Die *debt covenant*-Hypothese wird beispielsweise in den Studien von Abdel-khalik (1981), S. iii und Godfrey/Warren (1995), S. 204 thematisiert. Begley (1990) gibt einen Überblick über weitere – allerdings nicht-leasinginduzierte – Studien zur *debt covenant*-Hypothese.

rücksichtigt werden. Die Jahresabschlussersteller reagieren gemäß dieser Hypothese mit gezielten Gegenmaßnahmen, um negative Auswirkungen in Form von Überschreitungen der Verschuldungsgrenzen zu reduzieren[1]. Erwartete Veränderungen der Kreditauflagen deuten insofern auf eine von Jahresabschlusserstellern angenommene Informationsineffizienz der Fremdkapitalgeber hin, als sich in den vorstehenden Studien lediglich die Darstellung der Leasinginformationen verändert hat.

Die Bonusplan-Hypothese[2] basiert auf der Annahme, dass Managementanreizsysteme – ähnlich zuvor beschriebener Kreditauflagen – an Finanzkennzahlen gebunden sind[3]. Die variable Vergütung in Form eines Bonus stellt für das Management (der Jahresabschlussersteller bzw. Leasingnehmer) einen Anreiz dar, vorgegebene Bilanzrelationen zu erreichen[4]. Sofern die variablen Vergütungssysteme keine explizite Berücksichtigung von Leasingverhältnissen vorsehen, vermag eine veränderte Leasingbilanzierung in Form einer teilweisen oder vollständigen Bilanzwirksamkeit von Leasingverhältnissen relevante Kennzahlen zu beeinflussen[5]. Das Management strebt insofern Ausweichhandlungen an, um diese negativen Konsequenzen zu vermeiden[6]. Auch hier kann eine Informationsineffizienz vermutet werden, da sich die Informationsbasis in den vorstehenden Studien nicht verändert hat.

Die *information inductance*-Hypothese als dritter Erklärungsversuch veränderten Entscheidungsverhaltens bezieht sich auf die Erwartungen der Jahresabschlussersteller hinsichtlich der Reaktionen von Kapitalmarktteilnehmern auf veröffentlichte Jahresabschlussinformationen[7]. Danach treten Veränderungen im Entscheidungsverhalten der Jahresabschlussersteller in Abhängigkeit von den Erwartungen über die Auswirkungen der veröffentlichten Informationen auf die Abschlussadressaten auf. Sofern die Jahresabschlussersteller Auswirkungen der veränderten Regulierung zur Leasingbilanzierung am Kapitalmarkt erwarten, besteht ein Anreiz, diese durch gezielte Gegenmaßnahmen zu verhindern. Dieser Anreiz ist umso größer, je höher die Leasingintensität ist. Die Motivation gezielter Gegenmaßnahmen bedeutet allerdings, dass die Jahresabschluss-

1 Vgl. Watts/Zimmerman (1986), S. 216 sowie S. 257-260 m.w.N., allerdings nicht explizit auf Leasing bezogen.

2 Von El-Gazzar/Lilien/Pastena (1986), S. 224 auch als *incentive plan*-Hypothese bezeichnet.

3 Die Bonusplan-Hypothese wird beispielsweise in den Studien von Abdel-khalik (1981), S. iii und Imhoff, Jr./Lipe/Wright (1993) thematisiert. Vgl. auch Healy (1985) zum Einfluss von veränderten Rechnungslegungsregeln auf Managementanreizsysteme und damit verbundene Änderungen im Entscheidungsverhalten.

4 Die variable Vergütung kann insofern Finanzierungsentscheidungen des Managements beeinflussen. Hängt beispielsweise die variable Vergütung des Managements von einer vorgegebenen Gesamtkapitalrentabilität ab, so wird das Management eine Finanzierung über Leasing gegenüber einem Kauf präferieren, um die negativen Auswirkungen eines Kaufs auf die Gesamtkapitalrentabilität zu vermeiden. Vgl. Smith, Jr./Wakeman (1985), S. 899.

5 Imhoff, Jr./Lipe/Wright (1993), S. 354-362 zeigen diesbezüglich, dass operative Leasingverhältnisse in der Berechnung der variablen Vergütung auch nach der Einführung von SFAS 13 in den USA nicht berücksichtigt werden. Insofern hätte eine Bilanzierungspflicht für sämtliche Leasingverhältnisse Auswirkungen auf Kennzahlen zur Festlegung des variablen Vergütungsanteils.

6 Vgl. Watts/Zimmerman (1986), S. 208-210 sowie S. 257-261 m.w.N., allerdings nicht explizit auf Leasing bezogen.

7 Vgl. Prakash/Rappaport (1977).

ersteller von informationsineffizienten Märkten ausgehen und sich in dem Besitz von Insider-Informationen glauben[1], denn die in den Studien untersuchte Veränderung der Leasingbilanzierung führt lediglich zu einer anderen Darstellung von Leasingverhältnissen, ohne neue Informationen zu veröffentlichen.

Die *debt covenant*-Hypothese und die Bonusplan-Hypothese unterstellen auf einer individuellen Betrachtungsebene, dass eine effiziente Informationsverarbeitung der Adressaten von Jahresabschlussinformationen nicht gegeben ist. Die *information inductance*-Hypothese verallgemeinert diese Erkenntnis auf den gesamten Kapitalmarkt. Insgesamt deuten die vorstehenden Hypothesen somit auf eine informationsineffiziente Verarbeitung von Jahresabschlussdaten hin. Eine äquivalente Verarbeitung von Informationen der Bilanz und des Anhangs scheint nicht zu bestehen. Aus dem veränderten Entscheidungsverhalten der Jahresabschlussersteller aufgrund der unterstellten Informationsineffizienz der Informationsadressaten lässt sich gleichermaßen die Motivation für das Eingehen von Leasingverhältnissen erklären, denn offensichtlich war in den vorstehenden Studien das Eingehen von Leasingverhältnissen vor der Einführung der Bilanzwirksamkeit von Finanzierungsleasingverhältnissen nicht mit negativen Auswirkungen auf Kreditauflagen, Anreizsysteme und die Unternehmensbewertung am Kapitalmarkt verbunden[2]. Insofern besteht ein Anreiz für das Eingehen bilanzunwirksamer operativer Leasingverhältnisse[3]. Vor dem Hintergrund vorstehender Erkenntnisse erscheint eine Untersuchung möglicher Veränderungen im Entscheidungsverhalten der Jahresabschlussersteller aufgrund der derzeitigen Reformvorschläge notwendig.

1.4 Entscheidungsverhalten der Wirtschaftsprüfer

Wirtschaftsprüfer nehmen eine intermediäre Stellung zwischen Jahresabschlusserstellern und Adressaten ein[4]. Im Rahmen der wirtschaftsprüferorientierten Forschung werden allgemein die Einflussfaktoren auf das Entscheidungsverhalten von Wirtschaftsprüfern hinsichtlich Prüfungsintensität und Fehlertoleranz untersucht. Daraus soll im folgenden Abschnitt zunächst abgeleitet werden, ob Wirtschaftsprüfer hinsichtlich Prüfungsintensität und Fehlertoleranz zwischen bilanzierten Informationen und Anhangangaben differenzieren. Anschließend werden Studien vorgestellt, die den Umgang der Wirtschaftsprüfer mit operativen Leasingverhältnissen und Beeinflussungen des Prüfungsprozesses durch unterschiedliche Leasingbilanzierungsmethoden untersuchen.

1 Vgl. Watts/Zimmerman (1986), S. 159.

2 Vgl. hierzu auch Cornaggia/Franzen/Simin (2011), deren Ergebnisse darauf hindeuten, dass bilanzunwirksame Leasingverhältnisse bewusst zur Strukturierung bzw. Reduktion der bilanziellen Verschuldung eingegangen werden.

3 In den letzten Jahren sind Finanzprodukte ausschließlich mit dem Ziel geschaffen worden, bilanzunwirksame Leasingverhältnisse zu erreichen. Vgl. hierzu weiterführend die Literatur zu synthetischen Leasingverhältnissen, z.B. Altamuro (2006), Graff (2001), Graff (2002), Weidner (2000), Zechman (2010).

4 Vgl. ähnlich Mandler (1997), S. 102.

1.4.1 Entscheidungsverhalten der Wirtschaftsprüfer hinsichtlich Prüfungsintensität und Fehlertoleranz

Bisherige empirische Studien deuten darauf hin, dass das Entscheidungsverhalten der Wirtschaftsprüfer hinsichtlich Prüfungsintensität und Fehlertoleranz von der Erwartung über mögliche Geschäftsrisiken abhängt[1]. Wirtschaftsprüfer verwenden insofern einen risikoorientierten Prüfungsansatz[2]. Der Zusammenhang zwischen Entscheidungsverhalten der Wirtschaftsprüfer und erwarteten Geschäftsrisiken wird von *Farmer/Rittenberg/Trompeter* untersucht[3]. In einem Experiment mit 75 Wirtschaftsprüfern zeigt sich, dass die Entscheidungen der Wirtschaftsprüfer von der Gefahr eines Rechtsstreits und dem damit verbundenen Haftungs- und Reputationsrisiko sowie von dem möglichen Verlust eines bedeutenden Mandanten und dem damit einhergehenden Umsatzrisiko beeinflusst werden. Die Wirtschaftsprüfer verzichten umso häufiger auf Korrekturen fehlerhafter Informationen, je höher das Risiko eines Mandantenverlusts bzw. je geringer die Gefahr eines Rechtsstreits ist. Die Beeinflussung der Korrekturentscheidung durch die Möglichkeit eines Mandantenverlusts deutet insofern auf die eingeschränkte Unabhängigkeit der Wirtschaftsprüfer hin[4]. Die Ergebnisse werden in einem von *Hackenbrack/Nelson* durchgeführten Experiment mit 90 Wirtschaftsprüfern bestätigt[5].

Ein ähnliches Experiment führt *Braun* im Jahr 2001 mit 155 US-amerikanischen Wirtschaftsprüfern durch[6]. Die Studie untersucht die Bereitschaft der Wirtschaftsprüfer, auf Korrekturen fehlerhafter Bilanzierungsvorgänge zu verzichten, die entweder einzeln oder in Summe die Wesentlichkeitsgrenze überschreiten. Dabei zeigt sich eine umso höhere Wahrscheinlichkeit eines Verzichts auf Korrekturen, je geringer die Gefahr eines Rechtsstreits ist. Mit abnehmender Wahrscheinlichkeit eines Rechtsstreits steigt somit die Fehlertoleranz der Wirtschaftsprüfer. Zusätzlich scheint die Wahrscheinlichkeit eines Verzichts auf Korrekturen mehrerer fehlerhafter Bilanzierungsvorgänge, die erst bei aggregierter Betrachtung wesentlich werden, höher als bei einem einzelnen wesentlichen Bilanzierungsvorgang. Letztere Erkenntnis weist Parallelen zu der Untersuchung von *Wright/Wright* auf[7]. Diese analysiert Faktoren, welche die Entscheidungen der Wirtschaftsprüfer zur Korrektur fehlerhafter Informationen beeinflussen. Die Wahrscheinlichkeit eingeforderter Korrekturen ist umso geringer, je geringer die Wesentlichkeit der Fehldarstellung und je ermessenbehafteter die fehlerhafte Information ist. Zu ähnlichen Ergebnissen kommt die Studie von *Nelson/Smith/Palmrose* aus dem Jahr 2005[8]. In einem Experiment mit 234 Wirtschaftsprüfern aus den vier größten Wirtschaftsprüfungsgesellschaften untersuchen *Nelson/Smith/*

1 Der Begriff des Geschäftsrisikos kann sich dabei vergleichsweise eng auf Haftungs- und Reputationsrisiken beziehen oder weitere Risiken, etwa Umatzrisiken, Nachweis- und Kontrollrisiken, umfassen.

2 Zum risikoorientierten Prüfungsansatz vgl. z.B. Ballwieser (1998).

3 Vgl. hierzu und im Folgenden Farmer/Rittenberg/Trompeter (1987).

4 Vgl. hierzu Moore et al. (2006), Nelson (2006).

5 Vgl. Hackenbrack/Nelson (1996).

6 Vgl. hierzu und im Folgenden Braun (2001).

7 Vgl. hierzu und im Folgenden Wright/Wright (1997).

8 Vgl. hierzu und im Folgenden Nelson/Smith/Palmrose (2005).

Palmrose die Auswirkungen zweier Ansätze zur Bestimmung quantitativer Wesentlichkeitsgrenzen auf die Korrekturentscheidungen der Wirtschaftsprüfer[1]. Die Studie zeigt, dass Wirtschaftsprüfer Korrekturforderungen mit demjenigen Ansatz begründen, der die fehlerhafte Information als wesentlicher darstellt[2]. Zudem reduzieren ermessenbehaftete größere Fehldarstellungen die Wahrscheinlichkeit einer Korrektur. Demgegenüber fordern Wirtschaftsprüfer häufiger Korrekturen von Informationen, deren fehlerhafte Darstellung objektiv nachweisbar ist.

In einer Befragung von *Nelson/Elliott/Tarpley* geben 253 Wirtschaftsprüfer Auskunft zu deren Korrekturentscheidungen hinsichtlich möglicher bilanzpolitischer Maßnahmen[3]. Die Ergebnisse offenbaren einen Zusammenhang zwischen Genauigkeitsgrad des Rechnungslegungsstandards und Strukturierungsgrad bilanzpolitischer Maßnahmen[4]. Jahresabschlussersteller betreiben demnach Bilanzpolitik eher anhand strukturierter Maßnahmen, wenn der diesbezügliche Rechnungslegungsstandard präzise ist. Demgegenüber betreiben Jahresabschlussersteller Bilanzpolitik eher anhand unstrukturierter Maßnahmen, wenn der diesbezügliche Rechnungslegungsstandard unpräzise ist. Übertragen auf die Wirtschaftsprüfer zeigt sich, dass die Wahrscheinlichkeit eingeforderter Korrekturen strukturierter bilanzpolitischer Maßnahmen geringer ist, wenn der Rechnungslegungsstandard präzise ist. Ebenso ist die Wahrscheinlichkeit geringer, dass Wirtschaftsprüfer Korrekturen unstrukturierter bilanzpolitischer Maßnahmen fordern, wenn der Rechnungslegungsstandard unpräzise ist[5]. Zudem fordern Wirtschaftsprüfer häufiger Korrekturen bilanzpolitischer Maßnahmen, die den Jahresüberschuss erhöhen, als wesentlich erachtet und von kleineren Mandanten – gemessen am Jahresumsatz – unternommen werden. Dieses Ergebnis verdeutlicht wiederum die Abhängigkeit des Entscheidungsverhaltens von erwarteten Geschäftsrisiken – insbesondere Nachweis- und Kontrollrisiken – der Wirtschaftsprüfer.

Vorstehende Studien untersuchen vornehmlich den Zusammenhang zwischen Entscheidungsverhalten der Wirtschaftsprüfer und erwarteten Geschäftsrisiken. Die folgenden Untersuchungen fokussieren auf die Frage, inwieweit Mandanten das Entscheidungsverhalten der Wirtschaftsprüfer beeinflussen. Das diesbezügliche Experiment von *Knapp* mit 43 US-amerikanischen Bankangestellten deutet darauf hin, dass Mandanten mit solider Finanzlage ihre Position in einem Konflikt mit dem Wirt-

---

1 Die Wesentlichkeitsgrenze bestimmt sich dabei als Verhältnis von Höhe der Fehldarstellung zum Jahresüberschuss.

2 Acito/Burks/Johnson (2009), S. 680 deuten an, dass Mandanten der vier größten Wirtschaftsprüfungsgesellschaften mit einer höheren Wahrscheinlichkeit Korrekturen vornehmen müssen, weil diese strengere Wesentlichkeitsgrenzen determinieren.

3 Vgl. hierzu und im Folgenden Nelson/Elliott/Tarpley (2002). Vgl. hierzu auch Nelson/Elliott/ Tarpley (2003).

4 Ein Rechnungslegungsstandard gilt als präzise, sofern Bilanzierungswahlrechte fehlen oder konkrete numerische Kriterien, wie die Klassifizierungskriterien in ASC 840, vorhanden sind. Strukturierte bilanzpolitische Maßnahmen umfassen zielgerichtete Änderungen von Verträgen. Vgl. Nelson/Elliott/Tarpley (2002), S. 176. Hierunter könnte die Strukturierung von Leasingverträgen nach US-GAAP fallen, um die Klassifizierung zu beeinflussen.

5 Zum Zusammenhang zwischen Genauigkeitsgrad des Rechnungslegungsstandards und Strukturierungsgrad bilanzpolitischer Maßnahmen der Jahresabschlussersteller sowie des diesbezüglichen Verhaltens der Wirtschaftsprüfer vgl. kommentierend Nelson (2003).

schaftsprüfer mit einer höheren Wahrscheinlichkeit durchsetzen können als Mandanten mit schwacher Finanzsituation[1]. Zudem erwarten die Bankangestellten, dass Mandanten ihre Position gegenüber dem Wirtschaftsprüfer mit höherer Wahrscheinlichkeit behaupten können, wenn sich der Konflikt auf einen unpräzisen Rechnungslegungsstandard mit großem Ermessensspielraum bezieht.

Libby/Kinney, Jr. führen zwei Experimente mit 70 bzw. 43 Wirtschaftsprüfern durch[2]. Die teilnehmenden Wirtschaftsprüfer sind der Auffassung, dass unwesentlich überhöht dargestellte Gewinne von den Jahresabschlusserstellern lediglich in den Fällen korrigiert werden, in denen die allgemeinen Gewinnprognosen von Analysten noch erreicht werden können. Insofern wird eine opportunistische Korrektur unwesentlich fehlerhafter Informationen seitens der Jahresabschlussersteller von den Wirtschaftsprüfern vermutet und interessanterweise akzeptiert. Die Wirtschaftsprüfer sehen von der Forderung nach Korrekturen des Gewinns ab, wenn dadurch die Gefahr besteht, allgemeine Gewinnprognosen nicht zu erreichen. Eine mögliche Erklärung für dieses Verhalten könnte in dem Anreiz gesehen werden, einen Mandanten nicht zu verlieren.

Das Experiment von *Beeler/Hunton* mit 73 Wirtschaftsprüfern von vier der zum Zeitpunkt der Durchführung der Studie bestehenden fünf größten Wirtschaftsprüfungsgesellschaften untersucht den Zusammenhang zwischen möglichen Prüfungsgebühren bzw. Einnahmen aus der prüfungsnahen Beratung und der Unabhängigkeit des Wirtschaftsprüfers[3]. Dabei zeigt sich, dass mit zunehmenden Prüfungsgebühren bzw. Einnahmen aus der prüfungsnahen Beratung die Motivation zum Aufbau einer längerfristigen Mandantenbeziehung steigt und Urteile des Wirtschaftsprüfers eher zugunsten des Mandanten ausfallen, um das Umsatzrisiko zu reduzieren.

Ng/Tan führen ein Experiment mit 101 US-amerikanischen Wirtschaftsprüfern der vier größten Wirtschaftsprüfungsgesellschaften durch[4]. *Ng/Tan* zeigen, dass die Existenz verpflichtender Leitlinien[5] und eines effektiven Prüfungsausschusses im Unternehmen die Beurteilung des Wirtschaftsprüfers hinsichtlich notwendiger Korrekturen und damit die Fehlertoleranz beeinflussen. Korrekturen sind demnach wahrscheinlicher, wenn verpflichtende Leitlinien bestehen oder ein effektiver Prüfungsausschuss vorliegt. Das Vorliegen verpflichtender Leitlinien und ein effektiver Prüfungsausschuss können als Verhandlungsstärke des Wirtschaftsprüfers gegenüber dem Mandanten aufgefasst werden.

Insgesamt verdeutlichen die empirischen Studien, dass das Entscheidungsverhalten der Wirtschaftsprüfer hinsichtlich Prüfungsintensität und Fehlertoleranz von der Erwartung über mögliche Geschäftsrisiken abhängt[6]. Wesentlichkeitsgrenzen und die Forderung von Korrekturen fehlerhafter Informationen werden demnach gemäß den antizipierten Risiken bezüglich eines Rechtsstreits, Mandanten- oder Reputationsver-

1 Vgl. hierzu und im Folgenden Knapp (1985).
2 Vgl. hierzu und im Folgenden Libby/Kinney, Jr. (2000).
3 Vgl. hierzu und im Folgenden Beeler/Hunton (2002).
4 Vgl. hierzu und im Folgenden Ng/Tan (2003).
5 Vgl. z.B. SAB No. 99.
6 Ein ausführlicher Literaturüberblick m.w.N. findet sich in Nelson (2005). Vgl. kommentierend hierzu Moore (2005). Für weitere Literaturquellen vgl. auch Libby/Bloomfield/Nelson (2002), insb. S. 781-783.

lusts festgelegt. Darin dokumentiert sich ein risikoorientierter Prüfungsansatz. Sofern Jahresabschlussersteller und Adressaten bilanzierten Informationen eine höhere Bedeutung gegenüber Anhangangaben zuordnen, könnten Wirtschaftsprüfer geringere Risiken bezüglich Anhangangaben erwarten und auf Korrekturen fehlerhafter Angaben im Anhang eher verzichten[1]. Wirtschaftsprüfer würden insofern im Rahmen der Festlegung von Fehlertoleranz und Prüfungsintensität zwischen bilanzierten und nichtbilanzierten Informationen differenzieren. Zudem weisen empirische Studien darauf hin, dass das Entscheidungsverhalten der Wirtschaftsprüfer von der Bedeutung der Mandanten und deren ausgeübten Druck auf Entscheidungen der Wirtschaftsprüfer beeinflusst wird. Sofern Mandanten vermuten, dass Jahresabschlussadressaten bilanzierten Informationen eine höhere Bedeutung beimessen, könnten sie das Entscheidungsverhalten der Wirtschaftsprüfer über die Ausübung von Druck derart beeinflussen, dass sich Korrekturen fehlerhafter Informationen vornehmlich auf den Anhang beziehen. Inwieweit die vorstehenden Erkenntnisse auf die Prüfung von Leasingverhältnissen übertragbar sind, bleibt in den Studien offen. Im Folgenden werden daher empirische Untersuchungen vorgestellt, die den Umgang der Wirtschaftsprüfer mit operativen Leasingverhältnissen und damit zusammenhängenden Beeinflussungen des Prüfungsprozesses durch unterschiedliche Leasingbilanzierungsmethoden untersuchen.

1.4.2 Auswirkungen unterschiedlicher Leasingbilanzierungsmethoden auf das Entscheidungsverhalten der Wirtschaftsprüfer

In einer experimentellen Studie *Abdel-khaliks* aus dem Jahr 1981 sollen 102 Wirtschaftsprüfer zwei Unternehmen bewerten, die sich lediglich in der bilanziellen Behandlung langfristiger Leasingverhältnisse unterscheiden[2]. Ein Unternehmen bilanziert Leasingverträge, während das andere Unternehmen Angaben zu Leasingverhältnissen im Anhang des Jahresabschlusses veröffentlicht. 78% der Wirtschaftsprüfer schätzen die Profitabilität beider Unternehmen als gleich ein. Die Fähigkeit zur Rückzahlung von Verbindlichkeiten erachten 87% der Wirtschaftsprüfer als äquivalent. Ein ähnliches Ergebnis (85%) zeigt sich hinsichtlich der Einschätzung des finanziellen Risikos beider Unternehmen. Die Fähigkeit zur Prognose der Cashflows scheint indes von der unterschiedlichen Behandlung der Leasingverhältnisse beeinflusst. 21% der Wirtschaftsprüfer erachten die Prognose der Cashflows des Unternehmens mit bilanzierten Leasingverhältnissen gegenüber dem Unternehmen mit Leasinginformationen im Anhang als vergleichsweise einfacher. 60% der Wirtschaftsprüfer messen beiden Unternehmen eine ähnliche Prognosefähigkeit der Cashflows bei. Insgesamt offenbart die Studie somit, dass Wirtschaftsprüfer lediglich in geringem Ausmaß – mit Ausnahme der Prognosefähigkeit der Cashflows – von den unterschiedlichen Leasingbilanzierungsmethoden beeinflusst werden. Dennoch geben die Wirtschaftsprüfer an, dass die Bilanzwirksamkeit sämtlicher Leasingverträge mit einer Laufzeit von zwei oder mehr Jahren die Darstellung des Jahresabschlusses vereinfachen würde[3]. Zusätzlich zu dem

1 Zur Informationsverarbeitung der Jahresabschlussadressaten vgl. Kapitel III.1.2.3.1, Kapitel III.1.5.1.

2 Vgl. hierzu und im Folgenden Abdel-khalik (1981), S. 103-108 und Anhang zu Kapitel 5.

3 Vgl. Abdel-khalik (1981), S. 113.

Experiment befragt *Abdel-khalik* die Wirtschaftsprüfer zu deren Erfahrungen hinsichtlich der Veränderungen im Entscheidungsverhalten der Leasingnehmer infolge der Einführung von SFAS 13[1]. 83% der Wirtschaftsprüfer geben an, dass eine Strukturierung neuer Leasingverträge stattgefunden hat, um die Bilanzierungspflicht von Finanzierungsleasingverhältnissen zu umgehen. Etwa die Hälfte berichtet von Nachverhandlungen bestehender Leasingverträge. 22% der Wirtschaftsprüfer führen aus, dass Substitutionen von Leasingtransaktionen durch Kauf oder Eigenproduktion vorgenommen wurden.

Libby/Nelson/Hunton untersuchen in einem Experiment mögliche Unterschiede in der Prüfung von bilanzierten Informationen und Anhangangaben[2]. 33 Partner der vier größten Wirtschaftsprüfungsgesellschaften sollen determinieren, in welchem Ausmaß eine um 50 Millionen Euro unterbewertete Leasingverbindlichkeit eines fiktiven Unternehmens korrigiert werden muss. Das fiktive Unternehmen wird als leasingintensiv und überwiegend fremdkapitalfinanziert beschrieben. Die Einhaltung des Kreditratings gilt als wichtiges Ziel des Managements. Die Wirtschaftsprüfer werden in zwei Gruppen eingeteilt. In der ersten Gruppe stammt die unterbewertete Leasingverbindlichkeit aus einem Finanzierungsleasingverhältnis und wird insofern in der Bilanz abgebildet, während sie in der zweiten Gruppe aus einem operativen Leasingverhältnis rührt und dementsprechend im Anhang angegeben wird. Die Wirtschaftsprüfer werden um eine Einschätzung gebeten, inwieweit die Leasingverbindlichkeit nicht, teilweise oder vollständig korrigiert werden muss. Als Entscheidungsstütze erhalten die Wirtschaftsprüfer zwei Versionen einer Bilanz und entsprechende Anhangangaben. In der ersten Version wird eine vollständige Korrektur der unterbewerteten Leasingverbindlichkeit, in der zweiten Version keine Korrektur vorgenommen.

Das Experiment offenbart erhebliche Unterschiede in der Toleranz der Wirtschaftsprüfer hinsichtlich fehlerhafter Informationen in der Bilanz und im Anhang[3]. Durchschnittlich verlangen die Wirtschaftsprüfer in der Gruppe mit unterbewerteter Leasingverbindlichkeit aus einem Finanzierungsleasingverhältnis eine vollständige Korrektur. In der Gruppe mit unterbewerteter Leasingverbindlichkeit aus einem operativen Leasingverhältnis fordern die Wirtschaftsprüfer eine hälftige Korrektur des unterbewerteten Betrags. Die Ergebnisse deuten insofern auf eine geringere Fehlertoleranz mit entsprechend niedrigeren Wesentlichkeitsgrenzen im Rahmen von bilanzierten Informationen hin. Zudem üben die Wirtschaftsprüfer mehr Druck auf Mandanten zur Korrektur bilanzierter Informationen aus, obwohl der diesbezügliche Widerstand der Mandanten höher ist als bei Anhangangaben. Die Bilanzwirksamkeit zu prüfender bzw. korrigierender Informationen beeinflusst überdies die Dauer, die Wirtschaftsprüfer auf die Korrekturentscheidung verwenden. Der höhere Zeitaufwand für Korrekturentscheidungen von Finanzierungsleasingverhältnissen kann insofern als Indiz für die größere Bedeutung bilanzwirksamer Informationen gewertet werden. Bilanzierte Informationen scheinen einen Prüfungsschwerpunkt darzustellen.

1 Vgl. hierzu und im Folgenden Abdel-khalik (1981), S. 118-119.

2 Vgl. hierzu und im Folgenden Libby/Nelson/Hunton (2006), insb. S. 550-556.

3 Strand Norman/Rose/Suh (2011) wiederholen die Studie mit internen Unternehmensprüfern (Revisoren) und bestätigen die unterschiedlichen Fehlertoleranzen in der Bilanz und im Anhang.

In einer Fragebogenerhebung mit 63 Wirtschaftsprüfern aus Kanada und 54 Wirtschaftsprüfern aus Malaysia, ergänzt um Interviews mit zehn kanadischen Wirtschaftsprüfern und fünf malaysischen Wirtschaftsprüfern, zeigen *Hussey/Ong*, dass 68% der Wirtschaftsprüfer aus Kanada und 50% der Wirtschaftsprüfer aus Malaysia die gegenwärtigen Informationen zu Leasingverhältnissen als nicht entscheidungsnützlich erachten[1]. Vor diesem Hintergrund und in Übereinstimmung zu *Abdel-khalik* stellen *Hussey/Ong* eine mehrheitliche Präferenz der Wirtschaftsprüfer für eine einheitliche Bilanzierungsmethode für Leasingverhältnisse aus Gründen der Vereinfachung fest.

Krishnan/Sengupta führen eine Regression für die Jahre 2000 bis 2004 durch, um anhand der Prüfungsgebühren zu untersuchen, ob Wirtschaftsprüfer bilanzwirksame und bilanzunwirksame Leasingverhältnisse im Rahmen der Prüfung unterschiedlich wahrnehmen[2]. Die Untersuchung offenbart, dass Wirtschaftsprüfer bilanzunwirksame Leasingverhältnisse als Verbindlichkeit wahrnehmen und insofern nicht von unterschiedlichen Leasingbilanzierungsmethoden beeinflusst werden. Allerdings verbinden die Wirtschaftsprüfer mit bilanzunwirksamen Leasingverhältnissen ein erhöhtes Risiko. Dieses schlägt sich in höheren Prüfungsgebühren für Mandanten mit wesentlichen operativen Leasingverhältnissen nieder. Auch wenn die Wirtschaftsprüfer bilanzunwirksame Leasingverhältnisse als Verbindlichkeit auffassen, deutet die erhöhte Risikobeurteilung im Rahmen operativer Leasingverhältnisse letztlich auf eine unterschiedliche Wahrnehmung von bilanzwirksamen und bilanzunwirksamen Leasingverhältnissen hin.

Insgesamt offenbaren die empirischen Studien eine Beeinflussung der Wirtschaftsprüfung durch unterschiedliche Leasingbilanzierungsmethoden, die sich mitunter in der Präferenz für eine einheitliche Leasingbilanzierung widerspiegelt. Diese Beeinflussung zeigt lediglich geringe Ausmaße in der Studie von *Abdel-khalik*. Die experimentelle Untersuchung von *Libby/Nelson/Hunton* deutet indes auf eine massive Beeinflussung hin. Fehlertoleranzen und Wesentlichkeitsgrenzen unterscheiden sich erheblich in Abhängigkeit davon, ob Finanzierungsleasingverhältnisse oder operative Leasingverhältnisse vorliegen. Darin verdeutlichen sich zugleich Unterschiede in der Verlässlichkeit der Informationen. Eventuell weisen Anhangangaben aufgrund höherer Wesentlichkeitsgrenzen und Fehlertoleranzen eine geringere Verlässlichkeit auf, die den Jahresabschlussadressaten in dieser Art nicht bewusst ist. Die von *Krishnan/ Sengupta* festgestellte erhöhte Risikobeurteilung im Rahmen operativer Leasingverhältnisse deutet ebenfalls auf eine unterschiedliche Wahrnehmung von bilanzwirksamen und bilanzunwirksamen Leasingverhältnissen hin. Die angestrebte Bilanzierung sämtlicher Leasingverhältnisse könnte indes zu einer verbesserten Risikobeurteilung der Wirtschaftsprüfer führen und insofern Auswirkungen auf das Prüfungsverhalten der Wirtschaftsprüfer haben – eine Frage, der im Rahmen der empirischen Auswertung dieser Arbeit noch nachzugehen ist.

1 Vgl. hierzu und im Folgenden Hussey/Ong (2010).
2 Vgl. hierzu und im Folgenden Krishnan/Sengupta (2011).

1.5 Entscheidungsverhalten der Fremdkapitalgeber

Fremdkapitalgeber stellen eine bedeutende Nutzergruppe von Jahresabschlussinformationen dar. So bilden Jahresabschlüsse oftmals die Grundlage für Kreditvergabeentscheidungen von Banken. Der folgende Abschnitt beginnt mit einer Untersuchung der Bedeutung und Verwendung von Jahresabschlussinformationen im Rahmen des Entscheidungsprozesses von Fremdkapitalgebern. Anschließend erfolgt die Darstellung empirischer Studien, die einerseits untersuchen, wie Banken mit operativen Leasingverhältnissen umgehen und andererseits die Fremdfinanzierung über Leasingverhältnisse mit gewöhnlichen Fremdfinanzierungen, wie Bankkrediten, vergleichen. Abschließend werden neuere Studien dargestellt, die die Auswirkungen einer Bilanzierung sämtlicher Leasingverhältnisse auf den Kreditvergabeentscheidungsprozess untersuchen.

1.5.1 Bedeutung und Verwendung von Jahresabschlussinformationen

Danos/Holt/Imhoff, Jr. untersuchen in einer im Jahr 1989 erschienenen experimentellen Studie den Einfluss von Jahresabschlussinformationen auf die Entscheidung zur Vergabe eines Kredits an potentielle Kunden[1]. Die Kreditvergabe stellt sich als dreistufiger Prozess dar. Banken verschaffen sich zunächst einen Überblick über den potentiellen Kreditnehmer. Dazu werden Jahresabschlussinformationen verwendet, die von Informationsdiensten aggregiert werden. Phase zwei ist von der persönlichen Kontaktaufnahme mit dem potentiellen Kreditnehmer geprägt. In der letzten Phase erfolgt anhand detaillierter Finanzdaten – darunter auch detaillierte Jahresabschlussinformationen – die Bestimmung der Kreditausfallwahrscheinlichkeit und letztlich die Kreditvergabeentscheidung. Die Studie zeigt, dass ein Großteil der relevanten Informationen bereits in der ersten Phase vorliegt, hier also schon eine vorläufige Kreditvergabeentscheidung getroffen wird. Den detaillierten Informationen der zweiten und dritten Phase kommt insofern eine Bestätigungsfunktion zu. Interessant erscheint die Bedeutung der Informationsdienste im Rahmen des Entscheidungsprozesses, die oftmals Anpassungen der Bilanz um bilanzunwirksame Leasingverhältnisse vorzunehmen scheinen[2]. Die Qualität der zur Verfügung gestellten aggregierten Informationen beeinflusst somit maßgeblich die Kreditvergabeentscheidung.

Die Relevanz einzelner Jahresabschlussinformationen und Bilanzkennzahlen wird von *Danos/Holt/Imhoff, Jr.* nicht untersucht. *Kemp/Overstreet* führen indes eine solche Analyse durch[3]. Im Jahr 1990 veröffentlichen sie eine Studie über die konkreten Informationsbedürfnisse von Banken. 77 US-amerikanische Bankangestellte, die über die Vergabe von Krediten entscheiden, sollen die Bedeutung von 48 Informationen im Rahmen der Kreditwürdigkeitsprüfung potentieller Kreditnehmer festlegen. Kreditvergabeentscheidungen werden demnach maßgeblich von der gegenwärtigen Verschuldungssituation und den Zahlungsströmen zur Begleichung der Schuldpositionen beeinflusst. Die Höhe der langfristigen Verschuldung, Herkunft und Verwendung von

1 Vgl. hierzu und im Folgenden Danos/Holt/Imhoff, Jr. (1989).
2 Vgl. ähnlich Houlihan/Sondhi (1984), S. 4-5.
3 Vgl. hierzu und im Folgenden Kemp/Overstreet (1990).

working capital und Bargeldbeständen stellen die bedeutendsten Informationen dar. Informationen über Leasingverhältnisse scheinen eine untergeordnete Rolle zu spielen. Sie stehen auf Platz 17 der 48 aufgeführten Informationen[1]. Die Studie von *Kemp/Overstreet* bestätigt frühere Studien: In der im Jahr 1983 veröffentlichten Studie von *Gibson* beurteilen Banken insbesondere Kennzahlen zur Messung der Verschuldung und Liquiditätskennzahlen als wichtigste Information im Rahmen von Kreditvergabeentscheidungen[2]. Die Studie von *Dietrich/Kaplan* aus dem Jahr 1982 verwendet ein einfaches lineares Regressionsmodell, um Kreditvergabeentscheidungen von Banken zu reproduzieren[3]. Dabei stellt sich heraus, dass der Verschuldungsgrad und Liquiditätskennzahlen einen hohen Erklärungsgehalt besitzen und Kreditvergabeentscheidungen maßgeblich beeinflussen.

Berry/Waring untersuchen in einer im Jahr 1995 veröffentlichten Studie die Nutzung von Jahresabschlussinformationen durch Bankangestellte in Großbritannien[4]. Die Untersuchung wird in zwei Phasen durchgeführt[5]. In einem ersten Schritt werden Interviews mit 30 Bankangestellten geführt. Anschließend erhalten die Bankanstellten fallstudienartig Kreditanträge, die sich in dem Ausmaß der bereits aufbereiteten Daten unterscheiden. Interessant erscheinen die unterschiedlichen Ergebnisse der Interviews und der Fallstudien. Die Interviews offenbaren einen detaillierten und systematischen Beurteilungsprozess von Kreditanträgen. Jahresabschlussinformationen, ergänzt um Prognoseberichte, kommt eine hohe Bedeutung zu. Die Fallstudien suggerieren indes eine weitaus weniger analytische, eher auf erste Eindrücke fokussierte Vorgehensweise bei Kreditbeurteilungen und stehen somit in Widerspruch zu den Ergebnissen von *Danos/Holt/Imhoff, Jr.* Die Diskrepanz zwischen angegebener und tatsächlicher Vorgehensweise lässt sich möglicherweise damit erklären, dass Bankangestellte denken, eine formalanalytische Kreditbeurteilung werde von ihnen erwartet.

Die im Jahr 2006 veröffentlichte Studie von *Berry/Robertson* bestätigt die in einer früheren Studie konstatierte hohe Bedeutung des Jahresabschlusses im Rahmen von Kreditvergabeentscheidungen[6]. Allerdings zeigt die Befragung von Bankangestellten in Großbritannien eine Verschiebung der relativen Bedeutung und Nutzung einzelner Jahresabschlusselemente. So hat beispielsweise die Bedeutung der Kapitalflussrechnung gegenüber der Bilanz und der Gesamtergebnisrechnung zugenommen und stellt das wichtigste Rechenwerk des Jahresabschlusses dar[7]. In diesem Zusammenhang zeigt sich auch eine gesteigerte Bedeutung von Liquiditätskennzahlen im Kreditver-

1 Vgl. Kemp/Overstreet (1990), S. 53-55. Die Studie von Stanga/Benjamin (1978) zeigt indes eine vergleichsweise höhere Bedeutung von Leasingverhältnissen im Kreditvergabeentscheidungsprozess (Platz 13 von 79).

2 Vgl. Gibson (1983). Vgl. Berry et al. (1993) mit ähnlichen Ergebnissen für mittelständische Unternehmen.

3 Vgl. hierzu und im Folgenden Dietrich/Kaplan (1982).

4 Vgl. hierzu und im Folgenden Berry/Waring (1995).

5 In einer weiteren (dritten) Phase werden zudem potentielle Kreditnehmer befragt. Die diesbezüglichen Ergebnisse werden hier nicht betrachtet.

6 Vgl. hierzu und im Folgenden Berry/Robertson (2006) i.V.m. Berry/Citron/Jarvis (1985).

7 Vgl. Berry/Robertson (2006), insb. S. 183. Zu einem ähnlichen Ergebnis kommt die Studie von Jones/Widjaja (1998), die 83 australische Bankangestellte zu der Entscheidungsrelevanz der Kapitalflussrechnung befragt.

gabeentscheidungsprozess[1]. Interessant erscheint zudem, dass Banken – befragt nach möglichen Verbesserungen in der Informationsbereitstellung – der Aufnahme bilanzunwirksamer Finanzierungen in die Bilanz die höchste Bedeutung beimessen[2].

Haller et al. untersuchen die Verwendung von Jahresabschlussdaten durch Kreditinstitute mit Sitz in Deutschland und zeigen, dass der Jahresabschluss im Rahmen der quantitativen Informationen den höchsten Stellenwert einnimmt[3]. Neben dem Jahresabschluss werden zudem Planungsdaten, Informationen über Cashflows und Vorjahresvergleiche als wichtige Informationen für die Bonitätsanalyse erachtet. Die Studie von *Armstrong/Guay/Weber* aus dem Jahr 2010 gibt ebenfalls wieder, dass Banken weiterführende Informationen, etwa Finanzplanungen für die nächsten Jahre oder Übersichten der sonstigen Verpflichtungen, verlangen[4]. Diese Vorgehensweise soll Einschätzungen hinsichtlich der Verschuldungssituation sowie der Fähigkeit kreditnachfragender Unternehmen zur Rückzahlung der Kreditsumme verbessern. *Armstrong/Guay/Weber* zeigen zudem, dass Banken im Rahmen der Kreditwürdigkeitsprüfung üblicherweise testierte Jahresabschlüsse verlangen.

Die vorstehenden Studien belegen zwar eine hohe Bedeutung der Verschuldungssituation eines Unternehmens im Rahmen von Kreditvergabeentscheidungen. Inwieweit operative Leasingverhältnisse im Entscheidungsprozess Berücksichtigung finden, bleibt indes unklar. *Berry/Robertson* deuten lediglich Schwierigkeiten mit bilanzunwirksamen Finanzierungen an[5] und *Dietrich/Kaplan* berücksichtigen in deren Regressionsmodell die Mindestleasingzahlungen aus unkündbaren Leasingverträgen[6]. Auch *Stanga/Tiller* fokussieren in einer Untersuchung aus dem Jahr 1983 lediglich auf Finanzierungsleasingverhältnisse[7]. Sie stellen die Informationsbedürfnisse von US-amerikanischen Banken bei der Kreditvergabe an kleinere Unternehmen den Informationsbedürfnissen bei der Kreditvergabe an größere Unternehmen gegenüber. Finanzierungsleasingverhältnisse werden dabei von Banken lediglich bei der Kreditvergabe an größere Unternehmen als wichtige Information erachtet. Für die Kreditvergabe an kleinere Unternehmen spielen Finanzierungsleasingverhältnisse eine untergeordnete Rolle. Die Berücksichtigung operativer Leasingverhältnisse bleibt auch in dieser Studie unklar.

Gopalakrishnan/Parkash untersuchen demgegenüber, inwieweit Banken Leasingverhältnisse als bilanzielle Schuld erachten[8]. Die Befragung von 135 US-amerikanischen Leitern der Kreditvergabeabteilung zeigt, dass Finanzierungsleasingverhältnisse eher als bilanzielle Schuld erachtet werden als operative Leasingverhältnisse. *Catanach/Kemp* führen insofern eine ähnliche Befragung zu *Kemp/Overstreet* durch, als sie 61 Banken um eine Einschätzung der Bedeutung von Informationen im Kredit-

1 Vgl. Berry/Robertson (2006), insb. S. 187.
2 Vgl. Berry/Robertson (2006), insb. S. 187-188.
3 Vgl. hierzu und im Folgenden Haller et al. (2008), S. 10.
4 Vgl. hierzu und im Folgenden Armstrong/Guay/Weber (2010), S. 214.
5 Vgl. Berry/Robertson (2006), S. 187-188.
6 Vgl. Dietrich/Kaplan (1982), S. 25.
7 Vgl. hierzu und im Folgenden Stanga/Tiller (1983).
8 Vgl. hierzu und im Folgenden Gopalakrishnan/Parkash (1996).

vergabeentscheidungsprozess bitten[1]. Hierbei wird – allerdings im Unterschied zu *Kemp/Overstreet* – in Informationen zu operativen Leasingverhältnissen und Finanzierungsleasingverhältnissen unterschieden. Informationen zu operativen Leasingverhältnissen (Platz 23 von 55) nehmen demzufolge eine höhere Bedeutung ein als Finanzierungsleasingverhältnisse (Platz 26 von 55)[2]. Insgesamt scheint Leasingverhältnissen im Rahmen der Kreditwürdigkeitsprüfung allerdings eine lediglich mittlere Bedeutung zuzukommen.

Durocher/Fortin befragen 65 kanadische Bankangestellte, die Kredite an nicht kapitalmarktorientierte Unternehmen vergeben, nach der Nutzung von Informationen über Leasingverhältnisse im Kreditvergabeentscheidungsprozess[3]. Dabei zeigt sich, dass Informationen über Finanzierungsleasingverhältnisse insofern eine bedeutende Rolle spielen, als diesbezügliche Informationen insbesondere für die Beurteilung der Kapitalstruktur und Solvenz sowie der Kapitalrückzahlungsfähigkeit verwendet werden. Informationen über operative Leasingverhältnisse im Anhang werden berücksichtigt, indes mit einem signifikant geringeren Gewicht. Dieses Ergebnis steht in Widerspruch zu der Untersuchung von *Catanach/Kemp*, weist jedoch Parallelen zu *Gopalakrishnan/Parkash* auf.

Die vorstehend dargestellten Studien zeugen von einer hohen Bedeutung von Jahresabschlussinformationen für den Kreditvergabeentscheidungsprozess von Banken. Demnach werden Jahresabschlussinformationen insbesondere verwendet, um die Verschuldungssituation zu beleuchten. Die diesbezügliche Fokussierung auf den Verschuldungsgrad dient der Messung des finanziellen Risikos[4]. Banken quantifizieren anhand der Verschuldungssituation eines Unternehmens die Kreditausfallwahrscheinlichkeit. Die Verschuldungssituation eines Unternehmens signalisiert dabei aufgrund der mit der Verschuldung verbundenen Zinszahlungen und der Rückzahlung von Verschuldung die gegenwärtige und künftige Belastung liquider Mittel. Dementsprechend finden zudem Liquiditätskennzahlen verstärkt Beachtung im Entscheidungsprozess.

Hinsichtlich der Bedeutung von Leasinginformationen und insbesondere Informationen über operative Leasingverhältnisse für den Kreditvergabeentscheidungsprozess geben die vorangehenden Befragungen ein uneinheitliches Bild. Dabei beeinflussen Leasingverhältnisse analog zu anderen Fremdfinanzierungen die Kreditwürdigkeit von Unternehmen[5]. Leasingverträge führen gleichermaßen zu kontinuierlichen Zahlungsabflüssen in Form von Leasingzahlungen und Rückgabeverpflichtungen. Insofern besteht für Banken bei Nichtberücksichtigung entsprechender Informationen über Leasingverhältnisse – insbesondere operative Leasingverhältnisse – die Möglichkeit, zu fehlgeleiteten Entscheidungen zu gelangen[6]. Diese Gefahr ist für Banken höher als für Investoren und Analysten, die am Kapitalmarkt gelistete Unternehmen bewerten.

1 Vgl. hierzu und im Folgenden Catanach/Kemp (1999), insb. S. 77-78.

2 Auch Comiskey/Mulford (1998) stellen eine zunehmend erhöhte Bedeutung von operativen Leasingverhältnissen für den Kreditvergabeentscheidungsprozess fest.

3 Vgl. hierzu und im Folgenden Durocher/Fortin (2009).

4 Vgl. weiterführend z.B. Wilcox (1971).

5 Zum Einfluss von Leasingverhältnissen auf das finanzielle Risiko vgl. Gosman/Hanson (2000), insb. S. 57-58.

6 Vgl. hierzu bestätigend z.B. Wilkins/Zimmer (1983b).

Sofern die Hypothese eines effizienten Kapitalmarkts gilt, ist die Gefahr systematisch fehlgeleiteter Entscheidungen von Investoren und Analysten zumindest reduziert[1]. Banken haben indes seltener Zugriff auf am Kapitalmarkt vorhandene Informationen und können bei der Kreditbewertung nicht auf einen liquiden Markt mit entsprechenden Marktpreisen zurückgreifen[2]. Systematisch fehlgeleitete Kreditentscheidungen sind somit möglich. Zudem kann nur gemutmaßt werden, inwieweit die von Informationsdiensten aggregierten Daten operative Leasingverhältnisse berücksichtigen. Nachstehend sollen daher (überwiegend experimentelle) Studien dargestellt werden, die untersuchen, ob Banken bilanzunwirksame Leasingverhältnisse im Kreditvergabeentscheidungsprozess berücksichtigen und wie eine eventuelle Korrektur vorgenommen wird, um eine Beeinflussung durch die unterschiedlichen Leasingbilanzierungsmethoden zu verhindern.

1.5.2 Auswirkungen unterschiedlicher Leasingbilanzierungsmethoden auf das Entscheidungsverhalten der Fremdkapitalgeber

In der experimentellen Studie von *Abdel-khalik* werden 125 Banken um eine Bewertung zweier identischer Unternehmen gebeten, die sich lediglich in der Bilanzierungsmethode der Leasingverhältnisse unterscheiden[3]. Während ein Unternehmen Leasingverträge bilanziert, veröffentlicht das andere Unternehmen Angaben zu Leasingverhältnissen im Anhang des Jahresabschlusses. Dabei zeigt sich, dass die Bilanzierungsmethode für Leasingverhältnisse u.a. Auswirkungen auf die Beurteilung der Profitabilität, des finanziellen Risikos und der Kapitalrückzahlungsfähigkeit hat. Die teilnehmenden Banken scheinen sich der Problematik der bilanzunwirksamen Leasingbilanzierung insofern bewusst zu sein, als sie die Bilanzierung sämtlicher Leasingverträge befürworten[4]. Zusätzlich zu dem Experiment befragt *Abdel-khalik* die Banken zu deren Erfahrungen hinsichtlich der Veränderungen im Entscheidungsverhalten der Leasingnehmer infolge der Einführung von SFAS 13[5]. 65% der Banken geben an, dass eine Strukturierung neuer Leasingverträge stattgefunden hat, um die Bilanzierungspflicht von Finanzierungsleasingverhältnissen zu umgehen. Fast die Hälfte berichtet von Nachverhandlungen bestehender Leasingverträge. 45% der Banken führen aus, dass eine Substitution von Leasingtransaktionen durch Kauf oder Eigenproduktion vorgenommen wurde. 32% der Banken haben zudem eine Verschiebung einer bereits geplanten Erhöhung des Fremdkapitals infolge der Einführung von SFAS 13 festgestellt.

In einer weiteren Untersuchung *Abdel-khaliks* wird die Bewertung von Anleihen von Unternehmen mit hoher Leasingintensität mit der von Unternehmen mit geringer Leasingintensität vor und nach der Einführung von SFAS 13 (Zeitraum 1975 bis 1979)

---

1 Vgl. Watts/Zimmerman (1986), S. 17. Vgl. hierzu und im Folgenden mit einer ähnlichen Argumentation Pferdehirt (2007), S. 194.

2 Vgl. Watts/Zimmerman (1986), S. 127 zur Bedeutung von Jahresabschlussinformationen in Abwesenheit eines effizienten Markts.

3 Vgl. hierzu und im Folgenden Abdel-khalik (1981), S. 103-108 und Anhang zu Kapitel 5.

4 Vgl. Abdel-khalik (1981), S. 113-114.

5 Vgl. hierzu und im Folgenden Abdel-khalik (1981), S. 118-119.

verglichen[1]. Hierbei konnten keine signifikanten Bewertungsunterschiede festgestellt werden. Die alternativen Leasingbilanzierungsmethoden führen insofern nicht zu einer Beeinflussung der Fremdkapitalbewertung am Kapitalmarkt. Einzelne Banken der experimentellen Studie sind indes in deren Entscheidungsverhalten beeinflusst. Diese konträren Ergebnisse lassen sich mitunter durch den Rückgriff auf Informationsdienste erklären, die Banken aggregierte Jahresabschlussinformationen bereitstellen und möglicherweise Bilanzanpassungen um operative Leasingverhältnisse vornehmen. Banken müssen somit nicht notwendigerweise Methoden zur Berücksichtigung bilanzunwirksamer Leasingverträge anwenden. Der Aussagegehalt experimenteller Studien, die auf Basis von Jahresabschlussinformationen ohne Aggregation von Informationsdiensten durchgeführt werden, wäre insofern gering. Außerdem wäre denkbar, dass kreditnachfragende Unternehmen mit hoher Leasingintensität die negativen Auswirkungen eines schlechteren Kreditratings antizipiert und Gegenmaßnahmen, wie die Verringerung des Fremdkapitalanteils, ergriffen haben[2]. Der Kapitalmarkt mag in seiner Gesamtheit möglicherweise auch deshalb nicht durch unterschiedliche Leasingbilanzierungsmethoden beeinflusst sein, weil andere Kapitalmarktteilnehmer Bilanzanpassungen vornehmen und Bewertungen von Banken, die auf nicht angepassten Bilanzen basieren, korrigieren[3]. Insgesamt stellen die vorstehenden Erklärungsansätze lediglich Vermutungen dar. Diesbezügliche empirische Befunde fehlen.

In einer experimentellen Feldstudie untersuchen *Wilkins/Zimmer* den Einfluss alternativer Leasingbilanzierungs- und Finanzierungsmethoden auf Kreditvergabeentscheidungen[4]. 51 Angestellten internationaler Banken mit Sitz in Singapur werden Jahresabschlüsse von zwei fiktiven Unternehmen vorgelegt, die sich lediglich in der Höhe der Verschuldung unterscheiden. Während das erste Unternehmen eine moderate Verschuldung aufweist, ist das zweite Unternehmen hoch verschuldet. Beide Unternehmen geben zwei Kreditanträge mit einer Laufzeit von vier Jahren ab, die sich ausschließlich in der Höhe der geforderten Kreditsumme unterscheiden. Die Bankangestellten sollen die Rückzahlungsfähigkeit der beiden Unternehmen beurteilen sowie die maximale Kredithöhe festlegen. Dazu werden die Banken in drei Gruppen unterteilt, die sich in den zur Verfügung gestellten Jahresabschlussinformationen über Leasingverhältnisse unterscheiden. Die erste Gruppe erhält Informationen über Leasingverhältnisse gemäß SFAS 13, unterteilt in operative Leasingverhältnisse und Finanzierungsleasingverhältnisse. Der zweiten Gruppe werden Leasinginformationen lediglich im Anhang des Jahresabschlusses präsentiert. Die Jahresabschlussinformationen der dritten Gruppe enthalten keine Leasingverpflichtungen. Gleichwohl enthält die Bilanz beider Unternehmen Kreditverbindlichkeiten, die Verbindlichkeiten aus Leasingverträgen entsprechen.

Die Studie kommt zu dem Ergebnis, dass die Banken der Stichprobe nicht durch unterschiedliche Leasingbilanzierungsmethoden (bilanzwirksam oder Angaben im Anhang) und unterschiedliche Finanzierungsmethoden (Leasingfinanzierung oder Kreditfinanzierung) in der Beurteilung der Kreditwürdigkeit und der Festlegung der

1 Vgl. hierzu und im Folgenden Abdel-khalik (1981), S. 163-192.
2 Vgl. hierzu ausführlicher Kapitel III.1.3.3.
3 Vgl. hierzu ähnlich Pferdehirt (2007), S. 197-198.
4 Vgl. hierzu und im Folgenden Wilkins/Zimmer (1983b).

maximalen Kredithöhe beeinflusst werden. Lediglich die Höhe der Verschuldung hat Auswirkungen auf die Kreditvergabeentscheidung. Die Untersuchung zeigt zudem, dass nur eine geringe Anzahl der Banken eine formalanalytische Methode zur Berücksichtigung der Auswirkungen operativer Leasingverhältnisse auf Bilanzkennzahlen anwendet. Die Mehrzahl der Banken nimmt lediglich rudimentäre Korrekturen anhand kognitiver Näherungsverfahren vor[1]. Dennoch deutet die mehrheitliche Beachtung der Auswirkungen operativer Leasingverhältnisse auf Bilanzkennzahlen auf eine diesbezügliche Sensibilisierung hin.

Wilkins wiederholt die Studie von *Wilkins/Zimmer* im darauffolgenden Jahr in ähnlicher Weise[2]. In einer experimentellen Untersuchung werden die Auswirkungen alternativer Leasingbilanzierungs- und Finanzierungsmethoden auf die Beurteilung der Kreditausfallwahrscheinlichkeit und Entscheidungen über die maximale Höhe der zu vergebenden Kreditsumme analysiert. Im Unterschied zu der Ausgangsstudie sollen die Teilnehmer des Experiments zusätzlich die Höhe des eigenen Vertrauens in die Einschätzung angeben. 60 Bankangestellte aus Singapur erhalten Jahresabschlüsse zweier Unternehmen, die sich hinsichtlich des Verschuldungsgrads unterscheiden (ein Unternehmen ist mäßig verschuldet, das andere Unternehmen weist eine hohe Verschuldung auf). Beide Unternehmen stellen jeweils zwei Kreditanträge mit unterschiedlichen Kreditsummen. Die Einteilung der Bankangestellten in drei Gruppen erfolgt analog zu *Wilkins/Zimmer*. Die Nachfolgestudie von *Wilkins* bestätigt die Ergebnisse der *Wilkins/Zimmer*-Untersuchung. Banken werden in deren Einschätzungen der Kreditausfallwahrscheinlichkeiten und der Festlegung der maximalen Kredithöhe nicht von der Leasingbilanzierungs- oder Finanzierungsmethode beeinflusst. Lediglich die Höhe der Verschuldung hat Auswirkungen auf das Entscheidungsverhalten der Bankangestellten. *Wilkins* vermutet jedoch, dass die Ergebnisse durch den experimentellen Aufbau der Studie beeinflusst sein könnten. Es wäre beispielsweise möglich, dass die Auswirkungen der Verschuldung aus operativen Leasingverhältnissen zu gering waren, um Unterschiede in der Einschätzung von Kreditausfallwahrscheinlichkeiten und der Kredithöhe hervorzurufen[3].

Der Einfluss der bilanziellen Behandlung von Leasingverträgen auf das Entscheidungsverhalten von Banken ist auch Gegenstand der experimentellen Studie von *Hartman/Sami* aus dem Jahr 1989[4]. Der experimentelle Aufbau der Untersuchung entspricht weitgehend den bereits vorgestellten Studien. US-amerikanische Bankangestellte sollen für ein fiktives Unternehmen eine Kreditentscheidung anhand der Erstellung eines Kreditratings und der Bestimmung des Sollzinssatzes treffen. Die Erstellung des Kreditratings und die Festlegung des Zinssatzes erfolgt auf der Basis von Jahresabschlussinformationen des fiktiven Unternehmens, die zum Teil modifiziert werden. Die Bankangestellten werden in fünf Gruppen eingeteilt. Die erste Gruppe erhält den originären Jahresabschluss, der keine Leasingverhältnisse enthält. Die zweite und dritte Gruppe erhält Jahresabschlussdaten, die Verpflichtungen aus Finanzierungsleasingverhältnissen beinhalten, einmal mit beträchtlicher Höhe der Verpflichtungen

1 Vgl. detaillierter Wilkins/Zimmer (1983b), S. 759-760.
2 Vgl. hierzu und im Folgenden Wilkins (1984).
3 Vgl. Wilkins (1984), S. 365.
4 Vgl. hierzu und im Folgenden Hartman/Sami (1989).

und einmal mit moderater Höhe der Verpflichtungen. Die dritte und vierte Gruppe unterscheidet sich ebenfalls durch die unterschiedliche Höhe der Verpflichtungen, allerdings handelt es sich hierbei um Verpflichtungen aus operativen Leasingverhältnissen. *Hartman/Sami* kommen zu dem Ergebnis, dass die Erstellung des Kreditratings und die Festlegung des Sollzinssatzes signifikant von der bilanziellen Behandlung der Leasingverträge beeinflusst werden. Unternehmen mit Finanzierungsleasingverhältnissen erhalten demnach höhere Zinssätze und schlechtere Kreditratings als Unternehmen, die operative Leasingverhältnisse im Anhang des Jahresabschlusses offenlegen. Unterschiedliche Leasingbilanzierungsmethoden haben somit Auswirkungen auf die Wahrnehmung der Verschuldungssituation eines Unternehmens und damit auf Kreditvergabeentscheidungen von Banken. Die Studie von *Hartman/Sami* bestätigt die Ergebnisse *Abdel-khaliks*, liefert jedoch konträre Ergebnisse zu den Untersuchungen von *Wilkins/Zimmer* und *Wilkins*, die eine Beeinflussung des Kreditvergabeentscheidungsprozesses durch unterschiedliche Leasingbilanzierungsmethoden nicht nachweisen können[1].

Blake/Salas/Clarke legen 46 spanischen Banken die Jahresabschlüsse zweier identischer Unternehmen vor, die sich wiederum lediglich in der Bilanzierung von Leasingverhältnissen (bilanzwirksam oder Angaben im Anhang) unterscheiden[2]. Zusätzlich werden die Banken in zwei Gruppen aufgeteilt. In der ersten Gruppe ist die Ertragssituation des fiktiven Unternehmens mit bilanzwirksamen Leasingverhältnissen um 3% niedriger als die des Unternehmens mit bilanzunwirksamen Leasingverhältnissen, während in der zweiten Gruppe die Ertragssituation des fiktiven Unternehmens mit bilanzwirksamen Leasingverhältnissen um 10% niedriger ist. Insgesamt offenbart die Studie eine Beeinflussung durch die unterschiedlichen Leasingbilanzierungsmethoden. Obwohl die Banken dem Unternehmen mit nicht-bilanzierten Leasingverhältnissen eine höhere finanzielle Stabilität bescheinigen, würden sie die Vergabe eines Kredits an das Unternehmen mit bilanzierten Leasingverhältnissen marginal gegenüber dem Unternehmen mit nicht-bilanzierten Leasingverhältnissen bevorzugen. Die unterschiedlichen Ertragssituationen der beiden Unternehmen haben auf die Kreditvergabe indes keinen Einfluss. In der Bevorzugung von Unternehmen mit bilanzierten Leasingverhältnissen in der Kreditvergabeentscheidung kommt zum einen die gegenüber bilanzunwirksamen Verpflichtungen bestehende Unsicherheit zum Ausdruck. Zum anderen dokumentiert sich darin – auch nach Auffassung von *Blake/ Salas/Clarke* – die Präferenz der Banken für eine bilanzwirksame Behandlung von Leasingverhältnissen. Banken würden insofern Unternehmen bevorzugen, die eine solche Rechnungslegungsregel befolgen.

Altamuro et al. untersuchen anhand eines Regressionsmodells, inwieweit Banken operative Leasingverhältnisse bei der Beurteilung des Kreditrisikos berücksichtigen[3]. Die Grundlage der Analyse bilden 2.535 Kreditverträge von Unternehmen mit operativen Leasingverhältnissen im Zeitraum 2000 bis 2005. Die Untersuchung zeigt, dass Banken Bilanzkorrekturen um operative Leasingverhältnisse in Abhängigkeit von dem

1 Vgl. die vorstehenden Ausführungen sowie Hartman/Sami (1989), S. 32 für Unterschiede zwischen den Studien.

2 Vgl. hierzu und im Folgenden Blake/Salas/Clarke (1995).

3 Vgl. hierzu und im Folgenden Altamuro et al. (2011).

Vorliegen eines von Dritten erstellten Kreditratings durchführen. Ein Kreditrating gilt demnach als hinreichend sichere Schätzung des Risikos aus operativen Leasingverhältnissen[1]. Zugleich zeigt die Studie anhand der Rating-Agentur *Standard & Poor's*, dass diese grundsätzlich Korrekturen um operative Leasingverhältnisse vornehmen. Die Kreditvergabeentscheidung wird somit maßgeblich von der Qualität des zugrundeliegenden Kreditratings sowie von dem notwendigen Methodenverständnis bei Fehlen eines Kreditratings beeinflusst. Ähnlich zu *Altamuro et al.* zeigen *Sengupta/Wang* unter Verwendung eines Regressionsmodells, dass Rating-Agenturen des Anleihemarkts operative Leasingverhältnisse bei Erstellung des Ratings berücksichtigen und die aus operativen Leasingverhältnissen resultierenden Verpflichtungen als ebenso bedeutend wie Verpflichtungen aus Finanzierungsleasingverhältnissen erachten[2].

Insgesamt ist der Einfluss der bilanziellen Behandlung von Leasingverträgen auf das Entscheidungsverhalten von Banken nicht eindeutig. Zwar führen die alternativen Leasingbilanzierungsmethoden nicht zu einer Beeinflussung der Fremdkapitalbewertung am Kapitalmarkt. Einzelne Banken sind indes in deren Entscheidungsverhalten teilweise beeinflusst. Die Studien zeugen mitunter von einem uneinheitlichen und unsicheren Umgang mit bilanzunwirksamen Leasingverhältnissen. Eine Beeinflussung des Kreditvergabeentscheidungsprozesses durch die künftige Bilanzierung sämtlicher Leasingverhältnisse kann insofern nicht ausgeschlossen werden. Interessant erscheint die Bedeutung der Informationsdienste und vorhandener Kreditratings von Rating-Agenturen im Rahmen des Entscheidungsprozesses, die oftmals Anpassungen der Bilanz um bilanzunwirksame Leasingverhältnisse vorzunehmen scheinen. Insofern müssen Banken nicht notwendigerweise über diesbezügliche Methodenkenntnisse verfügen. Experimentelle Studien deuten zudem darauf hin, dass Bankangestellte oftmals kein oder ein unzureichendes Methodenwissen zur Korrektur um operative Leasingverhältnisse besitzen.

Neben den (überwiegend) experimentellen Studien beschäftigen sich einige Untersuchungen mit dem Verhältnis von Verbindlichkeiten aus Leasingverhältnissen und Verbindlichkeiten aus anderen Fremdfinanzierungen. Im Mittelpunkt dieser Untersuchungen steht die Frage, ob Leasingverbindlichkeiten als gleichwertig zu anderen langfristigen Verbindlichkeiten und insofern als Substitute gelten. *Ang/Petersen* untersuchen das Substitutionsverhältnis von sämtlichen Leasingverbindlichkeiten und anderen Verbindlichkeiten von 600 US-amerikanischen Unternehmen anhand eines Regressionsmodells[3]. Das Regressionsmodell soll feststellen, ob Unterschiede in der Beanspruchung der Verschuldungskapazität durch Leasingverbindlichkeiten und andere Verbindlichkeiten bestehen[4]. Für die Jahre 1976 bis 1981 wird ein komplementäres

1 Parallelen bestehen insofern zu der Untersuchung von Danos/Holt/Imhoff, Jr. (1989), als diese zeigen, dass Banken im Rahmen des Kreditvergabeentscheidungsprozesses häufig auf aggregierte und um operative Leasingverhältnisse korrigierte Informationen von Informationsdiensten zurückgreifen.

2 Vgl. Sengupta/Wang (2011).

3 Vgl. hierzu und im Folgenden Ang/Peterson (1984).

4 Dem Regressionsmodell liegt die Annahme zugrunde, dass Verschuldungskapazität sowohl durch Verbindlichkeiten aus Leasingverhältnissen als auch durch Verbindlichkeiten aus anderen Fremdfinanzierungen beansprucht wird. Für eine ausführliche Beschreibung des Regressions-

Verhältnis von Leasingverbindlichkeiten und Verbindlichkeiten aus anderen Fremdfinanzierungen gezeigt. Je höher die Verschuldung aus gewöhnlichen Fremdfinanzierungen ist, desto mehr Leasingverbindlichkeiten werden eingegangen. Die grundsätzlich widersprüchlich anmutende Komplementarität bezeichnen *Ang/Peterson* als *„Leasing Puzzle“*[1]. *Branson* wiederholt die Studie für die Jahre 1983 bis 1988 und bestätigt das Ergebnis von *Ang/Peterson*[2].

Bayless/Diltz kritisieren die Vorgehensweise von *Ang/Petersen* aufgrund der im Rahmen des Regressionsmodells getroffenen Annahmen und verwenden stattdessen einen experimentellen Ansatz mit 133 Kreditbeurteilungen von Banken[3]. Sie zeigen, dass Banken die Bereitschaft zur Vergabe eines Kredits in den Fällen reduzieren, in denen Unternehmen Leasingverhältnisse eingehen. Verbindlichkeiten aus Finanzierungsleasingverhältnissen ersetzen 10% bis 26% mehr Verschuldungskapazität als die sonstigen Verbindlichkeiten. Insofern liegt ein fast perfektes Substitutionsverhältnis vor.

Das Substitutionsverhältnis zwischen Verbindlichkeiten aus Finanzierungsleasingverhältnissen und anderen langfristigen Verbindlichkeiten wird von *Adedeji/Stapleton* für die Jahre 1990 bis 1992 untersucht[4]. 550 Unternehmen aus Großbritannien werden in dem Regressionsmodell berücksichtigt. Das Ergebnis stimmt mit der Studie von *Ang/Peterson* überein: Verbindlichkeiten aus Finanzierungsleasingverhältnissen und andere Fremdfinanzierungen stehen in einem komplementären Verhältnis zueinander. Die Höhe der Verschuldung aus Leasingverhältnissen steigt also mit Zunahme der gewöhnlichen Verschuldung. Die Signifikanz des komplementären Verhältnisses ist indes gering. Anschließend untersuchen *Adedeji/Stapleton* lediglich die Unternehmen der Stichprobe, die Leasingverträge abgeschlossen haben. Hierbei ergibt sich ein substitutives Verhältnis zwischen Verbindlichkeiten aus Finanzierungsleasingverhältnissen und anderen Verbindlichkeiten. Eine Geldeinheit einer Finanzierungsleasingverbindlichkeit ersetzt etwa 0,55 Geldeinheiten einer sonstigen Verbindlichkeit[5]. Verbindlichkeiten aus Finanzierungsleasingverhältnissen beanspruchen folglich weniger Verschuldungskapazität als nicht-leasinginduzierte Verbindlichkeiten. Zu einem ähnlichen Ergebnis kommen *Deloof/Verschueren*, die 1.066 belgische Unternehmen im Zeitraum 1992 bis 1994 untersuchen und ein ebenfalls nicht perfektes Substitutionsverhältnis feststellen[6].

Beattie/Goodacre/Thomson verwenden zur Untersuchung des Substitutionsverhältnisses zwischen Leasingverbindlichkeiten und anderen Verbindlichkeiten ein Regressionsmodell mit 300 britischen Unternehmen[7]. Sie zeigen, dass teilweise ein Substitutionsverhältnis zwischen der Verschuldung aus Leasingverhältnissen und

modells vgl. hierzu und im Folgenden auch Adedeji/Stapleton (1996), S. 72-75, Beattie/Goodacre/Thomson (2000b), S. 437-446.

1 Ang/Peterson (1984), S. 1055.

2 Vgl. Branson (1995).

3 Vgl. hierzu und im Folgenden Bayless/Diltz (1986).

4 Vgl. hierzu und im Folgenden Adedeji/Stapleton (1996).

5 Vgl. Adedeji/Stapleton (1996), S. 80.

6 Vgl. Deloof/Verschueren (1999). Dieses Ergebnis lässt sich auf kleine und mittelgroße belgische Unternehmen übertragen. Vgl. hierzu Deloof/Lagaert/Verschueren (2007).

7 Vgl. hierzu und im Folgenden Beattie/Goodacre/Thomson (2000b).

anderer langfristiger Verschuldung besteht. Leasing und andere Fremdfinanzierungen sind keine perfekten Substitute. Eine Geldeinheit einer Leasingverbindlichkeit (aus Finanzierungsleasing- und operativen Leasingverhältnissen) ersetzt etwa 0,23 Geldeinheiten einer sonstigen Verbindlichkeit. Unternehmen beanspruchen also mit der Finanzierung über Leasing weniger Verschuldungskapazität als mit anderen Fremdfinanzierungen. Bei einer konkreten Differenzierung in operative Leasingverhältnisse und Finanzierungsleasingverhältnisse kommen *Beattie/Goodacre/Thomson* zu dem Ergebnis, dass zwischen Finanzierungsleasingverhältnissen und anderer langfristiger Verschuldung kein Substitutionsverhältnis besteht und beide insofern als Komplemente gelten[1]. Somit ist den operativen Leasingverträgen das vorstehende allgemeine Substitutionsverhältnis von etwa eins zu fünf zuzuschreiben. Diesbezügliche Verbindlichkeiten beanspruchen demnach weniger Verschuldungskapazität als nichtleasinginduzierte Verbindlichkeiten oder Verbindlichkeiten aus Finanzierungsleasingverhältnissen. Ein Substitutionsverhältnis von langfristiger Verschuldung aus gewöhnlichen Fremdfinanzierungen und operativen Leasingverhältnissen wird zudem von *Yan* nachgewiesen[2]. Die Unterscheidung in operative Leasingverhältnisse und Finanzierungsleasingverhältnisse könnte gemäß den Ergebnissen dieser Studien die Fähigkeit der Unternehmen zur Beschaffung von Fremdkapital maßgeblich beeinflussen.

Die konträren Ergebnisse der Studien hinsichtlich eines teils komplementären, teils substitutiven Verhältnisses von Verschuldung aus Leasingverhältnissen und anderen Fremdfinanzierungen lassen sich schlüssig erklären. Es kann angenommen werden, dass höher verschuldete Unternehmen mit schlechtem Kreditrating die Schwierigkeiten der gewöhnlichen Fremdkapitalbeschaffung durch Eingehen einer Leasingfinanzierung zu überwinden versuchen[3]. *Drury/Braund* zeigen beispielsweise in einer Befragung britischer Unternehmen, dass Leasingverhältnisse häufig wegen der im Vergleich zu einer gewöhnlichen Fremdkapitalaufnahme geringeren Kosten abgeschlossen werden[4]. Zudem unterscheidet sich die Finanzierung über Leasing von einer gewöhnlichen Fremdfinanzierung aufgrund der unterschiedlichen Verteilung des Risi-

1 Vgl. Beattie/Goodacre/Thomson (2000b), S. 451-453.

2 Vgl. Yan (2006).

3 Diese Annahme wird von Slotty (2009) für deutsche Unternehmen bestätigt. Zum Zusammenhang zwischen Verschuldungssituation und vorhandenen Finanzierungsalternativen vgl. auch Beatty/Liao/Weber (2010). Weniger stark verschuldete profitable Unternehmen, die sich keinen Schwierigkeiten der Fremdkapitalaufnahme gegenübersehen, scheinen die gewöhnlichen Fremdfinanzierungsmöglichkeiten zu präferieren. Vgl. hinsichtlich des Zusammenhangs von Profitabilität eines Unternehmens und dessen Finanzierungsentscheidung die Studie von Kare/Herbst (1990). Graham/Lemmon/Schallheim (1998), Krishnan/Moyer (1994) zeigen in diesem Zusammenhang, dass die Finanzierung über Leasing mit der Wahrscheinlichkeit einer Insolvenz steigt.

4 Vgl. hierzu und im Folgenden Drury/Braund (1990). Hendel/Lizzeri (2002) bieten eine andere Erklärung. Sie kommen zu dem Ergebnis, dass eine Verbindung zwischen adverser Selektion und Leasing besteht. Die Ausgestaltung von Leasingverträgen wirkt gegen die adverse Selektion und sorgt somit für einen höheren Restwert von Leasinggegenständen im Vergleich zu den Restwerten von gekauften Gegenständen. Den daraus erzielten Vorteil geben Leasinggeber in Form vergünstigter Konditionen teilweise an die Leasingnehmer weiter. Vgl. hierzu ähnlich Waldman (1997). Vgl. z.B. Hartmann-Wendels (2003), Hartmann-Wendels/Winter (2005) für alternative institutionenökonomische Erklärungsansätze.

kos. Leasingfinanzierungen erfordern wegen dem beim Leasinggeber verbleibenden rechtlichen Eigentum und dem damit einhergehenden geringeren Ausfallrisiko des eingesetzten Kapitals geringere Anforderungen an zu stellende Sicherheiten[1]. Unternehmen mit hohem Verschuldungsgrad, denen eine gewöhnliche Fremdfinanzierung möglicherweise verwehrt bleibt, nutzen daher häufiger die Finanzierungsalternative Leasing (komplementäres Verhältnis), um die ohnehin geringe verbleibende Verschuldungskapazität weniger zu beanspruchen als durch eine gewöhnliche Fremdfinanzierung (substitutives Verhältnis).

1.5.3 Auswirkungen einer Bilanzierung sämtlicher Leasingverhältnisse auf das Entscheidungsverhalten der Fremdkapitalgeber

Neuere Studien beschäftigen sich mit den ökonomischen Konsequenzen einer Bilanzierung sämtlicher Leasingverhältnisse für den Kreditvergabeentscheidungsprozess. In der Studie von *Durocher/Fortin* erwarten die kanadischen Bankangestellten einerseits eine Verlängerung der Bilanz und den Anstieg von Verschuldungsgraden[2]. Andererseits wird von einer Vereinfachung der Beurteilung der langfristigen Verschuldungssituation von Leasingnehmern ausgegangen. Zusätzlich erwarten die Bankangestellten eine erhöhte Risikoeinschätzung, die in einer Verschlechterung des Kreditratings und Nachverhandlungen von Kreditauflagen resultieren könnte. Anpassungen von Kreditauflagen infolge einer veränderten Leasingregulierung erscheinen insofern naheliegend, als ein ähnliches Verhalten bereits bei Einführung von SFAS 13 in den USA festgestellt worden ist[3]. Interessant erscheint hierbei, dass eine verbesserte Informationsbasis offenbar zu einer höheren Einschätzung des Risikos führt. Darin dokumentiert sich erneut, dass Banken Informationen der Bilanz im Rahmen der Kreditvergabe eine höhere Bedeutung beimessen als Angaben im Anhang. Neben den ökonomischen Konsequenzen für den Kreditvergabeentscheidungsprozess befragen *Durocher/Fortin* die Bankangestellten zu möglichen Veränderungen im Entscheidungsverhalten der Leasingnehmer. Demnach erwarten die Bankangestellten keine zusätzlichen Kosten der Befolgung der neuen Regulierung und keine erhöhte Komplexität der Leasingbilanzierung, geben jedoch teilweise an, dass die diesbezügliche Einschätzung aufgrund fehlender interner Informationen über die tatsächliche Komplexität eingeschränkt ist. Zusätzlich gehen die Bankangestellten nicht von kürzeren Leasinglaufzeiten aus. Die befragten Bankangestellten erwarten zudem, dass die Finanzierung über Leasing lediglich für einen Teil der Leasingnehmer weniger attraktiv würde, so dass sich insgesamt ein indifferentes Antwortverhalten der Bankangestellten hinsichtlich der künftigen Attraktivität der Finanzierungsalternative Leasing ergibt.

Durocher/Fortin legen darüber hinaus 65 Bankangestellten Bilanzkennzahlen von Unternehmen aus unterschiedlichen Branchen vor und nach der Bilanzkorrektur um operative Leasingverhältnisse vor und bitten um eine Einschätzung der Auswirkungen

---

1 Vgl. Sharpe/Nguyen (1995), S. 275. Zu den unterschiedlichen Ausfallrisiken von Leasingfinanzierungen und anderen Fremdfinanzierungen vgl. weiterführend Realdon (2006).

2 Vgl. hierzu und im Folgenden Durocher/Fortin (2009), S. 27-29.

3 Vgl. Fogelson (1978), S. 776-777.

auf den Kreditvergabeentscheidungsprozess[1]. Die Beurteilung der Kapitalstruktur und Liquidität kreditnachfragender Unternehmen (insbesondere in den Branchen Handel, Unterbringung und Lebensmittel) wird von der Leasingbilanzierung beeinflusst. Die Leasingbilanzierung hat insofern Auswirkungen auf die Beurteilung der Kapitalrückzahlungsfähigkeit und das Kreditrating, auch wenn Einschätzungen der Profitabilität eines Unternehmens offenbar nicht beeinflusst werden. Insgesamt zeigt die Studie eine zum Teil erhebliche Beeinflussung des Kreditvergabeentscheidungsprozesses durch die Bilanzwirksamkeit operativer Leasingverhältnisse. Dies dokumentiert sich zudem darin, dass lediglich 30% der Befragten Korrekturen um operative Leasingverhältnisse unter Anwendung formalanalytischer Methoden vornehmen[2]. Diese Ergebnisse korrespondieren mit den Studien von *Abdel-khalik* und *Hartman/Sami*. Sämtliche von *Durocher/Fortin* untersuchten Bankangestellten geben – in Übereinstimmung mit den vorstehenden Ergebnissen – die bilanzunwirksame Behandlung operativer Leasingverhältnisse als wesentliche Schwachstelle der gegenwärtigen Leasingbilanzierung an und präferieren konsequenterweise ein einheitliches Bilanzierungsmodell sowie die Bilanzwirksamkeit sämtlicher Leasingverträge[3].

Jesswein verwendet ein Regressionsmodell, um die Auswirkungen einer Bilanzierung sämtlicher Leasingverhältnisse auf Kennzahlen zur Beurteilung der Kreditwürdigkeit von 595 US-amerikanischen Unternehmen zu untersuchen[4]. Dazu werden Kennzahlen unter der Annahme einer Bilanzierungspflicht für sämtliche Leasingverhältnisse simuliert, die im Rahmen des Insolvenzprognosemodells von *Altman* Relevanz besitzen[5]. Die Studie belegt, dass fast 25% der als relativ frei von Kreditrisiken erachteten Unternehmen bei Bilanzierung der Verbindlichkeiten aus operativen Leasingverhältnissen nicht als solches angesehen werden dürften[6].

Hales/Venkataraman/Wilks untersuchen in einem Experiment, inwieweit das Entscheidungsverhalten von Banken von der künftigen bilanziellen Behandlung laufzeitbezogener Optionen beeinflusst wird[7]. Den Teilnehmern des Experiments werden die Jahresabschlüsse zweier identischer Unternehmen vorgelegt, die sich lediglich in der bilanziellen Abbildung von Verlängerungsoptionen unterscheiden. Während ein Unternehmen Verlängerungsoptionen gemäß dem *single asset and liability approach* bilanzwirksam abbildet, erscheinen Verlängerungsoptionen des anderen Unternehmens lediglich im Anhang. Dabei zeigt sich, dass die Bereitschaft zur Vergabe eines Kredits

1 Vgl. hierzu und im Folgenden Durocher/Fortin (2009), S. 31-36.

2 Vgl. Durocher/Fortin (2009), S. 24. Auch mit Bezug auf andere Bilanzierungssachverhalte scheinen Banken Korrekturen um bilanzunwirksame Positionen nicht regelmäßig vorzunehmen. Vgl. z.B. eine Korrekturquote von 29% bei Brooks/Jerris/Pearson (1996), S. 71, 22% bei Harper, Jr./Mister/Strawser (1987), S. 329, 39% bei Harper, Jr./Mister/Strawser (1991), S. 53.

3 Vgl. Durocher/Fortin (2009), S. 26-28.

4 Vgl. hierzu und im Folgenden Jesswein (2009).

5 Vgl. Altman (1968), Altman/Haldeman/Narayanan (1977). Der *Altman Z-Score*™ stellt das Ergebnis mehrerer Kennzahlen dar und markiert im Rahmen einer Diskriminanzanalyse einen kritischen Wert, bis zu dem Unternehmen als solvent und insofern als kreditwürdig erachtet werden.

6 Vgl. Jesswein (2009), S. 83.

7 Vgl. hierzu und im Folgenden Hales/Venkataraman/Wilks (2011). Die Studie wird mit 42 MBA-Studenten durchgeführt, die durchschnittlich über fünf Jahre Berufserfahrung verfügen.

an das Unternehmen mit bilanzwirksamer Abbildung von Verlängerungsoptionen niedriger ist als für das Unternehmen mit Angabe von Verlängerungsoptionen im Anhang. Es kann daher vermutet werden, dass die Teilnehmer des Experiments lediglich auf die bilanzierte Verschuldung und damit zusammenhängende Kennzahlen achten. Allerdings zeigt die Studie auch, dass bei separater bilanzwirksamer Abbildung von Verlängerungsoptionen gemäß dem *component approach* kein Unterschied in der Bereitschaft zur Vergabe eines Kredits in Abhängigkeit von der bilanzwirksamen bzw. bilanzunwirksamen Abbildung von Verlängerungsoptionen besteht. Die separate Darstellung von Verlängerungsoptionen kompensiert insofern den Informationsverlust, der offensichtlich durch die kombinierte Erfassung von Zahlungsverpflichtung und Verlängerungsoptionen entsteht.

Insgesamt deuten die auf die ökonomischen Konsequenzen einer Bilanzierung sämtlicher Leasingverhältnisse fokussierenden Studien teilweise eine erhebliche Beeinflussung des Entscheidungsverhaltens von Banken an.

1.6 Zusammenfassung

Die Simulationsstudien offenbaren mitunter erhebliche Veränderungen der Finanzkennzahlen infolge einer Bilanzierung sämtlicher Leasingverhältnisse. Teilweise zeigen die Studien zudem eine Veränderung der Unternehmensrangfolge. Die Vergleichbarkeit der Studien ist vor dem Hintergrund unterschiedlicher Simulationsmodelle und damit verbundener Modellannahmen indes eingeschränkt. Die Ergebnisse von Studien, die in einer aggregierten Sichtweise die Bewertungsrelevanz von Informationen über Leasingverhältnisse am Kapitalmarkt untersuchen, zeigen, dass der Kapitalmarkt operative Leasingverhältnisse zumindest in Teilen zu berücksichtigen scheint und deuten damit auf eine halbstarke Informationseffizienz der Kapitalmärkte hin. Allerdings erscheint der Aussagegehalt dieser Studien aufgrund zahlreicher impliziter Annahmen der verwendeten statistischen Methoden zur Messung der Bewertungsrelevanz eingeschränkt.

Investoren und Analysten bewerten Jahresabschlussinformationen als bedeutende Informationsquelle für deren Entscheidungsprozesse. Jahresabschlussinformationen dienen sowohl zur Herstellung eines ersten Überblicks über Investitionsobjekte als auch zur Bewertung von Unternehmen. Die Studien zur investoren- und analystenorientierten Forschung verdeutlichen, dass das Entscheidungsverhalten einzelner Investoren und Analysten von der unterschiedlichen Darstellung von Leasingverhältnissen im Jahresabschluss beeinflusst wird. Eine gleichwertige Wahrnehmung von Informationen aus dem Anhang und anderen Jahresabschlussbestandteilen ist zu bezweifeln. Da Verfahren zur Bilanzanpassung bilanzunwirksamer Leasingverträge – abgesehen von professionellen Institutionen – mangels Methodenkompetenz selten durchgeführt werden, können Investoren und Analysten insofern fehlerbehaftete Bewertungen und Prognosen abgeben. Die wenigen Studien zu den Auswirkungen einer Bilanzierung sämtlicher Leasingverhältnisse deuten insgesamt Veränderungen im Entscheidungsverhalten von Investoren und Analysten an.

Empirische Studien im Rahmen der leasingnehmerorientierten Forschung verdeutlichen ein verändertes Entscheidungsverhalten der Leasingnehmer als Reaktion auf eine veränderte Leasingregulierung. Die Reaktionen lassen sich u.a. anhand der *debt covenant*-Hypothese und der Bonusplan-Hypothese erklären, wonach die Abschlussersteller versuchen, den durch die Leasingbilanzierung verursachten Einfluss auf Kreditauflagen und variable Vergütungssysteme durch gezielte Gegenmaßnahmen zu revidieren. Gemäß der *information inductance*-Hypothese verändern die Abschlussersteller das Bilanzierungsverhalten in Abhängigkeit von deren Erwartungen über die Auswirkungen der veröffentlichten Informationen auf die Kapitalmarktteilnehmer. Insgesamt deuten die Verhaltensänderungen der Leasingnehmer aufgrund einer veränderten Leasingbilanzierung auf Informationsineffizienzen der Jahresabschlussadressaten hin. Leasingnehmer gehen demnach nicht von einer äquivalenten Verarbeitung von Informationen der Bilanz und des Anhangs unabhängig von der Darstellungsform der Leasingverhältnisse durch die Jahresabschlussadressaten aus.

Das Entscheidungsverhalten der Wirtschaftsprüfer hinsichtlich Prüfungsintensität und Fehlertoleranz wird gemäß den vorliegenden empirischen Studien von der Erwartung über mögliche Geschäftsrisiken beeinflusst. Unter der Annahme, dass Jahresabschlussadressaten bilanzierten Informationen eine höhere Bedeutung gegenüber Anhangangaben zuordnen, könnten Wirtschaftsprüfer geringere Risiken bezüglich Anhangangaben erwarten und insofern im Entscheidungsverhalten zwischen bilanzierten Informationen und nicht-bilanzierten Informationen differenzieren. Studien, die Beeinflussungen des Prüfungsprozesses durch unterschiedliche Leasingbilanzierungsmethoden untersuchen, bestätigen dies. Fehlertoleranzen und Wesentlichkeitsgrenzen der Wirtschaftsprüfer unterscheiden sich demnach in Abhängigkeit davon, ob Finanzierungsleasingverhältnisse oder operative Leasingverhältnisse vorliegen.

Die Studien zur fremdkapitalgeberorientierten Forschung offenbaren eine hohe Bedeutung von Jahresabschlussdaten im Kreditvergabeentscheidungsprozess. Der Einfluss der bilanziellen Behandlung von Leasingverhältnissen auf das Entscheidungsverhalten von Banken ist nicht eindeutig. Zwar führen die alternativen Leasingbilanzierungsmethoden nicht zu einer Beeinflussung der Fremdkapitalbewertung am Kapitalmarkt. Einzelne Banken sind indes in deren Entscheidungsverhalten beeinflusst. Banken besitzen zudem oftmals kein oder ein unzureichendes Methodenwissen zur Korrektur um operative Leasingverhältnisse. Die Analyse des Kreditvergabeentscheidungsprozesses offenbart allerdings, dass Banken Informationsdienste hinzuziehen, die Anpassungen der Bilanz um operative Leasingverhältnisse vorzunehmen scheinen. Studien zu den Auswirkungen einer Bilanzierung sämtlicher Leasingverhältnisse deuten insgesamt Veränderungen im Entscheidungsverhalten von Banken an.

2 Herleitung des Forschungsbedarfs

2.1 Forschungsdefizit

Der Überblick über den aktuellen Stand der Forschung zur internationalen Leasingbilanzierung offenbart Defizite in der Erforschung eines veränderten Entscheidungsverhaltens der Akteure der Rechnungslegung als Reaktion auf Veränderungen der

Leasingbilanzierung. Diese Forschungsdefizite werden nachfolgend kurz dargestellt. Sie verdeutlichen zugleich den Bedarf für weitere Forschungsanstrengungen.

Simulationsstudien stellen zwar einen bedeutenden Bereich der Leasingforschung dar und zeigen teilweise eine Beeinflussung bedeutender Kennzahlen infolge einer Bilanzierungspflicht für sämtliche Leasingverhältnisse[1]. Allerdings ist die Untersuchung der Reaktionen von Jahresabschlusserstellern und Jahresabschlussadressaten auf diese Veränderungen nicht Gegenstand dieser Studien. Der Aussagegehalt statistischer Methoden zur Messung der Bewertungsrelevanz im Rahmen der kapitalmarktorientierten Forschung ist aufgrund zahlreicher impliziter Annahmen eingeschränkt.

Auswirkungen der Leasingbilanzierung auf das Entscheidungsverhalten der Akteure der Rechnungslegung werden in bislang durchgeführten Befragungen und Experimenten anhand der gegenwärtigen Regelungen zur Leasingbilanzierung untersucht. Sofern solche Studien zu dem Ergebnis kommen, dass die unterschiedlichen Bilanzierungsmethoden für Leasingverhältnisse das Entscheidungsverhalten der Akteure der Rechnungslegung beeinflussen, kann darauf geschlossen werden, dass eine Pflicht zur Bilanzierung sämtlicher Leasingverhältnisse ebenfalls zu Veränderungen im Entscheidungsverhalten führt. Allerdings kommen die bisherigen Studien insgesamt zu divergenten Ergebnissen. Untersuchungen, die diese Divergenz auflösen, fehlen bislang. Insofern können keine Erkenntnisse über mögliche Veränderungen im Entscheidungsverhalten der Akteure als Reaktion auf die Bilanzierung sämtlicher Leasingverhältnisse abgeleitet werden.

Empirische Studien, die sich direkt mit den ökonomischen Konsequenzen einer Neuregulierung der internationalen Leasingbilanzierung beschäftigen, basieren auf älteren Reformüberlegungen – häufig den G4+1-Überlegungen – und betrachten lediglich eine Interessengruppe oder ein Land. Länderspezifische Untersuchungen für Deutschland existieren lediglich in Form von Simulationsstudien[2]. Befragungen zu den Auswirkungen einer reformierten Leasingbilanzierung werden von *Beattie/Goodacre/Thomson* und *Durocher/Fortin* durchgeführt[3]. Allerdings berücksichtigen diese Studien nicht die aktuellen Reformbestrebungen des ED. *Durocher/Fortin* fokussieren zudem auf lediglich eine relevante Interessengruppe (kanadische Bankangestellte), während *Beattie/Goodacre/Thomson* zumindest die Perspektiven britischer Jahresabschlussersteller und Jahresabschlussadressaten (Investmentanalysten) berücksichtigen. Eine Analyse der verschiedenen relevanten Interessengruppen zu den ökonomischen Konsequenzen der aktuellen Reformvorschläge existiert derzeit nicht, so dass es notwendig erscheint, Veränderungen im Entscheidungsverhalten der Akteure vor dem Hintergrund der jüngsten Entwicklungen in der Reform der Leasingbilanzierung zu untersuchen.

1 Vgl. z.B. Fülbier/Lirio Silva/Pferdehirt (2008), Lückerath-Rovers/de Bos (2009), Pferdehirt (2007).

2 Vgl. z.B. Fülbier/Lirio Silva/Pferdehirt (2008), Giersberg/Vögtle (2007), Küting/Koch/Tesche (2010), Pferdehirt (2007).

3 Vgl. Beattie/Goodacre/Thomson (2006), Durocher/Fortin (2009).

2.2 Forschungsfragen

Aus den vorstehend identifizierten Forschungsdefiziten leiten sich drei übergeordnete Forschungsfragen ab:

Forschungsfrage 1: Wie werden Leasingverhältnisse in den jeweiligen Prozessen der Akteure berücksichtigt und behandelt?

Bevor Veränderungen im Entscheidungsverhalten untersucht werden, erscheint ein Verständnis der Berücksichtigung und Behandlung von Leasingverhältnissen in den relevanten Prozessen der jeweiligen Interessengruppe notwendig. Empirische Befunde über den Bilanzierungsprozess von Leasingverträgen der Jahresabschlussersteller sind bislang weitestgehend ausgeblieben. So fehlen beispielsweise Erkenntnisse über das Vorgehen im Rahmen der Klassifizierung von Leasingverhältnissen und die Bedeutung der einzelnen Klassifizierungskriterien. Studien zur Berücksichtigung von Leasingverhältnissen im Kreditvergabeprozess von Banken kommen zu divergenten Ergebnissen. Während beispielsweise die Studien von *Durocher/Fortin* und *Gopalakrishnan/Prakash* zeigen, dass operative Leasingverhältnisse und Finanzierungsleasingverhältnisse unterschiedlich im Kreditvergabeprozess berücksichtigt werden, kommen beispielsweise die Studien von *Wilkins/Zimmer* und *Wilkins* zu dem Ergebnis, dass der Kreditvergabeprozess von Banken nicht von unterschiedlichen Leasingbilanzierungsmethoden beeinflusst wird[1]. Empirische Befunde zur Berücksichtigung von Leasingverhältnissen im Prüfungsprozess der Wirtschaftsprüfer sind bislang von *Abdel-khalik*, *Krishnan/Sengupta* und *Libby/Nelson/Hunton* erbracht worden[2]. Diese Studien deuten auf eine Beeinflussung des Prüfungsprozesses durch die dichotome Leasingbilanzierung hin. Sie unterscheiden sich allerdings hinsichtlich des Ausmaßes der Beeinflussung. Auch experimentelle Studien im Rahmen der investoren- und analystenorientierten Forschung lassen eine Beeinflussung des diesbezüglichen Entscheidungsprozesses durch die gegenwärtige Leasingbilanzierung vermuten[3]. Die erste Forschungsfrage greift somit die Divergenz der Studien hinsichtlich der Behandlung von Leasingverhältnissen im Rahmen des Kreditvergabeprozesses und des Prüfungsprozesses der Wirtschaftsprüfer sowie die mangelnde empirische Untersuchung des Bilanzierungsprozesses der Leasingnehmer auf und hinterfragt überdies die Ergebnisse der investoren- und analystenorientierten Forschung.

Forschungsfrage 2: Wie beurteilen die Akteure der Rechnungslegung die gegenwärtige Leasingbilanzierung und die Reformbestrebungen?

Diese Forschungsfrage dient der Ermittlung von Beurteilungen der gegenwärtigen Regulierung der internationalen Leasingbilanzierung und der Reformbestrebungen durch die Akteure der Rechnungslegung. Konkrete Beurteilungen werden lediglich

---

1 Vgl. Durocher/Fortin (2009), Gopalakrishnan/Parkash (1996), Wilkins/Zimmer (1983b), Wilkins (1984).

2 Vgl. hierzu und im Folgenden Abdel-khalik (1981), S. 103-108 und Anhang zu Kapitel 5, Krishnan/Sengupta (2011), Libby/Nelson/Hunton (2006), insb. S. 550-556.

3 Vgl. Abdel-khalik (1981), S. 103-108 und Anhang zu Kapitel 5, Munter/Ratcliffe (1983), Wilkins/Zimmer (1983a).

von *Beattie/Goodacre/Thomson* und *Durocher/Fortin* erfragt[1]. Die Fragen zu den Reformbestrebungen basieren allerdings auf den G4+1-Überlegungen. Insofern fehlen empirische Studien zu der Einschätzung der aktuellen Reformvorschläge. *Durocher/ Fortin* fokussieren zudem auf kanadische Bankangestellte, während *Beattie/Goodacre/ Thomson* britische Jahresabschlussersteller und Jahresabschlussadressaten berücksichtigen. Diesbezügliche Einschätzungen anderer internationaler Interessengruppen sind bislang nicht ermittelt worden.

Forschungsfrage 3: Wie wirkt sich die reformierte Leasingbilanzierung aus und welches veränderte Entscheidungsverhalten der Akteure resultiert daraus?

Die Erkenntnisse der ersten und zweiten Forschungsfrage dienen als Basis für die Analyse der potentiellen ökonomischen Konsequenzen im Rahmen der dritten Forschungsfrage. Hierbei soll untersucht werden, welche Auswirkungen der reformierten Leasingbilanzierung von den Akteuren erwartet werden und welches veränderte Entscheidungsverhalten daraus resultieren könnte. Die dritte Forschungsfrage erscheint insbesondere vor dem Hintergrund relevant, dass bisherige empirische Untersuchungen, die mögliche Reaktionen der Akteure auf veränderte Normen zur Leasingbilanzierung untersuchen, hauptsächlich aus den 1980er und 1990er Jahren stammen und auf die Einführung der gegenwärtigen Leasingbilanzierung fokussieren[2]. Zudem führen diese Studien länderspezifische Betrachtungen durch, wobei Deutschland nahezu unberücksichtigt bleibt. Die ökonomischen Konsequenzen der aktuellen Reformvorschläge des DP und ED sind bislang nicht empirisch untersucht worden.

Die erste Forschungsfrage ist als ex post-Untersuchung zu bezeichnen, da sie den Status Quo der gegenwärtigen Berücksichtigung und Behandlung von Leasingverhältnissen in den jeweiligen Prozessen der Akteure analysiert. Die zweite Forschungsfrage enthält insofern Aspekte der ex post-Forschung, als sich die Beurteilung der gegenwärtigen Leasingbilanzierung auf eine bereits bestehende Regulierung bezieht[3]. Sie dient zugleich der ex ante-Forschung, da die Frage nach der Einschätzung der Reformbestrebungen auf im Standardsetzungsprozess befindliche Normen zielt. Die dritte Forschungsfrage ist Bestandteil der ex ante-Forschung. Die Reformierung der Leasingbilanzierung hat zum Zeitpunkt der Untersuchung noch nicht stattgefunden. Insofern handelt es sich um künftige ökonomische Konsequenzen. Da die zweite und dritte Forschungsfrage den größten Teil der empirischen Auswertung umfasst, ist diese Arbeit insgesamt als ex ante-Forschung anzusehen.

1 Vgl. hierzu und im Folgenden Beattie/Goodacre/Thomson (2006), Durocher/Fortin (2009).
2 Diesbezüglich ist insbesondere die bis heute einflussreiche Studie von Abdel-khalik (1981) zur Einführung von SFAS 13 in den USA zu nennen.
3 Vgl. hierzu und im Folgenden Schipper (1994).

2.3 Forschungsmodell

Die drei übergeordneten Forschungsfragen lassen sich in das dieser Arbeit zugrundeliegende Forschungsmodell integrieren. Die folgende Abbildung 1 zeigt die in der empirischen Untersuchung angenommenen kausalen Beziehungen zwischen den Forschungsfragen[1].

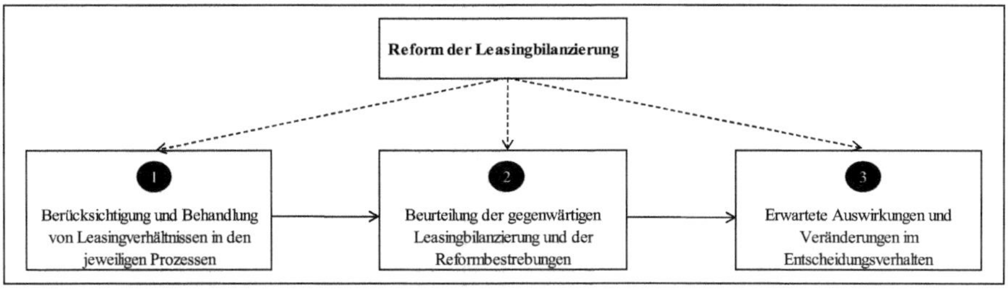

Abbildung 1: Forschungsmodell der vorliegenden Arbeit

Ausgangspunkt für die Entwicklung der drei Forschungsfragen ist die Reform der Leasingbilanzierung nach IAS 17. Das Forschungsmodell unterstellt, dass die gegenwärtige Berücksichtigung und Behandlung von Leasingverhältnissen in den entsprechenden Prozessen der Akteure die Beurteilung der derzeitigen Regulierung der Leasingbilanzierung und der Reformbestrebungen beeinflusst. So mag beispielsweise die jeweilige Auslegung der Klassifizierungskriterien durch den Leasingnehmer im Rahmen des Bilanzierungsprozesses zu einer entsprechenden Beurteilung der derzeitigen Existenz unterschiedlicher Bilanzierungsmethoden für Leasingverhältnisse und der künftigen Aufhebung dieses Umstands führen. Ausgehend von der Beurteilung der gegenwärtigen Leasingbilanzierung und der Reformbestrebungen soll auf die erwarteten Auswirkungen und daraus resultierende Veränderungen im Entscheidungsverhalten geschlossen werden.

1 Vgl. Miles/Huberman (1994), S. 151-153.

Kapitel IV: Konkretisierung der Forschungsfragen

Nachdem im vorstehenden Kapitel das Forschungsmodell dieser Arbeit erläutert worden ist, werden im folgenden Kapitel die drei übergeordneten Forschungsfragen durch detaillierte Teilfragen konkretisiert. Die Konkretisierung der Forschungsfragen erfolgt separiert nach den für diese Arbeit identifizierten Interessengruppen. Die erste Gruppe bilden die Ersteller des Jahresabschlusses, die hauptsächlich als Leasingnehmer agieren und in dieser Funktion betrachtet werden. Wirtschaftsprüfer bilden die zweite und Banken die dritte Zielgruppe[1]. Zunächst erfolgt die Konkretisierung der Forschungsfragen für die Gruppe der Leasingnehmer (Kapitel IV.1). Anschließend werden die Forschungsfragen für die Gruppe der Wirtschaftsprüfer konkretisiert (Kapitel IV.2), ehe Teilfragen für die Gruppe der Banken hergeleitet werden (Kapitel IV.3). Eine zusammenfassende Übersicht der detaillierten Teilfragen findet sich in Anhang 1[2].

1 Konkretisierung der Forschungsfragen für die Gruppe der Leasingnehmer

1.1 Berücksichtigung und bilanzielle Behandlung von Leasingverhältnissen im Bilanzierungsprozess der Leasingnehmer

1.1.1 Vorgehensweise im Rahmen der Klassifizierung von Leasingverhältnissen

Wie im vorstehenden Kapitel verdeutlicht, ist eine empirische Untersuchung des Leasingbilanzierungsprozesses bislang weitestgehend ausgeblieben und wird in dieser Arbeit nachgeholt. Die Analyse des Bilanzierungsprozesses umfasst das derzeitige Vorgehen der Leasingnehmer im Rahmen der Klassifizierung von Leasingverhältnissen. Die in IAS 17.10 und 17.11 genannten Klassifizierungskriterien erscheinen nicht abschließend und zum Teil mit Ermessensspielräumen behaftet[3]. Beispielsweise liegt ein Finanzierungsleasingverhältnis vor, wenn der Leasingnehmer eine Kaufoption auf den Vermögenswert hat und der vereinbarte Kaufpreis deutlich unter dem zum Ausübungszeitpunkt erwarteten beizulegenden Zeitwert liegt[4]. Inwieweit diese Kaufoption tatsächlich als günstig angesehen werden kann, bleibt letztendlich eine Ermessens-

1 Institutionelle Investoren und Analysten stellen ebenfalls eine relevante Interessengruppe dar. Allerdings bestanden diesbezüglich Zugangsprobleme. Vgl. hierzu Kapitel V.2.1.1.

2 Der Nummerierung der Fragen wird zur besseren Differenzierung der Interessengruppen ein Buchstabe vorangestellt. Der Gruppe der Leasingnehmer wird der Buchstabe A, der Gruppe der Wirtschaftsprüfer der Buchstabe B und der Gruppe der Banken der Buchstabe C zugeordnet.

3 Für eine Übersicht der einzelnen Klassifizierungskriterien vgl. Kapitel II.1.1.3 sowie Pellens et al. (2011), S. 658-659.

4 Vgl. IAS 17.10(b).

frage. Die auch nach ASC 840 vorzunehmende Klassifizierung orientiert sich ebenfalls an Kriterien, die indes abschließend und aufgrund der Quantifizierung konkreter sind[1]. So muss beispielsweise die Laufzeit des Leasingvertrags mindestens 75% der wirtschaftlichen Nutzungsdauer umfassen, damit ein Finanzierungsleasingverhältnis vorliegt. Die Bedeutung der einzelnen Klassifizierungskriterien für Leasingnehmer mag insofern durch das unterschiedliche Ausmaß des Ermessensspielraums der jeweiligen Kriterien beeinflusst sein. Vor diesem Hintergrund soll in dieser Arbeit zunächst erörtert werden, wie Leasingnehmer im Rahmen der Klassifizierung von Leasingverhältnissen vorgehen und ob diesbezügliche Problembereiche identifiziert werden. Anschließend soll untersucht werden, welche Bedeutung Leasingnehmer den einzelnen Klassifizierungskriterien beimessen und ob dominierende Kriterien existieren. In diesem Zusammenhang erscheint zudem fraglich, inwieweit eine Anlehnung an die quantitativen Kriterien in ASC 840 erfolgt. Daraus ergibt sich die folgende Frage:

Frage A.1.1: Wie gehen Leasingnehmer im Rahmen der Klassifizierung von Leasingverhältnissen vor?

1.1.2 Berücksichtigung bilanzieller und prüfungsbezogener Konsequenzen bei Abschluss von Leasingverträgen

Vor Beginn des Bilanzierungsprozesses erfolgt der Abschluss bzw. die Gestaltung des Leasingvertrags. Es stellt sich die Frage, ob bilanzielle Konsequenzen des Leasingvertrags bereits während der Vertragsgestaltung Berücksichtigung finden. Vor diesem Hintergrund soll untersucht werden, inwieweit die für die bilanzielle Abbildung von Leasingverhältnissen zuständige Abteilung bei Vertragsabschluss hinzugezogen wird. Gleichermaßen ist zu analysieren, ob der zuständige Wirtschaftsprüfer im Rahmen einer prüfungsnahen Beratung bzw. vorweggenommenen Prüfung während der Vertragsgestaltung involviert ist, um beispielsweise eine Diskussion um die Klassifizierung während der regulären Prüfung des Jahresabschlusses zu vermeiden. Insofern ist zu fragen:

Frage A.1.2: Inwieweit werden bilanzielle und prüfungsbezogene Konsequenzen bereits bei Abschluss von Leasingverträgen berücksichtigt?

1.2 Beurteilung der gegenwärtigen Leasingbilanzierung und der Reformbestrebungen

1.2.1 Beurteilung der gegenwärtigen Leasingbilanzierung

Das dichotome Bilanzierungsmodell in IAS 17 und die Gestaltung von Leasingverträgen zur Umgehung der Bilanzwirksamkeit von Leasingverhältnissen stehen seit langem in der Kritik und waren Anstoß zur Reformierung der internationalen Leasingbilanzierung[2]. Jahresabschlussadressaten, etwa Analysten oder Investoren, befürwor-

1 Vgl. hierzu und im Folgenden ASC 840-10-25-1.
2 Vgl. z.B. SEC (2005), S. 60-65, Vater (2002).

ten eine einheitliche bilanzwirksame Behandlung aller Leasingverhältnisse[1]. In der Befragung von *Beattie/Goodacre/Thomson* geben selbst Jahresabschlussersteller zu, dass die gegenwärtige Leasingbilanzierung Strukturierungsmöglichkeiten bietet[2]. Entscheidungen im Rahmen der Klassifizierung werden zudem als schwierig und subjektiv beeinflusst erachtet. Insofern soll analysiert werden, wie Jahresabschlussersteller in ihrer Funktion als Leasingnehmer die Existenz unterschiedlicher Bilanzierungsmethoden für Leasingverhältnisse bzw. die Gestaltungsspielräume im Sinne der Klassifizierung beurteilen. Es ist folglich zu fragen:

Frage A.2.1.1: Wie beurteilen Leasingnehmer die Existenz unterschiedlicher Bilanzierungsmethoden für Leasingverhältnisse und die damit verbundenen Gestaltungsspielräume?

Bisherige empirische Studien zeigen, dass Rechnungslegungsakteure Informationen aus dem Anhang und anderen Jahresabschlussbestandteilen unterschiedlich wahrnehmen und Entscheidungsprozesse von den Bilanzierungsmethoden für Leasingverhältnisse beeinflusst werden[3]. Schwierigkeiten in der Beurteilung der bilanziellen Auswirkungen operativer Leasingverhältnisse werden in einer empirischen Untersuchung von kanadischen Bankangestellten festgestellt[4]. Die Studie von *Beattie/Goodacre/Thomson* verdeutlicht, dass britische Analysten Schwierigkeiten in der Beurteilung der bilanziellen Auswirkungen operativer Leasingverhältnisse haben, während Jahresabschlussersteller die Beurteilung durch Adressaten als lediglich geringfügig problematisch erachten[5]. Vor dem Hintergrund der diesbezüglich unterschiedlichen Auffassungen von Adressaten und Erstellern ist folgende Frage zu stellen:

Frage A.2.1.2: Wie beurteilen Leasingnehmer die Möglichkeit der Jahresabschlussadressaten, anhand der Informationen zu operativen Leasingverhältnissen Aussagen zu deren bilanziellen Auswirkungen zu treffen?

Die derzeitige Zweiteilung in operative Leasingverhältnisse und Finanzierungsleasingverhältnisse führt dazu, dass vergleichbare Transaktionen in unterschiedlichen bilanziellen Konsequenzen resultieren. Die Vergleichbarkeit zwischen Unternehmen und über die Zeit hinweg leidet insofern. Die Vergleichbarkeit wird einerseits durch eine unterschiedliche Nutzungsintensität operativer Leasingverhältnisse zwischen den Unternehmen beeinflusst. Eine Beeinträchtigung der Vergleichbarkeit über die Zeit hinweg erfolgt andererseits insofern, als die Nutzungsintensität operativer Leasingverhältnisse im Zeitablauf nicht konstant bleibt. Die internationale Leasingbilanzierung verstößt damit gegen den im IFRS-Rahmenkonzept kodifizierten Grundsatz der Vergleichbarkeit.

1 Vgl. z.B. Knutson (1993), S. 49-50 und 87-88.

2 Vgl. hierzu und im Folgenden Beattie/Goodacre/Thomson (2006), S. 86-87.

3 Vgl. z.B. Hartman/Sami (1989) im Rahmen der fremdkapitalgeberorientierten Forschung, Munter/Ratcliffe (1983), Wilkins/Zimmer (1983a) im Rahmen der analystenorientierten Forschung, Libby/Nelson/Hunton (2006) im Rahmen der wirtschaftsprüferorientierten Forschung.

4 Vgl. Durocher/Fortin (2009), S. 25-27.

5 Vgl. Beattie/Goodacre/Thomson (2006), S. 86-87.

Empirisch wird die Beeinträchtigung der Vergleichbarkeit in der Simulationsstudie von *Goodacre* und den darin aufgezeigten Veränderungen der Rangfolge von Kennzahlen für britische Handelsunternehmen nachgewiesen[1]. *Fülbier/Lirio Silva/ Pferdehirt* kommen indes zu dem Ergebnis, dass sich die Unternehmensrangfolge aufgrund der Bilanzierung operativer Leasingverhältnisse nicht wesentlich ändert und die Vergleichbarkeit insofern nicht eingeschränkt ist[2]. *Pferdehirt* stellt in seiner internationalen Studie lediglich für Deutschland eine Veränderung der Rangfolge fest[3]. Die Befragung von *Beattie/Goodacre/Thomson* zeigt, dass britische Jahresabschlussersteller kaum von einer Beeinflussung der Vergleichbarkeit durch die derzeitige Leasingbilanzierung ausgehen, während britische Analysten – in Übereinstimmung mit befragten kanadischen Bankangestellten[4] – die Vergleichbarkeit als beeinträchtigt erachten[5]. In Anlehnung an diese divergenten Ergebnisse ist zu fragen:

Frage A.2.1.3: Wie beurteilen Leasingnehmer die Beeinflussung der Vergleichbarkeit von Jahresabschlüssen durch die gegenwärtige Leasingbilanzierung?

Simulationsstudien versuchen, operative Leasingverhältnisse anhand der Informationen im Anhang bilanzwirksam werden zu lassen. Ausgangspunkt der Bilanzanpassung ist die Berechnung der Leasingverbindlichkeit aus operativen Leasingverträgen. Dabei zeigt sich, dass zusätzliche Annahmen getroffen werden müssen, weil die Informationen im Anhang unzureichend sind[6]. Experimentelle Untersuchungen belegen, dass die Festlegung des Sollzinssatzes durch Kreditbanken signifikant von der bilanziellen Behandlung der Leasingverträge beeinflusst wird[7]. Unternehmen mit Finanzierungsleasingverhältnissen erhalten demnach höhere Zinssätze als Unternehmen, die operative Leasingverhältnisse im Anhang des Jahresabschlusses ausweisen. Offensichtlich haben unterschiedliche Leasingbilanzierungsmethoden Auswirkungen auf die Wahrnehmung der Verschuldungssituation eines Unternehmens. Die Adressaten scheinen insofern nicht in der Lage zu sein, Einschätzungen über die finanziellen Verpflichtungen anhand der gegenwärtigen Informationen über Leasingverhältnisse vorzunehmen. In der Untersuchung von *Beattie/Goodacre/Thomson* geben die befragten britischen Analysten zudem an, dass deren Einschätzungen über die finanziellen Verpflichtungen eines Unternehmens anhand der gegenwärtigen Leasinginformationen erschwert sind, während die befragten Jahresabschlussersteller kaum eine Erschwernis für die Adressaten sehen[8]. In einer Befragung von *Durocher/Fortin* bestätigen kanadische Bankangestellte die Aussage der von *Beattie/Goodacre/Thomson* befragten

1 Vgl. Goodacre (2003b).
2 Vgl. Fülbier/Lirio Silva/Pferdehirt (2008), S. 135-136.
3 Vgl. Pferdehirt (2007), S. 271-272.
4 Vgl. Durocher/Fortin (2009), S. 25-27.
5 Vgl. Beattie/Goodacre/Thomson (2006), S. 86-87.
6 Vgl. z.B. Pferdehirt (2007), S. 221.
7 Vgl. z.B. Hartman/Sami (1989).
8 Vgl. hierzu und im Folgenden Beattie/Goodacre/Thomson (2006), S. 86-87.

Analysten[1]. Vor dem Hintergrund der diesbezüglich unterschiedlichen Auffassungen von Adressaten und Erstellern stellt sich folgende Frage:

Frage A.2.1.4: Wie beurteilen Leasingnehmer die Möglichkeit der Jahresabschlussadressaten, anhand der gegenwärtigen Leasinginformationen Einschätzungen über die finanziellen Verpflichtungen eines Unternehmens vorzunehmen?

1.2.2 Beurteilung der Reformbestrebungen

Kerncharakteristikum des vorgeschlagenen Modells zur Leasingbilanzierung aus Leasingnehmersicht ist eine einheitliche bilanzielle Berücksichtigung sämtlicher Leasingverhältnisse[2]. Im Vordergrund der Bilanzierung steht nicht der Leasinggegenstand, sondern die dem Leasinggegenstand anhaftenden Nutzungsrechte. Unabhängig von der Frage des wirtschaftlichen Eigentums muss der Leasingnehmer künftig Nutzungsrechte und damit korrespondierende Verpflichtungen ansetzen. Die Bilanzwirksamkeit sämtlicher Leasingverhältnisse ist von verschiedenen Adressatengruppen gefordert worden[3]. Die Umsetzung über einen neuartigen Ansatz zur Bilanzierung von Nutzungsrechten ist in diesen Forderungen indes nicht zu finden. In der Befragung von *Beattie/Goodacre/Thomson* zeigen die Jahresabschlussersteller zudem lediglich moderate Zustimmung für eine einheitliche bilanzielle Erfassung von Leasingverhältnissen[4]. Die Vorschläge von IASB und FASB hinsichtlich des Ansatzes zur Bilanzierung und Bewertung von Nutzungsrechten und der entsprechenden Zahlungsverpflichtung deuten weitreichende Änderungen der Bilanzierung an. Sie sollen mithilfe folgender Frage beurteilt werden:

Frage A.2.2.1: Wie beurteilen Leasingnehmer die Bilanzierungspflicht für sämtliche Leasingverhältnisse und den Ansatz zur Bilanzierung und Bewertung von Nutzungsrechten im Rahmen der Leasingbilanzierung?

Nach Ansicht von IASB und FASB sind laufzeitbezogene Optionen, Restwertgarantien und bedingte Leasingzahlungen künftig nicht separat zu erfassen (*component approach*), sondern dem Nutzungsrecht bzw. der Zahlungsverpflichtung im Wert zuzuschlagen (*single asset and liability approach*)[5]. Gemäß dem DP entscheidet die Wahrscheinlichkeit der Optionsausübung zu Beginn des Leasingverhältnisses über die Gesamtlaufzeit des Leasingvertrags und damit auch über die Bewertungshöhe des Nutzungsrechts und der korrespondierenden Zahlungsverpflichtung (*most likely lease term*). Im Rahmen des ED erfolgt die Ermittlung des Barwerts der Leasingzahlungen demgegenüber auf Basis der längstmöglichen Leasinglaufzeit, die sich nach dem Kriterium *more likely than not* einstellen dürfte. Zur Bestimmung der Leasingzahlungen ist gemäß ED zudem ein Erwartungswert zu bestimmen, der Restwertgarantien, bedingte Leasingzahlungen und Strafzahlungen bei Nichtausübung einer Option ein-

1 Vgl. Durocher/Fortin (2009), S. 25-27.
2 Vgl. hierzu und im Folgenden ausführlicher Kapitel II.2.2.2.
3 Vgl. z.B. Beattie/Goodacre/Thomson (2006), S. 87-88, Knutson (1993), S. 49-50 und 87-88.
4 Vgl. Beattie/Goodacre/Thomson (2006), S. 87-88.
5 Vgl. hierzu und im Folgenden ausführlicher Kapitel II.2.2.2.

schließt. Das DP sieht alternativ die Bewertung auf Basis des wahrscheinlichsten Werts vor. Sowohl die Vorgehensweise gemäß DP als auch gemäß ED verdeutlicht die Abkehr von der aus IAS 17 bekannten vertraglich abgesicherten Mindestlaufzeit und den Mindestleasingzahlungen.

In der Befragung von *Beattie/Goodacre/Thomson* sprechen sich britische Analysten und Jahresabschlussersteller gegen eine Antizipation möglicher Ausübungswahrscheinlichkeiten von Verlängerungsoptionen aus[1]. Analysten befürworten zudem den separaten Ansatz von Verlängerungsoptionen, während Jahresabschlussersteller dies ablehnen. Ein ähnliches Antwortverhalten zeigt sich hinsichtlich der Behandlung von Restwertgarantien und bedingten Leasingzahlungen. Weitere empirische Erkenntnisse liegen derzeit nicht vor, so dass folgende Frage zu stellen ist:

Frage A.2.2.2: Wie beurteilen Leasingnehmer die angestrebte bilanzielle Behandlung von Optionen, Restwertgarantien und bedingten Leasingzahlungen?

1.3 Erwartete Auswirkungen der reformierten Leasingbilanzierung und Veränderungen im Entscheidungsverhalten der Leasingnehmer

1.3.1 Erwartete Auswirkungen der reformierten Leasingbilanzierung aus Sicht der Leasingnehmer

Die bereits dargestellten Simulationsstudien nehmen Anpassungen der Bilanz und Gesamtergebnisrechnung vor, um Veränderungen entsprechender Finanzkennzahlen infolge einer Bilanzwirksamkeit sämtlicher Leasingverhältnisse zu zeigen. Im Mittelpunkt der Studien stehen Kennzahlen aus drei wesentlichen Gruppen. Bilanzstrukturkennzahlen, wie Anlagenintensität, Eigenkapitalquote und Verschuldungsgrade offenbaren Veränderungen der Vermögens- und Finanzlage. Einige empirische Untersuchungen identifizieren diese Kennzahlen als Indikatoren zur Messung operativer und finanzieller Risiken und zeigen die Beziehung zwischen veränderten Kennzahlen und Kapitalmarktreaktionen auf[2]. Auf die Verschuldung bezogene Kennzahlen stellen insbesondere für Rating-Agenturen[3], Investoren und Analysten[4] bedeutende Kennzahlen zur Bestimmung der Risikosituation eines Unternehmens dar. Insofern können Veränderungen dieser Kennzahlen Auswirkungen auf das Entscheidungsverhalten der Leasingnehmer haben, weil diese negative Reaktionen der Adressaten (*information inductance*-Hypothese) oder das Überschreiten vereinbarter Grenzwerte dieser Kennzahlen im Rahmen von Kreditverträgen (*debt covenant*-Hypothese) erwarten[5].

Die zweite Gruppe relevanter Kennzahlen umfasst Rentabilitätskennzahlen, wie Umsatzrentabilität, Gesamtkapitalrentabilität, Rentabilität des investierten Kapitals

1 Vgl. hierzu und im Folgenden Beattie/Goodacre/Thomson (2006), S. 89-92.
2 Vgl. z.B. Beattie/Goodacre/Thomson (2000a), Ge/Imhoff, Jr./Lee (2008), Imhoff, Jr./Lipe/Wright (1993).
3 Vgl. z.B. Standard & Poor's (2008), S. 52.
4 Vgl. z.B. Barker (1999), S. 201-202.
5 Vgl. hierzu Kapitel III.1.3.3.

(ROCE) und Eigenkapitalrentabilität. Rentabilitätskennzahlen dienen zum einen der Beurteilung der Profitabilität- und Aufwandsstruktur eines Unternehmens. Zum anderen informieren sie über das operative und finanzielle Risiko eines Unternehmens. Investoren und Analysten messen Rentabilitätskennzahlen eine hohe Bedeutung bei[1]. Demzufolge können Veränderungen dieser Kennzahlen wiederum zu Auswirkungen auf das Entscheidungsverhalten der Leasingnehmer aufgrund erwarteter negativer Reaktionen der Adressaten führen. Veränderungen im Entscheidungsverhalten können auch daraus resultieren, dass die Entlohnung des Managements regelmäßig an das Erreichen vertraglich festgelegter Rentabilitätskennzahlen geknüpft ist (Bonusplan-Hypothese)[2].

Kapitalmarktorientierte Kennzahlen bilden die dritte Gruppe der zu untersuchenden Kennzahlen. Dazu zählen beispielsweise das Kurs-Gewinn-Verhältnis oder das Verhältnis aus Buchwert zur Marktwert des Eigenkapitals. Solche Kennzahlen werden insbesondere im Rahmen der Unternehmens- und Aktienbewertung verwendet. Für Veränderungen dieser Kennzahlen gelten wiederum die vorstehenden Ausführungen zu potentiellen Verhaltensänderungen der Leasingnehmer.

Die Simulationsstudie von *Beattie/Goodacre/Thomson* zeigt einen signifikanten Effekt der Bilanzierung operativer Leasingverhältnisse auf Bilanzstrukturkennzahlen und Rentabilitätskennzahlen britischer Unternehmen sowie eine Veränderung der Unternehmensrangfolge bezogen auf Kennzahlen, die die Verschuldungssituation messen[3]. Zu ähnlichen Ergebnissen kommen empirische Untersuchungen in Australien[4], Kanada[5], Neuseeland[6], den Niederlanden[7] und den USA[8]. Für Deutschland stellen *Fülbier/Lirio Silva/Pferdehirt* und *Pferdehirt* hauptsächlich Auswirkungen auf Bilanzstrukturkennzahlen, insbesondere Verschuldungsgrade, fest[9]. Rentabilitätskennzahlen und kapitalmarktorientierte Kennzahlen sind demnach weniger betroffen. Die kennzahlenbasierte Unternehmensrangfolge zeigt keine wesentlichen Veränderungen. Die vorstehenden Forschungsergebnisse offenbaren unter der Annahme einer vollständigen Bilanzwirksamkeit von Leasingverhältnissen mitunter erhebliche Veränderungen der Kennzahlen. Inwieweit Leasingnehmer infolge der gegenwärtigen Reformbestrebungen Veränderungen wesentlicher Kennzahlen erwarten, soll folgende Frage klären:

Frage A.3.1.1: Inwieweit erwarten Leasingnehmer Auswirkungen auf wesentliche Kennzahlen?

1 Vgl. z.B. Barker (1999), S. 201-202.
2 Vgl. hierzu Kapitel III.1.3.3.
3 Vgl. Beattie/Edwards/Goodacre (1998).
4 Vgl. Hodge/Ahmed (2003).
5 Vgl. Durocher (2008).
6 Vgl. Bennett/Bradbury (2003).
7 Vgl. Lückerath-Rovers/de Bos (2009).
8 Vgl. Jesswein (2009).
9 Vgl. hierzu und im Folgenden Fülbier/Lirio Silva/Pferdehirt (2008), Pferdehirt (2007), S. 217-300.

Die Erwartungen der Leasingnehmer hinsichtlich möglicher Auswirkungen einer reformierten Leasingbilanzierung auf das Entscheidungsverhalten von Banken sind bislang lediglich von *Beattie/Goodacre/Thomson* untersucht worden[1]. Britische Jahresabschlussersteller und Adressaten erwarten demnach eine Verschlechterung des Kreditratings, zeigen allerdings ein indifferentes Antwortverhalten hinsichtlich veränderter Einschätzungen der Kapitalrückzahlungsfähigkeit.

In der Praxis werden üblicherweise kreditvertragliche Nebenbestimmungen zur Absicherung des Kreditgeschäfts vereinbart[2]. Diese Kreditauflagen orientieren sich häufig an Finanzkennzahlen (*financial covenants*)[3]. Sie verpflichten den Kreditnehmer zur Einhaltung von vor Vertragsabschluss vereinbarten wesentlichen Bilanzrelationen, etwa der Eigenkapitalquote[4]. Verstöße gegen vereinbarte *covenants* können zur vorzeitigen Kündigung des Kredits (Fälligstellung), Anpassung der Zinskonditionen zu Lasten des Kreditnehmers, Kürzung bestehender Kreditlinien und Forderung von zusätzlicher Haftungsmasse führen[5]. Unter der Annahme, dass die Bilanzierungspflicht für sämtliche Leasingverhältnisse Auswirkungen auf wesentliche Kennzahlen hat, könnte die Einhaltung bestehender *covenants* gefährdet sein[6]. Diese These wird von einer Studie gestützt, die zeigt, dass operative Leasingverhältnisse zur Beeinflussung von *covenants* genutzt werden können[7]. Banken berücksichtigen operative Leasingverhältnisse demnach nur unzureichend in der Festlegung von *covenants*. Die Studie von *Beattie/Goodacre/Thomson* offenbart zudem die Erwartung von Beeinflussungen bestehender *covenants* und infolgedessen Nachverhandlungen[8].

Insgesamt muss konstatiert werden, dass die Erwartungen der Leasingnehmer hinsichtlich möglicher Auswirkungen einer reformierten Leasingbilanzierung auf das Entscheidungsverhalten von Banken lediglich für Großbritannien auf Basis der G4+1-Überlegungen aufgezeigt werden. Somit bleibt die Erwartung der Leasingnehmer offen, wie die Beurteilung von Kreditanfragen bzw. Kredithöhen und Kreditkonditionen künftig abzuschließender Kreditverträge ausfielen, wenn Leasingverhältnisse gemäß den Reformvorschlägen abgebildet würden. Darüber hinaus ist fraglich, inwieweit Leasingnehmer mit einer Beeinflussung bestehender Kreditauflagen und Kreditkonditionen rechnen. Es ergibt sich folgende Frage:

Frage A.3.1.2: Inwieweit erwarten Leasingnehmer Auswirkungen auf das Entscheidungsverhalten von Banken?

---

1 Vgl. hierzu und im Folgenden Beattie/Goodacre/Thomson (2006), S. 92-94.

2 Zur Bedeutung von *covenants* im Rahmen der Kreditvergabe an Geschäftskunden vgl. z.B. Bantleon/Fengler/Peter (2009).

3 Für eine Übersicht der Grundtypen von *covenants* vgl. Vater (2010), S. 129.

4 Vgl. Göllert/Nahlik (2009), S. 508, Vater (2010), S. 130, Zwirner (2010), S. 280, Zwirner (2011), S. 59-60.

5 Vgl. hierzu Vater (2010), S. 131, Zwirner (2010), S. 283, Zwirner (2011), S. 61.

6 Vgl. Zeyer (2011). Vgl. Dreisbach/Gros (2011), S. 139-140 für eine ähnliche Argumentation bezogen auf Immobilienunternehmen.

7 Vgl. El-Gazzar/Lilien/Pastena (1989). Vgl. hierzu kritisch Smith, Jr. (1989).

8 Vgl. Beattie/Goodacre/Thomson (2006), S. 92-93.

Die Studie von *Beattie/Goodacre/Thomson* erfragt die von Jahresabschlusserstellern erwarteten Auswirkungen einer Bilanzierungspflicht für sämtliche Leasingverhältnisse auf das Entscheidungsverhalten von Analysten[1]. Die Jahresabschlussersteller sind demnach indifferent hinsichtlich Veränderungen der Risikoeinschätzungen von Analysten, erwarten aber negative Auswirkungen auf die Einschätzung künftiger Dividendenzahlungen. Die diesbezüglich befragten Analysten erwarten demgegenüber eine Erhöhung der Risikoeinschätzungen, sind jedoch indifferent hinsichtlich Veränderungen der Beurteilung künftiger Dividendenzahlungen. Die bislang mit Investoren und Analysten durchgeführten Experimente kommen zu dem Ergebnis, dass das Entscheidungsverhalten von Investoren und Analysten von der unterschiedlichen bilanziellen Behandlung von Leasingverhältnissen beeinflusst wird. Eine gleichwertige Wahrnehmung von Informationen aus dem Anhang und anderen Jahresabschlussbestandteilen ist insofern zu bezweifeln. Das Experiment von *Abdel-khalik* offenbart beispielsweise eine größere Prozentzahl von Investoren und Finanzanalysten, die Unternehmen mit bilanzunwirksamen Leasingverhältnissen als profitabler im Vergleich zu Unternehmen mit bilanzierten Leasingverhältnissen erachten[2]. *Munter/Ratcliffe* untersuchen die Investitionspräferenzen von Investoren und zeigen, dass Investitionen in Unternehmen, die Leasingverträge lediglich teilweise oder gar nicht bilanzieren gegenüber Investitionen in Unternehmen, die sämtliche Leasingverhältnisse bilanzieren, präferiert werden[3]. Empirische Studien belegen zudem, dass sich Investoren und Analysten der Problematik bilanzunwirksamer Leasingverhältnisse bewusst sind und Methoden zur bilanziellen Berücksichtigung kennen. Dennoch werden Bilanzkorrekturen aufgrund eines fehlenden Methodenverständnisses nur selten durchgeführt[4]. Lediglich professionelle Analysten größerer Institutionen verfügen über standardisierte Verfahren zur Berücksichtigung von Jahresabschlussinformationen[5].

Vor dem Hintergrund dieser Ergebnisse und insbesondere der von *Munter/ Ratcliffe* identifizierten Präferenz zur Investition in Unternehmen mit nichtbilanzierten Leasingverhältnissen müsste die angestrebte Reform der Leasingbilanzierung zu einem veränderten Entscheidungsverhalten von Investoren und Analysten führen. Die diesbezüglichen Erwartungen der Leasingnehmer sind bislang lediglich von *Beattie/Goodacre/Thomson* untersucht worden. Die Frage lautet daher:

Frage A.3.1.3: Inwieweit erwarten Leasingnehmer Auswirkungen auf das Entscheidungsverhalten von Investoren und Analysten?

Die von Leasingnehmern erwarteten Auswirkungen einer reformierten Leasingbilanzierung auf das Entscheidungsverhalten von Wirtschaftsprüfern sind bislang nicht untersucht worden. Die bisherige Forschung zum Prüfungsverhalten von Wirtschafts-

1 Vgl. hierzu und im Folgenden Beattie/Goodacre/Thomson (2006), S. 93-94.
2 Vgl. Abdel-khalik (1981), S. 103-108 und Anhang zu Kapitel 5. Vgl. ähnlich Wilkins/Zimmer (1983a).
3 Vgl. Munter/Ratcliffe (1983).
4 Vgl. z.B. Vancil/Anthony (1959), Breton/Taffler (1995).
5 Vgl. beispielhaft Moody's (1999), Moody's (2006), Standard & Poor’s (2002). Vgl. hierzu auch Altamuro et al. (2011).

prüfern zeigt, dass Prüfungsintensität und Fehlertoleranz gemäß dem risikoorientierten Prüfungsansatz von der Erwartung über mögliche Geschäftsrisiken abhängen[1]. Zudem weisen empirische Studien darauf hin, dass das Entscheidungsverhalten von Wirtschaftsprüfern von der Bedeutung der Mandanten beeinflusst wird[2]. Inwieweit die unterschiedlichen Bilanzierungsmethoden für Leasingverhältnisse Auswirkungen auf das Prüfungsverhalten von Wirtschaftsprüfern haben, ist bislang kaum untersucht worden. In einem Experiment kommt *Abdel-khalik* zu dem Ergebnis, dass sich die beteiligten Wirtschaftsprüfer nur in geringem Ausmaß von den unterschiedlichen Leasingbilanzierungsmethoden beeinflussen lassen: Über 75% der Wirtschaftsprüfer messen zwei fiktiven Unternehmen, die sich lediglich in der Bilanzierungsmethode für Leasingverhältnissen unterscheiden, eine gleich hohe Profitabilität bei[3]. Die Prognose der Cashflows scheint indes von der Leasingbilanzierungsmethode beeinflusst. Das Experiment von *Libby/Nelson/Hunton* zeigt demgegenüber einen erheblichen Einfluss der Leasingbilanzierungsmethode auf die Fehlertoleranz der Wirtschaftsprüfer, die in einer geringeren Fehlertoleranz mit entsprechend niedrigeren Wesentlichkeitsgrenzen im Rahmen bilanzierter Leasingverhältnisse resultiert[4]. Zudem verwenden Wirtschaftsprüfer mehr Zeit für Korrekturentscheidungen, die bilanzwirksame Finanzierungsleasingverhältnisse betreffen. Die Prüfung bilanzierter Informationen scheint insofern einen Prüfungsschwerpunkt darzustellen. Demgegenüber zeigen *Krishnan/ Sengupta*, dass Wirtschaftsprüfer bilanzunwirksame Leasingverhältnisse als Verbindlichkeit wahrnehmen und insofern nicht von den unterschiedlichen Leasingbilanzierungsmethoden beeinflusst werden[5]. Die erhöhte Risikobeurteilung im Rahmen operativer Leasingverhältnisse deutet indes auf eine unterschiedliche Wahrnehmung von bilanzwirksamen und bilanzunwirksamen Leasingverhältnissen hin.

Insgesamt zeigen die bisherigen Forschungsbemühungen, dass das Prüfungsverhalten von Wirtschaftsprüfern von der derzeitigen Leasingbilanzierung beeinflusst wird, auch wenn sich die Studien in dem Ausmaß der jeweiligen Beeinflussung unterscheiden. Die angestrebte Reform der Leasingbilanzierung müsste demnach mit Veränderungen im Prüfungsverhalten und entsprechend veränderten Wesentlichkeitsgrenzen sowie verlagerten Prüfungsschwerpunkten einhergehen. Die diesbezüglichen Erwartungen der Leasingnehmer sind bislang nicht untersucht worden. Insofern ergibt sich folgende Frage:

Frage A.3.1.4: Inwieweit erwarten Leasingnehmer Auswirkungen auf das Entscheidungsverhalten von Wirtschaftsprüfern?

Die Vergütung des Managements eines Unternehmens erfolgt u.a. mithilfe von Anreizsystemen, bei denen Bonuszahlungen an das Erreichen bestimmter Zielvorgaben – häufig Finanzkennzahlen – gebunden sind. Insofern stellt die variable Vergütung einen Anreiz für das Management dar, vorgegebene Bilanzrelationen zu erreichen. Die

1 Vgl. z.B. Braun (2001), Farmer/Rittenberg/Trompeter (1987).
2 Vgl. z.B. Knapp (1985).
3 Vgl. hierzu und im Folgenden Abdel-khalik (1981), S. 103-108 und Anhang zu Kapitel 5.
4 Vgl. hierzu und im Folgenden Libby/Nelson/Hunton (2006), insb. S. 550-556.
5 Vgl. hierzu und im Folgenden Krishnan/Sengupta (2011).

derzeitige dichotome Leasingbilanzierung beeinflusst die Bilanzkennzahlen in unterschiedlichem Ausmaß und hat damit Einfluss auf die Determinierung der variablen Vergütung. Die Studie von *Imhoff, Jr./Lipe/Wright* zeigt in diesem Zusammenhang, dass die überwiegende Zahl von Anreizsystemen auch nach der Einführung von SFAS 13 keine Korrektur um operative Leasingverhältnisse vornimmt[1]. Damit bleiben operative Leasingverhältnisse weitgehend unberücksichtigt in der Determinierung der variablen Vergütung.

Sofern die variablen Vergütungssysteme keine explizite Berücksichtigung von Leasingverhältnissen vorsehen, vermag eine in Richtung Bilanzwirksamkeit sämtlicher Leasingverhältnisse veränderte Leasingbilanzierung Auswirkungen auf die variable Vergütung haben. Diese Auswirkungen können – in Abhängigkeit von den als Zielvorgabe gewählten Kennzahlen – sowohl positiv als auch negativ sein. Erfolgt die variable Vergütung auf Basis von Verschuldungskennzahlen, könnte sich die Vergütung bei Einbezug sämtlicher Leasingverhältnisse im Vergleich zur Nichtberücksichtigung oder lediglich teilweisen Berücksichtigung reduzieren. Eine variable Vergütung auf Basis der Rentabilität des eingesetzten Kapitals (ROCE) könnte positiv durch die Berücksichtigung sämtlicher Leasingverhältnisse beeinflusst werden, weil der bei operativen Leasingverhältnissen dem Betriebsergebnis zugerechnete Leasingaufwand bei Bilanzwirksamkeit in Zins- und Tilgungsanteil gespalten wird, so dass ein Teil des vormaligen (Miet-)Aufwands nun als Zinsaufwand das Finanzergebnis berührt und insofern nicht mehr EBIT bzw. ROCE belastet.

Empirische Befunde zu den von Leasingnehmern erwarteten Auswirkungen der reformierten Leasingbilanzierung auf die variable Vergütung sind bislang ausgeblieben. Erwartete Auswirkungen der veränderten Leasingbilanzierung auf die variable Vergütung könnten zudem – wie bereits unter Frage A.3.1.1 erläutert – in einem veränderten Entscheidungsverhalten des Managements resultieren (Bonusplan-Hypothese)[2]. Daraus leitet sich folgende Frage ab:

Frage A.3.1.5: Inwieweit erwarten Leasingnehmer Auswirkungen auf die variable Vergütung?

In der Literatur wird die Qualität des Standardsetzungsprozesses u.a. durch die Berücksichtigung von Kosten-Nutzen-Abwägungen determiniert[3]. Die Notwendigkeit einer Reform der Leasingbilanzierung muss insofern unter Berücksichtigung von Veränderungen des Nutzens und der Kosten sowohl für Jahresabschlussadressaten als auch für die Bilanzierenden beurteilt werden. Der Nutzen der Leasingbilanzierungsreform ist im Wesentlichen in der Beseitigung von Kosten für Jahresabschlussadressaten zu sehen. Diese Kosten entstehen durch Anpassungen der bisherigen Bilanz um operative Leasingverhältnisse. Die dafür notwendigen Annahmen erhöhen die Unsicherheit des Korrekturergebnisses und tragen zu einer weiteren Kostensteigerung bei. Kosten

1 Vgl. Imhoff, Jr./Lipe/Wright (1993), S. 354-362.

2 Vgl. hierzu auch Kapitel III.1.3.3.

3 Vgl. z.B. Linsmeier et al. (1998), S. 162, hierzu auch IASB Framework, Rn. QC35-QC39. Zur Bemessung von Kosten und Nutzen der Änderungen von Rechnungslegungsstandards vgl. Schipper (2010).

der Adressaten entstehen überdies, sofern fehlgeleitete Entscheidungen aufgrund nicht angepasster Bilanzen getroffen werden. Für Jahresabschlussersteller entfallen aufgrund der Bilanzierung sämtlicher Leasingverhältnisse einerseits die Kosten der Klassifizierung. Andererseits erscheinen einige der vorgeschlagenen Detailregelungen vergleichsweise komplex. Darunter fällt beispielsweise die propagierte bilanzielle Behandlung von laufzeitbezogenen Optionen, Restwertgarantien und bedingten Leasingzahlungen. Der diesbezügliche Mehrwert kann vor dem Hintergrund der Abkehr von der vertraglich abgesicherten Laufzeit und den Mindestleasingzahlungen hin zu geschätzten Leasinglaufzeiten sowie den damit verbundenen Ermessensspielräumen sowohl für Jahresabschlussersteller als auch für Adressaten als gering eingeschätzt werden[1].

Bislang haben nur wenige empirische Studien die potentielle Komplexität und Veränderungen im Kosten-Nutzen-Verhältnis einer grundsätzlich veränderten Bilanzierung von Leasingverhältnissen untersucht. *Beattie/Goodacre/Thomson* zeigen in einer Befragung auf Basis der G4+1-Überlegungen, dass insbesondere die Ersteller von Jahresabschlüssen eine zusätzliche Komplexität im Rahmen der Bilanzwirksamkeit sämtlicher Leasingverhältnisse und erhöhte Kosten der Befolgung der neuen Bilanzierungsregeln erwarten, während die Adressaten des Jahresabschlusses ein indifferentes diesbezügliches Antwortverhalten offenbaren[2]. Als komplexitätstreibend wird insbesondere die Bewertung optionaler Komponenten erachtet[3]. Die von *Durocher/ Fortin* befragten Bankangestellten erwarten indes keine Erhöhung der Komplexität für Leasingnehmer[4]. Offen bleibt, ob die divergenten Antworten von Erstellern und Adressaten des Jahresabschlusses dem Mangel der Adressaten an internen Informationen über die tatsächliche Komplexität geschuldet sind oder ob die Jahresabschlussersteller strategisch im Sinne von Lobbyismus antworten. *Durocher/Fortin* fordern deshalb weitere empirische Untersuchungen der potentiellen Kosten einer Reform der Leasingbilanzierung[5]. Die vorliegende Arbeit greift diese Forderung auf und untersucht die Komplexität der Implementierung und der anschließenden Befolgung der angedachten künftigen Regelungen sowie Auswirkungen auf das Kosten-Nutzen-Verhältnis aus Leasingnehmersicht im Rahmen der folgenden Frage:

Frage A.3.1.6: Inwieweit erwarten Leasingnehmer Auswirkungen auf die Komplexität und das Kosten-Nutzen-Verhältnis der reformierten Bilanzierung von Leasingverhältnissen?

IASB und FASB propagieren einen Ansatz zur Bilanzierung von Nutzungsrechten im Rahmen der Leasingnehmerbilanzierung, der auf die vertraglichen Rechte und Pflichten aus Leasingverträgen abstellt[6]. Damit würde von der gängigen gegenständlichen

1 Vgl. ähnlich Fölkersamb/Hellen/Tesche (2010), S. 44.
2 Vgl. Beattie/Goodacre/Thomson (2006), S. 93-94.
3 Vgl. Beattie/Goodacre/Thomson (2006), S. 89-90.
4 Vgl. hierzu Durocher/Fortin (2009), S. 28-29.
5 Vgl. Durocher/Fortin (2009), S. 38.
6 Gemäß dem ED definiert sich ein Leasingverhältnis als Vertrag, durch den das Recht zur Nutzung eines bestimmten Vermögenswerts für eine bestimmte Zeit gegen Entgelt übertragen wird. Vgl. IASB (2010a), Appendix B, Rn. B1.

Bilanzierungskonzeption abgewichen und eine neue Art der Bilanzierung eingeführt. Zur Beantwortung der Frage, wie Verträge zur Nutzungsüberlassung aus mikroökonomischer Perspektive zu betrachten sind, wird die Theorie der Verfügungsrechte herangezogen. Dabei werden die vertraglichen Verpflichtungen in die zugrundeliegenden ökonomischen Entscheidungsmodelle unter der Annahme eines Eigentumsbegriffs eingebunden[1]. *Furubotn/Pejovich* bezeichnen Eigentum als ein Bündel von Rechten an einem Gegenstand[2]. Im Mittelpunkt steht die Verbindung zwischen Eigentümer und anderen Individuen, nicht die Verbindung zwischen Eigentümer und Gegenstand. Eigentumsrechte (*property rights*) definieren demnach, welche Handlungen der Eigentümer dieser Rechte vornehmen darf bzw. andere Individuen zu dulden haben[3]. Im Falle der Leasingbilanzierung erlauben Eigentumsrechte beispielsweise dem Inhaber dieser Rechte die Nutzung eines Leasinggegenstands. Gemäß der Theorie der Verfügungsrechte verlieren Gegenstände ihre physische Bedeutung und definieren sich allein über die ihnen anhaftenden Eigentumsrechte[4].

Die Eigentumsrechte an einem Gegenstand lassen sich – in Anlehnung an die Unterscheidung im spätrömischen Recht – in vier Kategorien unterteilen: Das Recht zur Nutzung des Gegenstands (*ius usus*), das Recht zur Aneignung der Erträge des Gegenstands (*ius usus fructus*), das Recht zur Veränderung des Gegenstands in Form und Substanz (*ius abusus*) und das Recht zur Übertragung des Gegenstands auf Dritte durch Veräußerung oder Schenkung (*ius successionis*)[5]. Veränderungs- und Veräußerungsrechte dürften in der Regel nicht Bestandteil von Leasingverträgen sein. Leasingverträge transferieren zudem nur Teilrechte. Im Regelfall handelt es sich dabei um das Nutzungsrecht und das Recht zur Vereinnahmung der Erträge[6].

Die angestrebte bilanzielle Erfassung von Leasingverträgen über Nutzungsrechte lässt den konkreten Leasinggegenstand in den Hintergrund rücken und folgt früheren Vorschlägen in der Literatur[7]. Das Abstellen auf Nutzungsrechte wirft allerdings in konzeptioneller Hinsicht Fragen auf. Fraglich ist in diesem Zusammenhang, ob der Vermögenswert per se ein Gegenstand oder nur das Recht daran ist. Übergeordnet stellt sich die Frage, warum nicht auch bei anderen Vermögenswerten abseits der Leasingbilanzierung auf Nutzungsrechte abgestellt wird. Die Bilanzierung von immateriellen Vermögenswerten stellte beispielsweise ein weiteres Anwendungsfeld

1 Vgl. Demsetz (1966), S. 61-62.

2 Vgl. Furubotn/Pejovich (1972), S. 1139, ähnlich Schoppe (1995), S. 139.

3 Vgl. Gotthold (1980), S. 546-547.

4 Vgl. z.B. Alchian/Demsetz (1973), Demsetz (1967). Für einen Vergleich der neoklassischen Theorie mit der Theorie der Verfügungsrechte vgl. z.B. Demsetz (1966).

5 Vgl. z.B. Bonus/Weiland (1995), S. 32-33, Richter (1990), S. 574-575, Schoppe (1995), S. 139, Terberger (1994), S. 49 m.w.N. Wildner (2004), S. 105 unterteilt die Verfügungsrechte lediglich in drei Gruppen. Das Recht auf Veräußerung ist hierbei Teil des Rechts auf Veränderung.

6 Darunter sind auch die durch IFRIC 4 erfassten indirekten Nutzungsrechte zu subsumieren, die sich lediglich auf die befristete Abnahme des überwiegenden Produktionsergebnisses eines Gegenstands und nicht auf den Gegenstand per se beziehen. Vgl. weiterführend Alvarez/Büttner (2008), Götz/Spanheimer (2005), insb. S. 260, Kümpel/Becker (2006), S. 5-7.

7 Vgl. z.B. Fahrholz (1979), Knutson (1993), S. 49-50, Myers (1962), Rn. 34-62, Plathe (1970), Rouse (1994), S. 18. Vgl. zu dieser Einschätzung auch Fülbier/Pferdehirt (2005), S. 279. Zur Bilanzierung von Nutzungsrechten vgl. zudem ausführlichst Pferdehirt (2007), S. 38-84.

dar. Diesbezügliche Erwartungen der Leasingnehmer sind bislang nicht untersucht worden. Insofern ist folgende Frage zu stellen:

Frage A.3.1.7: Inwieweit erwarten Leasingnehmer eine Ausweitung des Ansatzes zur Bilanzierung von Nutzungsrechten auf andere Bereiche der Rechnungslegung?

Die vorstehenden Fragen zu den erwarteten Auswirkungen einer reformierten Leasingbilanzierung münden in die übergeordnete Frage, wie Leasingnehmer auf diese Auswirkungen reagieren mögen. Die Erwartung verschlechterter wesentlicher Bilanzstrukturkennzahlen könnte dazu führen, dass Leasingnehmer mit negativen Reaktionen der Adressaten rechnen (*information inductance*-Hypothese). In Abhängigkeit von den Erwartungen über die Auswirkungen der Reformbestrebungen könnte sich das Entscheidungsverhalten der Leasingnehmer verändern. Nachfolgend werden daher Fragen hinsichtlich potentieller Veränderungen im Entscheidungsverhalten der Leasingnehmer konkretisiert.

1.3.2 Erwartete Veränderungen im Entscheidungsverhalten der Leasingnehmer

Bisherige empirische Studien zeigen, dass die Bilanzierungspflicht für sämtliche Leasingverhältnisse zu erhöhten finanziellen Verpflichtungen und Verschuldungsgraden führt[1]. Vor dem Hintergrund der *information inductance*-Hypothese und der *debt covenant*-Hypothese wäre denkbar, dass Leasingnehmer bestehende Leasingverträge nachverhandeln, um beispielsweise über eine Anpassung der Laufzeit die bilanzielle Verschuldung zu beeinflussen. In einer ex post-Befragung belegt *Abdel-khalik*, dass die Einführung von SFAS 13 einzelne Jahresabschlussersteller zu Nachverhandlungen bestehender Leasingverträge bewogen hat, um der Bilanzierungspflicht von Finanzierungsleasingverhältnissen und damit einer erhöhten bilanziellen Verschuldung zu entgehen[2]. Insofern könnte die in den gegenwärtigen Reformbestrebungen propagierte Bilanzierungspflicht für sämtliche Leasingverhältnisse in einem ähnlichen Entscheidungsverhalten der Leasingnehmer resultieren. Andere empirische Untersuchungen bezüglich potentieller Veränderungen im Entscheidungsverhalten von Leasingnehmern fokussieren nicht auf die Nachverhandlung bestehender Leasingverträge. Vor dem Hintergrund mangelnder diesbezüglicher Erkenntnisse stellt sich folgende Frage:

Frage A.3.2.1: Inwieweit würden Leasingnehmer bestehende Leasingverträge vor dem Hintergrund der erwarteten Auswirkungen nachverhandeln?

Neben einer Nachverhandlung bestehender Leasingverträge könnte sich die reformierte Leasingbilanzierung auf die Laufzeiten künftig abzuschließender Leasingverträge auswirken. Die Befragung von *Beattie/Goodacre/Thomson* bestätigt diese Vermutung[3]. Die Leasingnehmer geben an, dass sie die Laufzeiten von Leasingverträgen

1 Vgl. hierzu Kapitel III.1.1.2.
2 Vgl. hierzu und im Folgenden Abdel-khalik (1981), S. 118-119.
3 Vgl. hierzu und im Folgenden Beattie/Goodacre/Thomson (2006), S. 92-93.

verkürzen würden, um die bilanzielle Verschuldung zu minimieren. Dieses Ergebnis verdeutlicht, dass die auf die Unternehmensrisiken bezogenen ökonomischen Konsequenzen von Bedeutung für Leasingnehmer sind. Mit einer verkürzten Laufzeit von Leasingverträgen geht schließlich ein Transfer der Risiken vom Leasingnehmer auf den Leasinggeber einher. Allerdings besteht mit einer Verkürzung der Laufzeit ein höheres Risiko für den Leasingnehmer, keine Anschlussfinanzierung oder eine Anschlussfinanzierung zu ungünstigeren Konditionen nach Ablauf des Leasingverhältnisses zu erhalten[1]. Weitere Erkenntnisse hinsichtlich der Veränderung künftiger Leasinglaufzeiten liegen derzeit nicht vor, so dass sich folgende Frage ergibt:

Frage A.3.2.2: Inwieweit würden Leasingnehmer die Laufzeiten künftiger Leasingverträge vor dem Hintergrund der erwarteten Auswirkungen verändern?

Die Veränderung der Leasingvertragslaufzeiten steht in enger Verbindung zu der Verwendung von laufzeitbezogenen Optionen, Restwertgarantien und bedingten Leasingzahlungen, die Leasingverträge regelmäßig enthalten[2]. Leasingnehmer könnten mithilfe von Optionen die Laufzeit des Leasingverhältnisses und damit die bilanzielle Verschuldung zu reduzieren versuchen – eine Vermutung, die von *Beattie/Goodacre/Thomson* empirisch belegt worden ist[3]. Denkbar wäre eine Vereinbarung kürzerer Grundlaufzeiten mit anschließender Option zur Verlängerung und gleichzeitiger Argumentation, dass die Ausübung unwahrscheinlich ist. Durch eine entsprechende Beeinflussung der Eintrittswahrscheinlichkeiten im Rahmen der Ermittlung des Erwartungswerts bzw. des wahrscheinlichsten Werts für Restwertgarantien und bedingte Leasingzahlungen könnten Leasingnehmer gleichermaßen die Höhe der zu bilanzierenden Verpflichtung mindern. Möglich wäre auch, „normale" Leasingzahlungen als bedingte Leasingzahlungen mit entsprechender Möglichkeit zur Beeinflussung der Eintrittswahrscheinlichkeiten auszugeben. Mit Ausnahme der Befragung von *Beattie/Goodacre/Thomson* existieren keine empirischen Befunde zur künftigen bilanzpolitisch motivierten Verwendung von Optionen, Restwertgarantien und bedingten Leasingzahlungen. Es ist folgende Frage zu stellen:

Frage A.3.2.3: Inwieweit würden Leasingnehmer laufzeitbezogene Optionen, Restwertgarantien und bedingte Leasingzahlungen vor dem Hintergrund der erwarteten Auswirkungen verwenden?

Mehrere Studien untersuchen, welche Auswirkungen die Einführung der gegenwärtigen internationalen Leasingbilanzierung auf die Finanzierungsstrategie von Unternehmen in deren Funktion als Leasingnehmer und damit auf das Leasingvolumen hat. Mehrheitlich kommen diese Untersuchungen zu dem Ergebnis, dass die Einführung der Leasingbilanzierung die Finanzierungsstrategien der betroffenen Unternehmen beeinflusst hat. *Abdel-khalik* zeigt ex post, dass die Einführung von SFAS 13 zu einer

1 Dieses Risiko ist für gängige Leasinggegenstände, etwa Fahrzeuge oder IT-Systeme, gering.

2 Optionen des Leasinggebers sind ebenfalls denkbar. Jedoch besitzt der Leasingnehmer hierüber keine Kontrolle.

3 Vgl. Beattie/Goodacre/Thomson (2006), S. 89-90.

systematischen Substitution von Finanzierungsleasingverhältnissen durch operative Leasingverhältnisse und nicht-leasinginduzierte Finanzierungsalternativen geführt hat[1]. Ähnliche Substitutionseffekte werden von *Imhoff, Jr./Thomas* bestätigt[2]. *Taylor/ Turley* fokussieren auf die Einführung von SSAP 21 in Großbritannien[3]. 41% der befragten Unternehmen geben ex ante an, dass die Finanzierung über Leasing weniger attraktiv würde. Jedoch würde nur jeweils ein Viertel der Befragten den Kauf von Vermögenswerten dem Leasing vorziehen, Investitionen nicht oder mit anderen Formen der Fremdfinanzierung tätigen und das Eigenkapital erhöhen. *Ashton* kann indes keine Veränderungen der Finanzierungsstrategien britischer Unternehmen als Reaktion auf die Einführung von SSAP 21 nachweisen[4]. *Godfrey/Warren* belegen, dass im Rahmen der Einführung des australischen AAS 17 eine Substitution der Finanzierung über Leasing durch nicht-leasinginduzierte Fremdfinanzierungen und Finanzierungen über Eigenkapital stattgefunden hat[5].

Die Auswirkungen einer Bilanzierungspflicht für sämtliche Leasingverhältnisse auf die Finanzierungsstrategien von Unternehmen werden von *Beattie/Goodacre/ Thomson* untersucht[6]. Die Befragten geben an, dass die Finanzierung über Leasing weniger attraktiv würde. Auswirkungen auf das Leasingvolumen Großbritanniens können nicht antizipiert werden. Die Leasingnehmer offenbaren eine Indifferenz zwischen einer künftigen Präferenz zum Kauf von Vermögenswerten und einer Finanzierung über Leasing.

Insgesamt zeigen die Studien zur Einführung einer teilweisen Bilanzierungspflicht von Leasingverhältnissen, dass Leasingnehmer mit Substitutionshandlungen reagieren. Begründet wird dieses Vorgehen u.a. mit den in der Literatur erarbeiteten Hypothesen, dass Leasingnehmer eine Erhöhung der bilanzierten Verschuldung und daran anschließende negative Auswirkungen auf Kreditauflagen, Anreizsysteme und die Unternehmensbewertung am Kapitalmarkt zu verhindern versuchen[7]. Auf Basis dieser Ergebnisse und Hypothesen stellt sich die Frage, inwieweit Leasingnehmer mit einer veränderten Finanzierungsstrategie auf die vollständige Bilanzierungspflicht für Leasingverhältnisse reagieren würden. Zusätzlich interessiert vor diesem Hintergrund, wie Leasingnehmer die Auswirkungen auf das Leasingvolumen anderer Unternehmen in der jeweiligen Branche einschätzen. Die von *Beattie/Goodacre/Thomson* durchgeführte Untersuchung hinsichtlich einer angestrebten Bilanzierung sämtlicher Leasingverhältnisse lässt keine eindeutige Schlussfolgerung zu, so dass folgende Frage zu stellen ist:

Frage A.3.2.4: Inwieweit würden Leasingnehmer Leasingtransaktionen durch Verwendung alternativer Finanzierungsmöglichkeiten substituieren?

---

1 Vgl. Abdel-khalik (1981), S. 118-119.
2 Vgl. Imhoff, Jr./Thomas (1988).
3 Vgl. hierzu und im Folgenden Taylor/Turley (1985), S. 63-64.
4 Vgl. Ashton (1985). Das Ergebnis mag allerdings dem Umstand geschuldet sein, dass lediglich Unternehmen befragt werden, die SSAP 21 freiwillig vor dessen verpflichtendem Anwendungszeitpunkt berücksichtigen.
5 Vgl. Godfrey/Warren (1995).
6 Vgl. hierzu und im Folgenden Beattie/Goodacre/Thomson (2006), S. 92-93.
7 Zu den Hypothesen vgl. ausführlich Kapitel III.1.3.3.

2 Konkretisierung der Forschungsfragen für die Gruppe der Wirtschaftsprüfer

2.1 Berücksichtigung und Behandlung von Leasingverhältnissen im Prüfungsprozess der Wirtschaftsprüfer

2.1.1 Vorgehensweise im Rahmen der Prüfung von Leasingverhältnissen

Empirische Studien zum Prüfungsprozess zeigen, dass Prüfungsintensität und Fehlertoleranz gemäß dem risikoorientierten Prüfungsansatz von der Erwartung über mögliche Geschäftsrisiken abhängen. Wesentlichkeitsgrenzen und die Forderung von Korrekturen fehlerhafter Informationen werden demnach gemäß den erwarteten Risiken bezüglich eines Rechtsstreits, Mandanten- oder Reputationsverlusts festgelegt[1]. Über den konkreten Prüfungsprozess von Leasingverhältnissen liegen derzeit nur begrenzte Erkenntnisse vor. Lediglich die experimentelle Studie von *Libby/Nelson/Hunton* beschäftigt sich mit dieser Thematik und offenbart erhebliche Unterschiede in der Toleranz der Wirtschaftsprüfer hinsichtlich fehlerhafter Informationen in der Bilanz und im Anhang[2]. Die Ergebnisse deuten auf eine geringere Fehlertoleranz mit entsprechend niedrigeren Wesentlichkeitsgrenzen im Rahmen von bilanzierten Leasingverhältnissen hin. Zudem verwenden Wirtschaftsprüfer mehr Zeit für Korrekturentscheidungen, die bilanzwirksame Finanzierungsleasingverhältnisse betreffen. Die Prüfung bilanzierter Informationen scheint insofern einen Prüfungsschwerpunkt darzustellen.

Insgesamt ist ein Mangel an Erkenntnissen hinsichtlich der Vorgehensweise im Rahmen der Prüfung von Leasingverhältnissen festzustellen. Inwieweit die Bestimmung von Prüfungsschwerpunkten und Wesentlichkeitsgrenzen von den unterschiedlichen Leasingbilanzierungsmethoden beeinflusst wird, ist bislang nur unzureichend untersucht worden. Insofern ist folgende Frage zu stellen:

Frage B.1.1: Wie gehen Wirtschaftsprüfer im Rahmen der Prüfung von Leasingverhältnissen vor?

2.1.2 Bedeutung der Rechenwerke und des Anhangs in der Prüfung von Leasingverhältnissen

Im Rahmen der Frage B.1.1 soll untersucht werden, wie Wirtschaftsprüfer bei der Prüfung von Leasingverhältnissen vorgehen und welche diesbezüglichen Prüfungsschwerpunkte und Wesentlichkeitsgrenzen festgelegt werden. In diesem Zusammenhang ist zugleich zu fragen, inwieweit die determinierten Prüfungsschwerpunkte die Bedeutung der einzelnen Rechenwerke und des Anhangs im Rahmen der Prüfung von Leasingverhältnissen beeinflussen.

Die experimentelle Studie von *Libby/Nelson/Hunton* zeigt erhebliche Unterschiede in der Prüfung von bilanzierten Informationen und Anhangangaben zu

1 Vgl. z.B. Braun (2001), Wright/Wright (1997).
2 Vgl. hierzu und im Folgenden Libby/Nelson/Hunton (2006), insb. S. 550-556.

Leasingverhältnissen[1]. Daraus lässt sich schließen, dass Wirtschaftsprüfer den jeweiligen Rechenwerken und dem Anhang eine unterschiedliche Bedeutung zukommen zu lassen. Darin verdeutlichen sich zugleich Unterschiede in der Verlässlichkeit der Informationen. Anhangangaben könnten aufgrund höherer Wesentlichkeitsgrenzen und Fehlertoleranzen eine geringere Verlässlichkeit aufweisen, die den Jahresabschlussadressaten in dieser Art nicht bewusst ist. Gesicherte Erkenntnisse über Bedeutungsunterschiede der Rechenwerke im Rahmen der Prüfung von Leasingverhältnissen liegen – mit Ausnahme der Studie von *Libby/Nelson/Hunton* – nicht vor. Insofern ist zu fragen:

Frage B.1.2: Welche Bedeutung messen Wirtschaftsprüfer den jeweiligen Rechenwerken und dem Anhang im Rahmen der Prüfung von Leasingverhältnissen bei?

2.2 Beurteilung der gegenwärtigen Leasingbilanzierung und der Reformbestrebungen

2.2.1 Beurteilung der gegenwärtigen Leasingbilanzierung

Studien hinsichtlich konkreter Beurteilungen der derzeit unterschiedlichen Leasingbilanzierungsmethoden liegen nicht vor. In einer Fragebogenerhebung von *Hussey/Ong* zeigt sich lediglich, dass 68% der Wirtschaftsprüfer aus Kanada und 50% der Wirtschaftsprüfer aus Malaysia die gegenwärtigen Informationen zu Leasingverhältnissen als nicht entscheidungsnützlich erachten[2]. Vor diesem Hintergrund stellen *Hussey/Ong* eine mehrheitliche Präferenz der Wirtschaftsprüfer für eine einheitliche Leasingbilanzierungsmethode fest. Auch in einer Befragung *Abdel-khaliks* geben die befragten Wirtschaftsprüfer an, dass die einheitliche Bilanzwirksamkeit sämtlicher Leasingverträge die Darstellung des Jahresabschlusses vereinfachen würde[3]. Die experimentelle Untersuchung von *Libby/Nelson/Hunton* deutet auf eine massive Beeinflussung der Wirtschaftsprüfung durch die unterschiedlichen Leasingbilanzierungsmethoden hin. Die offenbar geringere Bedeutung von Anhangangaben zu operativen Leasingverhältnissen in der Prüfung kann zugleich mit Einbußen der Verlässlichkeit dieser Informationen einhergehen und Anreize zur Strukturierung von Leasingverhältnissen für Jahresabschlussersteller bieten. In Ermangelung empirischer Studien hinsichtlich konkreter Beurteilungen der derzeitigen unterschiedlichen Leasingbilanzierungsmethoden ist zu fragen:

Frage B.2.1.1: Wie beurteilen Wirtschaftsprüfer die Existenz unterschiedlicher Bilanzierungsmethoden für Leasingverhältnisse und die damit verbundenen Gestaltungsspielräume?

---

1 Vgl. hierzu und im Folgenden Libby/Nelson/Hunton (2006), insb. S. 550-556.

2 Vgl. hierzu und im Folgenden Hussey/Ong (2010).

3 Vgl. Abdel-khalik (1981), S. 113.

Die experimentelle Studie *Abdel-khaliks* zeigt, dass ein Großteil der teilnehmenden Wirtschaftsprüfer die Profitabilität, die Fähigkeit zur Rückzahlung von Verbindlichkeiten und das finanzielle Risiko zweier fiktiver Unternehmen, die sich lediglich in der Bilanzierungsmethode für Leasingverhältnisse unterscheiden, als äquivalent einschätzt[1]. Lediglich die Fähigkeit zur Prognose der Cashflows scheint von der Leasingbilanzierungsmethode beeinflusst. Insgesamt offenbart die Studie somit, dass Wirtschaftsprüfer die bilanziellen Auswirkungen operativer Leasingverhältnisse beurteilen können und dementsprechend berücksichtigen. Dennoch geben die befragten Wirtschaftsprüfer an, dass die einheitliche Bilanzwirksamkeit sämtlicher Leasingverträge die Darstellung des Jahresabschlusses vereinfachen würde[2]. Zu diesem Ergebnis kommen auch *Hussey/Ong*[3]. Weitere diesbezügliche Erkenntnisse liegen derzeit nicht vor. Offen ist zudem, wie Wirtschaftsprüfer die Möglichkeiten anderer – auch unprofessioneller – Adressaten zur Beurteilung der Bilanzauswirkungen operativer Leasingverhältnisse einschätzen. Es ist daher zu fragen:

Frage B.2.1.2: Wie beurteilen Wirtschaftsprüfer die Möglichkeit, anhand der Informationen zu operativen Leasingverhältnissen Aussagen zu deren bilanziellen Auswirkungen zu treffen?

Die Ergebnisse der Studie *Abdel-khaliks* deuten einerseits darauf hin, dass Jahresabschlüsse für Wirtschaftsprüfer in weiten Teilen vergleichbar sind[4]. Andererseits lässt die Aussage der befragten Wirtschaftsprüfer bezüglich einer vereinfachten Darstellung des Jahresabschlusses im Falle der Bilanzwirksamkeit sämtlicher Leasingverträge vermuten, dass die Vergleichbarkeit der Jahresabschlüsse beeinträchtigt ist[5]. Ein eindeutiges Ergebnis liegt vor dem Hintergrund der wenigen empirischen Erkenntnisse nicht vor, so dass folgende Frage zu stellen ist:

Frage B.2.1.3: Wie beurteilen Wirtschaftsprüfer die Beeinflussung der Vergleichbarkeit von Jahresabschlüssen durch die gegenwärtige Leasingbilanzierung?

Abdel-khalik zeigt in seinem Experiment, dass 87% der teilnehmenden Wirtschaftsprüfer die Fähigkeit zur Rückzahlung von Verbindlichkeiten zweier Unternehmen, die sich lediglich in der bilanziellen Behandlung von Leasingverhältnissen unterscheiden, als äquivalent erachten[6]. Ein ähnliches Ergebnis (85%) zeigt sich hinsichtlich der Einschätzung des finanziellen Risikos beider Unternehmen. Die Studie deutet insofern an, dass Wirtschaftsprüfer anhand der gegenwärtigen – auch bilanzunwirksamen – Leasinginformationen Einschätzungen über die finanziellen Verpflichtungen eines Unternehmens vornehmen können. Die Studie von *Krishnan/Sengupta* offenbart zudem, dass Wirtschaftsprüfer bilanzunwirksame Leasingverhältnisse als Verbindlich-

1 Vgl. hierzu und im Folgenden Abdel-khalik (1981), S. 103-108 und Anhang zu Kapitel 5.
2 Vgl. Abdel-khalik (1981), S. 113.
3 Vgl. Hussey/Ong (2010).
4 Vgl. Abdel-khalik (1981), S. 103-108 und Anhang zu Kapitel 5.
5 Vgl. Abdel-khalik (1981), S. 113, ebenso Hussey/Ong (2010).
6 Vgl. Abdel-khalik (1981), S. 103-108 und Anhang zu Kapitel 5.

keit wahrnehmen[1]. Aber auch hier fehlen weitere Erkenntnisse. Insofern ergibt sich folgende Frage:

Frage B.2.1.4: Wie beurteilen Wirtschaftsprüfer die Möglichkeit, anhand der gegenwärtigen Leasinginformationen Einschätzungen über die finanziellen Verpflichtungen eines Unternehmens vorzunehmen?

2.2.2 Beurteilung der Reformbestrebungen

Analog zu den in dieser Arbeit betrachteten Leasingnehmern soll die Beurteilung der Wirtschaftsprüfer mit Bezug auf die Bilanzierungspflicht für sämtliche Leasingverhältnisse und den Ansatz zur Bilanzierung und Bewertung von Nutzungsrechten untersucht werden[2]. Empirische Befunde zu einer diesbezüglichen Beurteilung aus Sicht der Wirtschaftsprüfer liegen derzeit nicht vor[3]. Die Frage lautet daher:

Frage B.2.2.1: Wie beurteilen Wirtschaftsprüfer die Bilanzierungspflicht für sämtliche Leasingverhältnisse und den Ansatz zur Bilanzierung und Bewertung von Nutzungsrechten im Rahmen der Leasingbilanzierung?

Erkenntnisse über die Beurteilung der Reformbestrebungen hinsichtlich der bilanziellen Behandlung von Optionen, Restwertgarantien und bedingten Leasingzahlungen aus Sicht der Wirtschaftsprüfer fehlen bislang[4]. Entsprechend der Frage A.2.2.2 für Leasingnehmer ist die gleichlautende Frage für Wirtschaftsprüfer zu stellen:

Frage B.2.2.2: Wie beurteilen Wirtschaftsprüfer die angestrebte bilanzielle Behandlung von Optionen, Restwertgarantien und bedingten Leasingzahlungen?

1 Vgl. Krishnan/Sengupta (2011).

2 Auf die allgemeinen Ausführungen zur künftigen Bilanzierungspflicht für sämtliche Leasingverhältnisse für Leasingnehmer und des Ansatzes zur Bilanzierung und Bewertung von Nutzungsrechten wird an dieser Stelle verzichtet, um Redundanzen zu vermeiden. Vgl. hierzu Frage A.2.2.1, Kapitel IV.1.2.2 sowie hierzu und im Folgenden ausführlicher Kapitel II.2.2.2.

3 Lediglich in Beiträgen von Wirtschaftsprüfern in Fachzeitschriften erfolgt vereinzelt eine Beurteilung der Reformbestrebungen. Vgl. z.B. Kroner/Leuchtenstern/Ranker (2010a), Laubach/Findeisen/Murer (2010). Aufgrund des fehlenden empirischen Charakters wird darauf nicht näher eingegangen.

4 Auf die allgemeinen Ausführungen zur künftigen bilanziellen Behandlung von Optionen, Restwertgarantien und bedingten Leasingzahlungen wird an dieser Stelle verzichtet, um Redundanzen zu vermeiden. Vgl. hierzu Frage A.2.2.2, Kapitel IV.1.2.2.

2.3 Erwartete Veränderungen im Entscheidungsverhalten der Wirtschaftsprüfer, erwartete Auswirkungen für zu prüfende Leasingnehmer und Veränderungen in deren Entscheidungsverhalten

2.3.1 Erwartete Veränderungen im Entscheidungsverhalten der Wirtschaftsprüfer

Libby/Nelson/Hunton zeigen eine Beeinflussung des Prüfungsverhaltens durch die gegenwärtig dichotome Leasingbilanzierung[1]. Die Prüfung von Finanzierungsleasingverhältnissen kann demzufolge als Prüfungsschwerpunkt interpretiert werden. Die angestrebte Bilanzierungspflicht für sämtliche Leasingverhältnisse dürfte zu Veränderungen leasinginduzierter Wesentlichkeitsgrenzen und Prüfungsschwerpunkte führen. Diesbezügliche Veränderungen lassen sich mit dem in empirischen Studien dokumentierten risikoorientierten Prüfungsansatz erklären[2]: Wenn bilanzunwirksamen Leasingverhältnissen ein geringeres Prüfungsrisiko beigemessen wird, dürften die Prüfungsrisiken im Falle einer Bilanzwirksamkeit sämtlicher Leasingverhältnisse steigen und entsprechende Anpassungen der Prüfungsschwerpunkte, Wesentlichkeitsgrenzen und Fehlertoleranzen nach sich ziehen. Demgegenüber offenbart die Studie von *Krishnan/ Sengupta* eine erhöhte Risikobeurteilung im Rahmen operativer Leasingverhältnisse[3]. Gemäß der vorstehenden Argumentation dürften die Prüfungsrisiken im Falle einer Bilanzwirksamkeit sämtlicher Leasingverhältnisse demzufolge sinken und entsprechende Anpassungen der Prüfungsschwerpunkte, Wesentlichkeitsgrenzen und Fehlertoleranzen nach sich ziehen. Zur Validierung dieser Thesen ist folgende Frage zu stellen:

Frage B.3.1.1: Inwieweit erwarten Wirtschaftsprüfer Veränderungen der Vorgehensweise im Rahmen der Prüfung von Leasingverhältnissen?

Die experimentelle Studie von *Libby/Nelson/Hunton* deutet aufgrund unterschiedlicher Fehlertoleranzen und Wesentlichkeitsgrenzen für Finanzierungsleasingverhältnisse bzw. operative Leasingverhältnisse darauf hin, dass Wirtschaftsprüfer den jeweiligen Rechenwerken und des Anhangs eine unterschiedliche Bedeutung zukommen zu lassen[4]. Die geringere Fehlertoleranz mit entsprechend niedrigeren Wesentlichkeitsgrenzen im Rahmen bilanzierter Informationen kann als Indiz für eine gegenüber dem Anhang vergleichsweise höhere Bedeutung der Bilanz in der Prüfung von Leasingverhältnissen gewertet werden. Die propagierte Bilanzierung sämtlicher Leasingverhältnisse sowie die Erfassung von Optionen, Restwertgarantien und bedingten Leasingzahlungen innerhalb des Nutzungsrechts bzw. der Zahlungsverpflichtung dürften die Bedeutung der Bilanz weiter erhöhen. Die wahrscheinlichkeitsbasierte bilanzielle Berücksichtigung von Optionen, Restwertgarantien und bedingten Leasingzahlungen

1 Vgl. hierzu und im Folgenden Libby/Nelson/Hunton (2006), insb. S. 550-556.
2 Vgl. z.B. Farmer/Rittenberg/Trompeter (1987), Hackenbrack/Nelson (1996).
3 Vgl. Krishnan/Sengupta (2011).
4 Vgl. hierzu und im Folgenden Libby/Nelson/Hunton (2006), insb. S. 550-556.

sowie damit verbundene Unsicherheiten könnten gleichermaßen zu einer erhöhten Bedeutung des Anhangs führen. Die darin enthaltenen Erläuterungen der wertbestimmenden Parameter – insbesondere die Ermittlung der zugrundeliegenden Ausübungs- bzw. Eintrittswahrscheinlichkeiten von Optionen, Restwertgarantien und bedingten Leasingzahlungen – könnten zu einer Reduktion des Prüfungsrisikos beitragen. Empirische Studien zur den Auswirkungen der Reformbestrebungen auf die Bedeutung der Rechenwerke und des Anhangs in der Prüfung von Leasingverhältnissen sind bislang ausgeblieben, so dass folgende Frage zu stellen ist:

Frage B.3.1.2: Inwieweit erwarten Wirtschaftsprüfer Auswirkungen auf die Bedeutung der Rechenwerke und des Anhangs in der Prüfung von Leasingverhältnissen?

Empirische Befunde über mögliche Auswirkungen der Reformbestrebungen auf die Komplexität der Prüfung von Leasingverhältnissen liegen derzeit nicht vor. Die Studie von *Libby/Nelson/Hunton* zeigt allerdings, dass die Bilanzwirksamkeit zu prüfender bzw. korrigierender Leasinginformationen die Dauer beeinflusst, die Wirtschaftsprüfer auf die Korrekturentscheidung verwenden[1]. Für Korrekturentscheidungen von Finanzierungsleasingverhältnissen fällt demnach ein höherer Zeitaufwand an. Diese vergleichsweise höhere Prüfungsintensität im Rahmen von Finanzierungsleasingverhältnissen kann mit den offensichtlich höheren Prüfungsrisiken im Bereich bilanzierter Informationen begründet werden. Die Bilanzierung sämtlicher Leasingverhältnisse dürfte insofern den Zeitaufwand der Prüfung und damit die Kosten der Prüfung erhöhen. Dagegen sprechen allerdings die Erkenntnisse aus der Studie von *Krishnan/ Sengupta*, die ein erhöhtes Risiko mit operativen Leasingverhältnissen verbinden[2]. Die Bilanzwirksamkeit sämtlicher Leasingverhältnisse könnte insofern zu einer verbesserten Risikobeurteilung und insgesamt zu einer Vereinfachung der Prüfung führen.

Eine Steigerung der Komplexität der künftigen Prüfung von Leasingverhältnissen kann in Zusammenhang mit der propagierten bilanziellen Berücksichtigung von Optionen, Restwertgarantien und bedingte Leasingzahlungen erwartet werden. Die Überprüfung der von Leasingnehmern festgelegten Ausübungs- bzw. Eintrittswahrscheinlichkeiten dürfte vor dem Hintergrund der damit verbundenen Entobjektivierungen intensivere Prüfungshandlungen erfordern. In dem Umfang, in dem die Nachvollziehbarkeit der Bilanzierung und Bewertung gemindert ist, wird die Prüfung erschwert[3]. Plausibilitätsprüfungen könnten gegenüber den traditionellen Richtigkeitsprüfungen an Bedeutung gewinnen. Die mit Optionen, Restwertgarantien und bedingte Leasingzahlungen verbundenen Ermessensspielräume können zudem als Auslöser vermehrter Diskussionen mit den zu prüfenden Mandanten erachtet werden und die Komplexität der Prüfung weiter erhöhen. Die Untersuchung von *Griffith/Hammersley/Kadous* zeigt diesbezüglich, dass sich Wirtschaftsprüfer bei der Überprüfung von Schätzungen zu

1 Vgl. hierzu und im Folgenden Libby/Nelson/Hunton (2006), insb. S. 550-556.
2 Vgl. Krishnan/Sengupta (2011).
3 Vgl. hierzu und im Folgenden ähnlich – allerdings nicht auf Leasing bezogen – Küting (2011).

sehr auf die Vorgaben des Managements verlassen[1]. Teilweise wird dies mit dem mangelnden Verständnis der Wirtschaftsprüfer für die Prozesse des Managements zur Generierung von Schätzungen erklärt. Der Nutzen der reformierten Leasingbilanzierung für Wirtschaftsprüfer kann demgegenüber in der Vereinfachung der künftigen Prüfung von Leasingverhältnissen vermutet werden, die sich in der entfallenen Notwendigkeit zur Überprüfung der Klassifizierung von Leasingverhältnissen zeigt. Letztlich fehlen gesicherte Erkenntnisse darüber, ob und wie sich das Kosten-Nutzen-Verhältnis in der Prüfung von Leasingverhältnissen verändert. Es stellt sich deshalb folgende Frage:

Frage B.3.1.3: Inwieweit erwarten Wirtschaftsprüfer Auswirkungen auf die Komplexität der Prüfung von Leasingverhältnissen und das entsprechende Kosten-Nutzen-Verhältnis?

Die Untersuchung der erwarteten Veränderungen im Entscheidungsverhalten der Wirtschaftsprüfer führt zu der Frage, welche Auswirkungen der reformierten Leasingbilanzierung die Wirtschaftsprüfer für zu prüfende Leasingnehmer erwarten. Die diesbezügliche Erwartungshaltung der Wirtschaftsprüfer soll anhand der folgenden Fragen untersucht werden. Diese Fragen erlauben zugleich einen Vergleich mit der entsprechenden Erwartungshaltung der Leasingnehmer.

2.3.2 Erwartete Auswirkungen der reformierten Leasingbilanzierung für zu prüfende Leasingnehmer

Bisher durchgeführte Simulationsstudien zeigen unter der Annahme einer vollständigen Bilanzwirksamkeit von Leasingverhältnissen mitunter erhebliche Veränderungen der Finanzkennzahlen[2]. Analog zu der Frage A.3.1.1 für Leasingnehmer ist somit zu fragen, inwieweit Wirtschaftsprüfer Auswirkungen auf Finanzkennzahlen der Leasingnehmer erwarten[3]. Hierzu wird die bereits vorgestellte Unterteilung der Kennzahlen in Bilanzstrukturkennzahlen, Rentabilitätskennzahlen und kapitalmarktorientierte Kennzahlen beibehalten. Empirische Erkenntnisse über die von Wirtschaftsprüfern erwarteten Veränderungen der Finanzkennzahlen zu prüfender Leasingnehmer liegen derzeit nicht vor. In Beiträgen von Wirtschaftsprüfern in Fachzeitschriften wird allerdings die Erwartung von Verschlechterungen wesentlicher Kennzahlen, etwa der Eigenkapitalquote, geäußert[4]. Vor diesem Hintergrund ergibt sich folgende Frage:

Frage B.3.2.1: Inwieweit erwarten Wirtschaftsprüfer Auswirkungen auf wesentliche Kennzahlen zu prüfender Leasingnehmer?

1 Vgl. hierzu und im Folgenden Griffith/Hammersley/Kadous (2011). Diese Studie fokussiert allerdings allgemein auf die Prüfung von Schätzungen und nicht explizit auf die Prüfung von Schätzungen im Bereich der Leasingbilanzierung.

2 Vgl. hierzu Kapitel III.1.1.2.

3 Vgl. hierzu und im Folgenden Frage A.3.1.1, Kapitel IV.1.3.1.

4 Vgl. z.B. Kroner/Leuchtenstern/Ranker (2010b), Laubach/Findeisen/Murer (2010).

Empirische Studien zu möglichen Beeinflussungen der Kreditvergabeentscheidungen von Banken durch die unterschiedlichen Leasingbilanzierungsmethoden und Reformbestrebungen liefern insgesamt divergente Ergebnisse[1]. Neben den von den Wirtschaftsprüfern erwarteten Auswirkungen auf wesentliche Kennzahlen zu prüfender Leasingnehmer sollen deshalb Erkenntnisse generiert werden, inwieweit Wirtschaftsprüfer mit veränderten Kreditvergabeentscheidungen von Banken hinsichtlich zu prüfender Leasingnehmer aufgrund einer reformierten Leasingbilanzierung rechnen. Empirische Studien zu den Erwartungen der Wirtschaftsprüfer, inwieweit die künftige Leasingbilanzierung Auswirkungen auf die Kreditwürdigkeitsprüfung und das daraus resultierende Kreditrating hätte und bestehende Kreditauflagen und Kreditkonditionen zu prüfender Leasingnehmer beeinflusste, fehlen. Somit stellt sich folgende Frage:

Frage B.3.2.2: Inwieweit erwarten Wirtschaftsprüfer Auswirkungen auf das Entscheidungsverhalten von Banken hinsichtlich zu prüfender Leasingnehmer?

Untersuchungen zu den Auswirkungen der unterschiedlichen Leasingbilanzierungsmethoden und der Reformbestrebungen auf das Entscheidungsverhalten von Investoren und Analysten verdeutlichen insgesamt eine Beeinflussung von Bewertungen und Prognosen[2]. Um einen Vergleich zu den Erwartungen der Leasingnehmer hinsichtlich möglicher Auswirkungen der reformierten Leasingbilanzierung auf das Entscheidungsverhalten von Investoren und Analysten ziehen zu können, sollen die diesbezüglichen Erwartungen der Wirtschaftsprüfer ermittelt werden. In Ermangelung empirischer Studien, die zeigen, inwieweit Wirtschaftsprüfer Veränderungen im Entscheidungsverhalten von Investoren und Analysten gegenüber zu prüfenden Leasingnehmern aufgrund der Reformbestrebungen erwarten, ist folgende Frage zu stellen:

Frage B.3.2.3: Inwieweit erwarten Wirtschaftsprüfer Auswirkungen auf das Entscheidungsverhalten von Investoren und Analysten gegenüber zu prüfenden Leasingnehmern?

Analog zu den in dieser Arbeit betrachteten Leasingnehmern soll die Erwartung der Wirtschaftsprüfer mit Bezug auf eine Ausweitung des Ansatzes zur Bilanzierung von Nutzungsrechten auf andere Bereiche der Rechnungslegung untersucht werden[3]. Diesbezügliche empirische Befunde liegen derzeit nicht vor. Die Frage lautet daher:

Frage B.3.2.4: Inwieweit erwarten Wirtschaftsprüfer eine Ausweitung des Ansatzes zur Bilanzierung von Nutzungsrechten auf andere Bereiche der Rechnungslegung?

1 Auf die Darstellung entsprechender Studien wird an dieser Stelle verzichtet, um Redundanzen zu vermeiden. Vgl. hierzu Kapitel III.1.5.2 und Kapitel III.1.5.3.

2 Auf die Darstellung entsprechender Studien wird an dieser Stelle verzichtet, um Redundanzen zu vermeiden. Vgl. hierzu Frage A.3.1.3, Kapitel IV.1.3.1 sowie Kapitel III.1.2.3.2 und Kapitel III.1.2.3.3.

3 Auf die allgemeinen Ausführungen zu Möglichkeiten der Ausweitung des Ansatzes zur Bilanzierung von Nutzungsrechten wird an dieser Stelle verzichtet, um Redundanzen zu vermeiden. Vgl. hierzu Frage A.3.1.7, Kapitel IV.1.3.1.

Die vorstehenden Fragen zu den erwarteten Auswirkungen einer reformierten Leasingbilanzierung führen zu der übergeordneten Frage, inwieweit Wirtschaftsprüfer Reaktionen der Leasingnehmer auf diese Auswirkungen erwarten. Nachfolgend werden daher Fragen hinsichtlich der von Wirtschaftsprüfern erwarteten Veränderungen im Entscheidungsverhalten der Leasingnehmer konkretisiert.

2.3.3 Erwartete Veränderungen im Entscheidungsverhalten zu prüfender Leasingnehmer

In der ex post-Befragung *Abdel-khaliks* geben 83% der Wirtschaftsprüfer an, dass eine Strukturierung neuer Leasingverträge infolge der Einführung von SFAS 13 stattgefunden hat, um die Bilanzierungspflicht von Finanzierungsleasingverhältnissen zu umgehen[1]. In Anlehnung an dieses Ergebnis kann vermutet werden, dass Wirtschaftsprüfer angesichts einer Bilanzierungspflicht für sämtliche Leasingverhältnisse Veränderungen der Laufzeiten künftiger Leasingverträge seitens zu prüfender Leasingnehmer erwarten. Kürzere Leasinglaufzeiten könnten anstrebt werden, um bilanzielle Auswirkungen, etwa den Anstieg der Verschuldung und daran anschließend negative Auswirkungen auf Kreditauflagen, Anreizsysteme und die Unternehmensbewertung zu reduzieren. Erkenntnisse hinsichtlich der diesbezüglichen Erwartungshaltung der Wirtschaftsprüfer fehlen. Es ist folglich zu fragen:

Frage B.3.3.1: Inwieweit erwarten Wirtschaftsprüfer eine Veränderung der Laufzeiten künftiger Leasingverträge seitens zu prüfender Leasingnehmer?

In Anlehnung an die Veränderung der Leasingvertragslaufzeiten könnten Leasingnehmer mithilfe von Optionen die Laufzeit des Leasingverhältnisses und damit die bilanzielle Verschuldung zu reduzieren versuchen. Denkbar wäre beispielsweise eine Vereinbarung kürzerer Grundlaufzeiten mit anschließender Option zur Verlängerung und gleichzeitiger Argumentation, dass die Ausübung eher unwahrscheinlich ist. Durch eine entsprechende Beeinflussung der Eintrittswahrscheinlichkeiten im Rahmen der Ermittlung des Erwartungswerts bzw. des wahrscheinlichsten Werts für Restwertgarantien und bedingte Leasingzahlungen könnten Leasingnehmer gleichermaßen die Höhe der zu bilanzierenden Verpflichtung mindern. Möglich wäre auch, „normale" Leasingzahlungen als bedingte Leasingzahlungen mit entsprechender Möglichkeit zur Beeinflussung der Eintrittswahrscheinlichkeiten auszugeben. Zur Unterstützung der These, dass Wirtschaftsprüfer die Verwendung von laufzeitbezogenen Optionen, Restwertgarantien und bedingten Leasingzahlungen seitens zu prüfender Leasingnehmer zur Reduktion der bilanzierten Verschuldung erwarten, kann lediglich auf die Studie *Abdel-khaliks* zurückgegriffen werden[2]. Danach berichten 83% der befragten Wirtschaftsprüfer von einer Strukturierung neuer Leasingverträge infolge der Bilanzierungspflicht für Finanzierungsleasingverhältnisse. Inwieweit diese Strukturierungsanstrengungen die Verwendung von Optionen, Restwertgarantien und bedingten

1 Vgl. Abdel-khalik (1981), S. 118-119.
2 Vgl. hierzu und im Folgenden Abdel-khalik (1981), S. 118-119.

Leasingzahlungen umfassen, bleibt offen. Weitere empirische Erkenntnisse liegen nicht vor. Insofern ist folgende Frage zu stellen:

Frage B.3.3.2: Inwieweit erwarten Wirtschaftsprüfer die Verwendung von laufzeitbezogenen Optionen, Restwertgarantien und bedingten Leasingzahlungen seitens zu prüfender Leasingnehmer?

In der Befragung von *Abdel-khalik* berichten 22% der Wirtschaftsprüfer von einer Substitution von Leasingtransaktionen durch einen eigen- oder fremdkapitalfinanzierten Kauf bzw. Eigenproduktion infolge der Einführung einer Bilanzierungspflicht für Finanzierungsleasingverhältnisse[1]. Dieses Ergebnis führt zu der Vermutung, dass die Wirtschaftsprüfer ähnliche Substitutionseffekte im Rahmen der gegenwärtigen Reformbestrebungen erwarten könnten. In Ermangelung gesicherter Erkenntnisse, inwieweit Wirtschaftsprüfer Veränderungen des Leasingvolumens und der Finanzierungsstrategie zu prüfender Leasingnehmer erwarten, ergibt sich folgende Frage:

Frage B.3.3.3: Inwieweit erwarten Wirtschaftsprüfer die Substitution von Leasingtransaktionen durch Verwendung alternativer Finanzierungsmöglichkeiten seitens zu prüfender Leasingnehmer?

3 Konkretisierung der Forschungsfragen für die Gruppe der Banken

3.1 Berücksichtigung und Behandlung von Leasingverhältnissen im Kreditvergabeprozess von Banken

3.1.1 Bedeutung des Jahresabschlusses in der Kreditwürdigkeitsprüfung

Bisherige empirische Studien zeugen von einer hohen Bedeutung der Jahresabschlussinformationen für den Kreditvergabeentscheidungsprozess von Banken[2]. Jahresabschlussinformationen werden insbesondere verwendet, um die Verschuldungssituation anhand von Bilanzdaten zu beleuchten. Die Verschuldungssituation eines Unternehmens signalisiert aufgrund der mit der Verschuldung verbundenen Zinszahlungen und der Rückzahlung von Verschuldung die gegenwärtige und künftige Belastung liquider Mittel. Banken quantifizieren anhand dieser Informationen die Wahrscheinlichkeit eines Kreditausfalls. Insofern stellt die Bilanz ein bedeutendes Rechenwerk im Rahmen der Kreditwürdigkeitsprüfung dar. *Berry/Robertson* zeigen in einer Befragung britischer Bankangestellter, dass die Kapitalflussrechnung gegenüber der Bilanz und der Gesamtergebnisrechnung an Bedeutung gewonnen hat und das wichtigste Rechenwerk des Jahresabschlusses darstellt[3]. Eine Untersuchung spanischer Bankangestellter zeigt zudem eine hohe Bedeutung des Prüfberichts im Rahmen der Kredit-

1 Vgl. Abdel-khalik (1981), S. 118-119.
2 Vgl. hierzu und im Folgenden z.B. Danos/Holt/Imhoff, Jr. (1989), Kemp/Overstreet (1990).
3 Vgl. Berry/Robertson (2006).

würdigkeitsprüfung[1]. Empirische Erkenntnisse über die Bedeutung des Jahresabschlusses in der Kreditwürdigkeitsprüfung deutscher Banken offenbart die Studie von *Haller et al.*, wonach der Jahresabschluss im Rahmen der quantitativen Informationen den höchsten Stellenwert einnimmt[2]. Neben dem Jahresabschluss werden Planungsdaten, Informationen über Cashflows und Vorjahresvergleiche als wichtige Informationen für die Bonitätsanalyse erachtet. Ob sich die für Großbritannien festgestellte Verschiebung der relativen Bedeutung einzelner Jahresabschlusselemente auf andere Länder – insbesondere Deutschland – übertragen lässt und welche Bedeutung dem Testat des Jahresabschlusses zukommt, ist allerdings fraglich. Lediglich die Studie von *Armstrong/Guay/Weber* erwähnt, dass Banken im Rahmen der Kreditwürdigkeitsprüfung üblicherweise testierte Jahresabschlüsse sowie weiterführende Informationen, etwa Finanzplanungen für die nächsten Jahre oder Übersichten der sonstigen Verpflichtungen, verlangen[3]. Insofern ist folgende Frage zu stellen:

Frage C.1.1: Welche Bedeutung messen Banken dem Jahresabschluss im Rahmen der Kreditwürdigkeitsprüfung bei?

3.1.2 Relevante Finanzkennzahlen in der Kreditwürdigkeitsprüfung

Die in empirischen Untersuchungen festgestellte hohe Bedeutung von Jahresabschlussinformationen – insbesondere Informationen der Bilanz, Gesamtergebnisrechnung und Kapitalflussrechnung – im Rahmen der Kreditwürdigkeitsprüfung wirft die Frage auf, welche Kennzahlen für die Beurteilung der Kreditwürdigkeit und die anschließende Kreditvergabeentscheidung herangezogen werden. Sofern der Kreditvergabeentscheidungsprozess maßgeblich von der gegenwärtigen Verschuldungssituation und den Zahlungsströmen zur Begleichung der Schuldpositionen eines Unternehmens beeinflusst wird, dürften Banken entsprechende Kennzahlen heranziehen. Verschiedene Studien belegen dies insofern, als sie auf eine hohe Bedeutung von Bilanzstrukturkennzahlen, wie Verschuldungsgrade sowie Liquiditätskennzahlen hindeuten[4]. Zur Untersuchung, welche Kennzahlen von Banken für die Beurteilung der Kreditwürdigkeit herangezogen werden, erfolgt ein Rückgriff auf die bereits vorgestellte Gruppierung der Finanzkennzahlen[5]. Somit ist zu fragen:

Frage C.1.2: Welche Kennzahlen werden von Banken im Rahmen der Kreditwürdigkeitsprüfung herangezogen?

1 Vgl. Guiral (2010).
2 Vgl. hierzu und im Folgenden Haller et al. (2008), S. 10.
3 Vgl. Armstrong/Guay/Weber (2010), S. 214.
4 Vgl. Berry/Robertson (2006), Dietrich/Kaplan (1982), Gibson (1983), Kemp/Overstreet (1990).
5 Vgl. hierzu Frage A.3.1.1, Kapitel IV.1.3.1.

3.1.3 Bedeutung und Berücksichtigung bilanzunwirksamer Elemente in der Kreditwürdigkeitsprüfung

Die in empirischen Studien aufgezeigte hohe Bedeutung der Bilanz zur Beurteilung der Kreditwürdigkeit führt zu der Frage, welche Bedeutung Banken bilanzunwirksamen Elementen zukommen lassen. Die Frage erscheint insofern berechtigt, als ein wesentlicher Teil relevanter Informationen – beispielsweise zur Beurteilung der Verschuldungssituation eines Unternehmens – gemäß der Rechnungslegung nach IFRS nicht bilanziert, sondern im Anhang angegeben wird. Sofern Banken diese Informationen nicht oder nur unzureichend in deren Entscheidungsprozessen berücksichtigen, könnten sie zu fehlgeleiteten Entscheidungen gelangen. Insofern ergibt sich folgende Frage:

Frage C.1.3: Inwieweit berücksichtigen Banken bilanzunwirksame Elemente im Rahmen der Kreditwürdigkeitsprüfung?

3.1.4 Bedeutung und Berücksichtigung von Leasingverhältnissen in der Kreditwürdigkeitsprüfung

In bisherigen empirischen Untersuchungen zur Bedeutung von Leasinginformationen für die Beurteilung der Kreditwürdigkeit zeigt sich, dass Leasingverhältnissen insgesamt eine lediglich mittlere Bedeutung zukommt. In der Studie von *Kemp/Overstreet* stehen sie beispielsweise auf Platz 17 der 48 aufgeführten Informationen im Rahmen der Kreditwürdigkeitsbeurteilung[1]. Die Studie von *Stanga/Benjamin* zeigt indes eine vergleichsweise höhere Bedeutung von Leasingverhältnissen im Kreditvergabeentscheidungsprozess (Platz 13 von 79)[2]. Studien, die hinsichtlich der Bedeutung und Berücksichtigung von Leasingverhältnissen im Rahmen der Kreditwürdigkeitsprüfung zwischen Finanzierungsleasingverhältnissen und operativen Leasingverhältnissen unterscheiden, kommen zu konträren Ergebnissen. Während die Befragung von *Catanach/Kemp* eine höhere Bedeutung von operativen Leasingverhältnissen gegenüber Finanzierungsleasingverhältnissen im Rahmen der Kreditwürdigkeitsprüfung feststellt, belegen *Durocher/Fortin* und *Gopalakrishnan/Parkash,* dass Finanzierungsleasingverhältnisse eher als bilanzielle Schuld erachtet und Informationen über operative Leasingverhältnisse für die Beurteilung der Kapitalstruktur und der Kapitalrückzahlungsfähigkeit zwar berücksichtigt werden, allerdings mit einem signifikant geringeren Gewicht[3]. Die experimentellen Studien von *Wilkins/Zimmer* und *Wilkins* zeigen, dass Banken sämtliche Leasingverhältnisse in deren Beurteilung der Kreditwürdigkeit berücksichtigen[4]. Insofern kann angenommen werden, dass sich Banken der Bedeutung von Leasingverhältnissen für die Kreditvergabeentscheidung bewusst sind und diese dementsprechend berücksichtigen. Untersuchungen von *Abdel-khalik*, *Blake/Salas/Clarke* und *Hartmann/Sami* kommen indes zu dem Ergebnis, dass Kreditvergabeentscheidungen von unterschiedlichen Leasingbilanzierungsmethoden beeinflusst

1 Vgl. Kemp/Overstreet (1990), S. 53-55.
2 Vgl. Stanga/Benjamin (1978).
3 Vgl. Catanach/Kemp (1999), Durocher/Fortin (2009), Gopalakrishnan/Parkash (1996).
4 Vgl. Wilkins/Zimmer (1983b), Wilkins (1984).

werden, Banken also nicht sämtliche Leasingverhältnisse gleichwertig in deren Entscheidungen berücksichtigen[1].

Leasingverhältnisse beeinflussen analog zu anderen Fremdfinanzierungen die Kreditwürdigkeit von Unternehmen. Sie führen gleichermaßen zu kontinuierlichen Zahlungsabflüssen in Form von Leasingzahlungen und Rückgabeverpflichtungen. Insofern besteht für Banken bei Nichtberücksichtigung oder unzureichender Berücksichtigung entsprechender Informationen über Leasingverhältnisse die Gefahr, zu fehlgeleiteten Entscheidungen zu gelangen. Vor dem Hintergrund der uneinheitlichen Forschungsergebnisse ist zu fragen:

Frage C.1.4: Welche Bedeutung messen Banken Leasingverhältnissen im Rahmen der Kreditwürdigkeitsprüfung bei?

3.1.5 Verwendete Methoden zur Jahresabschlusskorrektur um operative Leasingverhältnisse

Sofern Banken in Anlehnung an vorstehende Frage C.1.4 operative Leasingverhältnisse in der Beurteilung der Kreditwürdigkeit berücksichtigen, stellt sich die Frage, ob und welche Methoden zur Berücksichtigung der bilanziellen Auswirkungen operativer Leasingverhältnisse von den Banken angewendet werden. Die Studie von *Wilkins/ Zimmer* zeigt, dass nur eine geringe Anzahl der untersuchten Banken formalanalytische Methoden zur Berücksichtigung der Auswirkungen operativer Leasingverhältnisse auf Bilanzkennzahlen anwendet[2]. Die Mehrzahl der Banken nimmt lediglich rudimentäre Korrekturen anhand kognitiver Näherungsverfahren vor. *Durocher/Fortin* kommen zu dem Ergebnis, dass lediglich 30% der Befragten Korrekturen um operative Leasingverhältnisse unter Anwendung formalanalytischer Methoden vornehmen[3]. Die Untersuchung von *Altamuro et al.* offenbart demgegenüber einen Zusammenhang zwischen Bilanzkorrekturen um operative Leasingverhältnisse und dem Vorliegen eines von Dritten erstellten Kreditratings[4]. Ein Kreditrating gilt demnach als hinreichend sichere Schätzung des Risikos aus operativen Leasingverhältnissen. Zugleich zeigt die Studie, dass im Rahmen der Erstellung dieser Kreditratings grundsätzlich Korrekturen um operative Leasingverhältnisse vorgenommen werden. Dieses Ergebnis weist Parallelen zu Studien auf, die zeigen, dass Banken im Rahmen der Kreditvergabeentscheidungsprozesses häufig auf aggregierte und anscheinend auch um operative Leasingverhältnisse korrigierte Informationen von Informationsdiensten zurückgreifen[5]. Banken müssten insofern nicht notwendigerweise über ein diesbezügliches Methodenverständnis verfügen. Insofern ist zu fragen:

Frage C.1.5: Welche Methoden zur Jahresabschlusskorrektur um operative Leasingverhältnisse verwenden Banken im Rahmen der Kreditwürdigkeitsprüfung?

---

1 Vgl. Abdel-khalik (1981), S. 83-125, Blake/Salas/Clarke (1995), Hartman/Sami (1989).
2 Vgl. hierzu und im Folgenden detaillierter Wilkins/Zimmer (1983b), S. 759-760.
3 Vgl. Durocher/Fortin (2009), S. 24.
4 Vgl. hierzu und im Folgenden Altamuro et al. (2011).
5 Vgl. z.B. Danos/Holt/Imhoff, Jr. (1989), ähnlich Houlihan/Sondhi (1984), S. 4-5.

3.2 Beurteilung der gegenwärtigen Leasingbilanzierung und der Reformbestrebungen

3.2.1 Beurteilung der gegenwärtigen Leasingbilanzierung

Bisherige Studien deuten teilweise eine Beeinflussung des Kreditvergabeentscheidungsprozesses durch die dichotome Leasingbilanzierung an[1]. Unternehmen mit Finanzierungsleasingverhältnissen erhalten schlechtere Kreditratings als Unternehmen, die operative Leasingverhältnisse im Anhang offenlegen. Die Banken scheinen sich insofern der Beeinflussung durch die Leasingbilanzierung bewusst, als sie eine einheitliche bilanzielle Abbildung sämtlicher Leasingverträge präferieren[2]. In der Studie von *Durocher/Fortin* werden kanadische Bankangestellte um eine Beurteilung der gegenwärtigen Regulierung der Leasingbilanzierung gebeten[3]. Die Bankangestellten geben an, dass die gegenwärtige Leasingbilanzierung Strukturierungsmöglichkeiten im Rahmen der Klassifizierung von Leasingverhältnissen bietet. Leasingverträge könnten bewusst als operative Leasingverhältnisse eingestuft werden. Entscheidungen im Rahmen der Klassifizierung werden als schwierig und subjektiv beeinflusst erachtet. *Berry/Robertson* deuten in einer Befragung britischer Bankangestellter ebenfalls Schwierigkeiten mit bilanzunwirksamen Finanzierungen an[4]. Um zu untersuchen, inwieweit diese Forschungsergebnisse mit aktuellen diesbezüglichen Beurteilungen von Banken übereinstimmen, ist zu fragen:

Frage C.2.1.1: Wie beurteilen Banken die Existenz unterschiedlicher Bilanzierungsmethoden für Leasingverhältnisse und die damit verbundenen Gestaltungsspielräume?

Empirische Studien deuten an, dass Bankangestellte oftmals kein oder ein unzureichendes Methodenwissen zur Korrektur der Bilanz um operative Leasingverhältnisse besitzen[5]. Die Mehrzahl der Banken nimmt lediglich rudimentäre Korrekturen anhand kognitiver Näherungsverfahren vor. Insofern kann vermutet werden, dass Banken Bilanzauswirkungen operativer Leasingverhältnisse nur schwer einschätzen können. Diese Vermutung wird von *Durocher/Fortin* bestätigt, die in einer Befragung kanadischer Bankangestellter Schwierigkeiten in der Beurteilung der bilanziellen Auswirkungen operativer Leasingverhältnisse feststellen[6]. Die vorhandenen Informationen werden als unzureichend beschrieben. Banken verfügten zudem häufig nicht über unternehmensinterne Informationen und müssten Schätzungen vornehmen, um die unvollständigen Anhangangaben zu komplettieren. Die Aussagen der befragten Bankangestellten stehen in Einklang mit der experimentellen Studie von *Abdel-khalik*, die zeigt, dass die Bilanzierungsmethoden für Leasingverhältnisse Auswirkungen auf die

1 Vgl. z.B. Abdel-khalik (1981), S. 103-108 und Anhang zu Kapitel 5, Hartman/Sami (1989).
2 Vgl. z.B. Durocher/Fortin (2009), S. 27-28, ähnlich Abdel-khalik (1981), S. 113-114.
3 Vgl. hierzu und im Folgenden Durocher/Fortin (2009), S. 25-27.
4 Vgl. Berry/Robertson (2006), S. 187-188.
5 Vgl. hierzu und im Folgenden z.B. Durocher/Fortin (2009), S. 24, Wilkins/Zimmer (1983b), S. 759-760.
6 Vgl. hierzu und im Folgenden Durocher/Fortin (2009), S. 25-27.

Beurteilung der Profitabilität, des finanziellen Risikos und der Kapitalrückzahlungsfähigkeit haben[1]. Banken scheinen insofern nur unzureichend in der Lage, die bilanziellen Auswirkungen operativer Leasingverhältnisse abschätzen zu können. Demgegenüber kommen *Wilkins/Zimmer* zu dem Ergebnis, dass die Banken der Stichprobe trotz lediglich rudimentärer Korrekturen um operative Leasingverhältnisse nicht von unterschiedlichen Leasingbilanzierungsmethoden in der Beurteilung der Kreditwürdigkeit und der Festlegung der maximalen Kredithöhe beeinflusst werden und offensichtlich die bilanziellen Wirkungen operativer Leasingverhältnisse einschätzen können[2]. Die mitunter widersprüchlichen Ergebnisse bisheriger Studien und der Mangel an Erkenntnissen, wie Banken die Möglichkeit anderer Adressaten beurteilen, anhand der Informationen zu operativen Leasingverhältnissen Aussagen zu deren bilanziellen Auswirkungen zu treffen, führen zu folgender Frage:

Frage C.2.1.2: Wie beurteilen Banken die Möglichkeit, anhand der Informationen zu operativen Leasingverhältnissen Aussagen zu deren bilanziellen Auswirkungen zu treffen?

Die von *Durocher/Fortin* befragten Bankangestellten geben an, dass die gegenwärtige Leasingbilanzierung die Vergleichbarkeit von Unternehmen beeinträchtigt[3]. Auch die Präferenz der Bankangestellten für eine einheitliche bilanzwirksame Abbildung von Leasingverhältnissen deutet auf eine Beeinträchtigung der Vergleichbarkeit aufgrund der gegenwärtigen Leasingbilanzierung hin. Konkretere Erkenntnisse liegen derzeit nicht vor, so dass folgende Frage zu stellen ist:

Frage C.2.1.3: Wie beurteilen Banken die Beeinflussung der Vergleichbarkeit von Jahresabschlüssen durch die gegenwärtige Leasingbilanzierung?

Studien, die sich mit dem Verhältnis von Verbindlichkeiten aus Leasingverhältnissen und Verbindlichkeiten aus anderen Fremdfinanzierungen beschäftigen, zeigen teilweise, dass Verbindlichkeiten aus operativen Leasingverhältnissen weniger Verschuldungskapazität beanspruchen als nicht-leasinginduzierte Verbindlichkeiten oder Verbindlichkeiten aus Finanzierungsleasingverhältnissen[4]. Die daraus resultierende unterschiedliche Wahrnehmung der Verschuldungssituation eines Unternehmens aufgrund der Leasingbilanzierungsmethode wird auch in experimentellen Studien nachgewiesen. *Hartman/Sami* verdeutlichen beispielsweise, dass die Festlegung von Kreditkonditionen signifikant von der bilanziellen Behandlung der Leasingverträge beeinflusst wird[5]. Unternehmen mit Finanzierungsleasingverhältnissen erhalten höhere Zinssätze als Unternehmen mit operativen Leasingverhältnissen. *Abdel-khalik* zeigt, dass die Leasingbilanzierungsmethode Auswirkungen auf die Beurteilung der Fähigkeit zur

1 Vgl. hierzu und im Folgenden Abdel-khalik (1981), S. 103-108 und Anhang zu Kapitel 5.
2 Vgl. Wilkins/Zimmer (1983b), ähnlich Wilkins (1984).
3 Vgl. hierzu und im Folgenden Durocher/Fortin (2009), S. 25-28, ähnlich Abdel-khalik (1981), S. 113-114.
4 Vgl. z.B. Beattie/Goodacre/Thomson (2000b).
5 Vgl. hierzu und im Folgenden Hartman/Sami (1989).

Rückzahlung von Verbindlichkeiten zweier Unternehmen hat, die sich lediglich in der bilanziellen Behandlung von Leasingverhältnissen unterscheiden[1]. Insofern liegt ein Indiz dafür vor, dass Banken nur eingeschränkt anhand der gegenwärtigen Leasinginformationen Einschätzungen über die finanziellen Verpflichtungen eines Unternehmens vornehmen können. Diese These wird von *Durocher/Fortin* gestützt, wonach die befragten kanadischen Bankgestellten mehrheitlich eine Beeinträchtigung der Möglichkeit zur Einschätzung finanzieller Verpflichtungen aufgrund der gegenwärtigen Leasingbilanzierung angeben[2]. In Ermangelung weiterer Erkenntnisse ist zu fragen:

Frage C.2.1.4: Wie beurteilen Banken die Möglichkeit, anhand der gegenwärtigen Leasinginformationen Einschätzungen über die finanziellen Verpflichtungen eines Unternehmens vorzunehmen?

3.2.2 Beurteilung der Reformbestrebungen

Analog zu den in dieser Arbeit betrachteten Leasingnehmern und Wirtschaftsprüfern soll die Beurteilung der Banken mit Bezug auf die Bilanzierungspflicht für sämtliche Leasingverhältnisse und den Ansatz zur Bilanzierung und Bewertung von Nutzungsrechten untersucht werden[3]. Empirische Befunde zur Beurteilung der G4+1-Überlegungen aus Sicht der Banken deuten eine Präferenz für die einheitliche Bilanzierung sämtlicher Leasingverhältnisse an[4]. Die Frage für Banken lautet daher:

Frage C.2.2.1: Wie beurteilen Banken die Bilanzierungspflicht für sämtliche Leasingverhältnisse und den Ansatz zur Bilanzierung und Bewertung von Nutzungsrechten im Rahmen der Leasingbilanzierung?

Erkenntnisse über die Beurteilung der Reformbestrebungen hinsichtlich der bilanziellen Behandlung von Optionen, Restwertgarantien und bedingten Leasingzahlungen aus Sicht der Banken fehlen bislang[5]. Entsprechend der Frage A.2.2.2 für Leasingnehmer ist die gleichlautende Frage für Banken zu stellen:

Frage C.2.2.2: Wie beurteilen Banken die angestrebte bilanzielle Behandlung von Optionen, Restwertgarantien und bedingten Leasingzahlungen?

---

1 Vgl. Abdel-khalik (1981), S. 103-108 und Anhang zu Kapitel 5.

2 Vgl. Durocher/Fortin (2009), S. 25-27.

3 Auf die allgemeinen Ausführungen zur künftigen Bilanzierungspflicht für sämtliche Leasingverhältnisse für Leasingnehmer und des Ansatzes zur Bilanzierung und Bewertung von Nutzungsrechten wird an dieser Stelle verzichtet, um Redundanzen zu vermeiden. Vgl. hierzu Frage A.2.2.1, Kapitel IV.1.2.2 sowie hierzu und im Folgenden ausführlicher Kapitel II.2.2.2.

4 Vgl. Durocher/Fortin (2009), S. 27-28, ähnlich Abdel-khalik (1981), S. 113-114.

5 Auf die allgemeinen Ausführungen zur künftigen bilanziellen Behandlung von Optionen, Restwertgarantien und bedingten Leasingzahlungen wird an dieser Stelle verzichtet, um Redundanzen zu vermeiden. Vgl. hierzu Frage A.2.2.2, Kapitel IV.1.2.2.

3.3 Erwartete Veränderungen im Entscheidungsverhalten der Banken, erwartete Auswirkungen für kreditnachfragende Leasingnehmer und Veränderungen in deren Entscheidungsverhalten

3.3.1 Erwartete Veränderungen im Entscheidungsverhalten der Banken

Bisherige empirische Studien zeugen von einer hohen Bedeutung der Jahresabschlussinformationen – insbesondere Informationen der Bilanz, Gesamtergebnisrechnung und Kapitalflussrechnung – für den Kreditvergabeentscheidungsprozess von Banken[1]. Daraus kann einerseits abgeleitet werden, dass die propagierte Bilanzierungspflicht für sämtliche Leasingverhältnisse die Bedeutung der Bilanz weiter erhöhen wird und Anhangangaben in den Hintergrund treten werden. Andererseits könnte die These aufgestellt werden, dass Anhangangaben aufgrund der dort enthaltenen Erläuterungen der wertbestimmenden Parameter – insbesondere die Ermittlung der zugrundeliegenden Ausübungs- bzw. Eintrittswahrscheinlichkeiten von Optionen, Restwertgarantien und bedingten Leasingzahlungen – künftig an Bedeutung gewinnen werden. Es fehlen empirische Erkenntnisse über eine veränderte Bedeutung des Jahresabschlusses und der dort enthaltenen Elemente aufgrund der reformierten Leasingbilanzierung. Daraus resultiert folgende Frage:

Frage C.3.1.1: Inwieweit erwarten Banken Auswirkungen auf die Bedeutung des Jahresabschlusses im Rahmen der Kreditwürdigkeitsprüfung?

Bisherige empirische Studien zur Beeinflussung des Kreditvergabeentscheidungsprozesses durch die dichotome Leasingbilanzierung liefern widersprüchliche Ergebnisse. *Abdel-khalik* zeigt experimentell, dass die Kreditwürdigkeitsprüfung von den unterschiedlichen Bilanzierungsmethoden für Leasingverhältnisse beeinflusst wird[2]. *Hartmann/Sami* bestätigen dieses Ergebnis in einer Studie mit ähnlichem experimentellen Aufbau[3]. Die Erstellung des Kreditratings und die Festlegung des Sollzinssatzes werden demnach signifikant von der bilanziellen Behandlung der Leasingverträge beeinflusst. *Durocher/Fortin* kommen zu ähnlichen Forschungsergebnissen[4]. Sie zeigen in einer Befragung, dass Bankangestellte operativen Leasingverhältnissen im Kreditvergabeprozess weniger Gewicht beimessen als Finanzierungsleasingverhältnissen und die Leasingbilanzierungsmethode demnach Auswirkungen auf die Beurteilung der Kapitalrückzahlungsfähigkeit und das Kreditrating hat. Zu gegensätzlichen Ergebnissen gelangt allerdings die experimentelle Studie von *Wilkins/Zimmer*, wonach der Kreditvergabeprozess nicht von den unterschiedlichen Bilanzierungsmethoden für Leasingverhältnisse beeinflusst wird[5]. In einer ähnlichen Studie bestätigt *Wilkins*

1 Vgl. hierzu und im Folgenden z.B. Berry/Robertson (2006), Danos/Holt/Imhoff, Jr. (1989), Kemp/Overstreet (1990).

2 Vgl. Abdel-khalik (1981), S. 103-108 und Anhang zu Kapitel 5.

3 Vgl. hierzu und im Folgenden Hartman/Sami (1989).

4 Vgl. hierzu und im Folgenden Durocher/Fortin (2009).

5 Vgl. Wilkins/Zimmer (1983b).

dieses Ergebnis, führt jedoch relativierend aus, dass der experimentelle Aufbau der Studie das Ergebnis verursacht haben könnte[1].

Die von Banken erwarteten Auswirkungen einer bilanzwirksamen Abbildung sämtlicher Leasingverhältnisse auf den Kreditvergabeentscheidungsprozess werden von *Durocher/Fortin* erfragt[2]. Demnach gehen die Bankangestellten von einer erhöhten Risikoeinschätzung aus, die in einer Verschlechterung des Kreditratings resultieren könnte. *Jesswein* verwendet ein Regressionsmodell, um die Auswirkungen einer Bilanzierung sämtlicher Leasingverhältnisse auf Kennzahlen zur Beurteilung der Kreditwürdigkeit zu untersuchen[3]. Die Studie belegt, dass fast 25% der als relativ frei von Kreditrisiken erachteten Unternehmen bei Bilanzierung der Verbindlichkeiten aus operativen Leasingverhältnissen nicht als solches angesehen werden dürften. Ohne Anpassung der Modelle zur Beurteilung der Kreditwürdigkeit könnten insofern Veränderungen der Kreditvergabeentscheidungen auftreten.

Hales/Venkataraman/Wilks untersuchen in einem Experiment, inwieweit das Entscheidungsverhalten von Banken von der künftigen bilanziellen Behandlung laufzeitbezogener Optionen beeinflusst wird[4]. Dabei zeigt sich, dass die Bereitschaft zur Vergabe eines Kredits an ein Unternehmen mit bilanzwirksamer Abbildung von Verlängerungsoptionen niedriger ist als für ein Unternehmen mit Angabe von Verlängerungsoptionen im Anhang. Die Teilnehmer des Experiments achten insofern lediglich auf die bilanzierte Verschuldung und damit zusammenhängende Kennzahlen. Allerdings zeigt die Studie auch, dass die separate bilanzwirksame Abbildung von Verlängerungsoptionen den Informationsverlust, der offensichtlich durch die kombinierte Erfassung von Zahlungsverpflichtung und Verlängerungsoptionen entsteht, kompensiert.

Insgesamt muss konstatiert werden, dass die vorhandenen empirischen Untersuchungen zur Beeinflussung des Kreditvergabeentscheidungsprozesses durch die dichotome Leasingbilanzierung divergente Ergebnisse liefern. Studien, die die Auswirkungen einer Bilanzierungspflicht für sämtliche Leasingverhältnisse untersuchen, deuten eine Beeinflussung von Kreditvergabeentscheidungen an. Das Ausmaß der Beeinflussung hängt entscheidend von der Anpassung der Modelle zur Beurteilung der Kreditwürdigkeit ab. Inwieweit die Leasingbilanzierung Kreditvergabeentscheidungen von Banken beeinflusst, kann auf Basis der vorliegenden Forschungsergebnisse nicht abschließend beurteilt werden. Offen bleibt somit nicht nur die Frage, ob die Kreditwürdigkeitsprüfung und das daraus resultierende Kreditrating aufgrund unterschiedlicher Bilanzierungsmethoden beeinflusst wird, sondern auch, wie die Beurteilung von Kreditanfragen bzw. Kredithöhen und Kreditkonditionen künftig abzuschließender Kreditverträge ausfiele, wenn Leasingverhältnisse gemäß den Reformvorschlägen abgebildet würden. Vor diesem Hintergrund ist folgende Frage zu formulieren:

---

1 So könnte der Einfluss operativer Leasingverhältnisse auf die Verschuldungskennzahlen zu gering gewesen sein, um Unterschiede in der Kreditwürdigkeitsbeurteilung hervorzurufen. Vgl. Wilkins (1984).

2 Vgl. hierzu und im Folgenden Durocher/Fortin (2009).

3 Vgl. hierzu und im Folgenden Jesswein (2009).

4 Vgl. hierzu und im Folgenden Hales/Venkataraman/Wilks (2011).

Frage C.3.1.2: Inwieweit erwarten Banken Auswirkungen auf künftige Kreditvergabeentscheidungen?

Die in der Praxis üblichen kreditvertraglichen Nebenbestimmungen zur Absicherung des Kreditgeschäfts (*covenants*) orientieren sich häufig an Finanzkennzahlen[1]. Verstöße gegen vereinbarte Bilanzrelationen, der Eigenkapitalquote und der Verschuldungsgrade, können zur vorzeitigen Kündigung des Kredits, Anpassung der Zinskonditionen zu Lasten des Kreditnehmers, Kürzung bestehender Kreditlinien und Forderung von zusätzlicher Haftungsmasse führen[2]. Unter der Annahme, dass die Bilanzierungspflicht für sämtliche Leasingverhältnisse Auswirkungen auf wesentliche Kennzahlen hat, könnte die Einhaltung bestehender *covenants* gefährdet sein und mit den vorstehend genannten Konsequenzen einhergehen. Die Befragung von *Durocher/Fortin* zu den ökonomischen Konsequenzen einer Bilanzierung sämtlicher Leasingverhältnisse zeigt, dass Banken Verschlechterungen der Verschuldungsgrade und infolgedessen Nachverhandlungen von Verschuldungsbegrenzungen erwarten[3]. Anpassungen von *covenants* infolge einer veränderten Leasingregulierung erscheinen insofern naheliegend, als ein ähnliches Verhalten bereits bei Einführung von SFAS 13 in den USA festgestellt worden ist[4]. Vor diesem Hintergrund ergibt sich folgende Frage:

Frage C.3.1.3: Inwieweit erwarten Banken Auswirkungen auf bestehende Kreditvereinbarungen?

Empirische Befunde über mögliche Auswirkungen der Reformbestrebungen zur Leasingbilanzierung auf die Komplexität der Kreditwürdigkeitsprüfung von Banken liegen derzeit nicht vor. Es kann vermutet werden, dass der Nutzen der Reformbestrebungen für Banken in einer Reduktion der Komplexität insofern liegt, als Anpassungen der Bilanz um operative Leasingverhältnisse und damit verbundene Unsicherheiten hinsichtlich des Korrekturergebnisses entfallen. Insofern dürften auch diesbezügliche Kreditrisiken sinken. Empirische Studien verdeutlichen allerdings, dass formale Bilanzkorrekturen um operative Leasingverhältnisse selten vorgenommen werden[5]. Veränderungen der Komplexität dürften somit ebenfalls selten zu verzeichnen sein. Die Bilanzwirksamkeit sämtlicher Leasingverhältnisse könnte jedoch zu einer Reduktion der Kosten führen, die im Rahmen fehlgeleiteter Entscheidungen aufgrund nicht angepasster Bilanzen entstehen.

Eine Steigerung der Komplexität kann in Zusammenhang mit der propagierten bilanziellen Berücksichtigung von Optionen, Restwertgarantien und bedingte Leasingzahlungen vermutet werden. Die wahrscheinlichkeitsbasierte Bewertung dieser Posten dürfte vor dem Hintergrund der damit verbundenen Entobjektivierungen die Einschätzung der Verschuldungssituation eines Unternehmens erschweren. Die Abkehr von der vertraglich abgesicherten Laufzeit und den Mindestleasingzahlungen hin zu geschätz-

1 Vgl. Vater (2010), S. 129.
2 Vgl. hierzu Vater (2010), S. 131, Zwirner (2010), S. 283.
3 Vgl. Durocher/Fortin (2009), S. 27-28.
4 Vgl. Fogelson (1978), S. 776-777.
5 Vgl. z.B. Durocher/Fortin (2009), S. 24, Wilkins/Zimmer (1983b), S. 759-760.

ten Leasinglaufzeiten könnte insofern zu einer Erhöhung der Kreditrisiken beitragen. Letztlich fehlen gesicherte Erkenntnisse, um diese Thesen zu bekräftigen. Ob die Beurteilung von Leasingverhältnissen im Rahmen der Kreditwürdigkeitsprüfung von Banken künftig vereinfacht oder erschwert ist und inwieweit sich das Kosten-Nutzen-Verhältnis verändert, kann nicht abschließend beurteilt werden. Deshalb ist folgende Frage zu stellen:

Frage C.3.1.4: Inwieweit erwarten Banken Auswirkungen auf die Komplexität der Kreditwürdigkeitsprüfung und das entsprechende Kosten-Nutzen-Verhältnis?

Die Untersuchung der erwarteten Veränderungen im Entscheidungsverhalten der Banken führt zu der Frage, welche Auswirkungen der reformierten Leasingbilanzierung die Banken für kreditnachfragende Leasingnehmer erwarten. Die diesbezügliche Erwartungshaltung der Banken soll anhand der folgenden Fragen untersucht werden. Diese Fragen erlauben zugleich einen Vergleich mit der entsprechenden Erwartungshaltung der Leasingnehmer und Wirtschaftsprüfer.

3.3.2 Erwartete Auswirkungen für kreditnachfragende Leasingnehmer

Bisherige Simulationsstudien offenbaren unter der Annahme einer Bilanzwirksamkeit sämtlicher Leasingverhältnisse mitunter erhebliche Veränderungen der Finanzkennzahlen[1]. Empirische Studien zeigen eine hohe Bedeutung von Bilanzstrukturkennzahlen, wie Verschuldungsgrade sowie Liquiditätskennzahlen für die Kreditwürdigkeitsprüfung[2]. Analog zu der Frage A.3.1.1 für Leasingnehmer ist somit zu fragen, inwieweit Banken Auswirkungen auf Finanzkennzahlen der Leasingnehmer infolge einer Bilanzwirksamkeit sämtlicher Leasingverhältnisse erwarten. Hierzu wird die bereits vorgestellte Unterteilung der Finanzkennzahlen in Bilanzstrukturkennzahlen, Rentabilitätskennzahlen und kapitalmarktorientierte Kennzahlen beibehalten[3]. Empirische Erkenntnisse über die von Banken erwarteten Veränderungen der Finanzkennzahlen kreditnachfragender Leasingnehmer aufgrund einer Bilanzierungspflicht für sämtliche Leasingverhältnisse sind bislang lediglich von *Durocher/Fortin* aufgezeigt worden[4]. Danach rechnen Banken mit einer Erhöhung der Verschuldungsgrade. Insofern ergibt sich folgende Frage:

Frage C.3.2.1: Inwieweit erwarten Banken Auswirkungen auf wesentliche Kennzahlen kreditnachfragender Leasingnehmer?

In empirischen Untersuchungen zu den Auswirkungen der unterschiedlichen Leasingbilanzierungsmethoden und der Reformbestrebungen auf das Entscheidungsverhalten von Investoren und Analysten werden insgesamt Beeinflussungen der Bewertungen

---

1 Vgl. hierzu Kapitel III.1.1.2.

2 Vgl. z.B. Berry/Robertson (2006), Dietrich/Kaplan (1982), Gibson (1983), Kemp/Overstreet (1990).

3 Vgl. hierzu Frage A.3.1.1, Kapitel IV.1.3.1.

4 Vgl. hierzu und im Folgenden Durocher/Fortin (2009), S. 27-28.

und Prognosen festgestellt[1]. Vor dem Hintergrund der von Bankangestellten geäußerten Präferenz für eine einheitliche bilanzwirksame Abbildung von Leasingverhältnissen könnte vermutet werden, dass Banken neben der eigenen Beeinflussung des Entscheidungsverhaltens durch die dichotome Leasingbilanzierung zugleich von einer diesbezüglichen Beeinträchtigung des Entscheidungsverhaltens von Investoren und Analysten ausgehen[2]. Insofern dürften Banken Veränderungen im Entscheidungsverhalten von Investoren und Analysten infolge der Reformbestrebungen erwarten. In Ermangelung diesbezüglicher empirischer Studien ist folgende Frage zu stellen:

Frage C.3.2.2: Inwieweit erwarten Banken Auswirkungen auf das Entscheidungsverhalten von Investoren und Analysten gegenüber kreditnachfragenden Leasingnehmern?

Forschungsbemühungen zu den Erwartungen von Banken, inwieweit Veränderungen des Entscheidungsverhaltens von Wirtschaftsprüfern kreditnachfragender Leasingnehmer aufgrund einer reformierten Leasingbilanzierung auftreten, liegen derzeit nicht vor. Um einen Vergleich zu den diesbezüglichen Erwartungen der Leasingnehmer und Wirtschaftsprüfer ziehen zu können, ist zu fragen:

Frage C.3.2.3: Inwieweit erwarten Banken Auswirkungen auf das Entscheidungsverhalten von Wirtschaftsprüfern kreditnachfragender Leasingnehmer?

Analog zu den in dieser Arbeit betrachteten Leasingnehmern und Wirtschaftsprüfern soll die Erwartung der Banken mit Bezug auf eine Ausweitung des Ansatzes zur Bilanzierung von Nutzungsrechten auf andere Bereiche der Rechnungslegung untersucht werden[3]. Diesbezügliche empirische Befunde liegen derzeit nicht vor. Die Frage lautet daher:

Frage C.3.2.4: Inwieweit erwarten Banken eine Ausweitung des Ansatzes zur Bilanzierung von Nutzungsrechten auf andere Bereiche der Rechnungslegung?

Die vorstehenden Fragen zu den erwarteten Auswirkungen einer reformierten Leasingbilanzierung führen zu der übergeordneten Frage, inwieweit Banken Reaktionen der Leasingnehmer auf diese Auswirkungen erwarten. Nachfolgend werden daher Fragen hinsichtlich der von Banken erwarteten Veränderungen im Entscheidungsverhalten der Leasingnehmer konkretisiert.

---

1 Auf die Darstellung entsprechender Studien wird an dieser Stelle verzichtet, um Redundanzen zu vermeiden. Vgl. hierzu Frage A.3.1.3, Kapitel IV.1.3.1 sowie Kapitel III.1.2.3.2 und Kapitel III.1.2.3.3.

2 Zu dieser Präferenz vgl. z.B. Durocher/Fortin (2009), S. 27-28, ähnlich Abdel-khalik (1981), S. 113-114.

3 Auf die allgemeinen Ausführungen zu Möglichkeiten der Ausweitung des Ansatzes zur Bilanzierung von Nutzungsrechten wird an dieser Stelle verzichtet, um Redundanzen zu vermeiden. Vgl. hierzu Frage A.3.1.7, Kapitel IV.1.3.1.

3.3.3 Erwartete Veränderungen im Entscheidungsverhalten kreditnachfragender Leasingnehmer

65% der Banken geben in der ex post-Befragung *Abdel-khaliks* an, dass eine Strukturierung neuer Leasingverträge infolge der Einführung von SFAS 13 stattgefunden hat, um die Bilanzierungspflicht von Finanzierungsleasingverhältnissen zu umgehen[1]. In Anlehnung an dieses Ergebnis kann vermutet werden, dass Banken angesichts einer Bilanzierungspflicht für sämtliche Leasingverhältnisse Veränderungen der Laufzeiten künftiger Leasingverträge seitens kreditnachfragender Leasingnehmer erwarten. Kürzere Leasinglaufzeiten könnten anstrebt werden, um bilanzielle Auswirkungen, etwa den Anstieg der Verschuldung und daran anschließend negative Auswirkungen auf Kreditauflagen, Anreizsysteme und die Unternehmensbewertung, zu reduzieren. Diese Vermutung steht allerdings in Widerspruch zu der Befragung von *Durocher/Fortin*[2]. Darin erwarten Banken keine Verkürzung der Leasinglaufzeiten. Vor dem Hintergrund der divergenten Forschungsergebnisse und in Ermangelung weiterer empirischer Befunde ist folglich zu fragen:

Frage C.3.3.1: Inwieweit erwarten Banken eine Veränderung der Laufzeiten künftiger Leasingverträge seitens kreditnachfragender Leasingnehmer?

In Anlehnung an die Veränderung der Leasingvertragslaufzeiten könnten Leasingnehmer mithilfe von Optionen die Laufzeit des Leasingverhältnisses und damit die bilanzielle Verschuldung zu beeinflussen versuchen. Denkbar wäre eine Vereinbarung kürzerer Grundlaufzeiten mit anschließender Option zur Verlängerung und gleichzeitiger Argumentation, dass die Ausübung eher unwahrscheinlich ist. Durch eine entsprechende Beeinflussung der Eintrittswahrscheinlichkeiten im Rahmen der Ermittlung des Erwartungswerts bzw. des wahrscheinlichsten Werts für Restwertgarantien und bedingte Leasingzahlungen könnten Leasingnehmer gleichermaßen die Höhe der zu bilanzierenden Verpflichtung verringern. Möglich wäre auch, „normale" Leasingzahlungen als bedingte Leasingzahlungen mit entsprechender Möglichkeit zur Beeinflussung der Eintrittswahrscheinlichkeiten auszugeben. Empirische Befunde zur Unterstützung der These, dass Banken die Verwendung von laufzeitbezogenen Optionen, Restwertgarantien und bedingten Leasingzahlungen seitens kreditnachfragender Leasingnehmer zur Reduktion der bilanzierten Verschuldung erwarten, liefert lediglich die Studie *Abdel-khaliks*[3]. Danach berichten 65% der befragten Banken von einer Strukturierung neuer Leasingverträge seitens der Leasingnehmer infolge der Bilanzierungspflicht für Finanzierungsleasingverhältnisse. Inwieweit diese Strukturierungsanstrengungen die Verwendung von Optionen, Restwertgarantien und bedingten Leasingzahlungen umfasst, bleibt offen. Weitere Erkenntnisse liegen nicht vor. Insofern ist folgende Frage zu stellen:

1 Vgl. hierzu und im Folgenden Abdel-khalik (1981), S. 118-119.
2 Vgl. hierzu und im Folgenden Durocher/Fortin (2009), S. 28-29.
3 Vgl. hierzu und im Folgenden Abdel-khalik (1981), S. 118-119.

Frage C.3.3.2: Inwieweit erwarten Banken die Verwendung von laufzeitbezogenen Optionen, Restwertgarantien und bedingten Leasingzahlungen seitens kreditnachfragender Leasingnehmer?

In der Befragung von *Abdel-khalik* berichten 45% der Banken von einer Substitution von Leasingtransaktionen durch einen eigen- oder fremdkapitalfinanzierten Kauf bzw. Eigenproduktion infolge der Einführung einer Bilanzierungspflicht für Finanzierungsleasingverhältnisse[1]. Dieses Ergebnis führt zu der Vermutung, dass die Banken ähnliche Substitutionseffekte im Rahmen der gegenwärtigen Reformbestrebungen erwarten könnten. Die Studie von *Durocher/Fortin* leistet keinen wesentlichen Beitrag zur Festigung dieser Vermutung[2]. Die darin befragten Bankangestellten offenbaren ein indifferentes diesbezügliches Antwortverhalten, wonach die Finanzierung über Leasing lediglich für einen Teil der Leasingnehmer weniger attraktiv werden könnte. In Ermangelung gesicherter Erkenntnisse, inwieweit Banken Veränderungen des Leasingvolumens und der Finanzierungsstrategie der Leasingnehmer erwarten, ergibt sich folgende Frage:

Frage C.3.3.3: Inwieweit erwarten Banken die Substitution von Leasingtransaktionen durch Verwendung alternativer Finanzierungsmöglichkeiten seitens kreditnachfragender Leasingnehmer?

1 Vgl. Abdel-khalik (1981), S. 118-119.
2 Vgl. hierzu und im Folgenden Durocher/Fortin (2009), S. 28-29.

Kapitel V: Methodik der Datenerhebung und Datenauswertung

Auf die im vorangehenden Kapitel formulierten Fragen soll die empirische Untersuchung dieser Arbeit Antworten geben. Offen ist allerdings die Frage nach einer geeigneten Forschungsmethodik. Im Folgenden werden daher nach einer kurzen methodischen Einordnung (Kapitel V.1) die Methoden der Datenerhebung (Kapitel V.2) und Datenauswertung (Kapitel V.3) zur Beantwortung der vorstehenden Fragen identifiziert. Das Kapitel schließt mit einer Beurteilung der gewählten Forschungsmethodik (Kapitel V.4).

1 Methodische Einordnung

Die Untersuchung ökonomischer Konsequenzen einer reformierten Leasingbilanzierung erfordert zum einen eine tiefgehende qualitative Analyse aufgrund der aufgezeigten Defizite in der Erforschung eines veränderten Entscheidungsverhaltens der Akteure der Rechnungslegung als Reaktion auf Veränderungen der Leasingbilanzierung[1]. Empirische Studien, die sich mit den ökonomischen Konsequenzen einer Neuregulierung der internationalen Leasingbilanzierung beschäftigen, basieren zumeist auf älteren Reformüberlegungen und betrachten lediglich eine Interessengruppe oder ein Land. Eine qualitative Analyse der verschiedenen relevanten Interessengruppen zu den ökonomischen Konsequenzen der aktuellen Reformvorschläge existiert derzeit nicht. Zum anderen soll die Untersuchung die Generalisierbarkeit der Untersuchungsergebnisse sowohl innerhalb der jeweiligen Interessengruppe als auch länderübergreifend ermöglichen, um allgemeine Aussagen deduzieren zu können und im Rahmen der ex ante-Forschung Akzeptanz zu finden[2].

Lillis/Mundy identifizieren die *cross-sectional field study* als Methode zur sowohl tiefgehenden als auch generalisierbaren Form der qualitativen Datenerhebung[3]. Sie unterscheidet sich von standardisierten Befragungsmethoden (*surveys*) und tiefer analysierenden (Einzel-)Fallstudien, indem sie beide Elemente kombiniert. Die *cross-sectional field study* lässt sich als branchenübergreifende Querschnittstudie bezeichnen: Die Datenerhebung erfolgt zu einem bestimmten Zeitpunkt bzw. während eines bestimmten Zeitraums (Querschnittstudie) über verschiedene Branchen hinweg[4]. Sie ist zudem als Feldstudie zu charakterisieren, weil die Datenerhebung in direktem Kontakt mit der Untersuchungseinheit erfolgt: „*The researcher has direct, in-depth contact with organizational participants, particularly in interviews and direct observations of activities, and these contacts provide a primary source of research data*“[5]. Vor

1 Vgl. hierzu und im Folgenden Kapitel III.2.1.
2 Vgl. hierzu Schipper (1994).
3 Vgl. hierzu und im Folgenden Lillis/Mundy (2005).
4 Zur Abgrenzung von Querschnitt- und Längsschnittstudien vgl. Jacob et al. (2011), S. 94-96.
5 Ferreira/Merchant (1992), S. 4.

diesem Hintergrund könnte die in dieser Arbeit angewendete Methodik zur Beantwortung der Forschungsfragen als *cross-sectional field study* eingeordnet werden[1].

2 Methoden der Datenerhebung

2.1 Experteninterviews

Qualitative Datenerhebungen vor Ort in den zu untersuchenden Organisationen können einen wesentlichen Beitrag zur Analyse des Einflusses des Rechnungswesens auf das Umfeld, in dem es angewendet wird, leisten[2]. Als qualitative Datenerhebungsmethoden kommen in der Regel Beobachtungen, unterschiedliche Ausprägungen von Interviews, Teilnahmen an Besprechungen und inoffiziellen Gesprächen in Betracht[3]. Aufgrund zeitlicher Restriktionen finden Interviews häufiger Anwendung als beispielsweise umfängliche Beobachtungen. Um fundierte Aussagen zu erhalten, werden in dieser Arbeit Interviews mit Gesprächspartnern geführt, die als Experten auf dem relevanten Fachgebiet gelten[4]. Im Rahmen von Experteninterviews steht nicht der Befragte in dessen ganzer Person im Mittelpunkt, sondern dessen Eigenschaft als Experte für einen bestimmten Bereich[5]. Insofern wird der Experte als Repräsentant einer Gruppe von Experten und nicht als Einzelfall betrachtet. Dies soll jedoch nicht in einer künstlichen Trennung zwischen Person und Experte resultieren, weil auch ein exklusives Expertenwissen grundsätzlich nur über die Person und deren Erfahrungshintergrund zugänglich ist[6]. Im Folgenden werden die Kriterien für die Auswahl der Experten dargestellt.

2.1.1 Kriterien für die Auswahl der Gesprächspartner

Ob die reformierte Leasingbilanzierung Auswirkungen auf das Entscheidungsverhalten der Akteure der Rechnungslegung hat und insofern mit ökonomischen Konsequenzen einhergeht, wird an drei Interessengruppen untersucht. Die erste Gruppe bilden Jahresabschlussersteller, die hauptsächlich als Leasingnehmer agieren und in dieser Funktion befragt werden sollen. Wirtschaftsprüfer als Verifikationsinstanz bilden die zweite und Banken als zentraler Jahresabschlussadressat die dritte Zielgruppe. Institutionelle Investoren und Analysten stellen ebenfalls eine relevante Interessengruppe

1 Vgl. hierzu Weide (2009), S. 177-183 mit einer ähnlichen methodischen Einordnung.

2 Vgl. z.B. Hopwood (1983), S. 302-303, mit spezifischem Bezug auf das interne Rechnungswesen Kaplan (1986).

3 Vgl. z.B. Moll/Major/Hoque (2006), S. 386-390, Shah/Corley (2006), S. 1828-1829, Silverman (2001), S. 11-21. Eine ausführliche Beschreibung qualitativer Datenerhebungsmethoden findet sich z.B. in Atteslander (2010), S. 71-224.

4 Vgl. hierzu und im Folgenden Weide (2009), S. 187-202 mit einer ähnlichen methodischen Vorgehensweise.

5 Vgl. hierzu und im Folgenden Flick (2009), S. 214, weiterführend Bogner/Menz (2005), Pfadenhauer (2005).

6 Vgl. Liebold/Trinczek (2002), S. 69.

dar. Allerdings konnte für diese Arbeit keine ausreichende Anzahl an Gesprächspartnern gewonnen werden, so dass diese Interessengruppe nicht weiter betrachtet wird[1].

Für die Gruppe der Leasingnehmer kommen Gesprächspartner in Frage, die sich umfassend mit der bilanziellen Behandlung von Leasingverhältnissen im Jahresabschluss und deren ökonomischen Auswirkungen für das Unternehmen beschäftigen. Für diese Arbeit werden daher als Experten befragt:

- Leiter der Abteilung Konzernrechnungswesen, da sie für die Erstellung des Jahresabschlusses unter Beachtung der gegenwärtigen Regulierung maßgeblich Verantwortung tragen und mögliche Veränderungen der Normen zur bilanziellen Abbildung von Sachverhalten frühzeitig aufgreifen sowie deren potentiellen Auswirkungen auf das Unternehmen zu antizipieren versuchen und/oder
- Mitarbeiter der Abteilung Konzernrechnungswesen, die sich explizit mit der bilanziellen Behandlung von Leasingverhältnissen beschäftigen und/oder
- Leiter der Grundsatzabteilung Rechnungswesen, sofern eine solche Abteilung explizit neben der Abteilung Rechnungswesen besteht, da es Hauptaufgabe der Grundsatzabteilung ist, mögliche Veränderungen der Normen zur bilanziellen Abbildung von Sachverhalten frühzeitig zu beobachten und zu berücksichtigen sowie deren potentiellen Auswirkungen auf das Unternehmen zu antizipieren und/oder
- Mitarbeiter der Grundsatzabteilung Rechnungswesen, die sich insbesondere mit der gegenwärtigen und künftigen Bilanzierung von Leasingverhältnissen und deren potentiellen Konsequenzen für das Unternehmen beschäftigen.

In der Gruppe der Wirtschaftsprüfer werden solche Gesprächspartner ausgewählt, die hauptsächlich mit der Prüfung von Leasingverhältnissen im Jahresabschluss betraut sind und für die Prüfung des Jahresabschlusses maßgeblich Verantwortung tragen. Insofern werden in dieser Untersuchung folgende Experten befragt:

- Leitende Wirtschaftsprüfer auf Partnerebene, die zugleich als Experten und zentrale Ansprechpartner für die Leasingbilanzierung in der Gesellschaft fungieren und bei der Prüfung von leasingintensiven Unternehmen maßgeblich Verantwortung tragen und
- Mitarbeiter in der Grundsatzabteilung, die sich insbesondere mit der gegenwärtigen und künftigen Bilanzierung von Leasingverhältnissen und deren potentiellen Konsequenzen für zu prüfende Unternehmen und Wirtschaftsprüfungsgesellschaften beschäftigen.

Für die Gruppe der Banken kommen Gesprächspartner in Frage, die maßgeblich für die Kreditvergabe an Geschäftskunden und die Durchführung der Kreditwürdigkeitsprüfung verantwortlich sind. Dementsprechend werden in dieser Arbeit folgende Experten befragt:

- Leiter der Kreditvergabe an Geschäftskunden, die wesentliche Leasingverträge in deren Eigenschaft als Leasingnehmer vorweisen und/oder

1 Zu der Schwierigkeit, Gesprächspartner zu gewinnen vgl. auch Flick (2009), S. 218.

- Mitarbeiter der Abteilung Kreditvergabe, die sich explizit mit der Berücksichtigung von Leasingverhältnissen in der Kreditwürdigkeitsprüfung bzw. bei der Erstellung eines Kreditratings beschäftigen und/oder
- Leiter der Abteilung Kreditwürdigkeitsprüfung und Kreditrating, sofern eine solche Abteilung explizit neben der Abteilung Kreditvergabe besteht und/oder
- Mitarbeiter der Abteilung Kreditwürdigkeitsprüfung und Kreditrating, die sich insbesondere mit der Berücksichtigung von Leasingverhältnissen in der Kreditwürdigkeitsprüfung bzw. bei der Erstellung eines Kreditratings beschäftigen.

Ein weiteres Auswahlkriterium stellt die Dauer der Zugehörigkeit zur jeweiligen Organisation dar. Die Gesprächspartner müssen hinreichend lange in den Organisationen tätig sein, um über mögliche ökonomische Konsequenzen berichten zu können.

Die in dieser Arbeit vorgenommene Auswahl der Experten erfolgt gemäß deren fachlicher Kompetenz. Diese Vorgehensweise erscheint notwendig, um Gesprächspartner zu gewinnen, die aufgrund der Position in der Organisation und des Fachwissens Auskunft zu den gestellten Fragen geben können (sog. *key informants* oder Schlüsselinformanten). Allerdings kann die Datenerhebung über Schlüsselinformanten zu systematischen Verzerrungen – dem *key informant bias* – führen und insofern die Validität und Reliabilität der Ergebnisse beeinträchtigen[1]. Diese Verzerrungen lassen sich mit der funktionalen oder hierarchischen Position der Schlüsselinformanten im Unternehmen und deren Fachwissen erklären[2]. Zudem wird vermutet, dass Schlüsselinformanten häufig Schwierigkeiten haben, zwischen der eigenen Meinung und der des Unternehmens strikt zu differenzieren[3]. Darüber hinaus besteht die Gefahr, dass sich Schlüsselinformanten verleitet sehen, strategische Antworten zur Beeinflussung der Forschungsergebnisse zu geben[4]. Empirische Studien zum *key informant bias* kommen zu widersprüchlichen Ergebnissen[5]. *Ernst* gibt beispielsweise an, dass der *key informant bias* in einer Befragung zu potentiellen Erfolgsfaktoren von Innovationen im Durchschnitt über 30% der gesamten Varianz ausmacht[6]. *Doty/Glick* können indes nur geringe Verzerrungen aufgrund des *key informant bias* feststellen[7].

Um eine Reduzierung des *key informant bias* zu erreichen, werden häufig *pre-tests* des Interviewleitfadens durchgeführt[8]. *Hurrle/Kieser* schlagen *pre-tests* mit der *think aloud*-Methode vor[9]. Der Interviewleitfaden wird dabei an Schlüsselinformanten getestet. Zusätzlich werden die Befragten gebeten, deren Assoziationen und Überlegungen bei der Beantwortung der Fragen laut zu äußern. Im Anschluss an das Interview sollen die Probanden die zuvor geäußerten Gedanken erläutern und Hinweise auf mögliche Verständnisprobleme geben. Eine Fortführung der *think aloud*-Methode

1 Vgl. Hurrle/Kieser (2005), S. 585.
2 Vgl. Phillips (1981), S. 396-397.
3 Vgl. Seidler (1974).
4 Vgl. Graham/Harvey/Rajgopal (2005), S. 9, Homburg (2007), S. 43, McKinnon (1988), S. 38-39.
5 Vgl. hierzu und im Folgenden auch Weide (2009), S. 189.
6 Vgl. Ernst (2003), S. 1259-1262.
7 Vgl. Doty/Glick (1998). Vgl. hierzu auch Cote/Buckley (1987).
8 Vgl. zur grundsätzlichen Vorgehensweise Fowler, Jr. (1995), S. 115-129.
9 Vgl. hierzu und im Folgenden Hurrle/Kieser (2005), S. 593-594.

stellt die *verbal protocol analysis* dar[1]. Die von den Befragten geäußerten Assoziationen und Überlegungen bei der Beantwortung der Fragen werden protokollarisch erfasst und anschließend einer Inhaltsanalyse unterzogen. Die protokollarische Erfassung kann während der Befragung (*concurrent verbal protocols*) oder im Anschluss an die Befragung (*retrospective verbal protocols*) erfolgen[2]. Das Ziel der *verbal protocol analysis* besteht – analog zu der *think aloud*-Methode – in der Identifizierung kognitiver Schwierigkeiten während der Beantwortung der Fragen.

Dem Vorschlag zur Durchführung von *pre-tests* mittels der *think aloud*-Methode wird in der vorliegenden Arbeit gefolgt. Zudem lassen sich Verständnisprobleme in Bezug auf die gestellten Fragen und damit zusammenhängende Verzerrungen in Interviews aufgrund der Möglichkeit des Forschers zur Intervention reduzieren. Eine weitere Möglichkeit zur Reduzierung von Verzerrungen durch Schlüsselinformanten gestaltet sich derart, dass Informationen von mehreren Personen einer Organisation erhoben werden[3]. In dieser Arbeit werden bis zu drei Gesprächspartner einer Organisation gemeinsam befragt.

Im Rahmen qualitativer Studien – insbesondere bei Experteninterviews – besteht die Gefahr einer unstrukturierten und zu abstrakten Erkenntnisgenerierung aufgrund einer mangelnden Fokussierung auf eine konkrete Fragestellung. Um dies zu vermeiden, werden in dieser Arbeit klar strukturierte Aspekte der übergeordneten Forschungsfragen untersucht. Zur Fokussierung auf die relevanten Themengebiete wird zudem ein Interviewleitfaden für jede Interessengruppe entwickelt, worauf im Folgenden näher eingegangen wird.

2.1.2 Interviewleitfaden

Interviews lassen sich hinsichtlich des Gesprächsaufbaus in strukturierte, semistrukturierte und unstrukturierte Interviews differenzieren[4]. Unstrukturierte oder offene Interviews werden bei qualitativen Studien mit explorativem Forschungshintergrund aufgrund vollständig unerschlossener Themengebiete eingesetzt[5]. Ein Interviewleitfaden wird diesbezüglich nur selten verwendet. Narrative Interviews bilden insofern ein Extremum im Rahmen unstrukturierter Interviews, als das Grundelement dieser Befragung die von den Befragten auf Basis einer Eingangsfrage entwickelte Erzählung darstellt[6]. Strukturierte Interviews folgen demgegenüber einer fest vorgegebenen Abfolge von Fragen.

Experteninterviews werden aufgrund zeitlicher Restriktionen der Befragten zumeist als semi-strukturierte Interviews durchgeführt, denen ein Interviewleitfaden mit

1 Vgl. hierzu Bolton (1993). Zur Validität dieser Methode vgl. Russo/Johnson/Stephens (1989). Vgl. Campbell (2006) für einen Überblick über Studien im Bereich Rechnungswesen, die die *verbal protocol analysis* anwenden. Zur Untersuchung der Entscheidungsnützlichkeit von Leasinginformationen mittels dieser Methode vgl. Campbell (1984).

2 Vgl. Kuusela/Paul (2000).

3 Vgl. Homburg (2007), S. 43-44.

4 Vgl. ähnlich Atteslander (2010), S. 133-135.

5 Vgl. Piore (2006), S. 18, Scapens (2004), S. 267.

6 Vgl. Hopf (2008), S. 355.

wenig offenen und überwiegend konkret formulierten Fragestellungen zugrundeliegt[1]. Experteninterviews auf Basis semi-strukturierter Leitfäden gelten als dominierende Erhebungsmethode zur Erforschung komplexer Sachverhalte[2]. Die Untersuchung ökonomischer Konsequenzen einer veränderten Leasingbilanzierung ist durchaus als komplex zu erachten. Insofern werden die Forschungsfragen dieser Arbeit mit Hilfe eines semi-strukturierten Interviews unter Verwendung eines Interviewleitfadens beantwortet.

Für jede der drei befragten Gruppen werden die in Kapitel IV konkretisierten Forschungsfragen in einen separaten Leitfaden überführt. Die Interviewleitfäden sind in Anhang 2 abgebildet. Der Aufbau der Interviewleitfäden orientiert sich an der Struktur der Detailfragen in Kapitel IV. Der Interviewleitfaden für Leasingnehmer fragt im ersten Abschnitt nach dem gegenwärtigen Bilanzierungsprozess für Leasingverhältnisse. Der zweite Abschnitt verlangt eine Beurteilung der gegenwärtigen Leasingbilanzierung und der Reformvorschläge. Der dritte Abschnitt bildet den Kern des Interviews. Darin werden die erwarteten Auswirkungen einer veränderten Leasingbilanzierung sowie daraus resultierende mögliche Veränderungen im Entscheidungsverhalten der Leasingnehmer abgefragt. Der auf Wirtschaftsprüfer fokussierte Leitfaden fragt im ersten Abschnitt zunächst nach dem gegenwärtigen Prüfungsprozess von Leasingverhältnissen. Der zweite Abschnitt verlangt eine Beurteilung der gegenwärtigen Leasingbilanzierung und der Reformvorschläge. Der dritte Abschnitt enthält Fragen zu möglichen Veränderungen im Entscheidungsverhalten der Wirtschaftsprüfer. Zusätzlich werden Fragen zu den von Wirtschaftsprüfern erwarteten Auswirkungen für zu prüfende Leasingnehmer und Veränderungen in deren Entscheidungsverhalten gestellt. Der Leitfaden für Banken weist einen ähnlichen Aufbau auf. Zunächst wird nach dem gegenwärtigen Kreditvergabeprozess gefragt, ehe im zweiten Abschnitt eine Beurteilung der gegenwärtigen Leasingbilanzierung und der Reformbestrebungen verlangt wird. Der dritte Abschnitt enthält Fragen zu möglichen Veränderungen im Entscheidungsverhalten der Banken. Zusätzlich werden Fragen zu den von Banken erwarteten Auswirkungen für kreditnachfragende Leasingnehmer und Veränderungen in deren Entscheidungsverhalten gestellt. Abschnitt 4 des Interviewleitfadens enthält für jede Gruppe abschließende Fragen zur Kausalität und sonstigen relevanten Aspekten, die unberücksichtigt geblieben sind. Angaben zu den Organisationen und zu den Gesprächspartnern komplettieren die jeweiligen Interviewleitfäden.

Für jede Zielgruppe wird ein *pre-test* durchgeführt. Der *pre-test* soll zeigen, ob der Leitfaden die Beantwortung der Forschungsfragen zulässt. Hierbei wird insbesondere überprüft, ob die Fragen verständlich sind, Kontexteffekte auftreten und ob den Fragen unterschiedliche Bedeutungen zugewiesen werden können[3]. Zusätzlich wird überprüft, ob die enthaltenen Fragen innerhalb einer Zeitspanne von 60 bis 75 Minuten fundiert beantwortet werden können. Die vorgegebene Zeit ist der Annahme geschuldet, dass die sich in leitenden Funktionen befindlichen Gesprächspartner nicht mehr Zeit gewähren würden. Die *pre-tests* ergeben Gesprächszeiten von 55 bis 65 Minuten. Das Feedback der Teilnehmer des *pre-tests* hat zudem zur Folge, dass einige Fragen um-

1 Vgl. Atteslander (2010), S. 141-143, Liebold/Trinczek (2002), S. 33.
2 Vgl. Moll/Major/Hoque (2006), S. 367, Liebold/Trinczek (2002), S. 38.
3 Vgl. hierzu auch Fowler, Jr. (2009), S. 122-124, Jacob et al. (2011), S. 194.

strukturiert und präzisiert werden, um eine eindeutige Antwortmöglichkeit der Befragten zu gewährleisten. Die angepassten Interviewleitfäden werden auf sämtliche Interviews angewendet.

Um eine vergleichbare Datengrundlage zu schaffen und die Auswertung der Daten zu erleichtern, werden die Fragen in jeder Organisation der jeweiligen Gruppe einheitlich gestellt[1]. Die Beibehaltung der Reihenfolge der Fragen gewährleistet zudem, dass das Interview einer Struktur folgt und sämtliche relevanten Themenkomplexe angesprochen werden[2]. Darüber hinaus enthalten die Interviewleitfäden in Teilen ergebnisoffen formulierte Fragen. Diese bieten die Möglichkeit, noch nicht vollständig erschlossene Themengebiete – wie in dieser Arbeit vorliegend – umfassend zu ergründen und dienen insofern Explorationszwecken[3]. Ergebnissoffene Fragen resultieren allerdings in einem höheren Auswertungsaufwand, weil zusätzliche Auswertungskategorien gebildet und berücksichtigt werden müssen. Sie stellen zudem hohe Anforderungen an den Interviewer, da dieser während des Interviews die gegebenen Antworten verarbeiten muss, um geeignete Anschlussfragen abzuleiten[4]. Als Beispiel dient die offene Frage nach den Reaktionen der Leasingnehmer auf die erwarteten Auswirkungen der veränderten Leasingbilanzierung (Frage A.3.2). Diese Frage wird in sämtlichen Interviews gestellt und erlaubt die Berücksichtigung von Veränderungen im Entscheidungsverhalten der Leasingnehmer, die in der Literatur nicht genannt werden und insofern nicht in den konkreten diesbezüglichen Fragen (Fragen A.3.2.1-A.3.2.4) enthalten sind[5].

2.1.3 Kriterien für die Auswahl der Unternehmen, Wirtschaftsprüfungsgesellschaften und Banken

Nachdem die Kriterien für die Auswahl der Gesprächspartner dargelegt worden sind, besteht die Aufgabe dieses Abschnitts in der Festlegung von Auswahlkriterien für die Organisationen, denen die Gesprächspartner zugehörig sind. Die Auswahl der Unternehmen für Interviews mit der Zielgruppe der Leasingnehmer erfolgt anhand folgender Kriterien:

- Die Untersuchung fokussiert auf Unternehmen mit Sitz in Deutschland, da eine Leasingquote von knapp 20% im Jahr 2008 die hohe Bedeutsamkeit der Leasingfinanzierung in Deutschland kennzeichnet[6]. Nahezu ein Fünftel der

1 So gefordert von Brenner (1981), S. 129-130, Selltiz et al. (1964).

2 Vgl. Meuser/Nagel (2005), S. 77.

3 Diese Möglichkeit ist bei strukturierten Interviews nicht oder nur geringfügig vorhanden. Vgl. hierzu Krippendorf (2004), S. 41. Zur notwendigen Balance von Strukturierung und Offenheit in Experteninterviews vgl. Liebold/Trinczek (2002), S. 42-48.

4 Vgl. Flick (2009), S. 218, Sudman/Bradburn (1982), S. 149-152.

5 Diese offene Frage ergibt allerdings keine weiteren Veränderungen im Entscheidungsverhalten zu den bereits im Interviewleitfaden genannten. Ein ähnliches Bild zeigt sich für die beiden anderen befragten Gruppen. Auch für die sonstigen offenen Fragen werden kaum zusätzliche Aspekte zu den bereits im Interviewleitfaden erfassten genannt. Insofern scheint der Interviewleitfaden die wesentlichen Aspekte zu umfassen.

6 Vgl. ifo Institut für Wirtschaftsforschung (2008), S. 72.

gesamtwirtschaftlichen Bruttoanlageninvestitionen (ohne Wohnungsbau) sind leasingfinanziert.

- Die Analyse der ökonomischen Konsequenzen einer reformierten internationalen Leasingbilanzierung setzt voraus, dass die befragten Unternehmen den Jahresabschluss nach IFRS erstellen. Folglich fokussiert die Untersuchung auf kapitalmarktorientierte Konzerne, die gemäß der EU-Verordnung 1606/2002 Wertpapiere zum Handel oder zur Kapitalaufnahme an regulierten Kapitalmärkten notiert haben und zur Erstellung eines Konzernabschlusses nach IFRS verpflichtet sind.
- Die Unternehmen sollen eine kritische Größe erreichen, um über eine wesentliche Anzahl an Leasingverhältnissen und damit eine wesentliche Leasingintensität zu verfügen. Als kritische Größe wird ein Konzernumsatz von mindestens einer Milliarde Euro im Geschäftsjahr 2008 und eine Mitarbeiterzahl von mindestens 5.000 zugrundegelegt. Der Ausschluss von Unternehmen, die diese kritische Größe nicht erreichen, erscheint auch aus Vergleichbarkeitsgründen angebracht, da andere zur reformierten Leasingbilanzierung veröffentlichte empirische Studien auf große Konzerne abstellen[1].
- Versicherungen werden aufgrund deren Branchen- und Rechnungslegungsspezifika von der Untersuchung ausgeschlossen.
- Banken werden in einer gesonderten Gruppe geführt.

Die Grundgesamtheit zu analysierender Unternehmen aus der Zielgruppe der Leasingnehmer entspricht somit allen an einer deutschen Börse notierten Konzernen, die die festgelegte kritische Größe überschreiten. Vereinfachend werden die 30 größten und umsatzstärksten Unternehmen herangezogen, die im DAX in der Zusammensetzung vom Mai 2009 zusammengefasst sind[2]. Aus den 30 Unternehmen des DAX verbleiben – unter Ausschluss der jeweils zwei gelisteten Versicherungen und Banken – 26 für die Untersuchung relevante Unternehmen. Neben der Fresenius SE ist deren Tochtergesellschaft – die nach US-GAAP bilanzierende Fresenius Medical Care AG&Co. KGaA – im DAX gelistet. Die Tochtergesellschaft wird von der Untersuchung ausgeschlossen. Somit verbleiben 25 Unternehmen in der Grundgesamtheit.

Die Auswahl der Wirtschaftsprüfungsgesellschaften für Interviews mit der Zielgruppe der Wirtschaftsprüfer erfolgt anhand folgender Kriterien:

- Die Analyse beschränkt sich auf Wirtschaftsprüfungsgesellschaften, die einen Sitz in Deutschland haben, da die Untersuchung der Zielgruppe der Leasingnehmer lediglich aus deutscher Perspektive erfolgen soll.
- Die Analyse der ökonomischen Konsequenzen der reformierten internationalen Leasingbilanzierung setzt voraus, dass die Mandate der Wirtschaftsprüfungsgesellschaften Jahresabschlüsse nach IFRS erstellen. Die Prüfungen sollen nicht auf freiwilliger Basis erfolgen.
- Schließlich sollen die Wirtschaftsprüfungsgesellschaften eine kritische Größe überschreiten, um über ausreichende Mandate mit Leasingbezug zu verfügen

1 Vgl. z.B. Beattie/Goodacre/Thomson (2006), Fülbier/Lirio Silva/Pferdehirt (2008), Pferdehirt (2007).

2 Vgl. hierzu Deutsche Börse (2010).

und potentielle Veränderungen erkennen zu können. Als kritische Größe wird ein Umsatz in Deutschland von mindestens 15 Millionen Euro und eine Mitarbeiterzahl von mindestens 100 im Jahr 2008 gewählt.

Die Grundgesamtheit zu untersuchender Wirtschaftsprüfungsgesellschaften umfasst somit alle in Deutschland tätigen Wirtschaftsprüfungsgesellschaften, die nach dem Rechnungslegungssystem der IFRS erstellte Jahresabschlüsse deutscher Unternehmen mit Leasingtätigkeit prüfen und testieren sowie die festgelegten Größenmerkmale überschreiten. Als Anhaltspunkt für die relevanten Gesellschaften dient die Lünendonk-Liste der führenden Wirtschaftsprüfungsgesellschaften in Deutschland für das Jahr 2008[1].

Die am Umsatz gemessen vier größten Wirtschaftsprüfungsgesellschaften („big four") der insgesamt 25 Gesellschaften umfassenden Lünendonk-Liste sollen aufgrund des relativ hohen Marktanteils in der Untersuchung unbedingt vollständig berücksichtigt werden. Neben den vier großen Gesellschaften sollen auch – am Umsatz gemessen – mittelgroße und kleinere Wirtschaftsprüfungsgesellschaften in die Untersuchung einbezogen werden. Dazu werden die verbleibenden 21 Gesellschaften der Lünendonk-Liste mit einem Umsatz von mehr als 100 Millionen Euro für das Jahr 2008 als mittelgroße, die Gesellschaften mit einem Umsatz von weniger als 100 Millionen Euro für das Jahr 2008 als kleinere Gesellschaften bezeichnet. Insgesamt bilden somit 25 Wirtschaftsprüfungsgesellschaft – unterteilt in vier große, drei mittelgroße und 18 kleinere Gesellschaften – die Grundgesamtheit.

Die Auswahl der Bankinstitute für Interviews mit der Zielgruppe der Banken erfolgt anhand folgender Kriterien:

- Die Untersuchung fokussiert auf in Deutschland tätige Kreditbanken, da sich die relevante Zielgruppe der Leasingnehmer auf eine deutsche Betrachtung beschränkt.
- Die Analyse der ökonomischen Konsequenzen der internationalen Leasingbilanzierung setzt voraus, dass die kreditnachfragenden Unternehmen ihre Jahresabschlüsse nach IFRS erstellen.
- Die Banken sollen eine kritische Größe überschreiten, um über eine ausreichende Anzahl an Kreditanfragen zu verfügen und potentielle Veränderungen erkennen zu können. Demnach wird auf Großbanken und Regionalbanken sowie sonstige Kreditbanken fokussiert. Für Regionalbanken und sonstige Kreditbanken wird als kritische Größe ein Kreditvolumen von mindestens einer Milliarde Euro im Jahr 2008 festgelegt.

Die Grundgesamtheit zu analysierender Kreditbanken umfasst folglich alle deutschen Großbanken sowie Regionalbanken und sonstigen Kreditbanken, die die vorgegebene kritische Größe überschreiten und deren kreditnachfragende Unternehmen Jahresabschlüsse nach IFRS erstellen. Als Anhaltspunkt für relevante Banken dient die

1 Eine Wirtschaftsprüfungsgesellschaft erfüllt das zentrale Aufnahmekriterium der Lünendonk-Liste, wenn mehr als 50% des Umsatzes mit Wirtschaftsprüfungs-, Steuerberatungs- und Rechtsberatungstätigkeiten erwirtschaftet werden und eine selbstständig organisierte Wirtschaftsprüfungsgesellschaft (keine Netzwerkgesellschaft) vorliegt. Vgl. Lünendonk (2009).

Bankenstatistik der Deutschen Bundesbank vom Januar 2009, die ein nach Bankengruppen untergliedertes Verzeichnis sämtlicher Banken in Deutschland enthält[1]. Die vier Großbanken in Deutschland sollen in der Untersuchung unbedingt vollständig berücksichtigt werden, weil diese wenigen Institute einen relativ hohen Marktanteil am Kreditvolumen haben[2]. Zusammen mit den 164 Regionalbanken und sonstigen Kreditbanken des Bankenverzeichnisses bilden sie die Grundgesamtheit.

2.1.4 Auswahl des Interviewsamples

Flick unterscheidet zwei Auswahlstrategien: Die Vorab-Festlegung der Samplestruktur und die schrittweise Festlegung der Samplestruktur im Forschungsprozess, das theoretische Sampling[3]. Die Struktur des Interviewsamples in dieser Arbeit wird durch Vorgabe der Auswahlkriterien vorab festgelegt. Die Auswahlkriterien können insofern als abstrakt bezeichnet werden, als sie unabhängig von dem konkret untersuchten Datenmaterial und vor dessen Erhebung und Analyse entwickelt werden[4]. *Lillis/Mundy* empfehlen für qualitative Datenerhebungen explizit die nicht-zufällige Auswahl des Samples[5]. Diese Vorgehensweise geht – im Vergleich zu einer zufälligen Sampleauswahl – möglicherweise mit Einbußen der Ergebnisvalidität einher. Sie lässt sich indes mit der Schwierigkeit des Zugangs zu Gesprächspartnern rechtfertigen, die Experten auf dem relevanten Fachgebiet sind[6].

Die Auswahl des Interviewsamples in dieser Arbeit folgt einem Mischansatz. Im Rahmen der Zielgruppen der Leasingnehmer und Wirtschaftsprüfer wird eine Vollerhebung der zuvor definierten jeweiligen Grundgesamtheit angestrebt. Die Grundgesamtheit wird durch die vorab festgelegten Auswahlkriterien derart eingeschränkt, dass diese vollständig in der Untersuchung berücksichtigt werden kann[7]. Eine Auswahl wird in diesen Zielgruppen insofern vorgenommen, als potentiell in Frage kommende Organisationen, die eines oder mehrere Kriterien nicht erfüllen, vorab aus der Untersuchung ausgeschlossen werden. Hinsichtlich der Zielgruppe der Banken wird eine Teilerhebung mit überwiegend nicht-zufälliger Sampleauswahl durchgeführt. Der Einbezug zufälliger Auswahlelemente soll eine ausreichende Größe des Samples gewährleisten. Die Vorgehensweise im Rahmen des Datenzugangs – hier verstanden als

1 Vgl. Deutsche Bundesbank (2009).

2 Das Bankenverzeichnis vom Januar 2009 listet Commerzbank und Dresdner Bank noch als eigenständige Institute. Unter Berücksichtigung des Erwerbs der Dresdner Bank durch die Commerzbank werden beide Institute in dieser Untersuchung als eine Großbank behandelt.

3 Vgl. hierzu und im Folgenden Flick (2009), S. 154-167.

4 Diese abstrakt-methodologischen Kriterien im Rahmen der Vorab-Festlegung der Samplestruktur stehen den konkret-inhaltlichen Kriterien im Rahmen der schrittweisen Sampleauswahl entgegen. Vgl. hierzu Flick (2009), S. 163.

5 Vgl. Lillis/Mundy (2005), S. 130. Grundsätzlich lassen sich zwei Verfahren der Sampleauswahl unterscheiden: die zufällige Auswahl und die nicht-zufällige Auswahl, die sich in eine willkürliche und eine bewusste Auswahl weiter unterteilen lassen. Vgl. hierzu ausführlicher Jacob et al. (2011), S. 76-92.

6 Vgl. Flick (2009), S. 218, Groves et al. (2009), S. 32-33.

7 Zur Vollerhebung im Rahmen der qualitativen Forschung vgl. Flick (2009), S. 157-158.

Zugang zu den relevanten Organisationen – wird nachfolgend für die jeweilige Zielgruppe detailliert beschrieben.

Potentielle Gesprächspartner aus der Zielgruppe der Leasingnehmer werden folgendermaßen kontaktiert:

- Zunächst werden lehrstuhlbekannte und/oder persönliche Kontakte in den relevanten Unternehmen des DAX angesprochen. Sofern diese Personen nicht den zuvor definierten Auswahlkriterien entsprechen, werden sie gebeten, einen Kontakt zu relevanten Gesprächspartnern in dem Unternehmen herzustellen. Des Weiteren werden lehrstuhlbekannte und/oder persönliche Kontakte angesprochen, die zwar nicht den Zielunternehmen angehören, aber in sonstigen Beziehungen zu diesen stehen, mit der Bitte um Herstellung eines Kontakts zu relevanten Gesprächspartnern.
- Anschließend werden die verbleibenden relevanten Unternehmen des DAX per Brief angeschrieben mit der Bitte um ein Interview bzw. Nennung alternativer Ansprechpartner in der relevanten Abteilung des Unternehmens. Die Anschreiben werden an den Leiter der Abteilung Konzernrechnungswesen des Unternehmens bzw. an den Leiter der Grundsatzabteilung Rechnungswesen adressiert, sofern eine solche Abteilung explizit neben der Abteilung Rechnungswesen besteht. Die Unternehmen können per E-Mail oder Telefon antworten. Dem Anschreiben liegt zusätzlich ein Fax-Antwortformular bei. Nach einer Wartezeit von zwei Wochen werden die Ansprechpartner, die bisher nicht reagiert haben, telefonisch kontaktiert, um persönlich nachzufassen. Die Kontaktdaten entstammen einerseits einer Zeitschriftenrecherche. Dabei werden Zeitschriften systematisch durchsucht, in denen Experten des Rechnungswesens aus den relevanten Unternehmen – insbesondere Leiter der Abteilung Rechungswesen oder der Grundsatzabteilung – regelmäßig Beiträge veröffentlichen. Die Recherche umfasst die Zeitschriften „Zeitschrift für Internationale Rechnungslegung“, „Praxis der Internationalen Rechnungslegung“ und „Zeitschrift für internationale und kapitalmarktorientierte Rechnungslegung“ im Zeitraum Januar 2008 bis Juni 2009. Andererseits wird in den Programmen bedeutender Konferenzen und Tagungen im Bereich Rechnungswesen nach Kontaktdaten recherchiert.

Die folgende Tabelle 6 enthält die Ergebnisse der vorstehend dargestellten Vorgehensweise im Rahmen des Datenzugangs für die Zielgruppe der Leasingnehmer. Sofern der tatsächliche Gesprächspartner persönlich angesprochen wird, erfolgt eine Einordnung des Interviews in die Kategorie „Zusage persönlich“. Wird der Gesprächspartner über eine Vermittlungsperson identifiziert, erfolgt die Einordnung des Interviews in die Kategorie „Zusage anderer Interviewpartner“.

Tabelle 6: Übersicht des Datenzugangs und Antwortverhaltens der Zielgruppe der Leasingnehmer

	Kontaktierte Leasingnehmer	Antworten		
		Absage	Zusage persönlich	Zusage anderer Interviewpartner
Lehrstuhlbekannte/persönliche Kontakte im Zielunternehmen	6	0	4	2
Lehrstuhlbekannte/persönliche Kontakte außerhalb des Zielunternehmens	8	4	3	1
Personalisierte Anschreiben	11	7	2	2
Summe	25	11	9	5
			14	

Potentielle Gesprächspartner aus der Zielgruppe der Wirtschaftsprüfer werden wie folgt kontaktiert:

- Gesprächspartner aus den vier größten Wirtschaftsprüfungsgesellschaften in Deutschland sollen unbedingt vollständig in der Untersuchung berücksichtigt werden. Jede der vier großen Gesellschaften verfügt über einen leitenden Wirtschaftsprüfer auf Partnerebene, der zugleich als Experte und zentraler Ansprechpartner für die Leasingbilanzierung in der deutschlandweiten Gesellschaft fungiert. Zu einem der vier Personen besteht persönlicher Kontakt. Die anderen drei Personen werden per Brief mit der Bitte um ein Interview angeschrieben. Die Kontaktdaten entstammen aus bekannten Aufsätzen bzw. Unternehmenspublikationen der drei Experten zur Leasingbilanzierung. Nach einer Wartezeit von zwei Wochen werden die Gesprächspartner, die bisher nicht reagiert haben, telefonisch kontaktiert, um persönlich nachzufassen.
- In den mittelgroßen und kleineren Gesellschaften werden zunächst lehrstuhlbekannte und/oder persönliche Kontakte angesprochen. Sofern diese Personen nicht mit der Prüfung von Leasingverhältnissen betraut sind, werden sie gebeten, einen Kontakt zu relevanten Gesprächspartnern in der Gesellschaft herzustellen. Des Weiteren werden lehrstuhlbekannte und/oder persönliche Kontakte angesprochen, die zwar nicht den Zielgesellschaften angehören, aber in sonstigen Beziehungen zu diesen stehen, mit der Bitte um Herstellung eines Kontakts zu dem relevanten Gesprächspartner. Anschließend werden systematisch Zeitschriften und Unternehmenspublikationen durchsucht, in denen leitende Wirtschafsprüfer oder Mitarbeiter der Grundsatzabteilung der relevanten Gesellschaften regelmäßig Beiträge zur Leasingbilanzierung veröffentlichen, um Kontaktdaten potentieller Gesprächspartner in den verbleibenden Gesellschaften zu finden. Die Zeitschriftenrecherche umfasst die Zeitschriften „Die Wirtschaftsprüfung“, „Praxis der Internationalen Rechnungslegung“ und „Zeitschrift für internationale und kapitalmarktorientierte Rechnungslegung“ im Zeitraum Januar 2008 bis Juni 2009. Die identifizierten Gesprächspartner werden anschließend per Brief angeschrieben. Nach einer Wartezeit von zwei Wochen werden die Gesprächspartner, die bisher nicht reagiert haben, telefonisch kontaktiert.

Die folgende Tabelle 7 enthält die Ergebnisse der vorstehend dargestellten Vorgehensweise im Rahmen des Datenzugangs für die Zielgruppe der Wirtschaftsprüfer.

Tabelle 7: Übersicht des Datenzugangs und Antwortverhaltens der Zielgruppe der Wirtschaftsprüfer

<table>
<tr><th rowspan="2"></th><th rowspan="2">Kontaktierte Wirtschaftsprüfer</th><th colspan="3">Antworten</th></tr>
<tr><th>Absage</th><th>Zusage persönlich</th><th>Zusage anderer Interviewpartner</th></tr>
<tr><td>Lehrstuhlbekannte/persönliche Kontakte in der Zielgesellschaft</td><td>5</td><td>1</td><td>3</td><td>1</td></tr>
<tr><td>Lehrstuhlbekannte/persönliche Kontakte außerhalb der Zielgesellschaft</td><td>7</td><td>5</td><td>1</td><td>1</td></tr>
<tr><td>Personalisierte Anschreiben</td><td>13</td><td>10</td><td>0</td><td>3</td></tr>
<tr><td rowspan="2">Summe</td><td rowspan="2">25</td><td rowspan="2">16</td><td>4</td><td>5</td></tr>
<tr><td colspan="2">9</td></tr>
</table>

Aus den vier größten Wirtschaftsprüfungsgesellschaften kann jeweils der zentrale Leasingexperte als Gesprächspartner gewonnen werden. Die verbleibenden fünf Interviews werden mit zwei mittelgroßen und drei kleineren Gesellschaften geführt.

Potentielle Gesprächspartner aus der Zielgruppe der Banken werden wie folgt kontaktiert:

- Gesprächspartner aus den vier Großbanken in Deutschland sollen unbedingt vollständig in der Untersuchung berücksichtigt werden. Zunächst werden lehrstuhlbekannte und/oder persönliche Kontakte in den Zielinstituten angesprochen. Sofern diese Personen nicht an Kreditvergabeentscheidungen bzw. Kreditwürdigkeitsprüfungen beteiligt sind, werden sie gebeten, einen Kontakt zu relevanten Gesprächspartnern in dem Zielinstitut herzustellen. Des Weiteren werden lehrstuhlbekannte und/oder persönliche Kontakte angesprochen, die zwar nicht den Zielinstituten angehören, aber in sonstigen Beziehungen zu diesen stehen, mit der Bitte um Herstellung eines Kontakts zu relevanten Gesprächspartnern.
- Zu einigen Regionalbanken und sonstigen Kreditbanken besteht lehrstuhlbekannter und/oder persönlicher Kontakt. Da diese Personen nicht an Kreditvergabeentscheidungen bzw. Kreditwürdigkeitsprüfungen beteiligt sind, werden sie gebeten, einen Kontakt zu relevanten Gesprächspartnern in dem Zielinstitut herzustellen. Des Weiteren werden lehrstuhlbekannte und/oder persönliche Kontakte angesprochen, die zwar nicht dem Zielinstitut angehören, aber in sonstigen Beziehungen zu diesem stehen, mit der Bitte um Herstellung eines Kontakts zu relevanten Gesprächspartnern. Von den verbleibenden Regionalbanken und sonstigen Kreditbanken werden 30 Banken mit Hilfe der Funktion Zufallszahl in MS-Excel zufällig ausgewählt und initiativ per Brief angeschrieben. Die Anschreiben sind anonym an den Leiter der Kreditvergabe adressiert. Nach einer Wartezeit von zwei Wochen wird telefonisch nachgefasst.

Die folgende Tabelle 8 enthält die Ergebnisse der vorstehend dargestellten Sampling-Strategie für die Zielgruppe der Banken.

Tabelle 8: Übersicht des Datenzugangs und Antwortverhaltens der Zielgruppe der Banken

	Kontaktierte Banken	Antworten		
		Absage	Zusage persönlich	Zusage anderer Interviewpartner
Lehrstuhlbekannte/persönliche Kontakte im Zielinstitut	7	3	2	2
Lehrstuhlbekannte/persönliche Kontakte außerhalb des Zielinstituts	6	4	2	0
Anonyme Anschreiben	30	28	0	2
Summe	43	35	4	4
			8	

Die geringe Anzahl an Zusagen aus den 30 zufällig ausgewählten Banken rechtfertigt die bewusste Sampleauswahl. Eine bewusste Auswahl über eigene Kontakte innerhalb und außerhalb der Zielorganisation erleichtert demnach den Zugang zu Gesprächspartnern erheblich. Dieses Ergebnis bestätigt die Empfehlung von *Lillis/ Mundy*[1]. Die positive Wirkung eigener Kontakte innerhalb und außerhalb der Zielorganisation auf die Zusagenquote zeigt sich auch in den beiden anderen Zielgruppen.

Die konktaktierten Personen werden extrinsisch und intrinsisch zur Teilnahme motiviert. Die extrinsische Motivation fokussiert zum einen auf das Bereitstellen eines ausführlichen Ergebnisberichts. Zum anderen wird den Gesprächspartnern angeboten, die Thematik in späteren Gesprächen weiter zu diskutieren. Im Rahmen der intrinsischen Motivation wird die Tragweite der Reform der Leasingbilanzierung für die Akteure der Rechnungslegung aufgezeigt und auf die Relevanz der Studie für die Unternehmenspraxis hingewiesen.

2.1.5 Informationen zum zeitlichen Ablauf der Interviews und den Gesprächspartnern

Im Juli 2009 ist jeweils ein *pre-test* für die drei Zielgruppen durchgeführt worden. In den darauffolgenden Wochen ist der Interviewleitfaden der jeweiligen Zielgruppe derart angepasst worden, dass redundante Fragen eliminiert, ungenaue Formulierungen der Fragen präzisiert und zusätzliche Fragen generiert wurden. In den Monaten Juli und August ist die Mehrheit der Interviewtermine vereinbart worden. Die Durchführung der Interviews hat über einen mehrmonatigen Zeitraum von Ende August 2009 bis Anfang Februar 2010 stattgefunden. Über alle drei Zielgruppen hinweg wurden 31 Interviews mit 48 Gesprächspartnern geführt. Die Interviews haben fast ausschließlich bei den jeweiligen Organisationen stattgefunden. Lediglich ein Interview ist auf Wunsch des Gesprächspartners am Telefon geführt worden. Die Datenqualität ist hierbei nicht reduziert worden, da die Fragen durch den Interviewpartner sachgemäß beantwortet wurden. Die Interviews haben eine durchschnittliche Dauer von 63 Minuten. Das kürzeste Interview dauert 43 Minuten, das längste 115 Minuten.

Den Gesprächspartnern ist Anonymität zugesagt worden. Insofern können die Namen der befragten Personen und deren Organisationen nicht veröffentlicht werden. Die Organisationen werden daher mit einem Kürzel bezeichnet. Zur besseren Differenzierung zwischen den Interessengruppen wird der Gruppe der Leasingnehmer der Anfangsbuchstabe A, der Gruppe der Wirtschaftsprüfer der Anfangsbuchstabe B und

1 Vgl. Lillis/Mundy (2005), S. 130, hierzu ähnlich Bruns/McKinnon (1993), S. 90.

der Gruppe der Banken der Anfangsbuchstabe C zugeordnet. Die Positionsbezeichnungen der Gesprächspartner werden vereinheitlicht, um eine Vergleichbarkeit über die Organisationen hinweg zu erreichen. So wird beispielsweise der *Head of Corporate Accounting and Reporting* als Leiter Konzernrechnungswesen bezeichnet. Tabelle 51 in Anhang 3 bietet eine Übersicht der geführten Interviews.

2.1.6 Datentriangulation

In der Forschung ist die Datentriangulation zunächst als eine Strategie der Ergebnisvalidierung verwendet worden, ehe der Fokus auf die Ergänzung von Erkenntnissen verlagert worden ist[1]. Die Datentriangulation lässt sich insofern als eine Art Geltungsbegründung der aus qualitativen Forschungsmethoden gewonnenen Erkenntnisse bezeichnen. Die Geltungsbegründung bezieht sich dabei nicht auf die Kontrolle von Ergebnissen, sondern auf die Vervollständigung von Erkenntnissen. Zur Ergänzung der Interviewdaten dieser Arbeit werden im Zuge der Datentriangulation zusätzliche Datenquellen berücksichtigt[2]. Tabelle 52 in Anhang 4 gibt einen Überblick über die verwendeten zusätzlichen Datenquellen in anonymisierter Form.

Einerseits werden nicht öffentlich verfügbare Quellen analysiert. Es handelt sich diesbezüglich um unternehmensinterne Dokumente, in denen leasingrelevante Sachverhalte und deren bilanzielle Abbildung dargestellt werden. Sofern diese Dokumente lediglich zur Einsichtnahme während des Interviews zur Verfügung gestellt werden, erfolgt die Anfertigung von Notizen. Die zusätzlichen Quellen umfassen andererseits öffentlich verfügbare Dokumente. Dazu zählen hauptsächlich die von den jeweiligen Organisationen im Rahmen der Kommentierungsphase des DP verfassten Stellungnahmen sowie die Geschäftsberichte der Leasingnehmer. Des Weiteren werden Aufsätze von den Gesprächspartnern in rechnungslegungsbezogenen praxisnahen Zeitschriften berücksichtigt. Die Auffassungen und Informationen in den Aufsätzen können insofern als aktuell angesehen werden, als sämtliche Beiträge im Jahr 2009 verfasst wurden und während des Interviews nach möglichen nicht mehr zutreffenden Aussagen in den Aufsätzen gefragt wird.

2.2 Stellungnahmen zum Diskussionspapier und Standardentwurf

Um die Untersuchungsbasis zu erweitern, werden zusätzlich zu den Interviews die Stellungnahmen zum DP und ED hinsichtlich erwarteter ökonomischer Konsequenzen analysiert. Im Folgenden werden zunächst Informationen zum zeitlichen Ablauf der Kommentierungsphasen gegeben, ehe eine Gruppen- und Länderstrukturanalyse der Stellungnahmen zum DP und ED erfolgt. Anschließend wird die Auswahl der Stellungnahmen zum DP und ED beschrieben.

---

1 Vgl. hierzu und im Folgenden Flick (2009), S. 520.
2 Vgl. Yin (2009), S. 114-118.

2.2.1 Informationen zum zeitlichen Ablauf der Kommentierungsphasen

Das DP ist im März 2009 veröffentlicht worden. Die Kommentierungsperiode lief bis zum 17. Juli 2009. Insgesamt sind 302 Stellungnahmen eingegangen. Der ED ist im August 2010 veröffentlicht worden. Die Kommentierungsperiode endete am 15. Dezember 2010. Allerdings sind auch Stellungnahmen seitens IASB und FASB berücksichtigt worden, die weit nach diesem Datum eingegangen sind. Darunter befinden sich u.a. Stellungnahmen, die auf März 2011 datiert sind. Insgesamt sind 786 Stellungnahmen zum ED abgegeben worden. Die im Vergleich zum DP relativ hohe Anzahl an Stellungnahmen zum ED deutet darauf hin, dass eine Auseinandersetzung mit den Reformbestrebungen erst in einer Projektphase beginnt, in der die Überlegungen bereits fortgeschritten und entsprechend konkretisiert sind. Insofern dürfte eine Einflussnahme auf die grundsätzliche Ausrichtung eines Projekts erschwert sein. Diese Annahme steht in Einklang zu dem Beitrag von *Sutton*, wonach die Möglichkeit zur Beeinflussung des Standardsetzungsverfahrens zu Beginn eines Projekts größer ist[1]. Allerdings zeigen auch andere Untersuchungen, dass die meisten Stellungnahmen am Ende eines Projektzeitraums eingehen[2].

2.2.2 Gruppen- und Länderstrukturanalyse der Stellungnahmen zum Diskussionspapier und Standardentwurf

Die Gruppenstrukturanalyse soll untersuchen, welche Interessengruppen sich durch das Verfassen einer Stellungnahme zum DP bzw. ED am Standardsetzungsprozess beteiligen. Die Gruppenstrukturanalyse verdeutlicht zugleich, welche Gruppen Lobbyismus betreiben[3]. Lobbyismus bezeichnet zum einen wertfrei die Teilnahme am Standardsetzungsprozess durch das Verfassen von Stellungnahmen. Zum anderen kann Lobbyismus im Sinne eines politischen Lobbyismus definiert werden als Versuch der Einflussnahme von Interessengruppen auf den Standardsetzungsprozess mit dem Ziel, eigene Interessen und Vorstellungen durchzusetzen[4]. Zusätzlich zur Einflussnahme auf private Standardsetzungsgremien umfasst Lobbyismus auch die Einflussnahme auf staatliche Gesetzgebungsverfahren[5]. Der politische Lobbyismus geht zurück auf die Politische Ökonomie, die sich hauptsächlich mit dem Zustandekommen von Rechnungslegungsregeln befasst. Im Fokus dieses Ansatzes steht die Frage, welche Gruppen sich am Prozess der Erstellung von Rechnungslegungsregeln beteiligen und welche Interessen der jeweiligen Gruppen sich durchsetzen. Zur Untersuchung des Erfolgs von Anstrengungen im Sinne des politischen Lobbyismus ist eine ex post-Perspektive notwendig, d.h. der Standardsetzungsprozess muss abgeschlossen sein. Insofern kön-

1 Vgl. Sutton (1984), S. 88-89.

2 Vgl. z.B. Georgiou (2004), S. 225, Kurz (2009), S. 188.

3 Einen Überblick über Lobbyismus in der Rechnungslegungsstandardsetzung findet sich bei Königsgruber (2009). Zum Einfluss von Lobbyismus auf den IFRS-Standardsetzungsprozess vgl. Auste (2011).

4 Zum politischen Lobbyismus im Rechnungslegungskontext vgl. Königsgruber (2010), Ordelheide (1998), Zeff (2002).

5 Zu Lobbyismus im Gesetzgebungsverfahren vgl. z.B. McLeay/Ordelheide/Young (2000), ähnlich Schmidt (2002).

nen diesbezügliche Lobbyismus-Anstrengungen nur eingeschränkt in dieser Arbeit untersucht werden.

In dieser Arbeit werden insgesamt neun Interessengruppen gebildet. In der Gruppe „Leasingnehmer“ werden Stellungnahmen von Unternehmen, die als Leasingnehmer agieren sowie Stellungnahmen von Unternehmensverbänden erfasst, die die Interessen von Leasingnehmer-Unternehmen vertreten. Stellungnahmen von Leasinggesellschaften und Unternehmensverbänden, die die Interessen von Leasinggesellschaften vertreten, werden der Gruppe „Leasinggeber“ zugeordnet. Stellungnahmen von Finanzdienstleistungsunternehmen, die explizit Finanzierungen für Leasinggesellschaften anbieten sowie Stellungnahmen von sog. REITs (*real estate investment trusts*), deren Geschäftszweck das Halten und Vermieten von Immobilien darstellt, werden ebenfalls in der Gruppe „Leasinggeber“ eingeordnet. Sofern Unternehmen in ähnlichen Ausmaßen sowohl als Leasingnehmer und Leasinggeber agieren, werden die diesbezüglichen Stellungnahmen der Gruppe „Leasingnehmer“ zugeordnet. Stellungnahmen institutioneller und privater Investoren in leasingintensive Unternehmen werden in die Gruppe „Investoren“ eingeordnet.

In der Gruppe „Regulierer“ werden die Stellungnahmen nationaler Organisationen der Rechnungslegungsstandardsetzung, diesbezüglicher Behörden oder staatlicher Sachverständigengruppen erfasst. Stellungnahmen von Finanzanalysten, Rating-Agenturen und Versicherungen werden in die Gruppe „Finanzdienstleistungsunternehmen“ eingeordnet. Sofern die Versicherungsunternehmen angeben, die Stellungnahmen aufgrund deren Aktivität als Leasingnehmer bzw. Leasinggeber[1] zu verfassen, werden diese der Gruppe „Leasingnehmer“ bzw. „Leasinggeber“ zugeordnet. Stellungnahmen von Banken und Bankverbänden werden in einer von Finanzdienstleistungsunternehmen separaten Gruppe „Banken“ erfasst, um eine mit Bezug auf die Interviews vergleichbare Datengrundlage zu haben. Sofern die Banken angeben, die Stellungnahmen ausschließlich aufgrund deren Aktivität als Leasingnehmer bzw. Leasinggeber zu verfassen, werden diese der Gruppe „Leasingnehmer“ bzw. „Leasinggeber“ zugeordnet. Stellungnahmen von Wirtschaftsprüfungsgesellschaften und Wirtschaftsprüferverbänden werden in der Gruppe „Wirtschaftsprüfer“ aufgenommen. Der Gruppe „Hochschule“ werden sämtliche Stellungnahmen zugeordnet, die von Hochschullehrern, wissenschaftlichen Mitarbeitern oder Studierenden stammen. Stellungnahmen privater Personen werden in der Gruppe „Einzelpersonen“ erfasst, soweit diese angeben, deren persönliche Meinung zu äußern. Sofern Einzelpersonen angeben, in deren Funktion als Wirtschaftsprüfer o.ä. zu kommentieren, werden sie der entsprechenden Gruppe zugeordnet. Die folgende Tabelle 9 zeigt die Gruppenstruktur der Stellungnahmen zum DP. Tabelle 10 verdeutlicht die Gruppenstruktur der Stellungnahmen zum ED. Beide Tabellen enthalten die identifizierten Interessengrup-

1 Versicherungsunternehmen können beispielsweise dann als Leasinggeber auftreten, wenn deren als Finanzinvestition gehaltenen Immobilien im Rahmen des *asset managements* vermietet werden.

pen, die Anzahl der Stellungnahmen zum DP bzw. ED je Interessengruppe und den Umfang der Stellungnahmen auf Basis der Seitenzahl je Stellungnahme[1].

Tabelle 9: Gruppenstruktur der Stellungnahmen zum DP

Interessengruppe	Anzahl Stellungnahmen	Rang	Seitenumfang	Ø Seiten je Stellungnahme	Rang	Standard-abweichung
Leasingnehmer	118	1	1.056	8,9	4	5,9
Leasinggeber	66	2	545	8,3	7	12,4
Wirtschaftsprüfer	37	3	380	10,3	3	5,4
Regulierer	37	3	430	11,6	2	6,4
Banken	22	5	189	8,6	5	6,6
Hochschule	8	6	100	12,5	1	15,2
Investoren	6	7	51	8,5	6	5,6
Einzelpersonen	5	8	30	6,0	8	5,4
Finanzdienstleistungsunternehmen	3	9	9	3,0	9	0,8
Summe	**302**	**-**	**2.790**	**9,2**	**-**	**8,2**

Tabelle 10: Gruppenstruktur der Stellungnahmen zum ED

Interessengruppe	Anzahl Stellungnahmen	Rang	Seitenumfang	Ø Seiten je Stellungnahme	Rang	Standard-abweichung
Leasingnehmer	347	1	2.930	8,4	5	6,5
Leasinggeber	193	2	1.575	8,2	6	9,2
Wirtschaftsprüfer	84	3	889	10,6	3	8,1
Banken	55	4	465	8,5	4	5,3
Regulierer	38	5	516	13,6	1	6,9
Einzelpersonen	24	6	106	4,4	9	5,6
Hochschule	23	7	164	7,1	7	14,2
Finanzdienstleistungsunternehmen	15	8	177	11,8	2	11,7
Investoren	7	9	43	6,1	8	3,0
Summe	**786**	**-**	**6.865**	**8,7**	**-**	**7,9**

Die Gruppen „Leasingnehmer" und „Leasinggeber" beteiligen sich – gemessen an der Anzahl der jeweiligen Stellungnahmen zum DP und ED – am stärksten am Standardsetzungsverfahren. Dieses Ergebnis überrascht insofern nicht, als diese Gruppen unmittelbar von der reformierten Leasingbilanzierung betroffen sind. Die geringere Anzahl der Stellungnahmen von Leasinggebern zum DP lässt sich mitunter mit dem primären Fokus des DP auf die leasingnehmerseitige Bilanzierung erklären. Allerdings überwiegt auch die Anzahl der Stellungnahmen von Leasingnehmern zum ED trotz der nun konkreten Reformvorschläge für Leasinggeber.

Parallelen zu der hier vorliegenden Gruppenstruktur bestehen zu den Untersuchungen von *Jorissen et al.* und *Tandy/Wilburn*, wonach Jahresabschlussersteller die meisten Stellungnahmen im Rahmen des Standardsetzungsverfahrens verfassen[2]. Die

1 Die angegebene Seitenzahl umfasst lediglich Seiten mit inhaltlichen Äußerungen zum DP bzw. ED. Seiten, die Anschreiben ohne inhaltliche Äußerungen enthalten, werden nicht berücksichtigt.

2 Vgl. Jorissen et al. (2010), Tandy/Wilburn (1992), S. 53. Vgl. hierzu ähnlich Mezias/ Chung (1989). Der Versuch der Einflussnahme der Jahresabschlussersteller auf den Standardsetzungsprozess dürfte sich zudem noch intensivieren, denn die Studie von Georgiou (2004), S. 229-230 zeigt im Kontext des britischen Standardsetzungsgremiums ASB, dass Unternehmen

höhere Beteiligung von Jahresabschlusserstellern im Vergleich zu Jahresabschlussadressaten begründet *Sutton* mit dem Kosten-Nutzen-Verhältnis des Betreibens von Lobbyismus[1]. *Sutton* unterstellt zudem, dass Jahresabschlussersteller häufiger als Jahresabschlussadressaten finanzielle Mittel zum Betreiben von Lobbyismus aufbringen, weil diese direkt von Regeländerungen betroffen seien und insofern einen unmittelbaren Anreiz hätten, über das Betreiben von Lobbyismus Einfluss auf die Regeländerung zu nehmen. Die Interessen der Jahresabschlussersteller gelten auch als vergleichsweise homogener, so dass die Bildung von Interessenverbänden erleichtert wird. Dies reduziert die Kosten für das Betreiben von Lobbyismus. In diesem Zusammenhang zeigt *Koh* eine Tendenz zum Herdenverhalten, wonach Unternehmen einer Branche Lobbyismus betreiben, weil auch andere Unternehmen der Branche dies tun[2].

Durocher/Fortin bestätigen unter Anwendung der Erwartungstheorie von *Vroom* die Lobbyismus-Theorie *Suttons*, wonach Kosten und Nutzen von Lobbyismus die Motivation zum Betreiben desselben maßgeblich beeinflussen[3]. Zusätzlich zeigen *Durocher/Fortin*, dass die Motivation zum Betreiben von Lobbyismus von der Erwartung der Stellungnehmenden abhängt, inwieweit die Lobbyismus-Anstrengungen tatsächlich den erwarteten Nutzen stiften. Im Vordergrund steht insofern das Ausmaß, in dem die Stellungnehmenden eine tatsächliche Beeinflussung des Standardsetzungsprozesses erwarten. Der Standardsetzungsprozess darf demnach nicht als symbolischer Akt empfunden werden, der lediglich den Anschein vermitteln soll, dass die Stellungnahmen beachtet werden[4].

Watts/Zimmerman argumentieren demgegenüber mit dem Versuch des Managements eines Unternehmens, das eigene Vermögen zu maximieren[5]. Eine Erhöhung des Vermögens lässt sich beispielsweise über Bonuszahlungen erreichen, die von den generierten Cashflows oder den rechnungslegungsbezogenen Ergebnissen abhängen. Da Rechnungslegungsstandards die Höhe der Cashflows und der rechnungslegungsbezogenen Ergebnisse beeinflussen, besteht ein weiterer Anreiz zum Betreiben von Lobbyismus. *Georgiou* zeigt diesbezüglich, dass das Management eines Unternehmens einen höheren Anreiz zum Betreiben von Lobbyismus hat, wenn Regelungsänderun-

---

neben dem Verfassen von Stellungnahmen weitere Arten der Einflussnahme, etwa Treffen mit Mitgliedern des Standardsetzungsgremiums, nutzen. Die Studie von Stenka/Taylor (2010) offenbart darüber hinaus, dass Jahresabschlussersteller auf konkrete Sachverhalte in deren Stellungnahmen fokussieren, während die Stellungnahmen von Jahresabschlussadressaten allgemeiner formuliert sind.

1 Vgl. hierzu und im Folgenden Sutton (1984), S. 85-86.

2 Vgl. Koh (2011).

3 Vgl. hierzu und im Folgenden Durocher/Fortin (2011).

4 In diesem Zusammenhang zeigt die Studie von Brown (1981), S. 245, dass die Entscheidungen des FASB im Rahmen mehrerer Standardsetzungsprojekte von einer Vielzahl der Präferenzen von Kommentierenden abweichen. Der Unterschied zwischen den getroffenen Entscheidungen und den geäußerten Präferenzen kann einerseits mit dem Versuch des FASB erklärt werden, einen Kompromiss zwischen den unterschiedlichen Präferenzen zu finden. Andererseits könnten die Stellungnahmen schlicht ignoriert worden sein.

5 Vgl. hierzu und im Folgenden Watts/Zimmerman (1978).

gen die Einkommenssituation des Unternehmens statt den Umfang der Anhangangaben beeinflussen[1].

Das hohe Engagement der Wirtschaftsprüfer im Rahmen der Stellungnahmen zum DP und ED erscheint vergleichbar mit dem diesbezüglichen Verhalten in anderen Reformprojekten[2]. Hinsichtlich möglicher Anstrengungen im Sinne von Lobbyismus seitens der Wirtschaftsprüfer steht die Frage im Mittelpunkt, ob Wirtschaftsprüfer eigene Interessen oder die Interessen zu prüfender Mandanten vertreten. Zu Beantwortung dieser Frage können verschiedene Theorien herangezogen werden. Gemäß der ökonomischen Theorie der Regulierung[3] haben Wirtschaftsprüfer ein Interesse an der Regulierung und versuchen diese zu deren Gunsten zu nutzen[4]. Möglicherweise versuchen Wirtschaftsprüfer Regeländerungen derart zu beeinflussen, dass die Möglichkeiten zur Prüfung und dementsprechend die Prüfungsgebühren steigen. Unter Berücksichtigung der Prinzipal-Agent-Theorie und der positiven Rechnungslegungstheorie liegt indes der Schluss nahe, dass Wirtschaftsprüfer Lobbyismus im Interesse der Mandanten betreiben, weil Wirtschaftsprüfer und Mandanten gleichgerichtete Anreize zum Betreiben von Lobbyismus haben. *Puro* zeigt beispielsweise, dass Wirtschaftsprüfer und Mandanten gleichermaßen an der Abschaffung von Wahlrechten interessiert sind, um damit verbundene Unsicherheiten zu reduzieren[5].

Die wenigen Stellungnahmen von Investoren zum DP und ED könnten demgegenüber auf die geringe Bedeutung des Reformprojekts zur Leasingbilanzierung für diese Gruppe hindeuten. Die geringe Relevanz lässt sich möglicherweise auch durch die zumindest von professionellen Investoren angewendeten Verfahren zur Bilanzanpassung bilanzunwirksamer Leasingverträge erklären, womit die Reformvorschläge teilweise vorweggenommen werden[6].

Die mit Bezug auf die Seitenzahl umfassendsten Stellungnahmen zum DP werden von der Gruppe „Hochschule" verfasst. Allerdings deutet die hohe Standardabweichung darauf hin, dass der Durchschnittswert auf Ausreißer zurückzuführen ist[7]. Während sechs Hochschulen Stellungnahmen mit einem Umfang von bis zu zehn Seiten verfassen, erstellen zwei Hochschulen Stellungnahmen mit einem Umfang von 15 bzw. 51 Seiten. Hinsichtlich des ED stammen die umfassendsten Stellungnahmen von der Gruppe der Regulierer, die bezogen auf das DP Rang zwei der umfassendsten Stellungnahmen einnehmen. Dieses Ergebnis lässt sich mitunter durch die hohe Fachkompetenz nationaler Organisationen der Rechnungslegungsstandardsetzung, diesbe-

1 Vgl. Georgiou (2005).

2 Vgl. z.B. Hansen (2010), S. 9, Weinreis (2009), S. 222.

3 Zur ökonomischen Theorie der Regulierung vgl. weiterführend Stigler (1971). Vgl. hierzu auch Peltzman (1976), Posner (1974).

4 Die Studie von Saemann (1999), S. 19 untersucht beispielsweise Stellungnahmen zu verschiedenen Rechnungslegungsstandards der US-GAAP und kommt zu dem Ergebnis, dass der US-amerikanische Verband der Wirtschaftsprüfer Lobbyismus im eigenen Interesse unabhängig von den Interessen der Mandanten betreibt.

5 Vgl. Puro (1984). Haring, Jr. (1979) zeigt ebenfalls eine positive, indes nicht signifikante Verbindung zwischen den Präferenzen der Mandanten und Wirtschaftsprüfer.

6 Vgl. beispielhaft Moody's (1999), Moody's (2006), Standard & Poor's (2002). Vgl. hierzu auch Altamuro et al. (2011).

7 Auf dieses Ergebnis deutet auch der Variationskoeffizient von 1,22 hin.

züglicher Behörden oder staatlicher Sachverständigengruppen erklären. Rang zwei der umfassendsten Stellungnahmen zum ED nimmt die Gruppe der Finanzdienstleistungsunternehmen ein. Allerdings deutet die hohe Standardabweichung darauf hin, dass der Durchschnittswert auf Ausreißer zurückzuführen ist[1]. Während 13 Finanzdienstleistungsunternehmen Stellungnahmen mit einem Umfang von weniger als 20 Seiten verfassen, erstellen zwei Finanzdienstleistungsunternehmen Stellungnahmen mit einem Umfang von 25 bzw. 49 Seiten. Ein ähnliches Ergebnis ergibt sich mit Bezug auf die Stellungnahmen der Gruppe „Hochschule" zum ED. Die sowohl auf das DP als auch auf den ED bezogene relativ hohe Standardabweichung in der Gruppe der Leasinggeber lässt sich damit erklären, dass viele Leasinggeber einseitige Stellungnahmen verfassen, in denen sie auf Stellungnahmen anderer Verfasser – zumeist Berufsverbände oder ähnliche Vereinigungen – verweisen und sich mit deren Kommentierungen einverstanden erklären.

Im Rahmen der Länderstrukturanalyse soll untersucht werden, aus welchen Ländern Stellungnahmen zum DP und ED kommen. Die nachfolgende Tabelle 11 gibt daher eine Übersicht der Herkunftsländer der Stellungnahmen zum DP, während Tabelle 12 die Herkunftsländer der Stellungnahmen zum ED wiedergibt.

Die Kategorie „Unbekannt" umfasst Stellungnahmen, für die kein Herkunftsland ermittelt werden kann. Zudem befinden sich Stellungnahmen internationaler Verbände und Vereinigungen in dieser Kategorie, denen keine eindeutige Nationalität zugeordnet werden kann[2].

1 Auf dieses Ergebnis deutet auch der Variationskoeffizient von 0,99 hin.

2 Diese Definition der Kategorie „Unbekannt" gilt analog für die nachfolgenden Tabellen.

Tabelle 11: Länderstruktur der Stellungnahmen zum DP

Land	Anzahl Stellungnahmen	Rang	Seitenumfang	Ø Seiten je Stellungnahme	Rang	Standard-abweichung
USA	97	1	820	8,5	19	8,0
UK	60	2	437	7,3	27	6,6
Kanada	16	3	135	8,4	20	4,9
Frankreich	15	4	232	15,5	3	6,6
Australien	14	5	153	10,9	10	5,1
Deutschland	14	5	128	9,1	16	6,3
Belgien	14	5	212	15,1	4	20,7
Schweiz	8	8	93	11,6	8	5,6
Niederlande	7	9	66	9,4	13	8,9
China	6	10	50	8,3	21	4,8
Spanien	6	10	67	11,2	9	3,7
Schweden	5	12	50	10,0	12	5,2
Japan	4	13	37	9,3	15	4,1
Neuseeland	3	14	28	9,3	14	4,9
Italien	3	14	32	10,7	11	1,2
Dänemark	3	14	13	4,3	30	4,0
Brasilien	2	17	33	16,5	1	9,5
Südafrika	2	17	15	7,5	26	3,5
Finnland	2	17	12	6,0	28	4,0
Irland	2	17	18	9,0	17	0,0
Singapur	1	21	8	8,0	22	0,0
Südkorea	1	21	12	12,0	6	0,0
Norwegen	1	21	16	16,0	2	0,0
Indien	1	21	4	4,0	31	0,0
Chile	1	21	8	8,0	22	0,0
Dubai	1	21	2	2,0	32	0,0
Malaysia	1	21	12	12,0	6	0,0
Österreich	1	21	14	14,0	5	0,0
Israel	1	21	9	9,0	17	0,0
Mexiko	1	21	8	8,0	22	0,0
Pakistan	1	21	5	5,0	29	0,0
Taiwan	1	21	8	8,0	22	0,0
Unbekannt	7	-	53	7,6	-	5,6
Summe	**302**	**-**	**2.790**	**9,2**	**-**	**8,2**

Tabelle 12: Länderstruktur der Stellungnahmen zum ED

Land	Anzahl Stellungnahmen	Rang	Seitenumfang	Ø Seiten je Stellungnahme	Rang	Standard-abweichung
USA	388	1	2.977	7,7	25	7,5
UK	99	2	929	9,4	19	8,5
Kanada	33	3	293	8,9	21	6,6
Australien	27	4	271	10,0	15	5,4
Frankreich	25	5	272	10,9	10	6,4
Deutschland	24	6	324	13,5	4	8,8
China	20	7	143	7,2	26	5,7
Spanien	19	8	245	12,9	6	6,2
Belgien	15	9	202	13,5	5	15,7
Japan	15	9	144	9,6	18	7,0
Neuseeland	12	11	101	8,4	22	5,2
Schweiz	10	12	109	10,9	9	4,9
Niederlande	8	13	130	16,3	1	16,8
Singapur	7	14	56	8,0	23	7,3
Italien	6	15	65	10,8	11	2,7
Schweden	6	15	62	10,3	13	7,9
Südkorea	6	15	62	10,3	13	7,3
Brasilien	5	18	49	9,8	17	7,3
Norwegen	5	18	53	10,6	12	9,3
Südafrika	5	18	39	7,8	24	4,3
Dänemark	4	21	56	14,0	2	10,2
Finnland	4	21	27	6,8	28	2,5
Indien	3	23	14	4,7	30	3,3
Irland	2	24	20	10,0	16	1,0
Israel	2	24	13	6,5	29	2,5
Jamaika	1	26	11	11,0	8	0,0
Kolumbien	1	26	3	3,0	32	0,0
Luxemburg	1	26	4	4,0	31	0,0
Malaysia	1	26	12	12,0	7	0,0
Österreich	1	26	14	14,0	2	0,0
Pakistan	1	26	7	7,0	27	0,0
Polen	1	26	3	3,0	32	0,0
Rumänien	1	26	9	9,0	20	0,0
Taiwan	1	26	2	2,0	34	0,0
Unbekannt	27	-	144	5,3	-	6,8
Summe	**786**	-	**6.865**	**8,7**	-	**7,9**

Die Länderstrukturanalyse offenbart, dass die meisten Stellungnahmen zum DP und ED aus den USA kommen. Auf Rang zwei liegt das Vereinigte Königreich Großbritannien und Nordirland (UK). Interessant erscheint die im Rahmen der Stellungnahmen zum ED gegenüber den Stellungnahmen zum DP höhere relative Differenz zwischen der Anzahl der Stellungnahmen aus den USA (32% aller Stellungnahmen zum DP, 49% aller Stellungnahmen zum ED) und UK (19% aller Stellungnahmen zum DP, 13% aller Stellungnahmen zum ED). Während sich Rang eins und zwei im Rahmen der Stellungnahmen zum DP um 37 Stellungnahmen unterscheiden, liegen im Rahmen der Stellungnahmen zum ED zwischen Rang eins und zwei 289 Stellungnahmen. Die Stellungnahmen aus Australien, Irland, Kanada, Neuseeland, UK und USA machen zusammen 64% aller Stellungnahmen zum DP bzw. 71% aller Stellungnahmen zum ED aus. Insofern ist ein eindeutiger angelsächsischer Einfluss im Rahmen der Kommentierung festzustellen[1]. Dieser lässt sich möglicherweise mit einer größeren Vertrautheit der angelsächsischen Länder mit privatrechtlichen Standardsetzungsgremien erklären[2].

Hinsichtlich der regionalen Verteilung der Stellungnahmen zum DP zeigt sich, dass 47% der Stellungnahmen aus Europa stammen, während 37% der Stellungnahmen Nordamerika zuzuordnen sind. 6% der Stellungnahmen zum DP stammen aus der Region Ozeanien, 5% aus Asien. Die restlichen Stellungnahmen zum DP kommen aus den Regionen Afrika/Mittlerer Osten (2%) und Südamerika (1%). 2% der Stellungnahmen zum DP können keiner Region zugeordnet werden. Die regionale Verteilung der Stellungnahmen zum ED offenbart einen Anstieg der relativen Anzahl der Stellungnahmen aus Nordamerika gegenüber dem DP auf 54% aller Stellungnahmen. Die relative Anzahl der Stellungnahmen zum ED aus Europa ist indes auf 29% zurückgegangen. Für die übrigen Regionen ergeben sich lediglich geringfügige Veränderungen gegenüber der relativen Anzahl der Stellungnahmen zum DP. 7% der Stellungnahmen zum ED stammen aus Asien, während 5% der Stellungnahmen zum ED auf die Region Ozeanien entfallen. Jeweils 1% der Stellungnahmen zum ED ist den Regionen Südamerika und Afrika/Mittlerer Osten zuzuordnen. 3% der Stellungnahmen zum ED können keiner Region zugeordnet werden. Interessant erscheint vor diesem Hintergrund die Studie von *Larson/Brown*, die einen Zusammenhang zwischen den verfolgten Interessen der Stellungnehmenden und deren nationalen Rechnungslegungsstandards offenbart[3]. Demnach befürworten die Kommentierenden lediglich die Regeländerungen, die konsistent zu den nationalen Regeln sind. Darin verdeutlicht sich zugleich eine Resistenz gegenüber Veränderungen der Rechnungslegung. Inwieweit sich dieses Verhalten im Rahmen der Stellungnahmen zur Leasingbilanzierungsreform widerspiegelt, wird zu untersuchen sein.

Abschließend muss auf die besondere Situation für Belgien hingewiesen werden. Zum einen mag die hohe Anzahl diesbezüglicher Stellungnahmen zum DP und ED verwundern. Dies lässt sich allerdings damit erklären, dass viele internationale Organisationen und Verbände Brüssel als Hauptsitz angeben und deren Stellungnahmen somit dem Land Belgien zugeordnet werden. Zum anderen fällt die jeweilige hohe Standardabweichung auf, die durch Ausreißer bedingt ist[4]. Während elf belgische Stellungnahmen zum DP einen Umfang von weniger als 15 Seiten aufweisen, umfassen drei Stellungnahmen 25, 48 bzw. 75 Seiten. Im Rahmen der Stellungnahmen zum ED weisen 13 belgische Stellungnahmen einen Umfang von 20 Seiten und weniger aus, während zwei Stellungnahmen 29 bzw. 65 Seiten umfassen.

---

1 Die Dominanz der Stellungnahmen aus dem angelsächsischen Bereich ist bereits in anderen Untersuchungen nachgewiesen worden. Vgl. hierzu z.B. MacArthur (1996), Maglio (2011), S. 10.

2 Eine ähnliche These stellt Kurz (2009), S. 164 auf.

3 Vgl. hierzu und im Folgenden Larson/Brown (2001).

4 Der Variationskoeffizient liegt zudem bei 1,37.

2.2.3 Auswahl der Stellungnahmen zum Diskussionspapier und Standardentwurf

In den Interviews wird die übergeordnete Forschungsfrage, ob die reformierte Leasingbilanzierung Auswirkungen auf das Entscheidungsverhalten der Akteure der Rechnungslegung hat und insofern mit ökonomischen Konsequenzen einhergeht, an drei Zielgruppen untersucht. Die erste Gruppe bilden Leasingnehmer mit Sitz in Deutschland. Wirtschaftsprüfer mit Sitz in Deutschland stellen die zweite und in Deutschland tätige Banken die dritte Zielgruppe dar[1]. Um die Untersuchungsbasis zu erweitern, werden zusätzlich zu den Interviews die Stellungnahmen zum DP und ED hinsichtlich erwarteter ökonomischer Konsequenzen analysiert. Dabei wird die Gruppenauswahl der Interviews beibehalten, so dass lediglich die Stellungnahmen der Leasingnehmer, Wirtschaftsprüfer und Banken zum DP und ED analysiert werden[2]. Die Untersuchung der entsprechenden Stellungnahmen zum ED soll zudem die Aktualität der Analyse gewährleisten und mögliche Unterschiede zu den erwarteten ökonomischen Konsequenzen auf Basis des DP offenbaren. Im Folgenden werden die Stellungnahmen der Leasingnehmer, Wirtschaftsprüfer und Banken zum DP und ED näher charakterisiert. Die nachstehende Tabelle 13 gibt einen Überblick über die untersuchten Stellungnahmen zum DP. Tabelle 14 gibt einen Überblick über die untersuchten Stellungnahmen zum ED.

Tabelle 13: Relevante Stellungnahmen zum DP

Interessengruppe	**Anzahl Stellungnahmen**	**Rang**	**Seitenumfang**	**Ø Seiten je Stellungnahme**	**Rang**	**Standardabweichung**
Leasingnehmer	118	1	1.056	8,9	2	5,9
Wirtschaftsprüfer	37	2	380	10,3	1	5,4
Banken	22	3	189	8,6	3	6,6
Summe	**177**	**-**	**1.625**	**9,2**	**-**	**5,9**

Tabelle 14: Relevante Stellungnahmen zum ED

Interessengruppe	**Anzahl Stellungnahmen**	**Rang**	**Seitenumfang**	**Ø Seiten je Stellungnahme**	**Rang**	**Standardabweichung**
Leasingnehmer	347	1	2.930	8,4	3	6,5
Wirtschaftsprüfer	84	2	889	10,6	1	8,1
Banken	55	3	465	8,5	2	5,3
Summe	**486**	**-**	**4.284**	**8,8**	**-**	**6,7**

1 Vgl. hierzu Kapitel V.2.1.1.

2 IASB und FASB haben jeweils eine Zusammenfassung der Stellungnahmen zum DP und ED verfasst. Vgl. hierzu IASB/FASB (2009), IASB/FASB (2011a). Diese fokussieren allerdings nicht auf die Darstellung der in den Stellungnahmen geäußerten ökonomischen Konsequenzen der reformierten Leasingbilanzierung, sondern hauptsächlich auf die geäußerte Zustimmung bzw. Ablehnung der Vorschläge. Zudem werden die Ergebnisse der Zusammenfassungen nicht durchgängig anhand der vorgenommenen Gruppeneinteilung separiert, sondern eher allgemein über alle Gruppen hinweg dargestellt. Die jeweilige Gruppeneinteilung fokussiert auch nicht explizit auf Leasingnehmer bzw. Banken, sondern stellt allgemein auf Jahresabschlussersteller bzw. Jahresabschlussadressaten ab. Insofern wird auf diese Zusammenfassungen im Verlauf dieser Arbeit nicht weiter eingegangen.

Hinsichtlich des DP stehen insgesamt 177 Stellungnahmen bzw. 1.625 Seiten zur Analyse zur Verfügung. Davon entfallen 118 Stellungnahmen bzw. 1.056 Seiten auf die Gruppe der Leasingnehmer. Für die Gruppe der Wirtschaftsprüfer stehen 37 Stellungnahmen bzw. 380 Seiten zur Verfügung, während auf die Gruppe der Banken 22 Stellungnahmen bzw. 189 Seiten entfallen. Bezüglich des ED stehen insgesamt 486 Stellungnahmen bzw. 4.284 Seiten zur Analyse bereit. Davon entfallen 347 Stellungnahmen bzw. 2.930 Seiten auf die Gruppe der Leasingnehmer. Für die Gruppe der Wirtschaftsprüfer stehen 84 Stellungnahmen bzw. 889 Seiten zur Verfügung, während auf die Gruppe der Banken 55 Stellungnahmen bzw. 465 Seiten entfallen.

Die folgende Tabelle 15 gibt einen Überblick über die Herkunftsländer der Stellungnahmen von Leasingnehmern zum DP. Tabelle 16 gibt demgegenüber einen Überblick über die Herkunftsländer der Stellungnahmen von Leasingnehmern zum ED.

Tabelle 15: Länderstruktur der Stellungnahmen von Leasingnehmern zum DP

Land	Anzahl Stellungnahmen	Rang	Seitenumfang	Ø Seiten je Stellungnahme	Rang	Standard-abweichung
USA	46	1	332	7,2	13	4,3
UK	17	2	173	10,2	5	6,5
Kanada	9	3	86	9,6	7	5,5
Frankreich	8	4	132	16,5	1	7,6
Deutschland	7	5	59	8,4	12	5,0
Schweiz	6	6	71	11,8	4	6,4
Australien	5	7	46	9,2	8	14,9
Belgien	3	8	29	9,7	6	5,4
China	3	8	27	9,0	9	5,0
Spanien	2	10	26	13,0	2	1,0
Schweden	2	10	18	9,0	9	3,0
Dänemark	2	10	3	1,5	17	0,5
Niederlande	1	13	12	12,0	3	0,0
Japan	1	13	4	4,0	14	0,0
Neuseeland	1	13	3	3,0	16	0,0
Italien	1	13	9	9,0	9	0,0
Indien	1	13	4	4,0	14	0,0
Unbekannt	3	-	22	7,3	-	4,5
Summe	**118**	-	**1.056**	**8,9**	-	**5,9**

Tabelle 16: Länderstruktur der Stellungnahmen von Leasingnehmern zum ED

Land	Anzahl Stellungnahmen	Rang	Seitenumfang	Ø Seiten je Stellungnahme	Rang	Standard-abweichung
USA	166	1	1.216	7,3	17	5,8
UK	51	2	412	8,1	15	7,1
Kanada	18	3	165	9,2	14	6,1
Deutschland	14	4	193	13,8	4	9,1
Australien	12	5	121	10,1	10	4,7
Frankreich	12	5	149	12,4	7	6,8
China	11	7	61	5,5	21	3,9
Spanien	9	8	112	12,4	6	4,1
Neuseeland	8	9	55	6,9	18	4,6
Schweiz	6	10	68	11,3	8	5,5
Japan	5	11	46	9,2	13	3,3
Belgien	4	12	40	10,0	11	6,6
Singapur	4	12	23	5,8	20	4,2
Südkorea	4	12	44	11,0	9	8,2
Italien	3	15	28	9,3	12	0,5
Südafrika	3	15	22	7,3	16	4,1
Dänemark	3	15	55	18,3	1	7,9
Finnland	3	15	18	6,0	19	2,4
Niederlande	2	19	33	16,5	2	2,5
Brasilien	2	19	32	16,0	3	4,0
Norwegen	2	19	25	12,5	5	9,5
Schweden	1	22	1	1,0	24	0,0
Indien	1	22	1	1,0	24	0,0
Luxemburg	1	22	4	4,0	22	0,0
Taiwan	1	22	2	2,0	23	0,0
Unbekannt	1	-	4	4,0	-	0,0
Summe	**347**	-	**2.930**	**8,4**	-	**6,5**

Die Länderstrukturanalyse der Stellungnahmen von Leasingnehmern zum DP und ED offenbart, dass die meisten Stellungnahmen der Leasingnehmer aus den USA kommen. Auf Rang zwei liegt UK. Interessant erscheint, dass die umfangreichsten Stellungnahmen der Leasingnehmer zum DP aus Frankreich stammen, während die umfangreichsten Stellungnahmen der Leasingnehmer zum ED aus Dänemark kommen. Vor dem Hintergrund, dass die Stellungnahmen aus Australien, Kanada, Neuseeland, UK und USA zusammen 66% aller Stellungnahmen der Leasingnehmer zum DP bzw. 73% aller Stellungnahmen der Leasingnehmer zum ED ausmachen, ist ein eindeutiger angelsächsischer Einfluss im Rahmen der Kommentierung festzustellen. Dieser kann insofern positiv bewertet werden, als damit die Interviews mit deutschen Leasingnehmern mit den Stellungnahmen der angelsächsischen Pendants verglichen werden können. Auch die sieben Stellungnahmen der Leasingnehmer zum DP bzw. 14 Stellungnahmen der Leasingenhmer zum ED aus Deutschland können zur Überprüfung eventueller Unterschiede zu den Ergebnissen aus den Interviews herangezogen werden. Tabelle 17 enthält eine aggregierte Übersicht der Stellungnahmen von deutschen und nicht-deutschen Leasingnehmern zum DP, um die Vergleichbarkeit mit der Datenbasis der Interviews zu erleichtern. Eine aggregierte Übersicht der Stellungnahmen von deutschen und nicht-deutschen Leasingnehmern zum ED bietet Tabelle 18.

Tabelle 17: Stellungnahmen deutscher und nicht-deutscher Leasingnehmer zum DP

Land	Anzahl Stellungnahmen	Seitenumfang	Ø Seiten je Stellungnahme	Standard-abweichung
Deutschland	7	59	8,4	5,0
Nicht-Deutschland	111	997	9,0	6,0
Summe	**118**	**1.056**	**8,9**	**5,9**

Tabelle 18: Stellungnahmen deutscher und nicht-deutscher Leasingnehmer zum ED

Land	Anzahl Stellungnahmen	Seitenumfang	Ø Seiten je Stellungnahme	Standard-abweichung
Deutschland	14	193	13,8	9,1
Nicht-Deutschland	333	2.737	8,2	6,2
Summe	**347**	**2.930**	**8,4**	**6,5**

Die regionale Verteilung der Stellungnahmen der Leasingnehmer zum DP und ED erlaubt zudem einen internationalen Vergleich mit den Interviews. 47% der Stellungnahmen der Leasingnehmer zum DP bzw. 53% der Stellungnahmen der Leasingnehmer zum ED stammen aus Nordamerika, während 42% der Stellungnahmen der Leasingnehmer zum DP bzw. 32% der Stellungnahmen der Leasingnehmer zum ED Europa zuzuordnen sind. Die verbleibenden Stellungnahmen der Leasingnehmer zum DP stammen aus Asien (4%) und Ozeanien (3%), während 3% der Stellungnahmen der Leasingnehmer zum DP keiner Region zugeordnet werden können. Hinsichtlich des ED entfallen 7% der Stellungnahmen der Leasingnehmer auf die Region Asien. 6% der Stellungnahmen der Leasingnehmer zum ED kommen aus der Region Ozeanien. Die verbleibenden Stellungnahmen der Leasingnehmer zum ED stammen aus den Regionen Südamerika (1%) und Afrika/Mittlerer Osten (1%), während 0,3% der Stellungnahmen der Leasingnehmer zum ED keiner Region zugeordnet werden können.

Die folgende Tabelle 19 gibt einen Überblick über die Herkunftsländer der Stellungnahmen von Wirtschaftsprüfern zum DP. Tabelle 20 gibt einen Überblick über die Herkunftsländer der Stellungnahmen von Wirtschaftsprüfern zum ED.

Tabelle 19: Länderstruktur der Stellungnahmen von Wirtschaftsprüfern zum DP

Land	Anzahl Stellungnahmen	Rang	Seitenumfang	Ø Seiten je Stellungnahme	Rang	Standard-abweichung
USA	12	1	109	9,1	9	6,5
UK	11	2	128	11,6	6	5,6
Kanada	2	3	11	5,5	14	4,5
Frankreich	1	4	15	15,0	1	0,0
Deutschland	1	4	15	15,0	1	0,0
Australien	1	4	9	9,0	10	0,0
Belgien	1	4	13	13,0	4	0,0
China	1	4	13	13,0	4	0,0
Schweden	1	4	11	11,0	7	0,0
Pakistan	1	4	5	5,0	15	0,0
Neuseeland	1	4	15	15,0	1	0,0
Japan	1	4	7	7,0	13	0,0
Israel	1	4	9	9,0	10	0,0
Südafrika	1	4	11	11,0	7	0,0
Irland	1	4	9	9,0	10	0,0
Summe	**37**	**-**	**380**	**10,3**	**-**	**5,4**

Tabelle 20: Länderstruktur der Stellungnahmen von Wirtschaftsprüfern zum ED

Land	Anzahl Stellungnahmen	Rang	Seitenumfang	Ø Seiten je Stellungnahme	Rang	Standard-abweichung
USA	33	1	299	9,1	13	6,5
UK	19	2	277	14,6	5	11,3
Kanada	6	3	28	4,7	17	2,7
Australien	3	4	29	9,7	11	2,1
China	2	5	28	14,0	6	10,0
Belgien	2	5	20	10,0	9	6,0
Japan	2	5	19	9,5	12	2,5
Schweden	2	5	37	18,5	3	2,5
Irland	2	5	20	10,0	9	1,0
Frankreich	1	10	21	21,0	2	0,0
Deutschland	1	10	22	22,0	1	0,0
Neuseeland	1	10	15	15,0	4	0,0
Singapur	1	10	5	5,0	16	0,0
Südafrika	1	10	13	13,0	7	0,0
Indien	1	10	4	4,0	18	0,0
Israel	1	10	4	4,0	18	0,0
Jamaika	1	10	11	11,0	8	0,0
Pakistan	1	10	7	7,0	15	0,0
Rumänien	1	10	9	9,0	14	0,0
Unbekannt	3	-	21	7,0	-	7,8
Summe	**84**	**-**	**889**	**10,6**	**-**	**8,1**

Die Länderstrukturanalyse der Stellungnahmen von Wirtschaftsprüfern zum DP und ED verdeutlicht ebenfalls einen eindeutigen angelsächsischen Einfluss (jeweils 76%) im Rahmen der Kommentierung. Dieser erlaubt einen Vergleich der Interviews mit deutschen Wirtschaftsprüfern mit den Stellungnahmen der angelsächsischen Pendants. Der Unterschied zwischen der Anzahl an Stellungnahmen aus den USA (Rang 1) und UK (Rang 2) ist in der Länderstruktur der Stellungnahmen der Wirtschaftsprüfer zum ED gegenüber der Länderstruktur der Stellungnahmen der Wirtschaftsprüfer zum DP höher. Demgegenüber erweist sich der Unterschied zwischen der Anzahl an Stellungnahmen aus den USA (Rang 1) und UK (Rang 2) sowohl in der Länderstruktur der Stellungnahmen der Wirtschaftsprüfer zum DP gegenüber der Länderstruktur der Leasingnehmer zum DP als auch in der Länderstruktur der Stellungnahmen der Wirtschaftsprüfer zum ED gegenüber der Länderstruktur der Leasingnehmer zum ED als geringer. In Übereinstimmung zu der Länderstrukturanalyse der Stellungnahmen von Leasingnehmern zum DP stammt die umfangreichste Stellungnahme von Wirtschaftsprüfern zum DP aus Frankreich. Allerdings wird dieser erste Rang in der Länderstruktur der Stellungnahmen von Wirtschaftsprüfern zum DP auch von Deutschland und Neuseeland besetzt. Bezüglich des ED stammt die umfangreichste Stellungnahme der Wirtschaftsprüfer aus Deutschland, gefolgt von Frankreich. Tabelle 21 enthält eine aggregierte Übersicht der Stellungnahmen von deutschen und nicht-deutschen Wirtschaftsprüfern zum DP. Eine aggregierte Übersicht der Stellungnahmen von deutschen und nicht-deutschen Wirtschaftsprüfern zum ED bietet Tabelle 22.

Tabelle 21: Stellungnahmen deutscher und nicht-deutscher Wirtschaftsprüfer zum DP

Land	**Anzahl Stellungnahmen**	**Seitenumfang**	**Ø Seiten je Stellungnahme**	**Standard-abweichung**
Deutschland	1	15	15,0	0,0
Nicht-Deutschland	36	365	10,1	5,5
Summe	**37**	**380**	**10,3**	**5,4**

Tabelle 22: Stellungnahmen deutscher und nicht-deutscher Wirtschaftsprüfer zum ED

Land	**Anzahl Stellungnahmen**	**Seitenumfang**	**Ø Seiten je Stellungnahme**	**Standard-abweichung**
Deutschland	1	22	22,0	0,0
Nicht-Deutschland	83	867	10,4	8,1
Summe	**84**	**889**	**10,6**	**8,1**

Ein ausschließlicher Vergleich der Ergebnisse aus den Interviews mit Wirtschaftsprüfern mit den deutschen Stellungnahmen von Wirtschaftsprüfern zum DP und ED erscheint aufgrund der geringen Anzahl entsprechender Stellungnahmen nicht aussagekräftig. Insofern werden die Ergebnisse der Interviews mit Wirtschaftsprüfern den Stellungnahmen der Wirtschaftsprüfer über sämtliche Länder hinweg gegenübergestellt.

Ein internationaler Vergleich der Interviews mit Wirtschaftsprüfern mit den Stellungnahmen der Wirtschaftsprüfer zum DP und ED erscheint vor dem Hintergrund der regionalen Verteilung der Stellungnahmen möglich. 43% der Stellungnahmen der Wirtschaftsprüfer zum DP bzw. 32% der Stellungnahmen der Wirtschaftsprüfer zum ED stammen aus Europa. 38% der Stellungnahmen der Wirtschaftsprüfer zum DP bzw. 46% der Stellungnahmen der Wirtschaftsprüfer zum ED sind der Region Nordamerika zuzuordnen. 8% der Stellungnahmen der Wirtschaftsprüfer zum DP stammen aus der Region Afrika/Mittlerer Osten, während jeweils 5% der Stellungnahmen der

Wirtschaftsprüfer zum DP auf die Regionen Asien und Ozeanien entfallen. 5% der Stellungnahmen der Wirtschaftsprüfer zum ED sind jeweils den Regionen Afrika/ Mittlerer Osten und Ozeanien zuzuordnen. Zudem stammen 7% der Stellungnahmen der Wirtschaftsprüfer zum ED aus Asien. Der Region Südamerika sind 1% der Stellungnahmen der Wirtschaftsprüfer zum ED zuzuordnen. 4% der Stellungnahmen der Wirtschaftsprüfer zum ED können keiner Region zugeordnet werden.

Die folgende Tabelle 23 gibt einen Überblick über die Herkunftsländer der Stellungnahmen von Banken zum DP. Einen Überblick über die Herkunftsländer der Stellungnahmen von Banken zum ED enthält Tabelle 24.

Tabelle 23: Länderstruktur der Stellungnahmen von Banken zum DP

Land	Anzahl Stellungnahmen	Rang	Seitenumfang	Ø Seiten je Stellungnahme	Rang	Standard-abweichung
USA	7	1	56	8,0	6	9,3
Australien	3	2	33	11,0	2	3,3
Belgien	3	2	9	3,0	8	0,0
UK	2	4	16	8,0	6	5,0
Frankreich	2	4	30	15,0	1	3,0
Schweiz	2	4	22	11,0	2	1,0
Kanada	1	7	11	11,0	2	0,0
Deutschland	1	7	3	3,0	8	0,0
Irland	1	7	9	9,0	5	0,0
Summe	**22**	**-**	**189**	**8,6**	**-**	**6,6**

Tabelle 24: Länderstruktur der Stellungnahmen von Banken zum ED

Land	Anzahl Stellungnahmen	Rang	Seitenumfang	Ø Seiten je Stellungnahme	Rang	Standard-abweichung
USA	24	1	180	7,5	9	4,3
UK	7	2	67	9,6	6	4,0
Spanien	4	3	54	13,5	3	8,5
Australien	3	4	27	9,0	7	5,0
China	3	4	30	10,0	4	4,5
Belgien	3	4	7	2,3	12	0,5
Schweiz	3	4	29	9,7	5	4,0
Kanada	2	8	12	6,0	10	3,0
Frankreich	2	8	17	8,5	8	4,5
Japan	2	8	9	4,5	11	2,5
Deutschland	1	11	16	16,0	2	0,0
Schweden	1	11	17	17,0	1	0,0
Summe	**55**	**-**	**465**	**8,5**	**-**	**5,3**

Die Länderstrukturanalyse der Stellungnahmen von Banken zum DP und ED zeigt in Übereinstimmung zu den Länderstrukturanalysen der Stellungnahmen der Leasingnehmer und Wirtschaftsprüfer zum DP und ED, dass die meisten Stellungnahmen aus den USA kommen. Der angelsächsische Einfluss (64% der Stellungnahmen zum DP, 65% der Stellungnahmen zum ED) erscheint hoch, auch wenn UK – gemessen an der Anzahl der Stellungnahmen zum DP – lediglich auf Rang 4 liegt. Die umfangreichsten Stellungnahmen der Banken zum DP stammen aus Frankreich – ein zu den Länderstrukturanalysen der Stellungnahmen der Leasingnehmer und Wirtschaftsprüfer zum

DP ähnliches Ergebnis. Demgegenüber stammt die umfangreichste Stellungnahme der Banken zum ED aus Schweden, gefolgt von Deutschland. Eine aggregierte Übersicht der Stellungnahmen von deutschen und nicht-deutschen Banken zum DP findet sich in Tabelle 25. Tabelle 26 enthält demgegenüber eine aggregierte Übersicht der Stellungnahmen von deutschen und nicht-deutschen Banken zum ED.

Tabelle 25: Stellungnahmen deutscher und nicht-deutscher Banken zum DP

Land	**Anzahl Stellungnahmen**	**Seitenumfang**	**Ø Seiten je Stellungnahme**	**Standard-abweichung**
Deutschland	1	3	3,0	0,0
Nicht-Deutschland	21	186	8,9	6,6
Summe	**22**	**189**	**8,6**	**6,6**

Tabelle 26: Stellungnahmen deutscher und nicht-deutscher Banken zum ED

Land	**Anzahl Stellungnahmen**	**Seitenumfang**	**Ø Seiten je Stellungnahme**	**Standard-abweichung**
Deutschland	1	16	16,0	0,0
Nicht-Deutschland	54	449	8,3	5,2
Summe	**55**	**465**	**8,5**	**5,3**

Auch hinsichtlich der Gruppe der Banken erscheint ein ausschließlicher Vergleich der Ergebnisse aus den Interviews mit Banken mit den deutschen Stellungnahmen von Banken zum DP und ED aufgrund der geringen Anzahl entsprechender Stellungnahmen nicht aussagekräftig. Insofern werden die Ergebnisse der Interviews mit Banken den Stellungnahmen der Banken über sämtliche Länder hinweg gegenübergestellt.

Im Rahmen der regionalen Verteilung fällt die relativ hohe Anzahl der Stellungnahmen der Banken zum DP aus Europa auf. Die Hälfte aller Stellungnahmen der Banken zum DP stammt von dort. 36% der Stellungnahmen entfallen auf die Region Nordamerika. Dieses Ergebnis stellt das inverse Resultat aus der Länderstrukturanalyse der Stellungnahmen von Banken zum ED dar, wonach fast 50% der Stellungnahmen aus Nordamerika und 38% der Stellungnahmen aus Europa stammen. 14% der Stellungnahmen der Banken zum DP bzw. 5% der Stellungnahmen der Banken zum ED kommen aus der Region Ozeanien. 9% der Stellungnahmen der Banken zum ED sind der Region Asien zuzuordnen.

3 Methoden der Datenauswertung

3.1 Inhaltsanalyse

3.1.1 Grundlagen der Inhaltsanalyse

Die Auswertung der Interviewdaten und der Stellungnahmen erfolgt unter Anwendung der Inhaltsanalyse (*content analysis*)[1]. Diese Methode ermöglicht die systematische und intersubjektiv nachprüfbare Analyse der teilweise sehr umfangreichen Kommunikationsinhalte[2]. Sie unterscheidet sich stark von hermeneutischen Verfahren[3]. Ursprünglich in den Sozialwissenschaften angewendet, fokussiert die Inhaltsanalyse nicht ausschließlich auf die Untersuchung von Interviewdaten, sondern bezieht sich – sehr viel breiter – auf Analysen von Beiträgen in Zeitschriften, Datenbanken, Büchern und Geschäftsberichten[4]. Erste inhaltsanalytische Arbeiten lassen sich auf das Ende des 19. Jahrhunderts datieren, deren Fokus auf der quantitativen Inhaltsanalyse lag[5]. Daran anschließend war eine zunehmende Bedeutung der qualitativen Inhaltsanalyse zu verzeichnen. Eine der ersten Definitionen der Inhaltsanalyse ist von *Berelson* verfasst worden: „*Content analysis is a research technique for the objective, systematic and quantitative description of the manifest content of communication*"[6]. Im Bereich Rechnungswesen und Finanzierung sind u.a. Researchberichte Gegenstand von Inhaltsanalysen. Die Studie von *Previts et al.* umfasst beispielsweise 479 Berichte US-amerikanischer Banken, deren Analyse Rückschlüsse auf die Informationsbedürfnisse von Analysten liefern soll.[7] *Demirakos/Strong/Walker* analysieren den Inhalt von 104 Researchberichten internationaler Banken, um die Bewertungsmodelle von Analysten für in London gelistete Unternehmen zu untersuchen[8].

Die dargestellte Entwicklung der Inhaltsanalyse differenziert zwischen einer quantitativen und einer qualitativen Inhaltsanalyse[9]. Quantitative Inhaltsanalysen nehmen thematische Untersuchungen vor, bei denen die Ergründung von Häufigkeiten einzelner Texteinheiten oder Themengebiete im Vordergrund steht (Häufigkeits- oder Frequenzanalysen)[10]. Qualitative Inhaltsanalysen fokussieren auf argumentative Untersuchungen, in deren Mittelpunkt der mitunter interpretative Kontext einzelner Aussagen steht[11]. Eine starre Trennung in quantitative und qualitative Inhaltsanalyse

1 Vgl. hierzu und im Folgenden Weide (2009), S. 202-210 mit einer ähnlichen methodischen Vorgehensweise.

2 Vgl. Früh (2007), S. 28, Krippendorf (2004), S. 18, Mayring (2008), S. 11-13.

3 Vgl. Atteslander (2010), S. 195.

4 Vgl. Holsti (1969), S. 42.

5 Vgl. hierzu und im Folgenden Krippendorf (2004), S. 3-17. Einen Überblick über die Entwicklung der Inhaltsanalyse findet sich z.B. auch in Atteslander (2010), S. 198-202, Neuendorf (2002), S. 27-45.

6 Berelson (1952), S. 18.

7 Vgl. Previts et al. (1994).

8 Vgl. Demirakos/Strong/Walker (2004).

9 Vgl. hierzu kritisch Früh (2007), S. 38-39, Krippendorf (2004), S. 15-16.

10 Vgl. Früh (2007), S. 38-39, Weber (1990), S. 49-53.

11 Vgl. Kvale (1996), S. 187-188, Mayring (2008), Lillis (1999), Tomkins/Groves (1983), S. 366.

ist selten möglich[1]. Die Inhaltsanalyse beinhaltet vielmehr qualitative und quantitative Aspekte, allerdings mit unterschiedlichem Stellenwert im Forschungsprozess. Zudem steht nicht die Quantität per se im Vordergrund der Analyse, sondern die Bedeutung der Quantität. Quantitative Inhaltsanalysen können auch auf die Ermittlung der Häufigkeit qualitativer Merkmale fokussieren. Insofern setzt die quantitative Inhaltsanalyse die qualitative Inhaltsanalyse voraus.

Die Auswertung der Interviewdaten und der Stellungnahmen zum DP und ED in dieser Arbeit erfolgt primär qualitativ. Zwar hätte im Rahmen der Stellungnahmen zum DP und ED – im Gegensatz zu den Interviews – eine statistische Auswertung aufgrund der Anzahl der Stellungnahmen durchgeführt werden können. Der Fokus der Untersuchung liegt allerdings auf der Analyse möglicher ökonomischer Konsequenzen und dem mitunter interpretativen Kontext einzelner Aussagen. Eine quantitative Untersuchung eignet sich lediglich für Auswertungen von Stellungnahmen, deren Zielsetzung beispielsweise in der Untersuchung von Lobbyismus im Rahmen der Standardsetzung liegt. Diese Untersuchungen verwenden zwar ebenfalls eine Inhaltsanalyse zur Analyse einzelner Positionen der Interessengruppen hinsichtlich Ansatz- und Bewertungsvorschriften, zumeist unter Rückgriff auf die im DP oder ED diesbezüglich gestellten Fragen. Dabei wird allerdings häufig ausschließlich zwischen einer zustimmenden oder ablehnenden Stellungnahme unterschieden ohne eine weitere inhaltliche Differenzierung vorzunehmen[2]. Anhand der Zustimmungsanteile und Zustimmungshäufigkeiten der jeweiligen Interessengruppen wird dann – unter Anwendung loglinearer Regressionsmodelle – auf Lobbyismus geschlossen[3]. Zudem wird mittels dem Chi-Quadrat-Unabhängigkeitstest oder dem exakten Test nach *Fisher* zum einen gemessen, ob statistisch signifikante Abhängigkeiten zwischen den Lobbygruppen bestehen. Zum anderen werden diese Tests zur Aufdeckung von Veränderungen der Positionen einer Interessengruppe im Zeitablauf verwendet[4]. Aufgrund der in dieser Arbeit durchgeführten qualitativen Inhaltsanalyse und des mangelnden Fokus auf Lobbyismus-Forschungsfragen im Rahmen der Auswertungen von Stellungnahmen wird im Folgenden auf die Vorgehensweise im Rahmen der qualitativen Inhaltsanalyse näher eingegangen.

3.1.2 Vorgehensweise im Rahmen der Inhaltsanalyse

Mayring wendet die qualitative Inhaltsanalyse als „Methodik systematischer Interpretation"[5] schwerpunktmäßig auf Interviewdaten an[6]. In einem allgemeinen Ablaufmodell zerlegt er die qualitative Inhaltsanalyse in einzelne Intrepretationsschritte (vgl. Abbildung 2)[7]. Durch Zerlegung in vorher festgelegte Analyseschritte wird die

1 Vgl. hierzu und im Folgenden Früh (2007), S. 67-74, Krippendorf (2004), S. 87-89. Vgl. weiterführend Grafton/Lillis/Mahama (2011), die einen Überblick über Studien zum Rechnungswesen geben, in denen quantitative und qualitative Forschungsmethoden kombiniert werden.
2 Vgl. z.B. Kurz (2009), S. 153-190, Weinreis (2009), S. 220-302.
3 Vgl. z.B. McLeay/Ordelheide/Young (2000).
4 Vgl. z.B. Saemann (1999).
5 Mayring (2008), S. 42.
6 Vgl. hierzu und im Folgenden Mayring (2008), S. 42-99.
7 Vgl. hierzu auch Flick (2009), S. 409-416.

Inhaltsanalyse intersubjektiv überprüfbar und insofern zur wissenschaftlichen Methode.

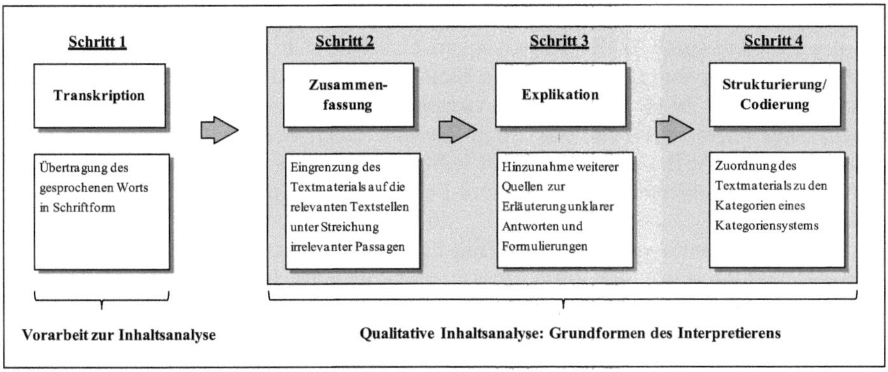

Abbildung 2: Vorgehensweise im Rahmen der qualitativen Inhaltsanalyse

Die Transkription des gesprochenen Worts in Schriftform kann als Vorarbeit zur Inhaltsanalyse erachtet werden. Die sich daran anschließende eigentliche Inhaltsanalyse umfasst drei Grundformen des Interpretierens. Diese setzen sich aus der Zusammenfassung, der Explikation und der Strukturierung zusammen. Die einzelnen Analyseschritte werden nachfolgend näher erläutert.

3.1.2.1 Trankription, Zusammenfassung und Explikation des Kommunikationsmaterials

Im Rahmen der auf Interviewdaten bezogenen Inhaltsanalyse muss zunächst eine Dokumentation des gesprochenen Worts stattfinden, um die untersuchten Zusammenhänge in Text überführen und der eigentlichen Analyse zuführen zu können[1]. Die dieser Arbeit zugrundeliegenden Interviews werden überwiegend mittels eines Aufnahmegeräts digital aufgezeichnet und anschließend vollständig transkribiert. Sieben Gesprächspartner lehnen die Aufzeichnung des Interviews ab. Als Begründung hierfür werden interne Leitlinien der Organisationen genannt, die eine externe Verwendung aufgezeichneter Gespräche grundsätzlich untersagen. In den Fällen, in denen die Aufzeichnung abgelehnt wird, werden Notizen während des Gesprächs – sog. Feldnotizen[2] – angefertigt. Die Notizen werden im Anschluss an das jeweilige Interview ausformuliert, um die selektive Wahrnehmung und Darstellung durch den Notierenden zu verringern[3]. Im Rahmen der Transkription wird auf eine angemessene Genauigkeit geachtet[4]. Sämtliche Äußerungen der Gesprächspartner werden in das Transkript über-

1 Vgl. Flick (2009), S. 371.

2 Vgl. hierzu ausführlicher Flick (2009), S. 374-377.

3 Die Selektivität bezieht sich dabei sowohl auf notierte als auch nicht notierte Aspekte. Vgl. Flick (2009), S. 376.

4 Zur Angemessenheit von Genauigkeitsgraden vgl. Flick (2009), S. 379-380.

führt. Lediglich Verschleifungen innerhalb von Texteinheiten („und äh") und Verzögerungssignale („äh") werden eliminiert[1]. Nach der Transkription der Interviewdaten bzw. der Ausformulierung der Feldnotizen werden die Abschriften an die Gesprächspartner geschickt mit der Bitte um Prüfung und Vornahme notwendiger Korrekturen (*respondent validation*[2]). Die Anpassungen beziehen sich insgesamt auf nur wenige Textpassagen. Im Rahmen der auf die Stellungnahmen zum DP und ED bezogenen Inhaltsanalyse erübrigt sich die Transkription, da die Stellungnahmen bereits in schriftlicher Form vorliegen. Nach dem Herunterladen der Stellungnahmen von der Homepage des IASB bzw. FASB wird lediglich eine Transformation der zumeist im pdf-Format vorhandenen Dateien in word-Format vorgenommen, um die Verarbeitung zu erleichtern.

Die Zusammenfassung hat zum Ziel, das Kommunikationsmaterial derart einzugrenzen, dass die relevanten Textstellen erhalten bleiben[3]. Irrelevante oder redundante Textbestandteile sind zu streichen. Dieser Schritt kann in unstrukturierten Interviews einen bedeutenden Teil der Analyse einnehmen, während in semi-strukturierten Interviews aufgrund der fokussierten Fragestellung der Anteil irrelevanter oder redundanter Textstellen – so auch in dieser Arbeit – als gering beurteilt werden kann. Die Zusammenfassung des Textmaterials unter Streichung irrelevanter Textpassagen unterbleibt in den Stellungnahmen, weil diese mit Fokus auf die Reform der Leasingbilanzierung verfasst werden. Ein Abschweifen, wie es in narrativen Interviews teilweise sogar erwünscht ist, liegt in schriftlichen Stellungnahmen selten vor.

Im Rahmen der Explikation des transkribierten Interviewmaterials wird zusätzliches Material zur Erläuterung unklarer Aussagen hinzugezogen[4]. Hierbei ist zwischen einer engen und weiten Kontextanalyse zu unterscheiden. Während bei der engen Kontextanalyse zur Erläuterung einer Textstelle auf den Textkontext zurückgegriffen wird, lässt die weite Kontextanalyse zusätzliche Quellen zum Textkontext zu. In dieser Arbeit werden die Stellungnahmen zum DP, Aufsätze und sonstige interne Dokumente als zusätzliche Quellen berücksichtigt[5]. Der Explikation kommt in der hier durchgeführten Analyse – analog zur Zusammenfassung – eine lediglich untergeordnete Bedeutung zu, da die persönlich geführten Interviews vor Ort die Gelegenheit bieten, bereits während des Interviews unklare Aussagen zu klären. Sofern interpretationsbedürftige Textstellen erst während der späteren Analyse identifiziert werden, können diese durch Rückfragen bei den Gesprächspartnern expliziert werden. Die Explikation der Stellungnahmen im Sinne einer Berücksichtigung weiterer Quellen wird aufgrund des eingeschränkten diesbezüglichen Zugangs nicht durchgeführt. Insofern werden die relevanten Stellungnahmen zum DP und ED direkt der Strukturierung unterworfen.

---

1 Vgl. Meuser/Nagel (2005), S. 83.

2 Vgl. Flick (2009), S. 495, Merriam (2009), S. 217, Silverman (2001), S. 233. Kritik gegenüber der Validierung von Interviewaussagen durch die Gesprächspartner übt indes Bryman (1988), S. 79, der darin eine Einladung zur Zensur sieht.

3 Vgl. hierzu und im Folgenden Mayring (2008), S. 59-61.

4 Vgl. hierzu und im Folgenden Mayring (2008), S. 77-82.

5 Vgl. hierzu Kapitel V.2.1.6.

Die Strukturierung des Kommunikationsmaterials stellt den umfänglichsten Analyseschritt dar[1]. Ziel der inhaltlichen Strukturierung ist die Kategorisierung der Daten anhand bestimmter Kriterien. Auf diesen auch als Codierung bezeichneten Analyseschritt wird nachfolgend näher eingegangen.

3.1.2.2 Codierung des Kommunikationsmaterials

Im Rahmen der Codierung des Kommunikationsmaterials werden die bereits zusammengefassten und explizierten Daten in Textpassagen aufgespalten und anschließend einzelnen Kategorien unter Beachtung von Codierregeln zugeordnet. Die Codierregeln definieren dabei die jeweiligen Kategorien und legen fest, welche Aussagen in welche Kategorien eingeordnet werden[2]. Die Definition der Kategorien markiert insofern einen zentralen Schritt der Untersuchung, als diese die Qualität der Inhaltsanalyse determiniert: *„Since the categories contain the substance of the investigation, a content analysis can be no better than its system of categories“*[3]. Von *Krippendorf* wird die Kategorienbildung gar als Kunst bezeichnet[4]. Sie kann induktiv oder deduktiv erfolgen. Eine induktive Kategorienbildung leitet die Kategorien direkt aus dem Textmaterial ab, ohne auf vorhandende Theoriekonzepte zurückzugreifen[5]. Insofern kann die induktive Kategorienbildung erst während der Analyse vorgenommen werden. Die induktive Kategorienbildung steht in Zusammenhang mit der von *Glaser/Strauss* stammenden *grounded theory* aus dem Jahr 1967, die von *Glaser* und *Strauss/Corbin* weiterentwickelt wurde[6]: *„Generating theory from data means that most hypotheses and concepts not only come from the data, but are systematically worked out in relation to the data during the course of the research“*[7]. Im Rahmen der deduktiven Kategorienbildung erfolgt die Definition der Kategorien anhand theoretischer Überlegungen[8]. Die Kategorien werden hierbei aus der bestehenden Literatur hergeleitet. Die Definition der deduktiv hergeleiteten Kategorien wird somit – im Gegensatz zu den induktiv hergeleiteten Kategorien – vor Beginn der Auswertung vorgenommen und ist anschließend nicht mehr veränderbar[9].

Die Kategorienbildung in dieser Arbeit erfolgt überwiegend deduktiv[10]. Für die jeweilige Interessengruppe der Interviews und der Stellungnahmen werden Kategorien in Anlehnung an die Interviewleitfäden definiert, die aus den in Kapitel IV konkretisierten Forschungsfragen deduziert werden. Zusätzlich werden induktive Kategorien gebildet, um die ergebnisoffen formulierten Fragen der Interviewleitfäden in der Auswertung berücksichtigen zu können. Insgesamt folgt die Kategorienbildung in dieser

---

1 Vgl. hierzu und im Folgenden Mayring (2008), S. 89.
2 Vgl. Kromrey (2009), S. 314.
3 Berelson (1952), S. 147.
4 Vgl. Krippendorf (2004).
5 Vgl. Berry/Otley (2004), S. 239, Flick (2009), S. 394, Mayring (2008), S. 74-76.
6 Vgl. Glaser/Strauss (1967), Glaser (1992), Strauss/Corbin (1990).
7 Strauss/Corbin (1990), S. 5-6.
8 Vgl. hierzu und im Folgenden Früh (2007), S. 153-156, Kromrey (2009), S. 307, Mayring (2008), S. 74-76.
9 Vgl. Früh (2007), S. 156.
10 Vgl. hierzu und im Folgenden Weide (2009), S. 205-207 mit einer ähnlichen Vorgehensweise.

Arbeit somit einem Mischansatz mit einer stärkeren Gewichtung des deduktiven Ansatzes, wie von *Früh* und *Srnka/Koeszegi* empfohlen sowie von *Lillis* umgesetzt[1]. Sämtliche Kategorien werden in einem Kategoriensystem erfasst, das aus Haupt- und Unterkategorien besteht[2]. Das Kategoriensystem stellt die Gesamtheit der Kategorien einer inhaltsanalytischen Untersuchung dar[3]. Es muss erschöpfend sein, um sicherzustellen, dass die Textpassagen des vorhandenen Kommunikationsmaterials vollständig und eindeutig in den Kategorien erfasst werden[4]. Das festgelegte Kategoriensystem und die Codierregeln werden während der Auswertung beibehalten, da Änderungen zu Inkonsistenzen in der Analyse führen können[5].

Inhaltsanalysen können unter Verwendung von Computerprogrammen durchgeführt werden[6]. Die Art der Software unterscheidet sich danach, ob die Codierung von dem Programm durchgeführt wird oder am Bildschirm durch Menschen erfolgt. Die Durchführung der Codierung mittels Computerprogramm wird als elektronische Inhaltsanalyse bezeichnet. Sie eignet sich insbesondere für quantitative Inhaltsanalysen. Die Software wird hierbei zur Wortsuche und zur Bestimmung von Häufigkeiten bestimmter Themenbereiche verwendet. Voraussetzung hierfür ist, dass die Regeln für die Codierung als Suchbegriffe vorliegen. Die Software sucht diese sodann im Text und schreibt die nummerischen Codes in eine Ausgabedatei. Die Codierung am Bildschirm durch Menschen wird demgegenüber als computerunterstützte Inhaltsanalyse bezeichnet[7]. Programme im Rahmen der computerunterstützten Inhaltsanalyse führen keine selbständige Analyse durch. Sie sind vielmehr mit Textverarbeitungsprogrammen vergleichbar, die Texte auch nicht selbst schreiben, das Schreiben von Texten aber erleichtern können[8]: „*Wie es immer noch der Autor ist, der schreibt, wenn er ein Textverarbeitungsprogramm benutzt, ist es immer noch der Forscher, der Kodierungen vornimmt etc., wenn er ein [...] Programm verwendet*“[9]. Diese Vorgehensweise eignet sich insbesondere für qualitative Inhaltsanalysen, bei denen der Kontext einzelner Aussagen im Fokus der Analyse steht. Relevante Textstellen werden hierbei markiert und einem Code zugeordnet. Die computerunterstützte Inhaltsanalyse erleichtert insofern die Verwaltung der codierten Textstellen, als sie den systematischen und schnellen Zugriff auf diese Textstellen ermöglicht (*information retrieval*-Funktion[10]). Die Verwendung von Software im Rahmen der qualitativen Inhaltsanalyse kann

1 Vgl. Früh (2007), S. 73, Srnka/Koeszegi (2007), S. 37, Lillis (1999), S. 89.
2 Vgl. hierzu und im Folgenden Kromrey (2009), S. 314-315. Vgl. ähnlich Atteslander (2010), S. 205.
3 Vgl. Atteslander (2010), S. 203.
4 Vgl. hierzu und im Folgenden Früh (2007), S. 86-87, Kromrey (2009), S. 315. Zu den Anforderungen an ein Kategoriensystem vgl. auch Atteslander (2010), S. 204-206.
5 Zur Invarianz der Codierregeln vgl. Früh (2007), S. 96, Groves et al. (2009), S. 342-344.
6 Vgl. hierzu und im Folgenden Atteslander (2010), S. 215-222.
7 Vgl. z.B. Bryman/Bell (2007), S. 602-621 für Erläuterungen zur Codierung von Interviewdaten mittels Analysesoftware.
8 Vgl. Flick (2009), S. 452.
9 Flick (2009), S. 452-453.
10 Vgl. Atteslander (2010), S. 221-222, Bryman/Bell (2007), S. 603.

durchaus als gebräuchlich in der internationalen, insbesondere anglo-amerikanischen Forschung zum Rechnungswesen bezeichnet werden[1].

In dieser Arbeit erfolgt die Codierung des Interviewmaterials und der Stellungnahmen unter Verwendung der Analysesoftware NVivo in der Version 8.0. Diese Software erleichtert einerseits die Strukturierung des Kommunikationsmaterials und erlaubt andererseits den systematischen und schnellen Zugriff auf Textpassagen. Jedes Transkript bzw. jede Stellungnahme stellt eine Quelle im Rahmen der Datenauswertung dar und muss insofern mit Quellenangaben versehen werden. Dementsprechend wird jedem Transkript bzw. jeder Stellungnahme in der Software NVivo eine Zeilennummerierung hinzugefügt[2]. Die Quellenangabe AJ:13-15 bedeutet beispielsweise, dass es sich um das Transkript des Leasingnehmers AJ der Interviewreihe und diesbezüglich um die Zeilen 13 bis 15 handelt. Die Quellenangabe ED-CL 3: 162-164 bedeutet beispielsweise, dass es sich um die Stellungnahme mit der Nummer drei zum ED und diesbezüglich um die Zeilen 162 bis 164 handelt.

Im Anschluss an die Codierung werden die der jeweiligen Kategorie zugeordneten Textpassagen einer jeden Organisation zu einer Hauptaussage zusammengefasst. Abbildung 4 in Anhang 5 zeigt exemplarisch an Leasingnehmer AJ der Interviewreihe einen kleinen Ausschnitt des zuvor beschriebenen Codiervorgangs im Rahmen der qualitativen Inhaltsanalyse.

Mit Bezug auf die Interviews wird die Codierung der transkribierten Daten nach einem zeitlichen Abstand von etwa vier Monaten wiederholt, um die Zuverlässigkeit (Reliabilität) der Auswertung zu erhöhen[3]. Der erstmalige Codiervorgang führt zu 1.436 Codierungen[4]. Im Rahmen des erneuten Codiervorgangs werden die bestehenden Codierungen überprüft und – sofern notwendig – korrigiert. Der wiederholte Codiervorgang resultiert in 1.498 Codierungen[5]. Die Intracoderreliabilität der auf die Interviews bezogenen Inhaltsanalysen kann insofern als gewährleistet erachtet werden, als die Anzahl der Codierungen in beiden Codiervorgängen nur geringfügig voneinander abweicht. Die zugrundeliegenden Kategoriensysteme mit den Definitionen der einzelnen Kategorien sowie die absoluten Häufigkeiten des zweiten Codiervorgangs je Kategorie sind für die jeweiligen Interessengruppen der Interviews in Anhang 6 abgebildet.

Neben der erneuten Codierung mit zeitlichem Abstand wird der Codiervorgang im Rahmen der Interviews von einer weiteren unabhängigen Person mit ausreichenden Fachkenntnissen durchgeführt (Forschertriangulation). Der zweite Codierer nimmt 1.454 Codierungen vor[6]. Verglichen mit der Anzahl der Codierungen des ersten

1 Vgl. z.B. Lillis (1999), S. 90-91, Scapens (2004), S. 270, Smith (2005), S. 137.

2 Vgl. hierzu Flick (2009), S. 381.

3 Vgl. Früh (2007), S. 120, Miles/Huberman (1994), S. 278.

4 Davon entfallen 671 Codierungen auf die Interviews mit Leasingnehmern, 458 Codierungen auf die Interviews mit Wirtschaftsprüfern und 307 Codierungen auf die Interviews mit Banken. Die jeweilige Summe der Codierungen bezieht sich auf die Anzahl an Zuordnungen von Textpassagen zu den Kategorien des Kategoriensystems der jeweiligen Interessengruppe.

5 Davon entfallen 692 Codierungen auf die Interviews mit Leasingnehmern, 480 Codierungen auf die Interviews mit Wirtschaftsprüfern und 326 Codierungen auf die Interviews mit Banken.

6 Davon entfallen 674 Codierungen auf die Interviews mit Leasingnehmern, 466 Codierungen auf die Interviews mit Wirtschaftsprüfern und 314 Codierungen auf die Interviews mit Banken.

Codierers liegt somit eine geringe Streuung der Codierungen vor[1]. Die Intercoderreliabilität der auf die Interviews bezogenen Inhaltsanalysen kann insofern als gewährleistet erachtet werden. Die geringe Streuung der Codierungen spiegelt sich auch in dem Reliabilitätskoeffizient nach *Holsti* wider, der sich als Quotient der verdoppelten Anzahl übereinstimmender Codierungen und der Summe der Codierungen beider Codierer berechnet[2]. Je näher der Koeffizient an dem Wert eins liegt, desto höher ist die Reliabilität[3]. Der in dieser Arbeit über alle Kategorien hinweg errechnete Reliabilitätskoeffizient beträgt 0,99 für die Interviews mit Leasingnehmern und Wirtschaftsprüfern bzw. 0,98 für die Interviews mit Banken und deutet insofern auf eine gewährleistete Reliabilität hin. Einschränkend wirkt, dass es sich bei den hier berechneten Reliabilitätskoeffizienten um aggregierte Kennziffern handelt. Es besteht somit die Möglichkeit, dass die Reliabilität einzelner Kategorien beeinträchtigt ist. Deshalb wird empfohlen, Reliabilitätstest für jede Kategorie einer jeden Interviewgruppe durchzuführen[4]. Darauf wird in dieser Arbeit insofern verzichtet, als bei der Prüfung der Codiervorgänge beider Codierer keine auffälligen Abweichungen in einzelnen Kategorien festgestellt werden können.

Der erstmalige Codiervorgang der Stellungnahmen zum DP führt zu 1.340 Codierungen[5]. Der erstmalige Codiervorgang der Stellungnahmen zum ED resultiert in 3.034 Codierungen[6]. Die Codiervorgänge für die Stellungnahmen zum DP und ED werden nach einem zeitlichen Abstand von zwei Monaten für eine Stichprobe von jeweils 10% der Stellungnahmen aus den entsprechenden Interessengruppen wiederholt. Zusätzlich wird die Codierung für dieselbe Stichprobe von einer weiteren unabhängigen Person mit ausreichenden Fachkenntnissen durchgeführt. Sowohl die erneute Codierung mit zeitlichem Abstand als auch die Codierung durch eine weitere Person führen nicht zu wesentlichen Veränderungen der relativen Anzahl der Codierungen[7]. Insofern kann die Intracoderreliabilität und die Intercoderreliabilität der auf die Stellungnahmen zum DP und ED bezogenen Inhaltsanalysen als gewährleistet erachtet

1 Vgl. Früh (2007), S. 188.

2 Vgl. Holsti (1969), S. 140.

3 Vgl. hierzu auch Atteslander (2010), S. 206.

4 Vgl. Früh (2007), S. 193.

5 Davon entfallen 823 Codierungen auf die Stellungnahmen von Leasingnehmern, 286 Codierungen auf die Stellungnahmen von Wirtschaftsprüfern und 231 Codierungen auf die Stellungnahmen von Banken.

6 Davon entfallen 2.050 Codierungen auf die Stellungnahmen von Leasingnehmern, 569 Codierungen auf die Stellungnahmen von Wirtschaftsprüfern und 415 Codierungen auf die Stellungnahmen von Banken.

7 Im Rahmen der Auswertung von Stellungnahmen zum DP betragen die über alle Kategorien hinweg errechneten Reliabilitätskoeffizienten 0,95 für die Stellungnahmen von Leasingnehmern bzw. 0,93 für die Stellungnahmen von Wirtschaftsprüfern und Banken. Hinsichtlich der Auswertung von Stellungnahmen zum ED betragen die über alle Kategorien hinweg errechneten Reliabilitätskoeffizienten 0,96 für die Stellungnahmen von Leasingnehmern, 0,85 für die Stellungnahmen von Wirtschaftsprüfern bzw. 0,9 für die Stellungnahmen von Banken. Einschränkend wirkt wiederum, dass es sich bei den hier berechneten Reliabilitätskoeffizienten um aggregierte Kennziffern handelt. Auf einen Reliabilitätstest für jede Kategorie einer jeden Interessengruppe wird insofern verzichtet, als bei der Prüfung der Codiervorgänge beider Codierer keine auffälligen Abweichungen in einzelnen Kategorien festgestellt werden können.

werden. Die zugrundeliegenden Kategoriensysteme mit den Definitionen der einzelnen Kategorien sowie die absoluten Häufigkeiten des ersten Codiervorgangs je Kategorie sind für die die Stellungnahmen zum DP in Anhang 7 bzw. für die Stellungnahmen zum ED in Anhang 8 aufgeführt.

Im Anschluss an die Inhaltsanalyse erfolgt die schriftliche Ausarbeitung der Ergebnisse, die u.a. von *Yin* als eine der größten Herausforderungen an einen empirischen Forscher bezeichnet wird[1]. Um eine strukturierte schriftliche Ausarbeitung zu gewährleisten, werden die Ergebnisse aggregiert. Auf organisationsspezifische Aspekte wird dementsprechend nur vereinzelt eingegangen. Zur Ergebnisdokumentation werden ausgewählte Auszüge aus den Transkripten der Interviews und den Stellungnahmen zum ED verwendet[2]. Diese Vorgehensweise soll den Rückbezug auf das Interviewmaterial bzw. die Stellungnahmen erleichtern und zugleich die Reliabilität der Analyse erhöhen[3]. Das wörtliche Zitieren aus den Transkripten der Interviews und den Stellungnahmen stellt zudem eine gängige Art der Ergebnisdokumentation qualitativer Studien dar[4]. Adaptionen der Zitate im Rahmen der Interviews werden lediglich zur Gewährleistung der Anonymität vorgenommen. Sie erfolgen immer dann, wenn die gewählte Aussage eindeutige Rückschlüsse auf eine Organisation oder einen Gesprächspartner zuließe.

3.2 Pattern matching logic und cross-group analysis

Die Verfahren der *pattern matching logic* und der *cross-group analysis* kommen zur Herstellung eines Bezugs der codierten Daten zu der bestehenden diesbezüglichen Literatur und den Forschungsfragen dieser Arbeit zur Anwendung[5]. Im Rahmen der *pattern matching logic* werden die Untersuchungsergebnisse mit den in der Literatur dargestellten Mustern (*patterns*) verglichen[6]. Im Vordergrund dieses Verfahrens steht die Überprüfung, ob die empirischen Ergebnisse mit den diesbezüglichen Ergebnissen der existierenden Literatur im Sinne der *literal replication* übereinstimmen oder zu gegensätzlichen, aber aufgrund anderer Konstellationen antizipierbaren Ergebnissen im Sinne der *theoretical replication* führen[7]. Die Übereinstimmung der empirischen Ergebnisse mit denen der bestehenden Literatur erhöht die interne Validität der Analyse. Vor diesem Hintergrund dient die *pattern matching logic* auch dazu, Ursache-Wirkungs-Beziehungen in sog. *causal maps* herzustellen[8]. Die *pattern matching logic*

---

1 Vgl. Yin (2009), S. 165.

2 Im Rahmen der Auswertungen von Stellungnahmen zum DP wird auf die Verwendung ausgewählter Auszüge zugunsten der aktuelleren Stellungnahmen zum ED verzichtet.

3 Vgl. Flick (2009), S. 538, Silverman (2001), S. 229-230.

4 Vgl. Abernethy/Lillis (1995), insb. S. 246, Bruns/McKinnon (1993), insb. S. 101, Kets de Vries et al. (2009).

5 Zu den Grenzen der Generalisierbarkeit im Rahmen der qualitativen Forschung vgl. Flick (2009), S. 522-523. Vgl. hierzu und im Folgenden Weide (2009), S. 208-209 mit einer ähnlichen Vorgehensweise.

6 Vgl. hierzu und im Folgenden Yin (2009), S. 136-141, Lillis (1999), S. 91-92.

7 Vgl. Yin (2009), S. 140.

8 Vgl. Abernethy et al. (2005), insb. S. 138-140, Miles/Huberman (1994), S. 222-228.

im Allgemeinen fokussiert auf einzelne Themenbereiche, während die *causal maps* im Besonderen themenübergreifende Einblicke innerhalb einer Organisation ermöglichen. So kann beispielsweise anhand einer *causal map* die kausale Beziehung zwischen der Veränderung von Finanzkennzahlen aufgrund einer reformierten Leasingbilanzierung und der Substitution von Leasingtransaktionen durch alternative Finanzierungsmöglichkeiten aufgezeigt werden. Der Untersuchung kausaler Beziehungen wird eine hohe Relevanz in der Analyse möglicher ökonomischer Konsequenzen der reformierten Leasingbilanzierung beigemessen.

Die Verfahren der *pattern matching logic* beziehen sich auf die Analyse einer Organisation. Für die Analyse über mehrere Organisationen hinweg findet die *cross-group analysis* Anwendung[1]. Dabei fokussieren *cross-group* Analysen – analog zu der *pattern matching logic* im Allgemeinen – auf einzelne Themenbereiche. Die in dieser Arbeit angewendete *pattern matching logic* und die *cross-group analysis* werden in der folgenden Abbildung 3 exemplarisch verdeutlicht.

Kategorie / Leasingnehmer	Kategorie A.3.1.1: Auswirkungen auf Finanzkennzahlen	...	Kategorie A.3.2.4: Substitution von Leasingtransaktionen	...
Leasingnehmer AA	Bilanzverlängerung und damit verbundene Kennzahlen-änderungen		Keine Substitution von Leasingtransaktionen durch alternative Finanzierungen	↑
Leasingnehmer AB	...	Pattern matching logic	...	Cross-group analysis
Leasingnehmer AC	Verschlechterung der Eigenkapitalquote		Substitution von Leasingtransaktionen durch Kauf des Gegenstands	↓
...	←	Causal	map	→
Leasingnehmer AN	...		...	

Abbildung 3: Exemplarische Darstellung der Verfahren der pattern matching logic und der cross-group analysis
Quelle: In Anlehnung an Weide (2009), S. 210.

Im Rahmen der Auswertungen von Stellungnahmen zum DP und ED kommt dem Verfahren der *cross-group analysis* besondere Aufmerksamkeit zu. Die Ergebnisse der konkretisierten Forschungsfragen aus der Auswertung von Stellungnahmen der jeweiligen Interessengruppe zum ED sollen mit den diesbezüglichen Ergebnissen aus der Auswertung von Stellungnahmen dieser Interessengruppe zum DP und den Ergebnissen der Interviews mit dieser Interessengruppe verglichen werden. Zusätzlich soll ein Bezug zu den jeweils anderen Interessengruppen innerhalb der entsprechenden Auswertung hergestellt werden. Im Rahmen der Auswertungen von Stellungnahmen zum DP bedeutet dies konkret, dass die Ergebnisse der jeweiligen Frage aus der Auswertung von Stellungnahmen der Leasingnehmer zum DP mit den entsprechenden Ergebnissen der Interviews mit Leasingnehmern verglichen werden. Die Ergebnisse aus der Auswertung von Stellungnahmen der Wirtschaftsprüfer zum DP werden mit den Ergebnissen der Interviews mit Wirtschaftsprüfern und den Ergebnissen aus der Aus-

1 Vgl. Miles/Huberman (1994), S. 172-177, Lillis (1999), S. 91, Yin (2009), S. 156-160.

wertung von Stellungnahmen der Leasingnehmer zum DP verglichen. Hinsichtlich der Interessengruppe der Banken erfolgt ein Vergleich der Ergebnisse aus der Auswertung von Stellungnahmen der Banken zum DP mit den Ergebnissen der Interviews mit Banken und den Ergebnissen aus den Auswertungen von Stellungnahmen der Leasingnehmer und Wirtschaftsprüfer zum DP.

Mit Bezug auf die Auswertungen der Stellungnahmen zum ED werden die Ergebnisse der jeweiligen Frage aus der Auswertung von Stellungnahmen der Leasingnehmer zum ED mit den entsprechenden Ergebnissen der Interviews mit Leasingnehmern und den Ergebnissen aus der Auswertung von Stellungnahmen der Leasingnehmern zum DP verglichen. Die Ergebnisse aus der Auswertung von Stellungnahmen der Wirtschaftsprüfer zum ED werden mit den Ergebnissen der Interviews mit Wirtschaftsprüfern und den Ergebnissen aus der Auswertung von Stellungnahmen der Wirtschaftsprüfer zum DP verglichen. Zusätzlich erfolgt ein Vergleich mit den Ergebnissen der jeweiligen konkretisierten Forschungsfrage aus der Auswertung von Stellungnahmen der Leasingnehmer zum ED. Die Ergebnisse aus der Auswertung von Stellungnahmen der Banken zum ED werden mit den Ergebnissen der Interviews mit Banken und den Ergebnissen aus der Auswertung von Stellungnahmen der Banken zum DP verglichen. Zusätzlich erfolgt ein Vergleich mit den Ergebnissen der jeweiligen konkretisierten Forschungsfrage aus den Auswertungen von Stellungnahmen der Leasingnehmer und Wirtschaftsprüfer zum ED[1].

4 Gütekriterien qualitativer Forschung

Zur Beurteilung der Datenerhebung und Datenauswertung werden im Rahmen der qualitativen Forschung unterschiedliche Vorgehensweisen diskutiert[2]. Zum einen wird vorgeschlagen, die aus der quantitativen Forschung bekannten Gütekriterien Validität und Reliabilität auf die qualitative Forschung zu übertragen und entsprechend anzupassen[3]. Dieser Vorgehensweise liegt die Annahme zugrunde, dass sich qualitative Studien einer zu quantitativen Untersuchungen ähnlichen Bewertung der Güte unterziehen müssen[4]. Zum anderen wird die Entwicklung neuer Kriterien propagiert, die den speziellen Charakteristika qualitativer Forschung gerecht werden. Darunter fallen beispielsweise Kriterien wie Vertrauenswürdigkeit und Glaubwürdigkeit[5]. Die Anwendung der ursprünglich auf quantitative Forschungsmethoden ausgerichteten Gütekriterien auf qualitative Methoden steht diesbezüglich in der Kritik, weil qualitative Forschung in Teilen als interpretativ gilt und mithin die Basis zur statistischen Aus-

1 Die in dieser Arbeit vorgenommenen Vergleiche erfordern die Unabhängigkeit von Interessengruppen und Ländern. Unter Anwendung des Chi-Quadrat-Unabhängigkeitstests werden keine statistisch signifikanten Abhängigkeiten festgestellt. Vgl. hierzu Anhang 9. Zur Kontingenzanalyse vgl. z.B. Backhaus et al. (2011), S. 303-315.

2 Vgl. hierzu und im Folgenden Flick (2009), S. 489-506, ähnlich Steinke (1999), S. 43-52.

3 Vgl. z.B. Kirk/Miller (1986), S. 13-59, Mayring (2008), S. 109-111, Yin (2009), S. 40-45.

4 Vgl. Silverman (2001), S. 221, ähnlich Ihantola/Kihn (2011), S. 41-44.

5 Vgl. hierzu Lincoln/Guba (1985), S. 290-296, die die Vertrauenswürdigkeit als Hauptkriterium identifizieren und durch weitere Kriterien, etwa die Glaubwürdigkeit, konkretisieren.

wertung fehlt[1]. *Miles/Huberman* versuchen sich an der Herstellung eines Kompromisses zwischen beiden vorstehenden Vorgehensweisen, indem sie die ursprünglichen Gütekriterien der quantitativen Forschung mit den für qualitative Studien entwickelten Kriterien verknüpfen[2]. Diese Verknüpfung verdeutlicht, dass die Entwicklung neuer Kriterien nicht wesentlich weiterführt und mögliche Probleme der Kriterien aus der quantitativen Forschung auf die neuentwickelten Kriterien übertragbar sind. Vor diesem Hintergrund erfolgt die Beurteilung der Datenerhebung und Datenauswertung in dieser Arbeit anhand der Gütekriterien Validität und Reliabilität[3]. Diese werden im Folgenden erläutert.

4.1 Validität

Die Validität gibt an, ob die empirische Untersuchung tatsächlich das zu untersuchende Konstrukt analysiert: „[…] *a question of whether the researcher sees what he or she thinks he or she sees*“[4]. Dabei können drei unterschiedliche Fehlertypen auftreten[5]. Fehlertyp 1 liegt vor, wenn ein Zusammenhang gesehen wird, der realiter nicht vorliegt. Fehlertyp 2 meint Zusammenhänge, die zurückgewiesen werden, obwohl sie realiter vorliegen, während gemäß dem Fehlertyp 3 die falschen Fragen gestellt werden. Die Validität ist demnach beeinträchtigt, wenn der Aufbau der Studie dazu führt, dass mehr oder weniger als das zu untersuchende Konstrukt analysiert wird[6]. Die Codierung im Rahmen der Inhaltsanalyse muss insofern den in den konkretisierten Forschungsfragen beabsichtigten Bedeutungsgehalt treffen, damit die Untersuchung als valide gilt[7]. Im Rahmen der Validität ist zwischen Konstruktvalidität, interner und externer Validität zu differenzieren[8].

Die Konstruktvalidität stellt ein Verfahren zur theoretischen Absicherung der Validität dar, indem ein Bezug zu einer theoretischen Größe hergestellt wird[9]. Im Vordergrund der Konstruktvalidität steht insofern die Operationalisierbarkeit der theoretischen Konstrukte[10]. In dem Maße, wie sich die Ergebnisse der Untersuchung in den Kontext allgemein gestützter Theorien einfügen, ist Konstruktvalidität gegeben. In dieser Arbeit unterbleibt eine Quantifizierung der empirischen Ergebnisse und somit die Identifizerung operationaler Messgrößen. Im Rahmen der Interviews wird zur Gewährleistung der Konstruktvalidität der Empfehlung von *Yin* gefolgt, indem eine persönliche Validierung der Interviewaussagen und eine Datentriangulation durchgeführt werden[11]. Auf die Konstruktvalidität wirkt sich zudem positiv aus, dass in

1 Vgl. z.B. Ahrens/Chapman (2006), S. 833-834, Flick (2009), S. 488.
2 Vgl. Miles/Huberman (1994), S. 277-280.
3 Vgl. hierzu und im Folgenden Weide (2009), S. 211-215 mit einer ähnlichen Vorgehensweise.
4 Kirk/Miller (1986), S. 21.
5 Vgl. hierzu und im Folgenden Kirk/Miller (1986), S. 29-30, ähnlich auch Flick (2009), S. 493.
6 Vgl. McKinnon (1988), S. 36.
7 Vgl. Früh (2007), S. 196.
8 Vgl. Smith (2005), S. 40-41.
9 Vgl. Steinke (1999), S. 67.
10 Vgl. Abernethy et al. (1999), S. 8.
11 Vgl. Yin (2009), S. 41, hierzu ähnlich Merriam (2009), S. 215-216.

einigen Organisationen mehrere Personen befragt werden. Unklarheiten in den Fragestellungen können direkt während des Interviews beseitigt werden, während interpretationsbedürftige Textstellen des Transkripts im Rahmen eines Telefonats mit der jeweiligen Organisation oder per E-Mail geklärt werden. Vor diesem Hintergrund darf die Konstruktvalidität mit Bezug auf die Interviews als gewährleistet erachtet werden. Hinsichtlich der Auswertungen von Stellungnahmen zum DP und ED kann die Konstruktvalidität insofern als gewährleistet erachtet werden, als die Kommentierungsschreiben explizit auf die Reformbestrebungen zur Leasingbilanzierung und damit verbundene Auswirkungen fokussieren.

Die interne Validität bezieht sich auf die Gültigkeit von Variablen innerhalb einer Untersuchung. Im Vordergrund der internen Validitätprüfung steht die Frage, inwieweit Kausalinterpretationen unter Ausschluss alternativer Erklärungen gerechtfertigt sind[1]. Mit Bezug auf Interviews ist insofern auch zu überprüfen, ob es in deren Verlauf gelungen ist, den angestrebten Authentitätsgrad zu gewährleisten[2]. Die Untersuchung kausaler Beziehungen und Wirkungszusammenhänge stellt einen elementaren Bestandteil der vorliegenden Arbeit dar, weil die ökonomischen Konsequenzen einer reformierten Leasingbilanzierung und deren wechselseitige Beeinflussung eindeutig unter Ausschluss alternativer Erklärungen determiniert werden sollen.

Zur Gewährleistung der internen Validität der Interviews werden am Ende der Interviewleitfäden Fragen zur Kausalität gestellt, um die während des Interviews identifizierten kausalen Beziehungen zu bestätigen oder zu verwerfen. Zudem erfolgt die bereits dargestellte Validierung der Interviewaussagen durch Zusendung des Interview-Transkripts an die Gesprächspartner. Darüber hinaus wird in dieser Arbeit berücksichtigt, inwieweit die Ergebnisse der Interviews mit denen der Auswertungen von Stellungnahmen übereinstimmen, um die in den Interviews und Stellungnahmen explizit genannten Wirkungszusammenhänge von zufälligen kausalen Zusammenhängen zu unterscheiden. Die Zusicherung der Anonymität der Gesprächspartner und der jeweiligen Organisation in den Interviews reduziert mutmaßlich die Verzerrung aufgrund bewusst falscher Aussagen und wirkt sich entsprechend positiv auf die interne Validität aus. In den Gesprächen stellt sich heraus, dass es sich bei der Frage nach den ökonomischen Konsequenzen der reformierten Leasingbilanzierung um ein Thema handelt, dessen Bedeutung und Tragweite den Gesprächspartner durchaus bewusst ist. Oftmals suchen die Interviewpartner ein zusätzliches Medium neben den Stellungnahmen, um die mit der Reform der Leasingbilanzierung möglicherweise einhergehenden Konsequenzen öffentlich zu diskutieren. Die interne Validität wird darüber hinaus durch *pre-tests* für jede Gruppe im Rahmen der Interviews und Anwendung der Verfahren der *pattern matching logic* positiv beeinflusst, in deren Rahmen auch überprüft wird, inwieweit alternative Erklärungen für die betrachteten Zusammenhänge bestehen. Schließlich trägt das detaillierte Kategoriensystem zur Steigerung der internen Validität bei. Je detaillierter das Kategoriensystem ist, desto eindeutiger reflektiert es die jeweilige Bedeutung der zu codierenden Textbestandteile bzw. desto höher ist

1 Vgl. Steinke (1999), S. 160, hierzu ähnlich Berry/Otley (2004), S. 236, Yin (2009), S. 42-43.
2 Vgl. Flick (2009), S. 494.

die inhaltliche Aussagekraft der Untersuchung[1]. Insgesamt erscheint die interne Validität der Arbeit gewährleistet. Hinsichtlich der Interviews wirkt der Bezug der kausalen Beziehungen auf die Auswahl der befragten Organisationen einschränkend. Diese Einschränkung lässt sich indes durch den Einbezug der Stellungnahmen relativieren.

Die externe Validität betrifft die Generalisierbarkeit der Ergebnisse. Sie ist gegeben, wenn die Befunde auf andere Stichproben übertragbar sind[2]. Die Ergebnisse der Interviews können allerdings nicht vollständig auf andere Organisationen, sondern lediglich auf die Grundgesamtheit des Samples übertragen werden, da die durchgeführten 31 Interviews mit 48 Gesprächspartnern keine großzahlige Erhebung darstellen. Die Auswahl des Interviewsamples folgt zudem einem Mischansatz mit nicht-zufälligen und zufälligen Elementen, wobei die nicht-zufälligen Elemente überwiegen. Darüber hinaus werden eine Branche (Versicherungen) im Rahmen der Leasingnehmer-Gruppe sowie einige Organisationen aufgrund der definierten kritischen Größen von der Untersuchung ausgeschlossen. Insgesamt ist die externe Validität der Interviews als gering einzustufen[3]. Allerdings ist die externe Validität dieser Arbeit durch den Einbezug der Stellungnahmen zum DP und ED sowie die entsprechende *cross-group analysis* gewährleistet. Die hohe Anzahl der Stellungnahmen und die Diversität der diesbezüglichen regionalen Verteilung erlauben eine eingeschränkte Generalisierung der empirischen Studie.

4.2 Reliabilität

Die Reliabilität befasst sich mit der Zuverlässigkeit der generierten Ergebnisse. Zuverlässigkeit stellt das Ausmaß dar, zu dem die Erkenntnisse einer Studie von anderen Forschern repliziert werden können[4]. Eine erneute Durchführung der Studie unter gleichen Bedingungen durch einen anderen Forscher soll in Ergebnissen resultieren, die auch bei erstmaliger Durchführung der Studie erzielt wurden[5]. Die erneute Durchführung einer Studie impliziert die Stabilität des Untersuchungsgegenstands[6]. Diese ist im Rahmen von Interviews nicht gegeben, da Interviews nicht identisch wiederholbar sind. Eine beliebige Wiederholbarkeit von Interviews mit denselben Daten und Ergebnissen sollte eher zu Misstrauen den Daten gegenüber als zu Vertrauen in deren Verlässlichkeit führen[7]. Insofern kann die Reliabilität qualitativer Forschung lediglich im Sinne einer prozeduralen Reliabilität beurteilt werden. Im Vordergrund der prozeduralen Reliabilität steht die Explikation des Forschungsprozesses. Eine ausführliche

---

1 Vgl. Srnka/Koeszegi (2007), S. 37. Allerdings wird hier insofern ein Spannungsverhältnis zwischen Validität und Reliabilität gesehen, als ein zu detailliertes Kategoriensystem die Intercoderreliabilität reduzieren kann. Vgl. Ritsert (1975), S. 70, Srnka/Koeszegi (2007), S. 37.

2 Vgl. Merriam (2009), S. 223, Steinke (1999), S. 165-166, Yin (2009), S. 43-44.

3 Zur Aufgabe von Repräsentativitätsansprüchen im Rahmen qualitativer Forschung vgl. Hopf (1979), S. 15.

4 Vgl. Berry/Otley (2004), S. 236, Merriam (2009), S. 221.

5 Vgl. Yin (2009), S. 45.

6 Vgl. hierzu und im Folgenden Steinke (1999), S. 147-148.

7 Vgl. hierzu und im Folgenden Flick (2009), S. 490-492.

Dokumentation des Forschungsprozesses soll die Datenerhebung und Datenauswertung intersubjektiv nachvollziehbar machen[1]. Hinsichtlich der intersubjektiven Nachprüfbarkeit der Ergebnisse steht das Kriterium der Reliabilität in engem Zusammenhang zu einem weiteren Gütekriterium, das als Objektivität bezeichnet wird. Die Objektivität befasst sich mit der Unabhängigkeit der Ergebnisse einer Untersuchung von den subjektiven Einflüssen des Forschers (*researcher bias*) und wird nur selten in der Diskusison um die Beurteilung qualitativer Forschung aufgegriffen, weil Subjektivität als integraler Bestandteil dieser Methodologie anzusehen ist[2]. Um die Objektivität als Gütekriterium qualitativer Forschung anwenden zu können, soll die qualitativen Studien inhärente Subjektivität im Rahmen der Dokumentation des Forschungsprozesses offen gelegt werden. Diesem Vorschlag wird in der vorliegenden Arbeit gefolgt, indem explizit auf den mitunter interpretativen Kontext einzelner Aussagen der Interviews und Stellungnahmen hingewiesen wird. Ein weiterer diesbezüglicher Vorschlag liegt in der Reduktion der Objektivität auf die Frage, ob zwei Forscher zu gleichen Ergebnissen kommen, was einem Rückbezug auf die Reliabilität gleichkommt. Insofern wird in dieser Arbeit auf die Gewährleistung der Reliabilität fokussiert.

Um die Reliabilität der Ergebnisse dieser Arbeit zu gewährleisten, werden die Methoden der Datenerhebung und Datenauswertung ausführlich beschrieben. Im Rahmen der Interviews werden sämtliche Fragen in jeder Organisation einheitlich gestellt, um eine vergleichbare Datengrundlage zu erzielen[3]. Sämtliche Interviews werden wörtlich transkribiert[4]. Die Aufstellung des Kategoriensystems und die Codierung der Interviews und Stellungnahmen erfolgt unter Verwendung der Analysesoftware NVivo. Diese Vorgehensweise erleichtert die Strukturierung der Daten und gewährleistet die Berücksichtigung sämtlicher relevanter Textstellen in der Analyse. Insofern geht die softwaregestützte Auswertung mit einer erhöhten Transparenz des Forschungsprozesses einher[5]. Zur Gewähleistung der Reliabilität werden zudem die Codiervorgänge der Interviews und Stellungnahmen – wie bereits erläutert – mit einem zeitlichen Abstand von vier bzw. zwei Monaten erneut durchgeführt. Dabei erscheint die Intracoderreliabilität gewährleistet. Im Sinne der Forschertriangulation wiederholt eine zweite Person den Codiervorgang des gesamten transkribierten Textmaterials und der Stellungnahmen in Stichproben. Auch die auf diese Weise getestete Intercorderreliabilität ist als gewährleistet anzusehen[6]. Zusätzlich bleibt die von *Srnka* gesehene Gefahr eines zu detaillierten Kategoriensystems und die damit verbundene negative Wirkung auf die Intercoderreliabilität aus[7].

1 Lillis/Mundy (2005), S. 135-136 schlagen diesbezüglich einen sog. *audit trail* vor. Vgl. hierzu auch Yin (2009), S. 45.

2 Vgl. hierzu und im Folgenden Flick (2009), S. 499-500, Wrona (2005), S. 43-44.

3 Vgl. Brenner (1981), S. 129-130, Selltiz et al. (1964).

4 Vgl. Silverman (2001), S. 229-230.

5 Vgl. ähnlich Flick (2009), S. 455.

6 Allerdings bezweifeln Lisch/Kriz (1978), S. 90 das Konzept der Intercoderreliabilität insofern, als bei sprachlichem Material Interpretationsunterschiede üblich seien.

7 Vgl. Srnka/Koeszegi (2007), S. 37.

Kapitel VI: Ergebnisse der empirischen Untersuchungen

In diesem Kapitel werden die Ergebnisse der empirischen Untersuchungen dargestellt. Kapitel VI.1 beschäftigt sich mit den Ergebnissen aus den Interviews. Kapitel VI.2 geht auf die Ergebnisse aus den Auswertungen von Stellungnahmen zum DP und ED ein.

1 Ergebnisse aus den Interviews mit Leasingnehmern, Wirtschaftsprüfern und Banken

Die Darstellung der Ergebnisse aus den Interviews erfolgt in der Reihenfolge der für jede Interessengruppe formulierten Forschungsfragen und der entsprechenden Teilfragen. Die Ergebnisse beziehen sich dabei durchgängig auf die Anzahl der befragten Organisationen, da diese im Mittelpunkt der Untersuchung stehen und die Untersuchungseinheiten bilden. Insgesamt werden 14 Unternehmen für die Gruppe der Leasingnehmer, neun Wirtschaftsprüfungsgesellschaften für die Gruppe der Wirtschaftsprüfer und acht Bankinstitute für die Gruppe der Banken befragt. Die Ergebnisse fokussieren somit nicht auf die Anzahl der Gesprächspartner in der entsprechenden Interessengruppe, die mit 24 befragten Personen der Gruppe „Leasingnehmer", 13 befragten Personen der Gruppe „Wirtschaftsprüfer" bzw. elf befragten Personen der Gruppe „Banken" weitaus höher liegt.

1.1 Ergebnisse aus den Interviews mit Leasingnehmern

1.1.1 Berücksichtigung und Behandlung von Leasingverhältnissen im Bilanzierungsprozess der Leasingnehmer

1.1.1.1 Vorgehensweise im Rahmen der Klassifizierung von Leasingverhältnissen

Die Vorgehensweise der Leasingnehmer im Rahmen der Klassifizierung von Leasingverhältnissen ist Gegenstand der Frage A.1.1. Neun der 14 befragten Leasingnehmer geben an, dass ein Gewöhnungsprozess an die grundsätzlich problematische Klassifizierung stattgefunden hat. Einerseits haben sich die Leasingnehmer eigene Hilfskonstrukte geschaffen, um die Klassifizierung zu erleichtern. Andererseits beziehen sich die Schwierigkeiten der Klassifizierung auf Sondersachverhalte, während sich gängige Leasingverhältnisse aufgrund der mittlerweile vorhandenen Erfahrung als unproblematisch im Rahmen der Klassifizierung erweisen. Als Sondersachverhalt wird von drei Leasingnehmern die Anwendung von IFRIC 4 bezeichnet.

> „Die Accounting-Welt hat sich halt damit abgefunden, weil das Vorgehen schon lange besteht. [...] Normale Standardleasingverträge bereiten keine Schwierigkeiten im Rahmen der Klassifizierung, weil wir natürlich auch auf geschulte Mitarbeiter zurückgreifen können. Aber es gibt immer wieder Sondersachverhalte, wo man wirklich diskutiert: Ist es jetzt ein finance lease? Kann man das so sehen?" (AA: 47-48 und 52-56)

„Der zweite Kritikpunkt gilt eigentlich für jeden Standard und das ist die Komplexität. Gerade die IFRIC 4-Sachverhalte. Ich hatte Probleme, das überhaupt jemandem zu erklären. [...] Da denkt kein Mensch dran, dass das Leasing sein könnte. Das ist vom Prüfverfahren her sehr aufwendig." (AJ: 55-58)

Sechs befragte Leasingnehmer geben zudem an, dass der Abschluss bilanzwirksamer Finanzierungsleasingverträge gemäß den Unternehmensvorgaben grundsätzlich ausgeschlossen ist.

„Unser Ausgangspunkt für Leasing ist, dass wir das relativ restriktiv sehen wollen. Niemand darf [...] ohne Abstimmung mit uns [der Bilanzierungsabteilung] und den Kollegen vom Investment Controlling Leasingverhältnisse eingehen. Denn es gibt zwei Seiten dabei. Die erste ist die finanzielle Vorteilhaftigkeit. Das zweite ist die bilanzielle Wirkung. Da wollen wir nicht so gerne Finanzierungsleasingverhältnisse haben. [...] Man sagt immer: wenn Leasing, dann in Richtung operating lease." (AI: 66-70 und 83)

„Die policy heute sagt aber schon, dass Direktkauf vor Finanzleasing geht. [...] Heute heißt es, entweder operate lease oder gleich ganz kaufen." (AF: 184-188)

Die Konzentration der Leasingnehmer auf den Abschluss operativer Leasingverträge verdeutlicht das Potential der Klassifizierungskriterien zur Umgehung der Bilanzwirksamkeit von Leasingverhältnissen. Diese Gestaltungsspielräume beeinflussen zugleich die Bedeutung der einzelnen Kriterien zur Klassifizierung für Leasingnehmer. Als bedeutendste Kriterien erachten acht Leasingnehmer zum einen das Verhältnis von Vertragslaufzeit und wirtschaftlicher Nutzungsdauer und zum anderen das Verhältnis von Barwert der Leasingzahlungen und beizulegendem Zeitwert[1]. Die übrigen Kriterien, etwa der Übergang des rechtlichen Eigentums am Ende der Leasingvertragslaufzeit oder die günstige Kaufoption[2], haben eine lediglich untergeordnete Bedeutung.

„Die Unternehmen können die Bilanzierung relativ leicht umgehen. Das war auch bei den angesprochenen Großprojekten so, dass man die fünf Kriterien in IAS 17.10 und die paar in IAS 17.11 genommen und abgeklappert hat. Meistens bleibt man dann beim Laufzeitkriterium und beim Barwerttest hängen und versucht, das dann so hinzuargumentieren, dass es off balance ist. [...] Es ist ja klar: Man darf keinen Übergang des Eigentums haben. Man darf keine günstige Kaufoption haben. Das ist auch meistens nicht der Fall. Es ist eigentlich immer das Laufzeitkriterium. Da schaut man halt, was die wirtschaftliche Nutzungsdauer ist und nimmt dann meistens dreiviertel, so auch wir. Da tastet man sich ran. Analog beim Barwerttest. Da hat man ja auch gewisse Gestaltungsspielräume, was man in die Zahlungsströme reinnimmt und was man als Zins nimmt usw. Wenn man will, kommt man eigentlich immer vorbei. Man sagt bei vielen Sachen, dass es eigentlich ein faktischer Kauf ist. Der Leasinggeber gibt den Gegenstand ja nicht für so lange Zeit ohne sich da voll zu amortisieren. Faktisch ist es ein Kauf. Aber man kriegt die Kriterien vielleicht doch so hin, dass es kein Kauf ist." (AJ: 49-53 und 72-80)

Sechs der befragten Leasingnehmer geben an, sich an die quantitativen Klassifizierungskriterien in SFAS 13/ASC 840 anzulehnen. Dies geschieht nach Auffassung der Befragten vor dem Hintergrund der Operationalisierung der mitunter ungenauen Klassifizierungskriterien in IAS 17. Die Quantifizierung wird als notwendig erachtet, um eine konzerneinheitliche Klassifizierung von Leasingverhältnissen zu gewährleisten.

1 Vgl. IAS 17.10(c), (d).
2 Vgl. IAS 17.10(a), (b).

> „Die Leasingverhältnisse werden von den operativen Einheiten [...] weltweit abgeschlossen. Die Bilanzierung findet vor Ort bei den Einheiten statt. Wir haben interne Konzernbilanzrichtlinien vorgegeben, die sehr stark an IAS 17 gehalten sind, aber im Bereich der Indikatoren zur Abgrenzung operating und finance lease konkretisiert werden. Hier lehnen wir uns an die quantitativen Kriterien in SFAS 13 an. In den Einheiten vor Ort gibt es dann noch detailliertere Regelungen." (AM: 105-110)

> „Die Borderlines werden vom Unternehmen vorgegeben. Das ist der übliche Weg, um sicherstellen, dass weltweit nach einheitlichen Standards klassifiziert wird. Wir brauchen eine verstetigte, einheitliche Anwendung. Das geht nur mit Borderlines. [...] Die jetzigen Klassifikationskriterien sind wirtschaftliche Faktoren. Diese müssen in der Praxis quantifiziert werden. Mit einem unbestimmten Rechtsbegriff kann man in der Praxis nichts anfangen. Wenn man das nicht bestimmt, macht jedes unserer Tochtergesellschaften etwas anderes. Dementsprechend geben wir es vor. Das IASB stiehlt sich an dieser Stelle heraus, indem es keine quantifizierte Grenze vorgibt." (AN: 64-67 und 76-80)

Drei weitere Befragte erkennen indes, dass quantitative Klassifizierungskriterien gleichermaßen Möglichkeiten zur Umgehung enthalten.

> „Bei der Abwägung zwischen wirtschaftlichem und rechtlichem Eigentum wird man keine harten Kriterien vorgeben können. Wenn man harte Kriterien wie die Amerikaner vorgibt, dann lädt man ein zur Umgehung. Dann eröffnet man die ganze Reihe der Sachverhaltsgestaltung. Weiche Kriterien haben den Nachteil, dass man sie hin und her diskutieren kann. Hinterher kann man abwägen und kommt auch zu dem Ergebnis, das man haben will. Jede Regel die man macht, bietet Umgehungsmöglichkeiten." (AK: 68-73)

Insgesamt ist zu konstatieren, dass sich die Mehrheit der befragten Leasingnehmer mit der derzeitig vorgeschriebenen Klassifizierung von Leasingverhältnissen arrangiert hat. Während einige Leasingnehmer eigene Hilfskonstrukte geschaffen haben, um die Schwierigkeiten der Klassifizierung zu überwinden, schließen andere Leasingnehmer die Möglichkeit zum Abschluss von Finanzierungsleasingverträgen im Rahmen der Unternehmensvorgaben vollständig aus. Dabei zeigen sich die Gestaltungsmöglichkeiten im Rahmen der Auslegung der Klassifizierungskriterien deutlich. Die aufgrund der qualitativen Kriterien in IAS 17 nicht immer eindeutige Klassifizierung wird durch Anlehnung an die quantitativen Kriterien in SFAS 13/ASC 840 zu vereinfachen versucht, wenngleich ein geringer Teil der Leasingnehmer einräumt, dass diese Grenzwerte gleichermaßen Strukturierungsmöglichkeiten bieten.

1.1.1.2 Berücksichtigung bilanzieller und prüfungsbezogener Konsequenzen bei Abschluss von Leasingverträgen

Die Frage A.1.2 zielt darauf ab, inwieweit bilanzielle Konsequenzen bereits bei Abschluss eines Leasingvertrags berücksichtigt werden. Dabei wird zudem auf den Einbezug der für die Bilanzierung von Leasingverhältnissen zuständigen Abteilung fokussiert. In diesem Zusammenhang stellt sich die Frage, ob der zuständige Wirtschaftsprüfer im Sinne einer prüfungsnahen Beratung oder vorweggenommenen Prüfung im Rahmen der Vertragsgestaltung involviert ist, um beispielsweise eine Diskussion um die Klassifizierung während der regulären Prüfung des Jahresabschlusses zu vermeiden.

Der Berücksichtigung bilanzieller Konsequenzen während der Vertragsgestaltung kommt eine hohe Bedeutung zu. Elf der 14 befragten Leasingnehmer geben an, dass sie vor Abschluss des Leasingvertrags die für die Bilanzierung von Leasingverhältnissen zuständige Abteilung heranziehen, um bilanzielle Konsequenzen prüfen und durch eine entsprechende Vertragsgestaltung beeinflussen zu können.

> „Grundsätzlich schätzen wir Leasingverhältnisse prozessimmanent schon vor Vertragsabschluss ein. [...] Im Regelfall wird frühzeitig durch den Einkauf bzw. die Projektteams [...] das Rechnungswesen mit einbezogen. Meistens wird das Rechnungswesen auch frühzeitig einbezogen im Hinblick auf das Erreichen bestimmter finanzieller Kennzahlen. [...] Aus dem Projektteam heraus wird dargestellt, was man erreichen will. Entsprechend werden die Vertragsentwürfe frühzeitig zur bilanziellen Einschätzung an die entsprechenden Fachabteilungen abgegeben und bekommen von dort das Feedback. Dementsprechend werden die Verträge dann abgeschlossen oder nachverhandelt auf Basis der gegebenen Vorgaben. [...] So der Vertrag entsprechend den bilanziellen Vorgaben steht oder auch die zusätzlichen Dokumentationserfordernisse, die wie auferlegen, eingehalten sind, sehen wir zu, dass wir eine belastbare Klassifizierung intern dokumentieren auf Basis der Fakten und diese Informationen dann entsprechend weiterspielen in die Praxis." (AG: 239-263)

> „Wir haben eine Anweisung, dass uns sämtliche Leasingverträge im Konzern vorzulegen sind, so dass wir eine einheitliche Prüfung vornehmen können, ob es sich um ein Finanzierungsleasing oder operatives Leasing handelt. [...] Bei sämtlichen Verträgen, die Bilanzierungsrelevanz haben, wird immer das Rechnungswesen dazu gefragt. [...] Bei der Verifizierung der bilanziellen Auswirkungen treten die Kollegen an die Bilanzierungsabteilung/Rechnungswesen heran. Dann ist das Rechnungswesen schon im Vor-Test, bevor die Verträge geschlossen werden. [...] Es läuft nicht so, dass die Verträge unabhängig geschlossen werden und das Rechnungswesen im Nachhinein die Bilanzierung festlegt." (AN: 85-88 und 177-185)

Lediglich drei Leasingnehmer schließen Leasingverträge unabhängig von möglichen bilanziellen Konsequenzen ab. Der Vertragsgestaltung des Leasingverhältnisses erfolgt auf Basis einer Wirtschaftlichkeitsrechnung.

> „Wir richten unsere Entscheidungen nicht nach irgendwelchen Bilanzierungsregelungen aus. Wir wollen unsere Entscheidungen nach finanzwirtschaftlichen und betriebswirtschaftlichen Kriterien fällen. Wir bilden die Entscheidung ab, die wir gefällt haben. [...] Und danach fragen wir erst nach der bilanziellen Abbildung." (AC: 196-201)

Im Rahmen der Frage A.1.2 wird des Weiteren gefragt, inwieweit ein Einbezug des Wirtschaftsprüfers während der Leasingvertragsgestaltung im Sinne einer prüfungsnahen Beratung oder vorweggenommenen Prüfung erfolgt. Sechs Befragte bestätigen den Einbezug des zuständigen Wirtschaftsprüfers während der Gestaltung des Leasingvertrags. Zwei der sechs Befragten binden den Wirtschaftsprüfer grundsätzlich in die Vertragsgestaltung ein.

> „Schon in der Entwurfsphase werden die Wirtschaftsprüfer hinzugezogen. Wir wollen schon vorher wissen, ob der Prüfer Probleme sieht oder mitgeht." (AJ: 144-145)

Die verbleibenden Leasingnehmer machen den Einbezug des Wirtschaftsprüfers in die Vertragsgestaltung von der Komplexität der Transaktion und – damit zusammenhängend – von der Eindeutigkeit der Klassifizierung abhängig.

> „Wenn der Vertrag in seinen Grundfesten steht, wird der Prüfer hinzugezogen. Das gilt für die großen Verträge, die hier zentral betreut werden. Aber es gibt keinen Schwellenwert. Es

geht an der Stelle mehr darum, dass die Komplexität da ist. Wenn der Vertrag eindeutig formuliert ist und es ganz klar in Richtung operate oder finance lease geht, dann brauchen wir und der Prüfer nicht mehr reinschauen. Aber wenn es auf der Kippe steht, werden wir und die Prüfer hinzugezogen, um den gewünschten bilanziellen Effekt auch zu erreichen." (AF: 137-143)

Zusammenfassend lässt sich festhalten, dass die befragten Leasingnehmer mehrheitlich Leasingverträge unter Einbezug der Bilanzierungsabteilung abschließen. Der Berücksichtigung der bilanziellen Auswirkungen eines Leasingvertrags und der entsprechenden Beeinflussung dieser Auswirkungen im Rahmen der Vertragsgestaltung kommt demnach eine hohe Bedeutung zu. Darin zeigen sich eindeutig die mit Leasingverhältnissen verbundenen Strukturierungsmöglichkeiten. Zudem versuchen einige Leasingnehmer Diskussionen mit dem zuständigen Wirtschaftsprüfer hinsichtlich der abgeschlossenen Leasingverträge während der regulären Prüfung des Jahresabschlusses zu vermeiden, indem dieser in die Vertragsgestaltung involviert wird. Der Wirtschaftsprüfer leistet hierbei eine prüfungsnahe Beratung oder vorweggenommene Prüfung des Sachverhalts. Gemessen an der relativen Zahl der befragten Leasingnehmer hat die Berücksichtigung prüfungsbezogener Konsequenzen im Vergleich zur Beachtung bilanzieller Auswirkungen bei Abschluss eines Leasingvertrags eine geringere Bedeutung.

1.1.2 Beurteilung der gegenwärtigen Leasingbilanzierung und der Reformbestrebungen

1.1.2.1 Beurteilung der gegenwärtigen Leasingbilanzierung

1.1.2.1.1 Beurteilung der Existenz unterschiedlicher Bilanzierungsmethoden für Leasingverhältnisse und der damit verbundenen Gestaltungsspielräume

Im Rahmen der Frage A.2.1.1 wird untersucht, wie die befragten Leasingnehmer die Existenz unterschiedlicher Bilanzierungsmethoden für Leasingverhältnisse und die damit verbundenen Gestaltungsspielräume beurteilen. Drei der 14 befragten Leasingnehmer erachten die Unterscheidung in operative Leasingverhältnisse und Finanzierungsleasingverhältnisse als notwendig, um den wirtschaftlichen Gehalt der Transaktion darzustellen. Die dichotome Leasingbilanzierung lasse den Adressaten erkennen, ob es sich bei einer Transaktion um einen mietähnlichen oder kaufähnlichen Sachverhalt handele.

„Zudem muss man berücksichtigen, dass auch finance leases einen ökonomisch sinnvollen Hintergrund haben. Der Leasinggegenstand wird hauptsächlich von einem genutzt. Insofern soll derjenige ihn auch bilanzieren. Bei einem Mietvertrag über drei Jahre ist es halt laufender Aufwand." (AA: 71-74)

Die Mehrheit der befragten Leasingnehmer räumt indes das Potential zur Umgehung der Bilanzierungspflicht von Leasingverhältnissen ein. Die existierenden Ermessensspielräume werden von elf Leasingnehmern direkt angesprochen und im Sinne einer vorhandenen Strukturierungsmöglichkeit positiv beurteilt.

„Der Kritikpunkt, der letztlich auch zur Überarbeitung von IAS 17 geführt hat, ist die Willkür bei der Einordnung als finance oder operate lease. Durch die Definitionen in IAS 17 mit

> Begriffen wie ‚hinreichend' oder ‚überwiegend' ergeben sich keine klaren Definitionen. [...] Die ungenauen Definitionen können für uns natürlich aber auch positiv sein, weil wir dadurch natürlich auch einen Handlungsspielraum haben. Es scheitert dann nicht – wie bei den Steuererlassen – bei 0,5% hin oder her. [...] Die Ausübung einer Kaufoption muss nahezu sicher sein. Wann ist nahezu sicher? Da ist viel Willkür dabei." (AE: 43-45, 50-52 und 58-59)

Zusammenfassend ist festzuhalten, dass die Minderheit der befragten Leasingnehmer die Unterscheidung in operative Leasingverhältnisse und Finanzierungsleasingverhältnisse insofern als notwendig erachtet, als sich darin der wirtschaftliche Gehalt der Transaktion widerspiegelt. Die Mehrheit der Befragten räumt demgegenüber die mit den unterschiedlichen Bilanzierungsmethoden für Leasingverhältnisse verbundenen Ermessensspielräume ein und beurteilt diese durchweg positiv. Das Ergebnis stimmt mit der Untersuchung von *Beattie/Goodacre/Thomson* überein[1]. Darin erkennen sowohl die befragten Analysten als auch die befragten Jahresabschlussersteller die Strukturierungsmöglichkeiten innerhalb der derzeitigen Bilanzierung von Leasingverhältnissen an, allerdings ohne diese einer Bewertung zu unterziehen.

1.1.2.1.2 Beurteilung der Möglichkeit zur Einschätzung von Bilanzauswirkungen operativer Leasingverhältnisse

Die Frage A.2.1.2 zielt darauf ab, wie die befragten Leasingnehmer die Möglichkeiten der Adressaten beurteilen, anhand der Informationen zu operativen Leasingverhältnissen Aussagen zu deren bilanziellen Auswirkungen zu treffen. Im Mittelpunkt der Untersuchung steht somit die Frage, ob ein qualitativer Unterschied zwischen den Informationen zu operativen Leasingverhältnissen im Anhang und den bilanzwirksamen Informationen zu Finanzierungsleasingverhältnissen gesehen wird. Die Antworten zu dieser Frage ergeben kein eindeutiges Bild. Acht Leasingnehmer erkennen keine Schwierigkeiten, bilanzielle Auswirkungen anhand der Informationen zu operativen Leasingverhältnisse im Anhang einschätzen zu können.

> „Ein sachkundiger Adressat kann die Auswirkungen operativer Leasingverhältnisse auf die Bilanz simulieren. [...] Nach IFRS erstellen wir unseren Abschluss ja nur für sachkundige Leser. Wir haben die Überzeugung, dass es für einen sachkundigen Leser möglich ist. [...] Natürlich ist nicht zu 100% möglich, die Informationen so zu verarbeiten, als wenn sie in der Bilanz stünden. Das ist keine Frage. Aber ich denke schon, dass es möglich ist, die Grundauswirkungen nachzustellen, die für die wirtschaftlichen Entscheidungen relevant sind. Deshalb sehe ich darin kein Problem, dass man die hundertprozentige Abbildung nicht nachvollziehen kann." (AL: 72-90)

Die verbleibenden sechs Leasingnehmer geben indes an, dass die Beurteilung der bilanziellen Auswirkungen operativer Leasingverhältnisse anhand der Informationen im Anhang erschwert ist.

> „Derzeit wirkt sich die off balance sheet-Finanzierung belastend für den Bilanzleser aus. [...] Schätzungen mithilfe der Anhangangaben sind möglich, aber es ist immer eine Schätzung und die Anhangangaben haben immer eine andere Qualität." (AD: 54-60)

1 Vgl. hierzu und im Folgenden Beattie/Goodacre/Thomson (2006), S. 86-87.

> „Es gibt einen konzeptionellen Rahmen, der entscheidet, wer Vermögensgegenstände oder Vermögenswerte bilanziert. Damit ist auch ein Stück weit eine Information verbunden. [...] Es ist eine stärkere Position, wenn die Gegenstände in der Bilanz erscheinen. [...] Es besteht also ein qualitativer Unterschied zwischen einer bilanzwirksamen und bilanzunwirksamen Behandlung." (AK: 56-66)

Insgesamt könnte das heterogene Ergebnis auf ein strategisches Antwortverhalten hindeuten. So könnten einige der acht Leasingnehmer, die keine Schwierigkeit für Adressaten sehen, bilanzielle Auswirkungen anhand der Informationen zu operativen Leasingverhältnisse im Anhang einschätzen zu können, diese Aussage bewusst getroffen haben, um einen der Gründe für die Bilanzierungspflicht für sämtliche Leasingverhältnisse abzuschwächen. Diese Vermutung wird durch die vorstehende Äußerung von elf Leasingnehmern gestützt, die die derzeitige dichotome Leasingbilanzierung aufgrund der damit verbundenen Strukturierungsmöglichkeiten positiv beurteilen[1]. Das Antwortverhalten der acht Leasingnehmer ist insofern vergleichbar mit den Ergebnissen von *Beattie/Goodacre/Thomson*, als die darin befragten Jahresabschlussersteller die Beurteilung von Bilanzauswirkungen operativer Leasingverhältnisse durch Adressaten als lediglich geringfügig problematisch erachten[2].

1.1.2.1.3 Beurteilung der Vergleichbarkeit von Jahresabschlüssen

Die Einschätzungen der Leasingnehmer hinsichtlich eines möglichen Einflusses der derzeitigen Leasingbilanzierung auf die Vergleichbarkeit von Jahresabschlüssen zwischen Unternehmen und über die Zeit hinweg sind Gegenstand der Frage A.2.1.3. Drei der 14 befragten Leasingnehmer geben an, dass die Vergleichbarkeit für professionelle Adressaten, etwa Analysten, gewährleistet ist.

> „Die Regelungen sind bekannt. Die Zahlen sind verfügbar. Die Hinzurechnung ist zwar etwas umständlich. Professionelle Analysten sind sich diesem Problem bewusst. Insofern ist die Vergleichbarkeit unproblematisch." (AM: 62-64)

Die verbleibenden elf Befragten gehen indes von einer beeinträchtigen Vergleichbarkeit der Jahresabschlüsse aufgrund der dichotomen Leasingbilanzierung aus.

> „Der IAS 17 hat das Problem, dass keine klaren Leitlinien zur Klassifikation vorgegeben werden. Das stellt insbesondere große Unternehmen mit sehr vielen Leasingverträgen vor große Probleme. Irgendwie muss es geregelt werden, sonst würde es jeder im Konzern anders machen. D.h. wir als Grundsatzabteilung müssen Leitlinien vorgeben, da der IAS 17 das nicht tut. Das ergibt dann natürlich riesige Gestaltungsspielräume auch im Vergleich zu anderen DAX-Unternehmen. Jeder legt die Kriterien unterschiedlich aus. Einige orientieren sich z.B. an US-GAAP. Andere erachten die 75%/90%-Regeln als uninteressant und nehmen andere. Von daher ist die Vergleichbarkeit etc. nicht so gut. Es gibt einfach zu viele Gestaltungsspielräume. Wenn man die Gestaltungsspielräume der Klassifikation betrachtet, wird es [...] schwammig. Da besteht für einen gleichen Vertrag keine Vergleichbarkeit." (AL: 58-67 und 97-99)

Insgesamt verdeutlichen die vorstehenden Aussagen eine von der Mehrheit der Leasingnehmer festgestellte Beeinträchtigung der Vergleichbarkeit von Jahresab-

1 Vgl. Frage A.2.1.1, Kapitel VI.1.1.2.1.1.
2 Vgl. Beattie/Goodacre/Thomson (2006), S. 86-87.

schlüssen. Dieses Ergebnis erscheint zu den Erkenntnissen aus Frage A.2.1.1 hinsichtlich der mit den unterschiedlichen Bilanzierungsmethoden verbundenen Strukturierungsmöglichkeiten insofern konsistent, als Strukturierungen mit einer reduzierten Vergleichbarkeit einhergehen können[1]. Das Ergebnis bestätigt die Studie von *Goodacre*, der von einer leasinginduzierten Veränderung von Rangfolgen der Unternehmenskennzahlen auf eine geminderte Vergleichbarkeit von Jahresabschlüssen schließt[2]. Es steht allerdings in Widerspruch zu Simulationsstudien, die nur unwesentlich veränderte Rangfolgen feststellen[3]. Zudem besteht ein Widerspruch zu der Befragung von *Beattie/Goodacre/Thomson*, wonach Leasingnehmer kaum von einer Beeinflussung der Vergleichbarkeit von Unternehmen durch die derzeitige Leasingbilanzierung ausgehen[4].

1.1.2.1.4 Beurteilung der Möglichkeit zur Einschätzung finanzieller Verpflichtungen aus Leasingverhältnissen

Die Frage A.2.1.4 fokussiert auf die Beurteilungen der Leasingnehmer, inwieweit Adressaten anhand der gegenwärtigen Leasinginformationen Einschätzungen über die finanziellen Verpflichtungen eines Unternehmens vornehmen können. Von den 14 Befragten berichten acht Leasingnehmer, dass die vorhandenen Informationen ausreichen, um die finanziellen Verpflichtungen abschätzen zu können. Nach Ansicht dieser Leasingnehmer scheinen zumindest professionelle Adressaten in der Wahrnehmung der Verschuldungssituation nicht durch die internationale Leasingbilanzierung beeinflusst zu sein.

> „Man darf nicht denken, dass off balance heißt, dass das niemand weiß. Es steht ja im Anhang. Die Verpflichtungen sind ja bekannt." (AE: 206-207)

> „Die Frage ist, ob bisher den Adressaten eine wichtige Information gefehlt hat, um sich ein Bild vom Unternehmen zu machen. Das was man wissen will [...] ist enthalten. Vielleicht nicht auf Monatsebene, aber jährlich. Es sind alle Informationen enthalten, um sich ein Bild über die sonstigen Verpflichtungen zu machen." (AK: 257-261)

Offen bleibt in diesem Zusammenhang, inwieweit insbesondere professionelle Adressaten Zugang zu weiterführenden Informationen abseits des Jahresabschlusses haben, um finanzielle Verpflichtungen abschätzen zu können. Die nachfolgende Aussage des Unternehmens AL kann diese Frage ebenfalls nicht abschließend klären. Einerseits wird berichtet, dass Banken zusätzliche Informationen in Form von Leasingverträgen einfordern. Andererseits seien die notwendigen Informationen im Jahresabschluss enthalten.

> „In den notes sind die Mindestleasingzahlungen angegeben. [...] Wenn Kredite beantragt wurden, war die Bank immer darauf bedacht, Leasing- und Mietverträge zu bekommen, um die künftigen Verpflichtungen einschätzen zu können. Aus dem IFRS-Abschluss ist es für die Banken anhand der Mindestleasingzahlungen ersichtlich, welche Verpflichtungen ein Unternehmen in Zukunft hat." (AL: 78 und 226-230)

1 Vgl. Kapitel VI.1.1.2.1.1.
2 Vgl. Goodacre (2003b).
3 Vgl. z.B. Fülbier/Lirio Silva/Pferdehirt (2008).
4 Vgl. Beattie/Goodacre/Thomson (2006), S. 86-87.

Sechs der befragten Leasingnehmer geben indes an, dass die Einschätzung der Verpflichtungen auf Basis der derzeitigen Informationen im Jahresabschluss erschwert ist. Die Wahrnehmung der Verschuldungssituation sei durch die Leasingbilanzierung beeinflusst.

> „Die Hauptkritik ist immer das Alles-oder-nichts-Prinzip. Mir als Ersteller ist das bislang ganz recht, weil wir fast nur im operate lease sind und gar nichts erfassen müssen. Ich verstehe aber gleichwohl, wenn Analysten und wer auch immer wissen möchte, welche Verpflichtungen bestehen. Die Unternehmen können die Bilanzierung relativ leicht umgehen." (AJ: 46-49)

> „Unsere Analysten sagen uns z.B. ganz klar, dass Analysten die Anhangverpflichtungen aus den operativen Leasingverhältnissen in ihrer Strukturbilanz einfach den Verpflichtungen auf der Passivseite hinzurechnen, also auch das Eigenkapital entsprechend mindern. Das führt bei uns im praktischen doing dazu, dass unser Ratingausblick oder auch das aktuelle Rating entsprechend um ein oder zwei notches nach unten korrigiert wird, wir also letztlich mehr Zinsen zahlen als das auf Basis unserer tatsächlichen finanziellen Situation gerechtfertigt wäre." (AG: 95-101)

Im Rahmen der Einschätzung von Leasingverpflichtungen durch die Adressaten des Jahresabschlusses zeigt sich insgesamt ein heterogenes Antwortverhalten der befragten Leasingnehmer. Analog zu der Frage A.2.1.2 könnte wiederum ein strategisches Antwortverhalten einiger befragter Leasingnehmer vermutet werden[1]. Das Antwortverhalten der acht Leasingnehmer ist insofern vergleichbar mit den Ergebnissen von *Beattie/ Goodacre/Thomson*, wonach die befragten Jahresabschlussersteller kaum eine Erschwernis für Adressaten in der Einschätzung von Leasingverpflichtungen sehen[2].

1.1.2.2 Beurteilung der Reformbestrebungen

1.1.2.2.1 Beurteilung der Bilanzierungspflicht für sämtliche Leasingverhältnisse und des Ansatzes zur Bilanzierung und Bewertung von Nutzungsrechten

Die Beurteilung der Bilanzierungspflicht für sämtliche Leasingverhältnisse ist Gegenstand der Frage A.2.2.1. Dabei wird auch untersucht, wie die Leasingnehmer den Ansatz zur Bilanzierung und Bewertung von Nutzungsrechten bewerten. Die Einführung einer Bilanzierungspflicht für sämtliche Leasingverhältnisse wird von elf Leasingnehmern befürwortet. Nach Auffassung dieser Leasingnehmer gebiete die konzeptionelle Sichtweise, dass operative Leasingverhältnisse – analog zu Finanzierungsleasingverhältnissen – bilanzwirksam sein müssten.

> „Wir stimmen der Analyse des IASB zu, dass die Verpflichtung des Leasingnehmers in einem operativen Leasingverhältnis die Kriterien eines assets und einer liability erfüllt. Konzeptionell müssen operative Leasingverhältnisse also in die Bilanz gebracht werden. Diesem Grundsatz stimmen wir zu." (AM: 68-71)

Die Pflicht zur Bilanzierung sämtlicher Leasingverhältnisse wird zudem insofern positiv bewertet, als die mit der Klassifizierung von Leasingverhältnissen verbundenen Ermessensspielräume entfielen.

1 Vgl. Kapitel VI.1.1.2.1.2.

2 Vgl. Beattie/Goodacre/Thomson (2006), S. 86-87.

> „Den Wegfall der Klassifizierung […] finde ich sehr charmant. Damit entgeht man der Kritik, dass entweder alles oder nichts drin ist." (AJ: 85-87)

Drei Befragte lehnen die Pflicht zur bilanzwirksamen Behandlung sämtlicher Leasingverhältnisse demgegenüber ab. Die Begründung hierfür liegt im Wesentlichen in dem von diesen Leasingnehmern angeführten ökonomischen Unterschied zwischen einer mietähnlichen und kaufähnlichen Transaktion. Der Wegfall dieser Unterscheidung reduzierte die Verständlichkeit.

> „Wir haben keinerlei Interesse an einer Änderung der jetzigen Bilanzierungspraxis. Für uns persönlich und für die externe Beurteilung unserer Bilanz (z.B. durch Banken) sehen wir keinen Nutzen. Generell kann es Fälle geben, wo das Sinn macht. Wir schauen nur auf unsere Leasingverhältnisse. Wir haben auch keinerlei Interesse an einer Bilanzierung, die keiner versteht, also die auch in zehn Jahren noch keiner verstehen wird. Vielleicht verstehen das 20% von denen, die auf die Bilanz schauen und vielleicht 50% der Bilanzersteller. Dann hat man im Hause vielleicht einen, der weiß, was in der Bilanz steht. Das macht überhaupt keinen Sinn, etwas in einem Abschluss abzubilden, was keiner versteht und was sich nur an eine kleine Gruppe von Spezialisten wendet." (AC: 39-47)

Statt der Einführung einer Pflicht zur Bilanzierung sämtlicher Leasingverhältnisse schlagen diese drei Leasingnehmer vor, die bisherige Leasingbilanzierung nach IAS 17 beizubehalten und durch erweiterte Vorschriften hinsichtlich der Anhangangaben zu verbessern.

> „Der richtige Ansatzpunkt wäre, als Enforcement auf den Anhang zu gehen. Zusätzliche Angaben und präzisere Angaben sind notwendig. Da gibt man den Leuten die Möglichkeit, sich ein eigenes Bild zu machen." (AK: 181-183)

Die Einführung eines Ansatzes zur Bilanzierung von Nutzungsrechten statt des Leasinggegenstands zur Umsetzung der Bilanzierungspflicht für sämtliche Leasingverhältnisse erachten elf der befragten Leasingnehmer als konzeptionell richtig.

> „Vom konzeptionellen her, bin ich bei diesem neuen Ansatz schon dabei. Wenn man einen Vermögenswert mietet, geht es nicht um den Gegenstand, sondern es geht um die Nutzungspotentiale, die darin enthalten sind. Aus betriebswirtschaftlicher Sicht zählt ja nur, wie lange man nutzen kann. Es geht um die Nutzungspotentiale und damit um das Recht, dass man diese Potentiale überhaupt umsetzen und realisieren kann. An der Stelle bin ich bei diesem neuen right of use-Ansatz völlig dabei." (AF: 86-91)

Die Befürworter des Ansatzes zur Bilanzierung von Nutzungsrechten aus konzeptioneller Sicht äußern indes Bedenken hinsichtlich der Umsetzung in der Praxis. Die Kritik konzentriert sich darauf, dass der Ansatz aufgrund der vielfältigen Ausgestaltungsmöglichkeiten von Leasingverträgen nicht auf alle Leasingverhältnisse übertragbar wäre. Zudem habe die Unterscheidung zwischen einer mietähnlichen und kaufähnlichen Transaktion einen „ökonomisch sinnvollen Hintergrund" (AA: 71-72) und müsse weiterhin erkennbar sein.

> „Die Umsetzung dieses Ansatzes ist praktisch mit erheblichen Schwierigkeiten verbunden. Probleme wird es nicht nur auf der Leasingnehmerseite, sondern verstärkt auch auf der Leasinggeberseite geben. […] Es ist extrem schwierig, den konzeptionell durchaus richtigen Ansatz umzusetzen. […] Es gibt so viele spezielle Ausgestaltungen, was die konkreten echten Leasingverhältnisse in der Praxis anbelangt, auch Konstellationen, die […] überhaupt

nicht angesprochen werden. Das sieht man schon das erste Problem. Ich bin auf die Umsetzung in der Praxis gespannt." (AD: 68-80)

Die Bewertung des Nutzungsrechts und der korrespondierenden Zahlungsverpflichtung in einem einfachen Leasingverhältnis zum Barwert der Leasingzahlungen diskontiert mit dem Grenzfremdkapitalzins wird von den befragten Leasingnehmern mehrheitlich positiv beurteilt.

Zusammenfassend ist zu konstatieren, dass die Mehrheit der befragten Leasingnehmer die Bilanzierungspflicht für sämtliche Leasingverhältnisse aus konzeptioneller Sicht und vor dem Hintergrund der mit der Klassifizierung von Leasingverhältnissen einhergehenden Ermessensspielräume befürwortet. Dieses Ergebnis stimmt teilweise mit der Befragung von *Beattie/Goodacre/Thomson* überein, die eine lediglich moderate Zustimmung der Jahresabschlussersteller für eine Bilanzierungspflicht für sämtliche Leasingverträge feststellen[1]. Der Ansatz zur Bilanzierung von Nutzungsrechten wird ebenfalls mehrheitlich von den befragten Leasingnehmern als konzeptionell richtig beurteilt. Die hohe Zustimmung zur Bilanzierungspflicht für sämtliche Leasingverhältnisse und zum konzeptionellen Ansatz zur Bilanzierung von Nutzungsrechten in dieser Arbeit verwundert insofern, als die befragten Leasingnehmer angeben, sich mit der gegenwärtigen Leasingbilanzierung mehrheitlich arrangiert zu haben und die Ermessensspielräume im Rahmen der Klassifizierung zu nutzen zu wissen[2]. Mit Blick auf die Ergebnisse der Fragen A.2.1.2 und A.2.1.4, wonach eine knappe Mehrheit der Leasingnehmer angibt, dass Adressaten die Bilanzauswirkungen operativer Leasingverhältnisse und die finanziellen Verpflichtungen aus Leasingverhältnissen einschätzen können, ist – entgegen der zuvor getroffenen Vermutung eines strategischen Antwortverhaltens – anzunehmen, dass die Leasingnehmer in bilanzunwirksamen Leasingverhältnissen eine lediglich begrenzte Vorteilhaftigkeit im Sinne einer Strukturierungsmöglichkeit sehen[3]. Sofern die Leasingnehmer sich bewusst sind, dass die Adressaten operative Leasingverhältnisse analog zu Finanzierungsleasingverhältnissen berücksichtigen, entfallen möglicherweise die Gründe für eine Ablehnung der Bilanzierungspflicht für sämtliche Leasingverhältnisse. Die befragten Leasingnehmer äußern indes Bedenken hinsichtlich der praktischen Umsetzung des Ansatzes. Die Kritiker des Ansatzes schlagen vor, statt der Einführung einer neuen Bilanzierungsmethode die bisherige Leasingbilanzierung nach IAS 17 beizubehalten und durch erweiterte Vorschriften hinsichtlich der Anhangangaben zu verbessern. Die Bewertung des Nutzungsrechts und der korrespondierenden Zahlungsverpflichtung in einem einfachen Leasingverhältnis wird von den befragten Leasingnehmern mehrheitlich positiv beurteilt.

1.1.2.2.2 Beurteilung der bilanziellen Behandlung von Optionen, Restwertgarantien und bedingten Leasingzahlungen

Im Mittelpunkt der Frage A.2.2.2 steht die Beurteilung der bilanziellen Behandlung von Optionen, Restwertgarantien und bedingten Leasingzahlungen durch die Leasing-

1 Vgl. Beattie/Goodacre/Thomson (2006), S. 88.

2 Vgl. Frage A.1.1, Kapitel VI.1.1.1.1, Frage A.2.1.1, Kapitel VI.1.1.2.1.1.

3 Vgl. Kapitel VI.1.1.2.1.2, Kapitel VI.1.1.2.1.4.

nehmer. Die Hälfte der befragten Leasingnehmer befürwortet grundsätzlich den Vorschlag von IASB und FASB, laufzeitbezogene Optionen, Restwertgarantien und bedingte Leasingzahlungen nicht separat (*component approach*), sondern innerhalb des Nutzungsrechts bzw. der Zahlungsverpflichtung zu erfassen (*single asset and liability approach*). Nach deren Auffassung spiegelt die kombinierte Erfassung die ökonomische Verbundenheit der entsprechenden Positionen wider.

> „Bilanztheoretisch wäre es richtig, Optionen separat zu bilanzieren. Aber das wird auch keiner verstehen. Insofern finde ich es pragmatisch, alles in eine Position zu packen. Wenn man heute ein finance lease mit optionalen Komponenten hat, die man wahrscheinlich einbeziehen wird, würde man die ja heute auch in den Cashflow einbeziehen und würde sie auch im Ansatz mit drin haben. Da sagt man auch nicht, dass die optionale Komponente separat läuft. Das ist so wie jetzt auch. Das finde ich schon gut." (AJ: 122-127)

> „Leasingverhältnisse sind ein Verhältnis eigener Art. Nur durch […] den Gesamtansatz wird die ökonomische Substanz am besten dargestellt." (AM: 99-101)

Die andere Hälfte der Befragten verweist auf die Ansatzkriterien eines Vermögenswerts und einer Schuld gemäß IFRS-Rahmenkonzept, die Optionen, Restwertgarantien und bedingte Leasingzahlungen regelmäßig nicht erfüllten. Zudem handele es sich bei diesen Positionen um Eventualverbindlichkeiten, die gemäß IAS 37 bis zu deren Erfüllung nicht zu erfassen seien.

> „Eine Berücksichtigung von Optionen im Leasing ist gerade nach dem right of use-Ansatz überhaupt nicht gerechtfertigt. Dass das Nutzungsrecht einen Vermögenswert darstellt, ist unfraglich. Wenn man die Option separat behandelt, liegt kein Vermögenswert mehr vor. Die andere Seite kann jederzeit die Option zurückziehen. Höchstens eine einseitige Option könnte berücksichtigt werden. Eine beidseitige Option führt nicht zu einem Recht. In Zukunft wird es dann keine beidseitigen Optionen mehr geben. Wenn man prinzipienorientiert abbilden will, darf man Optionen nicht berücksichtigen." (AN: 161-167)

Während die grundsätzliche bilanzielle Behandlung von Optionen, Restwertgarantien und bedingten Leasingzahlungen gemäß dem *single asset and liability approach* von 50% der Befragten akzeptiert wird, kritisiert die Mehrheit der Leasingnehmer (elf der insgesamt 14 Befragten) die konkrete Ausgestaltung der Bilanzierung. Danach sind Optionen gemäß der wahrscheinlichsten Leasinglaufzeit sowie Restwertgarantien und bedingte Leasingzahlungen entweder gemäß dem Erwartungswert oder dem wahrscheinlichsten Wert innerhalb des Nutzungsrechts bzw. der Zahlungsverpflichtung zu erfassen.

> „Mit der Grundvariante könnten wir auch noch leben. Sorge macht mir die Beurteilung bei Erstansatz und in der Folge, was das wahrscheinlichste Szenario ist." (AJ: 97-98)

Zehn Befragte geben an, dass die Ermessensspielräume der Klassifizierung durch die Reformierung der Leasingbilanzierung nicht aufgehoben, sondern lediglich verlagert würden. Die Gestaltungsspielräume ergäben sich demnach künftig im Rahmen der bilanziellen Behandlung von Optionen, Restwertgarantien und bedingten Leasingzahlungen, weil die Einschätzung der Ausübungs- bzw. Eintrittswahrscheinlichkeit höchst subjektiv sei. Teilweise werden die verlagerten Ermessensspielräume von den Leasingnehmern im Sinne der Bilanzpolitik positiv bewertet.

„Der Ermessensspielraum tut sich künftig bei der Leasingdauer auf, indem man schätzen muss, was die wahrscheinlichste Leasingdauer ist. Ermessensspielraum besteht auch bei den bedingten Leasingzahlungen. Besonders schlimm ist der Vorschlag des FASB, nämlich die gewichtete Schätzung, weil dann der Bilanzansatz nie mit dem übereinstimmen wird, wie es tatsächlich kommt. Dann müsste man noch eher dem wahrscheinlichsten Wert zustimmen." (AE: 111-115)

„Aus unserer Unternehmenssicht, wenn man es mal egoistisch betrachtet, haben wir keine Probleme aus Leasingnehmersicht, vor allem auch in Hinblick auf die Verbesserung der Bilanzpolitik." (AN: 108-110)

Neben den verlagerten Ermessensspielräumen berichten sechs Leasingnehmer, dass die Beurteilung der Ausübungswahrscheinlichkeit einer Option mit hohen Unsicherheiten verbunden wäre.

„Der schwebende Punkt ist die schwere Einschätzbarkeit. Wir können nicht immer von vornherein sagen, ob wir Optionen in Anspruch nehmen. Bei neuen Standorten wissen wir z.B. nicht, ob wir die Mietverlängerungsoption in Anspruch nehmen. Man muss das Geschäft ja erst mal beobachten, ob das dem entspricht, was man erwartet. [...] Wenn das Land, die Stadt oder die Kommune irgendetwas baut und über mehrere Jahre dort eine Baustelle besteht, dann weiß ich nicht, ob man vielleicht doch einen Rückzieher aus dem einen oder anderen Vertrag machen würde. Dann ist man bei einer Mietverlängerungsoption, die man von vornherein mit eingeplant hat, doch sehr stark gebunden. Die hätte man in dem Moment ja auch in den Büchern. Da hätten wir das Problem, dass wir die korrigieren müssten. Wenn die Korrektur über die GuV laufen würde, würde das schon schwere Spuren hinterlassen." (AL: 126-139)

Um die Unsicherheit für Leasingnehmer zu reduzieren, schlagen IASB und FASB vor, die Ausübungs- bzw. Eintrittswahrscheinlichkeiten an jedem Bilanzstichtag erneut zu beurteilen. Sechs Befragte kritisieren diesen Vorschlag im Hinblick auf mögliche Volatilitäten im Ergebnis, sofern die Ausübungs- bzw. Eintrittswahrscheinlichkeiten GuV-wirksam korrigiert werden müssten. Zudem wird der mit der erneuten Beurteilung verbundene Aufwand als unverhältnismäßig erachtet.

„Die zweite Schwierigkeit ist die jährliche Beurteilung oder die Beurteilung zu jedem Stichtag, ob die Wahrscheinlichkeiten noch stimmen. Das führt dazu, dass die Abschlusserstellungszeiten auch nicht kürzer werden, obwohl dies vom Markt immer stärker gefordert wird." (AA: 132-135)

„In so einem großen Konzern mit so vielen Leasingverträgen ist das nicht machbar. [...] Hier können auch Volatilitäten entstehen. Die Frage ist, wie das noch die wirtschaftlichen Gegebenheiten widerspiegelt." (AL: 155-160)

„Die jährliche Einschätzung der Wahrscheinlichkeiten ist für uns im praktischen doing ein Ding der Unmöglichkeit. [...] Es ist für uns praktisch nicht handhabbar, auf einer Vertragsebene eine Neueinschätzung vorzunehmen oder die Neueinschätzung auch so zu dokumentieren, dass ein Prüfer eine prüfungsfeste Dokumentation als Nachweis von uns erhalten kann." (AG: 121-125)

Aufgrund der Ermessensspielräume und den mit den Ausübungs- bzw. Eintrittswahrscheinlichkeiten verbundenen Unsicherheiten geben sieben befragte Leasingnehmer an, dass sich das Verständnis von Jahresabschlussinformationen nicht verbessern würde.

> „Bilanztheoretisch hat man etwas auf dem Papier, was gut ist. Wir als Ersteller haben aber Probleme, das umzusetzen. Der Adressat versteht das nicht. Der weiß überhaupt nicht, was wir hier machen. Wenn ich das meinem Chef oder meinem Oberchef schon erklären soll, die schütteln nur mit dem Kopf. Ein Fremder, der nicht so eingeweiht ist, versteht das überhaupt nicht. Vielleicht ist es für die Analysten sogar einfacher, auf dem heutigen Stand ihre Berechnungen zu fahren als sich in die künftige Regulierung einzuarbeiten. Künftig werden die auch nicht mehr die Einschätzungen nachverfolgen können." (AJ: 109-116)

Die Beurteilung der bilanziellen Behandlung von Optionen, Restwertgarantien und bedingten Leasingzahlungen führt insgesamt zu keinem einheitlichen Ergebnis. Während die eine Hälfte der befragten Leasingnehmer die kombinierte Erfassung von Optionen, Restwertgarantien und bedingten Leasingzahlungen innerhalb des Nutzungsrechts bzw. der Zahlungsverpflichtung aufgrund der wirtschaftlichen Verbundenheit der Positionen befürwortet, spricht sich die andere Hälfte der Befragten gegen die bilanzielle Erfassung von Optionen, Restwertgarantien und bedingten Leasingzahlungen aus. Ein Großteil der befragten Leasingnehmer kritisiert indes die konkrete Ausgestaltung der bilanziellen Behandlung von Optionen, Restwertgarantien und bedingten Leasingzahlungen auf Basis von Ausübungs- bzw. Eintrittswahrscheinlichkeiten. Im Mittelpunkt stehen hierbei die mit der Festlegung der Wahrscheinlichkeiten verbundenen Ermessensspielräume, die teilweise allerdings positiv beurteilt werden und die Unsicherheit seitens der Bilanzierenden hinsichtlich der Einschätzung von Wahrscheinlichkeiten. Darüber hinaus wird die erneute Beurteilung der Wahrscheinlichkeiten zu jedem Bilanzstichtag als möglicherweise ergebnisbelastend und unverhältnismäßig aufwendig bezeichnet. Die Verbesserung des Verständnisses der Jahresabschlussinformationen wird von der Hälfte der Befragten bezweifelt. Die Ergebnisse stimmen weitgehend mit der Studie von *Beattie/Goodacre/Thomson* überein, deren befragte Jahresabschlussersteller eine Antizipation möglicher Ausübungswahrscheinlichkeiten von Verlängerungsoptionen ablehnen[1].

1.1.2.3 Zusammenfassung

Die Mehrheit der befragten Leasingnehmer räumt die Strukturierungsmöglichkeiten im Rahmen der derzeitigen dichotomen Leasingbilanzierung ein. Die Beurteilung der Leasingnehmer, inwieweit Adressaten Bilanzauswirkungen operativer Leasingverhältnissen abschätzen können, fällt heterogen aus. Ein ähnliches Bild ergibt sich im Rahmen der Beurteilung der Leasingnehmer, inwieweit Adressaten Einschätzungen über die finanziellen Verpflichtungen von Leasingverhältnissen vornehmen können. Eindeutigere Ergebnisse erzielt indes die Frage nach der Vergleichbarkeit von Jahresabschlüssen. Mehrheitlich schlussfolgern die Leasingnehmer hierbei, dass die Leasingbilanzierung die Vergleichbarkeit von Jahresabschlüssen – sowohl zwischen Unternehmen, als auch über die Zeit hinweg – beeinträchtigt.

Die Bilanzierungspflicht für sämtliche Leasingverhältnisse und deren Umsetzung über den Ansatz zur künftigen Bilanzierung von Nutzungsrechten wird von den befragten Leasingnehmern mehrheitlich als konzeptionell richtig beurteilt. Bedenken bestehen hinsichtlich der praktischen Umsetzung des Ansatzes zur Bilanzierung von

1 Vgl. Beattie/Goodacre/Thomson (2006), S. 89-92.

Nutzungsrechten. Die Bewertung des Nutzungsrechts und der korrespondierenden Zahlungsverpflichtung im Rahmen eines einfachen Leasingverhältnisses würde den Leasingnehmern mehrheitlich keine Schwierigkeiten bereiten. Die bilanzielle Behandlung komplexer Leasingverhältnisse, die Optionen, Restwertgarantien und bedingte Leasingzahlungen enthalten, führt bei den befragten Leasingnehmern zu vermehrter Kritik.

1.1.3 Erwartete Auswirkungen der reformierten Leasingbilanzierung und Veränderungen im Entscheidungsverhalten der Leasingnehmer

1.1.3.1 Erwartete Auswirkungen der reformierten Leasingbilanzierung aus Sicht der Leasingnehmer

1.1.3.1.1 Erwartete Auswirkungen auf Finanzkennzahlen

Im Rahmen der Frage A.3.1.1 werden die von den Leasingnehmern erwarteten Auswirkungen der reformierten Leasingbilanzierung auf Finanzkennzahlen untersucht. Die folgenden diesbezüglichen Ergebnisse werden gemäß der im Rahmen der Konkretisierung der Frage vorgenommenen Unterteilung der Kennzahlen in Bilanzstrukturkennzahlen, Rentabilitätskennzahlen und kapitalmarktorientierte Kennzahlen dargestellt[1].

Alle 14 befragten Leasingnehmer erwarten Auswirkungen auf wesentliche Bilanzstrukturkennzahlen. Die vollständige Bilanzwirksamkeit von Leasingverhältnissen führte nach Auffassung der Leasingnehmer insbesondere zu Veränderungen der Eigenkapitalquote, sofern bisher operative Leasingverhältnisse bestanden.

> „Unsere Eigenkapitalquote wird schlechter, weil sich die Bilanzsumme erhöht." (AC: 125)

> „Wir haben mal geschaut, ob Auswirkungen auf unsere Eigenkapitalquote entstehen, wenn das DP effektiver Standard wäre. [...] Wir haben unsere künftigen Verpflichtungen aus operating leases genommen. [...] Die Eigenkapitalquote würde sich [...] mindern." (AM: 126-130)

Die erwartete höhere Eigenkapitalbelastung im Falle einer Bilanzierungspflicht für sämtliche Leasingverhältnisse wird mit der im Vergleich zu operativen Leasingverhältnissen stattfindenden Vorverlagerung von Aufwand in frühere Perioden begründet. Die Bewertung der Leasingverbindlichkeit mithilfe der Effektivzinsmethode führte dazu, dass die Zinsbelastung über die Leasingvertragslaufzeit hinweg abnimmt, während die Tilgung kontinuierlich zunimmt. Die anfänglich höhere Zinsbelastung resultierte in einem höheren Aufwand in den frühen Perioden der Leasingvertragslaufzeit. Dies führte wiederum zu einem geminderten Eigenkapital im Vergleich zu einer nicht-bilanzwirksamen Behandlung mit konstanter Aufwandsbelastung. Neben veränderten Eigenkapitalquoten erwarten die befragten Leasingnehmer auch steigende Verschuldungsgrade aufgrund der zusätzlich zu bilanzierenden Verpflichtung zur Zahlung der Leasingraten.

> „Verschuldungsgrad würde sich mit Sicherheit ändern. Im Moment wäre es wohl noch gering, weil wir den Umfang einfach noch nicht haben. Aber wir haben jetzt eine Akquisi-

1 Vgl. Frage A.3.1.1, Kapitel IV.1.3.1.

tion in den USA, die vielleicht bald zum closing kommt und die haben – nach einem ersten Eindruck – schon mehr Leasing. D.h. das Thema wird virolenter und dann werden wir schon signifikante Einflüsse auch in der Nettoverschuldung haben, was dann durchaus von Interesse ist." (AJ: 153-158)

Wesentliche Veränderungen der Rentabilitätskennzahlen werden von den befragten Leasingnehmern nicht erwartet. Dies mag an den sowohl positiven als auch negativen Auswirkungen auf die Rentabilitätskennzahlen liegen. So erscheinen Rentabilitätskennzahlen aufgrund der erhöhten Kapitalbasis zunächst negativ beeinflusst. Allerdings führte die anfänglich höhere Zinsbelastung im Falle der Bilanzierung sämtlicher Leasingverhältnisse zu einer Vorverlagerung des Aufwands, so dass eine zeitliche Ergebnisverschiebung bestünde. Zudem würden künftig sämtliche Leasingzahlungen in Zins- und Tilgungsanteil gespalten, so dass ein Teil des vormaligen (Miet-)Aufwands nicht mehr das Betriebsergebnis (EBIT), sondern als Zinsaufwand das Finanzergebnis berührte. Außerdem führten die künftigen Abschreibungen des Nutzungsrechts statt des bisherigen (Miet-)Aufwands im Falle eines operativen Leasingverhältnisses zu einer Verbesserung von EBITDA.

„Momentan sind die Leasingaufwendungen komplett im EBIT enthalten. Wenn wir das in Finanzierungskosten und Tilgung aufteilen müssten, würde sich eine Verbesserung des EBIT ergeben." (AC: 116-118)

„Durch die Reform hätten wir einen erheblichen positiven Effekt auf das EBITDA, weil die bisher im Anhang kommunizierten operativen Leasingverhältnisse [...] in der Bilanz stünden. Insofern hätten wir entsprechende Abschreibungen statt der operativen Aufwendungen. Es ergibt sich eine Ergebnisentlastung bezüglich des EBITDA in Höhe von zwei Milliarden Euro pro Jahr, die positiv auf die finanziellen Zielgrößen wirken. Andererseits wird sich die net debt to EBITDA-Ratio massiv verschlechtern, trotz des Anstiegs des EBITDA, weil gewaltige neue Zahlen in die Bilanz aufgenommen würden. Die Bilanzsumme würde sich ja um etwa 20% erhöhen." (AG: 301-309)

„Unser EBITDA verbessert sich ja auch zudem, allerdings nicht in dem Maße wie sich die Verschuldung verschlechtert." (AH: 77-78)

Die befragten Leasingnehmer erwarten zudem keine Auswirkungen auf kapitalmarktorientierte Kennzahlen, etwa das Kurs-Gewinn-Verhältnis oder das Verhältnis aus Buchwert zu Marktwert des Eigenkapitals. Daraus kann gefolgert werden, dass die Leasingnehmer nicht von einer Beeinflussung der Unternehmens- und Aktienbewertung am Kapitalmarkt durch die reformierte Leasingbilanzierung ausgehen. Inwieweit dennoch einzelne Investoren einer Beeinflussung unterlägen, wird im Rahmen der Frage zu möglichen Veränderungen im Entscheidungsverhalten von Investoren und Analysten näher untersucht[1].

Insgesamt verdeutlicht sich die Erwartung der Leasingnehmer, dass die kapitalmarktorientierten Kennzahlen und die Rentabilitätskennzahlen keinen wesentlichen Veränderungen unterliegen. Veränderungen werden indes im Rahmen der Bilanzstrukturkennzahlen erwartet. So geben sämtliche Leasingnehmer an, dass die Eigenkapitalquote sinken bzw. Verschuldungsgrade steigen würde. Diese Ergebnisse stimmen mit den Simulationsstudien von z.B. *Fülbier/Lirio Silva/Pferdehirt* und *Pferdehirt* über-

1 Vgl. Frage A.3.1.3, Kapitel VI.1.1.3.1.3.

ein[1]. Zu anderen Simulationsstudien bestehen insofern Unterschiede, als diese neben den Auswirkungen auf Bilanzstrukturkennzahlen auch eine Beeinflussung von Rentabilitätskennzahlen nachweisen können[2]. Im Rahmen von Befragungen stimmen die Erkenntnisse dieser Studie mit den Ergebnissen von *Beattie/Goodacre/Thomson* überein, deren Befragte ebenfalls eine Erhöhung der Verschuldungsgrade als Folge einer vollständigen Bilanzierung von Leasingverhältnissen erwarten[3]. Inwieweit die befragten Leasingnehmer aufgrund der erwarteten Beeinflussungen von Kennzahlen mit Veränderungen im Entscheidungsverhalten der Akteure der Rechnungslegung rechnen, wird in weiteren Teilfragen untersucht. Die Ergebnisse werden nachfolgend dargestellt.

1.1.3.1.2 Erwartete Auswirkungen auf das Entscheidungsverhalten von Banken

Im Rahmen der Frage A.3.1.2 wird untersucht, inwieweit die befragten Leasingnehmer Veränderungen der Kreditvergabeentscheidungen von Banken erwarten. Im Mittelpunkt der Untersuchung steht die Frage, ob die reformierte Leasingbilanzierung in der Erwartung der Leasingnehmer zum einen Auswirkungen auf die künftige Kreditwürdigkeitsprüfung und das daraus resultierende Kreditrating hätte und zum anderen bestehende Kreditauflagen und Kreditkonditionen beeinflussen würde. Zehn der befragten Leasingnehmer erwarten keine Auswirkungen auf künftige Kreditvergabeentscheidungen von Banken. Die Befragten geben an, dass Banken bereits sämtliche Leasingverhältnisse in deren Entscheidungsprozessen berücksichtigen und insofern keine Veränderungen einträten.

> „Wenn die Banken dann zu einer anderen Entscheidung kommen würden, dann frage ich mich, was das für eine Bank ist, weil die Bank heute auch schon schauen müsste, was an finanziellen Verpflichtungen in den nächsten fünf Jahren bestehen wird. Von daher kann ich mir nicht vorstellen, dass es signifikante Auswirkungen geben wird.“ (AA: 182-186)

Die Berücksichtigung sämtlicher Leasingverhältnisse im Kreditvergabeentscheidungsprozess ist nach Angabe der befragten Leasingnehmer anhand der Informationen im Jahresabschluss möglich. Zudem seien kreditvergebende Banken aufgrund deren Position in der Lage, die Herausgabe zusätzlicher Informationen – etwa Leasingverträge – zu verlangen.

> „Im Anhang liegen alle Informationen vor. Leasingrate, Leasingaufwendungen oder auch Mietaufwendungen des laufenden Jahres. Solange kein Hinweis kommt, dass sich das Geschäftsmodell ändert, liegen alle Informationen, die benötigt werden, vor, unabhängig davon, wie lange die Leasingverträge laufen. Die Leasingrate wird im nächsten Jahr wieder so hoch sein plus 3% Inflation. So ähnlich werden die Banken ja deren Modell haben.“ (AC: 134-138)

> „Banken lassen sich ohnehin größere Verträge zeigen.“ (AD: 135)

Die Veränderung der Leasingbilanzierung wird zudem als eine Herausforderung im Rahmen der Unternehmenskommunikation begriffen. Veränderungen der Kreditver-

1 Vgl. Fülbier/Lirio Silva/Pferdehirt (2008), Pferdehirt (2007), S. 294.
2 Vgl. z.B. Beattie/Edwards/Goodacre (1998).
3 Vgl. Beattie/Goodacre/Thomson (2006), S. 92-93.

gabeentscheidungen von Banken würden demnach auch deshalb nicht auftreten, weil die Leasingnehmer beispielsweise durch Überleitungsrechnungen im Jahresabschluss zu verdeutlichen versuchten, dass lediglich eine Veränderung der Bilanzierungsweise und nicht der ökonomischen Gegebenheiten aufgetreten sei.

> „Banken [...] werden nicht reagieren, denn die Problematik ist offensichtlich. Das ist ein rein kommunikatives Problem.“ (AC: 93-94)

> „Vielleicht geben wir auch vor- und nachher-Kennzahlen heraus, um die Unterschiede deutlich zu machen. [...] Wir würden in den Jahren der Umstellung eine Art Überleitungsrechnung in unserem Jahresabschluss veröffentlichen, damit durch die Änderung keine Missverständnisse entstehen. An unserer Situation hat sich ja nichts geändert. [...] Das ist ein reines Kommunikationsproblem.“ (AL: 235-241)

Vier befragte Leasingnehmer erwarten entgegen den vorstehenden Ausführungen Auswirkungen auf die Kreditvergabeentscheidungen von Banken, weil die Banken den Informationen des Anhangs eine geringere Bedeutung beimessen würden. Die Auswirkungen auf die Kreditvergabeentscheidungen gestalteten sich nach Auffassung dieser Leasingnehmer derart, dass Kredite nicht vergeben würden oder sich Kreditkonditionen verschlechtern könnten.

> „Eigentlich dürfte sich nichts ändern. Aber ich habe die Vermutung, dass es realiter doch so sein wird. Wenn man es richtig in der Bilanz sieht, ist das schon was anderes als wenn man das irgendwo im Anhang hat. Es ist schon zu vermuten. Der Anhang wird einfach nicht so wie eine Bilanz beachtet.“ (AJ: 178-181)

> „Banken im Mittelpunkt scheinen nicht wie eine Rating-Agentur vorzugehen. Die Banken schauen rein auf die Bilanz und ignorieren wohl die operativen Leasingverhältnisse.“ (AG: 343-344)

Die Frage A.3.1.1 zeigt, dass sämtliche Leasingnehmer steigende Verschuldungsgrade und eine reduzierte Eigenkapitalquote als Folge der reformierten Leasingbilanzierung erwarten[1]. Vor diesem Hintergrund gehen elf Leasingnehmer von einer Beeinflussung bereits vereinbarter Kreditauflagen aus.

> „D.h. das Thema wird virolenter und dann werden wir schon signifikante Einflüsse auch in der Nettoverschuldung haben, was dann durchaus von Interesse ist. Ich denke da insbesondere an covenants. Wir unterliegen ja dem Rating. [...] Ein covenant, der häufig verwendet wird, ist Nettoverschuldung zu EBITDA. [...] In dem Fall müssen sich die covenants eigentlich ändern.“ (AJ: 156-169)

Die Konsequenzen der Beeinflussung bestehender *covenants* werden indes als gering eingeschätzt. Statt einer Kürzung von Kreditlinien oder verschlechterten Kreditkonditionen erwarten sieben dieser elf Befragten eine Anpassung der vereinbarten Kreditauflagen.

> „Da müssten dann die Banken ihre covenants wahrscheinlich anpassen. [...] Die Banken müssten eigentlich reagieren, wenn es einen völlig neuen Ansatz gibt, dass diese [Leasingverhältnisse] immer drin sind, unabhängig davon, ob das vorher finance oder operate lease war. Auch das EBITDA wird massiv beeinflusst werden.“ (AJ: 164-173)

1 Vgl. Kapitel VI.1.1.3.1.1.

Ein weiterer der elf Leasingnehmer, die eine Beeinflussung bereits vereinbarter Kreditauflagen erwarten, rechnet insofern nicht mit negativen Konsequenzen, als dessen *covenants* für die gesamte Laufzeit des Kredits auf der zum Zeitpunkt des Abschlusses des Kreditvertrags geltenden Rechnungslegungsregulierung basieren würden. Nach Auffassung dieses Leasingnehmers unterliegt die Berechnung von *covenants* einer Art Bestandsschutz und müsste weiterhin entsprechend der Leasingbilanzierung nach IAS 17 erfolgen.

Eine Verschlechterung der Kreditkonditionen wird allerdings insofern erwartet, als Leasingfinanzierungen zur Überwindung von Schwierigkeiten im Rahmen der Erlangung alternativer Finanzierungsmöglichkeiten angewendet werden.

> „Wenn man natürlich alles Mögliche über Leasing finanziert, weil das Unternehmen keine anderen Finanzierungen mehr bekommt, dann kann sich das natürlich auf die Kreditkonditionen auswirken." (AC: 141-143)

In diesem Fall ist allerdings davon auszugehen, dass die in den Kreditauflagen vereinbarten Bilanzrelationen bereits vor der Reform der Leasingbilanzierung nicht oder nur knapp eingehalten werden konnten. Ein direkter Zusammenhang zwischen der reformierten Leasingbilanzierung und verschlechterten Kreditkonditionen dürfte insofern nicht bestehen.

Die Ergebnisse im Rahmen der Frage A.3.1.2 zeigen insgesamt, dass die Mehrheit der befragten Leasingnehmer keine Veränderungen der Kreditvergabeentscheidungen von Banken erwartet. Die künftige Kreditwürdigkeit würde demnach nicht von den Reformbestrebungen beeinflusst. Dieses Ergebnis steht in Einklang mit der Aussage einer knappen Mehrheit von Leasingnehmern, wonach die Adressaten die finanziellen Verpflichtungen aus Leasingverhältnissen anhand der gegenwärtig vorliegenden Informationen abschätzen können und demnach in der Wahrnehmung der Verschuldungssituation nicht durch die internationale Leasingbilanzierung beeinflusst werden[1]. Ein Widerspruch besteht zu der Befragung von *Beattie/Goodacre/Thomson*, wonach Jahresabschlussersteller und Adressaten zwar indifferent gegenüber veränderten Einschätzungen der Kapitalrückzahlungsfähigkeit sind, jedoch eine Verschlechterung des Kreditratings erwarten[2]. Auch eine direkte Befragung von Bankangestellten zu den Auswirkungen der Leasingbilanzierungsreform zeigt, dass die Leasingnehmer mit verschlechterten Kreditratings rechnen müssen[3]. Allerdings ist insofern eine Übereinstimmung mit den experimentellen Studien von *Wilkins/Zimmer* und *Wilkins* festzustellen, als diese keine Beeinflussung der Kreditvergabe durch unterschiedliche Leasingbilanzierungsmethoden nachweisen können[4]. Bei diesen Untersuchungen sind allerdings nicht Leasingnehmer, sondern Bankangestellte Teilnehmer des Experiments.

Vier der befragten Leasingnehmer geben an, dass die reformierte Leasingbilanzierung Auswirkungen auf die Kreditvergabeentscheidungen von Banken derart haben würde, dass Kredite nicht vergeben würden oder sich Kreditkonditionen verschlech-

1 Vgl. Frage A.2.1.4, Kapitel VI.1.1.2.1.4.
2 Vgl. Beattie/Goodacre/Thomson (2006), S. 92-94.
3 Vgl. Durocher/Fortin (2009), S. 27-28.
4 Vgl. Wilkins/Zimmer (1983b), Wilkins (1984).

tern könnten. Operative Leasingverhältnisse im Anhang erfahren demnach gegenwärtig eine geringere Beachtung als bilanzwirksame Leasingverhältnisse. Diese Aussage wird durch die Befragung von *Durocher/Fortin* gestützt, die zeigt, dass Bankangestellte operativen Leasingverhältnissen im Kreditvergabeprozess weniger Gewicht beimessen als Finanzierungsleasingverhältnissen[1]. Auch das Experiment mit Bankangestellten von *Hartmann/Sami* deutet auf einen Einfluss der Bilanzierungsmethode auf Kreditvergabeentscheidungen von Banken hin[2]. Elf befragte Leasingnehmer erwarten einen Einfluss der reformierten Leasingbilanzierung auf bestehende *covenants*. Allerdings rechnet die Mehrheit dieser Leasingnehmer mit einer Anpassung der Kreditauflagen durch die Banken bzw. mit einer Berechnung auf Basis der Leasingbilanzierung nach IAS 17. Dieses Ergebnis stimmt mit den Studien von *Beattie/Goodacre/Thomson* und *Durocher/Fortin* überein, wonach Leasingnehmer und Bankangestellte Nachverhandlungen von *covenants* aufgrund einer vollständigen Bilanzwirksamkeit von Leasingverhältnissen erwarten[3].

1.1.3.1.3 Erwartete Auswirkungen auf das Entscheidungsverhalten von Investoren und Analysten

Hinsichtlich Frage A.3.1.3 wird untersucht, ob die reformierte Leasingbilanzierung nach Auffassung der Leasingnehmer zu einem veränderten Entscheidungsverhalten von Investoren und Analysten führen würde. Dabei wird der Frage nachgegangen, ob Veränderungen der von Investoren und Analysten vorgenommenen Risikoeinschätzungen und Prognosen von Dividendenzahlungen erwartet werden. Die Untersuchung berücksichtigt zudem die Erwartungen hinsichtlich veränderter Ratings. Von den 14 befragten Leasingnehmern erwarten zehn keine Auswirkungen der reformierten Leasingbilanzierung auf das Entscheidungsverhalten von Investoren und Analysten. Es finden sich hauptsächlich zwei Begründungen für diese Aussage. Zum einen geben die Befragten an, dass Investoren und Analysten bereits heute sämtliche Leasingverhältnisse in deren Risikoeinschätzungen und Prognosen berücksichtigen und dabei mehr oder weniger formalanalytische Verfahren zur Korrektur der Bilanz um operative Leasingverhältnisse verwenden.

> „[Veränderungen im Entscheidungsverhalten k]önnen wir uns nicht vorstellen, weil Analysten heute schon operating leases in deren Urteil mitberücksichtigen." (AM: 150-151)

Zum anderen ließen sich negative Auswirkungen auf das Entscheidungsverhalten von Investoren und Analysten durch eine gezielte Unternehmenskommunikation verhindern.

> „M.E. sind große börsennotierte Unternehmen sehr wohl in der Lage, dem Kapitalmarkt eine Geschichte gut zu verkaufen. Das wäre zumindest meine Erwartung an eine professionelle Unternehmenskommunikation. Man muss in der Lage sein, dem potentiellen Kreis von Aktionären oder Eigenkapitalgebern eine Änderung eines Standards auch so zu verkaufen, dass deutlich wird, dass der Standard keine Effekte auf eine tatsächliche wirtschaftliche Situation [...] hat in der Form, dass man über eine Verlängerung der Bilanz möglicherweise

1 Vgl. Durocher/Fortin (2009), S. 21-23.
2 Vgl. Hartman/Sami (1989).
3 Vgl. Beattie/Goodacre/Thomson (2006), S. 92-93, Durocher/Fortin (2009), S. 27-28.

> schlechter dastehen würde, nur weil die Eigenkapitalquote gesunken wäre. Ich würde erwarten, dass die Eigenkapitalgeber der Sache neutral gegenüberstehen, so man ihnen dann kommuniziert, was die Auswirkung auf die Finanzkennzahlen und die bilanziellen Auswirkungen sind.“ (AG: 371-380)

Zwei der zehn Leasingnehmer, die nicht mit Veränderungen im Entscheidungsverhalten von Investoren und Analysten rechnen, geben zusätzlich zu den vorstehenden Gründen an, dass die von der Leasingbilanzierung betroffenen Posten des Jahresabschlusses für Investoren und Analysten eine untergeordnete Bedeutung im Rahmen der Analyse haben.

> „Ein institutioneller Investor fragt beim Vorstand nach und bittet um eine kleine Unternehmenspräsentation. Den interessieren die technischen Daten fast gar nicht.“ (AC: 161-162)

> „Fondsmanager, die 70% des Markts ausmachen und 70% der Aktionäre in Deutschland sind Ausländer, die möglicherweise sowieso nicht verstehen, wie das finanzielle Reporting in Deutschland läuft. Aktieninvestoren würden gar nicht so sehr auf die Bilanz schauen, sondern auf den Ertragswert. Der Ertragswert [...] bleibt völlig unberührt von der bilanzwirksamen oder bilanzunwirksamen Behandlung von Leasingverhältnissen.“ (AG: 384-389)

Ein Leasingnehmer erwartet zwar eine Vereinfachung des Analyseprozesses. Veränderte Entscheidungen von Analysten resultierten daraus jedoch nicht.

> „Ich sehe keine Veränderungen. Die Analysen könnten eher noch genauer werden. Die Informationen werden allgemein zugänglicher. Die Rating-Agenturen sind die Gewinner einer solchen Lösung, weil sie ihre komplizierten Modelle ablegen können und die Prüfung der anzuwendenden Prämissen entfällt.“ (AD: 159-162)

Eigenkapitalgeber könnten nach Auffassung dieses Leasingnehmers indes von der reformierten Leasingbilanzierung aufgrund regulatorischer Anforderungen betroffen sein. Insofern könnten künftige Investitionsentscheidungen beeinflusst werden.

> „Die Verschlechterung der Eigenkapitalquote kann zu Bewertungsabschlägen führen, wenn eine bestimmte Eigenkapitalquote vertraglich fixiert ist. Bei bestimmten Rechtsformen kann durch die Veränderung der Eigenkapitalquote eine Nachschusspflicht der Eigenkapitalgeber entstehen. Zudem könnten Dividendenzahlungen wegfallen.“ (AD: 114-117)

Zwei Leasingnehmer erwarten positive Auswirkungen der reformierten Leasingbilanzierung auf das Entscheidungsverhalten von Investoren und Analysten. Demnach könnte sich die derzeitige pauschale Berücksichtigung bilanzunwirksamer Leasingverhältnisse im Analyseprozess mitunter nachteiliger auf das Rating auswirken als die direkte Bilanzwirksamkeit von Leasingverhältnissen.

> „Die wichtigste bilanzpolitische Frage ist immer das Rating und darauf haben Leasingverhältnisse keine Auswirkungen bzw. mir wurde schon mehrmals die Aussage bestätigt, dass operative Leasingverhältnisse für das Rating eher schädlich sind, weil sich das Unternehmen eher nachteilig rechnet. Das hängt mit der entsprechenden Rating-Agentur zusammen. Operative Leasingverhältnisse werden von den Rating-Agenturen einfach in die Bilanz mit gewissen Methoden hinein gerechnet. Von daher ist es für ein Rating sogar besser, wenn alles gleich abgebildet wird. Dann hat man nämlich nicht das Problem, dass man sich im Zweifel dadurch schlechter stellt, dass man ein operatives Leasing eingegangen ist. Das ist bei allen Strukturbilanzen ein Problem. Sobald jemand anfängt, mit einer Strukturbilanz einen Sachverhalt umzustricken, weil er glaubt, den Sachverhalt besser darzustellen, kann man dabei verlieren. Wenn man einen einheitlichen Ansatz hat, kann man sich m.E. sogar im Bereich des Ratings verbessern. Das ist die wichtigste Frage, die ich mir immer stelle bei

einer bilanzpolitischen Bewegung, weil da direkt Geld dran hängt. Die Analysten werden auch mit entsprechenden Tools drüber gehen. Wenn sie ähnliche Ansätze wie die Rating-Agenturen verfolgen, ist man auch im Vorteil, wenn man von vornherein im Finanzierungsleasing war als Leasingnehmer oder jetzt einen einheitlichen Ansatz hat. Bilanzpolitisch sind die Reformbestrebungen also eher vorteilhaft.“ (AN: 111-127)

Ein weiterer Befragter konnte zum Zeitpunkt des Interviews noch nicht abschätzen, inwieweit Veränderungen im Entscheidungsverhalten von Investoren und Analysten einträten.

„Für uns stellt sich die Frage, wie groß der Effekt ist in Bezug auf die Analysen, die die Rating-Agenturen oder die Analysten gemacht haben und was diese unterstellt haben. [...] An der Stelle waren wir uns nicht ganz gewiss, wie es nachher quantifiziert tatsächlich aussieht.“ (AF: 156-161)

Zusammenfassend ist festzustellen, dass die Mehrheit der befragten Leasingnehmer keine Veränderungen im Entscheidungsverhalten von Investoren und Analysten erwartet. Als maßgebliche Begründung nennen die Leasingnehmer die Kommunikation des Unternehmens mit den entsprechenden Investoren und Analysten sowie die derzeitige Berücksichtigung sämtlicher Leasingverhältnisse im Analyseprozess von Investoren und Analysten. Dieses Ergebnis widerspricht früheren Studien, die eine Beeinflussung des Entscheidungsverhaltens von Investoren und Analysten durch unterschiedliche Leasingbilanzierungsmethoden feststellen[1]. Auch belegen die Studien von *Breton/ Taffler* und *Vancil/Anthony*, dass Analysten häufig keine Korrekturen von nichtbilanzierten Leasingverhältnissen vornehmen – ein Vorgang, den die in dieser Arbeit befragten Leasingnehmer jedoch mehrheitlich unterstellen[2]. Bei diesen Studien werden allerdings nicht Leasingnehmer, sondern Investoren und Analysten direkt untersucht.

Eine Minderheit der in dieser Arbeit befragten Leasingnehmer erwartet zudem keine Auswirkungen auf das Entscheidungsverhalten von Investoren und Analysten, weil die von der Leasingbilanzierung tangierten Jahresabschlussdaten für die Entscheidungen von Investoren und Analysten von untergeordneter Bedeutung seien. Ein Leasingnehmer geht – trotz einer Vereinfachung des Analyseprozesses – nicht von Veränderungen im Entscheidungsverhalten von Analysten aus. Gleichwohl werden von diesem Leasingnehmer insofern Auswirkungen auf die Entscheidungen von Investoren erwartet, als Dividendenzahlungen reduziert werden oder Nachschusspflichten entstehen könnten. Demgegenüber erwarten zwei Leasingnehmer eine positive Beeinflussung des Entscheidungsverhaltens von Investoren und Analysten. Erklären lässt sich dies über die mitunter nachteiligen Auswirkungen einer pauschalen Berücksichtigung operativer Leasingverhältnisse im Analyseprozess. Insgesamt sind die erwarteten Veränderungen im Entscheidungsverhalten von Investoren und Analysten somit als gering zu beurteilen.

1 Vgl. z.B. Abdel-khalik (1981), S. 103-108, Munter/Ratcliffe (1983).
2 Vgl. Breton/Taffler (1995), Vancil/Anthony (1959).

1.1.3.1.4 Erwartete Auswirkungen auf das Entscheidungsverhalten von Wirtschaftsprüfern

Frage A.3.1.4 zielt darauf ab, inwieweit die reformierte Leasingbilanzierung nach Auffassung zu prüfender Leasingnehmer Auswirkungen auf das Prüfungsverhalten von Wirtschaftsprüfern haben könnte. In diesem Zusammenhang werden zudem erwartete Veränderungen bestehender Wesentlichkeitsgrenzen und Verlagerungen von Prüfungsschwerpunkten untersucht. Alle 14 befragten Leasingnehmer erwarten eine Beeinflussung des Prüfungsverhaltens von Wirtschaftsprüfern aufgrund der erhöhten Komplexität der Wirtschaftsprüfung. Die aufwendigere Prüfung von leasingnehmerseitigen Leasingverhältnissen wird mehrheitlich (von neun der insgesamt 14 Befragten) mit der bilanziellen Behandlung von Optionen, Restwertgarantien und bedingten Leasingzahlungen begründet.

> „Der Beratungsumfang, der Prüfungsumfang und die Seminare werden zunehmen. [...] Allein die Prüfung der Wahrscheinlichkeiten ist sehr komplex in der Prüfung. [...] Der Prüfungsaufwand wird steigen." (AC: 104-106)

> „Bei Optionsberücksichtigung und Ermessensentscheidungen und der Bildung von Erwartungswerten können nicht mehr einfach Haken gesetzt werden. Da muss jeder Vertrag einzeln geprüft werden. Wenn man Erfahrungswerte der Vergangenheit gesammelt hat, kann man Prozesse aufsetzen. Z.B. könnte man sagen, dass wir beim PC-Leasing grundsätzlich nicht verlängern. Da haben wir die Erfahrung aus der Vergangenheit, dass sich das nicht lohnt. Wir wollen lieber neue PCs. Für bestimmte Verträge kann der Prüfer dann wieder schnell ein Haken dran machen. Aber es wird insgesamt natürlich deutlich komplexer." (AN: 211-218)

Vor diesem Hintergrund erwarten neun Leasingnehmer eine Verlagerung des Prüfungsschwerpunkts von der derzeitigen Klassifizierung von Leasingverhältnissen hin zur Bewertung von Optionen, Restwertgarantien und bedingten Leasingzahlungen. Eng mit dem Prüfungsschwerpunkt der Bewertung komplexer Leasingverhältnisse verbunden, sehen diese Leasingnehmer einen weiteren Prüfungsschwerpunkt in der Dokumentation der Bewertung über die Zeit hinweg.

> „Der Prüfungsschwerpunkt verlagert sich von der Klassifizierung hin zur Bewertung. Für den Prüfer wird es schwer werden, die Argumente der Optionsausübung nachzuvollziehen." (AL: 245-246)

> „Die Dokumentation von Schätzungen und die jährlichen Updates der Schätzungen werden erhebliche Auswirkungen auf die Prüfungen des Prüfers und auf unser Verhalten haben, um überhaupt eine Prüfung zu ermöglichen, aussagefähige Prüfungsnachweise erbringen zu können. Das ist eine Sache, die praktisch fast unmöglich ist. Letztlich stellt sich dann aber auch die Frage, wie ein Prüfer das bewältigen will. Der Prüfer steht vor dem gleichen Problem wie wir auch. Er muss auf der einen Seite die Masse an Informationen bearbeiten und sachgerecht einschätzen. Auf der anderen Seite muss er dokumentiert bekommen, was er denn da von unserer Seite vorgelegt bekommt. An der Stelle werden sich extensivere Prüfungshandlungen ergeben. Je nach konkreter Ausgestaltung der Prüfungsnachweise werden detailliertere Prüfungsvorgaben gegeben werden. Der Prüfer wird letztlich auch anders an die Thematik rangehen." (AG: 351-361)

Veränderungen im Prüfungsverhalten des Wirtschaftsprüfers resultieren nach Angabe von fünf Leasingnehmern zudem aus der künftigen Bilanzierungspflicht für sämtliche Leasingverhältnisse. Gegenwärtig bestünden demnach Unterschiede in der Prüfung bilanzierter Leasingverhältnisse und den Informationen zu nicht-bilanzierten Leasingverhältnissen im Anhang. Letzeren komme derzeit eine lediglich untergeordnete Bedeutung zu.

> „Der Prüfungsaufwand wird dramatisch zunehmen, weil bisher Mietverträge, die als operative Leasingverhältnisse bilanziert wurden, nicht im Fokus der Prüfung waren. Die Verträge wurden einmal kurz angeschaut und es wurde geprüft, ob die laufenden Mietraten ordentlich ins Ergebnis laufen. Mehr wurde nicht geprüft." (AD: 148-151)

> „Da muss sich was ändern. Bisher war das kein großes Thema im Prüfungsprozess. Ich habe auch nicht wahrgenommen, dass die Anhangangaben groß problematisiert wurden." (AJ: 185-186)

Aufgrund der Bilanzierungspflicht für sämtliche Leasingverhältnisse entfiele der Prüfungsschwerpunkt der Klassifizierung. Strukturierungsmöglichkeiten könnten sich künftig im Rahmen der Unterscheidung von Leasingverhältnissen und Dienstleistungsverhältnissen ergeben, die nicht in den Anwendungsbereich des Leasingstandards fielen. Drei Leasingnehmer erwarten daher eine Verlagerung des Prüfungsschwerpunkts von der Klassifizierung in operative Leasingverhältnisse und Finanzierungsleasingverhältnisse hin zu der Klassifizierung in Leasingverhältnisse und Dienstleistungsverträge.

> „Der Anreiz zur Strukturierung verlagert sich von der Klassifizierung hin zu der Abgrenzungsfrage, ob ein Dienstleistungsverhältnis oder ein Leasingverhältnis vorliegt. Das wird für den Prüfer ähnliche Prüfungshandlungen erfordern: Einsichtnahme, die Einschätzung, das Nachvollziehen der Klassifikation." (AG: 348-351)

Die erwartete Erhöhung der Komplexität der Prüfung von Leasingverhältnissen und die Verlagerung von Prüfungsschwerpunkten führt gleichermaßen zu erwarteten Veränderungen der Wesentlichkeitsgrenzen der Wirtschaftsprüfer.

> „Diskussionen wird es auch darum geben, was wesentlich ist und was nicht. [...] Das ist das größte Problem. [...] Da stelle ich mich auf jeden Fall auf Diskussionen ein. Wahrscheinlich kommt ja keine Definition der Wesentlichkeit in den neuen Standard. Grundsätzlich gilt dann die Wesentlichkeit aus dem framework. Wenn wir dann Wesentlichkeiten festlegen, kommen wir bestimmt noch mal in die Diskussionen." (AE: 216-224)

Insgesamt ist zu konstatieren, dass sämtliche Leasingnehmer eine gesteigerte Komplexität der Wirtschaftsprüfung erwarten. Die Befragten führen dies mehrheitlich auf die bilanzielle Behandlung von Optionen, Restwertgarantien und bedingten Leasingzahlungen zurück. Dementsprechend wird die Bewertung dieser Posten als ein künftiger Prüfungsschwerpunkt identifiziert. Ein damit in Zusammenhang stehender Prüfungsschwerpunkt wird in der Dokumentation der Bewertung über die Zeit hinweg erwartet. Veränderungen im Prüfungsverhalten von Wirtschaftsprüfern ergäben sich nach Angabe der Leasingnehmer zudem aufgrund der gegenwärtigen Unterschiede in der Prüfung bilanzierter Leasingverhältnisse und weniger bedeutsamen Leasinginformationen im Anhang. Dieses Ergebnis stimmt mit der Studie von *Libby/Nelson/Hunton* überein, die zeigt, dass das Prüfungsverhalten von Wirtschaftsprüfern von den unterschiedlichen Leasingbilanzierungsmethoden beeinflusst wird[1]. Parallelen bestehen insofern zu der Untersuchung von *Abdel-khalik*, als dieser eine Beeinflussung der

1 Vgl. Libby/Nelson/Hunton (2006), insb. S. 550-556.

Cashflow-Prognose der Wirtschaftsprüfer durch die dichotome Behandlung der Leasingverhältnisse feststellt[1]. Ein weiterer Prüfungsschwerpunkt wird in der notwendigen Abgrenzung von Leasingverhältnissen und Dienstleistungsverträgen gesehen. Mit der Verlagerung von Prüfungsschwerpunkten verbinden die Leasingnehmer zudem die Erwartung veränderter Wesentlichkeitsgrenzen. Die vorliegende Arbeit denkt somit erhebliche Auswirkungen der reformierten Leasingbilanzierung auf das Entscheidungsverhalten von Wirtschaftsprüfern an.

1.1.3.1.5 Erwartete Auswirkungen auf die variable Vergütung

Im Rahmen der Frage A.3.1.5 wird untersucht, inwieweit die Leasingnehmer Veränderungen der variablen Vergütung aufgrund der reformierten Leasingbilanzierung erwarten. Dabei wird auch untersucht, ob die derzeitigen Vergütungssysteme nicht-bilanzierte Leasingverhältnisse berücksichtigen. Fünf der 14 befragten Leasingnehmer erwarten keine Auswirkungen auf die variablen Vergütungssysteme. Einige dieser Leasingnehmer geben an, dass sich die Vergütungssysteme nicht an leasingrelevanten Bilanzkennzahlen oder anderen von der Leasingbilanzierung betroffenen Posten des Jahresabschlusses orientieren. Andere berichten von einer Berücksichtigung sämtlicher Leasingverhältnisse im Rahmen der Berechnung variabler Vergütungsbestandteile. Neun Leasingnehmer richten deren Vergütungssysteme indes an leasingrelevanten Kennzahlen aus.

> „Die persönliche variable Vergütung ist z.B. teilweise an Größen geknüpft, bei denen das Eigenkapital (z.B. Return on capital employed) der Einheit eine Rolle spielt.“ (AM: 118-120)

Infolge der durch die Reform der Leasingbilanzierung induzierten Veränderung dieser Kennzahlen erwarten diese Leasingnehmer grundsätzlich eine Beeinflussung der variablen Vergütung. Eine Korrektur des variablen Vergütungssystems hinsichtlich der Berücksichtigung operativer Leasingverhältnisse in der Berechnung variabler Vergütungsbestandteile ist demnach bislang nicht vorgenommen worden.

> „Das wird bei uns auch noch mal einen Effekt haben. Wir haben ein EBITDA/CVA [cash value added]-Konzept. Das hat natürlich Einfluss auf das EBITDA, wenn wir jetzt die Leasingraten rausrechnen. Die operate lease-Zahlungen mindern das operative Ergebnis ja heute. Wenn die Leasingraten nachher in die Abschreibungen und Zinsen gehen, wäre es raus aus dem EBITDA.“ (AE: 228-232)

> „Ein weiteres Thema ist die erfolgsabhängige Vergütung. Wir haben ein System, das sich Brutto-Cashflow-Überschuss nennt, also vereinfacht ausgedrückt: Wir haben eine bestimmte Kapitalbindung, die verursacht mit unserem Kapitalkostensatz multipliziert bestimmte Kosten. Wir vergleichen das mit den cash inflows und dann haben wir einen Überschuss. Wenn wir bisher finance leases gehabt hätten, wäre dies auch in das gebundene Kapital eingeflossen und hätte die Kapitalbindung erhöht und hätte dann natürlich auch Auswirkungen gehabt.“ (AJ: 252-258)

Letztlich gehen die neun Leasingnehmer künftig von einer Anpassung der variablen Vergütungssysteme aus. Die Systeme würden um den Effekt der Leasingbilanzierungsreform bereinigt, so dass keine veränderten variablen Vergütungen einträten.

---

1 Vgl. Abdel-khalik (1981), S. 103-108.

> „Da müssten wir unser Konzept noch einmal überdenken. Das ist ein Thema für uns. Wir werden dann wahrscheinlich unser Konzept anpassen oder hinzurechnen. Wenn wir es unverändert ließen, hätte es Effekte.“ (AE: 232-234)

Insgesamt erscheint die variable Vergütung der Leasingnehmer nicht betroffen von der reformierten Leasingbilanzierung. Fünf Leasingnehmer geben an, dass deren variable Vergütungssysteme unabhängig von Einflussgrößen der Leasingbilanzierung sind oder bereits gegenwärtig sämtliche Leasingverhältnisse berücksichtigen. Neun Leasingnehmer erwarten zwar eine Beeinflussung der für die variablen Vergütungssysteme relevanten Kennzahlen aufgrund der reformierten Leasingbilanzierung. Allerdings würde dies keine Auswirkungen auf die Höhe der variablen Vergütung haben, weil eine Anpassung der Systeme erfolgte. Interessant erscheint, dass die neun Leasingnehmer, die eine grundsätzliche Beeinflussung der Parameter zur Determinierung der variablen Vergütung erwarten, bislang keine Korrektur der variablen Vergütungssysteme um operative Leasingverhältnisse vorgenommen haben. Dieses Ergebnis stimmt allerdings mit der Untersuchung von *Imhoff, Jr./Lipe/Wright* überein, die ebenfalls keine Korrektur von Anreizsystemen um operative Leasingverhältnisse nach der Einführung von SFAS 13 feststellen[1]. Letztlich ist aus den vorstehenden Ergebnissen zu schließen, dass Veränderungen im Entscheidungsverhalten der Leasingnehmer aufgrund von Veränderungen der variablen Vergütung gering sein dürften, sofern Anpassungen der Vergütungssysteme tatsächlich erfolgen.

1.1.3.1.6 Erwartete Auswirkungen auf die Komplexität der bilanziellen Behandlung von Leasingverhältnissen und das Kosten-Nutzen-Verhältnis

Die Frage A.3.1.6 beschäftigt sich mit der künftigen Komplexität der bilanziellen Behandlung von Leasingverhältnissen und dem Kosten-Nutzen-Verhältnis der reformierten Leasingbilanzierung. Im Mittelpunkt der Untersuchung steht die Frage, wie die Leasingnehmer die Komplexität der Implementierung und der Befolgung der künftigen Regelungen zur Leasingbilanzierung bewerten. Daraus leitet sich die Frage ab, inwieweit Veränderungen im Kosten-Nutzen-Verhältnis erwartet werden. Sämtliche befragten Leasingnehmer beurteilen die Umstellung auf die künftige Leasingbilanzierung als komplex. Die Leasingnehmer identifizieren diesbezüglich drei wesentliche Treiber der Komplexität. Dazu zählen der Schulungsaufwand der mit der Leasingbilanzierung betrauten Mitarbeiter und potentielle Neueinstellungen von zusätzlichem Personal.

> „Für uns wäre das zunächst einmal der Riesenaufwand der Schulung. Den Sinn sieht zwar keiner ein, trotzdem muss man die Leute schulen und dahin bringen, nicht nur das sie das machen, sondern das sie das auch ordentlich machen.“ (AC: 58-60)

> „Wir werden definitiv mehr Personal aufbauen müssen. Wir sind momentan ohnehin am Limit was die IFRS-Umsetzung angeht. In der Leasingnehmerbilanzierung können wir mit recht wenigen Mitteln schnell die Verträge testen. Wenn künftig in diesem Bereich mehr Entscheidungen getroffen werden müssen, benötigen wir mehr Personal.“ (AN: 298-301)

1 Vgl. Imhoff, Jr./Lipe/Wright (1993), S. 354-362.

Als weiteren Komplexitätstreiber in der Umstellungsphase nennen die Leasingnehmer Veränderungen des Bilanzierungsprozesses.

> „Um Leasing nach dem neuen IAS 17 einzuführen, müssen wir neue Konten einrichten, wir müssen ein Verfahren zur Bewertung der Optionen entwickeln, damit die Reports richtig hochkommen. Das ist ein administrativer Aufwand. Wir müssen erst mal ein Inventar aller Mietverhältnisse machen. Das Thema Leasing wird nach Finanzinstrumenten am aufwendigsten." (AI: 129-133)

> „Der Umstellungsaufwand wird enorm sein, weil wir extrem viele operative Leasingverträge haben. Die müssen alle umgestellt und bilanziert werden. [...] Das wird eine Menge Aufwand werden. [...] Das wird auch sehr lange dauern. Da sehen wir ein Zeitproblem. Das IASB muss den Anwendern genügend Vorlaufzeit geben. [...] Der Umstellungsprozess wird sehr schwierig in Form des Arbeitsprozesses." (AL: 282-294)

Letztlich führen die Leasingnehmer die Anpassung und Entwicklung bzw. Beschaffung von IT-Systemen zur technischen Abbildung des veränderten Bilanzierungsprozesses als dritten Komplexitätstreiber im Rahmen der Umstellung auf.

> „Änderungen an Standards führen immer zu Änderungen bei den IT-Systemen. Ich bezweifle sehr stark, dass unser derzeitiges System das DP abbilden könnte. Was immer an Änderungen kommt, hat Auswirkungen auf unsere Prozesse, die Darstellung und die IT-Landschaft. Das wird mit Kosten verbunden sein." (AG: 417-420)

Eine erhöhte Komplexität im Rahmen der Befolgung der künftigen Regelungen zur Leasingbilanzierung erwarten 13 Leasingnehmer. Die Komplexität läge demnach in der Bilanzierungspflicht für sämtliche – auch kurzfristige – Leasingverhältnisse. Die erneute Beurteilung von Leasingverträgen während der Leasinglaufzeit aufgrund der bilanziellen Behandlung von Optionen, Restwertgarantien und bedingten Leasingzahlungen sowie möglichen Anpassungen des Grenzfremdkapitalzinssatzes werden gleichermaßen als komplexitätssteigernd erachtet. Damit zusammenhängend wird die Operationalisierbarkeit der Reformvorschläge bezweifelt.

> „Für uns ungünstig wäre auch die Bilanzwirksamkeit der Leasingverhältnisse unter einem Jahr. Wir haben sehr viele kleine Mietverhältnisse. Es würde viel Arbeit machen, diese alle bilanziell richtig zu erfassen. Auch die Prüfung der Parameter an jedem Stichtag führt zu viel Arbeit für die kleinen Mietverhältnisse." (AM: 76-79)

> „Faktisch bestehen keine Leasingverträge, die nicht über Komplexitäten verfügen wie Optionen u.ä. Deshalb wird die Leasingbilanzierung unwahrscheinlich komplex." (AN: 105-107)

Lediglich ein Leasingnehmer erwartet eine vereinfachte Bilanzierung im Anschluss an die Umstellung auf die neuen Regelungen zur Bilanzierung.

> „Der Arbeitsaufwand, der uns entsteht, um diese Klassifizierung vorzunehmen, die Verträge so oder so auszurichten, die Abstimmung mit dem Prüfer ist heute schon sehr hoch. Da kommt schon einiges zusammen. Da hat der Buchhalter schneller überlegt, ob die Wahrscheinlichkeiten noch passen. Wenn der Implementierungsschritt inklusive des notwendigen Aufwands einmal passiert ist, dann wird es über die Zeit hinweg schon einen positiven Effekt geben was den Arbeitsaufwand betrifft." (AF: 73-79)

Vor dem Hintergrund der mehrheitlich erwarteten Erhöhung der Komplexität im Rahmen der reformierten Leasingbilanzierung rechnen zwölf Leasingnehmer insofern mit einem veränderten Kosten-Nutzen-Verhältnis, als die Kosten der reformierten Leasingbilanzierung den daraus resultierenden Nutzen für Jahresabschlussadressaten übersteigen würden. Zwei Befragte konnten die Auswirkungen auf das Kosten-Nutzen-Verhältnis der reformierten Leasingbilanzierung noch nicht abschätzen.

> „Durch den Versuch einer akkuraten und differenzierten Betrachtung werden viele Fallstricke in die Bilanzierung gebracht. Es entstehen zahlreiche Sonderbehandlungen, so dass die Kosten dadurch immens steigen werden. Und da sehe ich die Gefahr bei der angedachten Vorgehensweise. Das wird wieder Arbeit verursachen und das ist irgendwann nicht mehr gerechtfertigt. Man muss halt auch den Kostenblock im Auge behalten. Ich bin der Meinung, die Zahlen werden dadurch kein bisschen besser." (AA: 107-113)

> „Wenn ich vergleiche, was wir jetzt machen, nämlich faktisch nichts, und was wir machen müssten, das steht in keinem Kosten-Nutzen-Verhältnis. Bei vielen Standards ist dies der Fall. [...] Das versteht keiner und es interessiert keinen. Das interessiert auch keinen Analysten. Die wissen gar nicht was das ist und was das soll. Aufwand und Nutzen ist in überhaupt keiner Relation." (AJ: 102-107)

Zusammenfassend erwarten die befragten Leasingnehmer mehrheitlich eine komplexere Bilanzierung von Leasingverhältnissen, die sich sowohl auf die Umstellungsphase als auch auf die daran anschließende Befolgung der Regelungen in der Zukunft bezieht. Dieses Ergebnis stimmt mit der Befragung von *Beattie/Goodacre/Thomson* überein, deren befragte Ersteller ebenfalls eine Erhöhung der Komplexität infolge der Bilanzierungspflicht für sämtliche Leasingverhältnisse erwarten[1]. Als hauptsächliche Treiber der auf die Umstellungsphase bezogenen Komplexität werden der Schulungsaufwand, die Einstellung zusätzlichen Personals, die Veränderungen des Bilanzierungsprozesses sowie die Anpassung und Entwicklung bzw. Beschaffung neuer IT-Systeme identifiziert[2]. Erhöhte Folgekosten der reformierten Leasingbilanzierung entstünden nach Auffassung der Leasingnehmer in Bezug auf die Bilanzwirksamkeit sämtlicher Leasingverhältnisse und die erneute Beurteilung von Leasingverträgen während der Leasinglaufzeit. Vor dem Hintergrund der mehrheitlich erwarteten Erhöhung der Komplexität geht die Mehrheit der befragten Leasingnehmer davon aus, dass die Kosten der Reform den daraus entstehenden Nutzen übersteigen würden. Inwieweit die befragten Leasingnehmer bezogen auf die Frage nach den Auswirkungen auf die Komplexität strategisch im Sinne von Lobbyismus antworten, bleibt offen. Das homogene Antwortverhalten könnte zumindest darauf hindeuten.

1.1.3.1.7 Ausweitung des Ansatzes zur Bilanzierung von Nutzungsrechten auf andere Bereiche der Rechnungslegung

Im Rahmen der Frage A.3.1.7 wird untersucht, inwieweit die Leasingnehmer eine Ausdehnung des Ansatzes zur Bilanzierung von Nutzungsrechten auf andere Bereiche der Rechnungslegung erwarten. Dazu gehört zum einen die Übertragung der Bilanzierung von Nutzungsrechten auf andere Rechnungslegungsstandards, etwa IAS 38. Zum anderen ist fraglich, welche künftige bilanzielle Behandlung anderer Dauerschuldverhältnisse von den befragten Leasingnehmern erwartet wird. Sämtliche Befragten erwarten eine Ausdehnung der Bilanzierung von Nutzungsrechten, weil die ausschließ-

1 Vgl. Beattie/Goodacre/Thomson (2006), S. 93-94.

2 Zu den Auswirkungen auf IT-Systeme vgl. auch Loitz/Leuchtenstern/Kroner (2011), S. 1879-1880.

liche Anwendung auf Leasingverhältnisse wenig konsistent erscheine. Acht Leasingnehmer erwarten eine diesbezügliche Ausdehnung auf andere Dauerschuldverhältnisse.

> „Man müsste alle Dauerschuldverhältnisse auf Nutzungsrechte überprüfen. Es gibt keinen Grund eine Verpflichtung aus einem Arbeitsvertrag, der in den nächsten sechs Monaten unkündbar ist, nicht zu bilanzieren." (AD: 95-97)

Sechs weitere Leasingnehmer erwarten eine Ausdehnung des Ansatzes zur Bilanzierung von Nutzungsrechten auf andere Standards. Insbesondere die Übertragung auf IAS 18 und IAS 38 erscheint nach Auffassung dieser Leasingnehmer wahrscheinlich.

> „Auswirkungen auf IAS 18 und IAS 38 könnten vorkommen. Damit haben wir uns aber noch nicht beschäftigt." (AJ: 224-225)

> „Das könnte passieren. Gerade die immateriellen Vermögenswerte fallen mir da ein. [...] Bei den immateriellen Vermögenswerten ist eine gewisse Verwandtschaft vorhanden. Das würde ich dann schon erwarten" (AL: 300-303)

Die Ausdehnung des Ansatzes zur Bilanzierung von Nutzungsrechten auf andere Bereiche der Rechnungslegung wird einerseits erwartet. Andererseits bewerten die befragten Leasingnehmer diese Entwicklung kritisch. Die Einführung der Bilanzierung von Nutzungsrechten wird als Systembruch erachtet, die nach Ansicht der Leasingnehmer nicht in das derzeitige gegenstandsorientierte Bilanzierungssystem der IFRS passt. Sie sei insofern konzeptionell nicht ausgereift. Die Bilanzierung von Nutzungsrechten könne – wenn überhaupt – nur einheitlich für sämtliche Rechnungslegungsbereiche eingeführt werden, um die Prinzipienorientierung der IFRS zu wahren. Dies wiederum würde einen erheblichen Umstellungsaufwand für Jahresabschlussersteller bedeuten. Letztlich wird der Nutzen für die Adressaten der Rechnungslegung insofern bezweifelt, als diese die neue Bilanzierungsweise nicht verstünden und überfordert würden.

> „Bei der neuen Bilanzierung ist die Frage, wo das hinführen soll. Wenn man in der Bilanz, auf der Aktiv- und auf der Passivseite, eine Anhäufung von Rechtspositionen will, dann muss man die Bilanz auch ganz anders gliedern. Dann darf man das nicht mehr fixed assets nennen. Die Kriterien zur Gewinnrealisierung müssten anders sein, z.B. zweistufige Gewinnrealisierung. Es wäre ein ganz anderes Konzept der Bilanzierung und würde ziemlich einsam dastehen, wenn man das singulär implementieren würde. Dann müsste man den Schritt konsequent gehen und eine einheitliche Lösung in Abstimmung mit anderen Standards, wie IAS 18, erreichen. Die Frage ist, warum wir das Ganze überhaupt machen. Wer versteht eine Rechtebilanzierung? Es fällt sogar gewieften Analysten schwer, diesen Cut einigermaßen konsistent hinzubekommen. Was machen Analysten? Die gehen hin und laden die Berichterstattung runter und machen daraus ihre Forecasts und Budgeting usw. Bei Einführung einer Rechtebilanzierung müssten alle Analysetools eingestampft und neu konzipiert werden. Das führt zu Kosten auf Seiten der Banken, die nicht zu verachten wären. [...] Der Umfang des Jahresabschlusses zeigt, dass die Leute schon mit Informationen zugeworfen sind. Jetzt nimmt man den Leuten das Letzte, an das sie noch glauben: Aktiva, Passiva einfach durchgegliedert. Und das nimmt man ihnen jetzt auch noch. Dann fallen noch Anlagevermögen weg. Am Ende hat man eine Anspruchsbilanz. Irgendwann hängt man die Leute ab. Das zieht sich durch vieles, was im Moment beim IASB diskutiert wird. Leasing ist dabei eines der eklatantesten Teile, weil es auch noch einen Systembruch konstituiert. Man geht den Weg nicht zeitnah und konsistent zu Ende. Man nutzt Leasing als Testballon, weil die Kollateralschäden wohl noch irgendwo limitiert sind." (AK: 102-126)

Insgesamt ist eine einheitliche Erwartungshaltung der Leasingnehmer zu konstatieren. Sämtliche Befragten erwarten die Ausdehnung des Ansatzes zur Bilanzierung von Nutzungsrechten auf andere Bereiche der Rechnungslegung. Die Anwendung auf die Standards IAS 18 und IAS 38 erscheine naheliegend. Auch die Bilanzierung anderer Dauerschuldverhältnisse kann nach Auffassung der Leasingnehmer – bei konsistenter Anwendung des Bilanzierungskonzepts – künftig nicht mehr abgewiesen werden. Dennoch kritisieren die befragten Leasingnehmer die angestrebte Bilanzierung. Diese Kritik überrascht insofern, als im Rahmen der Beurteilung der Reformvorschläge der Ansatz zur Bilanzierung von Nutzungsrechten bezüglich Leasingverhältnisse als konzeptionell richtig bewertet wird[1]. Allerdings werden bereits im Rahmen dieser Frage Bedenken hinsichtlich der Umsetzung des Ansatzes geäußert, so dass insgesamt ein konsistentes Antwortverhalten der Leasingnehmer vorliegt.

1.1.3.1.8 Zusammenfassung

Sämtliche befragten Leasingnehmer erwarten keine bedeutenden Veränderungen kapitalmarktorientierter Kennzahlen und Rentabilitätskennzahlen. Veränderungen werden indes im Rahmen der Bilanzstrukturkennzahlen für wahrscheinlich gehalten. So erwarten die Leasingnehmer, dass insbesondere die Eigenkapitalquote sinken bzw. Verschuldungsgrade steigen werden. Demgegenüber erwarten die Leasingnehmer mehrheitlich keine Auswirkungen auf Kreditvergabeentscheidungen von Banken. Begründet wird dies mit der Feststellung, dass der Entscheidungsprozess von Banken bereits sämtliche Leasingverhältnisse berücksichtigt sowie mit der Unternehmenskommunikation. Die Leasingnehmer gehen indes mehrheitlich von einer Beeinflussung bestehender *covenants* aus. Dies resultiert nach Auffassung der meisten Leasingnehmer in einer Anpassung der Kreditauflagen ohne weitere Konsequenzen.

Veränderungen im Entscheidungsverhalten von Investoren und Analysten werden von der Mehrheit der befragten Leasingnehmer nicht erwartet. Als maßgebliche Begründung nennen die Leasingnehmer die Kommunikation des Unternehmens mit den entsprechenden Adressaten und der derzeitigen Berücksichtigung sämtlicher Leasingverhältnisse im Entscheidungsprozess von Investoren und Analysten sowie der untergeordneten Bedeutung der von der Leasingbilanzierung tangierten Jahresabschlussdaten für die Entscheidungen von Investoren und Analysten. Die von einer Minderheit erwartete positive Beeinflussung des Entscheidungsverhaltens von Investoren und Analysten lässt sich über die mitunter nachteiligen Auswirkungen einer pauschalen Berücksichtigung operativer Leasingverhältnisse im Analyseprozess erklären.

Im Rahmen der erwarteten Auswirkungen der reformierten Leasingbilanzierung auf das Entscheidungsverhalten von Wirtschaftsprüfern rechnen sämtliche Leasingnehmer mit einer gesteigerten Komplexität der Wirtschaftsprüfung. Die Befragten führen dies mehrheitlich auf die bilanzielle Behandlung von Optionen, Restwertgarantien und bedingten Leasingzahlungen zurück und identifizieren einen diesbezüglichen künftigen Prüfungsschwerpunkt. Veränderungen im Prüfungsverhalten von Wirtschaftsprüfern würden sich nach Angabe der Leasingnehmer zudem aufgrund der gegenwärtigen Unterschiede in der Prüfung bilanzierter Leasingverhältnisse und den

1 Vgl. hierzu und im Folgenden Frage A.2.2.1, Kapitel VI.1.1.2.2.1.

weniger bedeutsamen Anhangangaben zu nicht-bilanzierten Leasingverhältnissen ergeben. Ein weiterer Prüfungsschwerpunkt wird in der künftig notwendigen Abgrenzung von Leasingverhältnissen und Dienstleistungsverträgen gesehen. Mit der Verlagerung von Prüfungsschwerpunkten verbinden die Leasingnehmer zudem die Veränderung von Wesentlichkeitsgrenzen. Demgegenüber scheint die variable Vergütung der Leasingnehmer nicht von der reformierten Leasingbilanzierung betroffen. Einige Leasingnehmer erwarten zwar eine Beeinflussung der für die variablen Vergütungssysteme relevanten Kennzahlen. Allerdings würde dies keine Auswirkungen auf die Höhe der variablen Vergütung haben, weil eine Anpassung der Systeme als wahrscheinlich erachtet wird.

Die Leasingnehmer erwarten mehrheitlich eine komplexere Bilanzierung von Leasingverhältnissen in der Zukunft. Diese bezieht sich auf die Umstellungsphase und die daran anschließende Befolgung der Regelungen. Vor diesem Hintergrund erwartet die Mehrheit der Befragten, dass die Kosten der Reform den entstehenden Nutzen übersteigen würden. Sämtliche Leasingnehmer rechnen darüber hinaus mit einer Ausdehnung des Ansatzes zur Bilanzierung von Nutzungsrechten auf andere Bereiche der Rechnungslegung, etwa die Standards IAS 18 und IAS 38. Auch die Bilanzierung anderer Dauerschuldverhältnisse kann nach Auffassung der befragten Leasingnehmer künftig nicht mehr abgewiesen werden. Kritik an der Ausdehnung des Ansatzes zur Bilanzierung von Nutzungsrechten konzentriert sich zum einen auf die als Systembruch bezeichnete Abkehr von dem derzeitigen Bilanzierungssystem der IFRS und zum anderen auf die Verletzung der Prinzipienorientierung. Die Verbesserung des Informationsnutzens der Adressaten wird bezweifelt, der Umstellungsaufwand für die Jahresabschlussersteller als beträchtlich eingeschätzt. Eine zusammenfassende Übersicht der erwarteten Auswirkungen der reformierten Leasingbilanzierung aus Sicht der befragten Leasingnehmer gibt Tabelle 27.

Tabelle 27: Erwartete Auswirkungen der reformierten Leasingbilanzierung aus Sicht der befragten Leasingnehmer

Leasingnehmer	**Bilanzstrukturkennzahlen** (Frage A.3.1.1)				**Entscheidungsverhalten von Banken** (Frage A.3.1.2)				**Entscheidungsverhalten von Investoren und Analysten** (Frage A.3.1.3)				**Entscheidungsverhalten von Wirtschaftsprüfern** (Frage A.3.1.4)				**Variable Vergütung** (Frage A.3.1.5)				**Komplexität der Bilanzierung** (Frage A.3.1.6)			
	↑	↓	↔	Ø	↑	↓	↔	Ø	↑	↓	↔	Ø	↑	↓	↔	Ø	↑	↓	↔	Ø	↑	↓	↔	Ø
AA		x					x				x			x					x			x		
AB		x					x				x			x					x			x		
AC		x					x				x			x					x			x		
AD		x					x			x				x					x			x		
AE		x					x				x			x					x			x		
AF		x				x						x		x					x		x			
AG		x				x					x			x					x			x		
AH		x					x				x			x					x			x		
AI		x					x				x			x					x			x		
AJ		x				x					x			x					x			x		
AK		x				x					x			x					x			x		
AL		x					x		x					x					x			x		
AM		x					x				x			x					x			x		
AN		x					x		x					x					x			x		
Σ x	**0**	**14**	**0**	**0**	**0**	**4**	**10**	**0**	**2**	**1**	**10**	**1**	**0**	**14**	**0**	**0**	**0**	**0**	**14**	**0**	**1**	**13**	**0**	**0**

<u>Legende:</u>
↑ Verbesserung
↓ Verschlechterung
↔ keine Veränderung
Ø nicht abschätzbar

Die vorstehenden erwarteten Auswirkungen der reformierten Leasingbilanzierung könnten in einem veränderten Entscheidungsverhalten der befragten Leasingnehmer resultieren. Dies zu untersuchen, ist Gegenstand des folgenden Abschnitts.

1.1.3.2 Erwartete Veränderungen im Entscheidungsverhalten der Leasingnehmer

1.1.3.2.1 Nachverhandlung bestehender Leasingverträge

Im Rahmen der Frage A.3.2.1 wird untersucht, inwieweit die befragten Leasingnehmer bestehende Leasingverträge vor dem Hintergrund der erwarteten Auswirkungen nachverhandeln würden. Die Nachverhandlung zielt insbesondere auf die Anpassung der Vertragslaufzeiten ab. Eine Verkürzung der Laufzeit könnte beispielsweise zu einer Reduktion der bilanziellen Verschuldung führen. Neun der befragten Leasingnehmer würden von einer Nachverhandlung bestehender Leasingverträge absehen. Die Gründe für die Ablehnung einer Nachverhandlung sind vielfältig. Neben dem Grundsatz, an geschlossenen Verträgen festzuhalten („*Pacta sunt servanda*“ (AE: 303)), treffen die befragten Leasingnehmer Entscheidungen über die Laufzeit eines Leasingverhältnisses unabhängig von den Regelungen zur Bilanzierung.

> „Für bilanzielle Zwecke stellt keiner Verträge um.“ (AN: 238)

Zudem verbinden die Leasingnehmer mit einer Verkürzung der Leasingvertragslaufzeiten erhöhte Kosten aufgrund steigender Leasingraten und das Risiko, keine Anschlussfinanzierung oder eine Finanzierung zu ungünstigeren Konditionen nach Ablauf des Leasingverhältnisses zu erhalten.

> „Kürzere Vertragslaufzeiten gehen [...] mit höheren Leasingraten einher. Insofern wird sich der Leasingnehmer schon überlegen, inwieweit die wirtschaftliche Betrachtungsweise die bilanzielle Darstellung überwiegt. [...] Die ökonomischen Wirkungen wirken begrenzend für die Strukturierung.“ (AD: 166-174)

> „Es wird definitiv teurer werden, einen Leasingvertrag heute zu kündigen, nur weil man in eine ungünstige Bilanzierung kommt. Das machen wir nicht. Wenn wir einen Leasingvertrag abgeschlossen haben und der Leasingvertrag fällt in eine andere Klassifizierung als ursprünglich ausgemalt (wie gesagt: man macht sich ja vorher einen Plan, was man mit was erreichen möchte und Bilanzsteuerung spielt in den Vorstandsentscheidungen ja immer eine grundsätzliche Rolle), werden wir die bilanziellen Effekte nicht zurückdrehen.“ (AN: 231-236)

Die Leasingnehmer sind darüber hinaus an bestimmte Leasingvertragslaufzeiten aufgrund des Geschäftsmodells gebunden und schließen somit kürzere Leasingvertragslaufzeiten im Rahmen von Nachverhandlungen aus.

> „Aber das ist für uns ohnehin sehr schwierig, weil ein [Leasinggegenstand] ja auch oft auf unsere Bedürfnisse angepasst werden kann. D.h. [der Leasinggegenstand] muss umlackiert werden, innen eingerichtet werden usw. [...] Bei anderen Unternehmen, z.B. im EDV-Bereich kann ich mir das gut vorstellen, weil es austauschbarer ist. Bei unseren Gebäuden sind das auch immer langfristige Investitionen, die wir tätigen. Da binden wir uns immer lange [...]. Da ist auch nichts Kurzlebiges.“ (AE: 257-263)

Zwei der befragten Leasingnehmer würden indes die Nachverhandlung bestehender Leasingverträge in Betracht ziehen, um die bilanzierte Verschuldung zu reduzieren.

> „Das kann ich für uns nicht ausschließen. […] Strukturierungsmöglichkeiten wird es grundsätzlich immer geben. Die Praxis wird versuchen, drum herumkommen.“ (AI: 208-215)

> „Bei den Standardverträgen nicht unbedingt, weil die nicht das Volumen haben. Aber wenn […] es um 40, 50 oder 100 Millionen in der Bilanz geht und es in dem Moment nicht gewollt ist, dass die Nettoverschuldung um 100 Millionen hochgeht, dann werden wir sicherlich versuchen, mit einer kürzeren Laufzeit […] das Gleiche wirtschaftlich hinzubekommen.“ (AJ: 195-199)

Drei weitere Leasingnehmer können keine allgemeine Aussage zu Veränderungen von bestehenden Leasingverträgen abgeben. Sie würden vielmehr in Abhängigkeit von dem jeweiligen Einzelfall entscheiden, ob eine Nachverhandlung in Betracht kommt.

> „Das kommt auf den konkreten Sachverhalt an. Wenn es hilft, könnten wir uns das durchaus vorstellen.“ (AG: 487-488)

Resümierend zeigt sich somit, dass Nachverhandlungen bestehender Leasingverträge – insbesondere die Anpassung der Leasingvertragslaufzeiten – eine untergeordnete Bedeutung im Rahmen der möglichen Veränderungen im Entscheidungsverhalten der Leasingnehmer einnehmen. Lediglich zwei Leasingnehmer würden bestehende Leasingverträge nachverhandeln und bestätigen damit die *information inductance*-Hypothese und die *debt covenant*-Hypothese. Das Ergebnis stimmt mit einer Studie von *Abdel-khalik* überein, wonach die befragten Leasingnehmer vor Einführung von SFAS 13 bestehende Leasingverträge lediglich in Einzelfällen nachverhandelt haben, um der Bilanzierungspflicht von Finanzierungsleasingverhältnissen und damit einer erhöhten bilanziellen Verschuldung zu entgehen[1]. Einschränkend wirkt allerdings, dass diese Studie eine ex post-Perspektive einnimmt und die zugrundeliegende Reform lediglich auf die Bilanzierungspflicht für Finanzierungsleasingverhältnisse fokussiert. Neun Leasingnehmer würden gemäß der in dieser Studie durchgeführten Untersuchung von nachverhandelten kürzeren Leasingvertragslaufzeiten absehen, weil dies mit erhöhten Kosten verbunden oder nicht mit dem Geschäftsmodell vereinbar wäre. Zudem werden Entscheidungen über die Leasingvertragslaufzeiten nach Aussage dieser Leasingnehmer unabhängig von der Bilanzierung getroffen. Eine Veranlassung zur Nachverhandlung der Leasingvertragslaufzeiten scheint zudem vor dem Hintergrund der erwarteten geringfügigen Auswirkungen auf Kreditvergabeentscheidungen von Banken und das Entscheidungsverhalten von Investoren und Analysten nicht gegeben[2]. Drei Leasingnehmer würden indes in Abhängigkeit des jeweiligen Einzelfalls entscheiden. Eine grundsätzliche Bereitschaft zur Nachverhandlung bestehender Leasingverträge ist daraus nicht abzuleiten.

1.1.3.2.2 Veränderung der Laufzeiten künftiger Leasingverträge

Die Frage A.3.2.2 zielt darauf ab, inwieweit Leasingnehmer die Laufzeiten künftiger Leasingverträge verändern würden. Kürzere Laufzeiten könnten beispielweise angestrebt werden, um die bilanzielle Verschuldung zu reduzieren. Acht der neun Leasingnehmer, die Nachverhandlungen bestehender Leasingverträge ausschließen, würden

1 Vgl. hierzu und im Folgenden Abdel-khalik (1981), S. 118-119.

2 Vgl. Frage A.3.1.2, Kapitel VI.1.1.3.1.2, Frage A.3.1.3, Kapitel VI.1.1.3.1.3.

gleichermaßen von veränderten Laufzeiten künftiger Leasingverträge absehen. Analog zu der Frage A.3.2.1 schließen die Leasingnehmer veränderte Laufzeiten künftiger Leasingverträge aus, weil Laufzeiten unabhängig von Regelungen zur Bilanzierung getroffen würden[1]. Zudem werden höhere Leasingraten mit kürzeren Laufzeiten verbunden. Eine Verkürzung von Leasingvertragslaufzeiten erachten die Leasingnehmer darüber hinaus als unvereinbar mit dem zugrundliegenden Geschäftsmodell. Neben diesen bereits erläuterten Begründungen geben die befragten Leasingnehmer an, dass die Verkürzung der Laufzeiten zu Diskussionen mit dem Wirtschaftsprüfer führen könnte.

> „Wir haben unsere Modelle jetzt schon so viele Jahre und schließen Verträge auch immer wieder in ähnlicher Form ab. [...] Selbst wenn wir Verträge unter einem Jahr abschließen, wird uns das keiner glauben, weil die Prüfer auch die [...]planung kennen." (AE: 244-245 und 279-281)

Vier befragte Leasingnehmer würden demgegenüber die Laufzeiten künftiger Leasingverträge reduzieren, um negative Auswirkungen der reformierten Leasingbilanzierung zu vermeiden.

> „Wenn man das ganze auseinandernimmt [...] kreiert man neue Anreize zur Strukturierung in der Form, dass man nur noch kurzfristige Leasingverhältnisse abschließt, um die unerwünschten Bilanzierungsfolgen, wie etwa Kennzahlen, covenants, zu vermeiden." (AG: 211-215)

Ein Leasingnehmer würde hingegen die Laufzeiten künftiger Leasingverträge erhöhen. Hierbei überwiegt offensichtlich das Argument geringerer Leasingraten bei längerfristigen Leasingverträgen. Die Reduktion der bilanziellen Verschuldung durch kürzere Leasingvertragslaufzeiten träte in den Hintergrund. Die Nachteile der Bilanzwirksamkeit sämtlicher Leasingverträge würden durch geringere Leasingraten zu mildern versucht. Längere Laufzeiten reduzierten überdies das Risiko, keine Anschlussfinanzierung oder eine Anschlussfinanzierung zu ungünstigeren Konditionen nach Ablauf des Leasingverhältnisses zu erhalten.

> „Operating leases verlieren für [uns] als Leasingnehmer etwas an Attraktivität. Gestaltungsfragen erübrigen sich. Möglicherweise werden längerfristige Leasingverträge abgeschlossen mit der Begründung, dass diese ohnehin in der Bilanz erscheinen." (AM: 198-200)

Die Anpassung der Leasingverträge in Einzelfällen würde von einem Leasingnehmer in Betracht gezogen.

> „Das ist einzelfallabhängig. [...] Wenn wir einen 1a-Standort bekommen können, dann würden wir hier einen langfristigen Vertrag eingehen. Wenn es sich um einen Standort in Kasachstan handelt, würden wir anders entscheiden. [...] Wir sind halt sehr abhängig von allem drum herum: Infrastruktur, Bevölkerung, Trend usw." (AL: 263-266 und 272-273)

Die Veränderung der Laufzeiten künftiger Leasingverträge würde von den Leasingnehmern mehrheitlich nicht in Betracht gezogen, um auf die veränderte Leasingbilanzierung zu reagieren. Die Begründung hierfür entspricht in weiten Teilen den Argumenten, die die Leasingnehmer bei Ablehnung der Nachverhandlung bestehender Leasingverträge anführen. Zusätzlich nennen die Leasingnehmer das Problem der

---

1 Vgl. Kapitel VI.1.1.3.2.1.

Glaubwürdigkeit. Die zu prüfenden Organisationen würden die Veränderung der Laufzeiten ohne wesentliche Änderungen der wirtschaftlichen Gegebenheiten anzweifeln. Vier Leasingnehmer zeigen indes Bereitschaft zur Verkürzung der Leasingvertragslaufzeiten. Die diesbezügliche Motivation im Sinne der *information inductance*-Hypothese und *debt covenant*-Hypothese liegt insbesondere in der Reduktion der negativen Auswirkungen der reformierten Leasingbilanzierung. Ein Leasingnehmer würde – entgegen der in dieser Arbeit geäußerten Vermutung – die Laufzeiten künftiger Leasingverträge erhöhen, während ein weiterer Leasingnehmer Veränderungen der Laufzeiten künftiger Leasingverträge lediglich in Einzelfällen in Betracht ziehen würde. Die vorstehenden Ergebnisse stehen somit in Widerspruch zu der Befragung von *Beattie/Goodacre/Thomson*, wonach Leasingnehmer die Laufzeiten von Leasingverträgen als Reaktion auf eine Bilanzierungspflicht für sämtliche Leasingverhältnisse verkürzen würden[1]. Allerdings weisen die Ergebnisse Parallelen zu der Studie von *Durocher/Fortin* auf, in der Bankangestellte keine von Leasingnehmern forcierten kürzeren Leasingvertragslaufzeiten erwarten[2].

1.1.3.2.3 Verwendung von laufzeitbezogenen Optionen, Restwertgarantien und bedingten Leasingzahlungen

Im Rahmen der Frage A.3.2.3 wird untersucht, inwieweit Leasingnehmer laufzeitbezogene Optionen, Restwertgarantien und bedingte Leasingzahlungen zur Reduktion negativer Auswirkungen nutzen würden. Acht der 14 befragten Leasingnehmer würden künftig Optionen verwenden, um die Laufzeit der Leasingverhältnisse und damit die Höhe der bilanziellen Verschuldung zu beeinflussen. Zudem würden die Gestaltungsspielräume hinsichtlich bedingter Leasingverhältnisse genutzt.

> „Das könnte schon sein, dass wir über Optionen versuchen, die Laufzeiten und damit die Leasingverpflichtungen zu reduzieren versuchen." (AE: 308-309)

> „Gleichwohl verlagern sich die Ermessensspielräume, die man bisher beim Ansatz hat, ja nur. Wir schaffen keine vollständige off balance-Bilanzierung mehr. Aber die Einschätzungen hinsichtlich Kaufoptionen, Verlängerungsoptionen und insbesondere bedingter Leasingraten führen zu verlagerten Gestaltungsspielräumen bei der Bewertung. Diese würden auch massiv genutzt werden. Dann würde man die Grundmietzeit etwas kürzer machen und den Rest mit Optionen machen und sagt, dass diese nicht so wahrscheinlich sind. Die Ermessensspielräume sind nach wie vor noch da." (AJ: 87-93)

Einer der acht Leasingnehmer räumt einerseits die Ermessensspielräume hinsichtlich der Verwendung laufzeitbezogener Optionen ein. Andererseits verweist dieser Befragte auf zu prüfende Organisationen, die einschränkend auf die Verwendung laufzeitbezogener Optionen im Rahmen der Strukturierungsmöglichkeiten wirken könnten.

> „Das muss man halt langfristig sehen. Früher hat die SEC sich nach drei Jahren einen Fall wieder angeschaut und wenn dann doch z.B. eine Verlängerungsoption ausübt wurde, obwohl das vorher verneint wurde, war die Argumentation hinfällig. So werden Prüfer und die DPR auch verfahren." (AG: 490-493)

---

1 Vgl. Beattie/Goodacre/Thomson (2006), S. 92-93.
2 Vgl. Durocher/Fortin (2009), S. 28-29.

Fünf Leasingnehmer lehnen den Einsatz von Optionen, Restwertgarantien und bedingten Leasingzahlungen ab. Die Ablehnung erklärt sich zum einen aus der von den Regelungen zur Bilanzierung von Leasingverhältnissen unabhängigen Verwendung von Optionen, Restwertgarantien und bedingten Leasingzahlungen. Zum anderen bestünden aufgrund des Geschäftsmodells nur geringe Spielräume, um diese Posten im Sinne einer Bilanzierungsstrategie einzusetzen.

> „Bei unserem Geschäftsmodell mit eingerichteten Räumlichkeiten muss man davon ausgehen, dass Optionen ausgeübt werden, vielleicht sogar ewig. Insofern haben wir wenig Ausweichmöglichkeiten." (AH: 90-92)

Ein weiterer Leasingnehmer verweist auf die Schwierigkeit der Einschätzung von Ausübungswahrscheinlichkeiten in Einzelfällen. Insofern eignete sich die Verwendung von Optionen zur Reduktion der bilanziellen Verschuldung nur eingeschränkt. Sie wird von dem Leasingnehmer jedoch nicht gänzlich ausgeschlossen.

> „Wir können nicht immer von vornherein sagen, ob wir Optionen in Anspruch nehmen." (AL: 126-127)

Zusammenfassend erscheint insbesondere die Verwendung von laufzeitbezogenen Optionen und bedingten Leasingzahlungen zur Beeinflussung der Höhe der bilanziellen Verschuldung bedeutend. Acht Leasingnehmer würden die Ermessensspielräume in diesem Bereich der Bilanzierung nutzen, um gemäß der *information inductance*-Hypothese und der *debt covenant*-Hypothese mögliche negative Auswirkungen der reformierten Leasingbilanzierung zu reduzieren. Dieses Ergebnis deutet sich bereits im Rahmen der Beurteilung der bilanziellen Behandlung von Optionen, Restwertgarantien und bedingten Leasingzahlungen insofern an, als die Leasingnehmer damit verbundene Ermessensspielräume positiv beurteilen[1]. Einschränkend könnten indes zu prüfende Organisationen wirken. Ein weiterer Leasingnehmer schließt den Einsatz von Optionen zur Beeinflussung der Leasinglaufzeit nicht gänzlich aus, verweist aber auf Schwierigkeiten der Ermittlung von Ausübungswahrscheinlichkeiten und der damit eingeschränkten Verwendungsmöglichkeit im Rahmen der Strukturierung. Die vorliegenden Ergebnisse bestätigen insgesamt die Studie von *Beattie/Goodacre/Thomson*, wonach Jahresabschlussersteller eine Zunahme von Leasingverträgen mit kürzeren Grundlaufzeiten und Optionen zur Verlängerung erwarten[2]. Demgegenüber würden fünf der befragten Leasingnehmer insofern nicht von den Strukturierungsmöglichkeiten der Leasinglaufzeiten über Optionen Gebrauch machen, als Entscheidungen hinsichtlich der Verwendung von Optionen unabhängig von den Regelungen zur Bilanzierung getroffen werden. Zudem besteht für einige Leasingnehmer aufgrund des zugrundeliegenden Geschäftsmodells eine lediglich eingeschränkte bilanzpolitisch motivierte Verwendungsmöglichkeit von Optionen, Restwertgarantien und bedingten Leasingzahlungen.

---

1 Vgl. Frage A.2.2.2, Kapitel VI.1.1.2.2.2.

2 Vgl. Beattie/Goodacre/Thomson (2006), S. 89-90. Allerdings sah das dieser Studie zugrundeliegende G4+1-Papier die Erfassung laufzeitbezogener Optionen nicht vor. Die Ergebnisse sind jedoch insofern vergleichbar, als die Erfassung laufzeitbezogener Optionen gemäß den gegenwärtigen Reformüberlegungen über die Argumentation einer unwahrscheinlichen Ausübung umgangen werden könnte.

1.1.3.2.4 Substitution von Leasingtransaktionen durch alternative Finanzierungsmöglichkeiten

Die Frage A.3.2.4 zielt darauf ab, inwieweit Leasingnehmer Leasingtransaktionen durch Verwendung alternativer Finanzierungsmöglichkeiten substituieren würden. Im Mittelpunkt der Analyse steht somit die Frage, ob die reformierte Leasingbilanzierung Auswirkungen auf das Leasingvolumen und damit auf die Finanzierungsstrategie von Leasingnehmern hätte. In diesem Zusammenhang wird untersucht, welche alternativen Finanzierungsmöglichkeiten im Falle einer negativen Beeinflussung des Leasingvolumens von den Leasingnehmern gewählt würden.

Sechs der 14 befragten Leasingnehmer würden Leasingtransaktionen durch alternative Finanzierungsmöglichkeiten substituieren. Die Begründung hierfür wird in dem Wegfall der Möglichkeit zur bilanzunwirksamen Behandlung von Leasingverhältnissen und den damit verbundenen positiven Auswirkungen auf Bilanzkennzahlen gesehen. Demnach stünde nicht die wirtschaftliche Betrachtungsweise einer Transaktion, sondern vielmehr deren bilanzielle Abbildung im Vordergrund.

> „Wenn man es nicht aus der Bilanz bekommen kann, wird das schon dämpfend wirken. Das war ja gerade der Charme, die off balance-Gestaltung. Damit wird ja auch geworben. Das ist ja ein Verkaufsargument, das wegfällt. Das macht sich vielleicht doch schon bemerkbar." (AJ: 211-213)

Sämtliche dieser sechs Leasingnehmer nennen den fremdfinanzierten Kauf des Gegenstands als Substitut für Leasingtransaktionen. Dies könnte beispielweise durch die Aufnahme eines Kredits oder die Ausgabe von Anleihen erfolgen.

> „Leasing würde bei uns durch einen kreditfinanzierten Kauf oder die Ausgabe von Bonds ersetzt." (AB: 50-51)

> „Wir würden dann in einen finanzierten Kauf gehen und Leasing fallen lassen. Das wäre sicher eine mögliche Konsequenz." (AF: 182-183)

Lediglich einer der sechs Befragten erwägt zusätzlich die Finanzierung über Eigenkapital. Darüber hinaus könnte sich dieser Leasingnehmer die Gründung einer Zweckgesellschaft im Sinne einer Leasing-Objektgesellschaft vorstellen, um Risiken abzutreten und letztlich die Höhe der leasinginduzierten bilanziellen Verschuldung zu reduzieren. Allerdings müsste die Zweckgesellschaft außerhalb des Konzerns angesiedelt werden, denn in einer konzernbezogenen Betrachtung mag die Bildung einer Zweckgesellschaft die angestrebte Wirkung aufgrund der notwendigen Konsolidierung verfehlen.

> „Andere Fremdfinanzierungen, Finanzierungen über Eigenkapital, Zweckgesellschaften werden durchgeführt. Da bin ich überzeugt." (AJ: 230-231)

Die Hälfte der 14 befragten Leasingnehmer schließt demgegenüber Veränderungen der Finanzierungsstrategie aufgrund der Reform der Leasingbilanzierung aus. Die diesbezüglichen Begründungen sind unterschiedlich. Die Leasingnehmer nutzen einerseits die Finanzierungsalternative Leasing, um die dem Geschäftsmodell zugrundeliegende Flexibilität zu wahren.

> „Für uns ist die Flexibilität bei der Entscheidung für Kauf oder Leasing sehr wichtig. Das gilt insbesondere bei der Eröffnung neuer Standorte. Da müssen wir erst schauen, wie der angenommen wird und ob man dort bleiben will. [...] Ich kann aber verstehen, dass Unter-

nehmen, für die Flexibilität und Service keine große Rolle spielen, künftig auf Leasing verzichten. Es macht dann keinen Unterschied, ob man etwas als Leasing oder kreditfinanzierten Kauf in der Bilanz hat. Leasing ist dann meistens auch teurer. Das ist abhängig vom Geschäftsmodell." (AL: 208-210 und 269-272)

Mit Flexibilitätsargumenten in engem Zusammenhang stehend, verweisen die Leasingnehmer auf die häufig mit Leasingverträgen verbundenen Dienstleistungskomponenten und den vergleichsweise höheren technischen Sachverstand des Leasinggebers.

„Grundsätzlich ist es aber eher unwahrscheinlich, weil die Beweggründe für Leasing andere als die Finanzierung/Bilanzierung sind. Es sind administrative Gründe. Leasing wird sich immer in Zyklen entwickeln. Aber die Zyklen sind unabhängig von Bilanzierungsfragen. Es wird geleast, um intern Ressourcen zu sparen und sich nicht um technische Dinge, wie den Toneraustausch beim Drucker, kümmern zu müssen. Der Leasinggeber ist meist technisch sehr viel weiter. Der lebt davon, dass er technisch auf dem neuesten Stand ist. Für uns hat das viele Vorteile. Wir haben z.B. unsere PCs alle einheitlich auf dem neuesten Stand." (AN: 242-249)

Andererseits besteht für die Leasingnehmer aufgrund der spezifischen Eigenschaften des Leasinggegenstands nicht grundsätzlich die Möglichkeit, diesen beispielsweise durch einen Kauf zu erwerben oder selbst herzustellen.

„Unser Standpunkt ist: Fremdfinanzierung muss für uns günstiger als Leasing sein. Das ist unsere Prämisse. Diese Prämisse muss im Einzelfall widerlegt werden, was meistens nicht gelingt. Ob das zu einer adjustierten policy zum Eingehen von Leasingverhältnissen führt, glaube ich nicht. Bei den Regeln, die man bislang hat, versucht man in den Grenzen, die möglich sind, so zu gestalten, dass man es noch als operatives Leasing darstellen kann. Diese Möglichkeit entfällt zwar, wenn der neue Standard kommt. Aber ich sehe wenige Ausweichmöglichkeiten, denn die Alternative kann nicht sein, dass man sich nun überall Büros baut. Das schlichte Mietverhältnis wird bleiben." (AI: 185-192)

Letztlich führen die Leasingnehmer die Ablehnung einer veränderten Finanzierungsstrategie auf die Unabhängigkeit der Entscheidungen von den Regelungen zur Bilanzierung von Leasingverhältnissen zurück – ein Argument, das bereits bei den Nachverhandlungen bestehender Leasingverträge, den Veränderungen der Laufzeiten künftiger Leasingverträge und der Verwendung laufzeitbezogener Optionen genannt wird[1].

„Der Preis sowie die Vertragsgestaltung entscheiden über die Nutzung von Finanzierungsoptionen, nicht die Bilanzierungsregeln." (AE: 315-316)

Einer der 14 befragten Leasingnehmer kann zum Zeitpunkt des Interviews noch keine abschließende Aussage hinsichtlich einer veränderten Finanzierungsstrategie treffen. Allerdings sieht auch dieser die Ausweichmöglichkeiten als begrenzt an.

„Es ist noch zu früh, um das zu sagen. Letztlich haben wir wenige Möglichkeiten, weil wir Grundstücke [...] schlecht kaufen können." (AG:425-426)

Im Rahmen der Frage A.3.2.4 wird weitergehend untersucht, wie die befragten Leasingnehmer die Auswirkungen auf das Leasingvolumen anderer Unternehmen in

1 Vgl. Frage A.3.2.1, Kapitel VI.1.1.3.2.1, Frage A.3.2.2, Kapitel VI.1.1.3.2.2, Frage A.3.2.3, Kapitel VI.1.1.3.2.3.

der jeweiligen Branche einschätzen. Acht der 14 befragten Leasingnehmer erwarten ein reduziertes Leasingvolumen anderer Unternehmen der jeweiligen Branche.

> „Ich denke auch, dass es Auswirkungen haben wird auf das Leasingverhalten insgesamt, weil dann natürlich auch gesehen wird, welche Kosten damit verursacht werden. Leasing könnte dann nur noch in wirklichen Ausnahmefällen zur Anwendung kommen.“ (AA: 136-138)

Vier Leasingnehmer gehen indes davon aus, dass das Leasingvolumen der Branche nicht von der Reform der Leasingbilanzierung beeinflusst würde.

> „Ich erwarte keine gravierenden Auswirkungen. In den letzten Jahren hat sich der Leasingaufwand immer weiter erhöht, was mit dem wachsenden Geschäft zu tun hat. Die [Branchenunternehmen] leasen ebenfalls Räumlichkeiten usw.“ (AH: 109-114)

Zwei Befragte (AC, AG) können das Verhalten von Unternehmen in der Branche nicht einschätzen, weil die Unternehmen hinsichtlich des Geschäftsmodells und der Unternehmensgröße zu unterschiedlich sind oder die Auswirkungen noch nicht abgeschätzt werden können. Interessant erscheint, dass drei Leasingnehmer (AA, AL, AM) eine Veränderung des eigenen Leasingvolumens verneinen, aber innerhalb der Branche mit einer Reduktion des Leasingvolumens rechnen. Als Begründung werden unterschiedliche Geschäftsmodelle genannt. Es kann darüber hinaus vermutet werden, dass diese Leasingnehmer – trotz Zusicherung der Anonymität des Interviews – möglicherweise das wahre eigene Verhalten mittels Aussagen zur Branche zu anonymisieren versuchen. Neun weitere Befragte schätzen die Auswirkungen auf das eigene Leasingvolumen als vergleichsweise ähnlich zu dem Leasingvolumen der Branche ein, wobei fünf dieser neun Leasingnehmer mit einer Reduktion des eigenen Leasingvolumens und dem der Branche bzw. vier der neun Leasingnehmer keine Auswirkungen erwarten.

Insgesamt ist somit ein heterogenes Ergebnis hinsichtlich der Substitution von Leasingtransaktionen durch alternative Finanzierungsmöglichkeiten zu konstatieren. Während die eine Hälfte der befragten Leasingnehmer keine Veränderungen im Rahmen des Leasingvolumens und der Finanzierungsstrategie erwartet, rechnet fast die andere Hälfte der Leasingnehmer (sechs Befragte) mit eben solchen Veränderungen. Ein Leasingnehmer kann noch keine abschließende Aussage treffen, vermutet dennoch lediglich geringe Veränderungen. Insofern würde eine Mehrheit von acht Leasingnehmern keine Substitution von Leasingtransaktionen durch alternative Finanzierungsstrategien vornehmen. Dieses Ergebnis stimmt überwiegend mit der Studie von *Beattie/Goodacre/Thomson* überein[1]. Danach erwarten die befragten Jahresabschlussersteller zwar eine verringerte Attraktivität der Finanzierungsalternative Leasing. Eine künftige Präferenz zum Kauf von Vermögenswerten gegenüber einer Finanzierung über Leasing wird indes verneint. Das Antwortverhalten der Minderheit von sechs Leasingnehmern, deren Finanzierungsstrategie durch die Reform der Leasingbilanzierung beeinflusst würde, entspricht dagegen den empirischen Untersuchungen von *Abdel-khalik*, *Imhoff, Jr./Thomas*, *Garrod* und *Godfrey/Warren*, die allesamt Substitutionseffekte aufgrund der Einführung einer neuen oder geänderten Leasingbilanzierung

1 Vgl. hierzu und im Folgenden Beattie/Goodacre/Thomson (2006), S. 92-93.

feststellen[1]. Die Aussagen dieser sechs Leasingnehmer scheinen zudem die mit der *information inductance*-Hypothese, *debt covenant*-Hypothese und Bonusplan-Hypothese verbundene Motivation für Leasing zu bestätigen. Offenbar verbinden diese Leasingnehmer mit der Bilanzwirksamkeit der Leasingverhältnisse negative ökonomische Konsequenzen, die bei Substitution der Leasingverhältnisse durch alternative Finanzierungsmöglichkeiten vermieden werden könnten. Bezogen auf die jeweilige Branche des Unternehmens rechnen acht Leasingnehmer mit einer Reduktion des Leasingvolumens, während vier Leasingnehmer keine Beeinflussung des Leasingvolumens der Branche erwarten. Zwei Befragte können keine branchenbezogene Aussage treffen. Unterschiede bestehen insofern zu der Studie von *Beattie/Goodacre/ Thomson*, als die diesbezüglich befragten Jahresabschlussersteller indifferent gegenüber Auswirkungen auf das Leasingvolumen Großbritanniens sind[2].

1.1.3.2.5 Zusammenfassung

Die Untersuchung der Veränderungen im Entscheidungsverhalten der Leasingnehmer analysiert, inwieweit Leasingnehmer auf die zuvor untersuchten erwarteten Auswirkungen der reformierten Leasingbilanzierung reagieren würden. Dabei zeigt sich, dass Nachverhandlungen bestehender Leasingverträge – insbesondere die Anpassung der Leasingvertragslaufzeiten – eine untergeordnete Bedeutung im Rahmen der möglichen Veränderungen im Entscheidungsverhalten der Leasingnehmer einnehmen. Mehrheitlich und in Übereinstimmung mit bisherigen Untersuchungsergebnissen würden die befragten Leasingnehmer von nachverhandelten kürzeren Leasingvertragslaufzeiten aufgrund erhöhter Kosten, der Unvereinbarkeit mit dem Geschäftsmodell oder der Unabhängigkeit der Leasinglaufzeit von Bilanzierungsregelungen absehen. Auch scheinen die erwarteten geringfügigen Auswirkungen auf Kreditvergabeentscheidungen von Banken und das Entscheidungsverhalten von Investoren und Analysten keine Veranlassung für die Nachverhandlung von Leasinglaufzeiten darzustellen.

Gleichermaßen würden Veränderungen der Laufzeiten künftiger Leasingverträge von den meisten Leasingnehmern nicht in Betracht gezogen, um auf die veränderte Leasingbilanzierung zu reagieren. Die Begründung hierfür entspricht in weiten Teilen den Argumenten, die die Leasingnehmer bei Ablehnung der Nachverhandlung bestehender Leasingverträge anführen. Zudem vermuten die Leasingnehmer, dass zu prüfende Organisationen Veränderungen der Laufzeiten ohne wesentliche Änderungen der wirtschaftlichen Gegebenheiten anzweifeln würden. Eine Minderheit der Leasingnehmer würde indes eine Verkürzung der Leasingvertragslaufzeiten erwägen, um die erwarteten negativen Auswirkungen der reformierten Leasingbilanzierung zu reduzieren.

Demgegenüber kann die Verwendung von Optionen und bedingten Leasingzahlungen zur Beeinflussung der Höhe der bilanziellen Verschuldung – in Übereinstimmung mit bisherigen Untersuchungen – als bedeutende Veränderung im Entscheidungsverhalten der Leasingnehmer erachtet werden. Mehrheitlich würden die Ermes-

1 Vgl. hierzu Abdel-khalik (1981), S. 118-119, Imhoff, Jr./Thomas (1988), Garrod (1989), S. 83-87 und S. 89, Godfrey/Warren (1995).

2 Vgl. Beattie/Goodacre/Thomson (2006), S. 92-93.

sensspielräume in diesem Bereich der Bilanzierung genutzt. Einschränkend könnten lediglich zu prüfende Organisationen und Schwierigkeiten der Ermittlung von Ausübungswahrscheinlichkeiten wirken.

Hinsichtlich der Substitution von Leasingtransaktionen durch alternative Finanzierungsmöglichkeiten lässt sich keine eindeutige Veränderung im Entscheidungsverhalten konstatieren. Während die eine Hälfte der befragten Leasingnehmer keine Veränderungen im Rahmen des Leasingvolumens und der Finanzierungsstrategie erwartet, geht fast die andere Hälfte der Leasingnehmer von eben solchen Veränderungen aus. Bezogen auf die jeweilige Branche des Unternehmens erwartet eine knappe Mehrheit der Leasingnehmer eine Reduktion des Leasingvolumens. Die teilweise bestehende Divergenz zwischen dem auf das eigene und dem auf das Leasingvolumen der Branche bezogene Antwortverhalten regt die Vermutung an, dass einige Leasingnehmer möglicherweise das wahre eigene Verhalten mittels Aussagen zur Branche zu anonymisieren versuchen.

Letztlich konzentrieren sich die Veränderungen im Entscheidungsverhalten der Leasingnehmer auf die Verwendung von Optionen und bedingten Leasingzahlungen zur Beeinflussung der Höhe der bilanziellen Verschuldung. Als weitere potentielle Veränderung im Entscheidungsverhalten kommt die Substitution von Leasingverhältnissen durch alternative Finanzierungsmöglichkeiten in Betracht. Zumindest lässt das auf die Branche bezogene Antwortverhalten diesen Schluss zu. Eine zusammenfassende Übersicht der erwarteten Veränderungen im Entscheidungsverhalten der befragten Leasingnehmer gibt Tabelle 28.

Tabelle 28: Erwartete Veränderungen im Entscheidungsverhalten der befragten Leasingnehmer

	Die Reform der Leasingbilanzierung führt zur...			
Leasingnehmer	**...Nachverhandlung bestehender Leasingverträge** (Frage A.3.2.1)	**...Veränderung der Laufzeiten künftiger Leasingverträge** (Frage A.3.2.2)	**...Verwendung von Optionen, Restwert-garantien, bedingten Leasingzahlungen** (Frage A.3.2.3)	**...Substitution von Leasingtransaktionen durch alternative Finanzierungs-möglichkeiten** (Frage A.3.2.4)
AA			x	
AB			x	x
AC				x
AD			x	x
AE			x	
AF	(x)	x	x	x
AG	(x)	x	x	
AH				
AI	x	x	x	
AJ	x	x	x	x
AK				x
AL	(x)	(x)	(x)	
AM		x		
AN				
Σ x	**2**	**5**	**8**	**6**
Σ (x)	**3**	**1**	**1**	**0**

Legende:
x trifft zu
(x) einzelfallabhängig

Sechs befragte Leasingnehmer würden Strukturierungsmaßnahmen im Rahmen von Nachverhandlungen bestehender Verträge, Veränderungen der Laufzeiten künftiger Leasingverträge oder der Verwendung von Optionen, Restwertgarantien und bedingten Leasingzahlungen durchführen. Die Abkehr von der Finanzierungsalternative Leasing ziehen diese Leasingnehmer nicht in Betracht. Demgegenüber würden zwei Befragte Leasingtransaktionen gänzlich durch alternative Finanzierungsmöglichkeiten ersetzen, ohne den Versuch einer Strukturierung zu unternehmen. Vier Leasingnehmer würden sowohl Strukturierungen über Nachverhandlungen bestehender Verträge, Veränderungen der Laufzeiten künftiger Leasingverträge oder durch Verwendung von Optionen, Restwertgarantien und bedingten Leasingzahlungen durchführen als auch Leasingverhältnisse zumindest teilweise durch alternative Finanzierungsmöglichkeiten substituieren. Zwei weitere Befragte schließen demgegenüber sowohl Strukturierungen als auch Substitutionen von Leasingtransaktionen durch alternative Finanzierungsmöglichkeiten aus.

1.2 Ergebnisse aus den Interviews mit Wirtschaftsprüfern

1.2.1 Berücksichtigung und Behandlung von Leasingverhältnissen im Prüfungsprozess der Wirtschaftsprüfer

1.2.1.1 Vorgehensweise im Rahmen der Prüfung von Leasingverhältnissen

Im Rahmen der Frage B.1.1 wird untersucht, wie die befragten Wirtschaftsprüfer im Rahmen der Prüfung von Leasingverhältnissen vorgehen. Im Mittelpunkt steht die Frage, welche Schwerpunkte gegenwärtig in der Prüfung von Leasingverhältnissen bestehen. Da sämtliche befragten Wirtschaftsprüfer einen risikoorientierten Prüfungsansatz anwenden, verdeutlichen die gesetzten Schwerpunkte zugleich die Prüfungsbereiche mit dem höchsten Prüfungsrisiko. Vor dem Hintergrund des risikoorientierten Prüfungsansatzes wird zudem analysiert, inwieweit leasinginduzierte Wesentlichkeitsgrenzen in der Prüfung zur Anwendung kommen.

Sämtliche neun befragten Wirtschaftsprüfer nennen die Klassifizierung der Leasingverträge in operative Leasingverhältnisse und Finanzierungsleasingverhältnisse als einen Schwerpunkt in der Prüfung von Leasingverhältnissen. Den Äußerungen der Wirtschaftsprüfer ist zu entnehmen, dass die mit der Klassifizierung von Leasingverhältnissen verbundenen Ermessensspielräume die Bedeutung dieses Prüfungsschwerpunkts zusätzlich erhöhen. Vier Wirtschaftsprüfer prüfen zudem schwerpunktmäßig die Existenz von in anderen Verträgen eingebetteten Leasingverhältnissen, die gemäß IFRIC 4 herauszulösen und als Leasingverhältnis bilanziell zu behandeln sind.

> „In einer kennzahlengeprägten Welt sieht man [die Leasingnehmer] natürlich schon gerne operative Leasingverhältnisse. Offen gesagt sind die meisten Leasingverträge (PCs usw.) Full Payout-Verträge. Eigentlich sind das alles finance leases. [...] Bilanzierer sind schlauer geworden. Und schon geht die Trickserei los: Man weiß genau, nach welchen Kriterien man vorgehen muss. [...] In den letzten Jahren wird man öfter mit operativen Leasingverhältnissen konfrontiert als in der Vergangenheit. Da werden ganz eindeutig Grauräume ausgenutzt." (BC: 51-67)

> „Vieles verlagert sich auf die Frage der Klassifizierung. Das ist das kritische. Der Rest innerhalb des finance lease- oder operating lease-Verhältnisses ist nicht das große Thema. [...] Aber der Fokus der Prüfungsstrategie liegt ganz klar auf der Klassifizierung und dem Thema der eingebetteten Leasingverträge, die vielleicht herauszulösen wären." (BH: 220-225)

Zwei Wirtschaftsprüfer erachten in Zusammenhang mit eingebetteten Leasingverträgen die Prüfung der Wechselwirkungen mit SIC 12 als weiteren Schwerpunkt.

> „Da geht es dann um das Spannungsverhältnis von Leasing nach IAS 17 und SPEs nach SIC 12 und die Wechselwirkungen. Da muss man noch mal ins Vehikel sehen, um zu sehen, wer die Risiken und Chancen trägt, was am Ende des Tages passiert, wie die Kapitalausstattung ist, wenn man ein Mieterdarlehen rein gibt, wie der andere besichert ist, was am Ende des Tages noch über ist. Die Quantifizierung ist dann oftmals schwierig. [...] Wie misst man die Mehrheit der Risiken und Chancen? Dann geht man vielleicht wieder in Analogie zu US-GAAP, FIN 46, vor. Da wird es dann wirklich schwierig, das Ganze greifen zu können. Das gilt insbesondere aus Prüfersicht, wo der Mandant ein ureigenes Interesse hat, seine off balance-Strategie auch aufrecht erhalten zu können. Da gibt es vielleicht noch irgendwo den Side Letter oder Dokumente oder einfach Sphären, die man nicht blicken kann. Und das macht es aus Sicht des Prüfers oftmals relativ schwierig, das wirklich abschließend und rela-

tiv zweifelsfrei beurteilen zu können. Da ist oftmals viel Nebel vorhanden, durch den man sich dann tasten muss." (BH: 70-86)

Die Prüfung des leasinginduzierten Zinssatzes stellt für vier Wirtschaftsprüfer einen Schwerpunkt dar.

> „Von der Prüfungsseite her ist immer wieder die Frage, wie man an die geeigneten Zinssätze kommt und die Tools, die hinten dran stehen. Das ist einfach immer wieder die größte Prüfungshürde, die man überstehen muss." (BD: 59-61)

Die Prüfung von Leasingverhältnissen erfolgt angesichts eines risikoorientierten Prüfungsansatzes bei sämtlichen befragten Wirtschaftsprüfern unter Festlegung leasinginduzierter Wesentlichkeitsgrenzen. Diese fokussieren nach Angabe der Wirtschaftsprüfer auf die Auswahl zu prüfender Leasingverträge und werden grundsätzlich für jedes Prüfungsmandat individuell festgelegt. Die Aussagen der Wirtschaftsprüfer deuten zudem auf unterschiedliche Wesentlichkeitsgrenzen für operative Leasingverhältnisse und Finanzierungsleasingverhältnisse hin.

> „Auch bereits heute prüft man nicht jeden Vertrag durch, sondern man startet im Prinzip sehr prozessorientiert und lässt sich erst einmal die Vertragstypen ein Stück weit clustern, versucht diese zu verstehen und nachzuvollziehen. Dann wird IT-seitig überprüft, ob diese Clusterung, die vorgenommen ist, mit den entsprechenden Konsequenzen IT-technisch verarbeitet worden ist. Gibt es entsprechende Systeme, die sicherstellen, dass der Vertrag in die richtige Buchungsroutine geschickt wird? Anschließend überprüft man prozessual natürlich auch die Buchungsroutine anhand von Stichproben. [...] Die Wesentlichkeit wird jeder Prüfungsleiter vor Ort für sein Mandat entscheiden müssen. Da kann man nicht von vornherein sagen, dass x% gelten. Das halte ich sogar für fahrlässig. Das wird jeder individuell festmachen müssen." (BB: 155-162 und 214-216)

> „Wir haben ein Mengen- und Wertgerüst über sämtliche bestehende Dauerschuldverhältnisse. Das Ideal wäre, dass möglichst viele Informationen in diesem Gerüst enthalten sind. Das muss gut strukturiert nach Dauer, Höhe usw. sein. Daneben müsste es eine klare Trennung zwischen normalen Mietverhältnissen und Leasing geben. [...] Wir überprüfen die Erstellung des Mengen- und Wertgerüsts und ob die Kontrollen erfolgen. Dann machen wir Stichproben und belegen diese mit Wesentlichkeitsthemen. Wir haben einen risikoorientierten Prüfungsansatz, d.h. die Wesentlichkeit spielt eine große Rolle. Die größeren Leasingtransaktionen werden nicht von irgendjemandem entschieden. Das geht bis zum Aufsichtsrat, der Verträge abzeichnet. Wenn ich Protokolle über Entscheidungen von Aufsichtsrat und Vorstand sehe, geht bei mir die rote Lampe an und wir gehen in eine Einzelfallprüfung." (BI: 163-175)

Zusammenfassend stellt die Überprüfung der Klassifizierung den bedeutendsten Schwerpunkt in der gegenwärtigen Prüfung von Leasingverhältnissen dar. Die Bestimmung des leasinginduzierten Zinssatzes und das Erkennen von eingebetteten Leasingverträgen gemäß IFRIC 4 erscheinen ebenfalls als bedeutende Prüfungsschwerpunkte. Der risikoorientierte Prüfungsansatz führt zu einer Prüfung ausgewählter Leasingverträge unter Beachtung festgelegter mandatsindividueller Wesentlichkeitsgrenzen. Die Festlegung mandatsindividueller Wesentlichkeitsgrenzen im Rahmen des risikoorientierten Prüfungsansatzes weist Parallelen zu empirischen Studien auf, wonach das Entscheidungsverhalten der Wirtschaftsprüfer hinsichtlich der Prüfungsintensität von der Erwartung über mögliche Geschäftsrisiken abhängt[1]. Wesentlichkeitsgrenzen werden demnach gemäß den antizipierten Risiken bezüglich eines Rechtsstreits, Mandanten- oder Reputationsverlusts festgelegt. Die Wesentlichkeitsgrenzen variieren nach Angabe der Wirtschaftsprüfer zudem in Abhängigkeit von dem Vorliegen von Finanzierungsleasingverhältnissen und operativen Leasingverhältnissen und deuten insofern auf unterschiedliche diesbezügliche Fehlertoleranzen hin. Zu diesem Ergebnis ist auch die Studie von *Libby/Nelson/Hunton* gekommen[2]. Inwieweit die in dieser Arbeit auf Basis des Prüfungsrisikos determinierten Prüfungsschwerpunkte und Wesentlichkeitsgrenzen die Bedeutung einzelner Rechenwerke im Rahmen der Prüfung von Leasingverhältnissen beeinflussen, ist Gegenstand der folgenden Frage B.1.2.

1.2.1.2 Bedeutung der Rechenwerke und des Anhangs in der Prüfung von Leasingverhältnissen

Die Frage B.1.2 hat die Untersuchung der Bedeutung einzelner Rechenwerke und des Anhangs im Rahmen der Prüfung von Leasingverhältnissen zum Gegenstand. Im Vordergrund der Analyse steht die Frage, ob einzelne Rechenwerke einer vergleichsweise intensiveren Prüfung unterzogen werden. In diesem Zusammenhang wird auch die Aussage von fünf befragten Leasingnehmern berücksichtigt, wonach Wirtschaftsprüfer dem Anhang eine geringere Bedeutung als beispielsweise der Bilanz beimessen[3].

Während ein Wirtschaftsprüfer (BB) angibt, grundsätzlich sämtlichen Rechenwerken die gleiche Bedeutung in der Prüfung von Leasingverhältnissen beizumessen, zeigen sich bei acht Wirtschaftsprüfern Unterschiede in der Bedeutung einzelner Rechenwerke. Bedeutungsunterschiede bestehen insbesondere zwischen Bilanz und Anhang. Die Bilanz erachten diese Wirtschaftsprüfer als wichtigstes Rechenwerk im Rahmen der Prüfung von Leasingverhältnissen. Auch der Gesamtergebnisrechnung komme eine hohe Bedeutung zu. Dem Anhang wird demgegenüber eine lediglich untergeordnete Bedeutung beigemessen. Daraus leitet sich eine unterschiedliche Prüfungsintensität von Finanzierungsleasingverhältnissen und operativen Leasingverhältnissen ab.

> „Die Prüfung der sonstigen finanziellen Verpflichtungen ist die Prüfung eines Gesamtbetrages auf einem Gebiet, das nicht im Fokus steht. […] Das hat aus Abschlussprüfersicht zur Folge, dass man dort sehr wenig prüfen muss. Das interessiert auch keinen. D.h. das ist ein gering sensibles Prüfungsgebiet." (BA: 340-347)

> „In der Theorie und von der reinen Lehre müsste man natürlich in den Anhang schauen. In der Praxis muss man sagen, dass der Anhang in IFRS eine weitaus größere Bedeutung hat als in HGB. Aber der Anhang ist immer so ziemlich das Letzte was kommt. Das sind natürlich Informationen auf die man achtet. Aber es gibt ja immer gewisse Wesentlichkeits-

1 Vgl. hierzu und im Folgenden z.B. Braun (2001), Farmer/Rittenberg/Trompeter (1987), Wright/Wright (1997).

2 Vgl. Libby/Nelson/Hunton (2006), insb. S. 550-556. Unterschiedliche Risikobeurteilungen für bilanzierte und nicht-bilanzierte Leasingverhältnisse werden auch von Krishnan/Sengupta (2011) aufgezeigt.

3 Vgl. Frage A.3.1.4, Kapitel VI.1.1.3.1.4.

grenzen. Das ist schon eine gewisse Schwäche, weil eine Anhangangabe schon eine andere Bedeutung hat als eine Bilanzangabe." (BG: 170-175)

„Wenn man auf operating lease kommt, ist es ohnehin nicht mehr das große Thema. Da schaut man halt, dass die Anhangangaben einigermaßen stimmig sind." (BH: 221-223)

Die Prüfung des Anhangs konzentriert sich nach Auffassung der Wirtschaftsprüfer vornehmlich auf die Vollständigkeit. Diese würde durch die Verwendung von Checklisten sichergestellt. Materielle Prüfungen des Anhangs treten demnach in den Hintergrund.

„Im Bereich Leasing ist der Fokus auf den Verträgen. Aus dieser Prüfung wird dann der Anhang verprobt, ob es wichtig ist. Wir gehen nicht den Weg aus dem Anhang in die Datei herein, sondern wir schauen, was vorhanden ist und ob das vollständig ist, was vorgelegt wurde. [...] Aber die Vollständigkeit muss gewährleistet sein. Mittels der Checklisten wird dann der Anhang in diesem Bereich entsprechend mit überprüft." (BD: 126-131)

Dem Lagebericht kommt nach Angabe der Wirtschaftsprüfer – analog zum Anhang – eine gegenüber der Bilanz untergeordnete Bedeutung in der Prüfung von Leasingverhältnissen zu. Begründet wird dies einerseits mit den Wechselwirkungen zwischen Anhang und Lagebericht. Andererseits bestehe eine Überfrachtung von Anhang und Lagebericht mit nicht anderweitig zuordenbaren Sachverhalten.

„Da gibt es zwei, vielleicht sogar drei sehr unangenehme Entwicklungen. Einmal gibt es Dubletten zwischen Anhang und Lagebericht, die unnötig und komplexitätserhöhend sind. Das liegt daran, dass die deutsche Lösung eines Lageberichts nicht überall der Fall ist. [...] Das ist ganz unangenehm. Außerdem versteht der deutsche Standardsetter, vor allem der Gesetzgeber, die verschiedenen Regelungsebenen auch nicht. Er versucht einen guten Gedanken, der aus einem Problem in der öffentlichen und veröffentlichten Meinung kommt, zu regeln und fasst irgendwo hin, wo ihm ein Fachmann sagt, dass es damit etwas zu tun haben könnte. Wenn es Risiko ist, kommt es in den Lagebericht. Wenn es irgendetwas Komisches ist, was sowieso keiner versteht, kommt es in den Anhang. Das führt zu einem Flickwerk hinter dem Anhang. [...] Das führt zu einer Verdopplung, Komplexitätserhöhung, Überfrachtung des Lageberichts mit Zahlen vom Vergütungsbericht bis sonst irgendwas, die dann auch kein Mensch mehr versteht." (BA: 272-285)

Die acht Wirtschaftsprüfer, die Bedeutungsunterschiede zwischen den Rechenwerken im Rahmen der Prüfung von Leasingverhältnissen eingestehen, relativieren diese Aussage indes hinsichtlich der Prüfung von Unternehmen, deren Fortführung möglicherweise gefährdet ist. In diesen „engeren Fällen" (BA: 387) unterlägen auch die sonstigen finanziellen Verpflichtungen aus operativen Leasingverhältnissen im Anhang einer intensiveren Prüfung. Bedeutungsunterschiede zwischen Bilanz und Anhang reduzierten sich dementsprechend.

„Wenn ein Unternehmen Geld wie Heu hat, ist das für die Risikoorientierung und auch für die Kommunikation völlig egal. In den engeren Fällen muss man das natürlich im Hintergrund berücksichtigen. Da schaut man sich sehr genau Liquiditätspläne an und macht going concern-Überlegungen. [...] Aus der Erfolgsplanung der Zukunft muss abgeleitet werden, dass das in vertretbaren Zeiträumen hoffentlich nicht schief geht. Es ist egal, ob es [das Leasingverhältnis] auf der Bilanz ist oder nicht. In einem engen Fall habe ich auch aus den sonstigen finanziellen Verpflichtungen Liquiditätswirkungen, die ich dann nach Zeit- und Mengengerüst richtig einschätzen muss, in der Planung richtig abbilden muss und dann stimmt es wieder." (BA: 384-393)

Insgesamt ist ein Bedeutungsunterschied zwischen der Bilanz und dem Anhang im Rahmen der Prüfung von Leasingverhältnissen zu konstatieren. Die Mehrheit der Wirtschaftsprüfer prüft demnach die Abbildung von Leasingverträgen in der Bilanz intensiver als Leasingverträge, die lediglich im Anhang erscheinen. Dieses Ergebnis bestätigt die Aussage einiger der befragten Leasingnehmer[1]. Übereinstimmung besteht zudem mit der Studie von *Libby/Nelson/Hunton*, die erhebliche Unterschiede in der Fehlertoleranz der Wirtschaftsprüfer hinsichtlich fehlerhafter Leasinginformationen in der Bilanz und im Anhang offenbart[2]. Demnach beeinflusst die Bilanzwirksamkeit der zu prüfenden bzw. korrigierenden Leasinginformationen die Dauer, die Wirtschaftsprüfer auf die Korrekturentscheidung verwenden. Der höhere Zeitaufwand für Korrekturentscheidungen von Finanzierungsleasingverhältnissen kann insofern als Indiz für die größere Bedeutung bilanzwirksamer Leasinginformationen gewertet werden. Die Mehrheit der hier befragten Wirtschaftsprüfer misst zudem nicht nur dem Anhang, sondern auch dem Lagebericht eine untergeordnete Bedeutung bei. Dies erklärt sich aus den Wechselwirkungen zwischen Anhang und Lagebericht und der Überfrachtung mit nicht anderweitig zuordenbaren Sachverhalten. Die Bedeutungsunterschiede zwischen den Rechenwerken relativieren sich allerdings in den Prüfungsfällen, in denen die Unternehmensfortführung möglicherweise gefährdet ist. Dieses Ergebnis erscheint vor dem Hintergrund des risikoorientierten Prüfungsansatzes und bisheriger empirischer Studien[3] naheliegend: Mit zunehmenden Prüfungs- bzw. Geschäftsrisiko steigt die Prüfungsintensität.

1.2.2 Beurteilung der gegenwärtigen Leasingbilanzierung und der Reformbestrebungen

1.2.2.1 Beurteilung der gegenwärtigen Leasingbilanzierung

1.2.2.1.1 Beurteilung der Existenz unterschiedlicher Bilanzierungsmethoden für Leasingverhältnisse und der damit verbundenen Gestaltungsspielräume

Im Rahmen der Frage B.2.1.1 wird untersucht, wie die befragten Wirtschaftsprüfer die Existenz unterschiedlicher Bilanzierungsmethoden für Leasingverhältnisse und die damit verbundenen Gestaltungsspielräume beurteilen. Sämtliche befragten Wirtschaftsprüfer nennen als Hauptkritikpunkt der gegenwärtigen Leasingbilanzierung die Klassifizierung der Leasingverhältnisse. Dabei erweist sich einerseits die übergeordnete wirtschaftliche Betrachtungsweise als kritikwürdig. Diese erschwert nach Einschätzung der Wirtschaftsprüfer die Überprüfung der von den Mandanten vorgenommenen Klassifizierung.

> „IFRS ist eher substanzorientiert, also geht mehr nach dem wirtschaftlichen Gehalt. Das macht es natürlich nicht immer einfach, Grenzen festzulegen, wann ein Gegenstand in die Bilanzierung zu nehmen ist.“ (BF: 39-42)

---

1 Vgl. Frage A.3.1.4, Kapitel VI.1.1.3.1.4.

2 Vgl. hierzu und im Folgenden Libby/Nelson/Hunton (2006), insb. S. 550-556.

3 Vgl. z.B. Braun (2001), Farmer/Rittenberg/Trompeter (1987), Wright/Wright (1997).

Andererseits führten die konkreten qualitativen Klassifizierungskriterien zu Gestaltungsspielräumen. Diese würden von zu prüfenden Leasingnehmern gezielt genutzt.

> „Die Verträge werden von vornherein so gestrickt, dass operative Leasingverhältnisse entstehen. Der Ersteller weiß auch, wie er gestalten muss, um die gewünschte Wirkung zu erzielen. Kritikpunkt ist also, dass man Gestaltungsspielräume hat. Verträge werden bewusst gestaltet in Richtung operatives Leasing." (BI: 100-103)

Die Wirtschaftsprüfer geben an, dass oftmals ein Rückgriff auf die quantifizierten Kriterien der US-GAAP erfolgt, um die Ermessensspielräume zu reduzieren.

> „Der Schwerpunkt ist die Frage ‚alles oder nichts'. Diese Frage hängt an sehr vielen Unschärfen. Die Welt ist nicht schwarz oder weiß. Die Welt ist grau. Ohne markante Quantifizierung besteht sehr viel subjektives Ermessen. Das macht es natürlich sehr schwierig, weil jeder eine andere subjektive Einstellung hat. Die Fragen sind fließend, wo es mehr dem Leasingnehmer oder wo es mehr dem Leasinggeber zuzurechnen ist. Das macht ja die Schwierigkeit aus. [...] Wir haben also sehr unscharfe Grenzen, vor allem in IFRS. In US-GAAP sind die Grenzen etwas schärfer, weil sie quantifiziert sind und diese Quantifizierungen auch genommen werden." (BF: 49-54 und 65-67)

Allerdings können die Ermessensspielräume nach Auffassung der Wirtschaftsprüfer auch durch die Orientierung an den quantifizierten Kriterien der US-GAAP nur bedingt eingegrenzt werden.

> „Da besteht sicherlich Gestaltungsspielraum. Unsere Mandanten drehen dann z.B. an der wirtschaftlichen Nutzungsdauer. Wenn man dann einen Barwerttest macht und der resultiert in einem Wert von 89,7 – vielleicht sogar noch von der Leasinggesellschaft gerechnet – und man schaut sich dann noch die anderen Parameter an, dann haben wir häufig Diskussionen." (BC: 60-64)

Die unterschiedlichen Bilanzierungsmethoden für Leasingverhältnisse resultieren nach Ansicht der Wirtschaftsprüfer zudem in einer Prinzipal-Agent-Problematik. Demnach bestünden für Manager leasingintensiver Unternehmen Anreize zur Leasingvertragsgestaltung derart, dass kennzahlengetriebene Anreizsysteme nicht durch bilanzunwirksame operative Leasingverhältnisse belastet werden.

> „Über alles würde ich sagen: Es ist ein Standard bzw. Standards nach IFRS und US-GAAP, die ein paar Vorteile haben, aber die Verschuldungslage und die Belastung der Zukunft nicht nur nicht richtig darstellen, sondern auch noch Anreize für das Management geben, Risiken, Belastungen in die Zukunft zu verlagern und das auch noch gut zu finden. Die Modernität des Managements ist relativ häufig so und dann haben wir eine off balance sheet-Bilanzierung hinbekommen. Die Anreizsysteme des Managements gehen außerdem in diese Richtung. Die Anreizsysteme sind dann auf ROI oder ähnlichen Kennzahlen gebaut. Das führt zu einer Maximierung des persönlichen kurzfristigen Gewinns zu Lasten der langfristigen Belastung und Situation des Unternehmens zu deren Händen die Tätigkeit sein sollte. Das ist eine wirklich schlimme Principal-Agent-Problematik, die wir dort als Abschlussprüfer sehen." (BA: 61-71)

Insgesamt wird die Kritik der befragten Wirtschaftsprüfer an der derzeit vorherrschenden Dichotomie in der Bilanzierung von Leasingverhältnissen deutlich. Sämtliche Wirtschaftsprüfer beanstanden die mit der Klassifizierung von Leasingverhältnissen verbundenen Gestaltungsspielräume. Diese resultieren nach Auffassung der Wirtschaftsprüfer aus dem Grundsatz der wirtschaftlichen Betrachtungsweise und – konkret – aus den qualitativen Klassifizierungskriterien. Die Gestaltungsspielräume würden von den Leasingnehmern gezielt genutzt, was teilweise zu Prinzipal-Agent-Konflikten führe. Auch die Orientierung an den quantifizierten Kriterien der US-GAAP vermögen die Gestaltungsspielräume nach Einschätzung der befragten Wirtschaftsprüfer kaum einzuschränken. Parallelen bestehen zu den Untersuchungen von *Abdel-khalik* und *Hussey/Ong*, in der die befragten Wirtschaftsprüfer angeben, dass eine einheitliche Bilanzwirksamkeit sämtlicher Leasingverträge die Darstellung des Jahresabschlusses vereinfachen würde[1]. Zwischen den Interviews mit Wirtschaftsprüfern und Leasingnehmern besteht insofern Übereinstimmung, als beide Gruppen die mit der Klassifizierung verbundenen Gestaltungsspielräume identifizieren[2]. In der Beurteilung dieser Gestaltungsspielräume sind indes Unterschiede zwischen den beiden Gruppen festzustellen. Während die Wirtschaftsprüfer die im Rahmen der Klassifizierung mögliche Strukturierung kritisieren, beurteilen die Leasingnehmer dies eher positiv.

1.2.2.1.2 Beurteilung der Möglichkeit zur Einschätzung von Bilanzauswirkungen operativer Leasingverhältnisse

Die Frage B.2.1.2 zielt darauf ab, wie die befragten Wirtschaftsprüfer die Möglichkeiten beurteilen, anhand der Informationen zu operativen Leasingverhältnissen Aussagen zu deren bilanziellen Auswirkungen zu treffen. Zusätzlich sollen die Wirtschaftsprüfer die Möglichkeiten anderer – auch unprofessioneller – Adressaten zur Beurteilung der Bilanzauswirkungen operativer Leasingverhältnisse einschätzen. Im Mittelpunkt der Untersuchung steht somit die Frage, ob ein qualitativer Unterschied zwischen den Leasinginformationen im Anhang und den bilanzwirksamen Leasinginformationen gesehen wird.

Zwei Wirtschaftsprüfer geben an, dass bei angemessenem Kenntnisstand bilanzielle Auswirkungen operativer Leasingverhältnisse anhand der Informationen des Anhangs beurteilt werden können. Sieben Wirtschaftsprüfer kommen indes zu dem Ergebnis, dass die Beurteilung der bilanziellen Auswirkungen operativer Leasingverhältnisse anhand der Informationen im Anhang für Wirtschaftsprüfer und Jahresabschlussadressaten erschwert ist. Dies erklärt sich nach Auffassung dieser Wirtschaftsprüfer zum einen aus den teilweise mit unvollständigen Anhangangaben verbundenen notwendigen Schätzungen. Zum anderen würden die Jahresabschlussersteller den Informationen des Anhangs eine lediglich geringe Bedeutung beimessen. Infolgedessen ergäbe sich eine vergleichsweise geringere Informationsgüte des Anhangs.

> „Man kann sich im Anhang die wesentlichen Informationen heraussuchen. Aber wenn man sich mal intensiv damit beschäftigt, stellt man fest, dass man zum Teil schon auf Schätzungen angewiesen ist. Zudem kommt es immer darauf an, welchen Wert der Ersteller dem Anhang beimisst. Oft findet man in den notes auch nur rudimentäre Angaben." (BG: 62-65)

Darüber hinaus kritisieren die Wirtschaftsprüfer die Komplexität des Anhangs. Neben den notwendigen Informationen mit hohem Bedeutungsgehalt würden Jahresabschlussersteller den Anhang mit Informationen überfrachten, um mögliche Verstöße

1 Vgl. Abdel-khalik (1981), S. 113, Hussey/Ong (2010).
2 Vgl. hierzu und im Folgenden Frage A.2.1.1, Kapitel VI.1.1.2.1.1.

gegen Berichtspflichten und daraus resultierende Haftungsansprüche zu vermeiden. Die Komplexität des Anhangs führe somit zu einer Erschwernis für Wirtschaftsprüfer und Adressaten hinsichtlich der Beurteilung der bilanziellen Auswirkungen operativer Leasingverhältnisse im Anhang.

> „Ein ganz großer Kritikpunkt – und das betrifft die gesamten IAS – ist das Thema notes. Da sieht man am Ende den Wald vor lauter Bäumen nicht. Das ist ein Thema, was wir in der Praxis sehr intensiv erleben." (BB: 68-71)

> „Wenn es irgendetwas Komisches ist, was sowieso keiner versteht, kommt es in den Anhang. [...] Die amerikanische Rechnungslegung kommt aus einer sehr gefährlichen Haftungsumgebung und muss deswegen sehr viele Genauigkeiten reinbringen, damit dokumentiert ist, dass denjenigen keine Schuld trifft angesichts horrender Schadensersatzfragen. [...] Um es überspitzt zu sagen: Wenn man die Komplexität der Rechnungslegung in Europa verringern möchte, muss man die Haftungsverhältnisse in den USA reduzieren." (BA: 281-282, 309-311 und 320-322)

Die Frage B.2.1.2 zeigt zusammenfassend, dass die Mehrheit der Befragten eine Erschwernis für Wirtschaftsprüfer und Adressaten hinsichtlich der Beurteilung der bilanziellen Auswirkungen operativer Leasingverhältnisse im Anhang und somit einen qualitativen Unterschied zwischen den Informationen zu operativen Leasingverhältnissen im Anhang und den bilanzwirksamen Informationen zu Finanzierungsleasingverhältnissen wahrnimmt. Die mehrheitliche Auffassung der Wirtschaftsprüfer einer erschwerten Beurteilung der Bilanzauswirkungen operativer Leasingverhältnisse erscheint zu der in Frage B.2.1.1 mehrheitlich geäußerten Kritik an den unterschiedlichen Bilanzierungsmethoden konsistent[1].

Die vorstehenden Ergebnisse weisen Unterschiede zu der experimentellen Studie *Abdel-khaliks* auf[2]. Diese offenbart, dass Wirtschaftsprüfer die bilanziellen Auswirkungen operativer Leasingverhältnisse beurteilen können und dementsprechend berücksichtigen. Lediglich die Fähigkeit zur Prognose der Cashflows scheint von der unterschiedlichen Behandlung der Leasingverhältnisse beeinflusst zu sein. Trotz der grundsätzlich vorhandenen Fähigkeit der Wirtschaftsprüfer, die bilanziellen Auswirkungen operativer Leasingverhältnisse beurteilen zu können, scheint diese Beurteilung dennoch erschwert. Dies begründet sich aus der Aussage der Wirtschaftsprüfer, dass die einheitliche Bilanzwirksamkeit sämtlicher Leasingverträge die Darstellung des Jahresabschlusses vereinfachen würde[3]. Unterschiede bestehen zudem zu den Interviews mit Leasingnehmern[4]. Während die Wirtschaftsprüfer fast ausschließlich eine Erschwernis im Rahmen der Beurteilung der bilanziellen Auswirkungen operativer Leasingverhältnisse erkennen, verneint eine knappe Mehrheit der Leasingnehmer dies. Inwieweit ein strategisches Antwortverhalten der Leasingnehmer zur Beeinflussung der Reformbestrebungen vorliegt, bleibt allerdings offen.

1 Vgl. Kapitel VI.1.2.2.1.1.
2 Vgl. hierzu und im Folgenden Abdel-khalik (1981), S. 103-108 und Anhang zu Kapitel 5.
3 Vgl. Abdel-khalik (1981), S. 113.
4 Vgl. hierzu und im Folgenden Frage A.2.1.2, Kapitel VI.1.1.2.1.2.

1.2.2.1.3 Beurteilung der Vergleichbarkeit von Jahresabschlüssen

Die Beurteilungen der befragten Wirtschaftsprüfer hinsichtlich eines möglichen Einflusses der derzeitigen Leasingbilanzierung auf die Vergleichbarkeit von Jahresabschlüssen zwischen Unternehmen und über die Zeit hinweg werden im Rahmen der Frage B.2.1.3 untersucht. Dabei gibt ein Wirtschaftsprüfer an, dass die Vergleichbarkeit von Jahresabschlüssen zumindest für Wirtschaftsprüfer und professionelle Adressaten nicht von der derzeitigen Leasingbilanzierung beeinflusst wird. Wirtschaftsprüfer und professionelle Adressaten, etwa Analysten oder Rating-Agenturen, wüssten mit den vorhandenen Leasinginformationen umzugehen und könnten dementsprechend Vergleichbarkeit herstellen. Demgegenüber stellen acht Wirtschaftsprüfer fest, dass die Vergleichbarkeit von Jahresabschlüssen durch die derzeitige Leasingbilanzierung beeinträchtigt ist. Nach Auffassung dieser Wirtschaftsprüfer führt insbesondere die ermessenbehaftete Klassifizierung von Leasingverhältnissen zu einer Reduktion der Vergleichbarkeit.

> „Aber es soll ja immer der wirtschaftliche Gehalt genommen werden und dieser ist halt immer sehr schwierig abzugrenzen und hängt von der subjektiven Einstellung, von Ermessen ab und kann in der einen oder anderen Situation dazu führen, dass eine andere Klassifikation vorgenommen wird. Zwei unterschiedliche Beurteilungen führen zu zwei unterschiedlichen Bilanzierungen. [...] D.h. der gleiche Sachverhalt kann unterschiedlich dargestellt werden." (BF: 68-72 und 91-92)

> „Das ganze Thema finance und operate lease, was nehme ich in die Bücher, was lasse ich raus, ist halt sehr sehr ermessenbehaftet aktuell. Von daher ist es aus Gründen der Vergleichbarkeit vorteilhaft – auch aus Sicht der Adressaten – hier eine Einheitlichkeit zu schaffen." (BH: 106-109)

Insgesamt verdeutlicht die Frage B.2.1.3, dass die Mehrheit der Wirtschaftsprüfer eine Beeinträchtigung der Vergleichbarkeit von Jahresabschlüssen mit der derzeitigen Leasingbilanzierung verbindet. Dieses Ergebnis erscheint zu den Erkenntnissen aus Frage B.2.1.1 hinsichtlich der mit den unterschiedlichen Bilanzierungsmethoden verbundenen Strukturierungsmöglichkeiten insofern konsistent, als Strukturierungen mit einer reduzierten Vergleichbarkeit einhergehen können[1]. Übereinstimmung besteht zudem mit den Interviews mit Leasingnehmern[2]. Beide Gruppen führen die beeinträchtigte Vergleichbarkeit von Jahresabschlüssen auf die ermessenbehaftete Klassifizierung von Leasingverhältnissen zurück.

1.2.2.1.4 Beurteilung der Möglichkeit zur Einschätzung finanzieller Verpflichtungen aus Leasingverhältnissen

Die Frage B.2.1.4 beschäftigt sich mit den Beurteilungen der Wirtschafsprüfer, inwieweit anhand der gegenwärtigen Leasinginformationen Einschätzungen über die finanziellen Verpflichtungen eines Unternehmens vorgenommen werden können. Von den neun befragten Wirtschaftsprüfern berichten vier, dass die vorhandenen Informationen

1 Vgl. Kapitel VI.1.2.2.1.1.
2 Vgl. hierzu und im Folgenden Frage A.2.1.3, Kapitel VI.1.1.2.1.3.

ausreichen, um die finanziellen Verpflichtungen aus Leasingverhältnissen im Rahmen der Prüfung abschätzen zu können.

„Dauerschuldverhältnisse sind keine unbekannte Größe. [...] Je besser das Mengen- und Wertgerüst ist, je besser das IKS betreffend des Mengen- und Wertgerüsts ist, desto besser lässt sich das Thema prüfen.“ (BI: 180-183)

Auch professionelle Adressaten, etwa Banken im Rahmen der Kreditvergabe, seien durch die derzeitige Leasingbilanzierung nicht in der Wahrnehmung der Verschuldungssituation beeinflusst. Sie hätten zudem die Möglichkeit, zusätzliche Informationen einzufordern. Fünf der neun befragten Wirtschaftsprüfer geben indes an, dass die Einschätzung der Verpflichtungen auf Basis der derzeitigen Informationen im Jahresabschluss sowohl für Prüfer als auch für Adressaten erschwert ist. Die Wahrnehmung der Verschuldungssituation werde durch die Leasingbilanzierung beeinflusst.

„Als Abschlussprüfer ist man, wenn man nicht gerade in der Position des Beraters ist, darüber nicht so glücklich, weil der true and fair view oder der Einblick in die Vermögenslage und insbesondere in die Belastung der Zukunft ganz deutlich erschwert wird und der Prüfer die Erläuterung der Risiken, der zukünftigen Entwicklung auch immer mit im Blick haben muss. Das aber ist nicht zielorientiert von den Unternehmen aus, so dass man als Abschlussprüfer eine praktische Erschwernis hat im täglichen Leben, insbesondere wenn die bisherige Finanzierung an der Grenze ist und dann eine zusätzliche Finanzierung dazu kommen muss und die kreditgebende Bank in dem Informationsdefizit steckt, wie man die Leasingbilanzierung aus den bestehenden Verträgen beachtet. Wie ist da sozusagen der Tilgungsanteil? Wie ist das wirtschaftliche Risiko in Wirklichkeit? Wie werden Bedingungen und Kaufoptionen ausgenutzt? Das ist alles unbekannt und erschwert die Situation für eine dazu kommende Bank und deswegen auch für den prüfenden und beratenden Abschlussprüfer. So ist das Grundproblem.“ (BA: 49-61)

„Man will Klarheit bei der Bilanzierung erreichen. Man will wissen, wie viel Verpflichtung der andere noch hat. Das erreicht man natürlich mit einem Ansatz, bei dem der Graubereich manchmal so schwierig in hell und dunkel zu gruppieren ist, nur sehr schwierig.“ (BF: 88-91)

Im Rahmen der Einschätzungen der finanziellen Verpflichtungen anhand der gegenwärtigen Leasinginformationen zeigt sich insgesamt ein heterogenes Antwortverhalten der befragten Wirtschaftsprüfer. Die empirischen Untersuchungen von *Abdel-khalik* und *Krishnan/Sengupta* kommen demgegenüber zu eindeutigeren Ergebnissen[1]. Beide Studien zeigen, dass Wirtschaftsprüfer in der Wahrnehmung der Verschuldungssituation nicht durch die dichotome Leasingbilanzierung beeinflusst werden. Übereinstimmung zu den Interviews mit Leasingnehmern besteht insofern, als das Antwortverhalten der Leasingnehmer ebenfalls als heterogen bezeichnet werden kann[2]. Im Unterschied zu den Interviews mit Leasingnehmern gibt eine knappe Mehrheit der befragten Wirtschaftsprüfer an, dass die Einschätzung finanzieller Verpflichtungen aus Leasingverhältnissen erschwert und die Wahrnehmung der Verschuldungssituation durch die Leasingbilanzierung beeinflusst ist, während eine knappe Mehrheit der befragten Leasingnehmer dies verneint.

1 Vgl. hierzu und im Folgenden Abdel-khalik (1981), S. 103-108 und Anhang zu Kapitel 5, Krishnan/Sengupta (2011).

2 Vgl. hierzu und im Folgenden Frage A.2.1.4, Kapitel VI.1.1.2.1.4.

1.2.2.2 Beurteilung der Reformbestrebungen

1.2.2.2.1 Beurteilung der Bilanzierungspflicht für sämtliche Leasingverhältnisse und des Ansatzes zur Bilanzierung und Bewertung von Nutzungsrechten

Die Beurteilung der Bilanzierungspflicht für sämtliche Leasingverhältnisse ist Gegenstand der Frage B.2.2.1. Dabei wird auch untersucht, wie die Wirtschaftsprüfer den Ansatz zur Bilanzierung und Bewertung von Nutzungsrechten in der Leasingbilanzierung bewerten. Die Pflicht zur Bilanzierung sämtlicher Leasingverhältnisse wird von allen befragten Wirtschaftsprüfern insofern befürwortet, als damit ein einheitlicher Ansatz verfolgt und die Ermessensspielräume im Rahmen der Klassifizierung beseitigt würden. Die Prüfung von Leasingverhältnissen würde nach Auffassung der Wirtschaftsprüfer vereinfacht.

> „Vor dem Hintergrund meines größten Kritikpunkts [der Klassifizierung von Leasingverhältnissen] ist das eine gute Lösung, weil es eine eindeutige Lösung ist. Es [das Leasingverhältnis] ist immer drin und muss mit aufgenommen werden. [...V]on der grundsätzlichen Diskussion mit dem Mandanten erscheint es aus meiner Sicht her hilfreich, einen Standard ohne Unterscheidung zwischen operate und finance lease zu haben." (BD: 67-71)

Die Umsetzung der Bilanzierungspflicht für sämtliche Leasingverhältnisse über den Ansatz zur Bilanzierung von Nutzungsrechten erachten ebenfalls sämtliche Wirtschaftsprüfer – auch in Ermangelung alternativer Ansätze – als konzeptionell richtig.

> „Stimme ich absolut mit überein. Da hat man jetzt lange genug drüber nachgedacht. Auch in der kurzen Zeit, in der wir uns in den Arbeitskreisen darüber ausgetauscht haben, kam da keiner auf eine bessere Idee. Inhaltlich macht das absolut Sinn. Konzeptionell ist das auch richtig, insbesondere wenn man dann auch von der Grundlage ausgeht. Man hat ja die property rights im Hintergrund. Da kommt das ja auch letztendlich her. Das ist auch richtig. [...] Konzeptionell gibt es da nichts zu widersprechen. Das wird auch jeder Wirtschaftsprüfer, jeder Bilanzierer und jeder Theoretiker sofort bestätigen." (BB: 102-111)

Ein Wirtschaftsprüfer kommt zudem zu dem Schluss, dass die Durchsetzung der Bilanzierungspflicht nur über den Ansatz zur Bilanzierung von Nutzungsrechten möglich sei.

> „Aus konzeptioneller Sicht frage ich mich: Wie kann man ansonsten überhaupt eine Bilanzierung wählen? Wenn man den Weg gehen will und es on balance sheet nimmt, dann hätte man mehr Kritik bekommen, wenn man auf das rechtliche Eigentum abgestellt und das dann angesetzt hätte. Man musste den Weg über die Nutzungsrechte gehen, um es überhaupt on balance sheet zu bekommen." (BD: 92-96)

Der Befürwortung des Ansatzes zur Bilanzierung von Nutzungsrechten aus konzeptioneller Sicht stehen allerdings Bedenken der Wirtschaftsprüfer hinsichtlich der Umsetzung in der Praxis gegenüber.

> „Das ist ja das Thema an der Stelle: Der Ansatz als solcher ist in sich schlüssig, er macht Sinn, setzt allerdings eine Welt der vollkommenen Information voraus und in der leben wir halt leider Gottes nicht. Konzeptionell gibt es da nichts zu widersprechen. [...] Aber die Umsetzung in der Praxis ist schwierig." (BB: 107-112)

> „Das Ersetzen der leidigen Klassifizierung durch die Aktivierung eines Nutzungsrechts ist aus theoretischer Sicht faszinierend. Das IASB hat aber zwei Zielsetzungen. Erstens: Die

schwierige Abgrenzung zu verhindern. Das leistet der Ansatz nicht, weil die Probleme lediglich verlagert werden.“ (BC: 119-122)

Die Umsetzung in der Praxis würde nach Aussage der Wirtschaftsprüfer insbesondere durch die Bewertung des Nutzungsrechts erschwert. Damit verbunden wären neue Unsicherheiten, weil künftig höhere Anforderungen an die Informationsermittlung der Leasingnehmer gestellt würden. Diese könnten aufgrund der regelmäßig fehlenden Kompetenz zur Ermittlung bewertungsrelevanter Informationen jedoch nicht erfüllt werden.

„Ganz abgesehen davon, dass man sich natürlich auch sehr große Probleme auf der Leasingnehmerseite einholt, wenn es um die Frage der Informationsermittlung geht. Die Bewertung der Objekte muss künftig durch den Leasingnehmer erfolgen, der in der Regel die Informationen so gar nicht hat und auch nicht vorgehalten hat. Insofern erkauft man sich eigentlich dieses Mehr an Informationen durch viele andere Willkürmöglichkeiten. [...] Vor allem vor dem Hintergrund, dass der Leasingnehmer genau diese Kompetenz nicht hat und eigentlich auch auslagern wollte.“ (BB: 92-96 und 137-139)

Die Wirtschaftsprüfer bewerten darüber hinaus die voneinander unabhängige Folgebewertung von Nutzungsrecht und Leasingverbindlichkeit kritisch. Diese Vorgehensweise entspräche nach Auffassung der Wirtschaftsprüfer nicht einer sachgemäßen Abbildung von Leasingverhältnissen, wonach Nutzungsrecht und Leasingverbindlichkeit einer identischen Folgebewertung zu unterwerfen wären.

„Theoretisch will man die Verbindlichkeitsseite auf der Leasingnehmerseite klar definieren. Das tut man. Das ist auch sicherlich sachgerecht. Gleichwohl hat man verschiedene Punkte, nämlich das Thema Willkürfreiheit usw. weiterhin automatisch mit drin. Beispielsweise [...] beim Thema, das man den linked approach nicht nimmt, was dazu führt, dass im Grunde genommen einmal die Verbindlichkeitsseite und einmal die Aktivseite entsprechend separat zu bewerten ist, was eigentlich dem Leasing, wenn man es mal originär als Geschäftszweig sieht, nicht entspricht. Theoretisch vollkommen richtig: Das eine ist die Finanzierung, das andere ist das asset. Es muss auseinanderlaufen, führt aber schon zu etwas abstrusen Ergebnissen, nämlich dem Aufwandsvorlauf beim Leasingnehmer.“ (BB: 82-91)

Zusammenfassend ist zu konstatieren, dass die Pflicht zur Bilanzierung sämtlicher Leasingverhältnisse von allen befragten Wirtschaftsprüfern befürwortet wird. Die Wirtschaftsprüfer erachten einen einheitlichen Ansatz zur Bilanzierung von Leasingverhältnissen und die Beseitigung der Ermessensspielräume im Rahmen der Klassifizierung von Leasingverhältnissen als notwendig, um eine verbesserte Regulierung der Leasingbilanzierung und eine Vereinfachung der diesbezüglichen Prüfung zu erreichen. Die Umsetzung der Bilanzierungspflicht für sämtliche Leasingverhältnisse über den Ansatz zur Bilanzierung von Nutzungsrechten bewerten sämtliche Wirtschaftsprüfer als konzeptionell richtig. Allerdings werden Problembereiche im Rahmen der praktischen Umsetzung des Ansatzes zur Bilanzierung von Nutzungsrechten identifiziert. Dies betrifft insbesondere die Bewertung des Nutzungsrechts.

Übereinstimmung mit den Interviews mit Leasingnehmern besteht insofern, als die Mehrheit der befragten Leasingnehmer die Bilanzierungspflicht für sämtliche Leasingverhältnisse aus konzeptioneller Sicht und vor dem Hintergrund der mit der Klassifizierung von Leasingverhältnissen einhergehenden Ermessensspielräume befürwortet[1]. Auch bewerten die Leasingnehmer den Ansatz zur Bilanzierung von Nutzungsrechten mehrheitlich als konzeptionell richtig und äußern – übereinstimmend mit den befragten Wirtschaftsprüfern – Bedenken hinsichtlich der praktischen Umsetzung des Ansatzes. Unterschiede bestehen in der Begründung der diesbezüglichen Problembereiche. So geben die Leasingnehmer hauptsächlich die Gestaltungsvielfalt von Leasingverträgen an, während die Wirtschaftsprüfer die Umsetzungserschwernis mit der Bewertung des Nutzungsrechts in Verbindung bringen. Die Bewertung des Nutzungsrechts in einfachen Leasingverhältnissen wird von den Leasingnehmern indes als unproblematisch erachtet.

1.2.2.2.2 Beurteilung der bilanziellen Behandlung von Optionen, Restwertgarantien und bedingten Leasingzahlungen

Im Rahmen der Frage B.2.2.2 wird die Beurteilung der bilanziellen Behandlung von Optionen, Restwertgarantien und bedingten Leasingzahlungen durch die befragten Wirtschaftsprüfer untersucht. Fünf der neun befragten Wirtschaftsprüfer befürworten die Erfassung von laufzeitbezogenen Optionen, Restwertgarantien und bedingten Leasingzahlungen innerhalb des Nutzungsrechts bzw. der Zahlungsverpflichtung (*single asset and liability approach*). Diese Vorgehensweise stellt nach Auffassung der Wirtschaftsprüfer die ökonomische Verbundenheit der Positionen dar.

> „Da kommen wir in einen Bereich, wo es komplex und schwierig wird. Wenn ich mir einen typischen Mandanten vorstelle, der mit der neuen Bilanzierungswelt wieder zurechtkommen muss, denke ich schon, dass er sich am Anfang schwer tun wird. Dann gibt es wieder Berater, die ihn dabei unterstützen. Es hilft zumindest, dass Optionen, bedingte Leasingzahlungen und Restwertgarantien nicht separat erfasst werden. Das ist pragmatisch und spiegelt die ökonomische Realität eines Leasingverhältnisses besser wider." (BH: 140-145)

Vier weitere Wirtschaftsprüfer kritisieren die bilanzielle Berücksichtigung von Optionen, Restwertgarantien und bedingten Leasingzahlungen. Diese Kritik fokussiert auf die Ansatzkriterien eines Vermögenswerts und einer Schuld gemäß IFRS-Rahmenkonzept, die diese Posten regelmäßig nicht erfüllten. Insofern sei die bilanzielle Berücksichtigung von Optionen, Restwertgarantien und bedingten Leasingzahlungen weder im Rahmen einer separaten Erfassung (*component approach*) noch in einer mit dem Nutzungsrecht bzw. der Zahlungsverpflichtung kombinierten Erfassung (*single asset and liability approach*) gerechtfertigt.

> „Die Optionsbewertung ist eine ganz schwierige Frage, denn da wird noch mal deutlich, dass der Ansatz, der jetzt gewählt wurde, konzeptionell zwar richtig ist, dem aber auch widerspricht. Bei den Optionen hat man ja letztendlich keinen Vermögenswert, wenn man die Definition eins zu eins nimmt. Und das ist genau das Dilemma, in dem wir stecken. Auf der Verbindlichkeitsseite besteht das gleiche Problem. Das ist das Kernproblem, das wir auch in der gesamten Diskussion immer wieder haben. Konzeptionell wird das Richtige gewollt. Im Laufe der Zeit hat man dann allerdings den Sündenfall begangen und sich immer näher an die Praxis heran gerobbt. Das kann zwar helfen, ist aber konzeptionell wieder nicht ganz schlüssig." (BB: 116-124)

1 Vgl. hierzu und im Folgenden Frage A.2.2.1, Kapitel VI.1.1.2.2.1.

Einer dieser vier Wirtschaftsprüfer schlägt vor, auf die bilanzielle Berücksichtigung von Optionen vollständig zu verzichten, um eine praktikable und verständliche Vorgehensweise zu gewährleisten. Dieser Wirtschaftsprüfer argumentiert, dass im Falle einer günstigen (Kauf- oder Verlängerungs-)Option höhere Leasingzahlungen während der Grundlaufzeit für den Leasingnehmer anfielen als im Falle ohne Option. Die Differenz in den Leasingraten mit und ohne Option entspräche gerade dem Wert der Option bei Abschluss des Leasingvertrags. Die Bewertung von Nutzungsrecht und Verbindlichkeit zum Barwert der Leasingzahlungen würde somit automatisch die höheren Leasingzahlungen berücksichtigen. Die zu zahlenden Leasingraten während des Zeitraums der Optionsausübung wären – entgegen den Vorschlägen von IASB und FASB – nicht enthalten, weil insofern keine Vermögenswerte und Schulden vorlägen.

> „Die Frage bei der Bilanzierung ist immer – nicht nur beim Leasing – ob immer alles mathematisch korrekt sein muss, ob alles nach der ideellen Anschauung gemacht werden muss oder ist es nicht besser, eine praktikable Lösung zu finden, die jeder versteht und wo jeder seine eigenen Schlüsse ziehen kann. [...] Ist für den Adressaten folgender Ansatz nicht viel einfacher: Keine Option, denn wenn der Leasingnehmer eine Verpflichtung eingeht, dann will er offensichtlich nicht loslassen? Also ist es wie eine Finanzierung und er soll es voll bilanzieren. Damit hätte man erreicht, dass jeder weiß, woran er ist." (BF: 113-123)

Während hinsichtlich der grundsätzlichen bilanziellen Berücksichtigung von Optionen, Restwertgarantien und bedingten Leasingzahlungen ein heterogenes Antwortverhalten seitens der befragten Wirtschaftsprüfer besteht, zeigt sich demgegenüber eine von sämtlichen Wirtschaftsprüfern geäußerte homogene Kritik hinsichtlich der konkreten Ausgestaltung der bilanziellen Behandlung, wonach Optionen, Restwertgarantien und bedingte Leasingzahlungen wahrscheinlichkeitsbasiert in die Bewertung des Nutzungsrecht bzw. der Verbindlichkeit einbezogen werden. Diese Vorgehensweise wird als äußerst komplex erachtet.

> „Der IFRS-Ansatz ist wahrscheinlichkeitsgetrieben. D.h. es müssen alle Szenarien mit einer Wahrscheinlichkeit bewertet werden. Das ist dreidimensionales Schach." (BI: 151-152)

Sämtliche Wirtschaftsprüfer geben an, dass die vorgesehene Bewertung von Optionen, Restwertgarantien und bedingten Leasingzahlungen zu Ermessensspielräumen führte. Die Einschätzung der Ausübungs- bzw. Eintrittswahrscheinlichkeiten wird als höchst subjektiv eingeschätzt. Insofern würden die derzeitigen Ermessensspielräume der Klassifizierung von Leasingverhältnissen durch die Reform der Leasingbilanzierung lediglich verlagert.

> „Aber dann kommt die Frage nach den Spezialfällen, die in einer normalen Finanzierung nicht vorkommen, wie etwa Kaufoptionen, Verlängerungsoptionen, Restwertgarantien usw. Da fängt der neue Ansatz an, sehr schwierig zu werden und löst absolut nicht das Problem. D.h. in einer pauschalen Betrachtung: Es wird eine pseudo-mathematische Wahrscheinlichkeitsrechnung eingeführt. Da kommt genauso wenig raus, weil man auch wieder Annahmen unterstellen muss, die genauso wieder dem subjektiven Ermessen unterliegen. Das macht das ganze wieder nicht sehr förderlich. Man erreicht zwar das Grundprinzip, dass unten ein Sockel vorhanden ist. Der wird auch stehenbleiben. Die Frage wird nur sein, wie wird dieser Sockel leben (nach oben oder unten). Die andere Frage wird sein, wie viel Gestaltungsspielraum vorhanden ist. Jetzt hat man einen Gestaltungsspielraum zwischen 0 und 100. Künftig besteht der Gestaltungsspielraum zwischen x und 100. Das ist das, was sich ändert." (BF: 101-112)

„Der Mandant nimmt den best estimate, der ihm gerade am besten passt. Damit bleibt die Subjektivität erhalten. Sie verschiebt sich lediglich." (BH: 162-164)

Die Wirtschaftsprüfer kritisieren zudem, dass die wahrscheinlichkeitsgewichtete Bewertung von Restwertgarantien und bedingten Leasingzahlungen eine Scheingenauigkeit suggerierte. Faktisch führte die Berechnung von Erwartungswerten zu irreführenden Ergebnissen.

„Einem normalen Menschen ist das nicht mehr klarzumachen, was man dort tut. Der Grundgedanke on balance wird verstanden. Aber wenn man anfängt, zu akademisch zu sein, wie z.B. der IASB mit seinen gewichteten Wahrscheinlichkeiten, kann man keinem Unternehmen klarmachen, was eigentlich der Erwartungswert ist. Das geht eigentlich nicht. Die IASB-Bilanzierung führt auf jeden Fall dazu, dass es falsch ist. Keiner der drei Erwartungszustände tritt ein. Durch die Gewichtung habe ich nie das getroffen, was kommen wird. Ich habe es nur mathematisch vorweg richtig gewichtet. [...] Das zeigt das grundsätzliche Problem, wie auch in der Finanzmarktkrise: Je mehr man diese Schätzungsprobleme, Wahrscheinlichkeitsprobleme in den Standard hinein nimmt, umso eher ist man diesen Erdbebenrisiken [Haftungsfälle] ausgeliefert. Da ist eine tatsächliche Entobjektivierung drin und das ist an sich nicht so schlimm. Schlimm ist, wenn man das versteckt hinter einer Scheingenauigkeit. Das ist in Wirklichkeit – auf die Spitze getrieben – irreführend." (BA: 138-144 und 175-180)

Die von den Wirtschaftsprüfern kritisierte Scheingenauigkeit bestünde auch deshalb, weil die Beurteilung der Ausübungs- bzw. Eintrittswahrscheinlichkeiten mit hohen Unsicherheiten verbunden wäre.

„Die Frage ist immer, wie viele Szenarien bei most likely und dem Erwartungswert denkbar sind. Wenn man über zehn Szenarien spricht, dann wird es verdammt schwierig. Dann muss man sagen, dass das kaum noch einzuschätzen ist." (BG: 195-197)

Auch der Vorschlag einer Neubeurteilung der Ausübungs- bzw. Eintrittswahrscheinlichkeiten an jedem Bilanzstichtag resultierte nach Auffassung der Wirtschaftsprüfer nicht in einer Reduktion der Unsicherheit, sondern in einer Erhöhung des Bilanzierungsaufwands für Leasingnehmer.

„Aus der praktischen Erfahrung heraus halte ich die laufende Bewertung für ein Konzept, dass draußen zu völligem Unverständnis führen wird. Es ist nicht nur eine Frage der Willkür und der Objektivierung. Es ist auch eine Frage des administrativen Aufwands für den Ersteller. Die Folgebewertung ist ja auch im Anlagevermögen durchzuführen. Wenn es ‚nur' auf der Verbindlichkeitenseite wäre, dann mag es ein Teil sein. Aber warum dann wieder die Anschaffungskosten für das Nutzungsrecht sich ändern sollen, da fehlt mir auch ein bisschen das Verständnis. Die Revaluierung der assets halte ich für fraglich." (BD: 159-166)

Vor dem Hintergrund der mit der bilanziellen Behandlung von Optionen, Restwertgarantien und bedingten Leasingzahlungen verbundenen Ermessensspielräumen und der suggerierten Scheingenauigkeit erwarten die Wirtschaftsprüfer keine Verbesserung des Verständnisses von Jahresabschlussinformationen. Der Nutzen der Jahresabschlussinformationen wäre auch deshalb eingeschränkt, weil Branchenvergleiche erschwert würden.

„Insofern werden auch Branchenvergleiche erschwert: Wie hat der eine und wie hat der andere die Option ausgelegt?" (BC: 187-189)

> „Die Frage bei der Leasingbilanzierung ist: Ist es notwendig, die ganzen Schwierigkeiten, die schon beim alten Ansatz vorhanden waren, wieder mit einzubauen? Warum wieder so kompliziert? Versteht kein Mensch und kann keiner mehr nachvollziehen. Die ganzen Modelle kann keiner mehr richtig nachrechnen." (BF: 116-120)

Insgesamt führt die Untersuchung der von den Wirtschaftsprüfern erbetenen Beurteilung der bilanziellen Behandlung von Optionen, Restwertgarantien und bedingten Leasingzahlungen zu keinem einheitlichen Ergebnis. Fünf der neun befragten Wirtschaftsprüfer befürworten die kombinierte Erfassung von Optionen, Restwertgarantien und bedingten Leasingzahlungen innerhalb des Nutzungsrechts bzw. der Zahlungsverpflichtung aufgrund der wirtschaftlichen Verbundenheit der Positionen. Demgegenüber lehnen vier Wirtschaftsprüfer die bilanzielle Erfassung von Optionen, Restwertgarantien und bedingten Leasingzahlungen mit Verweis auf die Nichterfüllung der Ansatzkriterien eines Vermögenswerts und einer Schuld gemäß IFRS-Rahmenkonzept gänzlich ab. Das uneinheitliche Antwortverhalten der befragten Wirtschaftsprüfer hinsichtlich der Beurteilung der Behandlung von Optionen, Restwertgarantien und bedingten Leasingzahlungen stimmt mit dem Ergebnis aus den Interviews mit Leasingnehmern überein[1]. Sämtliche Wirtschaftsprüfer kritisieren – in Übereinstimmung mit den befragten Leasingnehmern – die konkrete Ausgestaltung der bilanziellen Behandlung von Optionen, Restwertgarantien und bedingten Leasingzahlungen. Im Zentrum der Kritik stehen die mit der Determinierung der Ausübungs- bzw. Eintrittswahrscheinlichkeiten verbundenen Ermessensspielräume und die im Zusammenhang mit der Berechnung des Erwartungswerts suggerierte Scheingenauigkeit. Die erneute Beurteilung der Ausübungs- bzw. Eintrittswahrscheinlichkeiten an jedem Bilanzstichtag erachten die Befragten als aufwandserhöhend für die Bilanzierenden. Eine Erhöhung des Nutzens aus Jahresabschlussinformationen für die Adressaten wird von sämtlichen Wirtschaftsprüfern bezweifelt.

1.2.2.3 Zusammenfassung

Sämtliche befragten Wirtschaftsprüfer beanstanden die Existenz unterschiedlicher Bilanzierungsmethoden für Leasingverhältnisse und die daraus resultierenden Ermessensspielräume. Die Beurteilung der Wirtschaftsprüfer, inwieweit sie selbst und Jahresabschlussadressaten Bilanzauswirkungen operativer Leasingverhältnisse abschätzen können, resultiert in einem homogenen Antwortverhalten. Die Mehrheit der Wirtschaftsprüfer sieht derzeit eine Erschwernis hinsichtlich der Beurteilung der bilanziellen Auswirkungen operativer Leasingverhältnisse. Ein ähnliches Antwortverhalten ergibt sich bezüglich der Frage nach der Vergleichbarkeit von Jahresabschlüssen. Mehrheitlich beurteilen die Wirtschaftsprüfer die Vergleichbarkeit von Jahresabschlüssen – sowohl zwischen Unternehmen, als auch über die Zeit hinweg – aufgrund der derzeitigen Leasingbilanzierung als eingeschränkt. Die Einschätzung der Wirtschaftsprüfer, inwieweit sie selbst und Adressaten Einschätzungen über die finanziellen Verpflichtungen von Leasingverhältnissen vornehmen können, führt zu keinem einheitlichen Ergebnis. Die Pflicht zur Bilanzierung sämtlicher Leasingverhältnisse sowie deren Umsetzung über den Ansatz zur Bilanzierung von Nutzungsrechten wird

---

1 Vgl. hierzu und im Folgenden Frage A.2.2.2, Kapitel VI.1.1.2.2.2.

von sämtlichen Wirtschaftsprüfern als konzeptionell richtig bewertet. Bedenken seitens der befragten Wirtschaftsprüfer bestehen indes hinsichtlich der praktischen Umsetzung des Ansatzes, die insbesondere aufgrund der Bewertung des Nutzungsrechts erschwert wäre. Die bilanzielle Behandlung komplexer Leasingverhältnisse, die Optionen, Restwertgarantien und bedingte Leasingzahlungen enthalten, führt bei den befragten Wirtschaftsprüfern zu vermehrter Kritik. Diese Kritik konzentriert sich auf die konkrete Ausgestaltung der bilanziellen Behandlung von Optionen, Restwertgarantien und bedingten Leasingzahlungen gemäß deren Ausübungs- bzw. Eintrittswahrscheinlichkeiten.

1.2.3 Erwartete Veränderungen im Entscheidungsverhalten der Wirtschaftsprüfer, erwartete Auswirkungen für zu prüfende Leasingnehmer und Veränderungen in deren Entscheidungsverhalten

1.2.3.1 Erwartete Veränderungen im Entscheidungsverhalten der Wirtschaftsprüfer

1.2.3.1.1 Erwartete Veränderungen der Vorgehensweise im Rahmen der Prüfung von Leasingverhältnissen

Im Rahmen der Frage B.3.1.1 wird untersucht, inwieweit die reformierte Leasingbilanzierung Auswirkungen auf die derzeitige Vorgehensweise im Rahmen der Prüfung von Leasingverhältnissen hätte. Im Mittelpunkt der Frage stehen Veränderungen der Prüfungsschwerpunkte. In diesem Zusammenhang wird auch analysiert, ob die Wirtschaftsprüfer Veränderungen der Determinierung leasinginduzierter Wesentlichkeitsgrenzen erwarten. Sämtliche befragten Wirtschaftsprüfer würden den risikoorientierten Prüfungsansatz beibehalten. Diesem folgend determinieren sich auch künftig die Prüfungsschwerpunkte auf Basis des mit den jeweiligen Prüfungsbereichen verbundenen Prüfungsrisikos. Die neun befragten Wirtschaftsprüfer erwarten eine Verlagerung des Prüfungsrisikos von der derzeitigen Klassifizierung hin zur Bewertung von Leasingverhältnissen. Dementsprechend rechnen sie mit einer Verschiebung des Schwerpunkts von der Prüfung dem Grunde nach hin zur Prüfung der Höhe nach. Insbesondere die wahrscheinlichkeitsbasierte Bewertung von Nutzungsrecht und Zahlungsverpflichtung, die – der Idee der Paketbewertung (*single asset and liability approach*) folgend – laufzeitbezogene Optionen, Restwertgarantien und bedingte Leasingzahlungen berücksichtigt, wird als ein prüfungsintensiver Bereich in der Zukunft gesehen, in dem zudem erhebliche Gestaltungsspielräume vermutet werden.

> „Wenn man die Dinge mit einer Zeitschiene, mit einer Wahrscheinlichkeitsbilanzierung mit komplexer mathematischer Berechnung in die Bilanz hinein nimmt und dieses dann die Verschuldungskoeffizienten natürlich beeinflusst, ergibt sich ein Schwerpunkt der Prüfung daraus. D.h. das Mengengerüst und die Risikoadjustierung eines solchen Prüfgebiets ändern sich. Wenn man Bilanz, GuV und Anhang zu prüfen hat und auf der Aktivseite und der Passivseite zwei Werte, nämlich den Nutzungswert auf der Aktivseite und auf der Passivseite den Barwert der Zahlungsverpflichtungen, über die Zeit richtig bewertet und richtig gewichtet hat, dann ergibt sich sowohl auf der Aktivseite aber noch mehr auf der Passivseite ein Schwerpunkt der Prüfung, der auch von Relevanz ist. Das ist risikogewichtet. Wenn der WP das Risiko richtig einschätzen soll, dann ergibt sich aus einem risikoorientierten Prü-

> fungsansatz sofort einer der Schwerpunkte der Prüfung. Das ist bislang nicht so.“ (BA: 348-358)

> „Die Probleme verlagern sich von der Frage des Ansatzes hin zur Bewertung. Nachdem wir den verpflichteten Ansatz für alle haben, ist jetzt die große Spielwiese, wie richtig bewertet wird.“ (BH: 237-239)

Eng mit dem Prüfungsschwerpunkt der Bewertung komplexer Leasingverhältnisse verbunden, sehen sieben der neun Wirtschaftsprüfer einen weiteren Prüfungsschwerpunkt in der von den Mandanten vorzunehmenden Dokumentation der Bewertung über die Zeit hinweg. Für die Wirtschaftsprüfer bestünde künftig die Schwierigkeit, zwischen wirtschaftlich notwendigen und bilanzpolitisch motivierten Anpassungen der Leasinglaufzeit zu unterscheiden. Der Bilanzierende würde von den Wirtschaftsprüfern im Rahmen dieses Prüfungsschwerpunkts in einer Art Nachweispflicht gesehen, wonach dieser belegen muss, dass sich beispielsweise die Ausübungswahrscheinlichkeit einer Option aufgrund einer veränderten wirtschaftlichen Situation geändert hat. Die Wirtschaftsprüfer versuchten damit die mit der wahrscheinlichkeitsbasierten Bewertung verbundenen Ermessensspielräume der Leasingnehmer zu reduzieren und eine Verstetigung der Bewertung zu erreichen.

> „Ich sehe den Schwerpunkt allerdings vor dem Hintergrund, dass so etwas stetig über die Zeit gemacht werden muss. Das Risiko besteht natürlich, dass Wahrscheinlichkeiten von Jahr zu Jahr so angepasst werden, dass man den lease term verlängert oder nicht, eben gerade wie es passt. Das wird die Herausforderung sein: Veränderung der Einschätzungen nachzuhalten und zu prüfen. […] Wir werden zukünftig eine Stetigkeit verlangen. Sonst ist man der Willkür ausgeliefert. Wir können dem Kunden hier nur raten, Datenhistorien aufzubauen, um letztlich diese Nachweise liefern zu können. […] Letztlich ist es eine Frage des Nachweises. Die Einschätzung hat er und die muss stetig sein. Man kann natürlich auch Einschätzungen ändern. Aber auch das muss begründbar sein.“ (BG: 198-202 und 208-214)

Der risikoorientierte Prüfungsansatz führt nach Aussage aller neun Wirtschaftsprüfer zu einer für jedes Prüfungsmandat individuellen Anpassung leasinginduzierter Wesentlichkeitsgrenzen. Die Anpassung begründet sich hauptsächlich aus der Bilanzierungspflicht für sämtliche Leasingverhältnisse. Die Erwartung höherer Prüfungsrisiken im Rahmen bilanzwirksamer Leasingverhältnisse verdeutlicht wiederum die unterschiedliche Bedeutung von Bilanzpositionen und Anhangangaben.

> „Jede Bilanzverlängerung führt zu neuen Wesentlichkeiten. Es ist zudem ein Unterschied, ob man eine Anhangangabe vergisst oder ein Leasingverhältnis falsch abbildet.“ (BI: 187-189)

Zusammenfassend sind keine Veränderungen des Prüfungsansatzes festzustellen. Sämtliche befragten Wirtschaftsprüfer würden den risikoorientierten Prüfungsansatz beibehalten, erwarten indes aufgrund der künftigen Bilanzierungspflicht für sämtliche Leasingverhältnisse eine Anpassung leasinginduzierter Wesentlichkeitsgrenzen. Die Festlegung derselben würde weiterhin unternehmensindividuell erfolgen. Die erwartete Verlagerung des Prüfungsrisikos ginge mit einer Verlagerung der Prüfungsschwerpunkte einher. Der bisher von allen Wirtschaftsprüfern identifizierte Prüfungsschwerpunkt der Klassifizierung (Prüfung dem Grunde nach) würde sich auf die Bewertung von Leasingverhältnissen (Prüfung der Höhe nach) verschieben. Der Prüfungsschwerpunkt der Bewertung begründet sich im Wesentlichen aus der wahrscheinlichkeitsbasierten Bewertung von Nutzungsrecht und Zahlungsverpflichtung, nach der laufzeitbezogene Optionen, Restwertgarantien und bedingte Leasingzahlungen berücksichtigt würden und den damit vermuteten Ermessensspielräumen. Die Mehrheit der Wirtschaftsprüfer erwartet einen weiteren Prüfungsschwerpunkt in der Dokumentation der Bewertung von Leasingverhältnissen über die Zeit hinweg, in dessen Mittelpunkt die Überprüfung der von den Mandanten zu begründenden Leasinglaufzeiten stehen würde. Übereinstimmung mit den Interviews mit Leasingnehmern ist insofern festzustellen, als beide Gruppen die künftigen Prüfungsschwerpunkte der Bewertung und der Dokumentation der Bewertung identifizieren und eine Anpassung leasinginduzierter Wesentlichkeitsgrenzen erwarten[1]. Unterschiede zwischen den befragten Wirtschaftsprüfern und Leasingnehmern bestehen hinsichtlich des Prüfungsschwerpunkts der Abgrenzung von Leasingverhältnissen und Dienstleistungsverträgen, den lediglich die Leasingnehmer erwarten.

1.2.3.1.2 Erwartete Auswirkungen auf die Bedeutung der Rechenwerke und des Anhangs in der Prüfung von Leasingverhältnissen

Die Frage B.1.2 zeigt, dass die Mehrheit der Wirtschaftsprüfer der Prüfung des Anhangs gegenwärtig eine geringere Bedeutung beimisst als der Prüfung der Bilanz und Gesamtergebnisrechnung[2]. Im Rahmen der Frage B.3.1.2 wird nun untersucht, inwieweit die reformierte Leasingbilanzierung zu Veränderungen der Bedeutung einzelner Rechenwerke führen würde. Dabei wird zusätzlich berücksichtigt, ob die Bedeutungsunterschiede zwischen Bilanz bzw. Gesamtergebnisrechnung und Anhang fortbestünden.

Sämtliche Wirtschaftsprüfer geben an, dass die hohe Bedeutung von Bilanz und Gesamtergebnisrechnung in der Prüfung fortbestünde. Dies resultierte nach Auffassung der Befragten zum einen aus der künftigen Bilanzierungspflicht für sämtliche Leasingverträge und zum anderen aus der kombinierten Bilanzierung von Nutzungsrecht bzw. Zahlungsverpflichtung und Optionen, Restwertgarantien sowie bedingten Leasingzahlungen. Veränderungen der Einschätzungen bezüglich Optionen, Restwertgarantien und bedingten Leasingzahlungen beeinflussten einerseits die entsprechenden Bilanzposten.

> „Die erneute Beurteilung von Wahrscheinlichkeiten an jedem Bilanzstichtag hat Auswirkungen auf den Bilanzansatz und den Wert, mit dem das Nutzungsrecht bilanziert wird." (BE: 87-89)

Andererseits erhöhte die mit der Bewertung von Optionen, Restwertgarantien und bedingten Leasingzahlungen verbundene Unsicherheit nach Ansicht der Wirtschaftsprüfer weiterhin die Bedeutsamkeit von Bilanz und Gesamtergebnisrechnung in der Prüfung. Der Wirtschaftsprüfer stünde künftig vor der Herausforderung der Überprüfung und Testierung der entsprechenden mit Ermessen behafteten Ausübungs- bzw. Eintrittswahrscheinlichkeiten.

1 Vgl. hierzu und im Folgenden Frage A.3.1.4, Kapitel VI.1.1.3.1.4.
2 Vgl. Kapitel VI.1.2.1.2.

„Das Unangenehme entsteht, wenn die ursprüngliche Beurteilung im Rahmen war und plausibel und vernünftig und vor allem testierfähig war und dann eine weitere Ursache hinzukommt, die dann die vorherige Wahrscheinlichkeit zumindest als fraglich erscheinen lässt oder eben als unwahrscheinlich erscheinen lässt. [...] Je scheingenauer die Bilanzierung wird, desto weniger traut jemand, der nicht Fachmann ist, dieser Bilanzierung und desto höher gehen die Transaktionskosten in Wirklichkeit. Außerdem muss sehr viel Gehirnschmalz in diese Art der Bilanzierung gesteckt werden." (BA: 169-172 und 186-189)

„Bei Optionsverträgen stellt sich die Frage der Einbeziehung der Optionen. Es wird schwierig, die Wahrscheinlichkeiten der Optionsnutzung zu beurteilen. [...] Alle Optionen zu berücksichtigen führt auch zu Gestaltungsspielräumen. Die erneute Beurteilung zu jedem Stichtag führt zu Gestaltungsspielräumen. Die Überprüfung der Gestaltungsspielräume seitens des Prüfers ist nicht durchführbar. Auch Erfahrungswerte helfen nicht, weil der Bilanzierer mit Geschäftsmodellen usw. argumentieren kann." (BC: 91-100)

Die Prüfung von Bilanz und Gesamtergebnisrechnung würde nach Aussage der befragten Wirtschaftsprüfer zukünftig auch deshalb weiterhin bedeutsam sein, weil Leasingnehmer künftig zur Bilanzierung von Leasingverhältnissen notwendige Informationen ermitteln und vorhalten müssten – eine Aufgabe, die bisher primär dem Leasinggeber zugefallen ist. Da dem Leasingnehmer die zur Informationsermittlung notwendige Kompetenz häufig abgesprochen wird, erwarten die Wirtschaftsprüfer entsprechend höhere Prüfungsrisiken in der Bilanz und Gesamtergebnisrechnung.

„Es bedeutet eine wahnsinnige Datenanforderung und eine Datenbewältigung für den Kunden. [...] Die ganzen Tools gibt es wahrscheinlich jetzt nicht. Die müsste man entwickeln und natürlich auch befüllen. Das wird sicherlich auch einen gewissen Lernprozess mit sich bringen. In den ersten Jahren wird es größere Diskussionen geben als wenn sich das erst einmal eingespielt hat. Es wird wieder ein großer Teil der Verantwortung auf den Prüfer delegiert, weil letztlich der Prüfer die Beurteilung treffen muss und die Einschätzung bewerten muss. Das ist ein gewisses Maß an Verantwortung, was wieder an uns übertragen wird." (BG: 214-223)

Die Bedeutung des Anhangs im Rahmen der Prüfung von Leasingverhältnissen würde gemäß den Erwartungen von sieben Wirtschaftsprüfern zunehmen. Die gestiegene Bedeutung des Anhangs begründet sich nach Auffassung der Wirtschaftsprüfer zum einen aus der Erläuterung des Bilanzansatzes.

„Interessant könnte sein, worauf sich diese Nutzungsrechte beziehen. Wenn man das intangible asset hat, bei dem man das Nutzungsrecht als solches ansetzt, könnte interessant sein, welche Art von Leasingkonstrukten zugrundeliegt, welche Art von primären Vermögenswerten man da eigentlich nutzt." (BH: 255-258)

Zum anderen erkläre sich die künftige Bedeutung des Anhangs aus der Erläuterung der wertbestimmenden Parameter. Dem Anhang käme künftig insbesondere die Aufgabe zu, die Methoden zur Ermittlung der zugrundeliegenden Ausübungs- bzw. Eintrittswahrscheinlichkeiten von Optionen, Restwertgarantien und bedingten Leasingzahlungen aufzuzeigen.

„Der Anhang wird noch an Bedeutung gewinnen, denn im Anhang muss viel stärker erläutert werden, mit welchen Methoden man vorgegangen ist. Es wird noch viel ausgefeilter werden. Bis jetzt konnte man bestimmte Sachen erklären. Aber die Anwendung bestimmter Methoden oder Berechnungsweisen müssen künftig zumindest im Anhang erläutert werden, damit man versteht, wie eine Option oder die Restwerte beurteilt wurden. Die Informationen im Anhang werden wohl zunehmen. D.h. die Prüfer müssen sich intensiver damit auseinandersetzen. Das führt zu einem erhöhten Prüfungsaufwand. Die einfachen Leasingverhältnisse kommen in der Praxis höchstens im Massengeschäft vor. Aber auch da wird es immer wieder Optionen geben. Insofern bedarf es einer Erläuterung, damit überhaupt einer versteht, warum die Kaufoption nicht bilanziert wird. Da muss man was dazu sagen. Wie umfangreich die Erläuterung ist, muss man sehen. Man kann zumindest festhalten, dass der Anhang an Bedeutung für den Prüfer gewinnt." (BF: 202-213)

Die gestiegene Bedeutung des Anhangs wird zugleich als paradox angesehen. Schließlich hat die Reform der Leasingbilanzierung das Ziel, derzeit im Anhang dargestellte bilanzunwirksame Leasingverhältnisse in der Bilanz abzubilden. Dieser Auffassung sind sechs der neun befragten Wirtschaftsprüfer.

„Die gestiegene Bedeutung des Anhangs ist kontraproduktiv zu der eigentlichen Zielsetzung, Informationen in die Bilanz zu ziehen." (BF: 214-215)

Ein Wirtschaftsprüfer gibt an, dass sich die Bedeutung des Anhangs in der Prüfung von Leasingverhältnissen nicht verändern würde. Dieser Wirtschaftsprüfer misst allerdings dem Anhang bereits gegenwärtig eine hohe Bedeutung bei[1].

„Insofern werden die notes weiterhin eine gewichtige Positionierung und weiterhin von ganz besonderer Bedeutung sein. Ich kann mir schon vorstellen, dass man künftig stärker auf die reine Bilanzierung achten wird. Aber auch die notes werden nach wie vor die entsprechenden Informationen über die Transaktionen und das Geschäft geben müssen. Sonst versteht man den Abschluss nicht. Es muss ja nachvollziehbar sein, wie z.B. Optionen bewertet werden. Insofern ändert sich die Bedeutung des Anhangs nicht." (BB: 234-240)

Ein weiterer Wirtschaftsprüfer erachtet den Anhang als weniger bedeutsam in der künftigen Prüfung von Leasingverhältnissen aufgrund der Bilanzierungspflicht für sämtliche Leasingverhältnisse. Die von anderen Befragten erwartete höhere Bedeutsamkeit des Anhangs aufgrund der Erläuterung wertbestimmender Faktoren erwartet dieser Wirtschaftsprüfer nicht.

„Wenn alles weitgehend in die Bilanz reingeht und der Anhang da entlastet wird, würde es auf die Prüfung der Verhältnisse eine positive Auswirkung haben. Die Anhangprüfung hätte dementsprechend eine kleinere Bedeutung." (BG: 182-185)

Insgesamt zeigt sich, dass die hohe Bedeutung von Bilanz und Gesamtergebnisrechnung im Rahmen der Prüfung von Leasingverhältnissen fortbestehen dürfte. Angesichts der künftigen Bilanzierungspflicht für sämtliche Leasingverhältnisse verwundert dieses Ergebnis wenig. Die Mehrheit der Wirtschaftsprüfer identifiziert zudem die künftige kombinierte Bilanzierung von Nutzungsrecht bzw. Zahlungsverpflichtung und Optionen, Restwertgarantien sowie bedingten Leasingzahlungen als Faktor zur Beeinflussung der Bedeutung von Bilanz und Gesamtergebnisrechnung. Die mit der diesbezüglichen Bewertung einhergehenden Unsicherheiten und die notwendige Informationsermittlung der Leasingnehmer resultierten nach Auffassung der Wirtschaftsprüfer in der Fokussierung auf Bilanz und Gesamtergebnisrechnung in der Prüfung von Leasingverhältnissen. Die Wirtschaftsprüfer erwarten mehrheitlich, dass der Anhang künftig eine größere Bedeutung in der Prüfung von Leasingverhältnissen einnähme. Dieses Ergebnis erklärt sich aus der Erläuterung des bilanzierten Nutzungs-

1 Vgl. Frage B.1.2, Kapitel VI.1.2.1.2.

rechts und der wertbestimmenden Parameter – insbesondere die Ermittlung der zugrundeliegenden Ausübungs- bzw. Eintrittswahrscheinlichkeiten von Optionen, Restwertgarantien und bedingten Leasingzahlungen. Insofern dürften sich die derzeit bestehenden Bedeutungsunterschiede zwischen Bilanz und Anhang reduzieren[1]. Veränderungen der Bedeutung des Lageberichts vermochten die Wirtschaftsprüfer mehrheitlich nicht zu antizipieren.

1.2.3.1.3 Erwartete Auswirkungen auf die Komplexität der Prüfung von Leasingverhältnissen und das Kosten-Nutzen-Verhältnis

Im Rahmen der Frage B.3.1.3 wird untersucht, ob die reformierte Leasingbilanzierung Auswirkungen auf die Komplexität der Prüfung von Leasingverhältnissen hätte. Im Mittelpunkt der Untersuchung steht die Beeinflussung der Intensität leasinginduzierter Prüfungshandlungen durch die Reformbestrebungen. Zusätzlich wird analysiert, inwieweit die künftige Leasingbilanzierung zu einer Vereinfachung bzw. Erschwernis der Prüfung von Leasingverhältnissen führen würde. Drei Wirtschaftsprüfer erwarten eine Vereinfachung der Prüfung von Leasingverhältnissen derart, dass künftig die Prüfung der Klassifizierung von Leasingverhältnissen entfiele.

> „Vom Ansatz und der Vorgehensweise her wird es im Grundprinzip eher leichter. Der Alles-oder-Nichts-Ansatz war auch für den Prüfer schwierig, weil er die letzte Entscheidungsstelle ist und sagen muss, ob es sich um operating oder finance lease handelt. [...] Es wird etwas Dampf aus der Alles-oder-Nichts-Entscheidung genommen." (BF: 157-163)

Ein Wirtschaftsprüfer erwartet zudem eine vereinfachte Prüfung von Unternehmen, deren Fortführung möglicherweise gefährdet ist. In diesen Fällen gewännen die derzeit im Anhang dargestellten sonstigen finanziellen Verpflichtungen aus operativen Leasingverhältnissen an Bedeutung. Die diesbezügliche künftige Vereinfachung wird wie folgt begründet:

> „In den engen Fällen erleichtert sie [die Bilanzierung sämtlicher Leasingverhältnisse] dem Abschlussprüfer die Dinge, weil das Mengengerüst schon da und geprüft ist." (BA: 394-395)

Allerdings erwarten diese drei Wirtschaftsprüfer, dass die Vereinfachung hinsichtlich der Klassifizierung von Leasingverhältnissen durch die mit der künftigen Bewertung von Leasingverhältnissen verbundene erhöhte Komplexität kompensiert würde. Dieser Auffassung sind auch die verbleibenden sechs Wirtschaftsprüfer. Insgesamt erwarten somit sämtliche Wirtschaftsprüfer eine erhöhte Komplexität der künftigen Prüfung von Leasingverhältnissen. Die Kosten der reformierten Leasingbilanzierung würden den daraus entstehenden Nutzen für Wirtschaftsprüfer übersteigen. Die gestiegenen Kosten könnten zudem nicht vollständig in Form eines erhöhten Prüfungshonorars auf die Bilanzierenden übertragen werden.

> „Aus Prüfersicht ist es umso schwieriger, das nachzuprüfen und nachzuhalten, wenn man nicht nur eine reine Folgebewertung über eine Abschreibung oder die Effektivzinsmethode hat. [...] Bewertungsseitig wird sich die Prüfung komplexer und schwieriger in Zukunft darstellen, weil es auch subjektiver wird." (BD: 170-171 und 191-192)

1 Vgl. Frage B.1.2, Kapitel VI.1.2.1.2.

Die erwarteten Ermessensspielräume im Rahmen der Paketbewertung führten nach Auffassung der Wirtschaftsprüfer zudem zu vermehrten Diskussionen mit zu prüfenden Mandanten und erhöhten insofern den Prüfungsaufwand.

> „Ich vermute, dass wir Diskussionen künftig nicht einmalig haben wie bisher bei der Klassifizierung. In Zukunft werden die Diskussionen jährlich auftreten, sofern Optionen in den Verträgen enthalten sind. Diskussionen entstehen dann wahrscheinlich um Ermessensspielräume und Wahrscheinlichkeiten." (BE: 171-174)

Die Wirtschaftsprüfer erwarten zusätzlich eine Erschwernis der Prüfung, weil Erfahrungswerte hinsichtlich der angestrebten Bewertung fehlten. Als erschwerend werden auch die geforderten Bewertungsanpassungen an Marktentwicklungen erachtet.

> „Zudem fehlen die Erfahrungswerte im Bereich der Optionsbewertung. [...] Es kommt einerseits auf die Erfahrungswerte an. Andererseits spielt aber auch die Marktentwicklung eine Rolle. In Abhängigkeit von der Entwicklung der Marktpreise können Optionen von Jahr zu Jahr unterschiedlich beurteilt werden. Als Beispiel dient die Automobilbranche. Die vereinbarten hohen Restwerte bzw. Übernahmepreise können heute bei Wiederverkauf am Markt nicht mehr erzielt werden und die Option wird nicht mehr wahrgenommen. Marktentwicklungen sind nicht vorhersehbar und können nur zum Stichtag aktuell beurteilt werden. Insofern wird die Prüfung auch schwieriger." (BE: 175-185)

Die Determinierung der zur Bewertung von Leasingverhältnissen relevanten Zinssätze wird von sechs Wirtschaftsprüfern als weiterer Treiber der Komplexität gesehen.

> „Die Prüfungshürden der Zinssätze und Tools bleiben weiter bestehen. Es wird wahrscheinlich noch komplexer und aufwendiger als bisher. Die Wahrscheinlichkeitsbeurteilung vom Mandanten wird immer einfließen." (BD: 72-74)

Vier Wirtschaftsprüfer erachten zudem die Diskussion um die Wesentlichkeit eines Leasingverhältnisses als komplexitätssteigernd.

> „Da wird die Frage wieder auf den Abschlussprüfer abgewälzt, der zu entscheiden hat, wann ein wesentlicher Leasinggegenstand vorliegt und wann nicht, wann der Gegenstand nach right of use beim Leasingnehmer bilanziert wird und wann nicht. Das ist dem Konzept immanent, macht es aber dadurch nicht einfacher." (BB: 148-151)

Fünf Wirtschaftsprüfer erwarten die Bindung zusätzlicher Kapazitäten vor dem Hintergrund intensiverer Prüfungshandlungen im Bereich der Bewertung. Dies erscheine insbesondere während der Implementierungsphase der neuen Regulierung notwendig.

> „Das wird sehr viele Kapazitäten in der Umsetzung binden. So ein Projekt kann nur langfristig umgesetzt werden. Prüfer und Ersteller müssen sich darauf organisatorisch einrichten." (BI: 49-51)

Die erhöhte Komplexität der Prüfung von Leasingverhältnissen führte nicht nur zu einem gesteigerten Prüfungsaufwand. Der Komplexität wäre nach Auffassung der Wirtschaftsprüfer zugleich ein erhöhtes Prüfungsrisiko immanent.

> „Bei der Komplexität der heutigen Rechnungslegung bezweifle ich, dass noch alle da richtig durchblicken. Das mag theoretisch toll sein und alles wissenschaftlich ableitbar sein, aber praktisch ist das nicht. Am Schluss muss man sich immer fragen, wofür man das macht. Wir als Prüfer verdienen natürlich an dieser Komplexität. Andererseits steigt aber auch unser Risiko." (BF: 288-292)

Insgesamt zeigt sich die eindeutige Erwartung der befragten Wirtschaftsprüfer, dass die Komplexität der Prüfung von Leasingverhältnissen steigen würde. Etwaige Vereinfachungen, beispielsweise durch den Wegfall der Klassifizierung von Leasingverhältnissen, würden durch neu hinzukommende Komplexitäten kompensiert. Die Kosten der reformierten Leasingbilanzierung dürften den daraus entstehenden Nutzen übersteigen. Die Erhöhung der Komplexität resultierte nach Auffassung der Wirtschaftsprüfer vornehmlich aus der Bewertung von Leasingverhältnissen, die Optionen, Restwertgarantien und bedingte Leasingzahlungen enthalten – eine Erwartung, die auch von den befragten Leasingnehmern geäußert wird[1]. Die Überprüfung der von den Leasingnehmern festgelegten Ausübungs- bzw. Eintrittswahrscheinlichkeiten erforderte vor dem Hintergrund der damit verbundenen subjektiven Spielräume und der fehlenden Erfahrungswerte intensivere Prüfungshandlungen. Die Ermessensspielräume werden zudem als Auslöser vermehrter Diskussionen mit zu prüfenden Mandanten erachtet. Als zusätzliche Prüfungserschwernisse nennen die Wirtschaftsprüfer die Anpassung der Bewertung an Marktentwicklungen, die Bestimmung der zur Bewertung von Leasingverhältnissen notwendigen Zinssätze und Diskussionen um Wesentlichkeitsthemen.

1.2.3.1.4 Zusammenfassung

Die Untersuchung der erwarteten Veränderungen im Entscheidungsverhalten der Wirtschaftsprüfer stellt keine Veränderung des Prüfungsansatzes fest. Sämtliche befragten Wirtschaftsprüfer würden den risikoorientierten Prüfungsansatz beibehalten. Allerdings wird eine Anpassung leasinginduzierter Wesentlichkeitsgrenzen aufgrund der künftigen Bilanzierungspflicht für sämtliche Leasingverhältnisse erwartet. Gleichermaßen rechnen die befragten Wirtschaftsprüfer mit einer Verlagerung der Prüfungsschwerpunkte von der Prüfung dem Grunde nach hin zur Prüfung der Höhe nach. Eng mit dem Prüfungsschwerpunkt der Bewertung verbunden ist der erwartete Prüfungsschwerpunkt der Dokumentation der Bewertung von Leasingverhältnissen über die Zeit hinweg, der Leasingnehmer nach Auffassung der Wirtschaftsprüfer in eine Nachweispflicht der Leasinglaufzeiten nähme. Hinsichtlich der Auswirkungen auf die Bedeutung der Rechenwerke zeigt sich, dass die Bedeutsamkeit von Bilanz und Gesamtergebnisrechnung im Rahmen der Prüfung von Leasingverhältnissen fortbestünde. Dies liegt nach Auffassung der Wirtschaftsprüfer zum einen an der Pflicht zur Bilanzierung sämtlicher Leasingverhältnisse. Zum anderen begründe die künftige kombinierte Bilanzierung von Nutzungsrecht bzw. Zahlungsverpflichtung und Optionen, Restwertgarantien sowie bedingten Leasingzahlungen den hohen Bedeutungsgehalt von Bilanz und Gesamtergebnisrechnung. Dem Anhang würde mehrheitlich insofern eine künftig größere Bedeutung in der Prüfung von Leasingverhältnissen zugesprochen, als ihm die Aufgabe der Erläuterung des bilanzierten Nutzungsrechts und der wertbestimmenden Faktoren zukäme. Die Ergebnisse hinsichtlich der Auswirkungen auf die Komplexität der künftigen Prüfung von Leasingverhältnissen zeigen, dass sämtliche befragten Wirtschaftsprüfer eine Erhöhung der Komplexität erwarten, die mit intensiveren Prüfungshandlungen einherginge. Als komplexitätssteigernd wird

1 Vgl. Frage A.3.1.4, Kapitel VI.1.1.3.1.4.

insbesondere die Bewertung von Leasingverhältnissen erachtet, die Optionen, Restwertgarantien und bedingte Leasingzahlungen enthalten. Die erwarteten Veränderungen im Entscheidungsverhalten der befragten Wirtschaftsprüfer werden in Tabelle 29 zusammenfassend dargestellt.

Tabelle 29: Erwartete Veränderungen im Entscheidungsverhalten der befragten Wirtschaftsprüfer

Wirtschafts-prüfer	**Vorgehensweise in der Prüfung** (Frage B.3.1.1)								**Bedeutung der Rechenwerke und des Anhangs** (Frage B.3.1.2)								**Komplexität der Prüfung** (Frage B.3.1.3)			
	Prüfungsansatz				**Prüfungsschwerpunkte/ Wesentlichkeitsgrenzen**				**Bedeutung der Bilanz/Gesamtergebnis-rechnung**				**Bedeutung des Anhangs**							
	↑	↓	↕	↔	↑	↓	↕	↔	↑	↓	↕	↔	↑	↓	↕	↔	↑	↓	↕	↔
BA				x			x					x	x				x			
BB				x			x					x				x	x			
BC				x			x					x	x				x			
BD				x			x					x	x				x			
BE				x			x					x	x				x			
BF				x			x					x	x				x			
BG				x			x					x		x			x			
BH				x			x					x	x				x			
BI				x			x					x	x				x			
Σ x	**0**	**0**	**0**	**9**	**0**	**0**	**9**	**0**	**0**	**0**	**0**	**9**	**7**	**1**	**0**	**1**	**9**	**0**	**0**	**0**

Legende:
↑ Erhöhung
↓ Reduktion
↕ Verlagerung
↔ keine Veränderung

Die Untersuchung der erwarteten Veränderungen im Entscheidungsverhalten der Wirtschaftsprüfer führt zu der Frage, welche Auswirkungen der reformierten Leasingbilanzierung die Wirtschaftsprüfer für zu prüfende Leasingnehmer erwarten. Die diesbezügliche Erwartungshaltung der Wirtschaftsprüfer wird in dem folgenden Abschnitt untersucht.

1.2.3.2 Erwartete Auswirkungen der reformierten Leasingbilanzierung für zu prüfende Leasingnehmer

1.2.3.2.1 Erwartete Auswirkungen auf Finanzkennzahlen zu prüfender Leasingnehmer

Im Rahmen der Frage B.3.2.1 stehen die von den Wirtschaftsprüfern erwarteten Auswirkungen auf die Finanzkennzahlen zu prüfender Leasingnehmer im Mittelpunkt der Analyse. Dabei wird die bereits vorgestellte Unterteilung der Finanzkennzahlen in Bilanzstrukturkennzahlen, Rentabilitätskennzahlen und kapitalmarktorientierte Kennzahlen beibehalten[1]. Sämtliche befragten Wirtschaftsprüfer erwarten Auswirkungen auf wesentliche Bilanzstrukturkennzahlen zu prüfender Leasingnehmer. Die vollständige Bilanzwirksamkeit von Leasingverhältnissen führte nach Auffassung der Wirtschaftsprüfer zu einer Bilanzverlängerung, sofern bisher operative Leasingverhältnisse bestanden. Damit einher ginge eine Reduktion der Eigenkapitalquote.

> „Falls eine Bilanzverlängerung eintritt, verschlechtern sich die Eigenkapitalquoten. Bei gleicher Bilanzstruktur wirkt sich die Umstellung von operating in finance leases direkt auf die Eigenkapitalquoten aus." (BI: 54-57)

Zusätzlich zu Veränderungen der Eigenkapitalquote erwarten alle neun Wirtschaftsprüfer, dass die Verschuldungsgrade zu prüfender Leasingnehmer aufgrund der Bilanzierungspflicht für sämtliche Leasingverhältnisse steigen würden. Die Wirtschaftsprüfer verweisen darauf, dass die Mandanten bewusst operative Leasingverhältnisse abgeschlossen haben, um die bilanzielle Verschuldung nicht zu tangieren.

> „Die Befürchtung verschlechterter Verschuldungsgrade ist bei den Mandanten schon vorhanden. Genau das war ja der Grund für die off balance sheet-Finanzierung, um keine Verbindlichkeiten oder Verpflichtungen in der Bilanz zu zeigen und damit bestimmte Kapitalrelationen einzuhalten." (BF: 223-226)

Hinsichtlich der Rentabilitätskennzahlen erwarten zwei Wirtschaftsprüfer eine Verbesserung des Betriebsergebnisses (EBIT) zu prüfender Leasingnehmer, die zum einen aus der Vorverlagerung des Aufwands aufgrund der anfänglich höheren Zinsbelastung resultierte. Zum anderen führte die Aufspaltung der Leasingzahlungen in Zins- und Tilgungsanteil dazu, dass ein Teil des vormaligen (Miet-)Aufwands nicht mehr das Betriebsergebnis, sondern als Zinsaufwand das Finanzergebnis berührte. Die künftigen Abschreibungen des Nutzungsrechts statt des bisherigen (Miet-)Aufwands im Falle eines operativen Leasingverhältnisses würden zudem das EBITDA verbessern.

> „Neben den Bilanzkennzahlen müssen GuV-Kennzahlen berücksichtigt werden. Kapitalmarktorientierte Unternehmen sind sehr stark EBIT und EBITDA getrieben. Der Zinsanteil ist künftig nicht mehr im EBIT drin und beim EBITDA ist die Abschreibung nicht drin.

1 Vgl. Kapitel IV.1.3.1.

> Heute beim operating lease ist alles im EBIT drin. Unter Umständen könnten sich durch die Reform Verbesserungen des EBIT und EBITDA ergeben. Bei der Umstellung von off zu on balance sheet-accounting haben wir einen vorgelagerten Aufwand. Der anfängliche Aufwand ist größer als beim normalen operating lease. Aber der Aufwand ist ausschließlich Finanzaufwand und Abschreibungsaufwand. Damit ergibt sich eine Verbesserung von EBIT und EBITDA." (BI: 75-83)

Die Frage, ob die Verbesserung von EBIT die negative Beeinflussung der Rentabilitätskennzahlen aufgrund der erhöhten Kapitalbasis kompensieren könnte, wird offen gelassen. Allerdings geben die zwei Wirtschaftsprüfer an, dass den negativen Auswirkungen auf die Bilanzstrukturkennzahlen eine gegenüber der Verbesserung von EBIT höhere Bedeutung zukomme. Sieben Wirtschaftsprüfer schätzen die Auswirkungen auf Rentabilitätskennzahlen zu prüfender Leasingnehmer als unwesentlich ein. Die befragten Wirtschaftsprüfer erwarten zudem keine Auswirkungen auf kapitalmarktorientierte Kennzahlen, etwa das Kurs-Gewinn-Verhältnis oder das Verhältnis aus Buchwert zur Marktwert des Eigenkapitals. Demnach gehen die Wirtschaftsprüfer nicht von einer Beeinflussung der Unternehmens- und Aktienbewertung am Kapitalmarkt durch die reformierte Leasingbilanzierung aus. Inwieweit dennoch einzelne Investoren einer Beeinflussung unterlägen, wird im Rahmen der Frage zu möglichen Veränderungen im Entscheidungsverhalten von Investoren und Analysten näher untersucht[1].

Insgesamt erwarten die befragten Wirtschaftsprüfer Veränderungen der Bilanzstrukturkennzahlen zu prüfender Leasingnehmer. Die mit der Bilanzierungspflicht für sämtliche Leasingverhältnisse einhergehende Bilanzverlängerung führte nach Auffassung sämtlicher Wirtschaftsprüfer zu verschlechterten Eigenkapitalquoten und Verschuldungsgraden. Wesentliche Veränderungen der kapitalmarktorientierten Kennzahlen und der Rentabilitätskennzahlen zu prüfender Leasingnehmer werden nicht erwartet. Die vorstehenden Ergebnisse stimmen mit den diesbezüglichen Erwartungen der befragten Leasingnehmer im Wesentlichen überein[2]. Die Interviews mit Leasingnehmern führen gleichermaßen zu dem Ergebnis, dass die Leasingnehmer wesentliche Veränderungen der Eigenkapitalquote und der Verschuldungsgrade im Rahmen der Bilanzstrukturkennzahlen erwarten, während kapitalmarktorientierte Kennzahlen und Rentabilitätskennzahlen gemäß deren Erwartungen keinen wesentlichen Veränderungen unterlägen. Inwieweit die befragten Wirtschaftsprüfer – auch aufgrund der erwarteten Veränderungen der Kennzahlen zu prüfender Leasingnehmer – mit Veränderungen im Entscheidungsverhalten der Jahresabschlussadressaten rechnen, wird in weiteren Teilfragen untersucht. Die Ergebnisse werden nachfolgend dargestellt.

1.2.3.2.2 Erwartete Auswirkungen auf das Entscheidungsverhalten von Banken

Die Frage B.3.2.2 zielt darauf ab, inwieweit die befragten Wirtschaftsprüfer Veränderungen der Kreditvergabeentscheidungen von Banken hinsichtlich zu prüfender Leasingnehmer erwarten. Im Mittelpunkt der Untersuchung steht die Frage, ob die reformierte Leasingbilanzierung nach Auffassung der Wirtschaftsprüfer zum einen Auswirkungen auf die künftige Kreditwürdigkeitsprüfung und das daraus resultierende

---

1 Vgl. Frage B.3.2.3, Kapitel VI.1.2.3.2.3.
2 Vgl. hierzu und im Folgenden Frage A.3.1.1, Kapitel VI.1.1.3.1.1.

Kreditrating der Leasingnehmer hätte und zum anderen bestehende Kreditauflagen und Kreditkonditionen der Leasingnehmer beeinflussen würde.

Fünf der befragten Wirtschaftsprüfer erwarten keine Auswirkungen auf künftige Kreditvergabeentscheidungen von Banken hinsichtlich zu prüfender Leasingnehmer. Die Befragten begründen dies mit dem Entscheidungsprozess von Banken, der bereits sämtliche Leasingverhältnisse berücksichtige und insofern keine Veränderung einträte. Die Berücksichtigung sämtlicher Leasingverhältnisse im Kreditvergabeentscheidungsprozess ist nach Angabe der befragten Wirtschaftsprüfer anhand der Informationen im Jahresabschluss möglich. Zudem seien kreditvergebende Banken aufgrund deren Position in der Lage, zusätzliche Informationen – etwa eine Aufstellung der Leasingverträge – zu verlangen.

> „Die Banken lassen sich eine Aufstellung über alle Leasingverträge geben." (BC: 171)

> „Eigentlich darf die Bilanzierung keine Auswirkungen auf das [Kreditr]ating haben. Je nachdem wie homogen die Informationen sind, die man beziehen und auswerten kann, dürfte sich da kein nennenswerter Unterschied bemerkbar machen. Natürlich sind die Informationen transparenter. Insofern wird es schon marginale Auswirkungen haben. Aber so entscheidend zumindest für Ratingeinschätzungen dürfte es eigentlich nicht sein." (BH: 297-301)

Die Wirtschaftsprüfer begreifen die Veränderung der Leasingbilanzierung darüber hinaus als eine Herausforderung im Rahmen der Unternehmenskommunikation zu prüfender Leasingnehmer. Veränderungen der Kreditvergabeentscheidungen von Banken würden demnach auch deshalb nicht auftreten, weil die Leasingnehmer kommunizieren müssten, dass lediglich eine Veränderung der Bilanzierungsweise und nicht der ökonomischen Gegebenheiten aufgetreten sei.

> „Es ist aber eher ein kommunikatives Problem. Wenn man das auf die Banken bezieht, waren die Modelle wohl nicht richtig, mit denen sie hinein gerechnet haben. Letztlich kann es aus meiner Sicht wirtschaftlich nicht dazu führen, dass es zu verschlechterten Ratings oder erhöhten Basiszinsen kommt. [...] Aber dennoch ist es ein Thema. Man muss sich kommunikativ damit beschäftigen." (BD: 218-225)

Vier befragte Wirtschaftsprüfer erwarten entgegen den vorstehenden Ausführungen Auswirkungen auf künftige Kreditvergabeentscheidungen von Banken hinsichtlich zu prüfender Leasingnehmer. Die diesbezüglichen Auswirkungen gestalteten sich nach Auffassung dieser Wirtschaftsprüfer derart, dass Kredite nicht vergeben würden oder sich Kreditkonditionen verschlechtern könnten. Den Aussagen dieser Wirtschaftsprüfer folgend messen Banken den Informationen des Anhangs eine geringere Bedeutung im Kreditvergabeprozess bei. Operative Leasingverhältnisse seien geringer gewichtet als Finanzierungsleasingverhältnisse.

> „Die Banken sehen nur den Verschuldungsgrad." (BB: 296)

> „Offensichtlich ist es so, dass der erste Blick immer auf die Bilanz gegangen ist und wenn die halt die Verpflichtung nicht gezeigt hat, dann war wahrscheinlich der Punkt da, dass man gesagt hat, das sieht ja nicht schlecht aus. Man hat sich wahrscheinlich weniger Mühe gemacht, die Informationen aus dem Anhang genauer zu untersuchen." (BF: 229-233)

Diese Wirtschaftsprüfer geben zudem an, dass sich der gegenwärtige Kreditvergabeentscheidungsprozess an starren Analyseinstrumenten orientiert. Eine Veränderung der einzugebenden Informationen würde nicht nur die Instrumente, sondern auch die Mehrheit der Banken überfordern.

„Da die off balance sheet-Finanzierung eine große Bedeutung hat, kann es ja auch nicht sein, dass letztlich alles hinzugerechnet wird. Dann könnte man es auch lassen. [...] Wenn sie im Leasinggeschäft tätig sind, da ist im HGB-Bereich die Substanzwertrechnung von großer Bedeutung. Da haben die Banken darauf gedrängt, dass man ein gewisses Schema vorgibt. Dann haben sie ihre Tools danach ausgerichtet und können das so eingeben. Allein wenn man jetzt auf IFRS umstellt, haben die Banken schon erhebliche Probleme, weil sie nicht mehr wissen, wie die Tools befüllt werden müssen. [...] Und dabei stoßen sie schnell an ihre Grenzen. [...] In der Theorie könnte man sagen, dass es unerheblich ist, wo die Informationen stehen. Aber in der Praxis hat es sich gezeigt, dass es einen Unterschied gibt.“ (BG: 67-84)

Die Frage B.3.2.1 zeigt, dass sämtliche Wirtschaftsprüfer steigende Verschuldungsgrade und eine reduzierte Eigenkapitalquote der Leasingnehmer als Folge der reformierten Leasingbilanzierung erwarten[1]. Vor diesem Hintergrund rechnen auch sämtliche Wirtschaftsprüfer mit einer Beeinflussung vereinbarter Kreditauflagen. Lediglich zwei Wirtschaftsprüfer erwarten indes negative Konsequenzen aus der Beeinflussung bestehender *covenants*.

„Covenants werden halt an Bilanzkennzahlen festgelegt und da spielen die notes keine Rolle.“ (BG: 78)

„Wachsende Unternehmen wachsen selbst, kaufen aber auch hinzu. Unternehmenserwerbe werden in hohen Summen finanziert. Diese Finanzierungen haben Nebenbedingungen, sog. covenants. Covenants haben Klauseln bezüglich der Eigenkapitalquoten. [...] Bei gleichen Sachverhalten könnten Unternehmen, die vorher locker die Eigenkapitalquote abdeckten, künftig die Eigenkapitalquote nicht mehr erfüllen und aus der Finanzierung fallen. [...] In der heutigen Zeit sind Finanzierungen sehr wichtig. Aufgrund der Reform könnten Verschuldungslinien nicht mehr gehalten werden. Kredite können gekürzt werden und Kreditkonditionen verschlechtern sich.“ (BI: 52-65)

Die verbleibenden Wirtschaftsprüfer erwarten hingegen eine Anpassung vereinbarter Kreditauflagen statt einer Kürzung von Kreditlinien oder verschlechterten Kreditkonditionen.

„In verschiedenen Fällen hatten wir die Diskussion mit dem Mandanten nach der IFRS-Umstellung, weil covenants verletzt waren, die dann zu Nachverhandlungen mit den Banken geführt haben. So wird es auch bei der Leasingbilanzierung sein.“ (BD: 215-218)

Die Ergebnisse der Frage B.3.2.2 zeigen insgesamt ein heterogenes Bild. Während fünf Wirtschaftsprüfer keine Veränderungen der auf Leasingnehmer bezogenen Kreditvergabeentscheidungen von Banken erwarten, gehen vier Wirtschaftsprüfer von diesbezüglichen Veränderungen aus. Die Wirtschaftsprüfer, die keine Veränderungen erwarten, begründen dies mit dem derzeitigen Entscheidungsprozess von Banken und der Position kreditvergebender Banken, die es ermögliche, zusätzliche Informationen zu verlangen. Zudem müssten Leasingnehmer kommunizieren, dass lediglich eine Veränderung der Bilanzierungsweise aufgetreten sei. Die von vier Wirtschaftsprüfern erwarteten Veränderungen der Kreditvergabeentscheidungen erklären sich aus den Bedeutungsunterschieden zwischen Bilanz und Anhang, die regelmäßig bei Banken

1 Vgl. Kapitel VI.1.2.3.2.1.

bestünden. Zudem könnten die derzeit starren Analyseinstrumente Veränderungen der einzugebenden Informationen nicht verarbeiten. Die vorstehenden Ergebnisse weisen Unterschiede zu den Ergebnissen der Interviews mit Leasingnehmern auf, wonach eine eindeutige Mehrheit keine Veränderungen der Kreditvergabeentscheidungen von Banken erwartet[1]. Die Begründungen der befragten Wirtschaftsprüfer und Leasingnehmer für oder gegen Veränderungen der Kreditvergabeentscheidungen von Banken entsprechen sich weitestgehend.

Die Beeinflussung bestehender *covenants* wird von sämtlichen Wirtschaftsprüfern erwartet. Allerdings rechnet die Mehrheit der Wirtschaftsprüfer mit einer Anpassung der Kreditauflagen durch die Banken. Gekürzte Kreditlinien oder verschlechterte Kreditkonditionen werden lediglich von zwei Wirtschaftsprüfern erwartet. Diese Ergebnisse stimmen mit den Interviews mit Leasingnehmern überein, wonach mehrheitlich eine Beeinflussung von *covenants*, jedoch keine diesbezüglichen negativen Konsequenzen erwartet werden.

1.2.3.2.3 Erwartete Auswirkungen auf das Entscheidungsverhalten von Investoren und Analysten

Im Rahmen der Frage B.3.2.3 wird untersucht, inwieweit die Wirtschaftsprüfer Veränderungen im Entscheidungsverhalten von Investoren und Analysten gegenüber zu prüfenden Leasingnehmern erwarten. Im Mittelpunkt der Untersuchung steht die Frage, ob die Wirtschaftsprüfer Veränderungen der von Investoren und Analysten vorgenommenen Risikoeinschätzungen und Prognosen von Dividendenzahlungen erwarten. Die Untersuchung berücksichtigt zudem die Erwartungen hinsichtlich veränderter Ratings.

Von den neun befragten Wirtschaftsprüfern erwarten sechs keine Auswirkungen der reformierten Leasingbilanzierung auf das Entscheidungsverhalten von Investoren und Analysten gegenüber zu prüfenden Leasingnehmern. Die Wirtschaftsprüfer begründen diese Aussage zum einen damit, dass sich mögliche negative Auswirkungen auf Investitionsentscheidungen von Investoren und Analysten durch eine gezielte Unternehmenskommunikation verhindern ließen. Zum anderen würden Investoren und Analysten gegenwärtig sämtliche Leasingverhältnisse in deren Risikoeinschätzungen und Prognosen unter Anwendung formalanalytischer Verfahren berücksichtigen.

> „Wir reden nicht vom Rating, weil dort haben wir die Erfahrung gemacht, dass die operativen Leasingverhältnisse hinzugerechnet werden. […] Es sind keine Änderungen zu erwarten." (BC: 50-51 und 175)

Drei Wirtschaftsprüfer erwarten demgegenüber Veränderungen im Entscheidungsverhalten von Investoren und Analysten gegenüber Mandanten derart, dass sich Risikoeinschätzungen oder Ratings verschlechtern könnten. Infolgedessen sei teilweise mit veränderten Investitionsentscheidungen zu rechnen. Dies erklärt sich nach Angabe dieser Wirtschaftsprüfer aus der ungenügenden Berücksichtigung der Anhangangaben in den Analysen von Investoren und Analysten.

1 Vgl. hierzu und im Folgenden Frage A.3.1.2, Kapitel VI.1.1.3.1.2.

„Bei Analysten sagt man zwar, dass die sich den Anhang anschauen. Aber so wirklich im Anhang suchen sie nicht. Dann wird halt irgendetwas hinzugerechnet. Das ist oft nicht sachgerecht. Das ist schon die Kritik, die ich auch feststelle. [...] Ich war [...] bei einer großen Veranstaltung von [einer Leasinggesellschaft]. Da waren ja auch Analysten. Die haben gesagt, dass sie nicht in den Anhang schauen: ‚Wir wollen die Leasingverhältnisse in der Bilanz haben, weil es da hingehört'. Da hat man schon gesehen, dass es einen Unterschied macht." (BG: 55-57 und 79-82)

Einer dieser drei Wirtschaftsprüfer begründet die ungenügende Berücksichtigung zudem mit den verwendeten Analyseinstrumenten, die oftmals nicht den aktuellen Stand der entsprechenden Rechnungslegungsstandards abbilden würden.

„Die meisten Analysten schauen sogar nur auf die Bilanz und fertig. Meine praktische Erfahrung ist, dass es eine sehr unterschiedliche Qualität der Analysten gibt. Es gibt Leute, die sehr genau wissen, was da im Anhang steht und das sehr genau einlaufen lassen in das Ratingtool. Die allermeisten tun das nicht. [...] Das Hauptargument ist, dass das Ratingtool noch nicht so weit wie der Standard ist. Auch das muss man sehen. Die Komplexität der Regelung muss auch abgebildet werden, nicht nur in der praktischen Handhabung bei den Erstellern und den Abschlussprüfern, die das alles beurteilen müssen mit allen möglichen Konsequenzen, wie DPR, APAG – Abschlussprüferaufsichtsgesetz, sondern auch die folgenden Einheiten, die da in sehr komplexer und kostenintensiver Form IT-Lösungen zur Analyse, zur Vergleichbarmachung der letzten nationalen Besonderheiten einer internationalen Rechnungslegung entwickeln. Das sind riesige Kosten, die damit einhergehen." (BA: 239-250)

Zusammenfassend ist zu konstatieren, dass die Wirtschaftsprüfer mehrheitlich keine Veränderungen im Entscheidungsverhalten von Investoren und Analysten erwarten. Diese Aussage wird mit der Kommunikation des Mandanten mit den entsprechenden Investoren und Analysten und der Berücksichtigung sämtlicher Leasingverhältnisse im Analyseprozess unter Anwendung formalanalytischer Verfahren begründet. Dieses Resultat stimmt mit den Interviews mit Leasingnehmern überein, die ebenfalls mehrheitlich keine wesentlichen Veränderungen im Entscheidungsverhalten von Investoren und Analysten erwarten und dafür ähnliche Begründungen angeben[1]. Eine Minderheit der Wirtschaftsprüfer erwartet – in Übereinstimmung mit einem befragten Leasingnehmer – eine Verschlechterung der Risikoeinschätzungen oder Ratings und infolgedessen veränderte Investitionsentscheidungen. Die von einer Minderheit der Leasingnehmer erwartete positive Beeinflussung des Entscheidungsverhaltens von Investoren und Analysten – begründet mit der mitunter nachteiligen pauschalen Berücksichtigung operativer Leasingverhältnisse im Analyseprozess – wird von keinem der befragten Wirtschaftsprüfer erwartet.

1.2.3.2.4 Ausweitung des Ansatzes zur Bilanzierung von Nutzungsrechten auf andere Bereiche der Rechnungslegung

Die Frage B.3.2.4 zielt darauf ab, inwieweit die Wirtschaftsprüfer eine Ausdehnung des Ansatzes zur Bilanzierung von Nutzungsrechten auf andere Bereiche der Rechnungslegung erwarten. Darunter fällt zum einen die Übertragung der Bilanzierung von Nutzungsrechten auf andere Rechnungslegungsstandards, etwa IAS 38. Zum anderen

1 Vgl. hierzu und im Folgenden Frage A.3.1.3, Kapitel VI.1.1.3.1.3.

wird untersucht, welche künftige bilanzielle Behandlung anderer Dauerschuldverhältnisse von den Wirtschaftsprüfern erwartet wird. Alle neun befragten Wirtschaftsprüfer rechnen mit einer Ausdehnung der Bilanzierung von Nutzungsrechten. Eine diesbezügliche Ausdehnung auf andere Dauerschuldverhältnisse, wie Arbeitsverträge, wird von sechs Wirtschaftsprüfern erwartet.

> „Man könnte ja auch auf die Idee kommen, normale Anstellungsverträge genauso zu behandeln. Das hat man überhaupt nicht untersucht. Wird man wahrscheinlich auch nicht untersuchen, weil das zu neuen Komplikationen führt." (BF: 136-139)

Sechs Wirtschaftsprüfer erwarten eine Ausdehnung der Bilanzierung von Nutzungsrechten auf andere Standards. Insbesondere die Übertragung auf IAS 38 erscheint nach Auffassung dieser Wirtschaftsprüfer wahrscheinlich.

> „Eine Ausdehnung auf immaterielle Vermögenswerte wäre machbar, sollte aber nicht zu einer Komplexität der Regelungen im Leasingstandard führen. Der Gedanke ist richtig, ist auch legitim. Die ökonomische Analyse des Rechts führt auch dazu, dass man solche Dinge machen muss." (BA: 217-220)

Die erwartete Ausdehnung des Ansatzes zur Bilanzierung von Nutzungsrechten auf andere Bereiche der Rechnungslegung wird von den befragten Wirtschaftsprüfern kritisch beurteilt. Diese Kritik konzentriert sich auf den Bruch mit dem derzeit gegenständlich orientierten Bilanzierungssystem der IFRS. Die Umstellung auf eine Bilanzierung von Nutzungsrechten müsse – wenn überhaupt – konsequenterweise für sämtliche Rechnungslegungsbereiche eingeführt werden, was allerdings einem „Fass ohne Boden" (BF: 139) gleichkäme. Zudem würde dies zu einem erheblichen Umstellungsaufwand für Jahresabschlussersteller und Wirtschaftsprüfer führen. Die Kosten der Umstellung würden den Nutzen der neuen Bilanzierungsweise auch insofern nicht rechtfertigen, als mit der Bilanzierung von Nutzungsrechten Verständnisprobleme einhergingen.

> „Das ist eine Sportübung. In dem Board sitzen viele Berufsträger von uns. Man kann die Realität natürlich hundertprozentig abbilden. Man muss aber auch nach dem Kosten-Nutzen-Verhältnis vorgehen. Da werden schon viele Regelungen erlassen, die der Normalsterbliche nicht mehr abbilden kann. Für diese Bilanzierung braucht man eine Beraterschar, die das zum Teil selbst nicht versteht. Es werden intern und extern unendliche Kosten produziert. Dann kommt noch die DPR hinzu. Man will das Unmögliche in der Realität abbilden." (BI: 127-133)

Die Frage B.3.2.4 resultiert insgesamt in einer einheitlichen Erwartungshaltung der Wirtschaftsprüfer. Sämtliche Befragte erwarten die Ausdehnung des Ansatzes zur Bilanzierung von Nutzungsrechten auf andere Bereiche der Rechnungslegung. Dabei erscheint nach Auffassung der Wirtschaftsprüfer insbesondere die Anwendung auf IAS 38 möglich. Bei konsequenter Anwendung des Bilanzierungskonzepts müsse zudem die Ausdehnung auf andere Dauerschuldverträge erfolgen. Die Erwartungshaltung der Wirtschaftsprüfer stimmt insofern mit der Erwartungshaltung sämtlicher befragten Leasingnehmer überein[1]. Auch hinsichtlich der diesbezüglichen Kritik sind Gemeinsamkeiten zwischen den Interviews mit Wirtschaftsprüfern und Leasingnehmern festzustellen. Die Kritik der Wirtschaftsprüfer überrascht insofern, als im

---

1 Vgl. hierzu und im Folgenden Frage A.3.1.7, Kapitel VI.1.1.3.1.7.

Rahmen der Beurteilung der Reformvorschläge der Ansatz zur Bilanzierung von Nutzungsrechten bezüglich Leasingverhältnisse als konzeptionell richtig bewertet wird[1]. Allerdings werden bereits im Rahmen dieser Frage Bedenken hinsichtlich der Umsetzung des Ansatzes geäußert, so dass insgesamt ein konsistentes Antwortverhalten der Wirtschaftsprüfer vorliegt.

1.2.3.2.5 Zusammenfassung

Die Untersuchung der erwarteten Auswirkungen auf Finanzkennzahlen zu prüfender Leasingnehmer zeigt, dass die Wirtschaftsprüfer mehrheitlich keine wesentlichen Veränderungen kapitalmarktorientierter Kennzahlen und der Rentabilitätskennzahlen erwarten. Wesentliche Veränderungen werden demgegenüber im Rahmen der Bilanzstrukturkennzahlen, insbesondere der Eigenkapitalquote und der Verschuldungsgrade, für wahrscheinlich gehalten.

Die Erwartungen der Wirtschaftsprüfer hinsichtlich Veränderungen der auf Leasingnehmer bezogenen Kreditvergabeentscheidungen von Banken divergieren. Die Wirtschaftsprüfer, die keine Veränderungen der Kreditwürdigkeitsprüfung erwarten, begründen dies zum einen mit der derzeitigen Berücksichtigung sämtlicher Leasingverhältnisse im Entscheidungsprozess von Banken und der Kommunikation der Leasingnehmer mit Banken. Zum anderen ermögliche die Position kreditvergebender Banken, die Herausgabe zusätzlicher leasinginduzierter Informationen zu verlangen. Begründungen der Wirtschaftsprüfer für erwartete Veränderungen der Kreditvergabeentscheidungen finden sich demgegenüber in den Bedeutungsunterschieden zwischen Bilanz und Anhang, die regelmäßig bei Banken bestünden und den starren Analyseinstrumenten von Banken, die Veränderungen der einzugebenden Informationen nicht verarbeiten könnten. Ein einheitliches Bild zeigt sich hinsichtlich der auf die Beeinflussung bestehender *covenants* bezogenen Erwartungshaltung der Wirtschaftsprüfer. Sämtliche Wirtschaftsprüfer erwarten eine diesbezügliche Beeinflussung, die nach mehrheitlicher Auffassung der Wirtschaftsprüfer zu einer Anpassung von *covenants* durch die Banken führte.

Veränderungen im Entscheidungsverhalten von Investoren und Analysten werden von den Wirtschaftsprüfern mehrheitlich nicht erwartet, weil nach Ansicht der Wirtschaftsprüfer eine Berücksichtigung sämtlicher Leasingverhältnisse im Analyseprozess von Investoren und Analysten unter Anwendung formalanalytischer Verfahren stattfindet. Auch helfe die Kommunikation des Mandanten mit den entsprechenden Investoren und Analysten, mögliche negative Auswirkungen der reformierten Leasingbilanzierung auf das Entscheidungsverhalten der Investoren und Analysten zu vermeiden. Lediglich eine Minderheit von drei Wirtschaftsprüfern erwartet Veränderungen im Entscheidungsverhalten von Investoren und Analysten insofern, als die Angaben im Anhang in den Analysen eine lediglich ungenügende Berücksichtigung fänden und die verwendeten Analyseinstrumente oftmals nicht in der Lage seien, den aktuellen Stand der Rechnungslegungsstandards abzubilden.

Sämtliche befragten Wirtschaftsprüfer erwarten eine Ausweitung des Ansatzes zur Bilanzierung von Nutzungsrechten auf andere Bereiche der Rechnungslegung. Eine

1 Vgl. hierzu und im Folgenden Frage B.2.2.1, Kapitel VI.1.2.2.2.1.

Ausdehnung auf Rechnungslegungsstandards, etwa IAS 38, erachten die befragten Wirtschaftsprüfer als möglich. Auch die Übertragung auf andere Dauerschuldverhältnisse dürfe bei konsequenter Anwendung des Bilanzierungskonzepts nicht unterbleiben. Kritik an der Ausdehnung des Ansatzes zur Bilanzierung von Nutzungsrechten fokussiert auf die Abkehr von dem derzeitigen Bilanzierungssystem der IFRS und den Auswirkungen auf das Kosten-Nutzen-Verhältnis. Die Wirtschaftsprüfer bezweifeln die Verbesserung des Informationsnutzens der Adressaten des Jahresabschlusses aufgrund hinzukommender Verständnisprobleme, während der Umstellungsaufwand für Jahresabschlussersteller und Wirtschaftsprüfer als beträchtlich eingeschätzt wird. Eine zusammenfassende Übersicht der erwarteten Auswirkungen der reformierten Leasingbilanzierung für zu prüfende Leasingnehmer aus Sicht der befragten Wirtschaftsprüfer gibt Tabelle 30.

Tabelle 30: Erwartete Auswirkungen der reformierten Leasingbilanzierung für zu prüfende Leasingnehmer aus Sicht der befragten Wirtschaftsprüfer

Wirtschaftsprüfer	**Bilanzstrukturkennzahlen** (Frage B.3.2.1)				**Entscheidungsverhalten von Banken** (Frage B.3.2.2)				**Entscheidungsverhalten von Investoren und Analysten** (Frage B.3.2.3)			
	↑	↓	↔	Ø	↑	↓	↔	Ø	↑	↓	↔	Ø
BA		x					x			x		
BB		x				x				x		
BC		x					x				x	
BD		x					x				x	
BE		x					x				x	
BF		x				x					x	
BG		x				x				x		
BH		x					x				x	
BI		x				x					x	
Σ x	**0**	**9**	**0**	**0**	**0**	**4**	**5**	**0**	**0**	**3**	**6**	**0**

Legende:
↑ Verbesserung
↓ Verschlechterung
↔ keine Veränderung
Ø nicht abschätzbar

Die vorstehend von den Wirtschaftsprüfern erwarteten Auswirkungen der reformierten Leasingbilanzierung für zu prüfende Leasingnehmer könnten in einem veränderten Entscheidungsverhalten der Leasingnehmer resultieren. Die Erwartungen der Wirtschaftsprüfer hinsichtlich eines veränderten Entscheidungsverhaltens zu prüfender Leasingnehmer sind Gegenstand des folgenden Abschnitts.

1.2.3.3 Erwartete Veränderungen im Entscheidungsverhalten zu prüfender Leasingnehmer

1.2.3.3.1 Veränderung der Laufzeiten künftiger Leasingverträge

Im Rahmen der Frage B.3.3.1 wird untersucht, inwieweit die befragten Wirtschaftsprüfer mit Veränderungen der Laufzeiten künftiger Leasingverträge seitens zu prüfender Leasingnehmer rechnen. Kürzere Leasingvertragslaufzeiten könnten von den Leasingnehmern beispielweise angestrebt werden, um die bilanzielle Verschuldung zu reduzieren. Von den neun befragten Wirtschaftsprüfern erwarten vier Veränderungen der Laufzeiten künftiger Leasingverträge. Diese Veränderung resultierte nach Auffassung dieser Wirtschaftsprüfer in einer Verkürzung der Laufzeit. Diese wird insofern als Strukturierungsmöglichkeit angesehen, als negative Auswirkungen auf Finanzkennzahlen vermieden und eine Reduktion der bilanzierten Verschuldung erreicht werden sollten.

> „Die Gefahr ist immer dort, wo Ermessensspielräume und Subjektivität vorliegen. [...] Man wird natürlich weiterhin strukturieren wie es bisher der Fall war. Der einzige Unterschied ist, dass ein Basisbetrag in der Bilanz steht. Das Spiel bleibt das gleiche, nur nicht mehr zwischen einem Betrag von 0 und 100, sondern zwischen einem Betrag zwischen 20/30 und 100. Da wird man dann so strukturieren, dass der Betrag, den man in der Bilanz zeigen muss, der minimalste ist. Damit kann man die Kennzahlen doch wieder beeinflussen. Das wird kommen." (BF: 271-278)

> „Das [die Verkürzung der Leasinglaufzeiten] ist unbestritten. Strukturierungsmöglichkeiten hat man immer. Den Bilanzierern wird immer was einfallen." (BG: 126)

Einerseits kritisieren die Wirtschaftsprüfer die erneuten Strukturierungsmöglichkeiten im Rahmen der reformierten Leasingbilanzierung dahingehend, dass die bewusste Strukturierung der Leasinglaufzeiten die Prüfung erschwere und das Prüfungsrisiko erhöhe. Andererseits scheint eine gewisse Akzeptanz vorhanden, die mit dem Argument der Unternehmenssteuerung gerechtfertigt wird.

> „Das ist bei fast jeglicher Regelung so. Es wird immer irgendwie versucht werden, die Regelungen zu umgehen. Das ist kein unmittelbarer Kritikpunkt. Man wird immer versuchen zu steuern. Das wird auch erwartet von den jeweiligen Unternehmensinhabern." (BD: 213-215)

Vier weitere Wirtschaftsprüfer erwarten entgegen den vorstehenden Äußerungen keine Veränderungen der Laufzeiten künftiger Leasingverträge. Die Begründung hierfür ist unterschiedlich. Die Wirtschaftsprüfer geben an, dass die Laufzeiten der Leasingverträge vor dem Hintergrund des Geschäftsmodells einiger zu prüfender Leasingnehmer fixiert sind. Zudem könnten kürzere Laufzeiten zu höheren Leasingraten führen und damit dem Ziel der Minimierung der bilanziellen Verschuldung entgegenstehen.

> „Natürlich versucht man, hierüber Einfluss zu nehmen, wobei über die Laufzeiten des Leasingverhältnisses aber nur marginale Verschiebungen möglich sind." (BH: 303-304)

Die Wirtschaftsprüfer erwarten auch deshalb keine Veränderung der Leasinglaufzeiten, weil zu prüfende Leasingnehmer die Diskussionen mit dem Prüfer fürchten würden. Diskussionen entstünden immer dann, wenn Veränderungen der Laufzeiten ohne wesentliche Änderungen der wirtschaftlichen Gegebenheiten stattfänden. Diese

Einschätzung könne den Wirtschaftsprüfern insofern zugetraut werden, als diese die Planungen des Unternehmens kennen würden.

> „Es ist alles drin, je nachdem wie es dem Mandanten geht, wo er steht, wo er hin will, wie das Verhältnis zum Prüfer ist. Da hat man die ganze Bandbreite. Jeder Mandant, der die ganzen Diskussionen im Prüfungsprozess mitgemacht hat, hat gemerkt, dass er beim nächsten Vertragsabschluss lieber den Prüfer von Anfang an hinzuzieht. Am Ende des Tages schaut sich der Prüfer ja doch alles an." (BH: 194-198)

Ein weiterer Wirtschaftsprüfer gibt an, dass zu prüfende Leasingnehmer die Reformbestrebungen im Rahmen der Leasingbilanzierung zwar kennen, jedoch regelmäßig keine Erwartungshaltung für das eigene Entscheidungsverhalten ableiten würden. Die Haltung der Mandanten wird als abwartend beschrieben. Insofern sei eine Aussage zu den Veränderungen im Entscheidungsverhalten der Mandanten nicht möglich.

> „Bei Fachleuten der Mandanten gibt es die Erwähnung dieses Projektes. Aber irgendeine praktische Schlussfolgerung für die eigene Bilanzierung ist regelmäßig nicht vorhanden. Der Abschlussprüfer wird auch nicht gefragt. Die warten alle, was denn kommt." (BA: 403-405)

Resümierend ist somit eine heterogene Erwartungshaltung der Wirtschaftsprüfer zu konstatieren. Während vier Wirtschaftsprüfer nicht von veränderten Laufzeiten künftiger Leasingverträge seitens zu prüfender Leasingnehmer ausgehen, erwarten vier weitere Wirtschaftsprüfer Veränderungen der Laufzeiten vor dem Hintergrund der negativen Auswirkungen auf Bilanzkennzahlen und der bilanziellen Verschuldung. Die Erwartungshaltung letzterer vier Wirtschaftsprüfer steht insofern in Einklang mit den in der Literatur erarbeiteten Hypothesen, dass Leasingnehmer eine Erhöhung der bilanzierten Verschuldung und daran anschließende negative Auswirkungen auf Kreditauflagen, Anreizsysteme und die Unternehmensbewertung am Kapitalmarkt zu verhindern versuchten[1]. Ein weiterer Wirtschaftsprüfer kann keine Aussage zu möglichen Veränderungen im Entscheidungsverhalten der Mandanten treffen, weil diese selbst noch keine Erwartungshaltung gebildet hätten.

Die vorstehenden Ergebnisse weisen Unterschiede zu der Untersuchung *Abdelkhaliks* auf, in der Wirtschaftsprüfer nach deren Erfahrungen hinsichtlich der Veränderungen im Entscheidungsverhalten der Leasingnehmer als Folge der Einführung von SFAS 13 befragt werden[2]. 83% der Wirtschaftsprüfer geben darin an, dass eine Strukturierung neuer Leasingverträge stattgefunden hat, um die Bilanzierungspflicht von Finanzierungsleasingverhältnissen zu umgehen. Einschränkend wirkt allerdings, dass diese Studie eine ex post-Perspektive einnimmt und die zugrundeliegende Reform lediglich auf die Bilanzierungspflicht für Finanzierungsleasingverhältnisse fokussiert. Unterschiede bestehen zudem zu den Interviews mit Leasingnehmern[3]. Eine knappe Mehrheit der Leasingnehmer würde Veränderungen der Laufzeiten von Leasingverhältnissen nicht in Betracht ziehen. Die diesbezüglichen Gründe sind in weiten Teilen identisch zu denen der Wirtschaftsprüfer, die ebenfalls keine Veränderung erwarten. Interessant erscheint, dass beide Gruppen das Argument der Glaubwürdigkeit der

1 Zu den Hypothesen vgl. ausführlich Kapitel III.1.3.3.
2 Vgl. hierzu und im Folgenden Abdel-khalik (1981), S. 118-119.
3 Vgl. hierzu und im Folgenden Frage A.3.2.2, Kapitel VI.1.1.3.2.2.

Strukturierungsmaßnahme anführen. Beide Gruppen erwarten demnach Diskussionen um Veränderungen der Laufzeiten ohne Veränderung der wirtschaftlichen Gegebenheiten. Möglicherweise basiert dieses Antwortverhalten auf Erfahrungswerten beider Gruppen mit der jeweils anderen Partei: In der Vergangenheit könnten ähnliche Diskussionen bereits stattgefunden haben, die auf eine Wiederholung in der Zukunft schließen lassen. Auch die Begründungen der Wirtschaftsprüfer und Leasingnehmer, die Veränderungen der Laufzeit von Leasingverhältnissen erwarten, stimmen im Wesentlichen überein. Die von einem Leasingnehmer für wahrscheinlich gehaltene Verlängerung der Leasingvertragslaufzeiten zur Erzielung geringerer Leasingraten wird von den Wirtschaftsprüfern indes nicht erwartet.

1.2.3.3.2 Verwendung von laufzeitbezogenen Optionen, Restwertgarantien und bedingten Leasingzahlungen

Die Frage B.3.3.2 zielt darauf ab, inwieweit die Wirtschaftsprüfer die Verwendung von laufzeitbezogenen Optionen, Restwertgarantien und bedingten Leasingzahlungen durch zu prüfende Leasingnehmer erwarten. Die Verwendung von Optionen, Restwertgarantien und bedingten Leasingzahlungen könnte eine Möglichkeit zur Reduktion der bilanziellen Verschuldung und damit zur Strukturierung darstellen. Sechs der neun befragten Wirtschaftsprüfer erwarten, dass zu prüfende Leasingnehmer laufzeitbezogene Optionen, Restwertgarantien und bedingte Leasingzahlungen nutzen würden, um die Höhe der bilanziellen Verschuldung zu beeinflussen.

> „Darauf übertragen lässt sich schließen, dass es sicherlich Ausweichhandlungen geben wird. [...] Die Mandanten können zu Ausweichhandlungen bereit sein, wie z.B. kurzfristige Leasingverträge mit Optionen." (BD: 204-205 und 275-276)

Vergleichbar zu den Äußerungen hinsichtlich der Erwartungen über Veränderungen der Leasingvertragslaufzeiten kritisieren die Wirtschaftsprüfer die Verwendung von Optionen, Restwertgarantien und bedingten Leasingzahlungen zur Ausnutzung von Strukturierungsmöglichkeiten. Die neu geschaffenen Ermessensspielräume im Rahmen der bilanziellen Behandlung von Optionen, Restwertgarantien und bedingten Leasingzahlungen führten nach Auffassung der Wirtschaftsprüfer zu einer Erschwernis der Prüfung und Erhöhung des Prüfungsrisikos. Dennoch würde diese Strukturierung als Maßnahme der Unternehmensteuerung akzeptiert.

> „Man kommt letztlich wieder zu einem Ansatz, den man nicht mehr wollte. Man ist ja bewusst von dem Chancen-Risiken-Ansatz weggegangen. Indirekt kommt man über die Optionen und Restwerte wieder zu dem Chancen-Risiken-Ansatz. Damit macht man eine Art Mischung." (BF: 125-128)

Zwei Wirtschaftsprüfer erwarten demgegenüber, dass zu prüfende Leasingnehmer von der bilanzpolitisch motivierten Verwendung von Optionen, Restwertgarantien und bedingten Leasingzahlungen absehen würden. Dies wird mit Verweis auf die Wirtschafsprüfung erklärt. Der Wirtschaftsprüfer hätte Einblick in die Unternehmensplanung und könnte somit einschätzen, ob Optionen, Restwertgarantien und bedingte Leasingzahlungen zur Strukturierung eingesetzt würden. Zudem würden bestehende Optionen, Restwertgarantien und bedingte Leasingzahlungen über die Zeit berücksichtigt. Unregelmäßigkeiten in der Festlegung von Ausübungs- bzw. Eintrittswahrscheinlichkeiten könnten demnach festgestellt und korrigiert werden.

> „Wir fahren einen langfristigen Ansatz und schauen uns die Fälle von Jahr zu Jahr an. Wenn vormals abgelehnte Verlängerungsoptionen dann doch ausgeübt werden, ist die Argumentation hinfällig." (BH: 329-331)

Die Wirtschaftsprüfer erwarten darüber hinaus keine Verwendung von Optionen, Restwertgarantien und bedingten Leasingzahlungen zu Strukturierungszwecken, weil die Geschäftsmodelle zu prüfender Leasingnehmer einen lediglich geringen diesbezüglichen Gestaltungsspielraum ließen.

> „Wenn unsere Mandanten langfristig Räume mit speziellen Einrichtungen mieten, ist die Ausübung einer Verlängerungsoption fast immer gegeben." (BE: 194-195)

Ein Wirtschaftsprüfer (BA) kann – analog zu Frage B.3.3.1 – keine Aussage zu möglichen Veränderungen im Entscheidungsverhalten der Mandanten aufgrund deren abwartenden Haltung treffen[1].

Insgesamt ist zu konstatieren, dass die Verwendung von laufzeitbezogenen Optionen, Restwertgarantien und bedingten Leasingzahlungen durch zu prüfende Leasingnehmer zur Beeinflussung der Höhe der bilanziellen Verschuldung von den Wirtschaftsprüfern mehrheitlich erwartet wird. Sechs Wirtschaftsprüfer gehen davon aus, dass die Ermessensspielräume in diesem Bereich genutzt würden, um negative Auswirkungen der reformierten Leasingbilanzierung im Sinne der *information inductance*-Hypothese und *debt covenant*-Hypothese zu reduzieren. Demgegenüber erwarten zwei Wirtschaftsprüfer, dass zu prüfende Leasingnehmer keine Optionen, Restwertgarantien und bedingten Leasingzahlungen zur Reduktion der bilanziellen Verschuldung einsetzen würden, weil diese Vorgehensweise einer Prüfung durch den Wirtschaftsprüfer nicht standhalten würde und unvereinbar mit dem Geschäftsmodell der Leasingnehmer wäre. Ein Wirtschaftsprüfer kann keine Veränderungen im Entscheidungsverhalten seiner Mandanten aufgrund deren abwartenden Haltung treffen.

Parallelen bestehen – analog zu Frage B.3.3.1 – zu der Untersuchung *Abdel-khaliks*[2]. Übereinstimmungen der Ergebnisse aus den Interviews mit Wirtschaftsprüfern und Leasingnehmern bestehen insofern, als beide Gruppen mehrheitlich die Verwendung von Optionen, Restwertgarantien und bedingten Leasingzahlungen zur Beeinflussung der bilanziellen Verschuldung erwarten[3]. Die diesbezügliche Mehrheit der Wirtschaftsprüfer ist indes ausgeprägter. Auch hinsichtlich der Begründungen der jeweiligen Erwartungshaltung von Wirtschaftsprüfern und Leasingnehmern ist weitestgehend Übereinstimmung festzustellen.

1 Vgl. Kapitel VI.1.2.3.3.1.

2 Vgl. Abdel-khalik (1981), S. 118-119. Hinsichtlich der Vergleichbarkeit der Studie mit den Ergebnissen in dieser Arbeit gelten die in Frage B.3.3.1 thematisierten Einschränkungen. Vgl. Kapitel VI.1.2.3.3.1.

3 Vgl. hierzu und im Folgenden Frage A.3.2.3, Kapitel VI.1.1.3.2.3.

1.2.3.3.3 Substitution von Leasingtransaktionen durch alternative Finanzierungsmöglichkeiten

Ziel der Frage B.3.3.3 ist die Untersuchung, inwieweit die befragten Wirtschaftsprüfer eine Substitution von Leasingtransaktionen durch alternative Finanzierungsmöglichkeiten seitens zu prüfender Leasingnehmer erwarten. Im Zentrum der Analyse steht somit die Frage, ob die Wirtschaftsprüfer mit Auswirkungen der reformierten Leasingbilanzierung auf das Leasingvolumen und die Finanzierungsstrategie zu prüfender Leasingnehmer rechnen. Dabei wird auch untersucht, welche alternativen Finanzierungen von den Wirtschaftsprüfern im Falle einer Abkehr von der Finanzierungsalternative Leasing erwartet werden. Vier der neun befragten Wirtschaftsprüfer gehen davon aus, dass zu prüfende Leasingnehmer Leasingtransaktionen durch Verwendung alternativer Finanzierungsmöglichkeiten substituieren würden. Die Begründung wird in dem Wegfall der Möglichkeit zur bilanzunwirksamen Behandlung von Leasingverhältnissen und den damit verbundenen positiven Auswirkungen auf Bilanzkennzahlen gesehen. Nach Auffassung dieser Wirtschaftsprüfer stünde für zu prüfende Leasingnehmer nicht die wirtschaftliche Betrachtungsweise einer Transaktion, sondern deren bilanzielle Abbildung im Vordergrund.

> „Wenn die off balance sheet-Wirkung entfällt, werden die Unternehmen von der Finanzierungsalternative Leasing abrücken. Für die meisten Unternehmen steht nicht die wirtschaftliche Betrachtungsweise des Leasing im Vordergrund (d.h. bessere Einkaufsmöglichkeiten der Leasinggesellschaft, mehr Erfahrung in bestimmten Bereichen, z.B. wie im Immobilienbereich Projekte gebaut werden, Servicekomponenten), sondern vielmehr die bilanzielle Abbildung.“ (BE: 111-116)

> „Die Leasinggesellschaften befürchten den Wegfall ihrer Geschäftsgrundlage zu einem gewissen Teil. Es ist natürlich schon die Frage, wer künftig etwas über Leasing finanzieren wird, der aktuell kennzahlengetrieben war, mal von der Liquidität abgesehen. Die Kosten der Finanzierung sind ja auch ein gewisser Effekt. Wenn dann die off balance-Wirkung und die mögliche Verbesserung von Kennzahlen nicht mehr besteht, denke ich, könnte die Attraktivität der Leasingfinanzierung schon merklich zurückgehen. [...] Warum sollte jemand danach noch über Leasing finanzieren? Meistens ist Leasing effektiv teurer und die off balance-Wirkung entfällt. [...] Die ersten Äußerungen lauten ungefähr: ‚Wenn off balance nicht mehr geht, was bringt es mir dann?‘. Von daher ist die Sorge der Leasinggeber berechtigt, dass ein Großteil des Geschäftes wegbrechen wird. Das erwarte ich auch.“ (BH: 119-125 und 291-293)

Neben den bilanziellen Auswirkungen der reformierten Leasingbilanzierung könnten zu prüfende Leasingnehmer nach Auffassung der Wirtschaftsprüfer auch deshalb Leasingtransaktionen durch alternative Finanzierungsmöglichkeiten substituieren, weil der Bilanzierungsaufwand – insbesondere die bereits diskutierte Datenanforderung und Datenbewältigung – steigen würde.

> „Jemand, der im Moment Leasing macht, weil es für ihn ein nettes add on war und den Aufwand auf die Leasinggeberseite abwälzen konnte, könnte künftig sagen: ‚Wenn ich alles selbst machen muss, lohnt es sich nicht mehr‘. [...] Ich kann mir durchaus vorstellen – auch wenn es die Branche nicht gerne hört –, dass der eine oder andere – und das werden sicherlich ein paar mehr als der eine oder andere sein – sich das noch mal überlegt. Die Branche hat schon Angst davor, definitiv. Natürlich werden jetzt viele Argumente ins Feld geführt, die dagegen sprechen. Auch das ist ganz klar. Aber am Ende des Tages wird das eine

Kosten-Nutzen-Betrachtung des Leasingnehmers sein. [...] Wer eine größeres Portfolio hat, wird eher noch mal sensibel drüber schauen und versuchen, dass zu verstehen. Aber die breite Masse wird sagen, dass das Thema Leasing erledigt ist." (BB: 265-268 und 288-299)

Sämtliche vier Wirtschaftsprüfer nennen den Kauf des vormals geleasten Gegenstands als Finanzierungsalternative, der vornehmlich über Fremdkapital finanziert würde.

„Wenn es bilanziell keinen Unterschied zwischen Leasing und einem fremdfinanzierten Kauf gibt, wird Leasing an Attraktivität verlieren." (BI: 118-119)

Einer der vier Wirtschaftsprüfer, die von Substitutionshandlungen der Leasingnehmer ausgehen, erwartet zusätzlich zu dem Kauf des vormals geleasten Gegenstands die Bildung einer Zweckgesellschaft im Sinne einer Leasing-Objektgesellschaft. Diese müsste allerdings außerhalb des Konzernbereichs liegen, um Risiken abtreten und letztlich die Höhe der leasinginduzierten bilanziellen Verschuldung reduzieren zu können.

„Die Zweckgesellschaften werden im Zweifel nicht helfen, weil man es nachher im Konzern wieder mit drin hat. Wenn muss man sie wirklich komplett raus aus dem Konzern nehmen. Wenn es eine Zweckgesellschaft im gleichen Konzern ist, machen es am Ende doch dieselben Leute." (BB: 281-284)

Entgegen den vorstehenden Aussagen erwarten vier weitere Wirtschaftsprüfer keine Veränderungen der Finanzierungsstrategie zu prüfender Leasingnehmer. Leasingtransaktionen würden demnach nicht durch alternative Finanzierungsmöglichkeiten substituiert, das Leasingvolumen veränderte sich nicht. Die diesbezüglichen Begründungen sind unterschiedlich. Die Wirtschaftsprüfer geben an, dass das Argument der bilanzunwirksamen Behandlung von Leasingverhältnissen eine lediglich untergeordnete Rolle für Leasingnehmer spielt. Die Finanzierungsentscheidungen würden von den Leasingnehmern unabhängig von den Regelungen zur Bilanzierung von Leasingverhältnissen getroffen.

„Es war ja nicht immer der off balance sheet-Gedanke, der im Vordergrund stand. Da mag auch etwas Schwarzmalerei dabei [bei der Diskussion um die Zukunft der Leasingbranche] sein." (BD: 229-230)

Die Motivation zum Eingehen von Leasingverträgen liegt nach Auffassung dieser Wirtschaftsprüfer vielmehr in der gegenüber Kauftransaktionen höheren Flexibilität. Diese sei für viele Leasingnehmer ein wichtiger Bestandteil des Geschäftsmodells. Vor dem Hintergrund des Flexibilitätsarguments verweisen die Wirtschaftsprüfer zudem auf die häufig mit Leasingverträgen verbundenen Dienstleistungskomponenten und den vergleichsweise höheren technischen Sachverstand des Leasinggebers.

„Die Frage der Bilanzierung ist eigentlich nur eine Dokumentation des Geschäfts. Wenn Geschäfte nur betrieben werden, um Bilanzpolitik zu machen, dann ist das Geschäft nicht gut. Meines Erachtens kann es nur dahingehend sein, dass man eine Finanzierung und Leasing aus ökonomischer Sicht vergleicht. Wenn Leasing günstig ist, weil man den ganzen Gegenstand z.B. gar nicht braucht oder somit flexibler ist, dann wird es weiter Leasing geben. Die Bilanzwirksamkeit des Leasing bedeutet nicht den Tod des Leasing." (BF: 255-260)

„Es ist vor allem eine psychologische Frage und für die Leasinggesellschaften ist es eine Herausforderung, ihr Produkt zu verkaufen. Da steckt ja mehr drin als off balance. Da steckt eine Servicekomponente, eine Marktkenntnis, Objekt- und Branchenbezogenheiten drin.“ (BG: 139-142)

Die Entscheidungen der Leasingnehmer würden auch deshalb unabhängig von Bilanzierungsregelungen und damit verbundenen bilanziellen Konsequenzen getroffen, weil die Entscheidungskompetenz hinsichtlich der Finanzierungsalternativen nicht bei den für die Bilanzierung Verantwortlichen liegt.

„Die betriebswirtschaftliche Entscheidung wird eben nicht von denen, die bilanzieren, getroffen. Die Vorstandsvorsitzenden sind selten diejenigen, die auch für das Ressort Bilanzierung verantwortlich sind. Insofern glaube ich, dass es da sicher ein Knirschen gibt. Aber die Entscheidung wird in vielen Fällen davon nicht beeinflusst.“ (BG: 266-269)

Darüber hinaus verweisen die Wirtschaftsprüfer auf den Mangel alternativer Finanzierungsmöglichkeiten. Sofern die Finanzierungsalternative Leasing zur Verfügung stehe, würde sie nicht aufgrund einer geänderten Bilanzierung abgelehnt.

„Heute ist es doch relativ schwierig, überhaupt eine Finanzierung zu bekommen. Wenn man dann eine Finanzierung bekommt, wird die wohl nicht in Frage gestellt, nur weil beim Bilanzieren relativ viel Aufwand anfällt. Die Refinanzierung ist ein knappes Gut. Auch wenn das jetzt etwas erschwert wird, wird die Entscheidung nicht beeinflusst sein.“ (BG: 281-285)

Letztlich dürften die Möglichkeiten zur Beeinflussung der bilanziellen Wirkungen im Rahmen der Substitution von Leasingverhältnissen durch alternative Finanzierungsmöglichkeiten nicht überschätzt werden.

„Für den Kunden ist es ja eigentlich egal. Wenn er kauft, hat er es ja auch nicht aus der Bilanz. Er hat halt nur einen Vorteil [die bilanzunwirksame Behandlung] weniger.“ (BG: 251-252)

Vor dem Hintergrund der bilanziellen Wirkungen könnte die Finanzierung über Leasing sogar vorteilhaft gegenüber einem beispielsweise kreditfinanzierten Kauf sein.

„Bei einer heutigen hundertprozentigen Fremdfinanzierung und einem Gegenstand von 100 hat man 100 Verbindlichkeiten. Wenn der Gegenstand aber nur zu 20% genutzt wird und das entspricht 20, dann wären nur 20 als Gegenstand und Verbindlichkeit in der Bilanz. Es wäre also immer noch günstiger als die volle Finanzierung. Es ist schlechter geworden, aber es ist keine volle Finanzierung.“ (BF: 247-251)

Ein Wirtschafsprüfer (BA) kann keine Aussage zu möglichen Veränderungen im Entscheidungsverhalten der Mandanten treffen, weil diese selbst noch keine Erwartungen gebildet hätten und den weiteren Verlauf des Reformprojekts abwarten würden.

Insgesamt zeigt sich ein heterogenes Ergebnis hinsichtlich der Erwartungen der Wirtschaftsprüfer, inwieweit zu prüfende Leasingnehmer Leasingtransaktionen durch alternative Finanzierungsmöglichkeiten substituieren würden. Vier Wirtschaftsprüfer erwarten, dass die Leasingnehmer das Leasingvolumen reduzieren und Leasingtransaktionen durch vornehmlich kreditfinanzierte Kauftransaktionen substituieren würden. Diese Erwartung steht in Einklang mit der im Rahmen der *information inductance*-Hypothese, *debt covenant*-Hypothese und Bonusplan-Hypothese identifizierten Motivation der Leasingnehmer für Leasing. Demnach erwarten diese Wirtschaftsprüfer, dass die Leasingnehmer mit der Bilanzwirksamkeit negative ökonomische Konsequenzen verbinden, die sie bei Substitution der Leasingtransaktionen vermeiden könnten. Vier weitere Wirtschaftsprüfer erwarten demgegenüber keine Veränderungen der Finanzierungsstrategie. Ein Wirtschaftsprüfer kann noch keine diesbezügliche Aussage treffen.

Damit ergibt sich ein zu den Interviews mit Leasingnehmern ähnliches Ergebnis[1]. Auch die Begründung der Erwartungshaltung bezüglich einer Veränderung der derzeitigen Finanzierungsstrategie der Leasingnehmer stimmt überein. Beide Gruppen erklären deren Erwartung mit den bilanziellen Wirkungen und den damit verbundenen Auswirkungen auf Bilanzkennzahlen. Die Wirtschaftsprüfer nennen zusätzlich den künftigen Bilanzierungsaufwand. Gemeinsamkeiten in der Begründung der Erwartungshaltung bezüglich einer Beibehaltung der derzeitigen Finanzierungsstrategie der Leasingnehmer bestehen hinsichtlich des Flexibilitätsarguments, des Zugriffs auf den Sachverstand der Leasinggeber und der Unabhängigkeit der Finanzierungsentscheidungen von bilanziellen Konsequenzen[2]. Während die Leasingnehmer zusätzlich argumentieren, dass Leasinggegenstände aufgrund der speziellen Eigenschaften häufig nicht durch Kauf erworben oder selbst hergestellt werden können, führen die Wirtschaftsprüfer den Mangel alternativer Finanzierungsmöglichkeiten und die begrenzte Möglichkeit zur Einflussnahme auf bilanzielle Wirkungen als Begründungen für den Beibehalt der derzeitigen Finanzierungsstrategie der Leasingnehmer an[3]. Zwischen den heterogenen Ergebnissen dieser Arbeit und der Befragung von *Abdel-khalik* besteht insofern ein Unterschied, als letztere zu einem eindeutigeren Ergebnis kommt: Lediglich 22% der befragten Wirtschaftsprüfer berichten dort von einer Substitution von Leasingtransaktionen[4].

1.2.3.3.4 Zusammenfassung

Die Untersuchung der von den befragten Wirtschaftsprüfern erwarteten Veränderungen im Entscheidungsverhalten der Leasingnehmer analysiert, inwieweit Leasingnehmer nach Auffassung der Wirtschaftsprüfer auf die zuvor untersuchten erwarteten Auswirkungen der reformierten Leasingbilanzierung reagieren würden. Dabei zeigt sich, dass fast die Hälfte der Wirtschaftsprüfer keine Veränderungen der Laufzeiten künftiger Leasingverträge seitens zu prüfender Leasingnehmer insofern erwartet, als die Laufzeiten im Rahmen der jeweiligen Geschäftsmodelle fixiert, kürzere Laufzeiten mit höheren Leasingraten verbunden seien und Diskussionen mit dem Wirtschaftsprüfer hinsichtlich strukturierungsbedingter Veränderungen der Leasingvertragslaufzeiten gescheut würden. Nahezu die andere Hälfte der Wirtschaftsprüfer erwartet, dass die Leasingnehmer die Laufzeiten der Leasingverträge in Zukunft verkürzen würden, um

1 Vgl. hierzu und im Folgenden Frage A.3.2.4, Kapitel VI.1.1.3.2.4.

2 Vgl. hierzu weiterführend Eades/Marston (2002), die in dem Flexibilitätsargument die hauptsächliche Motivation US-amerikanischer Leasingnehmer zum Eingehen von Leasingverhältnissen erkennen.

3 Vgl. hierzu auch Mayes/Nicholas (1988), S. 5-9, die einen wesentlichen Vorteil des Leasing in der Finanzierungsfunktion sehen.

4 Vgl. Abdel-khalik (1981), S. 118-119. Hinsichtlich der Vergleichbarkeit der Studie mit den Ergebnissen in dieser Arbeit gelten die in Frage B.3.3.1 thematisierten Einschränkungen. Vgl. Kapitel VI.1.2.3.3.1.

die Höhe der bilanziellen Verschuldung und mithin negative Auswirkungen auf Bilanzkennzahlen zu reduzieren.

Die Verwendung von Optionen, Restwertgarantien und bedingten Leasingzahlungen durch zu prüfende Leasingnehmer zur Beeinflussung der bilanziellen Verschuldung wird von den Wirtschaftsprüfern mehrheitlich erwartet. Demgegenüber erwartet eine Minderheit der Wirtschaftsprüfer insofern keine bilanzpolitisch motivierte Verwendung von Optionen, Restwertgarantien und bedingten Leasingzahlungen der Leasingnehmer, als dies einer Prüfung durch den Wirtschaftsprüfer nicht standhalten würde und teilweise unvereinbar mit dem zugrundeliegenden Geschäftsmodell wäre.

Hinsichtlich der Substitution von Leasingtransaktionen durch alternative Finanzierungsmöglichkeiten seitens zu prüfender Leasingnehmer lässt sich keine eindeutige Erwartungshaltung der Wirtschaftsprüfer konstatieren. Ein Wirtschaftsprüfer kann noch keine Aussage zu möglichen Veränderungen im Entscheidungsverhalten der Mandanten treffen. Die Hälfte der verbleibenden Wirtschaftsprüfer geht davon aus, dass die Leasingnehmer das Leasingvolumen reduzieren und Leasingtransaktionen durch vornehmlich kreditfinanzierte Kauftransaktionen substituieren würden. Die andere Hälfte der Wirtschaftsprüfer erwartet indes keine Veränderungen der Finanzierungsstrategie zu prüfender Leasingnehmer. Leasing bliebe für Leasingnehmer weiterhin attraktiv aufgrund der damit verbundenen Flexibilität, des Zugriffs auf den Sachverstand des Leasinggebers und des Mangels alternativer Finanzierungsmöglichkeiten. Zudem würden Leasingnehmer Finanzierungsentscheidungen unabhängig von bilanziellen Konsequenzen treffen.

Letztlich konzentrieren sich die von den befragten Wirtschaftsprüfern erwarteten Veränderungen im Entscheidungsverhalten der Leasingnehmer auf die Verwendung von Optionen, Restwertgarantien und bedingten Leasingzahlungen zur Beeinflussung der Höhe der bilanziellen Verschuldung. Eine zusammenfassende Übersicht der erwarteten Veränderungen im Entscheidungsverhalten zu prüfender Leasingnehmer aus Sicht der befragten Wirtschaftsprüfer ist in Tabelle 31 zu finden.

Tabelle 31: Erwartete Veränderungen im Entscheidungsverhalten zu prüfender Leasingnehmer aus Sicht der befragten Wirtschaftsprüfer

	Die Reform der Leasingbilanzierung führt zur...		
Wirtschafts-prüfer	**...Veränderung der Laufzeiten künftiger Leasingverträge** (Frage B.3.3.1)	**...Verwendung von Optionen, Restwert-garantien, bedingten Leasingzahlungen** (Frage B.3.3.2)	**...Substitution von Leasingtransaktionen durch alternative Finanzierungs-möglichkeiten** (Frage B.3.3.3)
BA	(x)	(x)	(x)
BB	x	x	x
BC		x	
BD	x	x	
BE			x
BF	x	x	
BG	x	x	
BH			x
BI		x	x
Σ x	**4**	**6**	**4**
Σ (x)	**1**	**1**	**1**

Legende:
x trifft zu
(x) nicht abschätzbar

Vier Wirtschaftsprüfer erwarten zwar Strukturierungsmaßnahmen der zu prüfenden Leasingnehmer, gehen aber nicht davon aus, dass die Leasingnehmer von der Finanzierungsalternative Leasing abrücken. Dieses Ergebnis stimmt mit der Aussage von sechs Leasingnehmern überein. Demgegenüber gehen zwei Wirtschaftsprüfer davon aus, dass zu prüfende Leasingnehmer Leasingtransaktionen durch alternative Finanzierungsmöglichkeiten substituieren, ohne den Versuch einer Strukturierung im Sinne von Veränderungen der Laufzeiten oder der Verwendung von Optionen, Restwertgarantien und bedingten Leasingzahlungen zu unternehmen. Diese Erwartung äußern übereinstimmend zwei Leasingnehmer. Eine Mischung aus Strukturierungen über Veränderungen der Laufzeiten oder die Verwendung von Optionen, Restwertgarantien und bedingten Leasingzahlungen und teilweiser Substitution von Leasingverhältnissen durch alternative Finanzierungsmöglichkeiten wird von zwei weiteren Wirtschaftsprüfern erwartet. Dieses Ergebnis stimmt mit der Erwartung von vier Leasingnehmern überein. Ein Wirtschaftsprüfer kann Veränderungen im Entscheidungsverhalten zu prüfender Leasingnehmer nicht abschätzen.

1.3 Ergebnisse aus den Interviews mit Banken

1.3.1 Berücksichtigung und Behandlung von Leasingverhältnissen im Kreditvergabeprozess von Banken

1.3.1.1 Bedeutung des Jahresabschlusses in der Kreditwürdigkeitsprüfung

Die Frage C.1.1 zielt auf die Bedeutung des Jahresabschlusses im Kreditvergabeprozess der befragten Banken ab. In diesem Zusammenhang wird auch auf die Frage eingegangen, welche Bedeutung einzelnen Rechenwerken bzw. dem Anhang des Jahresabschlusses im Rahmen der Kreditwürdigkeitsprüfung und der anschließenden Entscheidung über die Kreditvergabe zukommt.

Sämtliche der acht befragten Banken geben an, dass der Jahresabschluss die wichtigste Informationsgrundlage im Kreditvergabeprozess für bestehende Kunden und Neukunden darstellt. Dabei ist es nach Auffassung der Banken von entscheidender Bedeutung, dass die Informationen des Jahresabschlusses vom Wirtschaftsprüfer testiert wurden. In Abhängigkeit von der Größe des kreditnachfragenden Unternehmens würden zudem lediglich von bestimmten Wirtschaftsprüfungsgesellschaften testierte Jahresabschlüsse akzeptiert.

> „Der Jahresabschluss ist immer die Grundlage der Analyse, sowohl für Leasingnehmer als auch Leasinggeber. […] Wir akzeptieren nur testierte Jahresabschlüsse und akzeptieren auch nicht jeden Wirtschaftsprüfer. D.h. große Unternehmen müssen auch von großen Wirtschaftsprüfungsgesellschaften geprüft werden. Bei kleineren Unternehmen akzeptieren wir nicht nur die großen Gesellschaften. Aber es muss ein renommierter Wirtschaftsprüfer sein." (CA: 244-245 und 271-275)

Innerhalb des Jahresabschlusses messen die Banken der Bilanz und der Gesamtergebnisrechnung eine hohe Bedeutung bei. Diese Rechenwerke dienen nach Angabe der Banken der Einschätzung der Kapitalstruktur und der Ertragssituation. Die Kapitalflussrechnung werde zur Beurteilung der Liquiditätssituation herangezogen.

> „Wir ziehen prinzipiell alle zur Verfügung stehenden Informationen, die für eine Kreditvergabeentscheidung relevant sein könnten, in unsere Analysen ein. Dem Jahresabschluss kommt in den Analysen eine herausgehobene Stellung zu. Das liegt daran, dass wir es hier mit geprüften Informationen zu tun haben. Die Bilanz, GuV und Kapitalflussrechnung bieten die wesentlichen Informationen, die Relevanz für kreditgebende Banken im Entscheidungsprozess haben. Das sind beispielsweise die Kapitalstruktur, die Ertragslage und die Liquiditätssituation." (CG: 103-109)

Die Verwendung des Anhangs zum Jahresabschluss erfolge nachgelagert zur Bilanz und Kapitalflussrechnung, um weiterführende und erklärende Informationen zu erhalten.

> „Unser erster Blick geht immer in die Bilanz. Für die Bonitätsbeurteilung schauen wir auf die Kapitalflussrechnung. Dann suchen wir nach weiterführenden Informationen im Anhang." (CC: 104-105)

Fünf Banken berichten, dass sie zusätzliche Informationen von kreditnachfragenden Unternehmen verlangen, um Informationsdefizite des Jahresabschlusses zu kompensieren. Dabei handele es sich beispielsweise um Finanzplanungen für die nächsten drei bis fünf Jahre oder Übersichten der sonstigen Verpflichtungen. Zumeist gehörten überdies Leasingverträge zu den weiterführenden Informationen. Die Menge der zusätzlich verlangten Informationen richte sich teilweise nach der Unternehmensgröße.

> „Der Jahresabschluss ist hierbei die entscheidende Größe. Je größer das Unternehmen, desto weniger Informationen bekommen wir in der Regel. Bei DAX-Unternehmen bekommen wir z.B. die veröffentlichten Zahlen und mehr nicht. Bei mittelständischen Unternehmen bekommen wir auch den Jahresabschluss. Aber der Mittelstandskunde muss auch einen Einblick in seine Verhältnisse geben. Für Mittelstandskunden wird Einsicht in die Planung für die nächsten drei bis fünf Jahre verlangt. Wir benötigen Informationen über sonstiges Vermögen und Verbindlichkeiten, um einen tiefen Einblick zu bekommen." (CA: 151-158)

> „Neben den Jahresabschlussinformationen verlangen wir teilweise auch weiterführende Informationen vom Kunden. Dazu gehört beispielsweise die Liquiditätsplanung der nächsten drei bis fünf Jahre oder eine Übersicht der sonstigen Verpflichtungen, die heute bestehen und künftig erwartet werden können." (CC: 106-109)

Zusammenfassend ist festzustellen, dass den Informationen des Jahresabschlusses eine hohe Bedeutung im Kreditvergabeprozess sämtlicher befragten Banken zukommt. Insbesondere die Bilanz, Gesamtergebnisrechnung und Kapitalflussrechnung werden zur Beurteilung der Kreditwürdigkeit herangezogen. Die Informationen des Anhangs haben nach Aussage der Banken erklärenden Charakter und werden nachgelagert berücksichtigt. Für die Banken ist zudem die Bestätigung der Übereinstimmung des Jahresabschlusses mit den geltenden Rechnungslegungsvorschriften durch das Testat eines renommierten Wirtschaftsprüfers von Bedeutung. Die Mehrheit der befragten Banken verlangt zusätzliche Informationen zum Jahresabschluss, um die gegenwärtige und künftige wirtschaftliche Situation des kreditnachfragenden Unternehmens beurteilen zu können.

Diese Ergebnisse stimmen mit der Untersuchung von *Danos/Holt/Imhoff, Jr.* überein, die zeigt, dass Jahresabschlussinformationen und Kundengespräche die wichtigste Entscheidungsgrundlage für Banken bilden[1]. Zu einem ähnlichen Ergebnis kommen auch die Studien von *Armstrong/Guay/Weber*, *Berry/Waring* und *Berry/Robertson*[2]. Letztere konstatiert zugleich eine gesteigerte Bedeutung der Kapitalflussrechnung gegenüber der Bilanz. Parallelen bestehen zudem zu der Untersuchung von *Kemp/Overstreet*, wonach der Kreditvergabeentscheidungsprozess maßgeblich von der aktuellen Verschuldungssituation und den Zahlungsströmen zur Begleichung der Schuldpositionen beeinflusst wird[3]. Bilanz und Kapitalflussrechnung stellen demnach – analog zu den Ergebnissen der vorliegenden Untersuchung – die wichtigsten Rechenwerke dar. Übereinstimmung besteht auch mit der Studie von *Haller et al.*, die die Verwendung von Jahresabschlussdaten durch Kreditinstitute mit Sitz in Deutschland untersucht und zeigt, dass der Jahresabschluss im Rahmen der quantitativen Informationen den höchsten Stellenwert einnimmt und Kreditinstitute neben dem Jahresabschluss Planungsdaten, Informationen über Cashflows und Vorjahresvergleiche als wichtige Informationen erachten[4].

1 Vgl. Danos/Holt/Imhoff, Jr. (1989).
2 Vgl. Armstrong/Guay/Weber (2010), S. 214, Berry/Waring (1995), Berry/Robertson (2006).
3 Vgl. hierzu und im Folgenden Kemp/Overstreet (1990).
4 Vgl. Haller et al. (2008), S. 10.

Zwischen den in dieser Arbeit durchgeführten Interviews mit Banken, Leasingnehmern und Wirtschaftsprüfern besteht Übereinstimmung hinsichtlich des Stellenwerts der Bilanz im Kreditvergabeprozess[1]. Auch geben alle drei befragten Gruppen an, dass Banken zusätzliche Informationen von kreditnachfragenden Unternehmen verlangen. Abweichungen zwischen den Interviews mit Banken, Leasingnehmern und Wirtschaftsprüfern bestehen insofern, als eine Minderheit von jeweils vier Leasingnehmern und Wirtschaftsprüfern angibt, dass der Anhang zum Jahresabschluss eine lediglich untergeordnete Bedeutung für Banken hat. Die Banken geben zwar an, dass die Betrachtung des Anhangs nachgelagert erfolgt. Eine untergeordnete Bedeutung ist daraus indes nicht abzuleiten.

1.3.1.2 Relevante Finanzkennzahlen in der Kreditwürdigkeitsprüfung

Im Rahmen der Frage C.1.2 wird untersucht, welche Finanzkennzahlen im Rahmen der Kreditwürdigkeitsprüfung von den Banken berücksichtigt werden und welche relative Bedeutung den Kennzahlen zukommt. Sämtliche befragten Banken berücksichtigen Bilanzstrukturkennzahlen zur Beurteilung der Kreditwürdigkeit. Dabei werden Verschuldungsgrade und die Eigenkapitalquote als wichtigste Bilanzstrukturkennzahlen in der Kreditwürdigkeitsprüfung erachtet.

> „Zur Beurteilung der Kapitalstruktur schauen wir auf Kennzahlen wie die Eigenkapitalquote oder den Verschuldungsgrad. Letzterer dient zur Beurteilung der Verschuldungssituation. Das ist für uns zentral, weil daran unser Kreditrisiko bemessen wird." (CF: 120-122)

> „Zentrale Bedeutung haben die Kennzahlen Verschuldungsgrad und Eigenkapitalquote. Anhand dieser Kennzahlen beurteilen wir die Kapitalstruktur des Unternehmens. Nur bei einer ausreichenden Eigenkapitalunterlegung erscheinen Unternehmen kreditwürdig. Ausnahmen hiervon stellen eventuell neugegründete Unternehmen dar." (CG: 115-118)

Sieben Banken geben an, neben den Bilanzstrukturkennzahlen auch Cashflow-relevante Kennzahlen in der Kreditwürdigkeitsprüfung heranzuziehen. Diese sollen die Beurteilung der Liquiditätssituation erleichtern.

> „Die Cashflow-getriebenen Kennzahlen sind wichtig für die Beurteilung der Liquiditätssituation. Anhand dieser Kennzahlen schätzen wir ein, inwieweit der Kunde künftig in der Lage sein wird, seine Zins- und Tilgungszahlungen zu leisten. Daneben achten wir sehr genau auf den Verschuldungsgrad. Das ist notwendig, um die Wahrscheinlichkeit einer Insolvenz und damit die Kreditausfallwahrscheinlichkeit zu bestimmen." (CE: 107-111)

Drei Banken berücksichtigen zusätzlich Rentabilitätskennzahlen, wie die Gesamtkapitalrentabilität.

> „Uns interessieren primär Bilanzstrukturkennzahlen und Rentabilitätskennzahlen zur Beurteilung der Kreditwürdigkeit eines Unternehmens. Konkret sind das der Verschuldungsgrad und die Gesamtkapitalrentabilität. Aber auch Liquiditätskennzahlen sind zur Beurteilung unerlässlich." (CH: 109-112)

Insgesamt ist somit eine Konzentration auf Bilanzstrukturkennzahlen und Liquiditätskennzahlen festzustellen. Sämtliche befragten Banken berücksichtigen Verschul-

---

1 Vgl. hierzu und im Folgenden Frage A.3.1.2, Kapitel VI.1.1.3.1.2, Frage B.3.2.2, Kapitel VI.1.2.3.2.2.

dungsgrade oder die Eigenkapitalquote in den Analysen zur Beurteilung der Kreditwürdigkeit. Fast sämtliche Banken ziehen zusätzlich Cashflow-relevante Kennzahlen in die Beurteilung ein, um die Liquiditätssituation einschätzen zu können. Rentabilitätskennzahlen spielen eine eher untergeordnete Rolle in der Kreditwürdigkeitsprüfung. Lediglich drei Banken berücksichtigen diese zusätzlich zu Bilanzstrukturkennzahlen bzw. Cashflow-relevanten Kennzahlen. Die hier festgestellte Fokussierung der Banken auf Bilanzstrukturkennzahlen, insbesondere Verschuldungsgrade und Liquiditätskennzahlen, stimmt weitestgehend mit den Studien von *Dietrich/Kaplan*, *Gibson* und *Kemp/Overstreet* überein[1]. Die Konzentration von Banken auf Verschuldungsgrade wird zudem von den in dieser Arbeit befragten Leasingnehmern und Wirtschaftsprüfern festgestellt[2].

1.3.1.3 Bedeutung und Berücksichtigung bilanzunwirksamer Elemente in der Kreditwürdigkeitsprüfung

Die Untersuchung der Bedeutung bilanzunwirksamer Elemente für die Kreditwürdigkeitsprüfung ist Gegenstand der Frage C.1.3. Im Rahmen dieser Frage wird analysiert, inwieweit die befragten Banken bilanzunwirksame Elemente in der Beurteilung der Kreditwürdigkeit und der anschließenden Entscheidung über die Kreditvergabe berücksichtigen. Zwei der acht befragten Banken geben an, sämtliche bilanzunwirksamen Elemente in die Beurteilung der Kreditwürdigkeit einzubeziehen. Demnach ist für die Analyse unerheblich, ob Informationen in der Bilanz oder dem Anhang enthalten sind.

> „Bilanzunwirksame Elemente finden in der Beurteilung der Kreditwürdigkeit ebenso Berücksichtigung wie bilanzwirksame Elemente. Nur weil etwas nicht in der Bilanz steht, heißt das ja nicht, dass es nicht analysiert werden kann. Zugegebenermaßen ist es mitunter etwas schwieriger, die relevante Information beispielsweise im Anhang zu finden. Grundsätzlich gilt aber, dass alle Informationen im Analyseprozess der Kreditwürdigkeit berücksichtigt werden, unabhängig davon, wo sie im Jahresabschluss stehen.“ (CG: 123-128)

Die verbleibenden sechs Banken berichten, dass eine Berücksichtigung bilanzunwirksamer Elemente in der Beurteilung der Kreditwürdigkeit in Abhängigkeit von der Bedeutung dieser Posten erfolgt. Eine Berücksichtigung erfolge insofern, als eine Beeinflussung des Beurteilungsprozesses vermutet werden kann. Die bilanzunwirksamen Posten müssten dementsprechend in Relation zu der Gesamtsituation kreditnachfragender Unternehmen wesentlich sein.

> „Bei den bilanzunwirksamen Elementen kommt es immer darauf an, welche Bedeutung diese Elemente für den Entscheidungsprozess haben. Wenn die Elemente in einer Portfolio-Betrachtung unwesentlich sind, werden sie nicht berücksichtigt. Wenn es sich aber um bedeutende Posten handelt, berücksichtigen wir diese natürlich in unseren Analysen und damit auch in unserer Kreditentscheidung.“ (CD: 120-124)

Insgesamt lässt sich konstatieren, dass bilanzunwirksame Elemente Berücksichtigung in der Beurteilung der Kreditwürdigkeit und damit in der Kreditvergabeentscheidung finden. Die Mehrheit der Banken entscheidet nach dem Kriterium der Wesentlichkeit,

1 Vgl. Dietrich/Kaplan (1982), Gibson (1983), Kemp/Overstreet (1990).
2 Vgl. Frage A.3.1.2, Kapitel VI.1.1.3.1.2, Frage B.3.2.2, Kapitel VI.1.2.3.2.2.

welche bilanzunwirksamen Elemente in den Kreditvergabeprozess einfließen. Zwei Banken berücksichtigen unabhängig von Wesentlichkeitsüberlegungen sämtliche bilanzunwirksamen Elemente in der Beurteilung der Kreditwürdigkeit.

1.3.1.4 Bedeutung und Berücksichtigung von Leasingverhältnissen in der Kreditwürdigkeitsprüfung

Im Rahmen der Frage C.1.4 wird die Bedeutung von Leasingverhältnissen für die Beurteilung der Kreditwürdigkeit untersucht. Im Mittelpunkt der Untersuchung steht die Frage, inwieweit operative Leasingverhältnisse und Finanzierungsleasingverhältnisse im Kreditvergabeprozess von Banken berücksichtigt werden. Fünf Banken geben an, dass operative Leasingverhältnisse und Finanzierungsleasingverhältnisse grundsätzlich von Bedeutung für den Kreditvergabeprozess sind und dementsprechend in die Beurteilung der Kreditwürdigkeit einfließen. Hierbei beeinflussen nach Angabe der Banken insbesondere Informationen über die aus Leasingverträgen resultierenden finanziellen Verpflichtungen den Kreditvergabeprozess. In Übereinstimmung zu den Ergebnissen der Frage C.1.1, wonach in einer allgemeinen Betrachtung des Kreditvergabeprozesses sowohl Jahresabschlussinformationen als auch weiterführende Informationen zur Beurteilung der Kreditwürdigkeit für Banken relevant sind[1], verlangen Banken auch weiterführende leasinginduzierte Informationen.

> „Leasingverhältnisse spielen meistens eine große Rolle in der Kreditwürdigkeitsprüfung. Wir haben diese immer berücksichtigt. Wenn es on balance-Verträge sind, hilft ein Blick in die Bilanz schon weiter. Bei off balance-Verträgen schauen wir in den Anhang und versuchen die bilanziellen Wirkungen nachzustellen. Aber auch bei on balance-Verträgen schauen wir in den Anhang, denn wir benötigen natürlich Informationen über die [Parameter zur Berechnung der] künftigen geschätzten Verpflichtungen. Zusätzlich fragen wir immer die kreditnachfragenden Unternehmen nach Leasingverhältnissen. Meistens erhalten wir dann eine Aufstellung über alle Leasingverträge mit sämtlichen Verpflichtungen, die daraus entstehen.“ (CC: 126-133)

Zwei der fünf Banken führen die hohe Bedeutung von Leasingverhältnissen im Kreditvergabeprozess auf die Bilanzunwirksamkeit operativer Leasingverhältnisse zurück. Das mit operativen Leasingverhältnissen verbundene bilanzpolitische Potential soll durch die Berücksichtigung sämtlicher Leasingverhältnisse in der Kreditwürdigkeitsprüfung reduziert werden.

> „Wir wissen natürlich um die off balance sheet-Wirkung von Leasingverhältnissen und achten daher immer sehr genau auf mögliche Leasingverhältnisse im Anhang. Insgesamt kommen Leasingverhältnissen im Kreditvergabeprozess schon eine übergeordnete Rolle zu. Fast jedes Unternehmen hat irgendetwas geleast. Das ist mal mehr und mal weniger. In den meisten Fällen gehen wir davon aus, dass Leasingverhältnisse die Kreditvergabeentscheidung beeinflussen können.“ (CG: 132-137)

Im Unterschied zu den fünf zuvor angeführten Banken gehen drei Banken nicht von einer grundsätzlich hohen Bedeutung von Leasingverhältnissen für den Kreditvergabeprozess aus und berücksichtigen Leasingverhältnisse in deren Analysen zur Kreditwürdigkeit nicht grundsätzlich, sondern lediglich in Abhängigkeit von der relativen

1 Vgl. Kapitel VI.1.3.1.1.

Bedeutung der Leasingverhältnisse zur wirtschaftlichen Gesamtsituation kreditnachfragender Unternehmen. Eine automatische Berücksichtigung von Leasingverhältnissen im Entscheidungsprozess lehnen diese Banken auch vor dem Hintergrund des mit der Einbeziehung operativer Leasingverhältnisse verbundenen Aufwands ab.

> „Auch hier gilt wieder, dass es auf die Bedeutung der Leasingverhältnisse ankommt. In Einzelfällen haben Leasingverhältnisse sicher eine herausragende Bedeutung und können die Kreditvergabeentscheidung beeinflussen. Dementsprechend müssen sie auch im Analyseprozess Berücksichtigung finden. Eine pauschale Berücksichtigung von Leasingverhältnissen findet aber nicht statt. Insbesondere die Verfahren zur Berücksichtigung von operativen Leasingverhältnissen sind zu aufwendig, um sie grundsätzlich durchzuführen und ohne eine Beeinflussung der Entscheidung zu erwarten." (CD: 128-134)

Die in dieser Arbeit festgestellte hohe Bedeutung von Leasingverhältnissen für den Kreditvergabeprozess stimmt mit den Ergebnissen von *Stanga/Benjamin* überein[1]. Die Untersuchungen von *Catanach/Kemp* und *Kemp/Overstreet* zeigen indes eine lediglich mittlere Bedeutung von Leasingverhältnissen für den Kreditvergabeprozess, auch wenn *Catanach/Kemp* eine höhere Bedeutung von operativen Leasingverhältnissen gegenüber Finanzierungsleasingverhältnissen feststellt[2]. Im Unterschied zu den Ergebnissen dieser Arbeit kommen die Befragungen von *Durocher/Fortin* und *Gopalakrishnan/Parkash* zu dem Ergebnis, dass Finanzierungsleasingverhältnisse eher als bilanzielle Schuld erachtet und Informationen über operative Leasingverhältnisse für die Beurteilung der Kapitalstruktur und der Kapitalrückzahlungsfähigkeit zwar berücksichtigt werden, allerdings mit einem signifikant geringeren Gewicht[3]. Auch die Untersuchungen von *Abdel-khalik*, *Blake/Salas/Clarke* und *Hartmann/Sami* offenbaren, dass die Kreditvergabeentscheidungen von Banken von unterschiedlichen Leasingbilanzierungsmethoden beeinflusst werden, Banken also nicht sämtliche Leasingverhältnisse gleichwertig in deren Entscheidungen berücksichtigen[4]. Die experimentellen Studien von *Wilkins/Zimmer* und *Wilkins* bestätigen demgegenüber die Ergebnisse der vorliegenden Arbeit. Banken berücksichtigen demnach sämtliche Leasingverhältnisse in deren Beurteilung der Kreditwürdigkeit[5].

Übereinstimmung zwischen den in dieser Arbeit durchgeführten Interviews mit Banken und Leasingnehmern besteht insofern, als die Mehrheit der befragten Leasingnehmer angibt, dass Banken sämtliche Leasingverhältnisse in den Kreditvergabeentscheidungen berücksichtigen[6]. Zu einem vergleichbaren – wenn auch nicht derart eindeutigen – Ergebnis kommen zudem die diesbezüglichen Interviews mit Wirtschaftsprüfern[7].

1 Vgl. Stanga/Benjamin (1978).
2 Vgl. Catanach/Kemp (1999), insb. S. 77-78, Kemp/Overstreet (1990), S. 53-55.
3 Vgl. Durocher/Fortin (2009), S. 21-23, Gopalakrishnan/Parkash (1996).
4 Vgl. Abdel-khalik (1981), S. 83-125, Blake/Salas/Clarke (1995), Hartman/Sami (1989).
5 Vgl. Wilkins/Zimmer (1983b), Wilkins (1984).
6 Vgl. Frage A.3.1.2, Kapitel VI.1.1.3.1.2.
7 Vgl. Frage B.3.2.2, Kapitel VI.1.2.3.2.2.

1.3.1.5 Verwendete Methoden zur Jahresabschlusskorrektur um operative Leasingverhältnisse

Die Frage C.1.3 zeigt, dass bilanzunwirksame Elemente Berücksichtigung in der Beurteilung der Kreditwürdigkeit und damit in der Kreditvergabeentscheidung finden[1]. Die vorstehende Frage C.1.4 führt zu dem Ergebnis, dass Leasingverhältnisse einen hohen Stellenwert in der Beurteilung der Kreditwürdigkeit von Unternehmen einnehmen und auch operative Leasingverhältnisse dementsprechend Berücksichtigung finden[2]. Vor dem Hintergrund dieser Ergebnisse wird im Rahmen der Frage C.1.5 untersucht, ob und welche Methoden zur Korrektur des Jahresabschlusses um operative Leasingverhältnisse von den befragten Banken angewendet werden.

Sieben Banken verwenden Faktormodelle zur Korrektur des Jahresabschlusses um operative Leasingverhältnisse. Danach schätzen die Banken die Verbindlichkeiten aus operativen Leasingverhältnissen durch Multiplikation der im folgenden Jahr zu zahlenden Leasingraten anhand eines Faktors. In der Bilanz werden ein Vermögenswert und eine Schuld jeweils in Höhe der geschätzten operativen Leasingverbindlichkeit angesetzt. In der Gesamtergebnisrechnung erfolgt eine Umgliederung derart, dass die ursprünglich als betrieblicher Aufwand erfassten Leasingzahlungen in einen Zinsanteil und einen Tilgungs- bzw. Abschreibungsanteil aufgespalten werden.

> „Es wird also der Gesamtbetrag der verpflichtenden Zahlungen – letztlich die aufaddierte Summe der Leasingverpflichtungen – grob in einen Zinsanteil (1/3) und einen Tilgungsanteil (2/3) aufgespalten. Zwei Drittel der ausstehenden Leasingverpflichtungen werden als Schulden hinzugerechnet. Parallel wird dies auf der Aktivseite als Vermögen hinzugerechnet, so dass es nur zu einer Bilanzverlängerung kommt. In der GuV werden die Leasingraten gewöhnlich in den betrieblichen Aufwendungen berücksichtigt. Diese werden insgesamt heraus gerechnet. Ein Drittel wird wieder als Zinsaufwand berücksichtigt. Zwei Drittel gelten als Abschreibung auf das Anlagegut." (CA: 169-177)

> „Wir sind uns des bilanzpolitischen Potentials von operativen Leasingverhältnissen bewusst und versuchen, die bilanziellen Wirkungen dieser Leasingverträge zu modellieren. Nur wenn alle Leasingverhältnisse in der Bilanz erscheinen, können wir die aktuelle Verschuldungssituation und die künftigen finanziellen Belastungen des Unternehmens verlässlich einschätzen und beurteilen. In unseren Analysen simulieren wir daher Jahresabschlüsse, die die Bilanzwirksamkeit sämtlicher Leasingverträge unterstellen. Konkret bedeutet dies, dass wir die im Anhang angegebenen Zahlungsverpflichtungen mit einem Faktor multiplizieren und diesen Wert den Schulden und ebenso den Vermögenswerten in der Bilanz hinzurechnen. Ähnliches gilt für die GuV. Hier teilen wir die Leasingraten nach einem bestimmten Verhältnis in Abschreibungs- und Zinsaufwand auf. Nur der Abschreibungsaufwand belastet dann das Betriebsergebnis. Die zu zahlenden Zinsen werden nicht mehr im EBIT berücksichtigt." (CH: 131-142)

Lediglich eine Bank gibt an, ein weiterentwickeltes Faktormodell anzuwenden, allerdings nur im Falle von Leasingverhältnissen mit hoher Bedeutung für den Kreditvergabeprozess. Nach diesem *net present value*-Modell wird ein Auszahlungsstrom für die künftigen Jahre anhand der Anhangangaben modelliert. Durch Diskontierung des Zahlungsstroms ergibt sich der Barwert der Verpflichtung, der als Wertgerüst für den anzusetzenden Vermögenswert und die korrespondierende Schuld dient. In der

1 Vgl. Kapitel VI.1.3.1.3.
2 Vgl. Kapitel VI.1.3.1.4.

Gesamtergebnisrechnung erfolgt die Aufspaltung der ursprünglich als betrieblicher Aufwand erfassten Leasingzahlungen in einen Zinsanteil und einen Tilgungs- bzw. Abschreibungsanteil. Der Zinsanteil ergibt sich im *net present value*-Modell durch Multiplikation der Verpflichtung mit dem zugrundegelegten Diskontierungssatz.

> „Bei den bedeutenden bilanzunwirksamen Leasingverhältnissen verwenden wir ein verfeinertes Faktormodell. Basierend auf den Angaben im Anhang simulieren wir einen Zahlungsstrom für die kommenden Jahre. Diesen Zahlungsstrom diskontieren wir dann mit einem Zinssatz und erhalten dann den Barwert der künftigen Verbindlichkeiten. In der GuV teilen wir die Leasingzahlungen in Zins- und Abschreibungsanteile durch Multiplikation der Verbindlichkeit mit dem Zinssatz auf." (CF: 143-148)

Sämtliche befragten Banken verwenden somit ein formalanalytisches Verfahren zur Korrektur des Jahresabschlusses um operative Leasingverhältnisse. Fast alle Banken beschränken sich dabei auf ein einfaches Faktormodell, das operative Leasingverhältnisse im Rahmen einer pauschalen Hinzurechnung eines Vermögenswerts und einer Schuld bilanzwirksam werden lässt. Lediglich eine Bank verwendet bei Leasingverhältnissen mit hoher Bedeutung für den Kreditvergabeprozess ein weiterentwickeltes Faktormodell, das *net present value*-Modell. Dieses Ergebnis wird von einer frühen Studie von *Vancil/Anthony* bestätigt, wonach 77% der Befragten – darunter allerdings nicht nur Banken – formalanalytische Verfahren zur Korrektur des Jahresabschlusses um operative Leasingverhältnisse anwenden[1]. *Durocher/Fortin* kommen in einer Befragung von Bankangestellten demgegenüber zu dem Ergebnis, dass lediglich 30% der Befragten formale Anpassungen um operative Leasingverhältnisse vornehmen[2]. Ein Widerspruch zu den Ergebnissen dieser Arbeit besteht zudem zu der Studie von *Wilkins/Zimmer*, die zeigt, dass nur eine geringe Anzahl der untersuchten Banken eine formale Methode zur Berücksichtigung der Auswirkungen operativer Leasingverhältnisse auf Bilanzkennzahlen anwendet[3]. In diesem Zusammenhang legen andere Studien – ebenfalls abweichend von den Ergebnissen dieser Arbeit – dar, dass Bankangestellte auf aggregierte Jahresabschlüsse von Informationsdiensten zurückgreifen, die oftmals Anpassungen des Jahresabschlusses um bilanzunwirksame Leasingverhältnisse vorzunehmen scheinen[4].

Die im Rahmen dieser Arbeit befragten Leasingnehmer und Wirtschaftsprüfer gehen mehrheitlich davon aus, dass Banken sämtliche Leasingverhältnisse in den Kreditvergabeentscheidungen berücksichtigen, allerdings ohne die Methoden zur Jahresabschlusskorrektur um operative Leasingverhältnisse zu konkretisieren[5].

1.3.1.6 Zusammenfassung

Die Untersuchung des gegenwärtigen Kreditvergabeprozesses von Banken zeigt, dass den Informationen des testierten Jahresabschlusses eine hohe Bedeutung im Kreditvergabeprozess zukommt. Zur Beurteilung der Kreditwürdigkeit kreditnachfragender

1 Vgl. Vancil/Anthony (1959).
2 Vgl. Durocher/Fortin (2009), S. 24.
3 Vgl. Wilkins/Zimmer (1983b), S. 759-760.
4 Vgl. z.B. Danos/Holt/Imhoff, Jr. (1989).
5 Vgl. Frage A.3.1.2, Kapitel VI.1.1.3.1.2, Frage B.3.2.2, Kapitel VI.1.2.3.2.2.

Unternehmen werden insbesondere die Rechenwerke Bilanz, Gesamtergebnisrechnung und Kapitalflussrechnung herangezogen. Dem Anhang kommt eine nachgelagerte, erklärende Funktion zu. Zusätzlich verlangen die Banken ergänzende Informationen zum Jahresabschluss. Bilanzstrukturkennzahlen, insbesondere Verschuldungsgrade und Eigenkapitalquote sowie Cashflow-relevante Kennzahlen, erweisen sich als wesentliche Finanzkennzahlen im Kreditvergabeprozess. Die Mehrheit der Banken entscheidet zudem nach dem Kriterium der Wesentlichkeit, welche bilanzunwirksamen Elemente in den Kreditvergabeprozess einfließen. Überdies kommt operativen Leasingverhältnissen und Finanzierungsleasingverhältnissen in der Beurteilung der Kreditwürdigkeit eine hohe Bedeutung zu. Dementsprechend finden in der Regel sämtliche Leasingverhältnisse in den Analysen der Banken Berücksichtigung. Zur Korrektur des Jahresabschlusses um operative Leasingverhältnisse verwenden sämtliche befragten Banken formalanalytische Verfahren, die sich zumeist auf das einfache Faktormodell beschränken.

1.3.2 Beurteilung der gegenwärtigen Leasingbilanzierung und der Reformbestrebungen

1.3.2.1 Beurteilung der gegenwärtigen Leasingbilanzierung

1.3.2.1.1 Beurteilung der Existenz unterschiedlicher Bilanzierungsmethoden für Leasingverhältnisse und der damit verbundenen Gestaltungsspielräume

Im Rahmen der Frage C.2.1.1 wird untersucht, wie Banken die unterschiedlichen Bilanzierungsmethoden für Leasingverhältnisse und damit zusammenhängende Gestaltungsspielräume beurteilen. Die hauptsächliche Kritik sämtlicher befragten Banken an der gegenwärtigen Leasingbilanzierung konzentriert sich auf die im *all or nothing approach* ausgedrückte wirtschaftliche Betrachtungsweise. Nach Ansicht der Banken führt die damit verbundene Klassifizierung von Leasingverhältnissen zu Gestaltungsspielräumen, die in einer erschwerten Beurteilung der Kreditausfallwahrscheinlichkeit und insofern in einem erhöhten Kreditrisiko resultieren.

> „Es ist ein Standard, der schon viele Jahre in der Kritik steht. Im Mittelpunkt steht immer der all or nothing approach mit seiner wirtschaftlichen Betrachtungsweise. Das Resultat ist die Einteilung in operatives Leasing und Finanzierungsleasing. Ich kann diese Kritik gut nachvollziehen. Für Bilanzierer sind die Regelungen schwer auszulegen. Das kann aber auch wieder für Strukturierungen genutzt werden und das passiert ja auch in der Praxis. Ich denke, die Bilanzierer habe sich mittlerweile gut mit dem Standard arrangiert und wissen damit umzugehen. Die Adressaten dieser Bilanzierung werden allerdings vor große Herausforderungen gestellt. [...] Das ist mehr oder weniger die Hauptkritik. Die sonstigen Bewertungsregelungen sind meines Erachtens unkritisch.“ (CF: 29-39)

Die in IAS 17 vorgegebenen Klassifizierungskriterien resultieren nach Auffassung sämtlicher Banken nicht einer Reduktion der Gestaltungsspielräume. Im Gegenteil: Die Banken sehen diesbezüglich weitere Ermessensspielräume, die zu einer willkürlichen Auswahl der Leasingbilanzierungsmethode führten.

> „Die gegenwärtige Unterteilung in finance und operate leases ist mehr oder weniger willkürlich. Da helfen auch die Kriterien in IAS 17 nicht weiter, weil sie schwammig formuliert sind und auch wieder Spielräume lassen.“ (CC: 24-26)

Die Banken erachten zudem die Anwendung der quantitativen Klassifizierungskriterien der US-GAAP als lediglich bedingt geeignet, die Gestaltungsspielräume der Klassifizierung zu beschränken. Gerade quantitative Grenzen könnten umgangen werden.

> „Die Beurteilung der heutigen Leasingbilanzierung nach IAS 17 ist natürlich geprägt von der Klassifizierung der Leasingverhältnisse. Die Bilanzierenden können praktisch entscheiden, ob sie das Leasingverhältnis in die Bilanz nehmen wollen oder nicht. Das liegt an den schwammigen Kriterien, die der IAS 17 vorgibt. Aber auch die US-GAAP sind nicht viel besser. Die quantitativen Grenzwerte laden ja auch zur Umgehung ein." (CE: 24-28)

Die Banken erachten nicht nur die mit der Klassifizierung von Leasingverhältnissen einhergehenden Ermessensspielräume kritisch. Nach Ansicht der Banken erhöht die Existenz unterschiedlicher Bilanzierungsmethoden für Leasingverhältnisse auch deshalb das Kreditrisiko der Banken, weil dem Leasingnehmer im Falle von operativen Leasingverhältnissen beispielsweise Sicherheiten in Form des aktivierten Leasinggegenstands fehlen.

> „Die Vorgaben der IFRS oder US-GAAP bei der Klassifizierung von Leasingverhältnissen geben dem Kunden Argumente in die Hand, die letztlich gegenläufig sind zu den Interessen der Bank. Die Banken möchten einen möglichst starken Zugriff auf den Leasingnehmer, eine starke Haftungseinbindung, Sicherheiten und Rückgriffsrechte. Genau das wird aber durch die internationalen Standards untersagt, denn sonst würden financial leases vorliegen." (CA: 99-140)

Über sämtliche befragten Banken hinweg wird die Kritik an der derzeit dichotomen Bilanzierung von Leasingverhältnissen deutlich. Die Banken beanstanden sowohl die übergeordnete wirtschaftliche Betrachtungsweise, als auch die konkrete Ausgestaltung mittels der qualitativen Klassifizierungskriterien, die mit Gestaltungsspielräumen einhergingen und das Kreditrisiko erhöhten. Eine Begrenzung der Ermessensspielräume durch Anwendung der quantifizierten Klassifizierungskriterien der US-GAAP wird bezweifelt. Die dichotomen Leasingbilanzierungsmethoden resultieren nach Auffassung der Banken auch dann in einem erhöhten Kreditrisiko, wenn im Falle von operativen Leasingverhältnissen Haftungsmasse in Form von Leasinggegenständen fehlt.

Die Ergebnisse aus der Befragung der Banken stimmen mit der Untersuchung von *Durocher/Fortin* überein[1]. Darin beanstanden die befragten Bankangestellten die Strukturierungsmöglichkeiten innerhalb der derzeitigen Bilanzierung von Leasingverhältnissen und verweisen – analog zu den in dieser Arbeit befragten Banken – auf diesbezügliche Erschwernisse im Rahmen der Entscheidungsfindung. Parallelen bestehen überdies zu der Studie von *Berry/Robertson*, die Schwierigkeiten britischer Bankangestellter mit bilanzunwirksamen Finanzierungen andeutet[2]. Zwischen den Interviews mit Leasingnehmern, Wirtschaftsprüfern und Banken in dieser Arbeit besteht insofern Übereinstimmung, als sämtliche Gruppen die mit den unterschiedlichen Bilanzierungsmethoden für Leasingverhältnisse verbundenen Gestaltungsspielräume identifizieren[3]. Zu konträren Ergebnissen kommen die Interviews indes hinsichtlich der Beurteilung dieser Gestaltungsspielräume. Während die Wirtschaftsprüfer und

---

1 Vgl. hierzu und im Folgenden Durocher/Fortin (2009), S. 25-27.

2 Vgl. Berry/Robertson (2006), S. 187-188.

3 Vgl. hierzu und im Folgenden Frage A.2.1.1, Kapitel VI.1.1.2.1.1, Frage B.2.1.1, Kapitel VI.1.2.2.1.1.

Banken die Strukturierungsmöglichkeiten vor dem Hintergrund einer erschwerten Beurteilung der wirtschaftlichen Gesamtsituation des Leasingnehmers kritisieren, beurteilen die Leasingnehmer diese im Sinne der wirtschaftlichen Gestaltungsfreiheit positiv.

1.3.2.1.2 Beurteilung der Möglichkeit zur Einschätzung von Bilanzauswirkungen operativer Leasingverhältnisse

Die Frage C.2.1.2 zielt darauf ab, wie die befragten Banken die Möglichkeiten beurteilen, anhand der Informationen zu operativen Leasingverhältnissen Aussagen zu deren bilanziellen Auswirkungen zu treffen. Zusätzlich sollen die Banken die Möglichkeiten anderer – auch unprofessioneller – Adressaten zur Beurteilung der Bilanzauswirkungen operativer Leasingverhältnisse einschätzen. Der Schwerpunkt dieser Frage liegt somit auf der Frage, ob ein qualitativer Unterschied zwischen den Informationen zu operativen Leasingverhältnissen im Anhang und den bilanzwirksamen Informationen zu Finanzierungsleasingverhältnissen von den Banken gesehen wird.

Fünf Banken berichten, dass die Beurteilung der Bilanzauswirkungen operativer Leasingverhältnisse möglich sei. Anhand der Jahresabschlussdaten und zusätzlichen Kundeninformationen könnten die Bilanzauswirkungen operativer Leasingverhältnisse unter Verwendung von Analyseprogrammen simuliert werden.

> „Die Abschätzung ist für uns kein Problem. Wir ziehen uns die notwendigen Informationen aus dem Jahresabschluss. Falls notwendig, fordern wir zusätzliche Informationen vom Kunden an. Dazu zählen dann auch die Leasingverträge. Das alles geht in unsere Analyse ein. Alles in allem ist die Abschätzung also machbar.“ (CD: 35-39)

> „Diese Abschätzung ist für den Kreditvergabeprozess sehr wichtig. Wir simulieren mit unseren Analyseinstrumenten einen Jahresabschluss, in dem sämtliche Leasingverhältnisse in der Bilanz erscheinen, um uns ein Bild von dem Unternehmen machen zu können. Unsere Analyseinstrumente geben uns sehr genau vor, was wir alles zu berücksichtigen haben.“ (CH: 40-43)

Drei Banken geben indes an, dass die Beurteilung der Bilanzauswirkungen operativer Leasingverhältnisse für sie zwar möglich ist. Eine Erschwernis der Beurteilung besteht nach Auffassung dieser Banken jedoch insofern, als die Informationen des Anhangs mitunter als unzureichend und unvollständig bezeichnet werden. Zudem seien Schätzungen notwendig, die zu Unsicherheiten führten. Die Banken verweisen letztlich auf die vorhandene technische Unterstützung. Ohne Analysesoftware und weiterführende Kundeninformationen seien die Bilanzauswirkungen operativer Leasingverhältnisse nur schwer einschätzbar.

> „Wir können die Auswirkungen operativer Leasingverhältnisse auf die Bilanz abschätzen, weil wir aufwendige Analysetools im Hintergrund laufen haben. Ohne diese Tools ist es mitunter schwierig, diese Auswirkungen abzuschätzen. Die Informationen im Anhang der Kreditnachfrager beschränken sich manchmal auf das Nötigste. Man muss ja auch berücksichtigen, dass man es hier teilweise mit Schätzungen zu tun hat. Oft holen wir zusätzliche Informationen vom Kunden ein, z.B. die Leasingverträge.“ (CC: 32-37)

Aus dem Bekenntnis, dass die Einschätzung der Bilanzauswirkungen operativer Leasingverhältnisse aufgrund vorhandener Analysesoftware und zusätzlichen Informationen kreditnachfragender Leasingnehmer möglich ist, leiten sämtliche Banken ab, dass die Beurteilung der bilanziellen Wirkungen operativer Leasingverhältnisse für nicht-professionelle Adressaten ohne technische Unterstützung erschwert sein muss.

> „Wir wissen sehr genau, was im Anhang steht und richten unsere Analyseinstrumente darauf aus, so dass es für uns möglich ist, die Auswirkungen von operating leases auf die Bilanz simulieren zu können. Fehlende Angaben schätzen wird auf Basis historischer Daten oder durch Abfrage beim Kunden. Ich gebe allerdings zu, dass es einem einfachen Adressaten ohne das technische Equipment schwer fallen dürfte, die Auswirkungen zu simulieren. Ihm fehlt das Know How und die Möglichkeit, direkt beim Kunden nachfragen zu können und dann auch tatsächlich eine Antwort zu erhalten." (CF: 44-50)

Zusammenfassend zeigt die Frage C.2.1.2, dass sämtliche befragten Banken die Bilanzauswirkungen operativer Leasingverhältnisse aufgrund der vorhandenen technischen Lösungen und weiterführenden Informationen von kreditnachfragenden Unternehmen beurteilen können. Einige Banken verweisen auf die grundsätzlichen Schwierigkeiten der Beurteilung, die vor dem Hintergrund unvollständiger Anhangangaben und damit verbundenen Schätzungen bestünden und nur durch den Einsatz von Analysetools sowie zusätzlichen Informationen überwunden werden könnten. Insofern stellen diese Banken einen qualitativen Unterschied zwischen den Informationen zu operativen Leasingverhältnissen im Anhang und den bilanzwirksamen Informationen zu Finanzierungsleasingverhältnissen fest. Dieses Antwortverhalten erscheint konsistent mit der von sämtlichen Befragten in Frage C.2.1.1 geäußerten Kritik an der gegenwärtigen Existenz unterschiedlicher Leasingbilanzierungsmethoden[1]. Sämtliche Banken erachten zudem die Beurteilung der bilanziellen Wirkungen operativer Leasingverhältnisse für nicht-professionelle Adressaten, die nicht über Analyseprogramme verfügen, als zumindest erschwert. Vergleichbare Ergebnisse liefert die von *Durocher/Fortin* durchgeführte Befragung von Bankangestellten[2]. Darin werden ebenfalls die unzureichenden Informationen des Anhangs als Erschwernis im Rahmen der Abschätzung von Bilanzauswirkungen operativer Leasingverhältnisse aufgefasst.

Die experimentelle Studie von *Abdel-khalik* zeigt, dass die Bilanzierungsmethoden für Leasingverhältnisse Auswirkungen auf die Beurteilung der Profitabilität, des finanziellen Risikos und der Kapitalrückzahlungsfähigkeit haben[3]. Banken scheinen insofern nur unzureichend in der Lage, die bilanziellen Auswirkungen operativer Leasingverhältnisse abschätzen zu können – ein zu den Ergebnissen dieser Arbeit widersprüchliches Resultat. Demgegenüber kommt das Experiment von *Wilkins/ Zimmer* zu dem Ergebnis, dass die Banken der Stichprobe trotz lediglich rudimentärer Korrekturen um operative Leasingverhältnisse nicht durch unterschiedliche Leasingbilanzierungsmethoden in der Beurteilung der Kreditwürdigkeit beeinflusst werden und die bilanziellen Wirkungen operativer Leasingverhältnisse offensichtlich einschätzen können[4].

Die Ergebnisse der in dieser Arbeit durchgeführten Befragung von Banken korrespondieren insofern weitestgehend mit dem Antwortverhalten der ebenfalls befragten Wirtschaftsprüfer, als fast sämtliche Wirtschaftsprüfer eine Erschwernis für nicht-

1 Vgl. Kapitel VI.1.3.2.1.1.
2 Vgl. hierzu und im Folgenden Durocher/Fortin (2009), S. 25-27.
3 Vgl. hierzu und im Folgenden Abdel-khalik (1981), S. 103-108 und Anhang zu Kapitel 5.
4 Vgl. Wilkins/Zimmer (1983b).

professionelle Adressaten im Rahmen der Beurteilung der bilanziellen Auswirkungen operativer Leasingverhältnisse erkennen[1]. Die Wirtschaftsprüfer erachten allerdings auch die eigene Beurteilung als erschwert. Unterschiede bestehen zudem zu den heterogenen Ergebnissen aus den Interviews mit Leasingnehmern, wonach eine knappe Mehrheit keine Schwierigkeiten für Adressaten in der Beurteilung der Bilanzauswirkungen operativer Leasingverhältnisse sieht[2]. Ein diesbezügliches strategisches Antwortverhalten der Leasingnehmer kann jedoch nicht ausgeschlossen werden.

1.3.2.1.3 Beurteilung der Vergleichbarkeit von Jahresabschlüssen

Die Einschätzungen der befragten Banken bezüglich eines möglichen Einflusses der gegenwärtigen Leasingbilanzierung auf die Vergleichbarkeit von Jahresabschlüssen zwischen Unternehmen und über die Zeit hinweg sind Gegenstand der Frage C.2.1.3. Dabei zeigt sich ein homogenes Antwortverhalten der Befragten. Ohne Ausnahme geben die Banken an, dass die Vergleichbarkeit von Jahresabschlüssen sowohl in einer Branchenbetrachtung als auch über die Zeit hinweg durch die derzeitige Leasingbilanzierung beeinträchtigt ist. Als hauptsächliche Ursache dieser Beeinflussung wird die Klassifizierung von Leasingverhältnissen und damit verbundene Ermessensspielräume identifiziert.

> „Das Problem liegt hier wieder in der ermessenbehafteten Klassifizierung. Prinzipiell gleiche Sachverhalte können von zwei Bilanzierenden unterschiedlich abgebildet werden. Es können auch prinzipiell gleiche Sachverhalte im Zeitablauf unterschiedlich abgebildet werden. Das stellt eine praktische Erschwernis für den Adressaten dar. Der true and fair view, den das IASB sehr gerne hoch hält, ist da nicht gegeben. Die Leasingbilanzierung ist weit entfernt von einer den tatsächlichen Umständen entsprechenden Abbildung. Man kann also sagen, dass die Vergleichbarkeit grundsätzlich eingeschränkt ist.“ (CE: 42-48)

Vor dem Hintergrund der grundsätzlich eingeschränkten Vergleichbarkeit von Jahresabschlüssen im Rahmen der Leasingbilanzierung generieren sieben der acht Banken eine für den Kreditvergabeprozess relevante Vergleichbarkeit unter Anwendung von Analysetools. Zur Herstellung von vergleichbaren Jahresabschlüssen verwenden die Banken zudem Informationen über das kreditnachfragende Unternehmen, die beispielsweise über einen Fragenkatalog eingeholt werden. Gleichzeitig führen die Banken aus, dass nicht-professionelle Jahresabschlussadressaten regelmäßig nicht über diese Möglichkeiten verfügen und insofern keine vergleichbaren Jahresabschlussinformationen für diese Adressaten vorliegen.

> „Wir können Vergleichbarkeit herstellen. Von vornherein – also ohne unsere Tools – besteht meiner Meinung nach wenig Vergleichbarkeit. Die Ermessensspielräume in der Klassifizierung lassen unterschiedliche Bilanzierungen eines gleichen oder ähnlichen Sachverhalts zu. Das hat mit Vergleichbarkeit wenig zu tun. Erst wenn wir die nötigen Informationen gefiltert und in unsere Systeme eingegeben haben, können wir Vergleichbarkeit herstellen. Für weniger professionelle Adressaten besteht wohl kaum eine Vergleichbarkeit.“ (CC: 41-46)

> „Auch hier sind wir wieder auf unsere Analyseinstrumente angewiesen, über die wir eine für uns relevante Vergleichbarkeit herstellen können. In diese Analyseinstrumente werden teil-

1 Vgl. Frage B.2.1.2, Kapitel VI.1.2.2.1.2.
2 Vgl. Frage A.2.1.2, Kapitel VI.1.1.2.1.2.

> weise auch Informationen eingepflegt, die nicht im Jahresabschluss zu finden sind. Wir haben einen Fragenkatalog entwickelt, den wir jedem kreditnachfragenden Unternehmen vorlegen. Darin fragen wir im Wesentlichen die Bestandteile des zugrundeliegenden Leasingvertrags ab. Auf Basis der Informationen aus dem Jahresabschluss bzw. den Jahresabschlüssen der vergangenen Jahre und unseren zusätzlich eingeholten Informationen entstehen dann vergleichbare Jahresabschlüsse." (CH: 47-54)

Eine der acht Banken beurteilt die Vergleichbarkeit von Jahresabschlüssen zwischen Unternehmen als nachrangig. Als Begründung hierfür werden unternehmensindividuelle Beurteilungen der Kreditwürdigkeit genannt. Vergleichbare Jahresabschlüsse für ein Unternehmen im Zeitablauf werden von dieser Bank indes als wichtig für die Analyse erachtet. Die Vergleichbarkeit über die Zeit hinweg erfährt nach Auffassung dieser Bank in den Fällen eine Verbesserung, in denen Erfahrungswerte der Bank hinsichtlich der üblichen Klassifizierung von Leasingverhältnissen kreditnachfragender Leasingnehmer vorliegen.

> „Die Vergleichbarkeit ist natürlich durch das Ermessen hinsichtlich der Klassifizierung von Leasingverhältnissen eingeschränkt. Auf den ersten Blick sind die Informationen nicht wirklich vergleichbar. Für uns ist die Vergleichbarkeit zwischen den Unternehmen nicht so wichtig, weil wir unsere Kreditentscheidungen auf Basis der individuellen Analyse für das jeweilige Unternehmen treffen. Vergleiche über die Zeit hinweg sind da schon bedeutender. Da hilft es auch, wenn man die Historie des kreditnachfragenden Unternehmens kennt und z.B. weiß, wie dieses Leasingverhältnisse einordnet." (CD: 43-49)

Die Frage C.2.1.3 verdeutlicht eine von allen befragten Banken wahrgenommene Beeinträchtigung der Vergleichbarkeit von Jahresabschlüssen zwischen Unternehmen und über die Zeit hinweg aufgrund der gegenwärtigen Leasingbilanzierung. Dieses Ergebnis erscheint zu den Erkenntnissen aus Frage C.2.1.1 hinsichtlich der mit den unterschiedlichen Bilanzierungsmethoden verbundenen Strukturierungsmöglichkeiten insofern konsistent, als Strukturierungen mit einer reduzierten Vergleichbarkeit einhergehen können[1]. Zu ähnlichen Ergebnissen gelangt die Befragung von *Durocher/ Fortin*, in der insbesondere die Vergleichbarkeit zwischen Unternehmen als beeinträchtigt erachtet wird[2]. Auch die von Banken geäußerte Präferenz einer einheitlichen bilanzwirksamen Abbildung von Leasingverhältnissen deutet übereinstimmend auf eine Beeinträchtigung der Vergleichbarkeit hin. Übereinstimmung besteht zudem mit den in dieser Arbeit durchgeführten Interviews mit Leasingnehmern und Wirtschaftsprüfern[3]. Die Banken behelfen sich hingegen, indem sie mithilfe vorhandener Analysetools und zusätzlicher Kundeninformationen eine für sie relevante Vergleichbarkeit der Jahresabschlüsse generieren. Anderen nicht-professionellen Adressaten steht diese Möglichkeit nach Auffassung der Banken in der Regel nicht zur Verfügung.

1 Vgl. Kapitel VI.1.3.2.1.1.
2 Vgl. hierzu und im Folgenden Durocher/Fortin (2009), S. 25-28.
3 Vgl. Frage A.2.1.3, Kapitel VI.1.1.2.1.3, Frage B.2.1.3, Kapitel VI.1.2.2.1.3.

1.3.2.1.4 Beurteilung der Möglichkeit zur Einschätzung finanzieller Verpflichtungen aus Leasingverhältnissen

Im Rahmen der Frage C.2.1.4 werden die Beurteilungen der befragten Banken untersucht, inwieweit Einschätzungen über die finanziellen Verpflichtungen eines Unternehmens anhand der gegenwärtigen Leasinginformationen vorgenommen werden können. Sämtliche der acht Befragten geben an, dass die Einschätzung finanzieller Verpflichtungen aus Leasingverhältnissen bedeutsam für den Kreditvergabeprozess ist[1].

> „Die Einschätzung der künftigen finanziellen Verpflichtungen eines Unternehmens ist ein wesentlicher Bestandteil unserer Kreditwürdigkeitsprüfung. Ohne diese Einschätzung können wir keine Kreditentscheidung treffen.“ (CH: 59-61)

Die Einschätzung der finanziellen Verpflichtungen ist nach Aussage aller acht Banken anhand der gegenwärtigen Leasinginformationen nur eingeschränkt möglich. Begründet wird dies im Falle von operativen Leasingverhältnissen mit fehlenden Informationen in der Bilanz. Die Wahrnehmung der Verschuldungssituation werde durch die gegenwärtige Leasingbilanzierung beeinflusst.

> „Es ist oftmals schwierig, z.B. die wahre Verschuldungssituation eines Unternehmens einschätzen zu können, wenn wesentliche Bestandteile der Passivseite nicht darin erscheinen.“ (CF: 36-38)

Zudem werden die Anhangangaben zu Leasingverhältnissen als unbefriedigend erachtet. Die Jahresabschlussersteller würden diesen zu wenig Bedeutung beimessen. Zusätzlich notwendige Schätzungen im Rahmen der Anhangangaben erhöhten die Unsicherheit in der Beurteilung der finanziellen Verpflichtungen und damit das Kreditrisiko.

> „In der Theorie würde man sagen, dass es möglich ist, die künftigen finanziellen Verpflichtungen einzuschätzen. Danach ist es ja egal, wo Informationen im Jahresabschluss stehen. Faktisch ist dem nicht so. Die Bilanzierer messen dem Anhang oftmals nicht die notwendige Bedeutung bei. Dann findet man dort zum Teil weitgehend belanglose Angaben, die kein Mensch braucht. Die wesentlichen Informationen werden ohne zusätzliche Erklärung gegeben. Das führt dazu, dass wir uns in einem sehr sensiblen Gebiet bewegen. Die vorhandenden Angaben sind weitgehend geschätzte Werte und es sind weitere Schätzung notwendig, um die künftigen Verpflichtungen berechnen zu können. [...] Eine Kreditentscheidung auf dieser Datengrundlage ist mitunter höchst riskant.“ (CF: 65-74)

Zur Verbesserung der Einschätzbarkeit finanzieller Verpflichtungen aus Leasingverhältnissen verlangen die Banken regelmäßig weiterführende Informationen von kreditnachfragenden Leasingnehmern, darunter auch Leasingverträge. Auf Basis dieser erweiterten Informationsgrundlage ist nach Auffassung sämtlicher Banken eine Einschätzung der finanziellen Verpflichtungen aus Leasingverhältnissen möglich.

> „Wir sind immer darauf angewiesen, Miet- oder Leasingverträge zu bekommen, um die künftigen Verpflichtungen sauber einschätzen zu können. Nur anhand der verfügbaren Informationen im Jahresabschluss eine Einschätzung abzugeben, wäre riskant. Wir sind hier schließlich im Bereich der Schätzungen. Aber mit den zusätzlichen Informationen vom

---

1 Zur Bedeutung von Leasingverhältnissen in der Kreditwürdigkeitsprüfung vgl. auch Frage C.1.4, Kapitel VI.1.3.1.4.

> Kunden ist es schon einfacher. Es ist immer besser, das Unternehmen zu kennen. Das reduziert das Risiko.“ (CD: 54-59)

Insgesamt erachten sämtliche Banken die Einschätzung finanzieller Verpflichtungen als wesentlichen Bestandteil des Kreditvergabeprozesses. Allerdings wird die Einschätzung der finanziellen Verpflichtungen aufgrund der unvollständigen und auf Schätzungen beruhenden Anhangangaben als erschwert erachtet. Zu einem vergleichbaren Ergebnis gelangt die von *Durocher/Fortin* durchgeführte Befragung von Bankangestellten, die ebenfalls eine erschwerte Beurteilung der Verschuldungssituation aufgrund der Leasingbilanzierung wahrnehmen[1]. *Abdel-khalik* kommt in seinem Experiment mit Banken übereinstimmend zu dem Ergebnis, dass die Bilanzierungsmethoden für Leasingverhältnisse Auswirkungen auf die Beurteilung der Fähigkeit zur Rückzahlung von Verbindlichkeiten haben und Banken insofern nur eingeschränkt anhand der gegenwärtigen Leasinginformationen Einschätzungen über die finanziellen Verpflichtungen eines Unternehmens vornehmen können[2]. Zu einem ähnlichen Ergebnis kommt die experimentelle Studie von *Hartman/Sami*[3]. Auch Studien, die sich mit dem Verhältnis von Verbindlichkeiten aus Leasingverhältnissen und Verbindlichkeiten aus anderen Fremdfinanzierungen beschäftigen, zeigen teilweise, dass Verbindlichkeiten aus operativen Leasingverhältnissen weniger Verschuldungskapazität als nichtleasinginduzierte Verbindlichkeiten oder Verbindlichkeiten aus Finanzierungsleasingverhältnissen beanspruchen und somit eine unterschiedliche Wahrnehmung der Verschuldungssituation in Abhängigkeit von der Leasingbilanzierungsmethode vorliegt[4].

Die in der vorliegenden Arbeit befragten Banken schaffen indes eine verbesserte Einschätzung der finanziellen Verpflichtungen durch die Berücksichtigung zusätzlicher Informationen, etwa zugrundeliegender Leasingverträge. Zusammenfassend ist somit zu konstatieren, dass für Banken eine Einschätzung der finanziellen Verpflichtungen aus Leasingverhältnissen möglich ist. Dieses Ergebnis steht in Einklang mit den Aussagen von knapp der Hälfte der in den Interviews befragten Wirtschaftsprüfer, die für professionelle Adressaten keine Beeinträchtigungen hinsichtlich der Beurteilung der Verschuldungssituation eines Unternehmens erkennen[5]. Übereinstimmung besteht zudem mit einer knappen Mehrheit der diesbezüglich befragten Leasingnehmer in den Interviews[6].

1.3.2.2 Beurteilung der Reformbestrebungen

1.3.2.2.1 Beurteilung der Bilanzierungspflicht für sämtliche Leasingverhältnisse und des Ansatzes zur Bilanzierung und Bewertung von Nutzungsrechten

Im Mittelpunkt der Frage C.2.2.1 steht die Beurteilung der Bilanzierungspflicht für sämtliche Leasingverhältnisse. Dabei wird auch untersucht, wie die Banken den Ansatz zur Bilanzierung und Bewertung von Nutzungsrechten bewerten. Alle acht

---

1 Vgl. Durocher/Fortin (2009), S. 25-27.
2 Vgl. Abdel-khalik (1981), S. 103-108 und Anhang zu Kapitel 5.
3 Vgl. Hartman/Sami (1989).
4 Vgl. z.B. Beattie/Goodacre/Thomson (2000b).
5 Vgl. Frage B.2.1.4, Kapitel VI.1.2.2.1.4.
6 Vgl. Frage A.2.1.4, Kapitel VI.1.1.2.1.4.

Banken befürworten die Bilanzierungspflicht für sämtliche Leasingverhältnisse. Ein einheitlicher Ansatz zur Bilanzierung von Leasingverhältnissen beseitigt nach Auffassung der Banken die im Rahmen der Klassifizierung bestehenden Ermessensspielräume und erhöht die Transparenz und Vergleichbarkeit der Jahresabschlussinformationen. Bisher notwendige Simulationen von bilanziellen Wirkungen entfielen. Der Kreditvergabeprozess würde dementsprechend vereinfacht.

„Der grundsätzliche Ansatz zur Bilanzierung aller Leasingverträge ist aus unserer Sicht positiv. Die Vorgänge werden vereinheitlicht. Die Vergleichbarkeit wird erhöht. Unsere Analysen werden dadurch einfacher. Wir müssen nicht mehr die notwendigen Simulationen durchführen, um operative Leasingverhältnisse in die Bilanz zu bekommen. Außerdem fallen die Ermessensentscheidungen im Rahmen der Klassifizierung weg. Damit wird Strukturierungsanreizen vorgebeugt." (CC: 64-69)

Die Bilanzierungspflicht für sämtliche Leasingverhältnisse wird von einer Bank zudem vor dem Hintergrund der generell aus Leasingverträgen resultierenden Vermögenswerte und Schulden begrüßt. Diese Bank ist der Auffassung, dass derzeit im Rahmen operativer Leasingverhältnisse gegen die Ansatzkriterien für Vermögenswerte und Schulden gemäß dem Rahmenkonzept der IFRS verstoßen wird.

„Es ist absolut richtig, alle Leasingverhältnisse in der Bilanz zu zeigen. Aus Leasingverträgen resultieren nun mal Vermögenswerte und insbesondere auch Verpflichtungen. Das muss in der Bilanz gezeigt werden und darf nicht irgendwo im Anhang unter ferner liefen auftauchen. Der Schritt zum on balance-accounting war überfällig." (CH: 72-75)

Eine weitere Bank verweist auf den grundsätzlichen Unterschied zwischen miet- und kaufähnlichen Leasingtransaktionen, der sich auch in der Bilanzierung widerspiegeln müsse. Die damit verbundenen Ermessensspielräume rechtfertigten allerdings eine einheitliche Bilanzierungsweise.

„Aus der deutschen Denke heraus besteht zwischen einem mietähnlichen und einem kaufähnlichen Geschäft nun mal ein ökonomischer Unterschied. Wenn man sich das Postulat des IASB – nämlich wirtschaftliche Betrachtungsweise – vor Augen führt, müsste weiterhin ein bilanzieller Unterschied zwischen mietähnlichen und kaufähnlichen Transaktionen bestehen. Allerdings hat diese Trennung zu wenig transparenten und vergleichbaren Informationen geführt. Aus Sicht der Adressaten ist es daher sinnvoll, alle Leasingverträge in der Bilanz zu zeigen." (CE: 67-73)

Den Ansatz zur Bilanzierung von Nutzungsrechten zur Umsetzung der Bilanzierungspflicht für sämtliche Leasingverhältnisse erachten sämtliche Banken als konzeptionell richtig. Nach Auffassung der Befragten fokussiert dieser Ansatz auf das Kerncharakteristikum von Leasingtransaktionen, nämlich die Nutzung des Leasinggegenstands und nicht den Leasinggegenstand per se.

„Die Bilanzierungspflicht über Nutzungsrechte herzustellen, erscheint konzeptionell richtig. Es geht ja schließlich um eine Nutzungsüberlassung. Unternehmen gehen keine Leasingverträge um des Leasinggegenstands willen ein. Im Mittelpunkt steht meistens der Nutzen aus dem Leasinggegenstand. Das ist ganz im Sinne der property rights-Theorie." (CF: 87-90)

Zwei der acht Banken erachten die Bilanzierung von Nutzungsrechten zwar als konzeptionell richtig. Für den Kreditvergabeprozess sei jedoch lediglich entscheidend, dass leasingrelevante Positionen überhaupt bilanzwirksam würden.

> „Ob künftig ein Nutzungsrecht oder Gegenstände bezüglich der Leasingverhältnisse in der Bilanz stehen, ist für unsere Analyse eigentlich unerheblich. Die Hauptsache ist, dass etwas in der Bilanz steht." (CH: 76-78)

Fünf Befürworter des Ansatzes zur Bilanzierung von Nutzungsrechten aus konzeptioneller Sicht äußern Bedenken hinsichtlich der Umsetzung in der Praxis. Schwierigkeiten werden in der Übertragung des Ansatzes zur Bilanzierung von Nutzungsrechten auf sämtliche Leasingverträge gesehen. Der Ansatz sei möglicherweise nicht auf alle Leasingverhältnisse übertragbar, weil die Ausgestaltung von Leasingverhältnissen zu vielfältig sei.

> „Ich weiß allerdings nicht, ob sich diese Theorie der Nutzungsrechte auf alle möglichen Leasingkonstrukte anwenden lässt. In der Praxis bestehen unzählige Ausgestaltungen von Leasingverträgen. Ob da eine eindeutige Identifizierung des Nutzungsrechts immer möglich ist, bezweifle ich etwas." (CF: 90-93)

In diesem Zusammenhang müsse zunächst eine Gewöhnung an die Bilanzierung von Leasingverhältnissen seitens der Leasingnehmer erfolgen, die bisher ausschließlich operative Leasingverträge abgeschlossen haben. Hinzu komme die Gewöhnung an die Bilanzierung von Nutzungsrechten für sämtliche Leasingnehmer. Daraus resultierende Unsicherheiten der Bilanzierung könnten sich nach Auffassung der Banken auf den Kreditvergabeprozess auswirken und das zu beurteilende Kreditrisiko beeinflussen.

> „Wir sehen aber Probleme in der Umsetzung dieser Bilanzierungsweise. Der Adressat ist an eine gegenständliche Bilanzierung gewöhnt. Da ist die Ausrichtung auf Nutzungsrechte zunächst einmal ein Störfaktor. Für manch einen mögen Nutzungsrechte eine unbekannte Größe sein. Die Frage ist auch, wie auf Erstellerseite mit der Bilanzierung von Nutzungsrechten umgegangen wird. Ein Leasingnehmer, der bisher hauptsächlich operative Leasingverhältnisse hatte, steht künftig vor der Herausforderung der Bilanzierung. Damit hat er sich ja bisher nicht beschäftigen müssen." (CD: 72-78)

Weitere praktische Schwierigkeiten in der Umsetzung des Ansatzes zur Bilanzierung von Nutzungsrechten erwarten die fünf Banken im Rahmen der Bewertung von Nutzungsrechten, für die der Leasingnehmer eine im Vergleich zur gegenwärtigen Regulierung höhere Informationsbasis benötige. Nach Aussage der Banken fehlen den Leasingnehmern regelmäßig die notwendigen Informationen, um beispielsweise Abschreibungen des Nutzungsrechts sorgfältig durchführen zu können. Zudem zweifeln die Banken an der Kompetenz der meisten Leasingnehmer zur Beschaffung bewertungsrelevanter Informationen aufgrund mangelnder Erfahrungswerte und Kenntnisse hinsichtlich des dem Nutzungsrecht zugrundeliegenden Leasinggegenstands. Insofern wird nicht nur mit einer erhöhten Komplexität der Bilanzierung für Leasingnehmer gerechnet, sondern auch mit neuen Unsicherheiten in der Bewertung, die die Beurteilung des Kreditrisikos wiederum beeinflussen könnten. Die Verlagerung von Bewertungsfragen auf die Leasinggeber sei bislang mitunter ein Anreiz für Leasingnehmer zum Abschluss von Leasingverträgen gewesen.

> „Allerdings fürchten wir, dass die Unternehmen Schwierigkeiten in der Umsetzung des Ansatzes haben werden. Wenn der Leasingnehmer künftig Nutzungsrechte bilanzieren und bewerten soll, braucht er gemäß den derzeitigen Überlegungen eine viel bessere Informationsbasis als nach der alten bzw. gegenwärtigen Regulierung. Wir bezweifeln, dass der Leasingnehmer diese Informationen immer hat, insbesondere dann, wenn es sich bei den ge-

leasten Gegenständen um Dinge handelt, die bisher als operating leases behandelt wurden. Die Ermittlung der Informationen wird mit Aufwand verbunden sein, vor allem weil der Leasingnehmer wenig Erfahrung und Wissen in diesem Bereich hat.“ (CC: 73-80)

Kritik ruft zudem die voneinander unabhängig erfolgende Bewertung von Vermögenswert und Schuld in Folgeperioden hervor. Dies führte zu Verwirrung und entspräche nicht einer sachgemäßen Abbildung von Leasingverhältnissen.

„Den Weg über Nutzungsrechte zu gehen ist richtig und verdeutlicht noch einmal, um was es bei Leasing eigentlich geht: die Nutzung eines Gegenstands. Wir verstehen allerdings nicht, warum IASB und FASB bei der Bewertung des Nutzungsrechts und der Verbindlichkeit von dem linked approach abgerückt sind. Die getrennte Bewertung von Nutzungsrecht und Verbindlichkeit widerspricht eigentlich dem Leasing. Beide Positionen gehören zusammen und verdeutlichen den Charakter des Leasing. Eine getrennte Bewertung würde wieder zu Verwirrung führen und wir müssten nach den zusammenhängenden Komponenten suchen.“ (CG: 76-82)

Zusammenfassend zeigt die Frage C.2.2.1, dass sämtliche Banken die grundsätzliche Bilanzierungspflicht für Leasingverhältnisse befürworten. Ein einheitlicher Ansatz zur Bilanzierung von Leasingverhältnissen und die Beseitigung der Ermessensspielräume im Rahmen der Klassifizierung von Leasingverhältnissen resultierten nach Auffassung der Banken in einer Vereinfachung des Kreditvergabeprozess. Dieses Ergebnis korrespondiert mit der Untersuchung von *Durocher/Fortin*[1]. Darin bekunden die befragten Bankangestellten ebenfalls Zustimmung für eine einheitliche Bilanzierungsweise für Leasingverhältnisse und – konkreter – den bilanziellen Ansatz von Vermögenswerten und Schulden aus sämtlichen Leasingverhältnissen. Die Einführung eines Ansatzes zur Bilanzierung von Nutzungsrechten wird von sämtlichen in dieser Arbeit befragten Banken als konzeptionell richtig erachtet. Die Mehrheit der Banken sieht indes Schwierigkeiten hinsichtlich der Umsetzung des Ansatzes in der Praxis. Dies betrifft nach Angabe dieser Banken zum einen die vielfältige Ausgestaltung von Leasingverträgen, die eine Übertragung des Ansatzes auf sämtliche Leasingverträge erschwerte. Zum anderen werden Umsetzungsprobleme im Rahmen der Bewertung des Nutzungsrechts gesehen.

Zwischen den Ergebnissen der Interviews mit Banken, Leasingnehmern und Wirtschaftsprüfern besteht insofern Übereinstimmung, als die drei Gruppen die Pflicht zur Bilanzierung sämtlicher Leasingverhältnisse und die Umsetzung dieser Bilanzierungspflicht über den Ansatz zur Bilanzierung von Nutzungsrechten – entweder über alle Befragten hinweg oder zumindest mehrheitlich – befürworten[2]. Über die drei befragten Gruppen hinweg herrscht zudem Einigkeit hinsichtlich der Äußerung von Schwierigkeiten in der praktischen Umsetzung des Ansatzes zur Bilanzierung von Nutzungsrechten. Während die Leasingnehmer den Schwerpunkt der Umsetzungsprobleme im Bereich der Gestaltungsvielfalt von Leasingverträgen erachten, fokussieren die Wirtschaftsprüfer auf die Bewertung von Nutzungsrechten. Die Banken nennen sowohl die

1 Vgl. hierzu und im Folgenden Durocher/Fortin (2009), S. 27-28, ähnlich Abdel-khalik (1981), S. 113-114.

2 Vgl. hierzu und im Folgenden Frage A.2.2.1, Kapitel VI.1.1.2.2.1, Frage B.2.2.1, Kapitel VI.1.2.2.2.1.

vielfältige Ausgestaltung von Leasingverträgen als auch die Bewertung von Nutzungsrechten als mögliche Erschwernis im Rahmen der Umsetzung des Ansatzes.

1.3.2.2.2 Beurteilung der bilanziellen Behandlung von Optionen, Restwertgarantien und bedingten Leasingzahlungen

Die Frage C.2.2.2 hat die Beurteilung der bilanziellen Behandlung von Optionen, Restwertgarantien und bedingten Leasingzahlungen durch die befragten Banken zum Gegenstand. Fünf der insgesamt acht Banken sprechen sich für die Erfassung von laufzeitbezogenen Optionen, Restwertgarantien und bedingte Leasingzahlungen innerhalb des Nutzungsrechts bzw. der Zahlungsverpflichtung aus (*single asset and liability approach*). Diese Vorgehensweise stellt nach Auffassung der Banken die ökonomische Verbundenheit der Positionen dar und erhöht die Verständlichkeit der Informationen.

> „Der single asset and liability approach ist in unseren Augen sachgerecht, weil er die Verbindung zwischen dem Leasinggegenstand und den dazugehörigen Optionen widerspiegelt. Für unsere Analysen ist es wichtig, dass wir alle Komponenten eines Leasingvertrags kennen, um eine fundierte Einschätzung abgeben zu können. [...] Optionen und ähnliche Komponenten komplett außen vor zu lassen, trägt auch nicht zur Entscheidungsnützlichkeit bei." (CG: 87-90 und 98-99)

Die verbleibenden drei Banken befürworten eine separate Erfassung von Optionen, Restwertgarantien und bedingten Leasingzahlungen (*component approach*). Dieser Ansatz resultierte nach Auffassung der Banken in einer zur kombinierten Erfassung vergleichsweise höheren Transparenz der Jahresabschlussinformationen. Vor dem Hintergrund der Entscheidungsnützlichkeit der Informationen sei der separaten Erfassung der Vorzug zu geben.

> „Ein separater Ansatz der Komponenten führt zu der größtmöglichen Transparenz. Anhand der einzelnen Komponenten können wir am ehesten die künftigen Verpflichtungen aus dem Leasinggeschäft einschätzen." (CH: 87-89)

Die Banken sind sich zwar bewusst, dass der Ansatz von Optionen, Restwertgarantien und bedingten Leasingzahlungen aufgrund der nicht-erfüllten Ansatzkriterien für Vermögenswerte und Schulden gemäß dem IFRS-Rahmenkonzept konzeptionelle Fragen aufwirft, verlangen aber dennoch eine „pragmatische Lösung" (CD: 90) für die Praxis.

> „Wir wissen aber auch um die Schwierigkeit, dass Optionen nicht unbedingt die Ansatzkriterien des framework erfüllen. Hier ist halt wieder der trade-off zwischen einer theoretisch richtigen Lösung und einer, die der Praxis helfen würde." (CH: 89-91)

Eine der drei Banken schlägt angesichts nicht-erfüllter Ansatzkriterien für Vermögenswerte und Schulden gemäß dem IFRS-Rahmenkonzept alternativ zur separaten Erfassung vor, Optionen, Restwertgarantien und bedingte Leasingzahlungen nicht bilanziell zu erfassen, sondern diesbezügliche detaillierte Angaben im Anhang zu veröffentlichen.

> „Für uns wäre eine separate Behandlung sinnvoller. Wir sind uns bewusst, dass diese Positionen nicht separat bilanziert werden können aufgrund der fehlenden Erfüllung der Ansatzkriterien im framework. Eine Angabe zu den vorhandenden Optionen mit einigen Details würde uns schon genügen. Dann könnten wir beispielsweise anhand noch zu entwickelnder

Systeme beurteilen, wie die Optionen, Restwertgarantien u.ä. die Verschuldungssituation beeinflussen und könnten dementsprechend handeln bzw. unsere Entscheidungen treffen. Das verringert die Strukturierungsmöglichkeiten von Leasingnehmern. Es erhöht natürlich unseren Analyseaufwand, verbessert aber auch die Analysegenauigkeit." (CF: 101-109)

Während mehr als die Hälfte der Banken die grundsätzliche Berücksichtigung von Optionen, Restwertgarantien und bedingten Leasingzahlungen gemäß dem *single asset and liability approach* befürwortet, zeigt sich eine von sämtlichen Banken geäußerte homogene Kritik hinsichtlich der konkreten Ausgestaltung der bilanziellen Behandlung, wonach Optionen gemäß der wahrscheinlichsten Leasinglaufzeit sowie Restwertgarantien und bedingte Leasingzahlungen entweder gemäß dem Erwartungswert oder dem wahrscheinlichsten Wert innerhalb des Nutzungsrechts bzw. der Zahlungsverpflichtung zu erfassen sind. Die Einschätzung der Ausübungs- bzw. Eintrittswahrscheinlichkeiten wäre höchst subjektiv. Die Ermessensspielräume würden durch die Reform der Leasingbilanzierung lediglich verlagert und nicht beseitigt.

„Die Gestaltungsspielräume verlagern sich lediglich. Die Bestimmung der wahrscheinlichen Leasinglaufzeit beinhaltet Strukturierungsanreize für Leasingnehmer. Leasingnehmer, die bisher darauf bedacht waren, operative Leasingverhältnisse zu haben, werden künftig versuchen, die bilanzierte Verschuldung zu reduzieren, indem sie die Laufzeiten über Optionen minimieren." (CD: 92-96)

Die Banken bezweifeln zudem, dass die angedachten Vorschläge zu einer verlässlichen Bewertung führten. Selbst ohne die bewusste Ausnutzung von Ermessensspielräumen wäre die Einschätzung der Ausübungs- bzw. Eintrittswahrscheinlichkeiten schwierig und aufwendig für Leasingnehmer. Dies resultierte in hohen Unsicherheiten für die Adressaten des Jahresabschlusses. Die Verlässlichkeit der Einschätzung würde auch von der Erfahrung des Leasingnehmers bezüglich vergleichbarer Leasingtransaktionen abhängen.

„Das muss man sich überlegen: Der Leasingnehmer muss jedes Jahr einschätzen, wie wahrscheinlich es ist, dass er eine Option ausübt oder nicht. Das geht nur, wenn der Leasingnehmer ausreichend Erfahrung hinsichtlich dieses Leasingverhältnisses hat. Wenn der Leasingnehmer also diese Art Leasinggeschäft in den letzten 20 Jahren betrieben hat, kann er wohl einschätzen, wie wahrscheinlich die Ausübung einer Verlängerungsoption ist. Bei neuartigen Leasingverhältnissen ist das wohl kaum möglich." (CC: 88-93)

„Selbst wenn der Leasingnehmer keine absichtliche Strukturierung vornimmt, ist immer noch die Frage, wie verlässlich eine Einschätzung der Ausübung einer Option in der Zukunft ist. Die Krise hat doch gerade gezeigt, wie schnell sich Dinge ändern können. Da kann man auf eine Einschätzung, ob eine Option in drei Jahren ausgeübt wird oder nicht, nicht besonders viel geben." (CD: 96-100)

„Wir können auch nicht nachvollziehen, warum IASB und FASB eine unnötig komplexe Bewertung der optionalen Komponenten vorschlagen. Die Berechnung von Erwartungswerten und Schätzungen von Eintrittswahrscheinlichkeiten ist nicht nur für die Jahresabschlussersteller aufwendig und teilweise schwierig. Auch die Nutzer müssen die Berechnungen nachvollziehen können. Wie das in diesem Bereich auf objektive Weise geschehen soll, ist mir völlig unklar." (CH: 92-97)

Kritik ruft zudem die nach Ansicht der Banken suggerierte Scheingenauigkeit der Bewertung hervor. Diese beziehe sich zum einen auf die wahrscheinlichkeitsgewichtete Bewertung von Restwertgarantien und bedingten Leasingzahlungen. Die diesbezügliche Berechnung von Erwartungswerten führte zu Ergebnissen, die nie einträfen. Zum andere bestünde eine Scheingenauigkeit auch deshalb, weil die Beurteilung der Ausübungs- bzw. Eintrittswahrscheinlichkeiten mit hohen Unsicherheiten verbunden wäre.

> „Die Bewertung über Erwartungswerte und Wahrscheinlichkeiten ist aus unserer Sicht problematisch. Der Erwartungswert führt mit seiner Gewichtung dazu, dass der geschätzte Wert nicht eintreffen wird. Zudem ist die Schätzung der Ausübungswahrscheinlichkeiten höchst subjektiv. Da haben wir wieder die gleichen Willkürlichkeiten drin wie heute bei der Klassifizierung. Das hilft nicht weiter." (CG: 93-97)

Insgesamt gehen die Banken davon aus, dass sich das Verständnis von Jahresabschlussinformationen für Banken und Adressaten nicht verbessern würde.

> „Das Ziel des gesamten Projekts ist doch, eine für Adressaten transparentere Bilanzierung von Leasingverträgen hinzubekommen. Die lästige und mehr oder weniger pauschale Berücksichtigung von operating leases sollte durch eine konkrete Bilanzierung ersetzt werden. Aber diese neue Bilanzierung hilft nicht weiter, wenn man am Ende des Tages die Wahrscheinlichkeiten nachvollziehen muss, die der Leasingnehmer zur Optionsausübung vorgibt. Dann können wir gleich wieder zu unserer pauschalen Berücksichtigung zurückkehren." (CE: 88-94)

Zusammenfassend kann festgestellt werden, dass eine knappe Mehrheit der Banken eine kombinierte Erfassung von Optionen, Restwertgarantien und bedingten Leasingzahlungen innerhalb des Nutzungsrechts bzw. der Verbindlichkeit befürwortet. Die verbleibenden Banken sprechen sich demgegenüber für eine separate Erfassung aus. Die Banken wissen um die mit der Erfassung verbundene konzeptionelle Problematik der nicht-erfüllten Ansatzkriterien des Rahmenkonzepts. Für sie überwiegt jedoch die Verständlichkeit der Informationen, die durch eine bilanzielle Erfassung von Optionen, Restwertgarantien und bedingten Leasingzahlungen gefördert würde. Ähnlich zu den Banken präferiert die Hälfte der befragten Leasingnehmer bzw. eine knappe Mehrheit der Wirtschaftsprüfer den *single asset and liability approach*[1]. Allerdings lehnen die verbleibenden Leasingnehmer bzw. Wirtschaftsprüfer eine bilanzielle Erfassung von Optionen, Restwertgarantien und bedingten Leasingzahlungen im Unterschied zu den Banken ab.

Sämtliche Banken kritisieren – korrespondierend mit den Interviews mit Leasingnehmern und Wirtschaftsprüfern – die konkrete Ausgestaltung der bilanziellen Behandlung von Optionen, Restwertgarantien und bedingten Leasingzahlungen. Die Kritik fokussiert hierbei auf die mit der Festlegung der Ausübungs- bzw. Eintrittswahrscheinlichkeiten verbundenen Ermessensspielräume und die Unsicherheit seitens der Bilanzierenden hinsichtlich der Einschätzung von Ausübungs- bzw. Eintrittswahrscheinlichkeiten, die sich auf die Beurteilung dieser Wahrscheinlichkeiten durch die Adressaten übertragen würde. Zudem suggerierte die Berechnung von Ausübungs- bzw. Eintrittswahrscheinlichkeiten eine Scheingenauigkeit. Die Verbesserung des Verständnisses der Jahresabschlussinformationen wird von den Banken bezweifelt.

1 Vgl. hierzu und im Folgenden Frage A.2.2.2, Kapitel VI.1.1.2.2.2, Frage B.2.2.2, Kapitel VI.1.2.2.2.2.

1.3.2.3 Zusammenfassung

Die Beurteilung der gegenwärtigen Leasingbilanzierung nach IAS 17 zeigt eine Kritik sämtlicher Banken an den derzeit existierenden unterschiedlichen Bilanzierungsmethoden für Leasingverhältnisse und damit zusammenhängende Ermessensspielräume. Hinsichtlich der Beurteilung, inwieweit Banken und andere Adressaten die Bilanzauswirkungen operativer Leasingverhältnisse abschätzen können, wird deutlich, dass die Abschätzung für Banken aufgrund der vorhandenen technischen Lösungen und weiterführenden Informationen kreditnachfragender Unternehmen zur Überwindung von unvollständigen Anhangangaben und damit verbundenen Schätzungen möglich ist. In Ermangelung technischer Lösungen und zusätzlichen Kundeninformationen erscheint die Beurteilung der bilanziellen Wirkungen operativer Leasingverhältnisse für nichtprofessionelle Adressaten nach Ansicht der Banken zumindest erschwert. Ein ähnliches Antwortverhalten ergibt sich hinsichtlich der Frage nach der Vergleichbarkeit von Jahresabschlüssen, die nach Auffassung der Banken sowohl zwischen Unternehmen, als auch über die Zeit hinweg aufgrund der derzeitigen Leasingbilanzierung als eingeschränkt gilt. Allerdings generieren die Banken mithilfe der vorhandenen Analysetools und zusätzlichen Kundeninformationen eine für sie relevante Vergleichbarkeit der Jahresabschlüsse – eine Vorgehensweise, die nach Auffassung der Banken anderen nicht-professionellen Adressaten regelmäßig nicht zur Verfügung steht. Die Einschätzung finanzieller Verpflichtungen aus Leasingverhältnissen erachten sämtliche Banken als erschwert und nur durch die Berücksichtigung zusätzlicher Informationen, etwa zugrundeliegender Leasingverträge, als durchführbar.

Die Pflicht zur Bilanzierung sämtlicher Leasingverhältnisse sowie deren Umsetzung über den Ansatz zur Bilanzierung von Nutzungsrechten wird von sämtlichen Banken als konzeptionell richtig bewertet. Bedenken seitens der Befragten bestehen indes hinsichtlich der praktischen Umsetzung des Ansatzes. Die bilanzielle Behandlung von Optionen, Restwertgarantien und bedingten Leasingzahlungen führt bei den befragten Banken zu vermehrter Kritik, die sich auf die konkrete Ausgestaltung der bilanziellen Behandlung gemäß Ausübungs- bzw. Eintrittswahrscheinlichkeiten konzentriert.

1.3.3 Erwartete Veränderungen im Entscheidungsverhalten der Banken, erwartete Auswirkungen für kreditnachfragende Leasingnehmer und Veränderungen in deren Entscheidungsverhalten

1.3.3.1 Erwartete Veränderungen im Entscheidungsverhalten der Banken

1.3.3.1.1 Erwartete Auswirkungen auf die Bedeutung des Jahresabschlusses in der Kreditwürdigkeitsprüfung

Im Rahmen der Frage C.3.1.1 wird untersucht, inwieweit die Banken Veränderungen der Bedeutung des Jahresabschlusses für die Beurteilung der Kreditwürdigkeit von Unternehmen aufgrund der reformierten Leasingbilanzierung erwarten. Dabei wird auch untersucht, ob eine Veränderung der relativen Bedeutung einzelner Rechenwerke und des Anhangs erwartet wird. Sämtliche acht befragten Banken geben an, dass der

Jahresabschluss weiterhin die wichtigste Informationsgrundlage im Kreditvergabeprozess für bestehende Kunden und Neukunden darstellen würde.

> „Da erwarten wir keine großen Veränderungen. Der Jahresabschluss ist und bleibt unsere wichtigste Informationsgrundlage und die Basis zur Bestimmung eines Kreditratings." (CD: 146-147)

Veränderungen der Bedeutung einzelner Rechenwerke innerhalb des Jahresabschlusses erwarten die Banken ebenfalls nicht. Bilanz und Gesamtergebnisrechnung wären weiterhin bedeutsam zur Beurteilung der Kapitalstruktur und Ertragssituation eines kreditnachfragenden Unternehmens. Die Kapitalflussrechnung würde auch künftig zur Bewertung der Liquiditätssituation herangezogen.

> „Wir erwarten keine Veränderungen. Die Bilanz, GuV und Kapitalflussrechnung bieten für uns die wesentlichen Informationen hinsichtlich Kapitalstruktur-, Rentabilitäts- und Liquiditätssituation, auf deren Grundlage wir unsere Entscheidungen treffen." (CG: 153-155)

Drei Banken erwarten, dass die Berücksichtigung des Anhangs angesichts der Bilanzierungspflicht für sämtliche Leasingverhältnisse künftig in den Hintergrund träte. Relativierend wirkte indes die bilanzielle Behandlung von Optionen, Restwertgarantien und bedingten Leasingzahlungen. Letztlich erwarten sämtliche Banken, dass die Bedeutung des Anhangs zunehmen würde.

> „Der Jahresabschluss wird weiterhin eine hohe Bedeutung für die Einschätzung der Kreditwürdigkeit haben. Vielleicht verlagert sich der Schwerpunkt weiter hin zur Bilanz, weil dort künftig alle Leasingverhältnisse enthalten sind. Wenn ich allerdings an die Bewertung von Optionen usw. denke, müsste man noch mehr in den Anhang schauen, weil dort erklärt werden muss, unter welchen Annahmen die Wahrscheinlichkeiten zustande gekommen sind." (CC: 146-150)

Aufgrund der künftigen Ermessensspielräume in der Bilanzierung komplexer Leasingverhältnisse würden sich die Banken veranlasst sehen, weiterhin testierte Abschlüsse von kreditnachfragenden Unternehmen zu verlangen, um objektivierte Informationen zu erhalten. Gleichzeitig sind sich die Banken bewusst, dass die Ermessensspielräume zu einem erhöhten Risiko der Wirtschaftsprüfung beitragen und daher einen bedachten Umgang auch mit testierten Informationen erfordern würden.

> „Für uns als Bank sind subjektive Informationen problematisch. Die Objektivierung solcher Informationen soll über den Wirtschaftsprüfer bzw. das Testat erfolgen. Im Bereich der angedachten Leasingbilanzierung halte ich diese Objektivierung aber für fast unmöglich. Wie soll der Prüfer die nach dem einen oder anderen Argumentationsstrang gebildete Wahrscheinlichkeit sauber nachvollziehen? Welche Argumente hat der Wirtschaftsprüfer, um den Mandanten zu sagen, dass die eine oder andere Wahrscheinlichkeit für ihn plausibler klingt? Der Wirtschaftsprüfer ist nie so tief im wirtschaftlichen Geschehen des jeweiligen Unternehmens drin, als dass er da die besseren Argumente hätte." (CE: 216-226)

Die Banken, die gegenwärtig zusätzliche Informationen von kreditnachfragenden Leasingnehmern verlangen, um Informationsdefizite des Jahresabschlusses zu kompensieren, würden auch nach der Reform der Leasingbilanzierung derart verfahren. Die zusätzlichen Informationen umfassten nach Auffassung der Banken weiterhin – teilweise auch in Abhängigkeit von der Unternehmensgröße – Finanzplanungen und Leasingverträge. Letztere würden insbesondere zur Erklärung der bilanziellen Behandlung von Optionen, Restwertgarantien und bedingten Leasingzahlungen herangezogen.

> „Diesbezüglich ergibt sich keine Veränderung. Der Jahresabschluss ist immer die Basis für die Beurteilung der Kreditwürdigkeit und des Kreditrisikos. Wir werden wahrscheinlich auch weiterhin zusätzliche Informationen vom Kunden, z.B. Leasingverträge, einholen.“ (CF: 153-155)

> „Für uns ändert sich der Stellenwert des Jahresabschlusses innerhalb der Kreditvergabeentscheidungen nicht. Aber auch Kundengespräche sind weiterhin wichtig oder werden vor dem Hintergrund der Bewertung optionaler Komponenten in Leasingverträgen vielleicht sogar noch wichtiger. Ohne weiterführende Informationen sind komplexere Leasingverträge fast nicht zu beurteilen. Das widerspricht eigentlich der Motivation des Leasingprojekts. Der Jahresabschluss soll ja eine nützliche Grundlage für Entscheidungen sein.“ (CH: 147-153)

Insgesamt werden somit keine wesentlichen Auswirkungen auf die Bedeutung des Jahresabschlusses in der Kreditwürdigkeitsprüfung von den befragten Banken erwartet. Der Jahresabschuss im Allgemeinen und die darin enthaltenen Rechenwerke Bilanz, Gesamtergebnisrechnung sowie Kapitalflussrechnung im Besonderen würden nach Auffassung der Banken weiterhin von hoher Bedeutsamkeit für die Beurteilung der Kreditwürdigkeit und die darauf basierende Kreditvergabeentscheidung sein. Dem Anhang würde aufgrund der Erklärungsfunktion hinsichtlich der Ausübungs- bzw. Eintrittswahrscheinlichkeiten von Optionen, Restwertgarantien und bedingten Leasingzahlungen eine künftig höhere Bedeutung zugeschrieben. Zudem würde die Mehrheit der Banken auch nach der Reform der Leasingbilanzierung zusätzliche Informationen von kreditnachfragenden Leasingnehmern einfordern, um weiterführende Erkenntnisse über die gegenwärtige und künftige wirtschaftliche Situation des Unternehmens zu erhalten.

Die vorstehenden Ergebnisse korrespondieren weitestgehend mit den Erkenntnissen aus den Interviews mit Wirtschaftsprüfern[1]. Diese gehen von einer gleichbleibend hohen Bedeutung der Bilanz und Gesamtergebnisrechnung in der Prüfung von Leasingverhältnissen aus. Zudem erwarten die Wirtschaftsprüfer – analog zu den befragten Banken – eine zunehmende Relevanz des Anhangs vor dem Hintergrund der bilanziellen Behandlung von Optionen, Restwertgarantien und bedingten Leasingzahlungen.

1.3.3.1.2 Erwartete Auswirkungen auf künftige Kreditvergabeentscheidungen

Ziel der Frage C.3.1.2 ist die Untersuchung, inwieweit die befragten Banken Veränderungen der Beurteilungen der Kreditwürdigkeit und des Kreditratings erwarten. Im Mittelpunkt dieser Frage steht somit die Frage, ob die reformierte Leasingbilanzierung einerseits zu Veränderungen der grundsätzlichen Beurteilung von Kreditanfragen (Bewilligung oder Ablehnung) und andererseits zu veränderten Kredithöhen und Konditionen künftig abzuschließender Kreditverträge führen würde.

Eine Bank erwartet keine veränderte Beurteilung der Kreditwürdigkeit und kein verändertes Kreditrating. Demnach wären die Kreditvergabeentscheidungen dieser Bank nicht von der reformierten Leasingbilanzierung beeinflusst. Begründet wird diese Erwartungshaltung mit der gegenwärtigen Berücksichtigung sämtlicher Leasingverhältnisse im Kreditvergabeprozess.

---

1 Vgl. hierzu und im Folgenden Frage B.3.1.2, Kapitel VI.1.2.3.1.2.

> „Das hängt natürlich von der Leasingintensität des Kunden ab. Wenn das Unternehmen nur unbedeutende Leasingverhältnisse hat, die das Gesamtbild nur unwesentlich beeinflussen, ergibt sich keine Veränderung im Kreditrating. Bei bedeutenden Leasingverhältnissen, die bisher nur im Anhang aufgeführt waren, könnte sich ein Einfluss auf die Beurteilung der Kreditwürdigkeit ergeben. Das trifft allerdings nur dann zu, wenn wir diese Leasingverhältnisse vorher nicht durch unser Faktormodell berücksichtigt hätten. Da wir das bei bedeutenden Leasingverhältnissen immer tun, dürften sich keine Veränderungen im Kreditrating ergeben." (CD: 154-161)

Die verbleibenden sieben Banken erwarten indes Veränderungen der Beurteilung der Kreditwürdigkeit und des Kreditratings aufgrund einer künftig genaueren Analyse von Leasingverhältnissen und daraus resultierenden Verpflichtungen. Die bisherige pauschale Berücksichtigung operativer Leasingverhältnisse mithilfe von Faktormodellen habe die Schuldensituation kreditnachfragender Unternehmen mitunter über- oder unterschätzt. Die Folge veränderter Beurteilungen der Kreditwürdigkeit könnten regelmäßig veränderte Kreditkonditionen sein. Eine Beeinflussung der grundsätzlichen Entscheidung zur Vergabe eines Kredits wird in den meisten Fällen indes bezweifelt.

> „Aufgrund der künftigen Bilanzierungspflicht für alle Leasingverhältnisse werden unsere Analysen genauer, weil wir weniger simulieren und schätzen müssen. Das könnte dazu führen, dass sich ein Kunde künftig etwas schlechter stellt, weil die pauschale Berücksichtigung der Leasingverpflichtungen die tatsächliche Schuldensituation untertrieben hat. Umgekehrt könnte es aber auch sein, dass die pauschale Berücksichtigung der Leasingverpflichtungen die Schuldensituation des Kunden schlechter darstellt als sie tatsächlich ist. Insgesamt kann die künftige Regulierung also dazu führen, dass sich Kreditkonditionen leicht in die eine oder andere Richtung – je nach vorheriger unter- oder übertriebener Schuldenschätzung – bewegen. Die Entscheidung für oder gegen einen Kredit wird davon aber in den meisten Fällen nicht betroffen sein." (CE: 151-161)

Veränderungen der Beurteilung der Kreditwürdigkeit könnten nach Auffassung der Banken auch deshalb auftreten, weil bisher wesentliche Leasingverhältnisse fälschlicherweise mangels Informationen nicht im Kreditvergabeprozess berücksichtigt wurden. Die Korrektur dieser Fehleinschätzung aufgrund der Bilanzwirksamkeit sämtlicher Leasingverhältnisse könnte nach Angabe der Banken künftig zwar zu einer Verschlechterung von Kreditkonditionen führen. Die grundsätzliche Kreditvergabeentscheidung wäre davon indes regelmäßig nicht betroffen.

> „Wir haben bisher operative Leasingverhältnisse in die Prüfung der Kreditwürdigkeit einbezogen, wenn wir von einer Relevanz der Leasingverhältnisse für die Kreditentscheidung ausgegangen sind. Die Entscheidung über relevante Leasingverhältnisse haben wir anhand der vorhandenen Jahresabschlussdaten und den Kundengesprächen getroffen. Wir leben aber nicht in einer Welt der vollkommenen Information. Es kann also sein, dass unsere Einschätzung falsch war, wir also beispielsweise Leasingverhältnisse als irrelevant für die Kreditentscheidung eingestuft haben, obwohl sie eine Relevanz hatten. Wir gehen aber nicht davon aus, dass diese Falscheinstufung zu einer veränderten Kreditentscheidung geführt hätte, wir also den Kredit nicht gegeben hätten, wenn die Leasingverhältnisse Berücksichtigung gefunden hätten. Es ist allerdings möglich, dass andere Kreditkonditionen am Ende des Entscheidungsprozesses gestanden hätten. Letztlich wird die Leasingreform also nicht die grundsätzliche Entscheidung für oder gegen einen Kredit beeinflussen. Höchstens die Kreditkonditionen können sich leicht verschieben." (CH: 158-170)

In diesem Zusammenhang gibt eine Bank an, dass die Wahrscheinlichkeit zur Fehleinschätzung von Leasingverhältnissen u.a. von den Strukturierungsanstrengungen der Leasingnehmer beeinflusst sei.

> „Unter der Annahme, dass wir die bilanzunwirksamen Leasingverhältnisse immer korrekt in unsere Analysen einbezogen haben, dürften sich keine großartigen Änderungen ergeben. Die Frage ist aber immer, wie geschickt die Leasingnehmer ihre Verpflichtungen aus eben diesen Leasingverhältnissen kaschiert haben. Wenn jemand bewusst Leasing wählt, um die Passivseite der Bilanz zu schonen, kann es schon zu Überraschungen kommen. D.h., wenn alle Verpflichtungen in der Bilanz erscheinen, können sich die Kreditkonditionen verschlechtern. Möglicherweise werden Kredite ab einer bestimmten Kreditsumme auch gar nicht mehr vergeben." (CF: 160-167)

Vier Banken erwarten verschlechterte Kreditkonditionen aufgrund neuer Unsicherheiten in Verbindung mit der bilanziellen Behandlung optionaler Komponenten in Leasingverträgen und einer möglichen Bewertung zum beizulegenden Zeitwert, die das Kreditrisiko erhöhte.

> „Durch die erneute Bewertung der Optionen zu jedem Stichtag können sich Kreditvergabeentscheidungen verändern, weil sich die Bewertungskonzeptionen ändern und neue Unsicherheiten hinzukommen. Gleiches gilt für die immer noch im Raum stehende Bewertung von Leasingverpflichtungen zum Fair Value." (CA: 222-225)

Die Auswirkungen der reformierten Leasingbilanzierung auf Kreditkonditionen sind nach Auffassung von sechs Banken zudem von der aktuellen Ratingklasse und der Positionierung innerhalb dieser Ratingklasse eines kreditnachfragenden Unternehmens abhängig. Dementsprechend wären Veränderungen der Kreditkonditionen umso wahrscheinlicher, je näher sich kreditnachfragende Unternehmen am Übergang zu einer anderen Ratingklasse befänden.

> „Es ist schon durchaus möglich, dass der eine oder andere Kunde etwas ungünstiger dargestellt wird als bisher, wobei bei unserem Ratingsystem die Cashflow-getriebenen Kennzahlen wesentlich stärkeres Gewicht haben als die Bilanzstatik. Veränderungen in der Bilanz haben weit geringeren Einfluss auf das Ergebnis des Ratings und insofern muss man da nicht unbedingt einen spürbaren Effekt auf das Gesamtrating haben. Aber das ist natürlich auch immer von der Situation abhängig, in welcher Ratingklasse sich ein Kunde befindet und ob er sich in der Ratingklasse stabil in der Mitte oder in den Randbereichen befindet. In den Randbereichen kann natürlich schon eine vergleichsweise geringere Auswirkung dazu führen, dass sich das Rating verändert." (CB: 51-60)

Das Ausmaß der Veränderung von Kreditratings und infolgedessen von Kreditkonditionen wird von den sieben Banken, die Veränderungen erwarten, insgesamt als gemäßigt erachtet. Leasingverhältnisse und deren Abbildung seien ein Einflussfaktor unter vielen im Kreditvergabeprozess. Die Reform der Leasingbilanzierung allein führte nicht zu wesentlichen Veränderungen der Kreditvergabeentscheidungen.

> „Ratings und Kreditkonditionen werden sich ändern. Ob das einen sehr breiten Effekt hat, halte ich gefühlsmäßig eher für zweifelhaft. Es wird solche Situationen geben. Aber wenn jetzt eine Aussage käme nach dem Motto: Es führt für eine große Zahl von Unternehmen zu einer Verschlechterung der Finanzierungskonditionen, dann hielte ich das aus heutiger Sicht für eine zu starke Aussage. Die aktuelle wirtschaftliche Situation hat einen sehr viel größeren Einfluss auf Kreditkonditionen als diese Veränderung in der Leasingbilanzierung haben würde." (CB: 117-123)

Zusammenfassend erwarten die Banken mehrheitlich Veränderungen der Beurteilung der Kreditwürdigkeit und des Kreditratings. Infolgedessen könnten sich nach Auffassung dieser Banken Kreditkonditionen verschlechtern. Relativierend wirkt allerdings die Aussage der Banken, dass die Berücksichtigung von Leasingverhältnissen lediglich einen Einflussfaktor neben anderen Parametern im Kreditvergabeprozess darstelle und die Auswirkungen auf Kreditkonditionen insofern nicht übertrieben werden dürften. Die Entscheidung für oder gegen einen Kredit würde nach mehrheitlicher Auffassung der Banken in der Regel überhaupt nicht beeinflusst. Insofern sind die Auswirkungen auf künftige Kreditvergabeentscheidungen als gering zu bezeichnen.

Die Befragung von Bankangestellten durch *Durocher/Fortin* kommt – in Übereinstimmung zu dieser Arbeit – zu dem Ergebnis, dass auf Basis einer Bilanzierungspflicht für sämtliche Leasingverhältnisse eine genauere Analyse der Leasingverpflichtungen möglich sei[1]. Analog zu den hier befragten Banken könnte sich das Kreditrisiko erhöhen und das Kreditrating einiger Leasingnehmer demzufolge verschlechtern. Inwieweit die reformierte Leasingbilanzierung Einfluss auf die grundsätzliche Beurteilung von Kreditanfragen hat, bleibt indes offen. Die Erwartung der in dieser Arbeit befragten Banken hinsichtlich neuer Kreditrisiken im Rahmen der bilanziellen Behandlung von Optionen, Restwertgarantien und bedingten Leasingzahlungen weist Parallelen zu der experimentellen Studie von *Hales/Venkataraman/Wilks* auf, wonach die Bereitschaft zur Vergabe eines Kredits an ein Unternehmen mit bilanzwirksamer Abbildung von Verlängerungsoptionen niedriger ist als für ein Unternehmen mit Angabe von Verlängerungsoptionen im Anhang[2].

Die experimentelle Studie *Abdel-khaliks* zeigt zwar ebenfalls in Übereinstimmung zu dieser Arbeit, dass die Bilanzierungsmethoden für Leasingverhältnisse u.a. Auswirkungen auf die Beurteilung des finanziellen Risikos und der Kapitalrückzahlungsfähigkeit haben[3]. Welche konkreten Veränderungen im Entscheidungsverhalten der Banken daraus resultieren, bleibt in dieser Studie allerdings offen. *Hartman/Sami* kommen übereinstimmend mit den Interviews mit Banken zu dem Ergebnis, dass die Erstellung des Kreditratings und die Festlegung des Sollzinssatzes von der bilanziellen Behandlung von Leasingverträgen beeinflusst werden[4]. Unterschiede bestehen möglicherweise hinsichtlich des Ausmaßes der veränderten Kreditkonditionen, das nach Angabe der hier Befragten von der Ratingklasse und der Stellung innerhalb der Ratingklasse abhängig ist. Inwieweit Kredite aufgrund der Beeinflussung des Kreditratings durch die Leasingbilanzierung nicht bewilligt werden, lässt die Studie von *Hartman/Sami* offen. Die experimentellen Studien von *Wilkins/Zimmer* und *Wilkins* korrespondieren mit den hier durchgeführten Interviews insofern, als diese keine Beeinflussung der grundsätzlichen Kreditvergabeentscheidung durch die Leasingbilanzierungsmethoden feststellen[5].

Die Interviews mit Banken stehen in Einklang mit den Ergebnissen aus den Interviews mit Leasingnehmern in dieser Arbeit, die mehrheitlich keine Veränderungen der

1 Vgl. hierzu und im Folgenden Durocher/Fortin (2009), S. 27-29.
2 Vgl. Hales/Venkataraman/Wilks (2011).
3 Vgl. hierzu und im Folgenden Abdel-khalik (1981), S. 103-108 und Anhang zu Kapitel 5.
4 Vgl. hierzu und im Folgenden Hartman/Sami (1989), ähnlich Gopalakrishnan/Parkash (1996).
5 Vgl. Wilkins/Zimmer (1983b), Wilkins (1984).

grundsätzlichen Kreditvergabeentscheidungen von Banken erwarten[1]. Die Interviews mit Wirtschaftsprüfern zeigen indes kein eindeutiges diesbezügliches Antwortverhalten: Eine knappe Mehrheit von Wirtschaftsprüfern erwartet keine Veränderungen der Kreditvergabeentscheidungen von Banken[2].

1.3.3.1.3 Erwartete Auswirkungen auf bestehende Kreditvereinbarungen

Im Rahmen der Frage C.3.1.3 wird untersucht, inwieweit die reformierte Leasingbilanzierung Auswirkungen auf gegenwärtig bestehende Kreditvereinbarungen haben könnte. Im Fokus der Untersuchung steht somit die Frage, ob die befragten Banken eine Beeinflussung vereinbarter Kreditauflagen und daraus resultierende Konsequenzen erwarten. Verstöße gegen vereinbarte *covenants* könnten beispielweise zur vorzeitigen Kündigung des Kredits (Fälligstellung), Anpassung der Zinskonditionen zu Lasten des Kreditnehmers, Kürzung bestehender Kreditlinien und Forderung von zusätzlicher Haftungsmasse führen.

Sämtliche Banken bestimmen gegenwärtig Kreditauflagen auf Basis von Finanzkennzahlen. Dabei werden Verschuldungsgrade und die Eigenkapitalquote als bedeutende Parameter erachtet.

> „Unsere covenants werden anhand von wesentlichen Finanzkennzahlen bestimmt. Dazu gehört z.B. der Verschuldungsgrad." (CC: 167-168)

Vier Banken berücksichtigen neben Finanzkennzahlen auch nicht-finanzielle Faktoren, etwa Wachstumsprognosen, zur Festlegung von *convenants*.

> „Unsere covenants setzen sich aus finanziellen und nicht-finanziellen Faktoren zusammen. Zu den finanziellen Faktoren gehört beispielsweise der Verschuldungsgrad. Die Wachstumsaussichten des Unternehmens sind z.B. ein nicht-finanzieller Faktor." (CE: 165-167)

Sämtliche Banken erwarten eine Beeinflussung bestehender *covenants* aufgrund der reformierten Leasingbilanzierung. Das Ausmaß der Beeinflussung würde sich nach Auffassung der Banken in Abhängigkeit von der Leasingintensität des Kreditnehmers bestimmen. Im Falle einer hohen Leasingintensität sei die Nichteinhaltung bestehender *covenants* denkbar.

> „Ich denke schon, dass unsere Nebenabreden von Kreditverträgen beeinflusst werden können. Diese basieren sehr stark auf Jahresabschlusskennzahlen." (CH: 174-175)

> „Wesentliche Kennzahlen, wie der Verschuldungsgrad, werden sich ändern. Das Ausmaß der Veränderung hängt davon ab, wie intensiv das Unternehmen operatives Leasing genutzt hat. Grundsätzlich müssten sich die covenants also mehr oder weniger stark in Abhängigkeit von der Intensität der Nutzung des operativen Leasing ändern." (CD: 165-168)

Das Antwortverhalten der Banken hinsichtlich der Beeinflussung bestehender *covenants* verwundert vor dem Hintergrund der mehrheitlichen Berücksichtigung sämtlicher Leasingverhältnisse im gegenwärtigen Kreditvergabeprozess[3]. Dementsprechend müssten die Auswirkungen sämtlicher Leasingverhältnisse auf Finanzkennzahlen Berücksichtigung finden. Eine Beeinflussung von *covenants* wäre unwahr-

1 Vgl. Frage A.3.1.2, Kapitel VI.1.1.3.1.2.
2 Vgl. Frage B.3.2.2, Kapitel VI.1.2.3.2.2.
3 Vgl. Frage C.1.4, Kapitel VI.1.3.1.4.

scheinlich. Allerdings geben die Banken an, dass die pauschale Berücksichtigung von Leasingverhältnissen möglicherweise zu ungenau gewesen sei. In Fällen bewusster Strukturierung sei die korrekte Berücksichtigung sämtlicher Leasingverhältnisse zudem erschwert.

> „Der angesprochene Fall wäre bei Umsetzung der angedachten Reformvorschläge zur Leasingbilanzierung massiv betroffen, weil ein großer Aufwand betrieben wurde, um einen Großteil der Verpflichtungen […] aus der Bilanz zu nehmen, um die covenants nicht zu gefährden." (CA: 199-202)

> „Wenn wir Leasingverhältnisse in unsere Analysen einbezogen haben, hat sich dies dementsprechend auch in den covenants niedergeschlagen. Insofern erwarten wir keine oder nur eine geringe Beeinflussung der covenants, die sich aus der pauschalen Berücksichtigung von Leasingverhältnissen erklären ließe. Wenn Leasingverhältnisse allerdings bewusst zur Verschleierung der bilanziellen Verschuldung eingegangen wurden und wir dies in unserer pauschalen Berücksichtigung möglicherweise unterschätzt haben, können sich natürlich schon stärkere Verschiebungen in den covenants bemerkbar machen." (CF: 171-177)

Weitere Banken räumen ein, dass im Rahmen der Festlegung von *covenants* nicht immer sämtliche Leasingverhältnisse Berücksichtigung fanden, weil diese als unwesentlich für den Kreditvergabeprozess eingeschätzt wurden.

> „Die bisherigen covenants sind vielleicht nicht immer auf der Grundlage eines um Leasingverhältnisse angepassten Jahresabschlusses determiniert worden." (CD: 168-170)

Die Konsequenzen der Beeinflussung bestehender *covenants* werden von fünf Banken als gering eingeschätzt. Statt einer Kürzung von Kreditlinien oder verschlechterten Kreditkonditionen erwarten die Befragten Anpassungen vereinbarter Kreditauflagen. Aus ökonomischer Sicht sei es nicht vertretbar, Sanktionen gegenüber Kreditnehmern aufgrund veränderter *covenants* zu verhängen, die sich ausschließlich auf eine Änderung der Bilanzierungsweise zurückführen ließen.

> „Die Konsequenzen schätzen wir als gering ein. Die Beeinflussung der covenants wird sicherlich nicht zu einer automatischen Verschlechterung der Kreditkonditionen oder vorzeitigen Kündigung des Kreditvertrags führen. Wir wissen ja, dass eine Regeländerung mit eben diesen Auswirkungen stattgefunden hat. In solchen Situationen suchen wir das Gespräch mit dem Kunden und vereinbaren eine Adjustierung, mit der beide Seiten leben können." (CG: 183-187)

Sofern Banken neben Finanzkennzahlen auch nicht-finanzielle Faktoren berücksichtigen, werden auch deshalb keine negativen Auswirkungen aus einer Veränderung von *covenants* erwartet, weil die nicht-finanziellen Faktoren nicht von der Leasingbilanzierung beeinflusst würden und insofern ein relativierender Effekt bestünde.

> „Einige Kennzahlen – auch der Verschuldungsgrad – werden sich bei Unternehmen, die operative Leasingverhältnisse haben, natürlich ändern, teilweise auch stärker ändern und zwar negativ ändern. Wir müssen aber zwei Effekte berücksichtigen. Erstens: Auch wenn sich die finanziellen Faktoren aufgrund der Neuregulierung ändern, müssen covenants noch lange nicht gebrochen werden, solange sich die nicht-finanziellen Faktoren nicht negativ verändern. Zweitens: Wir wissen natürlich, dass die Veränderung der finanziellen Faktoren der covenants aufgrund einer neuartigen Regulierung und nicht durch die Schieflage des Unternehmens entstanden ist. D.h. hier muss notfalls eine Anpassung der covenants erfolgen." (CE: 167-175)

Drei Banken, die in Fällen bewusster Strukturierung mittels Leasingverhältnissen eine Erschwernis in der korrekten Berücksichtigung sämtlicher Leasingverhältnisse sehen, erwarten indes negative Auswirkungen aus der Beeinflussung von *covenants* in Form von vorzeitigen Kündigungen des Kredits, verschlechterten Zinskonditionen, Kürzungen bestehender Kreditlinien oder Forderungen nach zusätzlicher Haftungsmasse.

> „In den anderen Fällen, in denen bewusst eine Leasingkonstruktion gewählt wird, hat dies Auswirkungen auf die Kreditkonditionen und die Stellung von Sicherheiten, die nachgeschoben werden müssen, weil sich der Verschuldungsgrad ändert." (CA: 216-218)

> „Wenn Leasingverhältnisse allerdings bewusst zur Verschleierung der bilanziellen Verschuldung eingegangen wurden […], können sich natürlich schon stärkere Verschiebungen in den covenants bemerkbar machen. Dann ist auch zu überlegen, die Kreditkonditionen aus Sicht des Kunden zu verschlechtern oder Kreditlinien komplett zu streichen." (CF: 174-179)

Zusammenfassend ist festzuhalten, dass Finanzkennzahlen dominante Parameter für Banken im Rahmen der Festlegung von *covenants* darstellen. Einen Einfluss der reformierten Leasingbilanzierung auf bestehende *covenants* wird von sämtlichen befragten Banken mit unterschiedlichem Ausmaß in Abhängigkeit von der Leasingintensität des Kreditnehmers erwartet. Die Beeinflussung von *covenants* trotz grundsätzlicher Berücksichtigung sämtlicher Leasingverhältnisse im Kreditvergabeprozess begründen die Banken mit der pauschalen und daher ungenauen Berücksichtigung von Leasingverhältnissen, den Strukturierungsmotiven der Leasingnehmer und der teilweise untergeordneten Bedeutung der Leasingverhältnisse für den Kreditvergabeprozess[1]. Die Mehrheit der Banken erwartet Anpassungen der Kreditauflagen als Reaktion auf die Beeinflussung von *covenants*. Vorzeitige Kündigungen von Krediten oder verschlechterte Kreditkonditionen könnten lediglich in Fällen bewusster Manipulation der tatsächlichen Verschuldungssituation eintreten. Die vorstehenden Ergebnisse stehen insofern in Einklang mit der Befragung von *Durocher/Fortin*, als die diesbezüglich befragten Bankangestellten mehrheitlich eine Nachverhandlung bestehender *covenants* erwarten[2]. Die Ergebnisse stimmen überdies mit den Interviews mit Leasingnehmern und Wirtschaftsprüfern überein, wonach diese mehrheitlich mit einer Beeinflussung von *covenants*, nicht jedoch mit negativen Konsequenzen aus dieser Beeinflussung rechnen[3].

1.3.3.1.4 Erwartete Auswirkungen auf die Komplexität der Kreditwürdigkeitsprüfung und das Kosten-Nutzen-Verhältnis

Die Frage C.3.1.4 beschäftigt sich mit den Auswirkungen der reformierten Leasingbilanzierung auf die Komplexität der Kreditwürdigkeitsprüfung. Dabei wird untersucht, inwieweit die künftige Leasingbilanzierung zu einer Vereinfachung bzw. Erschwernis der Beurteilung der Kreditwürdigkeit beitragen würde. Die Banken erwarten

1 Zu den Strukturierungsmotiven der Leasingnehmer vgl. auch die Studie von El-Gazzar/Lilien/Pastena (1989), die zeigt, dass operative Leasingverhältnisse zur Beeinflussung von *covenants* genutzt werden können.

2 Vgl. Durocher/Fortin (2009), S. 27-29. Ein ähnliches Verhalten ist bereits bei Einführung von SFAS 13 in den USA festgestellt worden. Vgl. Fogelson (1978), S. 776-777.

3 Vgl. Frage A.3.1.2, Kapitel VI.1.1.3.1.2, Frage B.3.2.2, Kapitel VI.1.2.3.2.2.

einerseits eine vereinfachte Beurteilung der Kreditwürdigkeit derart, dass künftig Simulationen zur Korrektur des Jahresabschlusses um bilanzunwirksame Leasingverhältnisse entfielen. Zudem erhöhte die reformierte Leasingbilanzierung die Transparenz. Die Verschuldungssituation wäre künftig besser einschätzbar. Demzufolge reduzierte sich das Kreditrisiko.

> „Es ist absolut richtig, sämtliche Leasingverhältnisse in der Bilanz abzubilden. Wir begrüßen das, weil es zu einer sauberen und transparenten Lösung führt. Wir wollen auf einen Blick in der Bilanz sehen, wie hoch z.B. die Verschuldung ist. Bisher sind wir bei unseren Analysen teilweise im Dunkeln getappt was die Schätzung der Verbindlichkeiten aus Leasingverhältnissen, insbesondere operating leases, angeht. [...] Aber ein Grundsockel an Verbindlichkeit muss künftig immer in der Bilanz erscheinen. Das reduziert unser Kreditrisiko zumindest etwas. Die Analysearbeit wird dahingehend einfacher, dass die lästigen Simulationen von Bilanzwirkungen entfallen." (CH: 187-195)

Andererseits sind die Banken der Auffassung, dass der Vereinfachung der Kreditwürdigkeitsprüfung eine neugeschaffene Komplexität gegenüberstünde, die sich auf die künftige bilanzielle Behandlung von Leasingverhältnissen mit Optionen, Restwertgarantien und bedingten Leasingzahlungen beziehen und insgesamt zu einer erschwerten Beurteilung der Kreditwürdigkeit führen würde. Damit verbundene Ermessensspielräume resultierten in der erneuten Notwendigkeit zur Simulation bilanzieller Effekte.

> „Einerseits wird etwas Komplexität aus der Kreditwürdigkeitsprüfung genommen. Zukünftig müssen wir nicht mehr simulieren, wie die Bilanz aussehen würde, wenn alle Leasingverhältnisse anzusetzen wären. In dem Punkt hilft die Leasingreform. Allerdings führen die Willkürlichkeiten bei der Bewertung von Optionen, Restwertgarantien usw. zu einer Erschwernis in der Beurteilung der Kreditwürdigkeit und der Erstellung eines Ratings, wenn viele Leasingverhältnisse mit diesen Elementen vorhanden sind." (CC: 185-190)

> „Im Bereich der komplexen Leasingverträge mit Optionen u.ä. benötigen wir doch wieder Simulationstechniken, um mögliche Szenarien der Optionsausübung modellieren und die Auswirkungen auf das Kreditrating abschätzen zu können." (CD: 186-189)

Um die bilanziellen Auswirkungen von Optionen, Restwertgarantien und bedingten Leasingzahlungen abschätzen zu können, wären zudem weiterführende Informationen von kreditnachfragenden Leasingnehmern, etwa Leasingverträge, notwendig. Diese müssten nach Auffassung der Banken einer detaillierten Analyse unterworfen werden, was wiederum komplexitätssteigernd wirken könnte.

> „Heute werden Leasingverpflichtungen anhand eines pauschalen Ansatzes berücksichtigt. Künftig müssten wir sehr viel genauer in die Analyse einsteigen. Die Grundlagen eines jeden Vertrags müssten beschafft werden, was aufwendig ist und Kosten verursacht. [...] Risikobeurteilungen werden aufwendiger, weil der Analyst noch mehr Informationen braucht. [...] Der Analyst muss die Verträge, inklusive der Optionen, Restwerte, Restwertgarantien kennen, um die Bewertung des Leasing im Jahresabschluss nachvollziehen zu können. Dazu muss das Unternehmen Informationen liefern. Konsequenz ist ein größerer Aufwand und bei Nichtlieferung der Informationen ein Ratingabschlag." (CA: 226-229 und 248-256)

Zwei Banken nennen als weiteren – zumindest temporären – Komplexitätstreiber die Generierung neuer IT-Systeme und Analysetools während der Umsetzung der neuen Regulierung zur Leasingbilanzierung. Daraus und aus der damit zusammenhängenden Schulung von Bankangestellten resultierte zusätzlicher Aufwand.

> „Zunächst einmal kommt aber Aufwand und Kosten auf uns zu. Unsere aktuellen Analysetools zur Korrektur der Bilanz um operative Leasingverhältnissen sind obsolet. Wir benötigen neue IT-Systeme, die die neuen Regeln zur Leasingbilanzierung für unsere Analyse aufbereiten." (CG: 192-195)

Unter Abwägung der künftigen Vereinfachungen und Erschwernisse kommen sechs Banken zu dem Ergebnis, dass die Kreditwürdigkeitsprüfung insgesamt einfacher würde. Dies erklärt sich nach Auffassung dieser Banken neben dem bereits erläuterten Wegfall der Simulationsmodelle mit einem Gewöhnungsprozess, den die Banken zu durchlaufen erwarten. Die Kosten der reformierten Leasingbilanzierung würden insofern den Nutzen für Banken nicht übersteigen.

> „Nach einer gewissen Phase der Eingewöhnung wird sich sicher eine Vereinfachung des Kreditvergabeprozesses im Bereich Leasing einstellen. [...] In der Phase der Eingewöhnung müssen wir auch lernen mit der wahrscheinlichkeitsorientierten Bewertung von Optionen usw. umzugehen. In diesem Bereich sehe ich die größte Herausforderung, weil hier viele Spielräume bestehen und Erfahrungswerte auch nur begrenzt weiterhelfen. Aber auch daran wird man sich gewöhnen und in der Analyse damit umzugehen wissen. Wir haben ja auch einen Weg gefunden, bilanzunwirksame Leasingverhältnisse zu berücksichtigen." (CG: 191-200)

Demgegenüber erwarten zwei Banken insgesamt eine Erschwernis der künftigen Beurteilung der Kreditwürdigkeit aufgrund der bilanziellen Behandlung von Optionen, Restwertgarantien und bedingten Leasingzahlungen sowie den damit verbundenen Informationsbedürfnissen der Banken.

> „In unseren Augen wird der Kreditvergabeprozess aufwendiger. Wir erkennen zwar die Vereinfachung, die darin besteht, dass alle Leasingverhältnisse in der Bilanz erscheinen. Andererseits müssen wir künftig sehr viel tiefergehender analysieren, um Optionen und bedingte Leasingzahlungen korrekt zu erfassen. [...] Wenn man sich nun vor Augen führt, dass die aufwendigere Analyse wohl nicht zu veränderten oder nur marginal veränderten Kreditentscheidungen führt, ist die Komplexität nicht gerechtfertigt." (CE: 179-188)

Zusammenfassend zeigt sich somit die mehrheitliche Erwartung einer Vereinfachung der Kreditwürdigkeitsprüfung von Banken. Die vollständige Bilanzwirksamkeit von Leasingverhältnissen würde nach Auffassung dieser Befragten in einer zur gegenwärtigen Regulierung vergleichsweise transparenteren Bilanzierung resultieren, die das Kreditrisiko minderte. Die Herausforderung der Berücksichtigung von Optionen, Restwertgarantien und bedingten Leasingzahlungen erachten die Banken als bewältigbar. Insofern würden die Kosten der reformierten Leasingbilanzierung den Nutzen für Banken nicht übersteigen. Die mehrheitliche Erwartung vereinfachter Prozesse widerspricht den Interviews mit Leasingnehmern und Wirtschaftsprüfern, die einen komplexeren Bilanzierungsprozess bzw. Prüfungsprozess von Leasingverhältnissen erwarten[1].

1.3.3.1.5 Zusammenfassung

Die erwarteten Veränderungen im Entscheidungsverhalten der befragten Banken werden in Tabelle 32 zusammenfassend dargestellt. Die Banken erwarten eine gleichbleibend hohe Bedeutung des Jahresabschlusses für die Beurteilung der Kreditwürdig-

1 Vgl. Frage A.3.1.6, Kapitel VI.1.1.3.1.6, Frage B.3.1.3, Kapitel VI.1.2.3.1.3.

keit von Leasingnehmern. Die Rechenwerke Bilanz, Gesamtergebnisrechnung sowie Kapitalflussrechnung würden weiterhin von hoher Bedeutsamkeit für die Kreditwürdigkeitsprüfung und die darauf basierende Kreditvergabeentscheidung sein. Die Banken erwarten zudem, dass der Anhang an Bedeutung gewänne. Zusätzliche Informationen von kreditnachfragenden Leasingnehmern würden nach Angabe der Banken auch nach der reformierten Leasingbilanzierung eingefordert.

Veränderungen der Beurteilung der Kreditwürdigkeit und des Kreditratings im Rahmen künftig abzuschließender Kreditverträge werden von den Banken mehrheitlich erwartet – allerdings in lediglich geringen Ausmaßen. Grundsätzliche Kreditvergabeentscheidungen wären regelmäßig nicht von der neuregulierten Leasingbilanzierung beeinflusst. Insofern sind die Auswirkungen auf künftige Kreditvergabeentscheidungen als gering zu bezeichnen. Sämtliche Banken erwarten zudem eine Beeinflussung bestehender Kreditauflagen (*covenants*). Dies führte nach mehrheitlicher Auffassung der Banken allerdings nicht zu verschlechterten Kreditkonditionen oder vorzeitigen Kündigungen von Krediten. Vielmehr wäre eine Anpassung von *covenants* notwendig, um der veränderten Regulierung Rechnung zu tragen. Hinsichtlich möglicher Veränderungen der Komplexität der Kreditwürdigkeitsprüfung erwarten die Banken mehrheitlich eine Vereinfachung aufgrund der Bilanzierungspflicht für sämtliche Leasingverhältnisse. Insofern würde der Nutzen die Kosten der Reform übersteigen.

Tabelle 32: Erwartete Veränderungen im Entscheidungsverhalten der befragten Banken

Bank	Bedeutung des Jahresabschlusses (Frage C.3.1.1)				Künftige Kreditvergabeentscheidungen (Frage C.3.1.2)				Bestehende Kreditvereinbarungen (Frage C.3.1.3)				Komplexität der Kreditwürdigkeitsprüfung (Frage C.3.1.4)			
	↑	↓	↕	↔	↑	↓	↕	↔	↑	↓	↕	↔	↑	↓	↕	↔
CA				x				x			x		x			
CB				x				x			x			x		
CC				x				x			x			x		
CD				x				x			x			x		
CE				x				x			x		x			
CF				x				x			x			x		
CG				x				x			x			x		
CH				x				x			x			x		
Σ x	0	0	0	8	0	0	0	8	0	0	8	0	2	6	0	0

Legende:
↑ Erhöhung
↓ Reduktion
↕ Veränderung
↔ keine Veränderung

Die Untersuchung der erwarteten Veränderungen im Entscheidungsverhalten der Banken führt zu der Frage, welche Auswirkungen der reformierten Leasingbilanzierung die Banken für kreditnachfragende Leasingnehmer erwarten. Die diesbezügliche Erwartungshaltung der Banken wird in dem folgenden Abschnitt untersucht.

1.3.3.2 Erwartete Auswirkungen für kreditnachfragende Leasingnehmer

1.3.3.2.1 Erwartete Auswirkungen auf Finanzkennzahlen kreditnachfragender Leasingnehmer

Im Fokus der Frage C.3.2.1 stehen die von den Banken erwarteten Auswirkungen auf Finanzkennzahlen kreditnachfragender Leasingnehmer. Dabei wird die bereits vorgestellte Unterteilung der Finanzkennzahlen in Bilanzstrukturkennzahlen, Rentabilitätskennzahlen und kapitalmarktorientierte Kennzahlen beibehalten[1]. Alle acht befragten Banken erwarten Auswirkungen auf wesentliche Bilanzstrukturkennzahlen kreditnachfragender Leasingnehmer. Die vollständige Bilanzwirksamkeit von Leasingverhältnissen führte nach Auffassung der Banken zu einer Bilanzverlängerung, sofern bisher operative Leasingverhältnisse bestanden. Infolge der Bilanzverlängerung erwarten sämtliche Banken eine Verschlechterung der Verschuldungsgrade.

> „Die Bilanzkennzahlen müssen sich unweigerlich für Unternehmen ändern, die bisher operating leases hatten. Die Bilanz verlängert sich." (CE: 193-194)

> „Die Finanzkennzahlen der leasingintensiven Unternehmen werden sich verschlechtern. Das betrifft insbesondere den Verschuldungsgrad." (CG: 205-206)

Zudem erwarten die Banken Belastungen des Eigenkapitals aufgrund der Vorverlagerung von Aufwand in frühere Perioden und demzufolge eine Verschlechterung der Eigenkapitalquote.

> „Wir erwarten ganz klar Veränderungen in den Finanzkennzahlen. Wir haben in diesem Bereich Erfahrung aufgrund unserer Korrekturen der Bilanz um operative Leasingverhältnisse. Diese Korrekturen haben immer zu einer Verschlechterung der Eigenkapitalquote und des Verschuldungsgrads geführt. Das erwarten wir auch für die künftige Leasingregulierung." (CF: 193-196)

Das Ausmaß der Veränderungen von Eigenkapitalquote und Verschuldungsgraden würde nach Auffassung der Banken von der Leasingintensität hinsichtlich operativer Leasingverhältnisse abhängen.

> „Finanzkennzahlen werden sich ändern. Das Ausmaß der Veränderung hängt davon ab, wie stark das jeweilige Unternehmen im Bereich operating leases unterwegs ist. Dementsprechend werden sich beispielsweise der Verschuldungsgrad und Eigenkapitalrelationen verschlechtern." (CC: 198-201)

Hinsichtlich der Rentabilitätskennzahlen erwarten fünf Banken eine Verbesserung des Betriebsergebnisses (EBIT) kreditnachfragender Leasingnehmer. Die Verbesserung resultierte nach Auffassung dieser Banken hauptsächlich aus der Aufspaltung der Leasingzahlungen in Zins- und Tilgungsanteil, so dass ein Teil des vormaligen (Miet-)Aufwands nicht mehr das Betriebsergebnis, sondern als Zinsaufwand das Finanzergebnis berührte. Auch Verbesserungen hinsichtlich des Betriebsergebnisses vor Abschreibungsaufwand (EBITDA) werden erwartet.

> „Auf das EBIT könnte die Reform sogar einen positiven Einfluss haben. Künftig werden die Leasingzahlungen, die bisher beim operating lease komplett als betrieblicher Aufwand galten, in Zins- und Tilgungsaufwand aufgespalten. Dann schlägt sich nur noch der Tilgungsaufwand im betrieblichen Ergebnis nieder." (CC: 201-204)

1 Vgl. Kapitel IV.1.3.1.

Allerdings erachten diese Banken die Auswirkungen auf Rentabilitätskennzahlen als gering, weil der Verbesserung von EBIT eine reduzierte Kapitalbasis gegenüberstünde.

> „Wir haben neulich auch mal die Effekte auf das EBIT diskutiert. Da könnte sich vielleicht sogar ein positiver Effekt ergeben, weil die Aufspaltung in Zins- und Tilgungsaufwand, wie sie heute für Finanzierungsleasingverhältnisse gilt, beibehalten werden soll. Auch das EBITDA müsste sich verbessern. Der Effekt auf Rentabilitätskennzahlen hängt halt davon ab, wie stark das Gesamtkapital Veränderungen unterliegt. Es wird wohl so sein, dass der positive Effekt auf das EBIT von der erhöhten Kapitalbasis kompensiert wird. Dann wäre der Effekt auf Rentabilitätskennzahlen gering oder sogar null." (CD: 198-204)

Auswirkungen auf kapitalmarktorientierte Kennzahlen werden von den Befragten nicht erwartet. Die Banken gehen regelmäßig nicht davon aus, dass die Unternehmens- und Aktienbewertung am Kapitalmarkt von der Leasingbilanzierung beeinflusst würde. Für die Bewertung am Kapitalmarkt seien nach Auffassung der Banken anderweitige Faktoren, etwa Wachstumsprognosen von Unternehmen, bedeutsamer.

> „Dass sich das KGV oder ähnliches ändert, halte ich eher für unwahrscheinlich. Da spielen andere Dinge eine viel gewichtigere Rolle als die Leasingbilanzierung, beispielsweise Wachstumsaussichten." (CH: 203-205)

Möglich ist dennoch, dass einzelne Investoren beeinflusst würden. Diese Frage wird im Rahmen der Frage zu möglichen Veränderungen im Entscheidungsverhalten von Investoren und Analysten näher untersucht[1].

Insgesamt verdeutlicht sich die Erwartung der Banken, dass Bilanzstrukturkennzahlen kreditnachfragender Leasingnehmer aufgrund der reformierten Leasingbilanzierung Veränderungen unterlägen. Die Banken rechnen insbesondere mit Verschlechterungen der Eigenkapitalquote und der Verschuldungsgrade[2]. Dieses Ergebnis stimmt mit der Befragung von *Durocher/Fortin* überein, wonach Banken eine Erhöhung der Verschuldungsgrade aufgrund der Bilanzwirksamkeit sämtlicher Leasingverhältnisse erwarten[3]. Der verschlechterten Eigenkapitalquote und den Verschuldungsgraden stünden indes von den Banken erwartete Verbesserungen von EBIT und EBITDA gegenüber, die in Abhängigkeit von dem Ausmaß der veränderten Kapitalbasis zu verbesserten Rentabilitätskennzahlen führen könnten. Wesentliche Veränderungen der Rentabilitätskennzahlen erwarten die Banken allerdings regelmäßig nicht. Auswirkungen auf kapitalmarktorientierte Kennzahlen werden von den Banken aufgrund vergleichsweise bedeutenderer Einflussfaktoren abseits der Leasingbilanzierung ebenfalls nicht erwartet.

Die vorstehenden Ergebnisse stimmen mit den Erwartungen der in dieser Arbeit befragten Leasingnehmer und Wirtschaftsprüfer insofern überein, als diese gleichermaßen mit wesentlichen Veränderungen der Eigenkapitalquote und der Verschuldungsgrade im Rahmen der Bilanzstrukturkennzahlen rechnen[4]. Unterschiede bestehen

---

1 Vgl. Frage C.3.2.2, Kapitel VI.1.3.3.2.2.

2 Die Erwartung erhöhter Verschuldungsgrade wird bereits im Rahmen der Frage C.3.1.3 geäußert. Vgl. Kapitel VI.1.3.3.1.3.

3 Vgl. Durocher/Fortin (2009), S. 27-28.

4 Vgl. hierzu und im Folgenden Frage A.3.1.1, Kapitel VI.1.1.3.1.1, Frage B.3.2.1, Kapitel VI.1.2.3.2.1.

hinsichtlich der von den Banken mehrheitlich erwarteten Verbesserungen von EBIT und EBITDA. Allerdings erwarten auch die Banken – analog zu den Leasingnehmern und Wirtschaftsprüfern – keine wesentlichen Veränderungen der Rentabilitätskennzahlen. Alle drei Gruppen rechnen zudem nicht mit wesentlichen Veränderungen der kapitalmarktorientierten Kennzahlen. Die Erwartungen der Banken hinsichtlich möglicher Veränderungen im Entscheidungsverhalten der Jahresabschlussadressaten – auch aufgrund der Veränderungen wesentlicher Finanzkennzahlen – werden nachfolgend dargestellt.

1.3.3.2.2 Erwartete Auswirkungen auf das Entscheidungsverhalten von Investoren und Analysten

Im Rahmen der Frage C.3.2.2 wird untersucht, inwieweit die befragten Banken Veränderungen im Entscheidungsverhalten von Investoren und Analysten gegenüber kreditnachfragenden Leasingnehmern erwarten. Die Untersuchung fokussiert auf die Frage, ob Veränderungen der von Investoren und Analysten vorgenommenen Risikoeinschätzungen und Prognosen von Dividendenzahlungen erwartet werden. Dabei werden zudem die Erwartungen hinsichtlich veränderter Ratings berücksichtigt.

Sämtliche Banken erwarten keine Auswirkungen der reformierten Leasingbilanzierung auf das Entscheidungsverhalten professioneller Investoren und Analysten. Nach Auffassung der Befragten erfolgt gegenwärtig eine Berücksichtigung sämtlicher Leasingverhältnisse in deren Entscheidungsprozessen.

> „Meines Erachtens dürften Investoren nicht zu großartig anderen Entscheidungen kommen. Investoren sind in einer ähnlichen Situation wie wir. Professionelle Investoren simulieren wahrscheinlich auch die bilanziellen Effekte operativer Leasingverhältnisse." (CD: 209-211)

Die Banken geben zudem an, dass Entscheidungen von Investoren und Analysten selten auf ausschließlicher Basis von Jahresabschlussinformationen getroffen werden. Professionelle Investoren und Analysten hätten die Möglichkeit, zusätzliche Informationen von dem Investitionsobjekt zu verlangen.

> „Man muss auch berücksichtigen, dass die meisten professionellen Investoren in der Lage sind, zusätzliche Informationen von dem Unternehmen einzuholen, in das investiert werden soll." (CE: 209-211)

Auf der Grundlage von Jahresabschlussinformationen und zusätzlich eingeholten Informationen würden Investoren und Analysten eigene Berechnungen anstellen und könnten demzufolge nicht von der Leasingbilanzierung in deren Entscheidungen beeinflusst werden.

> „Die Investoren bewerten Unternehmen, in die sie investieren wollen, nicht nur anhand des Jahresabschlusses. Dieser spielt natürlich eine wichtige Rolle. Investoren stellen aber auch Profitabilitäts- und Wirtschaftlichkeitsrechnungen von dem zu investierenden Unternehmen auf und bewerten danach. D.h. bilanzunwirksame Leasingverhältnisse werden je nach Bedeutung in die Bewertungen der Investoren einbezogen. Da spielt die bilanzielle Abbildung von Leasingverträgen eine untergeordnete Rolle. Dementsprechend rechne ich nicht mit veränderten Entscheidungen von Investoren oder EK-Analysten." (CF: 201-207)

Zu veränderten Investitionsentscheidungen käme es nach Auffassung einer Bank auch deshalb nicht, weil Leasingverhältnisse lediglich ein Faktor im Rahmen der Unternehmensbewertung darstellten und dieser mitunter eine untergeordnete Bedeutung habe.

> „Ich vermute, dass sich an den Entscheidungen von Investoren wenig ändern wird. Die Bedeutung von Leasingverhältnissen ist ja immer nur ein Stein in dem Bewertungsmosaik, auf dem die letztendliche Entscheidung beruht. Es gibt eine Vielzahl an Faktoren, die zu einer Investitionsentscheidung führen. Eine Änderung in der bilanziellen Abbildung sollte da kein allzu großes Gewicht haben. […] Insgesamt sollten die Auswirkungen auf Investitionsentscheidungen also gering sein." (CG: 213-220)

Nicht-professionelle Investoren könnten indes zu veränderten Entscheidungen kommen, da diese nicht über die notwendigen Mittel und Kenntnisse zur Berücksichtigung sämtlicher Leasingverhältnisse verfügten. Allerdings besteht nach Aussage der Banken Ungewissheit, inwieweit nicht-professionelle Investoren überhaupt Jahresabschlüsse als Entscheidungsgrundlage nutzen.

> „Das kommt immer auf den Investor an. Ein kleiner Investor ohne große Research-Abteilung im Hintergrund wird wohl heute kaum Bilanzen um operating leases korrigieren. Die Frage ist ohnehin, wie kleine Investoren ihre Entscheidungen treffen und ob sie überhaupt Bilanzen usw. anschauen und Kennzahlen errechnen. Professionelle Investoren sollten von der neuen Regulierung nicht in ihren Entscheidungen beeinflusst sein." (CH: 210-214)

Drei Banken erwarten aufgrund des Wegfalls der Simulationsmodelle zur Berücksichtigung sämtlicher Leasingverhältnisse seitens professioneller Investoren und Analysten die Möglichkeit zur genaueren Analyse und Risikoeinschätzung. Infolgedessen könnte die Höhe der Investitionssumme Veränderungen unterliegen. Die Richtung der Veränderung ergäbe sich in Abhängigkeit davon, ob bisher die Risikosituation eines Leasingnehmers aufgrund der pauschalen Berücksichtigung von Leasingverhältnissen über- oder unterschätzt wurde. Die grundsätzliche Entscheidung für oder gegen eine Investition würde nach Auffassung der Banken allerdings nicht beeinflusst.

> „Ich gehe davon aus, dass professionelle Eigenkapitalinvestoren in einem ähnlichen Prozess wie wir operating leases in ihren Analysen berücksichtigen. D.h. Investoren nutzen auch Multiplikatormodelle, um ein Unternehmen beurteilen zu können. Durch die Leasingreform wird nun auch für Investoren eine genauere Analyse möglich. Im Endeffekt könnte das zu einer veränderten Unternehmensbewertung oder Risikoeinschätzung führen. Dass eine Investitionsentscheidung deshalb anders ausfallen wird, denke ich nicht. Es könnte sich höchstens der Betrag, der investiert wird, ändern." (CC: 210-216)

Insgesamt sind die erwarteten Auswirkungen der Banken auf das Entscheidungsverhalten professioneller Investoren und Analysten als gering zu bezeichnen. Alle acht Banken erwarten keine grundsätzlich veränderten Investitionsentscheidungen aufgrund der gegenwärtigen Berücksichtigung sämtlicher Leasingverhältnisse. Zudem stünden professionellen Investoren und Analysten weiterführende Informationen zur Erstellung eigener Profitabilitätsberechnungen zur Verfügung. Leasingverhältnisse hätten regelmäßig eine untergeordnete Bedeutung für den Analyseprozess, weil sie nur einen Bewertungsparameter unter vielen darstellten. Veränderungen der zu investierenden Summen könnten indes auftreten, weil die Analyse aufgrund der Bilanzierungspflicht für sämtliche Leasingverhältnisse genauer werde. Dies resultierte nach Auffassung der

Banken allerdings nicht in grundsätzlich veränderten Investitionsentscheidungen. Nicht-professionelle Investoren könnten demgegenüber in deren grundsätzlichen Entscheidungen beeinflusst sein, sofern deren Entscheidungen überhaupt auf Jahresabschlussinformationen basierten.

Die Interviews mit Leasingnehmern und Wirtschaftsprüfern in dieser Arbeit kommen zu einem ähnlichen – wenn auch nicht derart eindeutigen – Ergebnis[1]. Die Mehrheit der Leasingnehmer und Wirtschaftsprüfer erwartet keine wesentlichen Veränderungen im Entscheidungsverhalten der Investoren und Analysten und gibt dafür ähnliche Begründungen wie die Banken an. Analog zu den Interviews mit Leasingnehmern und Wirtschaftsprüfern erwartet auch eine Minderheit der Banken eine Veränderung der Risikoeinschätzungen von Investoren und Analysten. Während die Minderheit der Wirtschaftsprüfer eine negative Beeinflussung der grundsätzlichen Investitionsentscheidungen – bedingt durch die unterstellte bisherige untergeordnete Bedeutung der Anhanginformationen zu Leasingverhältnissen – erwartet, rechnet die Minderheit der Leasingnehmer mit einer positiven Beeinflussung der grundsätzlichen Investitionsentscheidungen – begründet mit der mitunter nachteiligen pauschalen Berücksichtigung operativer Leasingverhältnisse im Analyseprozess. Demgegenüber machen die Banken die Richtung der Veränderung von der bisherigen Über- oder Unterschätzung der Risikosituation eines Unternehmens abhängig und erwarten zudem lediglich Auswirkungen auf die Höhe der Investitionssumme, jedoch nicht auf die grundsätzliche Investitionsentscheidung.

1.3.3.2.3 Erwartete Auswirkungen auf das Entscheidungsverhalten von Wirtschaftsprüfern kreditnachfragender Leasingnehmer

Hinsichtlich Frage C.3.2.3 wird untersucht, inwieweit die befragten Banken Auswirkungen der reformierten Leasingbilanzierung auf das Prüfungsverhalten von Wirtschaftsprüfern kreditnachfragender Leasingnehmer erwarten. In diesem Zusammenhang werden zudem Erwartungen hinsichtlich möglicher Verlagerungen von Prüfungsschwerpunkten untersucht. Von den acht befragten Banken erwarten alle eine Beeinflussung des Entscheidungsverhaltens der Wirtschaftsprüfer. Während sieben Banken von einer künftig aufwendigeren Prüfung ausgehen, erwartet eine Bank eine Vereinfachung. Die gesteigerte Komplexität begründen die sieben Banken hauptsächlich mit der bilanziellen Behandlung von Optionen, Restwertgarantien und bedingten Leasingzahlungen, welche die grundsätzliche Vereinfachung der Prüfung aufgrund der Bilanzierungspflicht für sämtliche Leasingverhältnisse zumindest kompensierte. Vor dem Hintergrund der mit Optionen, Restwertgarantien und bedingten Leasingzahlungen regelmäßig verbundenen Ermessensspielräume wird zudem ein erhöhtes Prüfungsrisiko seitens der Wirtschaftsprüfer erwartet.

> „Ich kann mir vorstellen, dass es für die Wirtschaftsprüfer einerseits einfacher wird, weil alle Leasingverhältnisse in der Bilanz erscheinen müssen. Allerdings bleiben Ermessensspielräume für die Bilanzierer bestehen, insbesondere dann, wenn Optionen und bedingte Leasingzahlungen vorhanden sind. Diesbezüglich wird es für die Wirtschaftsprüfer sehr

1 Vgl. hierzu und im Folgenden Frage A.3.1.3, Kapitel VI.1.1.3.1.3, Frage B.3.2.3, Kapitel VI.1.2.3.2.3.

schwer werden, die von den Leasingnehmern festgelegten Ausübungswahrscheinlichkeiten nachvollziehen zu können. Dabei muss man noch berücksichtigen, dass sich diese Beurteilungen über die Leasinglaufzeit ändern können. Diese Veränderung muss auch wieder vom Wirtschaftsprüfer nachvollzogen und für korrekt befunden werden. Das führt meines Erachtens zu einem höheren Risiko für die Wirtschaftsprüfer." (CD: 216-225)

„Die Komplexität der Wirtschaftsprüfung steigt meines Erachtens weiter an. Für den Wirtschaftsprüfer wird es zwar insofern transparenter, als alle Leasingverhältnisse in der Bilanz zu stehen haben. Aber auch hier wird es Ausweichreaktionen der Bilanzierenden geben. Ich rechne z.B. damit, dass Leasingnehmer über Optionen die Laufzeiten der Leasingverträge verkürzen werden, um die bilanzielle Belastung zu reduzieren. Das ist ja künftig über eine entsprechende Beurteilung der Wahrscheinlichkeiten möglich. Fraglich ist nur, wie der Wirtschaftsprüfer diese Laufzeitverkürzung bewertet. Da sehe ich eine Erschwernis der Prüfung." (CG: 225-232)

Dementsprechend erwarten die Banken eine Verlagerung des Prüfungsschwerpunkts von der Prüfung des Ansatzes zur Prüfung der Bewertung. Diese Verlagerung ergäbe sich nach Auffassung von drei Befragten nicht nur aufgrund der bilanziellen Behandlung von Optionen, Restwertgarantien und bedingten Leasingzahlungen. Auch die mit der Bewertung verbundenen Informationsanforderungen an Leasingnehmer würden künftig das Risiko der Wirtschaftsprüfung angesichts mangelnder diesbezüglicher Kompetenz der Leasingnehmer erhöhen. Intensivere Prüfungshandlungen wären die Konsequenz.

„Für den Wirtschaftsprüfer wird es komplexer. Bisher lag der Knackpunkt der Prüfung in der Klassifizierung. Wenn die stand, war – zumindest bei operating leases – der meiste Prüfungsaufwand vorbei und das Prüfungsrisiko gering. Künftig müssen die Wirtschaftsprüfer nicht mehr den Bilanzansatz, sondern die Bewertung von Leasingverhältnissen in den Fokus der Prüfung rücken. Da sehe ich neue Schwierigkeiten. Zum einen erachte ich die willkürliche Bewertung von Optionen u.ä. für schwer nachprüfbar. Zum anderen muss man sehen, dass Leasingnehmer künftig mit einer Reihe von Bewertungsfragen, wie Abschreibungen, konfrontiert werden. Dazu fehlen meist die relevanten Informationen, weil das bisher Sache des Leasinggebers war. Die mangelnde Fähigkeit zur Bewertung erhöht das Prüfungsrisiko und macht die Prüfung meiner Meinung nach nicht gerade leichter." (CH: 225-234)

Eine Bank erwartet – entgegen den vorstehenden Aussagen – eine vereinfachte Prüfung von Leasingverhältnissen derart, dass die Klassifizierung für Leasingverhältnisse entfiele. Zwar erkennt diese Bank ebenfalls die Erschwernisse hinsichtlich Optionen, Restwertgarantien und bedingten Leasingzahlungen. Diese ließen sich allerdings mittels Erfahrungswerten und zusätzlichen Kenntnissen über das zu prüfende Unternehmen nach einer Eingewöhnungsphase beseitigen.

„Für die Wirtschaftsprüfer sollte es eigentlich einfacher werden. Die Diskussionen um Bilanzansatz oder nicht für Leasingverhältnisse entfallen in der Zukunft. Natürlich bleiben Gestaltungsspielräume im Rahmen der Bewertung. Der Wirtschaftsprüfer wird sich hier aber nach einer gewissen Phase der Gewöhnung zurechtfinden. Mithilfe ausreichender Kenntnisse über das zu prüfende Unternehmen und Erfahrungswerten über die unternehmensindividuellen Ausübungswahrscheinlichkeiten sollte es möglich sein, eine verlässliche Prüfung hinzubekommen." (CF: 212-218)

Zusammenfassend erwarten die Banken mehrheitlich eine erschwerte Prüfung von Leasingverhältnissen für Wirtschaftsprüfer. Dies ist nach Auffassung der Banken überwiegend auf die bilanzielle Behandlung von Optionen, Restwertgarantien und bedingten Leasingzahlungen zurückzuführen. Dementsprechend gehen die Banken von einer Verlagerung des Prüfungsschwerpunkts auf die Bewertung von Leasingverhältnissen aus. Lediglich eine Bank erwartet eine vereinfachte Prüfung von Leasingverhältnissen. Interessant erscheint hierbei, dass die befragten Banken mehrheitlich mit einer Gewöhnung an die bilanzielle Behandlung von Optionen, Restwertgarantien und bedingten Leasingzahlungen im Rahmen der Kreditwürdigkeitsprüfung rechnen[1]. Allerdings erwarten sie diesen Gewöhnungsprozess nicht für Wirtschaftsprüfer hinsichtlich der Prüfung von Leasingverhältnissen. Die Interviews mit Leasingnehmern und Wirtschaftsprüfern stellen eindeutig eine gesteigerte Komplexität der Prüfung von Leasingverhältnissen fest und stimmen insofern weitestgehend mit den Interviews mit Banken überein, wonach lediglich eine Bank diese Erwartung nicht teilt[2]. Hinsichtlich der identifizierten Komplexitätstreiber – hauptsächlich die bilanzielle Behandlung von Optionen, Restwertgarantien und bedingten Leasingzahlungen – können gleichermaßen Parallelen abgeleitet werden. Interessant erscheint, dass die befragten Leasingnehmer Veränderungen der Komplexität auch auf gegenwärtig unterschiedliche Bedeutungen von Bilanzpositionen und Anhangangaben in der Prüfung zurückführen und dies von den befragten Wirtschaftsprüfern teilweise zugegeben wird, während die Banken dieses Argument nicht anführen. Übereinstimmung besteht hinsichtlich des künftigen Prüfungsschwerpunkts der Bewertung. Unterschiede zeigen sich hinsichtlich der Identifizierung weiterer Prüfungsschwerpunkte. So benennen lediglich die Leasingnehmer und Wirtschaftsprüfer den Prüfungsschwerpunkt der Dokumentation der Bewertung über die Zeit hinweg, während die Leasingnehmer als einzige Gruppe die Abgrenzung von Leasingverhältnissen und Dienstleistungsverträgen als weiteren Prüfungsschwerpunkt erwarten.

1.3.3.2.4 Ausweitung des Ansatzes zur Bilanzierung von Nutzungsrechten auf andere Bereiche der Rechnungslegung

Die Frage C.3.2.4 zielt darauf ab, inwieweit die Banken eine Ausdehnung des Ansatzes zur Bilanzierung von Nutzungsrechten auf andere Bereiche der Rechnungslegung erwarten. Die Erwartungshaltung einer Ausdehnung des Ansatzes zur Bilanzierung von Nutzungsrechten auf andere Bereiche der Rechnungslegung teilen alle acht befragten Banken. Die Begründung hierfür liegt einerseits in einer konsistenten Bilanzierung. Andererseits wäre die Bilanzierung von Nutzungsrechten für einige Sachverhalte konzeptionell gerechtfertigt. Vier Banken erwarten dementsprechend eine Ausdehnung der Bilanzierung von Nutzungsrechten auf andere Dauerschuldverhältnisse, während sechs Banken mit einer Ausweitung auf andere Standards, insbesondere IAS 38, rechnen.

> „Das erwarte ich schon. Es wäre unverständlich, wenn eine Regelung nur für Leasingverhältnisse gelten sollte und ähnliche andere Dauerschuldverhältnisse nicht danach behandelt werden müssten. Natürlich ist immer die Frage zu stellen, wo man anfängt und aufhört. Aber Leasingverhältnisse einer neuen Art der Bilanzierung zu unterwerfen und andere ähn-

1 Vgl. Frage C.3.1.4, Kapitel VI.1.3.3.1.4.

2 Vgl. hierzu und im Folgenden Frage A.3.1.4, Kapitel VI.1.1.3.1.4, Frage B.1.2, Kapitel VI.1.2.1.2, Frage B.3.1.1, Kapitel VI.1.2.3.1.1, Frage B.3.1.3, Kapitel VI.1.2.3.1.3.

liche Sachverhalte unterschiedlich zu behandeln, ist nicht sachgerecht. Man müsste auch überlegen, ob Nutzungsrechte im Bereich der immateriellen Vermögenswerte – z.B. bei Patenten u.ä. – bilanziert werden könnten.“ (CC: 236-242)

Der homogenen Erwartungshaltung hinsichtlich der Ausdehnung des Ansatzes zur Bilanzierung von Nutzungsrechten auf andere Bereiche der Rechnungslegung steht eine ebenso homogene kritische Beurteilung dieser erwarteten Entwicklung gegenüber. Die Einführung einer Bilanzierung von Rechten wird als Bruch mit der derzeit gegenstandorientierten Bilanzierungsweise der IFRS erachtet. Einerseits erscheine eine Ausweitung auf andere Bereiche der Rechnungslegung notwendig, um eine konsistente Bilanzierung zu gewährleisten. Andererseits wäre eine Bilanzierung von Nutzungsrechten nicht auf sämtliche Sachverhalte übertragbar und erschwerte insofern die Verständlichkeit von Jahresabschlussinformationen. Die Ausweitung auf lediglich einige Bereiche würde indes zu Inkonsistenzen führen und der Prinzipienorientierung der IFRS widerstreben.

„Ich habe den Eindruck, dass wir uns immer weiter weg von der Prinzipienorientierung bewegen und für jeden Standard ein einzelnes Süppchen gekocht wird. Da kommen die Adressaten langsam nicht mehr mit. Man verliert den Überblick. Verständlicher wird es dadurch nicht.“ (CD: 233-236)

„Es gibt einige Bereiche, in denen die Bilanzierung von Nutzungsrechten aus theoretischen Gesichtspunkten heraus sinnvoller als die Bilanzierung des Gegenstands ist. Das Paradebeispiel sind wohl die immateriellen Vermögenswerte. Hier sind wir in einem klassischen trade-off, was theoretisch richtig, aber in der praktischen Umsetzung schwierig ist. Theoretisch richtig ist die Bilanzierung von Nutzungsrechten im Rahmen von Leasingverträgen, weil die im Vordergrund stehen. Praktisch führt das aber dazu, dass wir eine neue Art der Bilanzierung einführen, die zu Inkonsistenzen mit anderen Standards führt. Diese müssten dann auch einen Ansatz zur Bilanzierung von Nutzungsrechten enthalten. Ob das in allen Bereichen immer sachgerecht ist, bezweifle ich stark. Dann hätten wir eine Rechtebilanzierung, die die Verständlichkeit vielleicht sogar noch verschlechtert.“ (CH: 239-248)

Die Frage C.3.2.4 resultiert zusammenfassend in einer einheitlichen Erwartungshaltung der Banken. Sämtliche Befragten erwarten eine Ausweitung des Ansatzes zur Bilanzierung von Nutzungsrechten auf andere Bereiche der Rechnungslegung. Das Antwortverhalten korrespondiert insofern mit den Ergebnissen aus den Interviews mit Leasingnehmern und Wirtschaftsprüfern[1]. Übereinstimmung zwischen den befragten Gruppen besteht zudem hinsichtlich der Kritik an der Ausdehnung der Bilanzierung von Nutzungsrechten auf andere Bereiche der Rechnungslegung. Die Kritik überrascht insofern, als im Rahmen der Beurteilung der Reformvorschläge der Ansatz zur Bilanzierung von Nutzungsrechten bezüglich Leasingverhältnisse als konzeptionell richtig bewertet wird[2]. Allerdings werden bereits im Rahmen dieser Frage Bedenken hinsichtlich der Umsetzung des Ansatzes geäußert, so dass – analog zu den Leasingnehmern und Wirtschaftsprüfern – insgesamt ein konsistentes Antwortverhalten vorliegt.

1 Vgl. hierzu und im Folgenden Frage A.3.1.7, Kapitel VI.1.1.3.1.7, Frage B.3.2.4, Kapitel VI.1.2.3.2.4.

2 Vgl. hierzu und im Folgenden Frage C.2.2.1, Kapitel VI.1.3.2.2.1.

1.3.3.2.5 Zusammenfassung

Die Untersuchung der von den Banken erwarteten Auswirkungen auf Finanzkennzahlen zeigt, dass sämtliche Banken veränderte Bilanzstrukturkennzahlen, insbesondere Verschlechterungen der Eigenkapitalquote und der Verschuldungsgrade, erwarten. Den erwarteten Verbesserungen von EBIT und EBITDA stünde indes eine reduzierte Kapitalbasis gegenüber. Insofern erwarten die Banken regelmäßig eine Kompensation beider Effekte und somit keine wesentlichen Veränderungen der Rentabilitätskennzahlen. Auswirkungen auf kapitalmarktorientierte Kennzahlen werden von den Banken ebenfalls nicht erwartet.

Veränderungen im Entscheidungsverhalten professioneller Investoren und Analysten werden von den Banken nicht erwartet. Die gegenwärtige Berücksichtigung sämtlicher Leasingverhältnisse, das Verfügen über weiterführende Informationen zur Erstellung eigener Profitabilitätsberechnungen sowie die regelmäßig untergeordnete Bedeutung von Leasingverhältnissen für den Analyseprozess rechtfertigten diese Erwartungshaltung. Veränderungen der zu investierenden Summen könnten nach Auffassung der Banken indes auftreten, weil die Analyse aufgrund der Bilanzierungspflicht für sämtliche Leasingverhältnisse genauer würde. Die grundsätzliche Investitionsentscheidung wäre davon aber nicht betroffen. Nicht-professionelle Investoren könnten demgegenüber in deren Entscheidungen beeinflusst werden, allerdings nur dann, wenn Jahresabschlussinformationen die Entscheidungsgrundlage bildeten.

Die Banken erwarten mehrheitlich eine Erschwernis der Prüfung von Leasingverhältnissen auf Seiten der Wirtschaftsprüfer kreditnachfragender Leasingnehmer. Ein erhöhtes Prüfungsrisiko und damit zusammenhängende intensivere Prüfungshandlungen wären überwiegend auf die bilanzielle Behandlung von Optionen, Restwertgarantien und bedingten Leasingzahlungen sowie neue Bewertungsaufgaben seitens der Leasingnehmer zurückzuführen und begründeten eine Verlagerung des Prüfungsschwerpunkts auf die Bewertung von Leasingverhältnissen. Eine Bank erwartet indes eine Vereinfachung in der Prüfung von Leasingverhältnissen, weil ein Gewöhnungsprozess an die neue Regulierung erfolgte und gegenwärtige Ermessensspielräume im Rahmen der Klassifizierung von Leasingverhältnissen entfielen. Die Ausdehnung des Ansatzes zur Bilanzierung von Nutzungsrechten auf andere Bereiche der Rechnungslegung wird von sämtlichen Banken erwartet. Dies schließe eine Ausweitung auf andere Rechnungslegungsstandards, etwa IAS 38 und andere Dauerschuldverhältnisse ein, um eine konsistente Bilanzierung zu gewährleisten. Kritik ruft die Ausweitung des Ansatzes zur Bilanzierung von Nutzungsrechten hinsichtlich der Inkonsistenzen zu Rechnungslegungsbereichen hervor, auf die eine Bilanzierung von Nutzungsrechten nicht übertragbar wäre. Verstöße gegen die Prinzipienorientierung der IFRS wären insofern unvermeidbar. Die Verbesserung der Verständlichkeit von Jahresabschlussinformationen für Adressaten wird bezweifelt. Eine zusammenfassende Übersicht der erwarteten Auswirkungen der reformierten Leasingbilanzierung für kreditnachfragende Leasingnehmer aus Sicht der befragten Banken gibt Tabelle 33.

Tabelle 33: Erwartete Auswirkungen der reformierten Leasingbilanzierung für kreditnachfragende Leasingnehmer aus Sicht der befragten Banken

Bank	**Bilanzstrukturkennzahlen** (Frage C.3.2.1)				**Entscheidungsverhalten von Investoren und Analysten** (Frage C.3.2.2)				**Entscheidungsverhalten von Wirtschaftsprüfern** (Frage C.3.2.3)			
	↑	↓	↔	Ø	↑	↓	↔	Ø	↑	↓	↔	Ø
CA		x					x			x		
CB		x					x			x		
CC		x					x			x		
CD		x					x			x		
CE		x					x			x		
CF		x					x		x			
CG		x					x			x		
CH		x					x			x		
Σ x	**0**	**8**	**0**	**0**	**0**	**0**	**8**	**0**	**1**	**7**	**0**	**0**

Legende:
↑ Verbesserung
↓ Verschlechterung
↔ keine Veränderung
Ø nicht abschätzbar

Die vorstehend von den Banken erwarteten Auswirkungen der reformierten Leasingbilanzierung für kreditnachfragende Leasingnehmer könnten in einem veränderten Entscheidungsverhalten der Leasingnehmer resultieren. Die Erwartungen der Banken hinsichtlich eines veränderten Entscheidungsverhaltens der Leasingnehmer sind Gegenstand des folgenden Abschnitts.

1.3.3.3 Erwartete Veränderungen im Entscheidungsverhalten kreditnachfragender Leasingnehmer

1.3.3.3.1 Veränderung der Laufzeiten künftiger Leasingverträge

Im Rahmen der Frage C.3.3.1 wird untersucht, inwieweit die befragten Banken Veränderungen der Laufzeiten künftiger Leasingverträge seitens kreditnachfragender Leasingnehmer erwarten. Die Motivation für kürzere Leasingvertragslaufzeiten könnte beispielsweise in der Reduktion der bilanziellen Verschuldung liegen. Vier Banken erwarten künftig kürzere Laufzeiten von Leasingverträgen. Die Strukturierung von Leasingverträgen wird als ein „Grundgesetz des Wirtschaftens" (CA: 279) erachtet. Demnach sei es naheliegend, dass Leasingnehmer über eine Reduktion der Laufzeit zugleich die bilanzielle Verschuldung zu reduzieren und insofern negative Auswirkungen der reformierten Leasingbilanzierung zu minimieren versuchten.

> „Es liegt in der Natur der Sache, dass Ersteller Gestaltungsspielräume zu nutzen versuchen. Insofern kann ich mir schon vorstellen, dass Leasingnehmer, die bisher viele operating leases hatten, nun versuchen werden, die bilanzielle Schuld durch kürzere Laufzeiten zu minimieren." (CC: 247-250)

Der Anreiz zur Verkürzung der Leasingvertragslaufzeiten ist nach Auffassung der Banken umso größer, je kritischer die Einhaltung festgelegter Kennzahlen oder bestehender Kreditvereinbarungen ist.

> „Das kann gut sein, dass Leasingnehmer künftig Leasingverträge mit kürzeren Laufzeiten abschließen. Auf diesem Weg kann man Bilanzkennzahlen, wie den Verschuldungsgrad, beeinflussen. Auch covenants können so noch erreicht werden, wenn es auf der Kippe stand." (CE: 245-247)

Entgegen den vorstehenden Äußerungen erwarten vier weitere Banken keine wesentlichen Veränderungen der Laufzeiten künftiger Leasingverträge. Die Begründung hierfür wird zum einen in dem reziproken Verhältnis von Laufzeit und Leasingraten gesehen. So könnten kürzere Laufzeiten zu höheren Leasingraten führen und damit dem Ziel einer reduzierten bilanziellen Verschuldung entgegenstehen.

> „Grundsätzlich sind Strukturierungen von Erstellerseite über die Veränderung der Laufzeiten von Leasingverträgen durchaus denkbar. Allerdings muss man berücksichtigen, dass kürzere Laufzeiten häufig zu höheren Leasingraten führen, so dass ein kompensierender Effekt auftritt." (CD: 241-244)

Zum anderen richte sich die Festlegung der Laufzeiten nicht nach den Regelungen zur Bilanzierung von Leasingverhältnissen, sondern nach der Beschaffenheit des Leasinggegenstands und dem Geschäftsmodell des Leasingnehmers.

> „Es ist auch nicht immer möglich, die Laufzeiten zu verkürzen. Ich denke an Gebäude- oder Grundstücksleasing. Diese Verträge sind meist Langfristverträge." (CD: 244-245)

> „Eine Veränderung der Laufzeiten halte ich für unwahrscheinlich. Kürzere Laufzeiten bedeuten in der Regel höhere Leasingraten. Zudem sind die Laufzeiten der Leasingverträge an die Bedürfnisse des jeweiligen Unternehmens angepasst. Das geschieht unabhängig von der Bilanzierung. Die Laufzeiten können in vielen Fällen auch gar nicht so einfach verändert werden. Das kommt immer auf den Leasinggegenstand an." (CF: 234-238)

Eine Bank sieht zudem Schwierigkeiten in der Rechtfertigung veränderter Leasinglaufzeiten ohne Veränderung der wirtschaftlichen Gegebenheiten des Leasingnehmers. Diskussionen mit dem Wirtschaftsprüfer werden insbesondere in Fällen erwartet, in denen Wirtschaftsprüfer Kenntnisse über die gewöhnlichen Laufzeiten vergleichbarer Leasingverträge des Mandanten haben.

> „Ich erwarte nicht, dass sich die Laufzeiten von Leasingverträgen großartig ändern werden. Die Laufzeit wird nicht von der Bilanzierung bestimmt, sondern von den Konditionen des Vertrags und der Beschaffenheit des Gegenstands. Oft werden Gegenstände ja auf die Situation des Leasingnehmers zugeschnitten. Die Frage ist auch, wie die Unternehmen die Veränderung der Laufzeiten rechtfertigen wollen. Wenn bisher Leasingverträge dieser Art immer über eine gewisse Laufzeit abgeschlossen wurden, kommen die Unternehmen sicherlich in Diskussionen mit dem Wirtschaftsprüfer und haben dann ein Rechtfertigungsproblem. Kürzere Leasingverträge dürften auch teurer sein." (CH: 253-260)

Resümierend ist somit ein heterogenes Antwortverhalten der Banken festzustellen. Die Hälfte der Befragten erwartet verkürzte Laufzeiten künftiger Leasingverträge. Diese Erwartung steht in Einklang mit den in der Literatur erarbeiteten Hypothesen, dass Leasingnehmer eine Erhöhung der bilanzierten Verschuldung und daran anschließende negative Auswirkungen auf Kreditauflagen, Anreizsysteme und die Unternehmensbewertung am Kapitalmarkt zu verhindern versuchten[1]. Die andere Hälfte der befragten Banken erwartet demgegenüber keine wesentlichen Veränderungen der Laufzeiten künftiger Leasingverträge. Dieses Ergebnis weist Unterschiede zu der Studie *Abdel-khaliks* auf, in der Banken zu deren Erfahrungen hinsichtlich der Veränderungen im Entscheidungsverhalten der Leasingnehmer infolge der Einführung von SFAS 13 befragt werden[2]. 65% der Befragten geben darin an, dass eine Strukturierung neuer Leasingverträge stattgefunden hat, um die Bilanzierungspflicht von Finanzierungsleasingverhältnissen zu umgehen. Einschränkend wirkt allerdings, dass diese Studie eine ex post-Perspektive einnimmt und die zugrundeliegende Reform lediglich auf die Bilanzierungspflicht für Finanzierungsleasingverhältnisse fokussiert. Unterschiede zu der Befragung von *Durocher/Fortin* bestehen insofern, als die darin befragten Bankangestellten keine Veränderung der Laufzeiten von Leasingverträgen mit dem Ziel der Minimierung der bilanziellen Verschuldung erwarten[3].

Das heterogene Antwortverhalten der in dieser Arbeit befragten Banken stimmt mit den Interviews mit Wirtschaftsprüfern überein, die ebenfalls zu 50% von veränderten Leasinglaufzeiten ausgehen[4]. In den Interviews mit Leasingnehmern offenbart sich demgegenüber eine knappe Mehrheit, die keine Veränderungen der Laufzeiten von Leasingverhältnissen erwartet[5]. Die von einem Leasingnehmer für wahrscheinlich gehaltene Verlängerung der Leasingvertragslaufzeiten zur Erzielung geringerer Leasingraten wird von den Wirtschaftsprüfern und Banken nicht erwartet. Hinsichtlich der Begründung des jeweiligen Antwortverhaltens besteht weitgehend Übereinstimmung zwischen den drei Gruppen.

1.3.3.3.2 Verwendung von laufzeitbezogenen Optionen, Restwertgarantien und bedingten Leasingzahlungen

Die Frage C.3.3.2 zielt darauf ab, inwieweit Banken die Verwendung von laufzeitbezogenen Optionen, Restwertgarantien und bedingten Leasingzahlungen durch kreditnachfragende Leasingnehmer erwarten. Über Optionen, Restwertgarantien und bedingte Leasingzahlungen bestünde für Leasingnehmer grundsätzlich die Möglichkeit zur Strukturierung, um bilanzielle Wirkungen zu beeinflussen und negative Auswirkungen – beispielsweise auf die Verschuldungssituation – zu vermeiden. Sechs der neun Befragten erwarten eine diesbezügliche Verwendung von laufzeitbezogenen Optionen, Restwertgarantien und bedingten Leasingzahlungen seitens der Leasingnehmer. Die Festlegung von Ausübungs- bzw. Eintrittswahrscheinlichkeiten wäre für den Wirtschaftsprüfer nur schwer widerlegbar.

> „Über die Verwendung von Optionen, Restwertgarantien und bedingten Leasingzahlungen lässt sich wohl am besten die bilanzielle Verschuldung beeinflussen." (CC: 255-256)

1 Zu den Hypothesen vgl. ausführlich Kapitel III.1.3.3.
2 Vgl. hierzu und im Folgenden Abdel-khalik (1981), S. 118-119.
3 Vgl. Durocher/Fortin (2009), S. 27-29.
4 Vgl. hierzu und im Folgenden Frage B.3.3.1, Kapitel VI.1.2.3.3.1.
5 Vgl. hierzu und im Folgenden Frage A.3.2.2, Kapitel VI.1.1.3.2.2.

„Im Bereich der Optionen und bedingten Leasingzahlungen hat man viel Spielraum. Da können die Unternehmen weiterhin ihre Strukturierungsmöglichkeiten ausspielen. Ich erwarte, dass das auch gemacht wird." (CE: 252-254)

„Gut möglich, dass es zum Einsatz von Optionen und ähnlichen Dingen kommt, um die Laufzeit zu beeinflussen. Eine Änderung der Ausübungswahrscheinlichkeit ist beispielsweise dem Wirtschaftsprüfer gut zu verkaufen. Für ihn ist es schwer, Änderungen der Ausübungswahrscheinlichkeit nachzuprüfen. Die Änderung lässt sich mit der Einschätzung der künftigen wirtschaftlichen Situation des Unternehmens durch das Management begründen." (CG: 257-261)

Zwei Banken erwarten indes, dass kreditnachfragende Leasingnehmer keine Optionen, Restwertgarantien und bedingte Leasingzahlungen im Rahmen von Strukturierungsmaßnahmen verwenden würden. Diese Erwartungshaltung erklärt sich nach Angabe dieser Banken einerseits aus der von den Regelungen zur Bilanzierung von Leasingverhältnissen unabhängigen Verwendung von Optionen, Restwertgarantien und bedingten Leasingzahlungen. Andererseits bestünden aufgrund des Geschäftsmodells lediglich geringe Freiräume, um Optionen, Restwertgarantien und bedingte Leasingzahlungen im Sinne einer Bilanzierungsstrategie einzusetzen. Zudem resultierte die Verwendung von Optionen, Restwertgarantien und bedingten Leasingzahlungen in Abhängigkeit von den bilanziellen Wirkungen teilweise in erheblichen Kosten für den Leasingnehmer, die den positiven bilanziellen Effekt kompensieren könnten.

„Es kommt immer darauf an, was geleast wird. In vielen Fällen würde eine Nichtausübung einer Verlängerungsoption zu immensen Kosten führen. Man stelle sich z.B. ein Kaufhaus vor. Sowohl das Gebäude als auch der Grund und Boden, auf dem das Kaufhaus steht, sind vom Betreiber des Kaufhauses auf fünf Jahre mit Option zur Verlängerung um weitere fünf Jahre geleast. Der Betreiber des Kaufhauses wird nach fünf Jahren nicht den Leasingvertrag kündigen und irgendwo anders hinziehen, nur um eine bilanzielle Wirkung zu erzielen. In solchen Fällen ist es fast sicher, dass die Verlängerungsoption ausgeübt wird. In anderen Fällen ist die Entscheidung vielleicht nicht ganz so klar. Aber meines Erachtens wird die Ausübung einer Option nicht durch die bilanziellen Effekte beeinflusst." (CF: 243-251)

Die beiden Banken verweisen überdies auf die Schwierigkeit der Einschätzung von Ausübungs- bzw. Eintrittswahrscheinlichkeiten. Insofern würde sich beispielsweise die Verwendung von Optionen zur Reduktion der bilanziellen Verschuldung nur eingeschränkt eignen.

„Eine Option ist immer mit Unsicherheit behaftet. Für Unternehmen dürfte es äußerst schwierig sein, die Ausübungswahrscheinlichkeiten verlässlich zu schätzen, wenn keine Erfahrungswerte vorliegen. Deshalb erwarte ich auch nicht, dass Optionen zur Strukturierung eingesetzt werden." (CH: 265-268)

Die Verwendung von laufzeitbezogenen Optionen, Restwertgarantien und bedingten Leasingzahlungen zur Beeinflussung der Laufzeit von Leasingverhältnissen und mithin der Höhe der bilanziellen Verschuldung wird zusammenfassend von der Mehrheit der Banken im Sinne der *information inductance*-Hypothese und *debt covenants*-Hypothese erwartet. Eine Minderheit von zwei Banken erwartet indes keine Verwendung von Optionen, Restwertgarantien und bedingten Leasingzahlungen zu Strukturierungszwecken. Die mehrheitliche Erwartung einer bilanzpolitisch motivierten Verwendung von Optionen, Restwertgarantien und bedingten Leasingzahlungen weist Parallelen zu der Studie *Abdel-khaliks* auf, in der 65% der Befragten angeben, dass eine Strukturierung neuer Leasingverträge stattgefunden hat, um die Bilanzierungspflicht von Finanzierungsleasingverhältnissen zu umgehen[1].

Die Ergebnisse aus den Interviews mit Banken stimmen insofern mit den Interviews mit Leasingnehmern und Wirtschaftsprüfern überein, als alle drei Gruppen die Verwendung von Optionen, Restwertgarantien und bedingten Leasingzahlungen zur Beeinflussung der bilanziellen Verschuldung mehrheitlich erwarten[2]. Die diesbezügliche Mehrheit der Banken und Wirtschaftsprüfer ist indes ausgeprägter. Auch hinsichtlich der Begründungen der jeweiligen Erwartungshaltung ist weitgehend Übereinstimmung festzustellen. Interessant erscheint, dass sowohl die befragten Leasingnehmer als auch die Wirtschaftsprüfer die bilanzpolitisch motivierte Verwendung von Optionen, Restwertgarantien und bedingten Leasingzahlungen aufgrund der Prüfungshandlungen der Wirtschaftsprüfer als begrenzt erachten. Demgegenüber geben die Banken an, dass diese einschränkende Wirkung der Wirtschaftsprüfer regelmäßig nicht greifen würde. Der Wirtschaftsprüfer könnte die Begründungen der Leasingnehmer im Rahmen der Festlegung von Ausübungswahrscheinlichkeiten selten zurückweisen.

1.3.3.3.3 Substitution von Leasingtransaktionen durch alternative Finanzierungsmöglichkeiten

Im Rahmen der Frage C.3.3.3 wird untersucht, inwieweit die befragten Banken eine Substitution von Leasingtransaktionen durch alternative Finanzierungsmöglichkeiten seitens kreditnachfragender Leasingnehmer erwarten. Die Untersuchung fokussiert somit auf die Frage, ob die Banken mit Auswirkungen auf das Leasingvolumen und die Finanzierungsstrategie von Leasingnehmern aufgrund der reformierten Leasingbilanzierung rechnen. Dabei wird auch untersucht, welche alternativen Finanzierungen der Leasingnehmer im Falle einer Abkehr von der Finanzierungsalternative Leasing von den Banken erwartet werden.

Vier Banken erwarten, dass Leasingverhältnisse künftig durch alternative Finanzierungsmöglichkeiten substituiert würden. Diese Erwartungshaltung wird mit dem Wegfall der Möglichkeit zur bilanzunwirksamen Behandlung von Leasingverhältnissen und den damit verbundenen positiven Auswirkungen auf Bilanzkennzahlen begründet. Die Banken sind demnach der Auffassung, dass für Leasingnehmer die wirtschaftliche Betrachtungsweise einer Transaktion gegenüber deren bilanziellen Abbildung in den Hintergrund rückte.

> „Viele Unternehmen sind kennzahlengetrieben und nutzen bisher die Möglichkeit des off balance sheet accounting. Wenn das wegfällt, wird die Attraktivität des Leasing zurückgehen." (CD: 258-259)

> „Einige Unternehmen leasen, weil sie wichtige Kennzahlen oder die Liquidität schonen wollen. Wenn das künftig nicht mehr möglich ist, wird man sich aus dem Leasing zurückziehen und alternative Finanzierungen suchen." (CE: 259-261)

---

1 Vgl. Abdel-khalik (1981), S. 118-119. Hinsichtlich der Vergleichbarkeit der Studie mit den Ergebnissen in dieser Arbeit gelten die in Frage C.3.3.1 thematisierten Einschränkungen. Vgl. Kapitel VI.1.3.3.3.1.

2 Vgl. hierzu und im Folgenden Frage A.3.2.3, Kapitel VI.1.1.3.2.3, Frage B.3.3.2, Kapitel VI.1.2.3.3.2.

Neben den bilanziellen Auswirkungen der reformierten Leasingbilanzierung könnte nach Auffassung der Banken auch der künftige Bilanzierungsaufwand einen Anreiz zur Substitution von Leasingtransaktionen durch alternative Finanzierungsmöglichkeiten für Leasingnehmer darstellen.

> „Der Kunde sagt, dass ist ihm zu kompliziert. Wenn der Vertrag bilanzwirksam abgebildet werden muss, dann könne er auch klassisch finanzieren. Eine Konsequenz der Leasingreform ist sicherlich, dass einige Projekte künftig nicht mehr im Leasing abgewickelt werden. [...] Das Leasing verkompliziert sich deutlich. Es wird deutlich komplexer. [...] Manche Unternehmen werden sich überlegen, ob Leasing noch vorteilhaft für sie ist. Insgesamt wird das Leasing negativ beeinflusst." (CA: 115-119 und 133-139)

> „Leasing wird eingegangen, weil man sich nicht mit dem Leasinggegenstand beschäftigen will. Bisher konnte man den Aufwand der Bilanzierung und Bewertung auf den Leasinggeber übertragen. Wenn Leasingnehmer merken, dass sie nun den Aufwand der Bilanzierung und Bewertung haben, kann ich mir schon vorstellen, dass man sich aus dem Leasing zurückzieht." (CG: 266-269)

Die vier Banken, die eine Substitution von Leasingtransaktionen durch alternative Finanzierungsmöglichkeiten erwarten, gehen davon aus, dass der vormals geleaste Gegenstand künftig vornehmlich über Fremdkapital finanziert würde.

> „Ich kann mir schon vorstellen, dass einige Unternehmen sagen: ‚Wenn es sowieso in der Bilanz erscheint, kann ich auch gleich fremdfinanziert kaufen'." (CD: 260-261)

Eine Bank erwartet, dass die Leasingnehmer neben einer Fremdfinanzierung auch eine Finanzierung mit Eigenkapital in Erwägung ziehen könnten. Denkbar wäre auch die Bildung einer Zweckgesellschaft, um weiterhin eine bilanzunwirksame Abbildung zu erreichen. Allerdings ist sich diese Bank der reduzierten Wirkungen einer Zweckgesellschaft im Konzernbereich bewusst und spricht daher lediglich von einer temporären Entlastung.

> „Einige Unternehmen haben genügend Eigenkapital, um bisher geleaste Transaktionen über Eigenkapital zu finanzieren. Es könnte auch sein, dass Zweckgesellschaften gebildet werden, um zumindest temporär die off balance sheet-Wirkung zu erzielen. Da ist alles möglich." (CE: 261-264)

Die begrenzte Wirkung einer Auslagerung von Leasingverhältnissen in eine Zweckgesellschaft wird auch von einer weiteren Bank erkannt.

> „Am Ende des Tages ist immer der Leasingnehmer unten. Und wenn ich alle Leasingverhältnisse dann bilanzieren muss, dann nutzt mir eine Objektgesellschaft im Zweifel auch nichts. Man kommt nicht um die Bilanzwirksamkeit herum." (CA: 127-129)

Entgegen den vorstehenden Aussagen erwarten vier weitere Banken keine Veränderungen der Finanzierungsstrategie kreditnachfragender Leasingnehmer. Demnach würden keine Substitutionshandlungen erfolgen, das Leasingvolumen bliebe konstant. Dieses Antwortverhalten begründet sich auf unterschiedliche Weise. Zum einen geben die Banken an, dass die Regelungen zur bilanziellen Abbildung bei Finanzierungsentscheidungen eine untergeordnete Rolle spielten. Leasingverhältnisse würden demnach nicht aufgrund erzielbarer bilanzieller Wirkungen eingegangen. Vielmehr stünde bei Leasingverhältnissen eine gegenüber Kauftransaktionen höhere Flexibilität für den

Leasingnehmer im Vordergrund. Zusätzlich seien mit Leasingverträgen häufig Dienstleistungskomponenten verbunden.

> „Beim Leasing geht es um mehr als bilanzielle Wirkungen zu erreichen. Natürlich ist das für den einen oder anderen ein schöner Nebeneffekt. Leasing wird aber hauptsächlich betrieben, weil man flexibler bleiben will. Man will sich z.B. nicht lange an einen Gegenstand binden. Mit Leasing sind auch Dienstleistungen verbunden. Zum Leasing einer Maschine gehört beispielsweise auch die Wartung der Maschine. Wenn das Unternehmen die Maschine gekauft hätte, wäre es selbst für die Wartung verantwortlich. Diese Full-service Leasingverträge stellen eine größere Motivation für Leasing dar als die Änderung einer Bilanzierungsweise." (CF: 256-264)

Nach Auffassung der vier Banken entscheidet zum anderen die Verfügbarkeit von Finanzierungsalternativen über mögliche Substitutionshandlungen. So seien Gegenständen mit spezifischen Eigenschaften teilweise nur über Leasingtransaktionen beschaffbar.

> „Manchmal besteht auch einfach nicht die Möglichkeit, einen Gegenstand zu kaufen. Dann ist Leasing die einzige Chance." (CF: 263-264)

Für Unternehmen in einer angespannten finanziellen Situation bestehe zudem ein Mangel alternativer Finanzierungsmöglichkeiten, weil beispielsweise Fremdfinanzierungen über Bankkredite versagt würden.

> „Viele Unternehmen, die keinen Bankkredit oder langfristigen Bankkredit mehr bekommen für irgendeine asset-Finanzierung, finden aber möglicherweise doch noch eine Leasinggesellschaft, die – weil sie eben eine andere Sicht auf die Dinge hat – dann doch noch bereit ist, das zu machen. Das sind wahrscheinlich bedeutendere Überlegungen, sich für den einen oder anderen Weg zu entscheiden. Die Frage der Verfügbarkeit und des Preises sind hier entscheidend." (CB: 91-96)

> „Leasing wird sicherlich für den einen oder anderen unattraktiver. Das gilt insbesondere für diejenigen Leasingnehmer, die auf den off balance sheet-Vorteil aus waren. Auf den off balance sheet-Vorteil ist man aber nur aus, wenn die bilanzielle Verschuldung ohnehin schon hoch ist. Bei diesen Unternehmen besteht dann ein Problem der alternativen Finanzierung. Sie sind meist auf Leasing angewiesen, weil alternative Finanzierungen nicht zur Verfügung stehen. Für gesunde Unternehmen bietet Leasing mehr als nur den off balance sheet-Vorteil. Ich denke an die Flexibilität des Leasing oder die damit verbundenen Dienstleistungen. Diese Unternehmen werden weiterhin im Leasing bleiben. Es fällt lediglich ein Vorteil unter vielen weg." (CC: 263-271)

Insgesamt ist die Erwartungshaltung der Banken hinsichtlich einer Substitution von Leasingverhältnissen durch alternative Finanzierungen als heterogen zu bezeichnen. Während die eine Hälfte der Befragten erwartet, dass das Leasingvolumen künftig zurückgeht und Leasingtransaktionen überwiegend durch fremdfinanzierte Kauftransaktionen ersetzt würden, rechnet die andere Hälfte der Befragten nicht mit Veränderungen der Finanzierungsstrategie kreditnachfragender Leasingnehmer. Dieses heterogene Ergebnis weist Parallelen zu der Befragung von *Durocher/Fortin* auf[1]. Die darin befragten Bankangestellten offenbaren ein indifferentes diesbezügliches Antwortverhalten, wonach die Finanzierung über Leasing lediglich für einen Teil der Leasingnehmer weniger attraktiv werden könnte. Parallelen bestehen zudem zu der Befragung

1 Vgl. hierzu und im Folgenden Durocher/Fortin (2009), S. 27-29.

von *Abdel-khalik*, in der 45% der Banken von einer Substitution von Leasingtransaktionen durch einen eigen- oder fremdkapitalfinanzierten Kauf bzw. Eigenproduktion infolge der Einführung einer Bilanzierungspflicht für Finanzierungsleasingverhältnisse berichten[1].

Gemeinsamkeiten hinsichtlich des heterogenen Antwortverhaltens bestehen zwischen den hier durchgeführten Interviews mit Banken, Leasingnehmern und Wirtschaftsprüfern[2]. Auch die Begründung der Erwartungshaltung bezüglich einer Veränderung der derzeitigen Finanzierungsstrategie der Leasingnehmer stimmt weitestgehend überein. Die Gruppen erklären die erwarteten Substitutionseffekte mit den bilanziellen Wirkungen und den damit verbundenen Auswirkungen auf Bilanzkennzahlen. Diese Erklärung steht in Einklang mit der im Rahmen der *information inductance*-Hypothese, *debt covenant*-Hypothese und Bonusplan-Hypothese identifizierten Motivation der Leasingnehmer für Leasing. Die Banken und Wirtschaftsprüfer nennen als weiteren Erklärungsansatz für mögliche Substitutionshandlungen den künftigen Bilanzierungsaufwand für Leasingnehmer. Die Substitution durch fremdfinanzierte Kauftransaktionen wird über alle drei Gruppen hinweg als wahrscheinlichste Ausweichhandlung erwartet. Eigenkapitalfinanzierungen und Zweckgesellschaften erfahren demgegenüber eine lediglich untergeordnete Bedeutung[3].

Übereinstimmung zwischen den Interviews mit Banken, Leasingnehmern und Wirtschaftsprüfern zeigt sich überdies in der Begründung der Erwartungshaltung hinsichtlich einer Beibehaltung der derzeitigen Finanzierungsstrategie der Leasingnehmer. Alle drei Gruppen führen diesbezüglich die Unabhängigkeit der Finanzierungsentscheidungen von bilanziellen Wirkungen, die mit Leasingverhältnissen einhergehende Flexibilität sowie damit verbundene Dienstleistungen an[4]. Die Banken und Leasingnehmer argumentieren zusätzlich, dass Leasinggegenstände aufgrund der speziellen Eigenschaften häufig nicht durch Kauf erworben oder selbst hergestellt werden können, während die Wirtschaftsprüfer dieses Argument nicht nennen. Demgegenüber geben die Banken und Wirtschaftsprüfer – nicht jedoch die Leasingnehmer – an, dass eine Substitution von Leasingverhältnissen mangels alternativer Finanzierungsmöglichkeiten scheitern könnte.

1.3.3.3.4 Zusammenfassung

Im Rahmen dieses Abschnitts wird untersucht, welche Veränderungen im Entscheidungsverhalten kreditnachfragender Leasingnehmer als Reaktion auf die zuvor untersuchten erwarteten Auswirkungen der reformierten Leasingbilanzierung von den

1 Vgl. Abdel-khalik (1981), S. 118-119. Hinsichtlich der Vergleichbarkeit der Studie mit den Ergebnissen in dieser Arbeit gelten die in Frage C.3.3.1 thematisierten Einschränkungen. Vgl. Kapitel VI.1.3.3.3.1.

2 Vgl. hierzu und im Folgenden Frage A.3.2.4, Kapitel VI.1.1.3.2.4, Frage B.3.3.3, Kapitel VI.1.2.3.3.3.

3 Zu den Möglichkeiten einer bilanzunwirksamen Behandlung von Leasingverhältnissen mittels Zweckgesellschaften vgl. weiterführend Schimmelschmidt/Happe (2004).

4 Vgl. hierzu weiterführend Eades/Marston (2002), die in dem Flexibilitätsargument die hauptsächliche Motivation US-amerikanischer Leasingnehmer zum Eingehen von Leasingverhältnissen erkennen.

Banken erwartet werden. Dabei zeigt sich, dass die Hälfte der Banken insofern nicht mit Veränderungen der Laufzeiten künftiger Leasingverträge rechnet, als kürzere Laufzeiten mit höheren Leasingraten verbunden seien, die Festlegung von Laufzeiten auf Basis des Geschäftsmodells und der Beschaffenheit des Leasinggegenstands erfolge und Diskussionen mit dem Wirtschaftsprüfer hinsichtlich strukturierungsbedingter Veränderungen der Leasingvertragslaufzeiten gescheut würden. Die andere Hälfte der befragten Banken erwartet indes verkürzte Laufzeiten künftiger Leasingverträge, um negative bilanzielle Konsequenzen zu vermeiden.

Die Verwendung von laufzeitbezogenen Optionen, Restwertgarantien und bedingten Leasingzahlungen zur Beeinflussung der Höhe der bilanziellen Verschuldung wird mehrheitlich von den Banken erwartet, auch deshalb, weil der Wirtschaftsprüfer die determinierten Ausübungs- bzw. Eintrittswahrscheinlichkeiten nur schwer widerlegen könnte. Demgegenüber erwartet eine Minderheit der Banken insofern keine bilanzpolitisch motivierte Verwendung von Optionen, Restwertgarantien und bedingten Leasingzahlungen der Leasingnehmer, als diesbezügliche Entscheidungen unabhängig von den Regelungen zur Bilanzierung getroffen würden sowie kostenintensiv und mitunter unvereinbar mit dem zugrundeliegenden Geschäftsmodell wären. Der Entscheidungsspielraum der Leasingnehmer wird zudem aufgrund der Ermittlungsschwierigkeiten von Ausübungs- bzw. Eintrittswahrscheinlichkeiten häufig als begrenzt erachtet.

Die Untersuchung der Erwartungen der befragten Banken hinsichtlich der Substitution von Leasingtransaktionen durch alternative Finanzierungsmöglichkeiten seitens der Leasingnehmer führt zu keinem eindeutigen Ergebnis. Die Hälfte der Banken erwartet, dass die Leasingnehmer das Leasingvolumen reduzieren und Leasingtransaktionen durch vornehmlich kreditfinanzierte Kauftransaktionen substituieren würden, um negative Auswirkungen auf Bilanzkennzahlen und zusätzlichen Bilanzierungsaufwand zu vermeiden. Die andere Hälfte der Banken geht indes davon aus, dass Leasingtransaktionen für Leasingnehmer aufgrund der damit verbundenen Flexibilität und Dienstleistungskomponenten sowie des Mangels alternativer Finanzierungsmöglichkeiten weiterhin attraktiv blieben.

Da die Erwartungen der Banken hinsichtlich der Veränderung von Laufzeiten künftiger Leasingverhältnisse und der Substitutionen von Leasingverhältnissen durch alternative Finanzierungsmöglichkeiten zu keinen einheitlichen Ergebnissen führen, konzentrieren sich die von den befragten Banken erwarteten Veränderungen im Entscheidungsverhalten der Leasingnehmer auf die Verwendung von laufzeitbezogenen Optionen, Restwertgarantien und bedingten Leasingzahlungen. Eine zusammenfassende Übersicht der erwarteten Veränderungen im Entscheidungsverhalten kreditnachfragender Leasingnehmer aus Sicht der befragten Banken ist in Tabelle 34 zu finden.

Tabelle 34: Erwartete Veränderungen im Entscheidungsverhalten kreditnachfragender Leasingnehmer aus Sicht der befragten Banken

	Die Reform der Leasingbilanzierung führt zur...		
Bank	**...Veränderung der Laufzeiten künftiger Leasingverträge** (Frage C.3.3.1)	**...Verwendung von Optionen, Restwertgarantien, bedingten Leasingzahlungen** (Frage C.3.3.2)	**...Substitution von Leasingtransaktionen durch alternative Finanzierungsmöglichkeiten** (Frage C.3.3.3)
CA	x	x	x
CB		x	
CC	x	x	
CD		x	x
CE	x	x	x
CF			
CG	x	x	x
CH			
Σ x	**4**	**6**	**4**

Legende:
x trifft zu

Zwei Banken gehen davon aus, dass kreditnachfragende Leasingnehmer Strukturierungsmaßnahmen im Rahmen von Veränderungen der Laufzeiten künftiger Leasingverträge oder der Verwendung von Optionen, Restwertgarantien und bedingten Leasingzahlungen durchführen würden. Die Abkehr von der Finanzierungsalternative Leasing erwarten diese Banken indes nicht und stimmen insofern mit vier Wirtschaftsprüfern sowie sechs Leasingnehmern überein. Demgegenüber erwarten vier Banken eine Mischung aus Strukturierungen mittels Veränderungen der Laufzeiten oder Verwendung von Optionen, Restwertgarantien und bedingten Leasingzahlungen und teilweiser Substitution von Leasingverhältnissen durch alternative Finanzierungsmöglichkeiten. Dieses Ergebnis stimmt mit der Erwartung von zwei Wirtschaftsprüfern und vier Leasingnehmern überein. Zwei weitere Banken erwarten – analog zu zwei Leasingnehmern – weder Strukturierungsmaßnahmen noch Substitutionshandlungen der Leasingnehmer.

2 Ergebnisse aus den Auswertungen von Stellungnahmen zum Diskussionspapier und Standardentwurf

Die Darstellung der Ergebnisse aus den Auswertungen von Stellungnahmen zum DP und ED erfolgt in der Reihenfolge der für jede Interessengruppe formulierten Forschungsfragen und den entsprechenden Teilfragen. Die Ergebnisse beziehen sich dabei auf die Anzahl an Stellungnahmen der jeweiligen Interessengruppe. Für die Gruppe der Leasingnehmer liegen 118 Stellungnahmen zum DP bzw. 347 Stellungnahmen zum ED vor. Aus der Grupper der Wirtschaftsprüfer kommen 37 Stellungnahmen zum DP bzw. 84 Stellungnahmen zum ED, während für die Gruppe der Banken 22 Stellungnahmen zum DP bzw. 55 Stellungnahmen zum ED vorliegen. Zur Ergebnisdokumentation werden – analog zu der Auswertung der Interviews – ausgewählte Auszüge aus den Stellungnahmen zum ED verwendet. Auf die Verwendung ausgewählter Auszüge aus den Stellungnahmen zum DP wird zugunsten der aktuelleren Stellungnahmen zum ED verzichtet. Im Gegensatz zu den durchgeführten Interviews unterbleibt die Untersuchung der gegenwärtigen Berücksichtigung von Leasingverhältnissen in den jeweiligen Prozessen der Interessengruppen (Fragenblock A.1 für Leasingnehmer, B.1 für Wirtschaftsprüfer und C.1 für Banken) im Rahmen der Auswertungen von Stellungnahmen zum DP und ED, weil die Stellungnahmen keine diesbezüglichen Aussagen enthalten. Die Auswertungen von Stellungnahmen zum DP und ED beginnen somit mit der Beurteilung der gegenwärtigen Leasingbilanzierung und der Reformbestrebungen (Fragenblock A.2 für Leasingnehmer, B.2 für Wirtschaftsprüfer und C.2 für Banken).

2.1 Ergebnisse aus den Auswertungen von Stellungnahmen der Leasingnehmer zum Diskussionspapier und Standardentwurf

2.1.1 Beurteilung der gegenwärtigen Leasingbilanzierung und der Reformbestrebungen

2.1.1.1 Beurteilung der gegenwärtigen Leasingbilanzierung

2.1.1.1.1 Beurteilung der Existenz unterschiedlicher Bilanzierungsmethoden für Leasingverhältnisse und der damit verbundenen Gestaltungsspielräume

Im Rahmen der Frage A.2.1.1 wird untersucht, wie Leasingnehmer die Existenz unterschiedlicher Bilanzierungsmethoden für Leasingverhältnisse und die damit verbundenen Gestaltungsspielräume beurteilen. 63 der 118 Stellungnahmen von Leasingnehmern zum DP bzw. 87 der 347 Stellungnahmen von Leasingnehmern zum ED enthalten diesbezügliche Beurteilungen[1]. 14 der 63 stellungnehmenden Leasingnehmer zum DP bzw. zwölf der 87 stellungnehmenden Leasingnehmer zum ED erachten die Unterscheidung in operative Leasingverhältnisse und Finanzierungsleasingverhältnisse als notwendig, um den wirtschaftlichen Gehalt der Transaktion darzustellen.

> „The current distinction between an operating lease and a capital lease adequately reflects the difference in economic substance between those types of leasing transactions.“ (ED-CL 477: 106-108)

16 (DP) bzw. 24 (ED) Leasingnehmer geben an, dass ein Gewöhnungsprozess an die gegenwärtige Leasingbilanzierung stattgefunden hat. Die dichotome Leasingbilanzierung sei akzeptiert und werde von Jahresabschlusserstellern und Adressaten verstanden.

1 Auf prozentuale Angaben wird im Folgenden verzichtet, da diese aufgrund der hier durchgeführten qualitativen Inhaltsanalyse eine mathematische Scheingenauigkeit suggerieren würden. Zur Begründung der primär qualitativen Auswertungen von Stellungnahmen zum DP und ED vgl. Kapitel V.3.1.1.

> „We believe that the existing leasing standard may have certain flaws, but it is not broken. It has been in place for many years, and financial statement users understand its attributes, both positive and negative.“ (ED-CL 89: 61-63)

Demgegenüber sprechen 33 der stellungnehmenden Leasingnehmer zum DP bzw. 39 der stellungnehmenden Leasingnehmer zum ED die existierenden Strukturierungsmöglichkeiten im Rahmen der Klassifizierung von Leasingverhältnissen direkt an, allerdings ohne diese einer Bewertung zu unterziehen. Weitere zwölf stellungnehmende Leasingnehmer zum ED sprechen die Strukturierungsmöglichkeiten zwar nicht direkt an, bezeichnen die Informationen der gegenwärtigen Leasingbilanzierung jedoch als nicht entscheidungsnützlich.

> „The current accounting for leases is an often-used example of accounting guidance that allows for structuring opportunities, which result in many assets and liabilities being off-balance sheet.“ (ED-CL 505: 55-57)

> „We acknowledge the deficiencies of the current lease accounting models as they generally do not provide for a faithful representation of the economic substance of leasing transactions in a company's statement of financial position.“ (ED-CL 458: 39-41)

Zusammenfassend ist festzuhalten, dass eine Minderheit der diesbezüglich stellungnehmenden Leasingnehmer die Unterscheidung in operative Leasingverhältnisse und Finanzierungsleasingverhältnisse insofern als notwendig erachtet, als sich darin der wirtschaftliche Gehalt der Transaktion widerspiegele und eine Akzeptanz der Regulierung stattgefunden habe. Die Mehrheit der Leasingnehmer mit entsprechenden Stellungnahmen erkennt indes die Ermessenspielräume im Rahmen der gegenwärtigen Leasingbilanzierung an, allerdings ohne diese zu beurteilen. Dieses Ergebnis korrespondiert mit der Untersuchung von *Beattie/Goodacre/Thomson*[1]. Übereinstimmung zu den Interviews mit Leasingnehmern besteht hinsichtlich der identifizierten Gestaltungsspielräume im Rahmen der Klassifizierung[2]. Allerdings werden diese von den Befragten durchweg positiv beurteilt, während die stellungnehmenden Leasingnehmer keine Beurteilung der Ermessensspielräume vornehmen.

2.1.1.1.2 Beurteilung der Möglichkeit zur Einschätzung von Bilanzauswirkungen operativer Leasingverhältnisse

Die Frage A.2.1.2 zielt darauf ab, wie Leasingnehmer die Möglichkeiten der Adressaten beurteilen, anhand der Informationen zu operativen Leasingverhältnissen Aussagen zu deren bilanziellen Auswirkungen zu treffen. 20 der 118 Stellungnahmen von Leasingnehmern zum DP bzw. 52 der 347 Stellungnahmen von Leasingnehmern zum ED enthalten diesbezügliche Aussagen. Das Ergebnis ist eindeutig: 15 der 20 stellungnehmenden Leasingnehmer zum DP bzw. 45 der 52 stellungnehmenden Leasingnehmer zum ED erachten die gegenwärtigen Informationen zu operativen Leasingverhältnissen als ausreichend, um Aussagen zu deren bilanziellen Auswirkungen treffen zu können.

1 Vgl. Beattie/Goodacre/Thomson (2006), S. 86-87.

2 Vgl. hierzu und im Folgenden Frage A.2.1.1, Kapitel VI.1.1.2.1.1.

„The required footnote disclosures provide enough information for potential users of the information to determine the obligations of any operating leases going forward." (ED-CL 3: 162-164)

Nach Aussage dieser Leasingnehmer verfügen die Jahresabschlussadressaten über eigene Methoden zur Bilanzkorrektur um operative Leasingverhältnisse und würden keine weiteren diesbezüglichen Informationen verlangen. Eine Reform mit dem Ziel einer Bilanzierungspflicht für sämtliche Leasingverhältnisse sei insofern nicht notwendig.

„The users of our financial statements who are generally most interested in evaluating our outstanding liabilities are our banks and the sureties that provide bonding for our construction and maintenance projects. These users already have models in place to evaluate our obligations using information disclosed in the financial statements under the current accounting standards. None of these users have requested a change to the financial information currently provided." (ED-CL 222: 87-91)

„It is also to be pointed out that the proposals are not considered as necessary amongst lessees. Not only because the lessees do not recognize the need to change the accounting methods as regards leasing but also because there has never been an indication from the users or investors side to receive such information which is now proposed in the ED." (ED-CL 637: 80-83)

Lediglich 5 der 20 Leasingnehmer (DP) bzw. 7 der 52 Leasingnehmer (ED) geben demgegenüber an, dass die Beurteilung der bilanziellen Auswirkungen operativer Leasingverhältnisse anhand der Informationen im Anhang erschwert ist. Die von Jahresabschlussadressaten vorgenommenen Bilanzkorrekturen um operative Leasingverhältnisse werden aufgrund notwendiger Schätzungen als ermessenbehaftet erachtet.

„One of the arguments with current lease accounting is that investors are required to make arbitrary estimates and adjustments to the financial statements of lessees for the effects of operating leases." (ED-CL 87: 137-139)

Das eindeutige Antwortverhalten der diesbezüglich stellungnehmenden Leasingnehmer überrascht insofern, als in vorstehender Frage A.2.1.1 die Gestaltungsspielräume im Rahmen der unterschiedlichen Bilanzierungsmethoden von der Mehrheit der diesbezüglich stellungnehmenden Leasingnehmer anerkannt werden[1]. Es kann vermutet werden, dass einige dieser Leasingnehmer strategisch antworten, um einen der Gründe für die Bilanzierungspflicht für sämtliche Leasingverhältnisse abzuschwächen. Diese Vermutung ist bereits im Rahmen der Interviews mit Leasingnehmern aufgestellt worden[2]. Allerdings zeigt sich in den Interviews ein insgesamt heterogenes Antwortverhalten. Die Unterschiede im Antwortverhalten zwischen den Interviews und den Stellungnahmen im Rahmen des Kommentierungsprozesses können möglicherweise mit einer verstärkten Tendenz zu Lobbyismus in den Stellungnahmen erklärt werden, während die persönlichen Interviews mit zugesicherter Anonymität die Motivation für ein ehrliches Antwortverhalten erhöhen. Das Antwortverhalten der 15 bzw. 45 Leasingnehmer in den Stellungnahmen weist Parallelen zu den Ergebnissen von *Beattie/Goodacre/Thomson* auf, wonach die darin befragten Jahresabschlussersteller

1 Vgl. Kapitel VI.2.1.1.1.1.
2 Vgl. hierzu und im Folgenden Frage A.2.1.2, Kapitel VI.1.1.2.1.2.

die Beurteilung von Bilanzauswirkungen operativer Leasingverhältnisse durch Adressaten als lediglich geringfügig problematisch einschätzen[1].

2.1.1.1.3 Beurteilung der Vergleichbarkeit von Jahresabschlüssen

Die Einschätzungen der Leasingnehmer hinsichtlich eines möglichen Einflusses der derzeitigen Leasingbilanzierung auf die Vergleichbarkeit von Jahresabschlüssen zwischen Unternehmen und über die Zeit hinweg wird im Rahmen der Frage A.2.1.3 analysiert. 17 der 118 Stellungnahmen von Leasingnehmern zum DP bzw. 26 der 347 Stellungnahmen von Leasingnehmern zum ED enthalten diesbezügliche Aussagen. Fünf der 17 stellungnehmenden Leasingnehmer zum DP bzw. fünf der 26 stellungnehmenden Leasingnehmer zum ED geben an, dass die Vergleichbarkeit für die überwiegende Zahl der Leasingverhältnisse aufgrund der gegenwärtigen Informationen gewährleistet ist.

> „As the current operating lease and capital lease guidance is written, comparability is achieved for the vast majority of operating leases and capital leases." (ED-CL 474: 197-198)

Die verbleibenden zwölf (DP) bzw. 21 (ED) Leasingnehmer erachten die Vergleichbarkeit der Jahresabschlüsse aufgrund der dichotomen Leasingbilanzierung indes als beeinträchtigt. Die gegenwärtige Leasingbilanzierung führe zu einer unterschiedlichen Abbildung ähnlicher Transaktionen im Jahresabschluss.

> „We acknowledge that the current lease accounting model with its bright-line distinction between operating and capital leases often leads to a lack of comparability in the accounting for similar economic transactions and may result in financial statement presentation that does not faithfully represent the rights and obligations of certain leasing transactions." (ED-CL 306: 76-79)

Insgesamt verdeutlichen die vorstehenden Aussagen eine von den diesbezüglich stellungnehmenden Leasingnehmern mehrheitlich festgestellte Beeinträchtigung der Vergleichbarkeit von Jahresabschlüssen. Dieses Ergebnis erscheint zu den Erkenntnissen aus vorstehender Frage A.2.1.1 hinsichtlich der mit den unterschiedlichen Bilanzierungsmethoden verbundenen Strukturierungsmöglichkeiten insofern konsistent, als Strukturierungen mit einer reduzierten Vergleichbarkeit einhergehen können[2]. Das Ergebnis steht zudem in Einklang mit den Interviews mit Leasingnehmern und der Studie von *Goodacre*, der von einer leasinginduzierten Veränderung von Rangfolgen der Unternehmenskennzahlen auf eine geminderte Vergleichbarkeit von Jahresabschlüssen schließt[3]. Widersprüche bestehen zu Simulationsstudien, die nur unwesentlich veränderte Rangfolgen feststellen[4]. Ein Widerspruch existiert zudem zu der Befragung von *Beattie/Goodacre/Thomson*, wonach Leasingnehmer kaum von einer Beeinflussung der Vergleichbarkeit von Unternehmen durch die derzeitige Leasingbilanzierung ausgehen[5].

---

1 Vgl. Beattie/Goodacre/Thomson (2006), S. 86-87.
2 Vgl. Kapitel VI.2.1.1.1.1.
3 Vgl. Frage A.2.1.3, Kapitel VI.1.1.2.1.3, Goodacre (2003b).
4 Vgl. z.B. Fülbier/Lirio Silva/Pferdehirt (2008).
5 Vgl. Beattie/Goodacre/Thomson (2006), S. 86-87.

2.1.1.1.4 Beurteilung der Möglichkeit zur Einschätzung finanzieller Verpflichtungen aus Leasingverhältnissen

Im Rahmen der Frage A.2.1.4 werden die Beurteilungen der Leasingnehmer analysiert, inwieweit Adressaten anhand der gegenwärtigen Leasinginformationen Einschätzungen über die finanziellen Verpflichtungen eines Unternehmens vornehmen können. 14 der 118 Stellungnahmen von Leasingnehmern zum DP bzw. 49 der 347 Stellungnahmen von Leasingnehmern zum ED enthalten diesbezügliche Beurteilungen. In zehn der 14 Stellungnahmen zum DP bzw. in 43 der 49 Stellungnahmen zum ED wird geäußert, dass die gegenwärtig vorhandenen Informationen über Leasingverhältnisse ausreichen, um die finanziellen Verpflichtungen abschätzen zu können. Nach Ansicht dieser Leasingnehmer scheinen zumindest professionelle Adressaten in der Wahrnehmung der Verschuldungssituation nicht durch die internationale Leasingbilanzierung beeinflusst zu sein.

> „The current model requiring the disclosure of lease liabilities according to when the liability falls due appears to us to provide as much relevant information for users of accounts as they may need, in order to form an understanding of the financial obligations of a reporting entity.“ (ED-CL 98: 97-99)

Vier (DP) bzw. sechs (ED) Leasingnehmer geben indes an, dass die Einschätzung der finanziellen Verpflichtungen auf Basis der derzeitigen Informationen im Jahresabschluss erschwert ist. Die Wahrnehmung der Verschuldungssituation sei durch die Leasingbilanzierung beeinflusst.

> „The conclusive factor for me is the fact that I can't see how a 10 year obligation to pay lease payments is not a liability to be recorded on a balance sheet but a 10 year mortgage requiring debt payments is. How can those two absolute obligations not both be recorded on the balance sheet? Is the obligation to make payments under a written lease somehow less of a commitment of the company cash than an obligation to make payments under a written lease? I don't think it is.“ (ED-CL 19: 41-47)

Die mehrheitliche Auffassung der diesbezüglich stellungnehmenden Leasingnehmer, dass die Adressaten anhand der gegenwärtigen Leasinginformationen Einschätzungen über die finanziellen Verpflichtungen eines Unternehmens vornehmen können, überrascht wiederum insofern, als in Frage A.2.1.1 die Gestaltungsspielräume im Rahmen der unterschiedlichen Bilanzierungsmethoden mehrheitlich von den diesbezüglich stellungnehmenden Leasingnehmern anerkannt werden[1]. Entsprechend der Frage A.2.1.2 könnte wiederum ein strategisches Antwortverhalten einiger Leasingnehmer im Sinne von Lobbyismus vermutet werden[2]. Diese Vermutung ist bereits im Rahmen der Interviews mit Leasingnehmern aufgestellt worden[3]. Allerdings zeigt sich diesbezüglich ein insgesamt heterogenes Antwortverhalten. Das Antwortverhalten der 10 (DP) bzw. 43 (ED) Leasingnehmer in den Stellungnahmen, die keine Erschwernis für Adressaten in der Einschätzung von Leasingverpflichtungen feststellen, ist mit den diesbezüglichen Ergebnissen von *Beattie/Goodacre/Thomson* vergleichbar[4].

1 Vgl. Kapitel VI.2.1.1.1.1.
2 Vgl. Kapitel VI.2.1.1.1.2.
3 Vgl. hierzu und im Folgenden Frage A.2.1.4, Kapitel VI.1.1.2.1.4.
4 Vgl. Beattie/Goodacre/Thomson (2006), S. 86-87.

2.1.1.2 Beurteilung der Reformbestrebungen

2.1.1.2.1 Beurteilung der Bilanzierungspflicht für sämtliche Leasingverhältnisse und des Ansatzes zur Bilanzierung und Bewertung von Nutzungsrechten

Die Beurteilung der Bilanzierungspflicht für sämtliche Leasingverhältnisse ist Gegenstand der Frage A.2.2.1. Dabei wird auch untersucht, wie die Leasingnehmer den Ansatz zur Bilanzierung und Bewertung von Nutzungsrechten bewerten. 99 der 118 Stellungnahmen von Leasingnehmern zum DP bzw. 229 der 347 Stellungnahmen von Leasingnehmern zum ED enthalten diesbezügliche Aussagen. Die Einführung einer Bilanzierungspflicht für sämtliche Leasingverhältnisse wird von 62 (DP) bzw. 135 (ED) Leasingnehmern befürwortet. Nach Auffassung dieser Leasingnehmer sei es konzeptionell richtig, sämtliche Leasingverhältnisse bilanzwirksam abzubilden. Außerdem entfielen die mit der Klassifizierung von Leasingverhältnissen verbundenen Strukturierungsmöglichkeiten.

> „We are in agreement with the boards on the importance of putting leases on the balance sheet. We believe this more accurately reflects the resources and responsibilities of lessees and lessors; we agree with the idea that an airline that shows no airplanes on its books is not reflecting economic reality. The same is true of a retail chain that shows no stores. Clearly leases represent assets and liabilities, and need to be accounted for as such.“ (ED-CL 58: 33-37)

> „[…] we understand the need to improve the existing requirements for 'operating lease' that currently are seen to fail to prevent structuring opportunities.“ (ED-CL 647: 356-357)

Ein weiterer positiver Effekt einer bilanzwirksamen Behandlung sämtlicher Leasingverhältnisse wird in der Übereinstimmung mit dem gegenwärtigen Vorgehen von Adressaten gesehen, die Bilanzen um operative Leasingverhältnisse korrigieren.

> „We agree that this will provide a more consistent approach to accounting for leases and will be more aligned with current investor practice whereby investors typically make adjustments for assets held under operating leases when analysing the financial performance and position of our companies.“ (ED-CL 683: 57-60)

37 der 99 stellungnehmenden Leasingnehmer zum DP bzw. 94 der 229 stellungnehmenden Leasingnehmer zum ED lehnen die Pflicht zur bilanzwirksamen Behandlung sämtlicher Leasingverhältnisse indes ab. Die Begründung hierfür liegt in dem von diesen Leasingnehmern angeführten ökonomischen Unterschied zwischen einer mietähnlichen und kaufähnlichen Transaktion, der weiterhin erkennbar sein müsse. Bedenken bestehen zudem hinsichtlich der Erfüllung der Ansatzkriterien eines Vermögenswerts und einer Schuld gemäß Rahmenkonzept.

> „We acknowledge that leasing is used as an alternative to buying assets, but there are however many well-known business reasons to leasing, other than financing. We do not agree with the boards' approach that an entity's leasing activities are above all off-balance-sheet financing. In our opinion, the presentation of leases in the financial statements should reflect the substance of the transaction. Operating leases should not be treated as a purchase of the leasehold asset financed completely with borrowed funds.“ (ED-CL 405: 128-134)

> „We do not believe that a liability or asset can be recognised when applying the relevant definitions under the conceptual framework. In the case of the lessee's liability, there is no ‚past event‘ on inception as the lessor fulfils its obligations during the lease term. In the case

of the lessee's asset, it is clear that an asset does not exist as the lessee's obligations relating to those rights have not, and possibly cannot, be fully extinguished until the end of the lease.“ (ED-CL 419: 134-155)

Statt der Einführung einer neuen Bilanzierungsmethode schlagen diese Leasingnehmer vor, die bisherige Leasingbilanzierung beizubehalten und durch erweiterte Vorschriften hinsichtlich der Anhangangaben zu verbessern.

„We do not agree with the proposed approach, and believe the current approach to accounting for leases, with enhanced disclosures, is more appropriate.“ (ED-CL 284: 180-182)

Die Einführung eines Ansatzes zur Bilanzierung von Nutzungsrechten statt des Leasinggegenstands erachten 62 (DP) bzw. 135 (ED) kommentierende Leasingnehmer als konzeptionell richtig.

„Conceptually, the proposal to recognize a right to use asset and liability to make lease payments makes sense; a contractual liability to make lease payments does exist, and conversely a contractual right to receive something exists.“ (ED-CL 473: 162-164)

Die Befürworter des Ansatzes aus konzeptioneller Sicht äußern indes Bedenken hinsichtlich der Umsetzung in der Praxis. Die Kritik konzentriert sich auf die Definition von Leasingverträgen und die Abgrenzung zu Dienstleistungsverträgen. Die Definition eines Leasingverhältnisses wird als zu breit erachtet. Die Abgrenzung zu anderen schwebenden Geschäften – insbesondere Dienstleistungsverträgen – sei nicht eindeutig.

„We are generally supportive of the right-of-use model proposed in the Exposure Draft, however, we believe that additional consideration and guidance is needed for: (1) the definition of a lease and (2) distinguishing leases from service contracts.“ (ED-CL 103: 45-47)

„While we believe that a right-of-use model for lease accounting can provide useful information, in our opinion a thorough analysis for accounting of executory contracts (including leasing and service arrangements) from a conceptual point of view within the framework project is needed before such considerable change in lease accounting is implemented. We are not convinced that the proposed criteria carried over from IFRIC 4, Determining Whether an Arrangement Contains a Lease, provide the necessary robust and operational distinction to determine the (possibly very different) accounting treatment.“ (ED-CL 107: 59-65)

Die Bewertung des Nutzungsrechts und der korrespondierenden Zahlungsverpflichtung in einem einfachen Leasingverhältnis wird überwiegend positiv beurteilt.

Die Befürwortung der Bilanzierungspflicht für sämtliche Leasingverhältnisse von der Mehrheit der diesbezüglich stellungnehmenden Leasingnehmer entspricht dem Ergebnis aus den Interviews mit Leasingnehmern[1]. Allerdings fällt der Zuspruch im Rahmen der Interviews deutlicher aus. Der Ansatz zur Bilanzierung von Nutzungsrechten wird mehrheitlich von den diesbezüglich stellungnehmenden Leasingnehmern zum DP und ED sowie den befragten Leasingnehmern in den Interviews als konzepti-

1 Vgl. hierzu und im Folgenden Frage A.2.2.1, Kapitel VI.1.1.2.2.1. Allerdings sind die Ergebnisse aus der Auswertung von Stellungnahmen der Leasingnehmer zum DP und den Interviews mit Leasingnehmern nicht vollständig mit den Ergebnissen aus der Auswertung von Stellungnahmen der Leasingnehmer zum ED aufgrund teilweise voneinander abweichender Regulierungsvorschläge im DP bzw. ED vergleichbar. Vgl. hierzu Kapitel II.2.

onell richtig beurteilt. Übereinstimmung zwischen den Ergebnissen der Interviews und den Auswertungen von Stellungnahmen der Leasingnehmer zum DP und ED besteht zudem hinsichtlich der Bedenken mit Bezug auf die praktische Umsetzung des Ansatzes und der überwiegend positiven Beurteilung der Bewertung des Nutzungsrechts und der korrespondierenden Zahlungsverpflichtung in einem einfachen Leasingverhältnis. Parallelen bestehen teilweise zu der Befragung von *Beattie/Goodacre/ Thomson*[1]. Übereinstimmung ist darüber hinaus zu einer weiteren Auswertung von Stellungnahmen zum ED von *Henselmann/Klein/Königer* festzustellen[2]. Die darin untersuchte Interessengruppe der Unternehmen stimmt dem Ansatz zur Bilanzierung von Nutzungsrechten ebenfalls grundsätzlich zu[3]. Das Ergebnis erscheint allerdings widersprüchlich zu der Studie von *Larson/Brown*, die eine Resistenz von Stellungnehmenden gegenüber Veränderungen der Rechnungslegung offenbart[4].

2.1.1.2.2 Beurteilung der bilanziellen Behandlung von Optionen, Restwertgarantien und bedingten Leasingzahlungen

Im Mittelpunkt der Frage A.2.2.2 steht die Beurteilung der bilanziellen Behandlung von Optionen, Restwertgarantien und bedingten Leasingzahlungen. 96 der 118 Stellungnahmen von Leasingnehmern zum DP bzw. 284 der 347 Stellungnahmen von Leasingnehmern zum ED enthalten diesbezügliche Aussagen. 24 (DP) bzw. 47 (ED) kommentierende Leasingnehmer befürworten den Vorschlag, laufzeitbezogene Optionen, Restwertgarantien und bedingte Leasingzahlungen innerhalb des Nutzungsrechts bzw. der Zahlungsverpflichtung zu erfassen (*single asset and liability approach*). Allerdings kritisieren diese Leasingnehmer die Ermittlung des Barwerts der Leasingzahlungen auf Basis der wahrscheinlichsten Leasinglaufzeit (DP) bzw. der längstmöglichen Leasinglaufzeit, die sich nach dem Kriterium *more likely than not* einstellen dürfte (ED). Im Zentrum der Kritik steht hierbei die aufwendige Bestimmung der Leasinglaufzeit, die mitunter auf unzuverlässigen Schätzungen beruhte. Insofern entstünden neue Ermessensspielräume, die zu Inkonsistenzen in der bilanziellen Abbildung und einer verringerten Vergleichbarkeit der Informationen führten. Diese Leasingnehmer schlagen daher mehrheitlich vor, den Grenzwert auf *virtually certain* zu erhöhen, was der gegenwärtigen Orientierung an den Mindestleasingzahlungen entspräche. Ähnliche Aussagen werden von den Leasingnehmern hinsichtlich des im Rahmen von Restwertgarantien und bedingten Leasingzahlungen zu ermittelnden Erwartungswerts im ED bzw. alternativen wahrscheinlichsten Werts im DP getroffen.

> „While we agree that extension options need to be considered, we believe the 'more likely than not' criteria is too low of a threshold for the Proposed Guidance to be operationally effective. It has been suggested in other comment letters that a 'virtually certain' criteria should be used in determining whether to include an extension option in the initial valuation of the lease asset and liability. We support this suggestion, or some other similar higher

1 Vgl. Beattie/Goodacre/Thomson (2006), S. 88.

2 Vgl. hierzu und im Folgenden Henselmann/Klein/Königer (2011), S. 190.

3 Es ist anzunehmen, dass die Interessengruppe „Unternehmen" auf Unternehmen in deren Funktion als Leasingnehmer fokussiert, da eine weitere Interessengruppe „Leasing" besteht, die auf das Leasinggewerbe abstellt. Vgl. hierzu Henselmann/Klein/Königer (2011), S. 189.

4 Vgl. Larson/Brown (2001).

> threshold, as it is in line with the existing definition of a liability, which we believe will be more understandable to our financial statements users." (ED-CL 585: 87-94)

24 (DP) bzw. elf (ED) Leasingnehmer sprechen sich demgegenüber für die Erfassung von laufzeitbezogenen Optionen, Restwertgarantien und bedingten Leasingzahlungen innerhalb des Nutzungsrechts bzw. der Zahlungsverpflichtung ohne Äußerung von Kritik aus.

> „We agree with the proposed measurement for lease terms other than our comments on short-term leases. The criteria for inclusion of renewal periods in the lease term being based on 'more likely' matches the criteria for recognition of assets and liabilities within the conceptual framework. The leased asset and liability measurement would be misstated if the renewal period was probable and not included. The proposed approach provides a much simpler/practical application for lease term measurement as opposed to other alternatives, for example recognising a separate asset for the term option component." (ED-CL 294: 500-507)

Drei (DP) bzw. zwei (ED) Leasingnehmer befürworten eine separate Erfassung von laufzeitbezogenen Optionen, Restwertgarantien und bedingten Leasingzahlen (*component approach*) sowie einer Bewertung dieser Positionen zum beizulegenden Zeitwert oder auf Basis des inneren Werts der Option.

> „In addition, we consider that the existence of an option to extend the term of a lease arrangement gives rise to a separate asset which should be recognised separately from the right-of-use asset." (ED-CL 62: 77-91)

Die verbleibenden 45 (DP) bzw. 224 (ED) Leasingnehmer lehnen eine Erfassung von laufzeitbezogenen Optionen, Restwertgarantien und bedingten Leasingzahlungen unter Verweis auf die Ansatzkriterien eines Vermögenswerts und einer Schuld gemäß Rahmenkonzept ab.

> „We do not agree with the inclusion by lessees of renewal periods for which the lessee is not yet legally obligated. We do not believe the payments that would be due for such renewal periods meet the definition of assets or liabilities and we recommend that the lease term for measuring the lease assets and liabilities should be the minimum term to which the lessee is legally obligated under the lease agreement." (ED-CL 606: 114-118)

Zudem führt ein Großteil dieser Leasingnehmer an, dass die Ermessensspielräume der Klassifizierung durch die Reformierung der Leasingbilanzierung nicht aufgehoben, sondern lediglich auf die Bewertung von optionalen Komponenten verlagert würden, weil die Einschätzung der Ausübungswahrscheinlichkeiten von Optionen höchst subjektiv und mit Unsicherheit verbunden wäre. Ähnliche Aussagen werden von den Leasingnehmern hinsichtlich Restwertgarantien und bedingten Leasingzahlungen getroffen.

> „Subjectivity and uncertainty will be introduced by judgement on whether or not the lease will be extended and terminated. Given the long term of lease contracts it is a call on something in the distant future. The fact that on an annual basis the assumptions need to be reassessed and adjusted when deemed necessary also could lead to a certain degree of subjectivity in the review and thus in the valuation of the asset and debt." (ED-CL 110: 251-255)

Aufgrund der Ermessensspielräume und Unsicherheiten geben 65 stellungnehmende Leasingnehmer zum ED an, dass sich das Verständnis von Jahresabschlussinformationen für die Adressaten nicht verbessern würde.

> „The requirement to include a value for this highly uncertain and optional component, reassessed at each balance sheet date, results in complexity and potentially spurious accounting entries which we do not believe will provide decision useful information for users.“ (ED-CL 156: 87-90)

Die mehrheitliche Ablehnung der vorgeschlagenen bilanziellen Behandlung von Optionen, Restwertgarantien und bedingten Leasingzahlungen in den diesbezüglichen Stellungnahmen der Leasingnehmer zum ED weist Parallelen zu der Studie von *Beattie/ Goodacre/Thomson* auf[1]. Übereinstimmung ist zu einer weiteren Auswertung von Stellungnahmen zum ED von *Henselmann/Klein/Königer* festzustellen[2]. Die darin untersuchte Interessengruppe der Unternehmen steht der bilanziellen Erfassung von Optionen, Restwertgarantien und bedingten Leasingzahlungen ablehnend gegenüber und nennt ähnliche Kritikpunkte. Die mehrheitliche Ablehnung einer bilanziellen Erfassung von laufzeitbezogenen Optionen, Restwertgarantien und bedingten Leasingzahlungen in den diesbezüglichen Stellungnahmen der Leasingnehmer zum ED weist indes Unterschiede zu den heterogenen Ergebnissen aus den Interviews mit Leasingnehmern und den entsprechenden Stellungnahmen der Leasingnehmer zum DP auf, wobei die Kritik an der wahrscheinlichkeitsbasierten Bewertung in den Interviews deutlicher ausfällt als in den Stellungnahmen der Leasingnehmer zum DP [3].

2.1.1.3 Zusammenfassung

Die Mehrheit der diesbezüglich stellungnehmenden Leasingnehmer räumt die Strukturierungsmöglichkeiten im Rahmen der derzeitig dichotomen Leasingbilanzierung ein. Dennoch sieht die Mehrheit der Leasingnehmer mit entsprechenden Aussagen in deren Stellungnahmen keine Schwierigkeit für Adressaten, bilanzielle Auswirkungen anhand der Informationen zu operativen Leasingverhältnisse im Anhang einschätzen zu können. Auch vertreten die diesbezüglich stellungnehmenden Leasingnehmer mehrheitlich die Auffassung, dass die Adressaten anhand der gegenwärtigen Leasinginformationen Einschätzungen über die finanziellen Verpflichtungen eines Unternehmens vornehmen können. Die Vergleichbarkeit von Jahresabschlüssen wird allerdings von der Mehrheit der Leasingnehmer, die diesbezügliche Aussagen treffen, als beeinträchtigt erachtet. Die Bilanzierungspflicht für sämtliche Leasingverhältnisse und deren Umsetzung über den Ansatz zur Bilanzierung von Nutzungsrechten werden von den diesbezüglich kommentierenden Leasingnehmern mehrheitlich als konzeptionell richtig beurteilt. Allerdings bestehen Bedenken hinsichtlich der praktischen Umsetzung des Ansatzes

1 Vgl. Beattie/Goodacre/Thomson (2006), S. 89-92.

2 Vgl. hierzu und im Folgenden Henselmann/Klein/Königer (2011), S. 194-196.

3 Vgl. Frage A.2.2.2, Kapitel VI.1.1.2.2.2. Allerdings sind die Ergebnisse aus der Auswertung von Stellungnahmen der Leasingnehmer zum DP und den Interviews mit Leasingnehmern nicht vollständig mit den Ergebnissen aus der Auswertung von Stellungnahmen der Leasingnehmer zum ED aufgrund teilweise voneinander abweichender Regulierungsvorschläge im DP bzw. ED vergleichbar. Vgl. hierzu Kapitel II.2.

zur Bilanzierung von Nutzungsrechten. Mit der Bewertung des Nutzungsrechts und der korrespondierenden Zahlungsverpflichtung im Rahmen eines einfachen Leasingverhältnisses werden mehrheitlich keine Schwierigkeiten verbunden. Die Mehrheit der stellungnehmenden zum ED Leasingnehmer lehnt die bilanzielle Behandlung komplexer Leasingverhältnisse, die laufzeitbezogene Optionen, Restwertgarantien und bedingte Leasingzahlungen enthalten, ab. Die diesbezügliche Beurteilung der stellungnehmenden Leasingnehmer zum DP führt demgegenüber zu keinem eindeutigen Ergebnis.

2.1.2 Erwartete Auswirkungen der reformierten Leasingbilanzierung und Veränderungen im Entscheidungsverhalten der Leasingnehmer

2.1.2.1 Erwartete Auswirkungen der reformierten Leasingbilanzierung aus Sicht der Leasingnehmer

2.1.2.1.1 Erwartete Auswirkungen auf Finanzkennzahlen

Im Rahmen der Frage A.3.1.1 werden die von den Leasingnehmern erwarteten Auswirkungen der reformierten Leasingbilanzierung auf Finanzkennzahlen untersucht. Die diesbezüglichen Ergebnisse werden gemäß der in der Konkretisierung der Frage vorgenommenen Unterteilung der Kennzahlen in Bilanzstrukturkennzahlen, Rentabilitätskennzahlen und kapitalmarktorientierte Kennzahlen dargestellt[1]. 40 der 118 Stellungnahmen von Leasingnehmern zum DP bzw. 141 der 347 Stellungnahmen von Leasingnehmern zum ED enthalten Aussagen zu möglichen Auswirkungen auf Finanzkennzahlen. 34 der 40 stellungnehmenden Leasingnehmer zum DP bzw. 101 der 141 stellungnehmenden Leasingnehmer zum ED erwarten Auswirkungen auf wesentliche Bilanzstrukturkennzahlen, sofern bisher operative Leasingverhältnisse bestanden. Im Mittelpunkt stehen hierbei Veränderungen der Eigenkapitalquote und der Verschuldungsgrade.

> „Subsequently assets and liabilities, and leverage ratios would increase, while capital ratios would decrease.“ (ED-CL 263: 130-131)

19 (DP) bzw. 96 (ED) Leasingnehmer erwarten Veränderungen der Rentabilitätskennzahlen. Für sämtliche 19 bzw. für 50 der 96 Leasingnehmer steht hierbei der Anstieg des Betriebsergebnisses (EBIT) aufgrund der Aufteilung der Leasingzahlungen in einen Zins- und Tilgungsanteil und der zeitlichen Vorverlagerung von Aufwand im Vordergrund. Zudem werden Verbesserungen hinsichtlich des Betriebsergebnisses vor Abschreibungsaufwand (EBITDA) erwartet. Die Verbesserungen von EBIT und EBITDA kompensierten zumindest die erhöhte Kapitalbasis und führten zu einer Verbesserung der Rentabilitätskennzahlen.

> „As mentioned earlier, reported profitability will be adversely affected during the earlier years of the leases. EBITDA and EBIT will improve even though there is no change in the cashflow or underlying performance.“ (ED-CL 279: 199-200)

1 Vgl. Kapitel IV.1.3.1.

> „The proposal will also affect the performance of an entity, in particular when there are subsequent changes in management intentions and estimates. It may have a significant impact on financial ratios. The measurement of EBIT will be impacted favourably due to the recognition of interest and amortisation expense under the proposals instead of lease expense under operating expense.“ (ED-CL 350: 672-675)

Demgegenüber erwarten 46 stellungnehmende Leasingnehmer zum ED, dass die erhöhte Kapitalbasis die Verbesserungen von EBIT und EBITDA kompensierte und Rentabilitätskennzahlen insofern negativ beeinflusst würden.

> „The new proposals could affect key performance metrics. An increase in assets and liabilities is highly likely to result in lower asset turnover ratios, lower return on capital, and an increase in debt to equity ratios.“ (ED-CL 87: 211-213)

Aussagen zu Auswirkungen auf kapitalmarktorientierte Kennzahlen werden von den stellungnehmenden Leasingnehmern zum DP nicht getroffen. Allerdings erwarten vier Leasingnehmer, die zum ED Stellung nehmen, Auswirkungen auf die kapitalmarktorientierte Kennzahl Gewinn je Aktie.

> „Both EBITDA and EPS will be affected and we feel the changes would be confusing for the investors.“ (ED-CL 565: 2023-2026)

Insgesamt zeigt sich, dass die sich zu potentiellen Auswirkungen auf Finanzkennzahlen äußernden Leasingnehmer mehrheitlich Auswirkungen auf Bilanzstrukturkennzahlen – insbesondere eine Verschlechterung der Eigenkapitalquote und der Verschuldungsgrade – erwarten. Dieses Ergebnis stimmt mit den Interviews mit Leasingnehmern sowie mit einigen Simulationsstudien überein[1]. Übereinstimmung besteht zudem mit der Studie von *Beattie/Goodacre/Thomson*[2]. Unterschiede zwischen den Interviews und den jeweiligen Stellungnahmen bestehen allerdings insofern, als die Mehrheit der diesbezüglich Kommentierenden zum ED und nahezu die Hälfte der diesbezüglich Kommentierenden zum DP Veränderungen der Rentabilitätskennzahlen erwartet, während die in den Interviews befragten Leasingnehmer nicht mit wesentlichen Veränderungen rechnen. Allerdings erwartet lediglich die Hälfte der Stellungnehmenden zum ED, die mit einer Veränderung der Rentabilitätskennzahlen rechnen, eine Verbesserung, während die diesbezüglich Stellungnehmenden zum DP unisono von einer Verbesserung ausgehen. Die negativen Auswirkungen auf Rentabilitätskennzahlen werden von einigen Simulationsstudien teilweise bestätigt[3]. Wesentliche Veränderungen kapitalmarktorientierter Kennzahlen werden in den Stellungnahmen zum ED vereinzelt und in den Interviews überhaupt nicht erwartet. Die Stellungnahmen zum DP enthalten keine diesbezüglichen Aussagen.

---

1 Vgl. hierzu und im Folgenden Frage A.3.1.1, Kapitel VI.1.1.3.1.1 sowie z.B. Fülbier/Lirio Silva/Pferdehirt (2008), Giersberg/Vögtle (2007), Küting/Koch/Tesche (2010), insb. S. 290-293, Pferdehirt (2007), S. 294.

2 Vgl. Beattie/Goodacre/Thomson (2006), S. 92-93.

3 Vgl. z.B. Beattie/Edwards/Goodacre (1998), Imhoff, Jr./Lipe/Wright (1997).

2.1.2.1.2 Erwartete Auswirkungen auf das Entscheidungsverhalten von Banken

Im Rahmen der Frage A.3.1.2 wird untersucht, inwieweit die Leasingnehmer veränderte Kreditvergabeentscheidungen von Banken erwarten. Im Mittelpunkt der Untersuchung steht die Frage, ob die reformierte Leasingbilanzierung zum einen Auswirkungen auf die künftige Kreditwürdigkeitsprüfung und das daraus resultierende Kreditrating hätte und zum anderen bestehende Kreditauflagen und Kreditkonditionen beeinflussen würde. 35 der 118 Stellungnahmen von Leasingnehmern zum DP bzw. 90 der 347 Stellungnahmen von Leasingnehmern zum ED enthalten Aussagen zu möglichen Auswirkungen auf das Entscheidungsverhalten von Banken. In 21 der 35 Stellungnahmen zum DP bzw. in 34 der 90 Stellungnahmen zum ED werden Aussagen zu Auswirkungen auf künftige Kreditvergabeentscheidungen von Banken identifiziert. 18 der 35 Stellungnahmen zum DP bzw. 77 der 90 Stellungnahmen zum ED enthalten Aussagen zu Auswirkungen auf bestehende Kreditauflagen.

Sieben der 21 Stellungnehmenden zum DP bzw. sechs der 34 Stellungnehmenden zum ED erwarten keine Auswirkungen auf künftig Kreditvergabeentscheidungen. Demnach würden Banken bereits sämtliche Leasingverhältnisse im Rahmen der Kreditwürdigkeitsprüfung berücksichtigen und hätten außerdem Zugriff auf zusätzliche Informationen, etwa Leasingverträge.

> „Debt providers have access to additional information when raising debt and through regular covenant reporting, therefore there is no additional benefit resulting from the proposed standard for these users. […] Credit rating agencies are sophisticated users of financial information and in similar position to debt providers.“ (ED-CL 229: 185-193)

Veränderte Kreditvergabeentscheidungen von Banken würden auch deshalb nicht auftreten, weil die Leasingnehmer beispielsweise durch Überleitungsrechnungen im Jahresabschluss zu verdeutlichen versuchten, dass lediglich eine Veränderung der Bilanzierungsweise und nicht der ökonomischen Gegebenheiten aufgetreten sei. Die Veränderung der Leasingbilanzierung wird zudem als eine Herausforderung im Rahmen der Unternehmenskommunikation begriffen.

> „The gap between EBITDA under the proposed standard and EBITDA used currently in existing debt covenants, annual bonus schemes and other KPI [Key Performance Indicator] models is increased, therefore requiring additional reconciliation between the two […].“ (ED-CL 210: 88-91)

> „In addition, there will be great time and cost involved in educating users on the changes to reported results, dealing with lenders on financial ratios […].“ (ED-CL 373: 163-164)

14 der 21 kommentierenden Leasingnehmer zum DP bzw. 28 der 34 kommentierenden Leasingnehmer zum ED erwarten entgegen den vorstehenden Ausführungen Auswirkungen auf künftige Kreditvergabeentscheidungen von Banken, weil diese aufgrund der neuen Bilanzierungsweise irritiert wären. Zudem würden Veränderungen wesentlicher Kennzahlen von Banken nicht ausschließlich auf eine veränderte Rechnungslegungsregulierung zurückgeführt. Diese Auswirkungen gestalten sich nach Auffassung dieser Leasingnehmer derart, dass Kreditzusagen nicht oder zu verschlechterten Konditionen gegeben würden.

> „A direct negative effect of inflating the reported debt of the lessee is the potential for higher borrowing costs, restricted credit availability for the lessee and confusion for the lender." (ED-CL 415: 82-83)

Aufgrund steigender Verschuldungsgrade erwarten 18 (DP) bzw. 77 (ED) Leasingnehmer eine Beeinflussung bereits vereinbarter Kreditauflagen.

> „Upon implementation of the proposed amendments to the standards, many entities' bank covenants will be significantly affected with the level of financial liabilities being increased. This form of liability would generally not have been contemplated at the time when the bank covenants were agreed." (ED-CL 705: 377-380)

Allerdings erwarten lediglich fünf der 18 stellungnehmenden Leasingnehmer zum DP bzw. 33 der 77 stellungnehmenden Leasingnehmer zum ED Kürzungen von Kreditlinien oder verschlechterte Kreditkonditionen.

> „An additional issue that would arise from the change from operating to capital leases is the impact on net worth as a result of the assets and liabilities that would have to be recorded. This could affect bank covenants for many [...] companies, jeopardizing their ability to secure a line of credit, or increasing their borrowing costs because the lending institution may consider the client to be a higher credit risk." (ED-CL 304: 137-141)

Zehn (DP) bzw. 30 (ED) Leasingnehmer rechnen demgegenüber mit Anpassungen vereinbarter *covenants*. Allerdings wäre dies mit Kosten für den Leasingnehmer verbunden.

> „Additionally, for many companies, covenants would need to be renegotiated, again leading to time and effort and further costs to companies." (ED-CL 369: 410-411)

Drei der 18 stellungnehmenden Leasingnehmer zum DP bzw. 14 der 77 stellungnehmenden Leasingnehmer zum ED erwarten zwar eine Beeinflussung der Kreditauflagen, treffen jedoch keine Aussage zu möglichen Konsequenzen.

Die relativ geringe Anzahl an Stellungnahmen mit Aussagen zu erwarteten Auswirkungen auf künftige Kreditvergabeentscheidungen von Banken aufgrund leasinginduzierter Veränderungen der Kreditwürdigkeit lässt einerseits vermuten, dass die Leasingnehmer diesbezügliche Auswirkungen noch nicht abschätzen können und insofern nicht thematisieren. Denkbar wäre andererseits auch, dass die von den Leasingnehmern erwarteten Auswirkungen auf künftige Kreditvergabeentscheidungen gering sind – ein zu den Interviews mit Leasingnehmern konsistentes Ergebnis[1]. Die geringen Auswirkungen lassen sich möglicherweise mit der mehrheitlichen Auffassung diesbezüglich kommentierender Leasingnehmer erklären, dass Adressaten anhand der gegenwärtigen Leasinginformationen Einschätzungen über die finanziellen Verpflichtungen eines Unternehmens vornehmen können und demnach in der Wahrnehmung der Verschuldungssituation nicht durch die internationale Leasingbilanzierung beeinflusst werden[2]. Widersprüche bestehen demgegenüber zu den Ergebnissen der Befragung von *Beattie/Goodacre/Thomson* und *Durocher/Fortin*[3]. Das heterogene Antwortverhalten in den Stellungnahmen der Leasingnehmer zum ED hinsichtlich mögli-

1 Vgl. hierzu und im Folgenden Frage A.3.1.2, Kapitel VI.1.1.3.1.2.

2 Vgl. Frage A.2.1.4, Kapitel VI.2.1.1.1.4.

3 Vgl. hierzu und im Folgenden Beattie/Goodacre/Thomson (2006), S. 92-94, Durocher/Fortin (2009), S. 27-28.

cher Konsequenzen der Beeinflussung bestehender *covenants* unterscheidet sich von den Interviews mit Leasingnehmern und den diesbezüglichen Stellungnahmen der Leasingnehmer zum DP, in denen mehrheitlich eine Anpassung bestehender *covenants* erwartet wird sowie den Studien von *Beattie/Goodacre/Thomson* und *Durocher/ Fortin*.

2.1.2.1.3 Erwartete Auswirkungen auf das Entscheidungsverhalten von Investoren und Analysten

Die Frage A.3.1.3 zielt darauf ab, ob die reformierte Leasingbilanzierung nach Auffassung der Leasingnehmer zu einem veränderten Entscheidungsverhalten von Investoren und Analysten führen würde. 30 der 118 Stellungnahmen von Leasingnehmern zum DP bzw. 74 der 347 Stellungnahmen von Leasingnehmern zum ED enthalten entsprechende Aussagen. 20 der 30 kommentierenden Leasingnehmer zum DP bzw. 54 der 74 kommentierenden Leasingnehmer zum ED geben an, dass die Umsetzung der Reformbestrebungen die Risikoeinschätzungen und Analyseprozesse erschwerte. Die leasinginduzierten Auswirkungen auf für Investoren und Analysten wesentliche Jahresabschlussinformationen und Kennzahlen könnten irreführend sein und insofern die Entscheidungen von Investoren und Analysten negativ beeinflussen.

> „The effect of this assumption that all leases are financing transactions (and thus included on the balance sheet) could be such as to increase the risk exposure of an entity as perceived by external users of the financial statements. This is in direct contrast to the fact that the entering into of leases by the entity may actually limit the entity's exposure to risk, by increasing operational flexibility. An increased risk perception by investors may lead to a requirement to deliver higher returns, increasing an entity's weighted average cost of capital, resulting in ongoing investments at either greater cost or lower levels." (ED-CL 195: 139-145)

Zehn (DP) bzw. 20 (ED) Leasingnehmer erwarten demgegenüber keine Auswirkungen der reformierten Leasingbilanzierung auf das Entscheidungsverhalten von Investoren und Analysten. Ein Teil dieser Leasingnehmer erwartet zwar, dass die Beeinflussung wesentlicher Kennzahlen für Investoren und Analysten irreführend sein könnte. Gleichzeitig gehen diese Leasingnehmer jedoch davon aus, dass Investoren und Analysten den Einfluss der reformierten Leasingbilanzierung auf Kennzahlen durch Korrekturmaßnahmen eliminierten. Korrekturmaßnahmen würden ohnehin im Rahmen der gegenwärtigen Leasingbilanzierung durchgeführt. Darüber hinaus ließen sich negative Auswirkungen auf das Entscheidungsverhalten von Investoren und Analysten durch eine gezielte Unternehmenskommunikation verhindern.

> „Analysts already make their own adjustments to the financial statements using the information disclosed." (ED-CL 144: 119-120)

> „The skewed results will require the education of investors and analysts in the year of implementation and going forward as the transitional leases roll off." (ED-CL 166: 1566-1581)

Die Auffassung einer Mehrheit der Leasingnehmer, die Aussagen zu den Auswirkungen auf das Entscheidungsverhalten von Investoren und Analysten treffen, steht mit früheren Studien in Einklang, die eine Beeinflussung des Entscheidungsverhaltens von

Investoren und Analysten aufgrund leasinginduzierter Veränderungen feststellen[1]. Widersprüche bestehen zu den Interviews mit Leasingnehmern, die mehrheitlich keine Veränderungen im Entscheidungsverhalten von Investoren und Analysten offenbaren[2]. Zwei Leasingnehmer der Interviews erwarten sogar eine positive Beeinflussung des Entscheidungsverhaltens von Investoren und Analysten. Unter Berücksichtigung der verhältnismäßig geringen Anzahl an Stellungnahmen, die Aussagen zu Auswirkungen auf das Entscheidungsverhalten von Investoren und Analysten beinhalten, können die diesbezüglich von den Leasingnehmern erwarteten Auswirkungen allerdings als gering erachtet werden und stimmen in einer relativen Betrachtung mit den Ergebnissen der Interviews letztlich überein. Denkbar wäre indes auch, dass die Leasingnehmer diesbezügliche Auswirkungen noch nicht abschätzen können und deshalb nicht thematisieren. Dagegen sprechen allerdings die Ergebnisse aus den Interviews mit Leasingnehmern.

2.1.2.1.4 Erwartete Auswirkungen auf das Entscheidungsverhalten von Wirtschaftsprüfern

Im Rahmen der Frage A.3.1.4 wird untersucht, inwieweit die reformierte Leasingbilanzierung nach Auffassung zu prüfender Leasingnehmer Auswirkungen auf das Prüfungsverhalten von Wirtschaftsprüfern haben könnte. 15 Stellungnahmen der Leasingnehmer zum DP bzw. 67 Stellungnahmen der Leasingnehmer zum ED enthalten Aussagen zu Auswirkungen auf das Entscheidungsverhalten von Wirtschaftsprüfern. Sämtliche 15 bzw. 67 stellungnehmenden Leasingnehmer erwarten eine Beeinflussung des Prüfungsverhaltens der Wirtschaftsprüfer aufgrund der erhöhten Komplexität der Wirtschaftsprüfung. Demnach würde die Prüfung von leasingnehmerseitigen Leasingverhältnissen aufwendiger. Während zwei (DP) bzw. 16 (ED) Leasingnehmer die Komplexität der Prüfung aufgrund sämtlicher Reformbestrebungen künftig erhöht sehen, geben 13 (DP) bzw. 51 (ED) Leasingnehmer an, dass die mit der bilanziellen Behandlung von Optionen, Restwertgarantien und bedingten Leasingzahlungen verbundenen Ermessensspielräume das Prüfungsrisiko erhöhten und intensivere Prüfungshandlungen erforderten. Insofern wird die bilanzielle Behandlung von Optionen, Restwertgarantien und bedingten Leasingzahlungen als künftiger Prüfungsschwerpunkt identifiziert. Eng mit diesem Prüfungsschwerpunkt verbunden, erkennen die Leasingnehmer einen weiteren Prüfungsschwerpunkt in der vorzunehmenden Dokumentation der diesbezüglichen Bewertung über die Zeit hinweg.

> „The time periods involved and the inherent difficulties in predicting the myriad of future events that may be involved in rent contingencies will make this aspect of the proposed accounting model extremely difficult to audit. The level of documentation available and the inability to independently verify contingent rent predictions will drive up audit costs, increase audit risk and reduce the reliability of the financial statements." (ED-CL 534: 147-151)

---

1 Vgl. z.B. Abdel-khalik (1981), S. 103-108, Munter/Ratcliffe (1983). Bei diesen Studien werden allerdings nicht Leasingnehmer, sondern Investoren und Analysten direkt untersucht.

2 Vgl. hierzu und im Folgenden Frage A.3.1.3, Kapitel VI.1.1.3.1.3.

Die Prüfungsintensität des Anhangs würde nach Auffassung dieser Leasingnehmer zunehmen, um die von Leasingnehmern zugrundegelegten Annahmen im Rahmen der Ermittlung von Ausübungs- bzw. Eintrittswahrscheinlichkeiten von Optionen, Restwertgarantien und bedingten Leasingzahlungen überprüfen zu können.

> „The increased volume of disclosures, however, will require companies to track information that is not currently being tracked in sufficient detail to meet the requirements of the proposed standard. […] a large increase in the volume of disclosures will require more work to audit the disclosures […].“ (ED-CL 766: 162-171)

Die von sämtlichen diesbezüglich stellungnehmenden Leasingnehmern erwartete gesteigerte Komplexität der Wirtschaftsprüfung, die zunehmende Bedeutung des Anhangs und die erwarteten künftigen Prüfungsschwerpunkte der Bewertung von Optionen, Restwertgarantien und bedingten Leasingzahlungen sowie der Dokumentation der Bewertung stimmen mit den Interviews mit Leasingnehmern überein[1]. Im Rahmen der Interviews wird allerdings ein weiterer Prüfungsschwerpunkt in der künftig notwendigen Abgrenzung von Leasingverhältnissen und Dienstleistungsverträgen erkannt.

2.1.2.1.5 Erwartete Auswirkungen auf die variable Vergütung

Ziel der Frage A.3.1.5 ist die Untersuchung, inwieweit die stellungnehmenden Leasingnehmer Veränderungen der variablen Vergütung aufgrund der reformierten Leasingbilanzierung erwarten. Die 118 Stellungnahmen von Leasingnehmern zum DP enthalten keine diesbezüglichen Aussagen. Demgegenüber werden in 13 Stellungnahmen der Leasingnehmer zum ED entsprechende Aussagen identifiziert. Sämtliche 13 Leasingnehmer erwarten grundsätzlich eine Beeinflussung der variablen Vergütung. Dies lässt darauf schließen, dass die variable Vergütung dieser Unternehmen derzeit auf Kennzahlen beruht, die nicht um operative Leasingverhältnisse korrigiert werden. Zu veränderten variablen Vergütungsbeträgen würde die Beeinflussung durch die reformierte Leasingbilanzierung nach Aussage der Leasingnehmer indes nicht führen. Die Leasingnehmer erwarten stattdessen eine Anpassung der variablen Vergütungssysteme.

> „[E]xisting employee compensation arrangements, such as bonuses and share-based payments based on existing performance measures, will need to be evaluated and appropriately revised to ensure equitable treatment of our company and its employees upon adoption of the proposed standard.“ (ED-CL 611: 519-521)

Insgesamt erscheint die variable Vergütung der Leasingnehmer nicht betroffen von der reformierten Leasingbilanzierung. Die verhältnismäßig geringe Anzahl an Stellungnahmen, die Aussagen zu Auswirkungen auf die variable Vergütung enthalten, lässt darauf schließen, dass die Vergütungssysteme der nicht diesbezüglich stellungnehmenden Leasingnehmer unabhängig von Einflussgrößen der Leasingbilanzierung sind, bereits heute operative Leasingverhältnisse berücksichtigen oder zukünftig eine – wohl unproblematische – Anpassung erfahren würden, wie in den 13 Stellungnahmen von Leasingnehmern zum ED angegeben, die Aussagen zu Auswirkungen auf die variable

1 Vgl. hierzu und im Folgenden Frage A.3.1.4, Kapitel VI.1.1.3.1.4.

Vergütung enthalten. Möglich ist jedoch auch, dass sich die nicht diesbezüglich äußernden Leasingnehmer der Auswirkungen noch nicht bewusst sind. Die Ergebnisse der Interviews mit Leasingnehmern deuten allerdings ebenfalls auf keine wesentlichen Auswirkungen der reformierten Leasingbilanzierung auf variable Vergütungsbestandteile hin[1]. Parallelen bestehen zudem zwischen der Studie von *Imhoff, Jr./Lipe/Wright* und den Aussagen der 13 Leasingnehmer, die darauf schließen lassen, dass bislang keine Berücksichtigung operativer Leasingverhältnisse in den Vergütungssystemen stattgefunden hat[2].

2.1.2.1.6 Erwartete Auswirkungen auf die Komplexität der bilanziellen Behandlung von Leasingverhältnissen und das Kosten-Nutzen-Verhältnis

Die Frage A.3.1.6 beschäftigt sich mit der künftigen Komplexität der bilanziellen Behandlung von Leasingverhältnissen und dem Kosten-Nutzen-Verhältnis der reformierten Leasingbilanzierung. 88 Stellungnahmen von Leasingnehmern zum DP bzw. 282 Stellungnahmen von Leasingnehmern zum ED enthalten Aussagen zu Auswirkungen auf die Komplexität. 51 (DP) bzw. 184 (ED) Leasingnehmer nehmen zu Auswirkungen auf die Kosten-Nutzen-Relation Stellung. 45 der 88 stellungnehmenden Leasingnehmer zum DP bzw. 164 der 282 stellungnehmenden Leasingnehmer zum ED beurteilen die Umstellung auf die künftige Leasingbilanzierung als komplex. Die Leasingnehmer identifizieren insbesondere drei Treiber der Komplexität im Rahmen der Umstellung. Dazu zählen der Schulungsaufwand der mit der Leasingbilanzierung betrauten Mitarbeiter und potentielle Neueinstellungen von zusätzlichem Personal. Die Einstellung von zusätzlichem Personal wird mit der Notwendigkeit begründet, sämtliche vorhandenen Leasingverträge anhand der neuen Regelungen einordnen und bewerten zu müssen. Allein die Identifizierung bestehender Leasingverträge wird für dezentralisierte multinationale Unternehmen als Herausforderung begriffen.

> „The sheer number of leases that need to be evaluated against the provisions of this exposure draft will put a significant strain on our current resources and potentially require the hiring of additional resources from outside the company." (ED-CL 31: 124-127)

> „Additionally, we would need to educate and train employees at each of our locations to ensure that they have the necessary skills to determine if they are recording every lease in the appropriate manner, including assumptions made to measure the right-of-use asset and lease liability that will be added to the balance sheet, assessments related to term and contingent rentals (including reassessments) and calculations for expense recognition." (ED-CL 369: 396-401)

> „Multinational companies and companies with decentralized accounting functions will have unique challenges in identifying their leases, as well as implementing consistent processes to account for them." (ED-CL 605: 786-788)

Als weiteren Komplexitätstreiber in der Umstellungsphase nennen die Leasingnehmer Veränderungen des Bilanzierungsprozesses. Infolgedessen müssten IT-Systeme angepasst, entwickelt oder beschafft werden.

1 Vgl. Frage A.3.1.5, Kapitel VI.1.1.3.1.5.
2 Vgl. Imhoff, Jr./Lipe/Wright (1993), S. 354-362.

> „[T]he proposals will significantly impact the reporting process and will require material changes in the accounting/reporting IT systems." (ED-CL 633: 75-77)

Eine erhöhte Komplexität im Rahmen der Befolgung der künftigen Regelungen zur Leasingbilanzierung erwarten 79 (DP) bzw. 208 (ED) Leasingnehmer. Zwar geben die Leasingnehmer teilweise an, dass die Existenz einer einzigen Bilanzierungsmethode für Leasingverhältnisse die Komplexität reduzieren könnte. Dieser positive Effekt würde jedoch durch die erneute Beurteilung von Leasingverträgen während der Leasinglaufzeit aufgrund vorhandener Optionen, Restwertgarantien und bedingter Leasingzahlungen kompensiert. Damit zusammenhängende Ermessensspielräume ließen die Operationalisierbarkeit der Reformvorschläge bezweifeln.

> „There is, to be sure, a certain reduction in complexity from having a single methodology for all lessee leases [...]. But the conceptual change from minimum to expected lease payments, with the connected requirement to make ongoing revisions, is an increase in complexity that dwarfs the other reduction. The technical challenge in providing for the myriad of ways in which future rents will need to be estimated, with the probability-weighted estimates adjusted to actual payments and further adjustments of current and future values made throughout the life of the lease, will be substantial." (ED-CL 58: 121-128)

Vor dem Hintergrund der mehrheitlich erwarteten Erhöhung der Komplexität im Rahmen der reformierten Leasingbilanzierung rechnen 51 (DP) bzw. 176 (ED) Leasingnehmer insofern mit einem veränderten Kosten-Nutzen-Verhältnis, als die Kosten der reformierten Leasingbilanzierung den daraus resultierenden Nutzen für Jahresabschlussadressaten übersteigen würden.

> „Whilst the exposure draft does not improve the reliability nor relevancy of the financial statements, it will make the accounting for leases significantly more complicated, increases the amount of work required from the preparers of financial statements and its auditors, whose costs will be ultimately borne by the preparers of financial statements and yet at the same time making the financial statements more difficult for users of the financial statements to understand." (ED-CL 279: 92-96)

Acht Leasingnehmer, die zum ED Stellung nehmen, erwarten demgegenüber, dass der Nutzen der neuregulierten Leasingbilanzierung die Kosten übersteigen würde.

> „We believe the proposed lease model overall provides consistency in accounting for all lease transactions whilst reducing the subjectivity. The benefit to users in being able to compare entities' financial statements on a like for like basis outweighs the initial implementation and continuing costs to account for lease contracts, as proposed." (ED-CL 294: 882-886)

Die von einer Mehrheit diesbezüglich stellungnehmender Leasingnehmer geäußerte Erwartung einer komplexeren Bilanzierung von Leasingverhältnissen – bezogen auf die Umstellungsphase und die sich daran anschließende Befolgung der Regelungen – stimmt mit den Interviews mit Leasingnehmern überein[1]. Parallelen bestehen zudem zu den Befragungen von *Abdel-khalik* und *Beattie/Goodacre/Thomson*[2]. Übereinstimmung zwischen den Auswertungen von Stellungnahmen der Leasingnehmer zum DP und ED sowie den Interviews mit Leasingnehmern besteht zudem hinsichtlich der

1 Vgl. hierzu und im Folgenden Frage A.3.1.6, Kapitel VI.1.1.3.1.6.

2 Vgl. Abdel-khalik (1981), S. 113-114, Beattie/Goodacre/Thomson (2006), S. 93-94.

überwiegenden Erwartung, dass die Kosten der Reform den daraus entstehenden Nutzen übersteigen würden. Inwieweit die stellungnehmenden Leasingnehmer bezogen auf die Frage nach den Auswirkungen auf die Komplexität strategisch antworten, kann nicht abschließend geklärt werden. Die hohe Übereinstimmung im Antwortverhalten könnte zumindest darauf hindeuten.

2.1.2.1.7 Ausweitung des Ansatzes zur Bilanzierung von Nutzungsrechten auf andere Bereiche der Rechnungslegung

Im Rahmen der Frage A.3.1.7 wird untersucht, inwieweit die Leasingnehmer eine Ausdehnung des Ansatzes zur Bilanzierung von Nutzungsrechten auf andere Bereiche der Rechnungslegung erwarten. Lediglich fünf der 118 leasingnehmerseitigen Stellungnahmen zum DP bzw. sieben der 347 leasingnehmerseitigen Stellungnahmen zum ED enthalten diesbezügliche Aussagen. Vier (DP) bzw. sechs (ED) Leasingnehmer erwarten eine Ausweitung der Bilanzierung von Nutzungsrechten auf andere Dauerschuldverhältnisse, wie Arbeitsverträge, weil die ausschließliche Anwendung auf Leasingverhältnisse als wenig konsistent erschiene.

> „The same principle could be applied to employment contracts. Disposing from a qualified workforce undeniably represents an asset for the entity, but it is not capitalized in the balance sheet on the basis of discounted future salaries. Actually, no debt is booked for future employment period of employees, as the existence of such a debt depends on the occurrence of a contingent future situation, the presence of the employee and the effective accomplishment of work." (ED-CL 459: 51-55)

Jeweils zwei Leasingnehmer erwarten zudem eine Ausweitung des Ansatzes zur Bilanzierung von Nutzungsrechten auf andere Standards. Das Ergebnis wäre eine Bilanz bestehend aus Nutzungsrechten und entsprechenden Verpflichtungen.

> „Consequently, the balance sheet of an entity is distancing itself from the previous presentation of legal and beneficial ownership and the related liabilities [...]. In place of this, the balance sheet will become a 'right-of-use balance sheet', which will not only be characterised, but in some business segments will be dominated by expected inflows of economic benefits as a result of possibilities to use (assets) and the probable obligations from future outflows of economic benefits arising therefrom (liabilities)." (ED-CL 232: 158-164)

Insgesamt erscheint die Anzahl der Stellungnahmen von Leasingnehmern, die Aussagen zu einer möglichen Ausweitung des Ansatzes zur Bilanzierung von Nutzungsrechten auf andere Bereiche der Rechnungslegung enthalten, zu gering, um daraus ein eindeutiges Ergebnis abzuleiten, auch wenn sämtliche Leasingnehmer mit diesbezüglichen Aussagen in deren Stellungnahmen eine Ausweitung erwarten. Es kann vermutet werden, dass sich die Leasingnehmer ohne entsprechende Äußerungen in deren Stellungnahmen der Thematik einer Ausweitung noch nicht bewusst sind. Für diese Vermutung spricht, dass in den Interviews mit Leasingnehmern die Ausweitung erwartet wird[1]. In den Interviews werden die Leasingnehmer allerdings explizit nach einer solchen Auswirkung gefragt, in den Stellungnahmen hingegen nicht. Möglich wäre auch, dass eine Ausweitung nicht erwartet oder diese als unproblematisch erachtet und

1 Vgl. Frage A.3.1.7, Kapitel VI.1.1.3.1.7.

deshalb nicht thematisiert wird. Letztlich bleiben die Erwartungen der stellungnehmenden Leasingnehmer hinsichtlich einer Ausweitung des Ansatzes zur Bilanzierung von Nutzungsrechten auf andere Bereiche der Rechnungslegung offen.

2.1.2.1.8 Zusammenfassung

Im Rahmen der erwarteten Auswirkungen auf wesentliche Finanzkennzahlen rechnet die Mehrheit der diesbezüglich stellungnehmenden Leasingnehmer mit Auswirkungen auf Bilanzstrukturkennzahlen – insbesondere mit einer Verschlechterung der Eigenkapitalquote und der Verschuldungsgrade. Nahezu die Hälfte der diesbezüglich Kommentierenden zum DP und die Mehrheit der diesbezüglich Kommentierenden zum ED erwartet Veränderungen der Rentabilitätskennzahlen. Allerdings rechnet lediglich die Hälfte der Stellungnehmenden zum ED, die eine Veränderung der Rentabilitätskennzahlen erwarten, mit einer Verbesserung, während die diesbezüglich Stellungnehmenden zum DP unisono von einer Verbesserung ausgehen. Veränderungen kapitalmarktorientierter Kennzahlen werden in den Stellungnahmen zum ED vereinzelt erwartet. Die Stellungnahmen zum DP enthalten keine diesbezüglichen Aussagen.

Die Leasingnehmer, die in den Stellungnahmen Aussagen zu Auswirkungen auf das Entscheidungsverhalten von Banken treffen, erwarten mehrheitlich Auswirkungen auf künftige Kreditvergabeentscheidungen derart, dass Kredite nicht oder zu ungünstigeren Kreditkonditionen vergeben würden. Die relativ geringe Anzahl an Stellungnahmen mit diesbezüglichen Aussagen lässt allerdings keine abschließende Beurteilung dieser Frage zu. Mit Bezug auf die Interviews mit Leasingnehmern kann vermutet werden, dass die Auswirkungen als gering erachtet werden. Hinsichtlich möglicher Konsequenzen der Beeinflussung von *covenants* erwartet fast die Hälfte der diesbezüglich stellungnehmenden Leasingnehmer zum ED gekürzte Kreditlinien oder verschlechterte Kreditkonditionen, während fast die andere Hälfte mit einer Anpassung der Kreditauflagen durch die Banken rechnet. Negative Konsequenzen aus der Beeinflussung von *covenants* werden demgegenüber nur von einer Minderheit diesbezüglich stellungnehmender Leasingnehmer zum DP erwartet. Veränderungen im Entscheidungsverhalten von Investoren und Analysten werden von der Mehrheit der Leasingnehmer mit diesbezüglichen Aussagen in den Stellungnahmen erwartet. Vor dem Hintergrund der verhältnismäßig geringen Anzahl entsprechender Stellungnahmen und den diesbezüglichen Ergebnissen aus den Interviews mit Leasingnehmern können die von den Leasingnehmern erwarteten diesbezüglichen Auswirkungen allerdings als gering erachtet werden.

Sämtliche diesbezüglich stellungnehmenden Leasingnehmer erwarten Auswirkungen auf das Entscheidungsverhalten von Wirtschaftsprüfern aufgrund einer gesteigerten Komplexität der Prüfung. Die Kommentierenden begründen dies mehrheitlich mit der bilanziellen Behandlung von Optionen, Restwertgarantien und bedingten Leasingzahlungen und identifizieren einen diesbezüglichen künftigen Prüfungsschwerpunkt. Ein weiterer Prüfungsschwerpunkt wird in der Dokumentation der Bewertung erkannt. Die Bedeutung des Anhangs im Rahmen der Prüfung würde gemäß den Erwartungen der Leasingnehmer zunehmen.

Die variable Vergütung der Leasingnehmer scheint nicht betroffen von der reformierten Leasingbilanzierung. Während in den Stellungnahmen von Leasingnehmern zum DP keine diesbezüglichen Aussagen getroffen werden, erwarten einige stellungnehmende Leasingnehmer zum ED zwar eine Beeinflussung der für die variablen Vergütungssysteme relevanten Kennzahlen. Allerdings würde dies keine Auswirkungen auf die Höhe der variablen Vergütung haben, weil eine Anpassung der Systeme erfolgte. Die verhältnismäßig geringe Anzahl entsprechender Stellungnahmen und der Bezug zu den Interviews mit Leasingnehmern lassen darauf schließen, dass die Vergütungssysteme der nicht diesbezüglich stellungnehmenden Leasingnehmer unabhängig von Einflussgrößen der Leasingbilanzierung sind, bereits heute operative Leasingverhältnisse berücksichtigen oder zukünftig eine – wohl unproblematische – Anpassung erfahren würden.

Die diesbezüglich stellungnehmenden Leasingnehmer erwarten mehrheitlich eine komplexere künftige Bilanzierung von Leasingverhältnissen. Diese Komplexität bezieht sich sowohl auf die Umstellungsphase als auch auf die daran anschließende Befolgung der Regelungen in der Zukunft. Vor diesem Hintergrund erwarten sämtliche Leasingnehmer mit entsprechenden Aussagen in den Stellungnahmen zum DP bzw. die Mehrheit der Leasingnehmer mit entsprechenden Aussagen in den Stellungnahmen zum ED, dass die Kosten der Reform den daraus entstehenden Nutzen übersteigen würden.

Die Erwartungshaltung der stellungnehmenden Leasingnehmer hinsichtlich einer Ausweitung des Ansatzes zur Bilanzierung von Nutzungsrechten auf andere Bereiche der Rechnungslegung bleibt aufgrund der relativ geringen Anzahl diesbezüglicher Stellungnahmen offen, auch wenn sämtliche dieser Stellungnahmen eine Ausweitung erwarten. Eine zusammenfassende Übersicht der erwarteten Auswirkungen der reformierten Leasingbilanzierung aus Sicht der stellungnehmenden Leasingnehmer zum DP gibt Tabelle 35. Tabelle 36 bietet eine zusammenfassende Übersicht der erwarteten Auswirkungen der reformierten Leasingbilanzierung aus Sicht der stellungnehmenden Leasingnehmer zum ED.

Tabelle 35: Erwartete Auswirkungen der reformierten Leasingbilanzierung aus Sicht der stellungnehmenden Leasingnehmer zum DP

Fragen A.3.1: Erwartete Auswirkungen			**Leasingnehmer ($n_{DP, LN}$ = 118)**		
			Absolut	Relativ*	Relativ**
Finanzkennzahlen (Frage A.3.1.1) ($a_{DP, LN}$ = 40)	Bilanzstrukturkennzahlen ($w_{DP, LN}$ = 34)	↑			
		↓	34	85%	29%
		↔			
		Ø			
	Rentabilitätskennzahlen ($x_{DP, LN}$ = 19)	↑	19	48%	16%
		↓			
		↔			
		Ø			
Entscheidungsverhalten von Banken (Frage A.3.1.2) ($b_{DP, LN}$ = 35)	Künftige Kreditvergabeentscheidungen ($y_{DP, LN}$ = 21)	↑			
		↓	14	40%	12%
		↔	7	20%	6%
		Ø			
	Konsequenzen aus Beeinflussung bestehender Kreditvereinbarungen ($z_{DP, LN}$ = 18)	↑			
		↓	5	14%	4%
		↔	10	29%	8%
		Ø	3	9%	3%
Entscheidungsverhalten von Investoren und Analysten (Frage A.3.1.3) ($c_{DP, LN}$ = 30)		↑			
		↓	20	67%	17%
		↔	10	33%	8%
		Ø			
Entscheidungsverhalten von Wirtschaftsprüfern (Frage A.3.1.4) ($d_{DP, LN}$ = 15)		↑			
		↓	15	100%	13%
		↔			
		Ø			
Variable Vergütung (Frage A.3.1.5) ($e_{DP, LN}$ = 0)		↑			
		↓			
		↔			
		Ø			
Komplexität der Bilanzierung (Frage A.3.1.6) ($f_{DP, LN}$ = 88)		↑	9	10%	8%
		↓	79	90%	67%
		↔			
		Ø			

Legende:

↑	Verbesserung
↓	Verschlechterung
↔	keine Veränderung
Ø	nicht abschätzbar
*	bezogen auf die Anzahl der Stellungnahmen von Leasingnehmern zum DP mit Aussagen zu einer Frage
**	bezogen auf sämtliche Stellungnahmen von Leasingnehmern zum DP
$n_{DP, LN}$	Anzahl der Stellungnahmen von Leasingnehmern zum DP
a-$f_{DP, LN}$	Anzahl der Stellungnahmen von Leasingnehmern zum DP mit Aussagen zu einer Frage
w-$z_{DP, LN}$	Anzahl der Stellungnahmen von Leasingnehmern zum DP mit Aussagen zu einer Unterkategorie einer Frage

Tabelle 36: Erwartete Auswirkungen der reformierten Leasingbilanzierung aus Sicht der stellungnehmenden Leasingnehmer zum ED

Fragen A.3.1: Erwartete Auswirkungen			Leasingnehmer ($n_{ED, LN}$ = 347)		
			Absolut	Relativ*	Relativ**
Finanzkennzahlen (Frage A.3.1.1) ($a_{ED, LN}$ = 141)	Bilanzstrukturkennzahlen ($w_{ED, LN}$ = 101)	↑			
		↓	101	72%	29%
		↔			
		Ø			
	Rentabilitätskennzahlen ($x_{ED, LN}$ = 96)	↑	50	35%	14%
		↓	46	33%	13%
		↔			
		Ø			
Entscheidungsverhalten von Banken (Frage A.3.1.2) ($b_{ED, LN}$ = 90)	Künftige Kreditvergabeentscheidungen ($y_{ED, LN}$ = 34)	↑			
		↓	28	31%	8%
		↔	6	7%	2%
		Ø			
	Konsequenzen aus Beeinflussung bestehender Kreditvereinbarungen ($z_{ED, LN}$ = 77)	↑			
		↓	33	37%	10%
		↔	30	33%	9%
		Ø	14	16%	4%
Entscheidungsverhalten von Investoren und Analysten (Frage A.3.1.3) ($c_{ED, LN}$ = 74)		↑			
		↓	54	73%	16%
		↔	20	27%	6%
		Ø			
Entscheidungsverhalten von Wirtschaftsprüfern (Frage A.3.1.4) ($d_{ED, LN}$ = 67)		↑			
		↓	67	100%	19%
		↔			
		Ø			
Variable Vergütung (Frage A.3.1.5) ($e_{ED, LN}$ = 13)		↑			
		↓			
		↔	13	100%	4%
		Ø			
Komplexität der Bilanzierung (Frage A.3.1.6) ($f_{ED, LN}$ = 282)		↑	74	26%	21%
		↓	208	74%	60%
		↔			
		Ø			

Legende:

↑	Verbesserung
↓	Verschlechterung
↔	keine Veränderung
Ø	nicht abschätzbar
*	bezogen auf die Anzahl der Stellungnahmen von Leasingnehmern zum ED mit Aussagen zu einer Frage
**	bezogen auf sämtliche Stellungnahmen von Leasingnehmern zum ED
$n_{ED, LN}$	Anzahl der Stellungnahmen von Leasingnehmern zum ED
a-$f_{ED, LN}$	Anzahl der Stellungnahmen von Leasingnehmern zum ED mit Aussagen zu einer Frage
w-$z_{ED, LN}$	Anzahl der Stellungnahmen von Leasingnehmern zum ED mit Aussagen zu einer Unterkategorie einer Frage

Die vorstehend diskutierten Auswirkungen der reformierten Leasingbilanzierung könnten in einem veränderten Entscheidungsverhalten der Leasingnehmer resultieren. Dies zu untersuchen, ist Gegenstand des folgenden Abschnitts.

2.1.2.2 Erwartete Veränderungen im Entscheidungsverhalten der Leasingnehmer

2.1.2.2.1 Nachverhandlung bestehender Leasingverträge

Im Rahmen der Frage A.3.2.1 wird untersucht, inwieweit die Leasingnehmer bestehende Leasingverträge vor dem Hintergrund der erwarteten Auswirkungen nachverhandeln würden. Die Nachverhandlung zielt insbesondere auf die Anpassung der Vertragslaufzeiten ab, um beispielsweise die bilanzielle Verschuldung zu beeinflussen. Zwei der 118 Stellungnahmen von Leasingnehmern zum DP bzw. neun der 347 Stellungnahmen von Leasingnehmern zum ED enthalten diesbezügliche Aussagen. Zwei der neun Leasingnehmer, die zum ED Stellung nehmen, würden von einer Nachverhandlung bestehender Leasingverträge aufgrund damit verbundener Kosten absehen. Die Nachverhandlung von Leasingverträgen würde demnach eine Gebühr („*Fees associated with the renegotiations of existing leases*“ (ED-CL 720: 575)) nach sich ziehen. Beide stellungnehmenden Leasingnehmer zum DP bzw. sieben stellungnehmende Leasingnehmer zum ED würden indes die Nachverhandlung bestehender Leasingverträge in Betracht ziehen, um negative Auswirkungen der Reformbestrebungen zu vermeiden.

> „In addition, the proposed standard may lead many companies to renegotiate their leases with their suppliers […].“ (ED-CL 477: 158-159)

Insgesamt erscheint die Anzahl der Stellungnahmen von Leasingnehmern, die Aussagen zu möglichen Nachverhandlungen bestehender Leasingverträge enthalten, zu gering, um ein eindeutiges Ergebnis abzuleiten. Während die verhältnismäßig geringe Anzahl entsprechender Stellungnahmen zum DP mit dem Verweis auf die noch ungewisse finale Regulierung erklärt werden könnte, lässt die relativ geringe Anzahl diesbezüglicher Stellungnahmen zum weitaus konkreteren ED vermuten, dass die Mehrheit der Leasingnehmer von Nachverhandlungen bestehender Leasingverträge absehen würde. Die Gründe für die Ablehnung einer Nachverhandlung könnten in der Unvereinbarkeit mit dem Geschäftsmodell oder höheren Kosten im Rahmen von Leasingverträgen mit kürzeren Laufzeiten liegen. Diese Vermutung wird durch die Ergebnisse der Interviews mit Leasingnehmern gestärkt, wonach die Mehrheit der Befragten bestehende Leasingverträge nicht nachverhandeln würde[1]. In Einklang mit vorstehender Vermutung steht zudem die Studie von *Abdel-khalik*[2]. Einschränkend wirkt allerdings, dass diese Studie eine ex post-Perspektive einnimmt und die zugrundeliegende Reform lediglich auf die Bilanzierungspflicht für Finanzierungsleasingverhältnisse fokussiert.

1 Vgl. Frage A.3.2.1, Kapitel VI.1.1.3.2.1.
2 Vgl. hierzu und im Folgenden Abdel-khalik (1981), S. 118-119.

2.1.2.2.2 Veränderung der Laufzeiten künftiger Leasingverträge

Gegenstand der Frage A.3.2.2 ist die Untersuchung, inwieweit Leasingnehmer die Laufzeiten künftiger Leasingverträge verändern würden. Eine Verkürzung der Laufzeiten könnte beispielsweise mit dem Ziel der Reduktion der bilanziellen Verschuldung angestrebt werden. Vier Stellungnahmen von Leasingnehmern zum DP bzw. 13 Stellungnahmen von Leasingnehmern zum ED enthalten entsprechende Aussagen. Zwei der vier stellungnehmenden Leasingnehmer zum DP bzw. zwei der 13 stellungnehmenden Leasingnehmer zum ED würden von veränderten Laufzeiten künftiger Leasingverträge absehen, weil Laufzeiten unabhängig von den Regelungen zur Bilanzierung festgelegt würden. Zudem verbinden diese Leasingnehmer höhere Leasingraten mit kürzeren Laufzeiten. Eine Verkürzung von Leasingvertragslaufzeiten erachten die Leasingnehmer darüber hinaus als unvereinbar mit dem zugrundliegenden Geschäftsmodell.

> „The impact of moving lease obligations to the balance sheet (and potentially including assumptions about renewal options) will result in conflicting motivations. Shorter leases, with no options, may have less balance sheet impact, but would likely result in higher underlying lease rates, or correspondingly lower landlord concessions.“ (ED-CL 47: 89-98)

> „We believe that lease contracts are generally structured as they are for economic and not accounting reasons. [...] Furthermore, the majority of real estate properties are subject to underlying financing and it would not be to the economic benefit of the lessor's financial institution to allow structuring such as this purely for accounting reasons.“ (ED-CL 434: 240-241 und 251-253)

Zwei (DP) bzw. elf (ED) Leasingnehmer würden indes die Laufzeiten künftiger Leasingverträge derart reduzieren, dass negative Auswirkungen der reformierten Leasingbilanzierung reduziert würden.

> „The burdens stated above may ultimately incentivize middle market lessees to seek shorter lease terms [...].“ (ED-CL 536: 119-120)

> „The proposals may also affect the lessees' strategic decisions whether to enter into a long term or short term lease [...].“ (ED-CL 563: 137-138)

Die Erwartungshaltung der Leasingnehmer, die Veränderungen der Laufzeiten künftiger Leasingverträge in Betracht ziehen, um auf die veränderte internationale Leasingbilanzierung und deren negativen Auswirkungen zu reagieren, weist Parallelen zu der Befragung von *Beattie/Goodacre/Thomson* auf[1]. Unter Berücksichtigung der verhältnismäßig geringen Anzahl an Stellungnahmen, die Aussagen zu Veränderungen der Laufzeiten künftiger Leasingverträge beinhalten, können die diesbezüglich von den Leasingnehmern erwarteten Veränderungen im Entscheidungsverhalten allerdings als gering erachtet werden und stimmen insofern mit den Interviews mit Leasingnehmern überein[2]. Denkbar wäre indes auch, dass die Leasingnehmer zum Zeitpunkt der Kommentierung mögliche Veränderungen der Laufzeiten künftiger Leasingverträge noch nicht in Erwägung gezogen haben. Dagegen sprechen allerdings die Ergebnisse aus den Interviews mit Leasingnehmern.

---

1 Vgl. Beattie/Goodacre/Thomson (2006), S. 92-93.

2 Vgl. hierzu und im Folgenden Frage A.3.2.2, Kapitel VI.1.1.3.2.2.

2.1.2.2.3 Verwendung von laufzeitbezogenen Optionen, Restwertgarantien und bedingten Leasingzahlungen

Im Rahmen der Frage A.3.2.3 wird untersucht, inwieweit Leasingnehmer laufzeitbezogene Optionen, Restwertgarantien und bedingte Leasingzahlungen zur Reduktion negativer Auswirkungen nutzen würden. Vier der 118 Stellungnahmen von Leasingnehmern zum DP bzw. 16 der 347 Stellungnahmen von Leasingnehmern zum ED enthalten diesbezügliche Aussagen. Drei der vier stellungnehmenden Leasingnehmer zum DP bzw. 14 der 16 stellungnehmenden Leasingnehmer zum ED würden Optionen verwenden, um die Laufzeit der Leasingverhältnisse und damit die Höhe der bilanziellen Verschuldung zu beeinflussen. Demnach stünde nicht die wirtschaftliche Betrachtungsweise einer Transaktion, sondern deren bilanzielle Abbildung im Vordergrund.

> „[E]ntities would have the opportunity to structure agreements with a short initial period and renewal options only to achieve a certain accounting result." (ED-CL 440: 558-559)

Ein (DP) bzw. zwei (ED) Leasingnehmer lehnen den Einsatz von Optionen, Restwertgarantien und bedingten Leasingzahlungen zu Strukturierungszwecken ab. Die Ablehnung erklärt sich zum einen aus den höheren Kosten kürzerer Leasinglaufzeiten. Zum anderen bestünden aufgrund des Geschäftsmodells geringe Spielräume zur bilanzpolitisch motivierten Verwendung von Optionen, Restwertgarantien und bedingten Leasingzahlungen.

> „Any attempt on our part to structure a lease to contain a significant number of short term option periods in an effort to reduce the lease-related asset and liability would make the economic cost of such an arrangement impractical. These so called structuring opportunities also assume that lessors would be willing participants in such a transaction." (ED-CL 434: 241-249)

> „While we recognize concern with a company structuring a lease agreement to avoid recognition of assets and liabilities by making most or all rent contingent (for example, making rent in each year of the lease contingent upon sales), we believe that market mechanisms and the individual interests of each party would inhibit structuring which bases excessive future payments on actions or events within the control of the lessee." (ED-CL 570: 436-440)

Zusammenfassend erscheint insbesondere die Verwendung von laufzeitbezogenen Optionen zur Beeinflussung der Laufzeit von Leasingverhältnissen und damit der Höhe der bilanziellen Verschuldung bedeutend. Dieses Ergebnis bestätigt die Resultate der Interviews mit Leasingnehmern und der Studie von *Beattie/Goodacre/Thomson*[1]. Allerdings erweist sich die Aussagekraft der Ergebnisse aufgrund der relativ geringen Anzahl entsprechender Stellungnahmen als eingeschränkt. Es kann einerseits vermutet werden, dass die Leasingnehmer, die sich nicht zur Verwendung von Optionen, Restwertgarantien und bedingten Leasingzahlungen äußern, keine diesbezüglichen Strukturierungsanstrengungen planen. Andererseits könnte gerade die Nichterwähnung dieser Maßnahme von den Leasingnehmern beabsichtigt sein, denn die Leasingnehmer könnten eine Änderung des für sie günstigen Regulierungsvorschlags fürchten. Gegen diese

1 Vgl. Frage A.3.2.3, Kapitel VI.1.1.3.2.3, Beattie/Goodacre/Thomson (2006), S. 89-90.

Argumentation spricht allerdings die immense Kritik an der angestrebten bilanziellen Behandlung von Optionen, Restwertgarantien und bedingten Leasingzahlungen[1].

2.1.2.2.4 Substitution von Leasingtransaktionen durch alternative Finanzierungsmöglichkeiten

Die Frage A.3.2.4 zielt darauf ab, inwieweit Leasingnehmer Leasingtransaktionen durch Verwendung alternativer Finanzierungsmöglichkeiten substituieren würden. Fünf leasingnehmerseitige Stellungnahmen zum DP bzw. 16 leasingnehmerseitige Stellungnahmen zum ED enthalten entsprechende Aussagen. Vier der fünf stellungnehmenden Leasingnehmer zum DP bzw. sämtliche Leasingnehmer, die diesbezüglich im Rahmen des ED Stellung nehmen, würden Leasingtransaktionen durch Verwendung alternativer Finanzierungsmöglichkeiten substituieren. Die Begründung hierfür wird einerseits in dem Wegfall der Möglichkeit zur bilanzunwirksamen Behandlung von Leasingverhältnissen und den damit verbundenen positiven Auswirkungen auf Bilanzkennzahlen gesehen. Andererseits resultierte die künftige Komplexität der Bilanzierung in Substitutionshandlungen.

> „To be obliged to record and recognise an asset and a liability (and here even under consideration of interests) can for some companies mean the decision against a lease." (ED-CL 208: 83-85)

Sämtliche Leasingnehmer, die Substitutionshandlungen in Erwägung ziehen, nennen den Kauf des Gegenstands als Substitut für Leasingtransaktionen. Zugleich erwarten sie ein reduziertes Leasingvolumen und eine Beeinträchtigung der Leasingbranche.

> „Without the perceived benefits of leasing equipment, companies may decide purchasing the assets is the more viable option versus leasing and then having to comply with the proposed lease accounting requirements. If companies begin adopting this business strategy, the leasing industry will be adversely impacted." (ED-CL 776: 157-160)

Das eindeutige Antwortverhalten der Leasingnehmer, die sich zu einer Substitution von Leasingtransaktionen durch alternative Finanzierungsmöglichkeiten äußern, unterscheidet sich von dem heterogenen Antwortverhalten der Leasingnehmer in den Interviews[2]. Die Ergebnisse aus den Auswertungen der Stellungnahmen zum DP und ED entsprechen indes den empirischen Untersuchungen von *Abdel-khalik*, *Imhoff, Jr./ Thomas*, *Garrod* und *Godfrey/Warren*, die allesamt Substitutionseffekte aufgrund der Einführung einer neuen oder geänderten Leasingbilanzierung feststellen[3]. Allerdings ist auch hinsichtlich dieser Frage die Anzahl entsprechender Stellungnahmen zu gering, um fundierte Ergebnisse deduzieren zu können. Die relativ geringe Anzahl an Aussagen zu einer Substitution von Leasingtransaktionen durch alternative Finanzierungsmöglichkeiten könnte darauf hindeuten, dass die nicht diesbezüglich stellungnehmenden Leasingnehmer eben solche Substitutionshandlungen nicht erwarten. Hierfür sind unterschiedliche Erklärungen denkbar. Leasingnehmer könnten auf

1 Vgl. Frage A.2.2.2, Kapitel VI.2.1.1.2.2.

2 Vgl. Frage A.3.2.4, Kapitel VI.1.1.3.2.4.

3 Vgl. Abdel-khalik (1981), S. 118-119, Imhoff, Jr./Thomas (1988), Garrod (1989), S. 83-87 und S. 89, Godfrey/Warren (1995).

Leasingtransaktionen angewiesen sein, um die dem Geschäftsmodell zugrundeliegende Flexibilität zu wahren[1]. Zudem könnte für Leasingnehmer aufgrund der Eigenschaften des Leasinggegenstands nicht die Möglichkeit bestehen, diesen zu erwerben oder selbst herzustellen. Unklar bleibt, inwieweit die Leasingnehmer mit dem Bekenntnis von Substitutionshandlungen Lobbyismus betreiben. Insofern bleiben die Erwartungen hinsichtlich einer möglichen Substitution von Leasingtransaktionen offen.

2.1.2.2.5 Zusammenfassung

Die Untersuchung der erwarteten Veränderungen im Entscheidungsverhalten der stellungnehmenden Leasingnehmer analysiert, inwieweit Leasingnehmer auf die zuvor untersuchten Auswirkungen der reformierten Leasingbilanzierung reagieren würden. Eine zusammenfassende Übersicht der erwarteten Veränderungen im Entscheidungsverhalten der stellungnehmenden Leasingnehmer zum DP gibt Tabelle 37. Tabelle 38 bietet eine zusammenfassende Übersicht der erwarteten Veränderungen im Entscheidungsverhalten der stellungnehmenden Leasingnehmer zum ED. Dabei zeigt sich, dass nur eine relativ geringe Anzahl an Stellungnahmen diesbezügliche Aussagen enthält. Die Aussagekraft der Ergebnisse ist vor diesem Hintergrund als eingeschränkt zu bezeichnen.

Nachverhandlungen bestehender Leasingverträge dürften eine untergeordnete Bedeutung im Rahmen möglicher Veränderungen im Entscheidungsverhalten der Leasingnehmer einnehmen. Ein ähnliches Bild ergibt sich hinsichtlich der Veränderung von Laufzeiten künftiger Leasingverträge. Zwar würde die Mehrheit der Leasingnehmer mit entsprechenden Aussagen in deren Stellungnahmen zum ED verkürzte Leasinglaufzeiten in Betracht ziehen, um negative Auswirkungen der veränderten internationalen Leasingbilanzierung zu reduzieren. Vor dem Hintergrund der verhältnismäßig geringen Anzahl diesbezüglicher Stellungnahmen und dem Bezug zu den Interviews mit Leasingnehmern sind die von den Leasingnehmern erwarteten Veränderungen der Laufzeiten künftiger Leasinglaufzeiten allerdings als gering einzuschätzen. Die relativ wenigen diesbezüglichen Stellungnahmen von Leasingnehmern zum DP offenbaren zudem ein heterogenes Antwortverhalten. Die Mehrheit der Leasingnehmer, die zu der Verwendung von Optionen, Restwertgarantien und bedingten Leasingzahlungen Stellung nimmt, würde die Ermessensspielräume in diesem Bereich nutzen. Dabei scheint insbesondere die Verwendung laufzeitbezogener Optionen bedeutend. Einschränkend wirkt wiederum die relativ geringe Anzahl entsprechender Stellungnahmen.

Das eindeutigste Antwortverhalten der stellungnehmenden Leasingnehmer zum ED im Rahmen der Fragen zu möglichen Veränderungen im Entscheidungsverhalten zeigt sich hinsichtlich einer Substitution von Leasingtransaktionen durch alternative Finanzierungsmöglichkeiten. Sämtliche Leasingnehmer, die sich diesbezüglich äußern, würden Leasingverhältnisse durch einen Kauf des Gegenstands ersetzen. Auch die Mehrheit der Leasingnehmer, die Aussagen zu einer Substitution von Leasingtransaktionen durch alternative Finanzierungsmöglichkeiten in den Stellungnahmen zum

1 Vgl. bestätigend Loitz/Leuchtenstern/Kroner (2011), S. 1876, die das Flexibilitätsargument als wesentliche Motivation zum Eingehen von Leasingverhältnissen identifizieren.

DP treffen, erwägt eben solche Substitutionshandlungen. Inwieweit mit diesem Antwortverhalten Anstrengungen im Sinne von Lobbyismus verbunden sind, bleibt offen.

Tabelle 37: Erwartete Veränderungen im Entscheidungsverhalten der stellungnehmenden Leasingnehmer zum DP

Fragen A.3.2: Die Reform der Leasingbilanzierung führt zur...	**Leasingnehmer ($n_{DP, LN}$ = 118)**		
	Absolut	Relativ*	Relativ**
...Nachverhandlung bestehender Leasingverträge (Frage A.3.2.1) ($g_{DP, LN}$ = 2)	2	100%	2%
...Veränderung der Laufzeiten künftiger Leasingverträge (Frage A.3.2.2) ($h_{DP, LN}$ = 4)	2	50%	2%
...Verwendung von Optionen, Restwertgarantien, bedingten Leasingzahlungen (Frage A.3.2.3) ($i_{DP, LN}$ = 4)	3	75%	3%
...Substitution von Leasingtransaktionen durch alternative Finanzierungsmöglichkeiten (Frage A.3.2.4) ($j_{DP, LN}$ = 5)	4	80%	3%

Legende:

*	bezogen auf die Anzahl der Stellungnahmen von Leasingnehmern zum DP mit Aussagen zu einer Frage
**	bezogen auf sämtliche Stellungnahmen von Leasingnehmern zum DP
$n_{DP, LN}$	Anzahl der Stellungnahmen von Leasingnehmern zum DP
$g\text{-}j_{DP, LN}$	Anzahl der Stellungnahmen von Leasingnehmern zum DP mit Aussagen zu einer Frage

Tabelle 38: Erwartete Veränderungen im Entscheidungsverhalten der stellungnehmenden Leasingnehmer zum ED

Fragen A.3.2: Die Reform der Leasingbilanzierung führt zur…	**Leasingnehmer ($n_{ED, LN}$ = 347)**		
	Absolut	Relativ*	Relativ**
…Nachverhandlung bestehender Leasingverträge (Frage A.3.2.1) ($g_{ED, LN}$ = 9)	7	78%	2%
…Veränderung der Laufzeiten künftiger Leasingverträge (Frage A.3.2.2) ($h_{ED, LN}$ = 13)	11	85%	3%
…Verwendung von Optionen, Restwertgarantien, bedingten Leasingzahlungen (Frage A.3.2.3) ($i_{ED, LN}$ = 16)	14	88%	4%
…Substitution von Leasingtransaktionen durch alternative Finanzierungsmöglichkeiten (Frage A.3.2.4) ($j_{ED, LN}$ = 16)	16	100%	5%

Legende:

*	bezogen auf die Anzahl der Stellungnahmen von Leasingnehmern zum ED mit Aussagen zu einer Frage
**	bezogen auf sämtliche Stellungnahmen von Leasingnehmern zum ED
$n_{ED, LN}$	Anzahl der Stellungnahmen von Leasingnehmern zum ED
g-$j_{ED, LN}$	Anzahl der Stellungnahmen von Leasingnehmern zum ED mit Aussagen zu einer Frage

Insgesamt lassen sich mögliche Veränderungen im Entscheidungsverhalten der Leasingnehmer auf Basis der Stellungnahmen zum DP und ED nicht abschließend beurteilen. Unter Berücksichtigung der Ergebnisse aus den Interviews mit Leasingnehmern kann angenommen werden, dass sich moderate Veränderungen im Entscheidungsverhalten hinsichtlich der Verwendung von Optionen, Restwertgarantien und bedingten Leasingzahlungen sowie der Substitution von Leasingverhältnissen ergeben könnten.

2.2 Ergebnisse aus den Auswertungen von Stellungnahmen der Wirtschaftsprüfer zum Diskussionspapier und Standardentwurf

2.2.1 Beurteilung der gegenwärtigen Leasingbilanzierung und der Reformbestrebungen

2.2.1.1 Beurteilung der gegenwärtigen Leasingbilanzierung

2.2.1.1.1 Beurteilung der Existenz unterschiedlicher Bilanzierungsmethoden für Leasingverhältnisse und der damit verbundenen Gestaltungsspielräume

Im Rahmen der Frage B.2.1.1 wird untersucht, wie die Wirtschaftsprüfer die Existenz unterschiedlicher Bilanzierungsmethoden für Leasingverhältnisse und die damit verbundenen Gestaltungsspielräume beurteilen. 21 der 37 Stellungnahmen von Wirtschaftsprüfern zum DP bzw. 30 der 84 Stellungnahmen von Wirtschaftsprüfern zum ED enthalten diesbezügliche Beurteilungen. 20 der 21 stellungnehmenden Wirtschaftsprüfer zum DP bzw. 20 der 30 stellungnehmenden Wirtschaftsprüfer zum ED nennen als Hauptkritikpunkt der gegenwärtigen Leasingbilanzierung die Klassifizierung der Leasingverhältnisse. Nach Auffassung dieser Wirtschaftsprüfer führen die Klassifizierungskriterien zu Gestaltungsspielräumen, die von zu prüfenden Leasingnehmern gezielt genutzt würden und insofern die Prüfung erschwerten.

> „A primary criticism of the current lease accounting model is that there is a bright line between an operating and a finance (capital) lease where a small change in judgment could have a significant impact on the accounting.“ (ED-CL 545: 82-85)

Ein (DP) bzw. zehn (ED) Wirtschaftsprüfer geben demgegenüber an, dass ein Gewöhnungsprozess an die gegenwärtige Unterteilung in operative Leasingverhältnisse und Finanzierungsleasingverhältnisse sowohl seitens der Wirtschaftsprüfer als auch der Adressaten und Ersteller stattgefunden hat. Zudem spiegelt nach Auffassung dieser Wirtschaftsprüfer die gegenwärtige Leasingbilanzierung den ökonomischen Unterschied zwischen mietähnlichen und kaufähnlichen Transaktionen wider.

> „[W]e believe that current IAS 17 is well applied by preparers. Furthermore, users of financial statements seem to be comfortable with the disclosures on leases that are currently provided in the notes to the financial statements. [...] We believe that the current standard on leases provides a better representation of the economic characteristics of lease contracts.“ (ED-CL 678: 44-47 und 216-217)

Dieses Ergebnis weist insofern Parallelen zu den Untersuchungen von *Abdel-khalik* und *Hussey/Ong* auf, als nach Auffassung der darin befragten Wirtschaftsprüfer eine einheitliche Bilanzwirksamkeit sämtlicher Leasingverträge die Darstellung des Jahresabschlusses vereinfachen würde[1]. Die in den Stellungnahmen mehrheitlich geäußerte Kritik der Wirtschaftsprüfer an der derzeit vorherrschenden Dichotomie in der Bilanzierung von Leasingverhältnissen stimmt zudem mit den Interviews mit Wirtschaftsprüfern überein[2]. Allerdings ist das Ergebnis der Interviews insofern eindeutiger, als sämtliche befragten Wirtschaftsprüfer die gegenwärtigen Bilanzierungsmethoden für

1 Vgl. Abdel-khalik (1981), S. 113, Hussey/Ong (2010).
2 Vgl. hierzu und im Folgenden Frage B.2.1.1, Kapitel VI.1.2.2.1.1.

Leasingverhältnisse und damit verbundene Strukturierungsmöglichkeiten kritisieren. Zwischen den Auswertungen von Stellungnahmen der Wirtschaftsprüfer und den Auswertungen von Stellungnahmen der Leasingnehmer besteht Übereinstimmung hinsichtlich der von beiden Gruppen identifizierten Gestaltungsspielräume im Rahmen der Klassifizierung[1]. Unterschiede bestehen jedoch insofern, als die Wirtschaftsprüfer die Gestaltungsspielräume kritisieren, während die Leasingnehmer keine Beurteilung abgeben. Sowohl eine Minderheit diesbezüglich kommentierender Wirtschaftsprüfer als auch Leasingnehmer erachtet die Aufrechterhaltung der Unterscheidung in operative Leasingverhältnisse und Finanzierungsleasingverhältnisse als notwendig.

2.2.1.1.2 Beurteilung der Möglichkeit zur Einschätzung von Bilanzauswirkungen operativer Leasingverhältnisse

Die Frage B.2.1.2 zielt darauf ab, wie Wirtschaftsprüfer die Möglichkeiten beurteilen, anhand der Informationen zu operativen Leasingverhältnissen Aussagen zu deren bilanziellen Auswirkungen zu treffen. Zusätzlich wird untersucht, wie die Wirtschaftsprüfer die Möglichkeiten der Jahresabschlussadressaten zur Beurteilung der Bilanzauswirkungen operativer Leasingverhältnisse einschätzen. Sechs der 37 Stellungnahmen von Wirtschaftsprüfern zum DP bzw. 16 der 84 Stellungnahmen von Wirtschaftsprüfern zum ED enthalten diesbezügliche Aussagen.

Zwei (DP) bzw. elf (ED) Wirtschaftsprüfer geben an, dass die Angaben des Anhangs ausreichen, um die bilanziellen Auswirkungen operativer Leasingverhältnisse beurteilen zu können. Nach Auffassung dieser Wirtschaftsprüfer müssen Jahresabschlussadressaten auch in anderen Bereichen der Rechnungslegung Korrekturen um bilanzunwirksame Posten vornehmen und können insofern mit Bilanzkorrekturen um operative Leasingverhältnisse umgehen.

> „[W]e believe that adequate disclosure is already provided within the financial statements of operating lease liabilities such that the user of the accounts can understand their effect on the entity.“ (ED-CL 199: 158-160)

> „Adjustment by financial statement users to the amounts presented in the statement of position is a common occurrence in many areas of financial reporting.“ (ED-CL 539: 49-50)

Vier (DP) bzw. fünf (ED) Wirtschaftsprüfer kommen zu dem Ergebnis, dass die Beurteilung der bilanziellen Auswirkungen operativer Leasingverhältnisse anhand der Informationen im Anhang für Wirtschaftsprüfer und Jahresabschlussadressaten erschwert ist. Dies erklärt sich nach Auffassung dieser Wirtschaftsprüfer aus den teilweise mit unvollständigen Anhangangaben verbundenen notwendigen Schätzungen. Zudem deute allein die Notwendigkeit zur Bilanzkorrektur darauf hin, dass die Angaben im Anhang nicht den Informationsbedarf der Adressaten deckten.

> „[I]nvestors routinely adjust the financial statements of lessees for the effect of the operating leases. These adjustments are either arbitrary or based on estimates.“ (ED-CL 230: 190-193)

> „[We] considered the fact that analysts make notional adjustments to assets and liabilities to capitalise operating leases is a clear indication that current accounting does not meet the need of users.“ (ED-CL 747: 149-151)

1 Vgl. hierzu und im Folgenden Frage A.2.1.1, Kapitel VI.2.1.1.1.1.

Insgesamt ist festzustellen, dass die Mehrheit der stellungnehmenden Wirtschaftsprüfer zum ED, die Beurteilungen der Möglichkeit zur Einschätzung von Bilanzauswirkungen operativer Leasingverhältnisse abgeben, keine diesbezügliche Erschwernis für sich selbst und Jahresabschlussadressaten erkennt. Dieses Ergebnis überrascht insofern, als in Frage B.2.1.1 die unterschiedlichen Bilanzierungsmethoden vor dem Hintergrund der Strukturierungsanreize mehrheitlich kritisiert werden[1]. Offenbar sind die Wirtschaftsprüfer jedoch der Auffassung, dass die Effekte dieser Strukturierungen korrigiert werden können.

Das Ergebnis stimmt mit den Auswertungen von Stellungnahmen der Leasingnehmer überein, die ebenfalls mehrheitlich keine Schwierigkeit für Adressaten wahrnehmen, bilanzielle Auswirkungen anhand der Informationen zu operativen Leasingverhältnissen im Anhang einzuschätzen[2]. Die Bestätigung der diesbezüglichen Aussagen der Leasingnehmer durch die Wirtschaftsprüfer könnte die Vermutung eines strategischen Antwortverhaltens der Leasingnehmer zur Beeinflussung der Reformbestrebungen zumindest abschwächen. Dagegen spricht allerdings, dass die Mehrheit der im Rahmen der Interviews befragten Wirtschaftsprüfer sowie der stellungnehmenden Wirtschaftsprüfer zum DP eine Erschwernis für Wirtschaftsprüfer und Adressaten hinsichtlich der Beurteilung der bilanziellen Auswirkungen operativer Leasingverhältnisse erkennt[3]. Die Studie *Abdel-khaliks* zeigt zwar, dass Wirtschaftsprüfer die bilanziellen Auswirkungen operativer Leasingverhältnisse beurteilen können und dementsprechend berücksichtigen[4]. Dennoch scheint die Beurteilung erschwert, denn die Wirtschaftsprüfer geben an, dass die einheitliche Bilanzwirksamkeit sämtlicher Leasingverträge die Darstellung des Jahresabschlusses vereinfachen würde[5].

2.2.1.1.3 Beurteilung der Vergleichbarkeit von Jahresabschlüssen

Die Beurteilungen der Wirtschaftsprüfer hinsichtlich eines möglichen Einflusses der derzeitigen Leasingbilanzierung auf die Vergleichbarkeit von Jahresabschlüssen zwischen Unternehmen und über die Zeit hinweg sind Gegenstand der Frage B.2.1.3. Fünf der insgesamt 37 Stellungnahmen von Wirtschaftsprüfern zum DP bzw. fünf der insgesamt 84 Stellungnahmen von Wirtschaftsprüfern zum ED enthalten diesbezügliche Beurteilungen. Sämtliche (DP) bzw. vier der fünf (ED) Wirtschaftsprüfer geben an, dass die Vergleichbarkeit von Jahresabschlüssen durch die derzeitige Leasingbilanzierung beeinträchtigt ist. Nach Auffassung dieser Wirtschaftsprüfer führt insbesondere die ermessenbehaftete Klassifizierung von Leasingverhältnissen und die daraus resultierenden unterschiedlichen Bilanzierungsfolgen zu einer Reduktion der Vergleichbarkeit. Selbst die Bilanzkorrektur um operative Leasingverhältnisse könne keine vollständige Vergleichbarkeit herstellen.

> „Moreover, there is evidence that users of financial statements that disclose significant operating lease commitments are adjusting to capitalise the commitments to obtain a proper

1 Vgl. Kapitel VI.2.2.1.1.1.
2 Vgl. Frage A.2.1.2, Kapitel VI.2.1.1.1.2.
3 Vgl. Frage B.2.1.2, Kapitel VI.1.2.2.1.2.
4 Vgl. Abdel-khalik (1981), S. 103-108 und Anhang zu Kapitel 5.
5 Vgl. Abdel-khalik (1981), S. 113.

assessment of gearing, but in ways which may not produce sufficiently accurate or comparable results.“ (ED-CL 451: 202-205)

Ein stellungnehmender Wirtschaftsprüfer zum ED führt demgegenüber aus, dass die Vergleichbarkeit von Jahresabschlüssen zumindest für Wirtschaftsprüfer und professionelle Adressaten nicht von der derzeitigen Leasingbilanzierung beeinflusst wird. Wirtschaftsprüfer und professionelle Adressaten wüssten mit den vorhandenen Leasinginformationen umzugehen und könnten dementsprechend Vergleichbarkeit herstellen.

„There is nothing inaccurate about the current model. Operating lease information is clearly presented in the notes to the financial statements. This information is straight forward and easy to understand. Financial statement users can use this information in any way they choose. [...] Current operating lease expense and future operating lease commitments are clearly disclosed.“ (ED-CL 560: 498-506)

Dieses Ergebnis korrespondiert insofern mit den Erkenntnissen aus Frage B.2.1.1 hinsichtlich der mit den unterschiedlichen Bilanzierungsmethoden verbundenen Strukturierungsmöglichkeiten, als Strukturierungen mit einer reduzierten Vergleichbarkeit einhergehen können[1]. Das Ergebnis steht zudem in Einklang mit den Auswertungen von Stellungnahmen der Leasingnehmer sowie den Interviews mit Wirtschaftsprüfern, wonach jeweils die Mehrheit der Stellungnehmenden und Befragten eine beeinträchtigte Vergleichbarkeit von Jahresabschlüssen mit der derzeitigen Leasingbilanzierung verbindet[2]. Diese Übereinstimmungen stützen die Aussagekraft des vorstehenden Ergebnisses, die aufgrund der relativ geringen Anzahl diesbezüglicher Stellungnahmen als eingeschränkt bezeichnet werden kann.

2.2.1.1.4 Beurteilung der Möglichkeit zur Einschätzung finanzieller Verpflichtungen aus Leasingverhältnissen

Im Rahmen der Frage B.2.1.4 werden die Beurteilungen der Wirtschafsprüfer untersucht, inwieweit anhand der gegenwärtigen Leasinginformationen Einschätzungen über die finanziellen Verpflichtungen eines Unternehmens vorgenommen werden können. Sechs der 37 Wirtschaftsprüfer mit Stellungnahmen zum DP bzw. elf der 84 Wirtschaftsprüfer mit Stellungnahmen zum ED treffen diesbezügliche Aussagen. Zwei (DP) bzw. acht (ED) Wirtschaftsprüfer erachten die vorhandenen Informationen als ausreichend, um die finanziellen Verpflichtungen aus Leasingverhältnissen abschätzen zu können. Auch professionelle Adressaten seien durch die derzeitige Leasingbilanzierung nicht in der Wahrnehmung der Verschuldungssituation beeinflusst. Sie hätten die Möglichkeit, zusätzliche Informationen einzufordern.

„[C]urrent accounting requirements dictate an entity [to] present a commitment note. All details of future leasing costs are captured within this note and therefore, investors and other users of the financial statement are not ‘in the dark’.“ (ED-CL 480: 37-39)

„The private companies provide their lenders a great deal of information not included in the traditional financial statements such as, cash flow forecasts, rent rolls, aged accounts

1 Vgl. Kapitel VI.2.2.1.1.1.

2 Vgl. Frage A.2.1.3, Kapitel VI.2.1.1.1.3, Frage B.2.1.3, Kapitel VI.1.2.2.1.3.

receivable schedules, debt covenant calculations, etc. on an interim basis." (ED-CL 223: 1159-1161)

Demgegenüber berichten vier (DP) bzw. drei (ED) Wirtschaftsprüfer insofern von einer erschwerten Einschätzung finanzieller Verpflichtungen und Wahrnehmung der Verschuldungssituation auf Basis der derzeitigen Informationen im Jahresabschluss, als sie künftig eine verlässlichere Beurteilung finanzieller Verpflichtungen erwarten.

„We believe that this proposal will remedy off-balance sheet accounting of leases and facilitate the work of financial analysts who routinely adjust the financial statements prepared under the exiting requirements including current IAS 17 provisions. We also believe that the proposals will make computation of leverage [...] more reliable." (ED-CL 106: 34-38)

Die Frage offenbart insgesamt die mehrheitliche Auffassung der diesbezüglich stellungnehmenden Wirtschaftsprüfer zum ED, dass Einschätzungen finanzieller Verpflichtungen anhand der gegenwärtigen Leasinginformationen vorgenommen werden können. Dieses Ergebnis überrascht insofern, als in Frage B.2.1.1 die unterschiedlichen Bilanzierungsmethoden vor dem Hintergrund der Strukturierungsanreize mehrheitlich kritisiert werden[1]. Offenbar sind die Wirtschaftsprüfer jedoch der Auffassung, dass die Strukturierungen keine wesentlichen Auswirkungen auf die Einschätzung der Verschuldungssituation haben. Das Ergebnis stimmt mit den diesbezüglichen Stellungnahmen von Leasingnehmern zum DP und ED überein[2]. Die Übereinstimmung könnte – analog zu Frage B.2.1.2 – die Vermutung eines strategischen Antwortverhaltens der Leasingnehmer zur Beeinflussung der Reformbestrebungen abschwächen[3]. Parallelen bestehen zudem zu den empirischen Untersuchungen von *Abdel-khalik* und *Krishnan/Sengupta*, die zeigen, dass Wirtschaftsprüfer in der Wahrnehmung der Verschuldungssituation nicht durch die dichotome Leasingbilanzierung beeinflusst werden[4]. Die relativ geringe Anzahl diesbezüglicher Stellungnahmen von Wirtschaftsprüfern zum ED, das heterogene Antwortverhalten der in den Interviews befragten Wirtschaftsprüfer sowie die mehrheitliche Auffassung einer erschwerten Beurteilung im Rahmen der diesbezüglichen – ebenfalls verhältnismäßig wenigen – Stellungnahmen von Wirtschaftsprüfern zum DP tragen allerdings nicht zur abschließenden Beantwortung dieser Frage bei[5].

2.2.1.2 Beurteilung der Reformbestrebungen

2.2.1.2.1 Beurteilung der Bilanzierungspflicht für sämtliche Leasingverhältnisse und des Ansatzes zur Bilanzierung und Bewertung von Nutzungsrechten

Die Beurteilung der Bilanzierungspflicht für sämtliche Leasingverhältnisse ist Gegenstand der Frage B.2.2.1. Dabei wird auch untersucht, wie die Wirtschaftsprüfer den Ansatz zur Bilanzierung und Bewertung von Nutzungsrechten in der Leasingbilanzierung bewerten. 34 der 37 Stellungnahmen von Wirtschaftsprüfern zum DP bzw. 71 der

1 Vgl. Kapitel VI.2.2.1.1.1.
2 Vgl. Frage A.2.1.4, Kapitel VI.2.1.1.1.4.
3 Vgl. Kapitel VI.2.2.1.1.2.
4 Vgl. Abdel-khalik (1981), S. 103-108 und Anhang zu Kapitel 5, Krishnan/Sengupta (2011).
5 Vgl. Frage B.2.1.4, Kapitel VI.1.2.2.1.4.

84 Stellungnahmen von Wirtschaftsprüfern zum ED enthalten diesbezügliche Aussagen. Die Pflicht zur Bilanzierung sämtlicher Leasingverhältnisse wird von 28 (DP) bzw. 57 (ED) Wirtschaftsprüfern insofern befürwortet, als damit ein einheitlicher Ansatz verfolgt und die Ermessensspielräume im Rahmen der Klassifizierung beseitigt würden.

> „We agree and support the Boards' efforts to develop a model that will eliminate 'off-balance sheet' items for lease commitments, thus it improves the recognition of liabilities in the statement of financial position." (ED-CL 763:46-48)

Sechs (DP) bzw. 14 (ED) Wirtschaftsprüfer lehnen die Pflicht zur bilanzwirksamen Behandlung sämtlicher Leasingverhältnisse mit Verweis auf den ökonomischen Unterschied zwischen mietähnlichen und einer kaufähnlichen Transaktionen ab. Zudem bezweifeln diese Wirtschaftsprüfer die Erfüllung der Ansatzkriterien eines Vermögenswerts und einer Schuld gemäß Rahmenkonzept in sämtlichen Leasingverträgen.

> „For leases that are for the rental of equipment, or items immaterial to the financial statements as a whole, particularly those that would have been considered operating leases, no lease 'asset' or 'liability' should be recorded. Classifying part of rental payments as 'interest' expense instead of rent expense is also misleading. Arguably some transactions, particularly those entered into with leasing companies instead of product manufacturers, may have been entered into for financing purposes. However, there are many times that leasing is entered into for the purpose of 'renting' a machine, instead of purchasing it, whether due to economics or because of other reasons. The recording of these 'phantom' liabilities and assets will serve mainly to balloon balance sheets, cause record keeping issues due to the need to record depreciation differently and differences in how expenses are recognized and deemed deductible for income tax purposes." (ED-CL 1: 13-24)

Die Umsetzung der Bilanzierungspflicht für sämtliche Leasingverhältnisse über den Ansatz zur Bilanzierung von Nutzungsrechten erachten 28 (DP) bzw. 57 (ED) Wirtschaftsprüfer als konzeptionell richtig.

> „We agree with the basic concept of the proposed lessee accounting. By entering into a lease contract, a lessee receives a right (an exclusive right to use the leased asset) and assumes an obligation (an obligation to make the lease payments under the contract). This right and obligation commonly come with all lease contracts, and they are likely to meet the definitions of asset and liability under the framework. Therefore, we consider that the economic substance of the lessee in the lease contract can be faithfully represented, when recognizing the rights and obligations of the lessee as right-of-use assets and liabilities to make lease payments. This will enable a consistent approach to the accounting for lease contracts and will also ensure comparability." (ED-CL 300: 87-97)

Die Befürworter des Ansatzes zur Bilanzierung von Nutzungsrechten aus konzeptioneller Sicht äußern indes Bedenken hinsichtlich der Umsetzung in der Praxis. Die Kritik konzentriert sich einerseits auf die Definition von Leasingverträgen und die Abgrenzung zu Dienstleistungsverträgen.

> „While we agree with the boards that recognising all leases on the statement of financial position will provide better information to users, we are aware that it will exacerbate the issues already experienced by preparers distinguishing between a lease and a service contract." (ED-CL 63: 422-424)

Andererseits würde die angedachte Bewertung des Nutzungsrechts mit möglichen Bewertungsanpassungen im Rahmen der Folgebewertung den Bilanzierungsaufwand für die Leasingnehmer erheblich erhöhen.

> „We support the Boards' proposed model for lessee accounting and agree that lessees should recognise the assets and liabilities that arise from lease contracts. However, as explained throughout this letter, we have significant concerns regarding the complexities in the model, particularly with respect to initial measurements and reassessments." (ED-CL 367: 487-490)

Dieses Ergebnis weist Parallelen zu einer weiteren Auswertung von Stellungnahmen zum ED von *Henselmann/Klein/Königer* auf[1]. Die darin untersuchte Interessengruppe der Wirtschaftsprüfer befürwortet ebenfalls den Ansatz zur Bilanzierung von Nutzungsrechten. Übereinstimmung mit den Stellungnahmen der Leasingnehmer zum DP und ED besteht insofern, als die Mehrheit der diesbezüglich stellungnehmenden Leasingnehmer die Bilanzierungspflicht für sämtliche Leasingverhältnisse befürwortet und auch den Ansatz zur Bilanzierung von Nutzungsrechten als konzeptionell richtig beurteilt[2]. In den Interviews mit Wirtschaftsprüfern werden die Bilanzierungspflicht für sämtliche Leasingverhältnisse und der Ansatz zur Bilanzierung von Nutzungsrechten sogar von sämtlichen Befragten befürwortet[3]. Sämtliche Gruppen äußern zudem Bedenken hinsichtlich der praktischen Umsetzung des Ansatzes. Unterschiede bestehen in der Begründung der diesbezüglichen Problembereiche. So geben die stellungnehmenden Leasingnehmer hauptsächlich die Definition von Leasingverträgen und die Abgrenzung zu Dienstleistungsverträgen an. Die stellungnehmenden Wirtschaftsprüfer verbinden zusätzlich eine Umsetzungserschwernis mit der Bewertung des Nutzungsrechts, während die Wirtschaftsprüfer der Interviews die alleinige Umsetzungserschwernis in der Bewertung des Nutzungsrechts erkennen. Die Bewertung des Nutzungsrechts in einfachen Leasingverhältnissen wird von den stellungnehmenden Leasingnehmern als unproblematisch erachtet.

2.2.1.2.2 Beurteilung der bilanziellen Behandlung von Optionen, Restwertgarantien und bedingten Leasingzahlungen

Im Rahmen der Frage B.2.2.2 wird die Beurteilung der bilanziellen Behandlung von Optionen, Restwertgarantien und bedingten Leasingzahlungen durch die stellungnehmenden Wirtschaftsprüfer untersucht. 33 der 37 Stellungnahmen von Wirtschaftsprüfern zum DP bzw. 70 der 84 Stellungnahmen von Wirtschaftsprüfern zum ED enthalten diesbezügliche Aussagen. 15 der 33 kommentierenden Wirtschaftsprüfer zum DP bzw. 26 der 70 kommentierenden Wirtschaftsprüfer zum ED befürworten den Vorschlag, laufzeitbezogene Optionen, Restwertgarantien und bedingte Leasingzahlungen innerhalb des Nutzungsrechts bzw. der Zahlungsverpflichtung zu erfassen (*single asset*

1 Vgl. hierzu und im Folgenden Henselmann/Klein/Königer (2011), S. 190.

2 Vgl. hierzu und im Folgenden Frage A.2.2.1, Kapitel VI.2.1.1.2.1.

3 Vgl. hierzu und im Folgenden Frage B.2.2.1, Kapitel VI.1.2.2.2.1. Allerdings sind die Ergebnisse aus der Auswertung von Stellungnahmen der Wirtschaftsprüfer zum DP und den Interviews mit Wirtschaftsprüfern nicht vollständig mit den Ergebnissen aus der Auswertung von Stellungnahmen der Wirtschaftsprüfer zum ED aufgrund teilweise voneinander abweichender Regulierungsvorschläge im DP bzw. ED vergleichbar. Vgl. hierzu Kapitel II.2.

and liability approach). Allerdings kritisieren diese Wirtschaftsprüfer die Ermittlung des Barwerts der Leasingzahlungen auf Basis der wahrscheinlichsten Leasinglaufzeit (DP) bzw. der längstmöglichen Leasinglaufzeit, die sich nach dem Kriterium *more likely than not* einstellen dürfte (ED). Damit verbunden seien unzuverlässige Schätzungen, die zu neuen Ermessensspielräumen und Inkonsistenzen in der bilanziellen Abbildung führten. Diese Wirtschaftsprüfer schlagen daher mehrheitlich vor, den Grenzwert auf *virtually certain* zu erhöhen, was der gegenwärtigen Orientierung an den Mindestleasingzahlungen entspräche. Ähnliche Aussagen werden von den Wirtschaftsprüfern hinsichtlich des im Rahmen von Restwertgarantien und bedingten Leasingzahlungen zu ermittelnden Erwartungswerts bzw. alternativen wahrscheinlichsten Werts im DP getroffen.

> „We agree with the boards on pragmatic grounds that options should not be separated from the underlying lease contract. […] We disagree with the boards' proposal that the lease term should be measured as 'the longest period more likely than not to occur'. We believe that optional extension periods should be included in the determination of lease term (and therefore in the measurement of the right-of-use asset and obligation to pay rentals) only where it is 'virtually certain' that the option will be exercised that is, structuring of the contractual terms as an option was non-substantive." (ED-CL 63: 83-94)

15 (DP) bzw. sechs (ED) Wirtschaftsprüfer sprechen sich für die Erfassung von laufzeitbezogenen Optionen, Restwertgarantien und bedingten Leasingzahlungen innerhalb des Nutzungsrechts bzw. der Zahlungsverpflichtung ohne Äußerung von Kritik aus.

> „Despite the fact that the proposed determination of the lease term requires a significant amount of judgement, we support the boards' decision that a lessee or a lessor should determine the lease term as the longest possible term that is more likely than not to occur, taking into account the effect of any options to extend or terminate the lease. If optional periods are not included in the lease term, the measurement of the right-of-use asset and the lease liability might be inappropriate. […] We concur with the boards' decision not to adopt a components approach to lease contracts, because, from a conceptual point of view, the adoption of a components approach would only be appropriate if all (possibly interdependent) components of the lease were measured at fair value. This would be overly complex and burdensome. Moreover, it seems impossible to determine the fair values of the options with sufficient reliability." (ED-CL 52: 664-691)

In zwei Stellungnahmen von Wirtschaftsprüfern zum DP bzw. in einer Stellungnahme von Wirtschaftsprüfern zum ED wird demgegenüber eine separate Erfassung von laufzeitbezogenen Optionen, Restwertgarantien und bedingten Leasingzahlungen (*component approach*) befürwortet.

> „We believe that options to extend or terminate a lease meet the definition of an asset, separate from the right-of-use or leased asset […]." (ED-CL 364: 724-726)

In einer Stellungnahme von Wirtschaftsprüfern zum DP bzw. in 36 Stellungnahmen von Wirtschaftsprüfern zum ED wird eine Erfassung von laufzeitbezogenen Optionen, Restwertgarantien und bedingten Leasingzahlungen bis zu deren Erfüllung abgelehnt. Die diesbezüglich Kommentierenden verweisen mehrheitlich auf die Ansatzkriterien eines Vermögenswerts und einer Schuld gemäß Rahmenkonzept, die diese Posten regelmäßig nicht erfüllten.

„We do not agree with the provisions to include option periods in the determination of the lease term by the lessee. We do not believe that the rents during an option period meet the definition of a liability. Their inclusion in the right-of-use asset and lease obligation would not then be representationally faithful or relevant to users. The economic substance of a lease contract with renewal options is distinct from the economic substance of a lease contract with a fixed term, and we believe that the accounting should not obscure that difference. We also are concerned about the effects of recognizing interest expense on the portion of the lease obligation that is not a current liability. The inclusion of options periods also creates a potential bright line in that a small change in judgment could lead to significant changes in the accounting on the statement of financial position and in profit and loss.“ (ED-CL 545: 714-723)

Ein Teil dieser Wirtschaftsprüfer begründet die ablehnende Haltung zudem mit Ermessensspielräumen im Rahmen der Bewertung von Optionen, Restwertgarantien und bedingten Leasingzahlungen. Die Einschätzung der Ausübungs- bzw. Eintrittswahrscheinlichkeiten wäre höchst subjektiv und mit Unsicherheit verbunden. Ähnliche Aussagen werden hinsichtlich Restwertgarantien und bedingten Leasingzahlungen getroffen.

„We strongly disagree to determine the lease term as the longest possible term that is more likely than not to occur taking into account the effect of options to extend or terminate the lease. First, this will add unnecessary complications. [...] Secondly, this estimation is too subjective and hence will open the proposed standard to inconsistency in application.“ (ED-CL 143: 216-225)

Ein stellungnehmender Wirtschaftsprüfer zum ED kann keine abschließende Beurteilung abgeben.

„[W]e are unable to reach a consensus amongst our members on the approach that should be taken on options to extend or terminate a lease. Some of our members [...] agree that rentals payable or receivable under extension periods do not meet the definitions of a liability or an asset under the conceptual framework. They believe that recognising the longest likely lease term will result in dissimilar leases being accounted for in the same way (e.g. a 10 year lease would be accounted for the same as a 5 year lease with an option to extend for another 5 years). Where a lease includes an option to extend, this is likely to be reflected in the price of the lease contract therefore the option is recognised in the financial statements in this way. [...] On the other hand, some of our members are concerned that ignoring the existence of options to extend the lease in the measurement of the lease liability for a lessee relies on a sometimes overly legalistic definition of a liability which may not reflect the economic reality of the lessee's business.“ (ED-CL 73: 312-329)

Die Beurteilung der bilanziellen Behandlung von Optionen, Restwertgarantien und bedingten Leasingzahlungen durch die stellungnehmenden Wirtschaftsprüfer zum ED führt insgesamt zu keinem einheitlichen Ergebnis. Während sich annähernd die Hälfte der diesbezüglich stellungnehmenden Wirtschaftsprüfer für eine – wie auch immer ausgestaltete – bilanzielle Erfassung ausspricht, lehnt etwa die andere Hälfte eine Erfassung ab. Hervorzuheben ist die relativ große Anzahl an Wirtschaftsprüfern, die zwar eine bilanzielle Erfassung befürwortet, jedoch die Ermittlung des Barwerts der Leasingzahlungen auf Basis der längstmöglichen Leasinglaufzeit, die sich nach dem Kriterium *more likely than not* einstellen dürfte sowie die Bestimmung des Erwartungswerts für Restwertgarantien und bedingte Leasingzahlungen ablehnt. Die ablehnende Haltung und die diesbezüglichen Begründungen stimmen mit der Auswertung von Stellungnahmen der Wirtschaftsprüfer zum ED von *Henselmann/Klein/Königer* überein[1].

Unterschiede zu der Auswertung diesbezüglicher Stellungnahmen von Leasingnehmern zum ED bestehen insofern, als diese Stellungnahmen von einer eindeutigen Ablehnung der Bilanzierung von laufzeitbezogenen Optionen, Restwertgarantien und bedingten Leasingzahlungen zeugen[2]. Das heterogene Ergebnis aus der Auswertung von Stellungnahmen der Wirtschaftsprüfer zum ED stimmt mit der Auswertung von Stellungnahmen der Leasingnehmer zum DP und den Interviews mit Wirtschaftsprüfern überein, steht allerdings in Widerspruch zu der Auswertung von Stellungnahmen der Wirtschaftsprüfer zum DP, wonach eine – wie auch immer ausgestaltete – Erfassung laufzeitbezogener Optionen, Restwertgarantien und bedingter Leasingzahlungen überwiegend befürwortet wird[3]. Parallelen in allen Auswertungen bestehen hinsichtlich der Kritik an der wahrscheinlichkeitsbasierten Bewertung, die in den Interviews mit Wirtschaftsprüfern am deutlichsten ausfällt.

2.2.1.3 Zusammenfassung

Die Mehrheit der stellungnehmenden Wirtschaftsprüfer, die eine Beurteilung der Existenz unterschiedlicher Bilanzierungsmethoden für Leasingverhältnisse abgeben, beanstanden die damit verbundenen Gestaltungsspielräume. Auch die Vergleichbarkeit von Jahresabschlüssen – sowohl zwischen Unternehmen, als auch über die Zeit hinweg – wird aufgrund der derzeitigen Leasingbilanzierung von sämtlichen (DP) bzw. der Mehrheit (ED) der diesbezüglich stellungnehmenden Wirtschaftsprüfer als beeinträchtigt erachtet. Dennoch erkennt die Mehrheit der Wirtschaftsprüfer, die Beurteilungen der Möglichkeit zur Einschätzung von Bilanzauswirkungen operativer Leasingverhältnisse in den Stellungnahmen zum ED abgeben, keine entsprechende Erschwernis für sich selbst und Jahresabschlussadressaten. Allerdings offenbart die Auswertung von Stellungnahmen der Wirtschaftsprüfer zum DP eine Mehrheit diesbezüglich stellungnehmender Wirtschaftsprüfer, die die Einschätzung von Bilanzauswirkungen operativer Leasingverhältnisse als erschwert erachtet. Hinsichtlich der Beurteilung, inwieweit die Wirtschaftsprüfer und Jahresabschlussadressaten Einschätzungen über die finanziellen Verpflichtungen von Leasingverhältnissen vornehmen können, gibt die Mehrheit der diesbezüglich stellungnehmenden Wirtschaftsprüfer zum ED an, dass dies möglich ist. Demgegenüber erachtet die Mehrheit diesbezüglich stellungnehmender Wirtschaftsprüfer zum DP diese Einschätzung als erschwert. Die Aussagekraft der vorstehenden Ergebnisse ist allerdings teilweise aufgrund der relativ geringen Anzahl entsprechender Stellungnahmen als beeinträchtigt zu bezeichnen.

---

1 Vgl. hierzu und im Folgenden Henselmann/Klein/Königer (2011), S. 194-196.

2 Vgl. hierzu und im Folgenden Frage A.2.2.2, Kapitel VI.2.1.1.2.2.

3 Vgl. hierzu und im Folgenden Frage B.2.2.2, Kapitel VI.1.2.2.2.2. Allerdings sind die Ergebnisse aus der Auswertung von Stellungnahmen der Wirtschaftsprüfer zum DP und den Interviews mit Wirtschaftsprüfern nicht vollständig mit den Ergebnissen aus der Auswertung von Stellungnahmen der Wirtschaftsprüfer zum ED aufgrund teilweise voneinander abweichender Regulierungsvorschläge im DP bzw. ED vergleichbar. Vgl. hierzu Kapitel II.2.

Die Pflicht zur Bilanzierung sämtlicher Leasingverhältnisse sowie deren Umsetzung über den Ansatz zur Bilanzierung von Nutzungsrechten wird von der Mehrheit der Wirtschaftsprüfer, die diesbezüglich Stellung nehmen, als konzeptionell richtig bewertet. Bedenken bestehen indes hinsichtlich der praktischen Umsetzung des Ansatzes. Die Untersuchung der von den Wirtschaftsprüfern abgegebenen Beurteilung der bilanziellen Behandlung von Optionen, Restwertgarantien und bedingten Leasingzahlungen resultiert im Rahmen der Auswertung von Stellungnahmen der Wirtschaftsprüfer zum ED in einem heterogenen Ergebnis, während die Auswertung von Stellungnahmen der Wirtschaftsprüfer zum DP eine überwiegende Befürwortung einer – wie auch immer ausgestalteten – bilanziellen Erfassung offenbart. Nahezu die Hälfte der diesbezüglich stellungnehmenden Wirtschaftsprüfer zum DP bzw. ein Großteil der Befürworter einer bilanziellen Erfassung in den Stellungnahmen der Wirtschaftsprüfer zum ED kritisiert allerdings die wahrscheinlichkeitsbasierte Bewertung aufgrund der damit verbundenen Ermessensspielräume und Unsicherheiten in der Wertermittlung.

2.2.2 Erwartete Veränderungen im Entscheidungsverhalten der Wirtschaftsprüfer, erwartete Auswirkungen für zu prüfende Leasingnehmer und Veränderungen in deren Entscheidungsverhalten

2.2.2.1 Erwartete Veränderungen im Entscheidungsverhalten der Wirtschaftsprüfer

2.2.2.1.1 Erwartete Veränderungen der Vorgehensweise im Rahmen der Prüfung von Leasingverhältnissen

Im Rahmen der Frage B.3.1.1 wird untersucht, inwieweit die reformierte Leasingbilanzierung Auswirkungen auf die derzeitige Vorgehensweise im Rahmen der Prüfung von Leasingverhältnissen hat. Im Fokus der Frage stehen Veränderungen der Schwerpunkte in der Prüfung von Leasingverhältnissen. In 21 der 37 Stellungnahmen von Wirtschaftsprüfern zum DP bzw. in 53 der 84 Stellungnahmen von Wirtschaftsprüfern zum ED sind diesbezügliche Aussagen enthalten. 16 (DP) bzw. 51 (ED) der stellungnehmenden Wirtschaftsprüfer erwarten eine Verlagerung des Prüfungsrisikos von der derzeitigen Klassifizierung von Leasingverhältnissen hin zur Bewertung komplexer Leasingverhältnisse, die laufzeitbezogene Optionen, Restwertgarantien und bedingte Leasingzahlungen enthalten. Die Ermittlung des Barwerts der Leasingzahlungen auf Basis der wahrscheinlichsten bzw. längstmöglichen Leasinglaufzeit sowie die Bestimmung des Erwartungswerts bzw. wahrscheinlichsten Werts für Restwertgarantien und bedingte Leasingzahlungen wird aufgrund der damit verbundenen Ermessensspielräume und Unsicherheiten in der Wertermittlung als prüfungsintensiver Bereich in der Zukunft erachtet und dürfte nach Auffassung der Wirtschaftsprüfer einen Prüfungsschwerpunkt markieren.

> „These lease terms will most likely extend beyond a lessee's normal budgeting and planning periods. In addition to the lessee's struggle with the use of estimates, the lessee's auditors will need to assess how to best audit these estimates in order to provide a level of assurance that material misstatements, whether caused by errors or fraud, are detected." (ED-CL 388: 157-160)

Einige dieser Wirtschaftsprüfer bezweifeln, ob überhaupt eine Nachprüfbarkeit der determinierten Wahrscheinlichkeiten möglich wäre. Dies gelte insbesondere dann, wenn laufzeitbezogene Optionen, Restwertgarantien und bedingte Leasingzahlungen bilanzpolitisch motiviert verwendet würden.

> „The proposed model also raises concerns about the verifiability of the determination of the 'longest possible term that is more likely than not to occur' for external auditors." (ED-CL 609: 289-2914)

Eng mit dem Prüfungsschwerpunkt der Bewertung von Leasingverhältnissen verbunden, erwarten jeweils drei Wirtschaftsprüfer einen weiteren Prüfungsschwerpunkt in der von den Mandanten vorzunehmenden Dokumentation der Bewertung über die Zeit hinweg. Für die Wirtschaftsprüfer bestünde künftig die Schwierigkeit, anhand dieser Informationen die Verlässlichkeit der von den Leasingnehmern determinierten Wahrscheinlichkeiten zu beurteilen.

> „It is also likely that there would be a negative cost-benefit in using this method, given the cost of the time to gather data to formulate the potential outcomes, assign probabilities, and then have the assumptions and calculation audited, vs. the unreliability of the resulting calculation. The complexity of the calculation could provide financial statement users with a false sense of precision, while the subjectivity opens up management and the company's auditors to inevitable second-guessing if the actual outcomes are not as predicted." (ED-CL 467: 207-212)

Vier (DP) bzw. zwei (ED) Wirtschaftsprüfer erkennen einen weiteren künftigen Prüfungsschwerpunkt in der Abgrenzung von Leasingverträgen zu Dienstleistungsverträgen.

> „We are not convinced that the proposed criteria mainly carried over from IFRIC 4 provide a relevant and operational distinction for determining the accounting treatment, as IFRIC 4 has always been felt as not enough precise and clear. Without a precise guidance, preparers and auditors will struggle to apply their judgement when distinguishing between a lease and a service contract." (ED-CL 678: 91-96)

Die Ergebnisse aus den Auswertungen von Stellungnahmen der Wirtschaftsprüfer zum DP und ED stehen mit den Auswertungen von Stellungnahmen der Leasingnehmer zum DP und ED sowie den Interviews mit Wirtschaftsprüfern hinsichtlich der künftigen Prüfungsschwerpunkte der Bewertung und Dokumentation in Einklang[1]. Unterschiede offenbaren sich demgegenüber in dem erwarteten Prüfungsschwerpunkt der Abgrenzung von Leasingverhältnissen zu Dienstleistungsverträgen, der lediglich von den stellungnehmenden Wirtschaftsprüfern identifiziert wird.

2.2.2.1.2 Erwartete Auswirkungen auf die Bedeutung der Rechenwerke und des Anhangs in der Prüfung von Leasingverhältnissen

Die Frage B.3.1.2 zielt darauf ab, inwieweit die reformierte Leasingbilanzierung zu Veränderungen der Bedeutung einzelner Rechenwerke und des Anhangs führen würde. 15 von 37 Stellungnahmen von Wirtschaftsprüfern zum DP bzw. 19 von 84 Stellung-

1 Vgl. hierzu und im Folgenden Frage A.3.1.4, Kapitel VI.2.1.2.1.4, Frage B.3.1.1, Kapitel VI.1.2.3.1.1.

nahmen von Wirtschaftsprüfern zum ED enthalten diesbezügliche Aussagen. Sämtliche dieser 15 bzw. 19 Wirtschaftsprüfer geben an, dass der Bilanz und Gesamtergebnisrechnung in der Prüfung von Leasingverhältnissen auch in Zukunft eine hohe Bedeutung zukommen würde. Die Begründung liegt nach Auffassung der Wirtschaftsprüfer in der künftigen Bilanzierungspflicht für sämtliche Leasingverträge und der kombinierten Bilanzierung von Nutzungsrecht bzw. Zahlungsverpflichtung und Optionen, Restwertgarantien sowie bedingten Leasingzahlungen. Die mit der Bewertung von Optionen, Restwertgarantien und bedingten Leasingzahlungen verbundenen Unsicherheiten beeinflussten die Bilanz und Gesamtergebnisrechnung.

> „The model proposed in the ED would entail the use of significant estimates and judgements and result in lessees recognising amounts on their balance sheets for which a great deal of uncertainty exists as to measurement and would result in initially recognising amounts for contingent rentals that may not occur.“ (ED-CL 74: 390-393)

> „On-going reassessments of the same 'lease terms' and 'lease payments' are required and will increase the complexity from a one-time classification issue to a monthly, quarterly or annual reporting event for required reassessments of 'lease term' and 'lease payment' estimates using 'more likely than not' criteria and 'expected outcome' methodologies applied to contingent amounts. This process results in unnecessary levels of subjectivity and judgment and will result in significant volatility in reported amounts related to potentially significant adjustments being made to calculations of lease assets and lease liabilities without much improvement in accuracy.“ (ED-CL 629: 928-935)

Die Bedeutung des Anhangs im Rahmen der Prüfung von Leasingverhältnissen würde gemäß den Erwartungen von 13 (DP) bzw. zehn (ED) Wirtschaftsprüfern zunehmen. Die gestiegene Bedeutung begründet sich aus der Erläuterung des Bilanzansatzes und der wertbestimmenden Parameter.

> „Whilst we recognise that the recognition of a right to use asset in respect of a lease does not equate to recognising the asset subject to that lease, it may be interpreted in this way. In addition, the current accounting for finance leases recognises the assets subject to the lease in the statement of financial position because the substance of the arrangement is that the lessee does own the asset. Clearly, under the proposals, the asset subject to the lease is not itself recognised until any option to purchase is exercised – which could be argued places form over substance.“ (ED-CL 199: 149-155)

Die künftige hohe Bedeutsamkeit der Bilanz und Gesamtergebnisrechnung in der Prüfung von Leasingverhältnissen wird auch in den Interviews von sämtlichen befragten Wirtschaftsprüfern erwartet[1]. Zudem geht die Mehrheit der Befragten – analog zu der Mehrheit der diesbezüglich stellungnehmenden Wirtschaftsprüfer – von einer künftig erhöhten Bedeutung des Anhangs in der Prüfung von Leasingverhältnissen aus.

2.2.2.1.3 Erwartete Auswirkungen auf die Komplexität der Prüfung von Leasingverhältnissen und das Kosten-Nutzen-Verhältnis

Im Rahmen der Frage B.3.1.3 wird untersucht, ob die reformierte Leasingbilanzierung Auswirkungen auf die Komplexität der Prüfung von Leasingverhältnissen hätte. Im Mittelpunkt der Untersuchung steht die Beeinflussung der Intensität leasinginduzierter

1 Vgl. hierzu und im Folgenden Frage B.3.1.2, Kapitel VI.1.2.3.1.2.

Prüfungshandlungen durch die Reformbestrebungen. Zusätzlich wird analysiert, inwieweit die künftige Leasingbilanzierung zu einer Vereinfachung bzw. Erschwernis der Prüfung von Leasingverhältnissen führen würde. 19 der 37 Stellungnahmen von Wirtschaftsprüfern zum DP bzw. 56 der 84 Stellungnahmen von Wirtschaftsprüfern zum ED enthalten diesbezügliche Aussagen.

Zwei der 56 stellungnehmenden Wirtschaftsprüfer zum ED erwarten eine Vereinfachung der Prüfung von Leasingverhältnissen derart, dass künftig die Prüfung der Klassifizierung von Leasingverhältnissen entfiele und eine transparente Bilanzierung vorläge. Diese Wirtschaftsprüfer gehen davon aus, dass der Nutzen für Wirtschaftsprüfer die Kosten der künftigen Leasingbilanzierung übersteigen würde.

> „We expect that the proposals will enhance transparency in lease accounting, facilitate the analysis, and diminish the asymmetry of information between the preparers and the users of financial statements. We also believe that, although there are costs associated with the proposed transition to the new model, the resulting benefits will outweigh these costs.“ (ED-CL 106: 480-483)

> „Yes, I agree with the boards' assessment that the benefits of the proposals would outweigh the costs […]. As I stated in my answer to the first question, I support the proposed guidance regarding the right-of-use model as it will effectively eliminate the financial reporting differences that can result from minor calculation changes (whether inadvertent or intentional) performed in accordance with existing guidance.“ (ED-CL 256: 421-425)

Sämtliche diesbezüglich stellungnehmenden Wirtschaftsprüfer zum DP bzw. 54 stellungnehmende Wirtschaftsprüfer zum ED erwarten demgegenüber eine erschwerte Prüfung von Leasingverhältnissen. Verantwortlich hierfür wäre die Bewertung komplexer Leasingverhältnisse. Die damit verbundenen Ermessensspielräume bewirkten zum einen intensivere Prüfungshandlungen.

> „From an operational standpoint, it is often very difficult to determine if a lessee will renew 5 or 10 years in the future. Their business model may change (i.e. need more space/less space or equipment etc.). The need to reevaluate these assumptions each reporting period will add work not only for lessees and lessors, but also from an audit standpoint.“ (ED-CL 51: 186-189)

> „[W]e believe estimating the potential obligation requires a significant amount of judgment and would create volatility in the financial statements and a significant amount of effort for financial statement preparers to not only initially estimate future payments streams but would also create issues for auditors in getting comfort with an estimate that is highly subjective.“ (ED-CL 271: 870-874)

Zum anderen führten die erwarteten Ermessensspielräume nach Auffassung der Wirtschaftsprüfer zu vermehrten Diskussionen mit zu prüfenden Mandanten und somit zu einer Erhöhung des Prüfungsaufwands. Letztlich würden die Kosten der Prüfung steigen.

> „[I]t will be extremely complex and costly to measure amounts using detailed probability-weighted averages of all possible outcomes. As such, the proposed approach to dealing with measurement uncertainty would create: (i) considerable compliance costs; (ii) overly complex reported amounts (that do not equate to actual or expected outcomes); and (iii) tension between reporting entities and their auditors.“ (ED-CL 220: 576-579)

Vor dem Hintergrund der erwarteten Komplexität der künftigen Leasingbilanzierung gehen fünf (DP) bzw. elf (ED) Wirtschaftsprüfer davon aus, dass die Kosten der Reformbestrebungen den Nutzen für Wirtschaftsprüfer übersteigen würden. Die verbleibenden Wirtschaftsprüfer äußern sich nicht zu Veränderungen des Kosten-Nutzen-Verhältnisses.

> „We believe the costs to implement this proposal and the additional continuing costs to remeasure the asset and liability at each reporting date will exceed any perceived benefit.“ (ED-CL 72: 267-268)

Die eindeutige Erwartung der diesbezüglich stellungnehmenden Wirtschaftsprüfer einer erhöhten Komplexität der Prüfung von Leasingverhältnissen stimmt mit den Auswertungen von Stellungnahmen der Leasingnehmer zum DP und ED sowie den Interviews mit Wirtschaftsprüfern überein[1]. Sämtliche diesbezüglich Stellungnehmenden und Befragten kommen zu dem Ergebnis, dass die Prüfung von Leasingverhältnissen künftig komplexer würde und nennen als hauptsächlichen Komplexitätstreiber die Bewertung von Leasingverhältnissen mit Optionen, Restwertgarantien und bedingten Leasingzahlungen.

2.2.2.1.4 Zusammenfassung

Die Untersuchung der erwarteten Veränderungen im Entscheidungsverhalten der Wirtschaftsprüfer zeigt einen von den diesbezüglich stellungnehmenden Wirtschaftsprüfern mehrheitlich erwarteten künftigen Prüfungsschwerpunkt im Rahmen der Bewertung. Eine Minderheit erwartet einen weiteren Prüfungsschwerpunkt in der Dokumentation der Bewertung von Leasingverhältnissen über die Zeit hinweg sowie in der Abgrenzung von Leasingverträgen zu Dienstleistungsverträgen. Bezüglich der Auswirkungen auf die Bedeutung zu prüfender Rechenwerke zeigt sich, dass die Wirtschaftsprüfer mit entsprechenden Äußerungen in deren Stellungnahmen der Bilanz und Gesamtergebnisrechnung auch künftig eine hohe Bedeutung in der Prüfung von Leasingverhältnissen beimessen würden. Dem Anhang würde in Zukunft eine höhere Bedeutung aufgrund der Erläuterung des Bilanzansatzes und der wertbestimmenden Faktoren zukommen. Sämtliche (DP) bzw. die Mehrheit (ED) der diesbezüglich stellungnehmenden Wirtschaftsprüfer erwartet eine Erhöhung der Komplexität. Als komplexitätssteigernd wird insbesondere die Bewertung von Leasingverhältnissen erachtet, die Optionen, Restwertgarantien und bedingte Leasingzahlungen enthalten. Die Kosten der reformierten Leasingbilanzierung dürften nach Auffassung sämtlicher diesbezüglich stellungnehmenden Wirtschaftsprüfer zum DP bzw. nach mehrheitlicher Auffassung der diesbezüglich stellungnehmenden Wirtschaftsprüfer zum ED den daraus entstehenden Nutzen übersteigen. Die erwarteten Veränderungen im Entscheidungsverhalten der stellungnehmenden Wirtschaftsprüfer zum DP werden in Tabelle 39 zusammenfassend dargestellt. Tabelle 40 gibt einen Überblick über die erwarteten Veränderungen im Entscheidungsverhalten der stellungnehmenden Wirtschaftsprüfer zum ED.

1 Vgl. hierzu und im Folgenden Frage A.3.1.4, Kapitel VI.2.1.2.1.4, Frage B.3.1.3, Kapitel VI.1.2.3.1.3.

Tabelle 39: Erwartete Veränderungen im Entscheidungsverhalten der stellungnehmenden Wirtschaftsprüfer zum DP

Fragen B.3.1: Erwartete Veränderungen im Entscheidungsverhalten der Wirtschaftsprüfer			**Wirtschaftsprüfer ($n_{DP,\,WP}$ = 37)**		
			Absolut	Relativ*	Relativ**
Prüfungsschwerpunkte (Frage B.3.1.1) ($a_{DP,\,WP}$ = 21)		↑ ↓ ↕ ↔	21	100%	57%
Bedeutung der Rechenwerke und des Anhangs (Frage B.3.1.2) ($b_{DP,\,WP}$ = 15)	Bedeutung der Bilanz/ Gesamtergebnisrechnung ($u_{DP,\,WP}$ = 15)	↑ ↓ ↕ ↔	15	100%	41%
	Bedeutung des Anhangs ($v_{DP,\,WP}$ = 13)	↑ ↓ ↕ ↔	13	87%	35%
Komplexität der Prüfung (Frage B.3.1.3) ($c_{DP,\,WP}$ = 19)		↑ ↓ ↕ ↔	19	100%	51%

<u>Legende:</u>

↑	Erhöhung
↓	Reduktion
↕	Verlagerung
↔	keine Veränderung
*	bezogen auf die Anzahl der Stellungnahmen von Wirtschaftsprüfern zum DP mit Aussagen zu einer Frage
**	bezogen auf sämtliche Stellungnahmen von Wirtschaftsprüfern zum DP
$n_{DP,\,WP}$	Anzahl der Stellungnahmen von Wirtschaftsprüfern zum DP
$a\text{-}c_{DP,\,WP}$	Anzahl der Stellungnahmen von Wirtschaftsprüfern zum DP mit Aussagen zu einer Frage
$u\text{-}v_{DP,\,WP}$	Anzahl der Stellungnahmen von Wirtschaftsprüfern zum DP mit Aussagen zu einer Unterkategorie einer Frage

Tabelle 40: Erwartete Veränderungen im Entscheidungsverhalten der stellungnehmenden Wirtschaftsprüfer zum ED

Fragen B.3.1: Erwartete Veränderungen im Entscheidungsverhalten der Wirtschaftsprüfer			**Wirtschaftsprüfer ($n_{ED, WP}$ = 84)** Absolut	Relativ*	Relativ**
Prüfungsschwerpunkte (Frage B.3.1.1) ($a_{ED, WP}$ = 53)		↑			
		↓			
		↕	53	100%	63%
		↔			
Bedeutung der Rechenwerke und des Anhangs (Frage B.3.1.2) ($b_{ED, WP}$ = 19)	Bedeutung der Bilanz/ Gesamtergebnisrechnung ($u_{ED, WP}$ = 19)	↑			
		↓			
		↕			
		↔	19	100%	23%
	Bedeutung des Anhangs ($v_{ED, WP}$ = 10)	↑	10	53%	12%
		↓			
		↕			
		↔			
Komplexität der Prüfung (Frage B.3.1.3) ($c_{ED, WP}$ = 56)		↑	54	96%	64%
		↓	2	4%	2%
		↕			
		↔			

Legende:

↑	Erhöhung
↓	Reduktion
↕	Verlagerung
↔	keine Veränderung
*	bezogen auf die Anzahl der Stellungnahmen von Wirtschaftsprüfern zum ED mit Aussagen zu einer Frage
**	bezogen auf sämtliche Stellungnahmen von Wirtschaftsprüfern zum ED
$n_{ED, WP}$	Anzahl der Stellungnahmen von Wirtschaftsprüfern zum ED
$a\text{-}c_{ED, WP}$	Anzahl der Stellungnahmen von Wirtschaftsprüfern zum ED mit Aussagen zu einer Frage
$u\text{-}v_{ED, WP}$	Anzahl der Stellungnahmen von Wirtschaftsprüfern zum ED mit Aussagen zu einer Unterkategorie einer Frage

Die Untersuchung der erwarteten Veränderungen im Entscheidungsverhalten der Wirtschaftsprüfer führt zu der Frage, welche Auswirkungen der reformierten Leasingbilanzierung die Wirtschaftsprüfer für zu prüfende Leasingnehmer erwarten. Die diesbezügliche Erwartungshaltung der Wirtschaftsprüfer wird in dem folgenden Abschnitt untersucht.

2.2.2.2 Erwartete Auswirkungen der reformierten Leasingbilanzierung für zu prüfende Leasingnehmer

2.2.2.2.1 Erwartete Auswirkungen auf Finanzkennzahlen zu prüfender Leasingnehmer

Im Rahmen der Frage B.3.2.1 stehen die Auswirkungen auf die Finanzkennzahlen der Leasingnehmer im Mittelpunkt der Analyse. Dabei wird die bereits vorgestellte Unterteilung der Finanzkennzahlen in Bilanzstrukturkennzahlen, Rentabilitätskennzahlen und kapitalmarktorientierte Kennzahlen beibehalten[1]. Neun der 37 Stellungnahmen von Wirtschaftsprüfern zum DP bzw. 25 der 84 Stellungnahmen von Wirtschaftsprü-

1 Vgl. Kapitel IV.1.3.1.

fern zum ED enthalten Aussagen zu erwarteten Auswirkungen auf Finanzkennzahlen. Sieben (DP) bzw. 22 (ED) stellungnehmende Wirtschaftsprüfer rechnen mit Auswirkungen auf wesentliche Bilanzstrukturkennzahlen zu prüfender Leasingnehmer, insbesondere mit einer Verschlechterung der Eigenkapitalquote und der Verschuldungsgrade.

> „Implementation of these changes may result in a lower equity balance." (ED-CL 137: 75)

> „The effects on debt to equity ratios due to lessee inclusion of operating leases will be enormous […]." (ED-CL 386: 872-873)

Hinsichtlich der Rentabilitätskennzahlen erwarten vier (DP) bzw. elf (ED) Wirtschaftsprüfer Verbesserungen des Betriebsergebnisses (EBIT) zu prüfender Leasingnehmer aufgrund der Aufspaltung der Leasingzahlungen in einen Zins- und Tilgungsanteil. Die künftigen Abschreibungen des Nutzungsrechts statt des bisherigen (Miet-)Aufwands im Falle eines operativen Leasingverhältnisses führten zudem zu einer Verbesserung von EBITDA. Die Verbesserungen von EBIT und EBITDA kompensierten demnach zumindest die erhöhte Kapitalbasis und führten insgesamt zu einer Verbesserung der Rentabilitätskennzahlen. Die Wirtschaftsprüfer fürchten diesbezüglich die Notwendigkeit zu Überleitungsrechnungen seitens der Leasingnehmer, um eine Vergleichsbasis mit Perioden vor Umsetzung der Leasingbilanzierungsreform für Adressaten zu gewährleisten.

> „Like some other correspondents we are concerned about the way amortisation and implied interest on operating leases would be accounted for. This would remove operating expenses, such as rent of property or hire of office equipment, from an entity's EBITDA." (ED-CL 199: 179-182)

> „We believe that the Board need to consider guidance surrounding how entities address the significant EBITDA change this standard will create in its current form. For many entities EBITDA is an important measure that is used by interested third parties, with this standard converting what had been an operating expense to amortization, many entities will have a need to make estimates of the prior year impact to present comparable amounts to interested users." (ED-CL 609: 441-446)

Aussagen zu Auswirkungen auf kapitalmarktorientierte Kennzahlen sind in den Stellungnahmen der Wirtschaftsprüfer nicht enthalten.

Die Aussagekraft der Ergebnisse ist vor dem Hintergrund der relativ geringen Anzahl diesbezüglicher Stellungnahmen als eingeschränkt zu bezeichnen. Allerdings wirken Übereinstimmungen zu den Auswertungen von Stellungnahmen der Leasingnehmer zum DP und ED sowie den Interviews mit Wirtschaftsprüfern ergebnisstützend. Mit Bezug auf die Auswertungen von Stellungnahmen der Leasingnehmer sind Übereinstimmungen mit den Ergebnissen aus den Auswertungen von Stellungnahmen der Wirtschaftsprüfer hinsichtlich der Veränderungen von Bilanzstrukturkennzahlen festzustellen[1]. Veränderungen der Rentabilitätskennzahlen werden von knapp der Hälfte der diesbezüglich stellungnehmenden Wirtschaftsprüfer und der diesbezüglich stellungnehmenden Leasingnehmer zum DP, jedoch mehrheitlich von den diesbezüglich stellungnehmenden Leasingnehmern zum ED erwartet. Allerdings rechnet lediglich die Hälfte der stellungnehmenden Leasingnehmer zum ED, die eine

1 Vgl. hierzu und im Folgenden Frage A.3.1.1, Kapitel VI.2.1.2.1.1.

Veränderung der Rentabilitätskennzahlen erwarten, mit einer Verbesserung, während die diesbezüglich stellungnehmenden Wirtschaftsprüfer und die stellungnehmden Leasingnehmer zum DP unisono von einer Verbesserung ausgehen. Unterschiede bestehen insofern, als einige stellungnehmende Leasingnehmer zum ED wesentliche Veränderungen kapitalmarktorientierter Kennzahlen erwarten, während die Stellungnahmen der Wirtschaftsprüfer zum DP und ED sowie die Stellungnahmen der Leasingnehmer zum DP keine diesbezüglichen Aussagen enthalten. Mit Bezug auf die Interviews mit Wirtschaftsprüfern sind Gemeinsamkeiten zu den Ergebnissen aus den Auswertungen von Stellungnahmen der Wirtschaftsprüfer zum DP und ED hinsichtlich der erwarteten Veränderungen der Bilanzstrukturkennzahlen und Rentabilitätskennzahlen festzustellen[1]. Während die Befragten keine wesentlichen Veränderungen kapitalmarktorientierter Kennzahlen zu prüfender Leasingnehmer erwarten, treffen die stellungnehmenden Wirtschaftsprüfer keine diesbezüglichen Aussagen.

2.2.2.2.2 Erwartete Auswirkungen auf das Entscheidungsverhalten von Banken

Die Frage B.3.2.2 zielt darauf ab, inwieweit die kommentierenden Wirtschaftsprüfer veränderte Kreditvergabeentscheidungen von Banken hinsichtlich zu prüfender Leasingnehmer erwarten. Im Zentrum der Untersuchung steht die Frage, ob die reformierte Leasingbilanzierung nach Auffassung der Wirtschaftsprüfer zum einen Auswirkungen auf die künftige Kreditwürdigkeitsprüfung und das daraus resultierende Kreditrating der Leasingnehmer hätte und zum anderen bestehende Kreditauflagen und Kreditkonditionen der Leasingnehmer beeinflussen würde. Fünf der 37 Stellungnahmen von Wirtschaftsprüfern zum DP bzw. 26 der 84 Stellungnahmen von Wirtschaftsprüfern zum ED enthalten diesbezügliche Aussagen. In drei der fünf Stellungnahmen zum DP bzw. in elf der 26 Stellungnahmen zum ED werden Aussagen zu Auswirkungen auf künftige Kreditvergabeentscheidungen von Banken identifiziert. Drei der fünf Stellungnahmen zum DP bzw. 17 der 26 Stellungnahmen zum ED enthalten Aussagen zu Auswirkungen auf bestehende Kreditauflagen.

Sämtliche drei (DP) bzw. elf (ED) Wirtschaftsprüfer, die sich zu Auswirkungen auf künftige Kreditvergabeentscheidungen von Banken äußern, erwarten ein herabgestuftes Kreditrating und infolgedessen verschlechterte Kreditkonditionen oder die Ablehnung von Kreditanträgen. Als Begründung dieser Erwartung nennen die Wirtschaftsprüfer Verständnisprobleme der Banken. Offensichtlich vermuten diese Wirtschaftsprüfer, dass Banken nicht zwischen Regulierungsänderungen und Änderungen der ökonomischen Gegebenheiten unterscheiden und deren Entscheidungsverhalten insofern auch von Regulierungsänderungen ohne Änderung der ökonomischen Gegebenheiten beeinflusst würde.

> „Specifically, as a result of implementing the new standards, entities may experience a decline in credit ratings, an increase in the cost of credit, significant costs in renegotiating debt covenants, or difficulty continuing credit arrangements due to their change in financial position.“ (ED-CL 68: 117-120)

> „We are concerned that lenders will not fully understand the impact of the proposed model as it is highly possible that the preparers will provide information on a specific company's

1 Vgl. hierzu und im Folgenden Frage B.3.2.1, Kapitel VI.1.2.3.2.1.

leverage that is far different than the expectations the lender has based on current operating lease disclosures (including lack of disclosure of short term leases)." (ED-CL 271: 1473-1476)

Sämtliche drei (DP) bzw. 17 (ED) Wirtschaftsprüfer, die sich zu Auswirkungen auf bestehende Kreditauflagen äußern, erwarten vor dem Hintergrund veränderter Finanzkennzahlen eine Beeinflussung vereinbarter Kreditauflagen.

„The presentation of right-of-use assets with tangible assets, even if presented separately from non-leased assets, may have unintended consequences on the lessee's debt covenants. Generally lending arrangements typically include debt covenants based upon certain metrics and the inclusion of these right-of-use assets could affect these metrics, thereby causing a breach of covenants." (ED-CL 388: 180-184)

Lediglich fünf stellungnehmende Wirtschaftsprüfer zum ED erwarten indes negative Konsequenzen aus der Beeinflussung bestehender *covenants* in Form von Kürzungen von Kreditlinien oder verschlechterten Kreditkonditionen. Nach Auffassung dieser Wirtschaftsprüfer würden Banken nicht vorbehaltlos Nachverhandlungen von *covenants* aufgrund geänderter Bilanzierungsregeln durchführen. Dies gelte insbesondere dann, wenn die Einhaltung der Kreditauflagen bereits vor Einführung der neuen Regulierung gefährdet war.

„This proposed statement will put hundred (or more) of these entities in violation of their covenants. While it is possible that a knowledgeable loan officer has already considered the entity's off-balance-sheet leases in formulating the covenants, it is far from sure that a violation will be forgiven in today's climate, particularly if the debtor was already only marginally meeting the covenants and the bank is more interested in protecting its recovery options than making allowances for the effect of new accounting standards that have overnight made the entity into a violator." (ED-CL 13: 220-226)

In einer Stellungnahme von Wirtschaftsprüfern zum DP bzw. in sechs Stellungnahmen von Wirtschaftsprüfern zum ED wird hingegen eine Anpassung vereinbarter Kreditauflagen erwartet. Allerdings wäre dies mit Kosten für den Leasingnehmer verbunden.

„Changes as proposed by this exposure draft may result in unintended violation of existing debt covenants under present loan agreements. These loan agreements may need to be rewritten at a cost to the debtor entities." (ED-CL 578: 552-554)

Zwei (DP) bzw. sechs (ED) Wirtschaftsprüfer erwarten zwar eine Beeinflussung der Kreditauflagen, treffen jedoch keine Aussage zu möglichen Konsequenzen.

Die relativ geringe Anzahl an Stellungnahmen der Wirtschaftsprüfer zu möglichen Auswirkungen auf künftige Kreditvergabeentscheidungen von Banken lässt vermuten, dass die von den Wirtschaftsprüfern erwarteten Auswirkungen gering sind, auch wenn sämtliche diesbezüglich stellungnehmenden Wirtschaftsprüfer Veränderungen künftiger Kreditvergabeentscheidungen derart erwarten, dass Kredite nicht oder zu ungünstigeren Kreditkonditionen vergeben würden. Die Vermutung lediglich geringer Auswirkungen steht in Einklang mit den Auswertungen von Stellungnahmen der Leasingnehmer zum DP und ED[1]. Möglich wäre allerdings auch, dass die Auswirkungen von den Wirtschaftsprüfern nicht beurteilt werden können und insofern nicht in den Stellungnahmen thematisiert werden. Die Interviews mit Wirtschaftsprüfen offenbaren ein

1 Vgl. hierzu und im Folgenden Frage A.3.1.2, Kapitel VI.2.1.2.1.2.

heterogenes Antwortverhalten, wonach nahezu die Hälfte der Befragten veränderte künftige Kreditvergabeentscheidungen erwartet[1].

Das heterogene Antwortverhalten in den Stellungnahmen der Wirtschaftsprüfer zum ED hinsichtlich möglicher Konsequenzen aus der Beeinflussung bestehender *covenants* offenbart Parallelen zu der Auswertung leasingnehmerseitiger Stellungnahmen zum ED. Es unterscheidet sich indes von den Ergebnissen der Auswertung von Stellungnahmen der Leasingnehmer zum DP und den Interviews mit Wirtschaftsprüfern, wonach eine klare Mehrheit Nachverhandlungen von *covenants* aufgrund einer vollständigen Bilanzwirksamkeit von Leasingverhältnissen erwartet. Die relativ geringe Anzahl diesbezüglicher Stellungnahmen von Wirtschaftsprüfern zum DP deutet ebenfalls auf lediglich geringe negative Konsequenzen aus der Beeinflussung von *covenants* hin.

2.2.2.2.3 Erwartete Auswirkungen auf das Entscheidungsverhalten von Investoren und Analysten

Im Rahmen der Frage B.3.2.3 wird untersucht, inwieweit die Wirtschaftsprüfer Veränderungen im Entscheidungsverhalten von Investoren und Analysten gegenüber zu prüfenden Leasingnehmern erwarten. Lediglich zwei der 37 Stellungnahmen von Wirtschaftsprüfern zum DP bzw. 18 der 84 Stellungnahmen von Wirtschaftsprüfern zum ED enthalten diesbezügliche Aussagen. Fünf der 18 stellungnehmenden Wirtschaftsprüfer zum ED erwarten keine Auswirkungen der reformierten Leasingbilanzierung auf das Entscheidungsverhalten von Investoren und Analysten. Die Wirtschaftsprüfer begründen diese Aussage zum einen damit, dass sich mögliche negative Auswirkungen auf Entscheidungen von Investoren und Analysten durch eine gezielte Unternehmenskommunikation verhindern ließen. Zum anderen würden Investoren und Analysten über einen ausreichenden Sachverstand verfügen, um beispielsweise Veränderungen wesentlicher Kennzahlen auf die ausschließliche Regulierungsänderung zurückführen zu können.

> „The investment community is likely to rely on entities to explain the effects on key financial ratios and performance measures. Timely and clear communication will help avoid any misunderstanding by users of financial statements.“ (ED-CL 63: 2139-2142)

> „The effects on debt to equity ratios due to lessee inclusion of operating leases will be enormous but should be understood by most sophisticated investors […].“ (ED-CL 386: 872-873)

Beide stellungnehmenden Wirtschaftsprüfer zum DP bzw. 13 stellungnehmende Wirtschaftsprüfer zum ED erwarten demgegenüber Veränderungen im Entscheidungsverhalten von Investoren und Analysten derart, dass sich Risikoeinschätzungen oder Ratings verschlechtern könnten. Dies erklärt sich nach Angabe der Wirtschaftsprüfer aus den für Investoren und Analysten irreführenden leasinginduzierten Auswirkungen auf wesentliche Jahresabschlussinformationen und Kennzahlen. Investoren und Analysten hätten demnach Schwierigkeiten, die Auswirkungen der Regeländerung zu verstehen und entsprechend in deren Entscheidungsprozessen zu berücksichtigen.

1 Vgl. hierzu und im Folgenden Frage B.3.2.2, Kapitel VI.1.2.3.2.2.

> „In fact, including operating leases on the balance sheet would seem to be deceptive to the investor or lender, as it gives the appearance that the lessee is utilizing an asset for most of the assets useful life, when in fact, this is untrue.“ (ED-CL 24: 89-93)

Die verhältnismäßig geringe Anzahl diesbezüglicher Stellungnahmen führt – analog zu der vorstehenden Frage B.3.2.2[1] – zu der Vermutung, dass die von den Wirtschaftsprüfern erwarteten Auswirkungen gering sind – ein zu den Auswertungen von Stellungnahmen der Leasingnehmer zum DP und ED konsistentes Ergebnis[2]. Möglich wäre allerdings auch, dass die Auswirkungen von den Wirtschaftsprüfern nicht beurteilt werden können und insofern nicht in den Stellungnahmen thematisiert werden. Dagegen spricht allerdings das diesbezügliche Ergebnis aus den Interviews mit Wirtschaftsprüfern, wonach mehrheitlich keine Auswirkungen auf das Entscheidungsverhalten von Investoren und Analysten gegenüber zu prüfenden Leasingnehmern erwartet werden[3].

2.2.2.2.4 Ausweitung des Ansatzes zur Bilanzierung von Nutzungsrechten auf andere Bereiche der Rechnungslegung

Gegenstand der Frage B.3.2.4 ist die Untersuchung, inwieweit die Wirtschaftsprüfer eine Ausdehnung des Ansatzes zur Bilanzierung von Nutzungsrechten auf andere Bereiche der Rechnungslegung erwarten. Sieben der 37 Stellungnahmen von Wirtschaftsprüfern zum DP bzw. eine der 84 Stellungnahmen von Wirtschaftsprüfern zum ED enthalten entsprechende Aussagen. Darin wird eine Ausdehnung der Bilanzierung von Nutzungsrechten auf andere Dauerschuldverhältnisse, wie Arbeitsverträge, erwartet.

> „If you are going to pursue this fiction, why stop with leases? Why not require every organization that hires a new employee to recognize an asset and liability equal to the estimated present value of the compensation of that employee over the estimate employment period? […] I guess we will need to do the same with utility expenses (electricity, etc.), telephone expenses, and any other obligation that is expected to continue for some period of time.“ (ED-CL 2: 6-13)

Die Anzahl der Stellungnahmen von Wirtschaftsprüfern, die Aussagen zu einer möglichen Ausweitung des Ansatzes zur Bilanzierung von Nutzungsrechten auf andere Bereiche der Rechnungslegung enthalten, erscheint zu gering, um daraus ein eindeutiges Ergebnis deduzieren zu können, auch wenn sämtliche Wirtschaftsprüfer mit diesbezüglichen Aussagen in deren Stellungnahmen eine Ausweitung erwarten. Mehrere Erklärungen der relativ geringen Anzahl entsprechender Stellungnahmen sind denkbar. So kann vermutet werden, dass die Wirtschaftsprüfer ohne entsprechende Äußerungen in deren Stellungnahmen keine Ausdehnung des Ansatzes zur Bilanzierung von Nutzungsrechten erwarten oder eine entsprechende Ausdehnung als unproblematisch erachten und insofern nicht thematisieren. Dagegen spricht allerdings die einheitliche Erwartungshaltung der in den Interviews befragten Wirtschaftsprüfer, die unisono die Ausdehnung des Ansatzes zur Bilanzierung von Nutzungsrechten auf andere Bereiche

1 Vgl. Kapitel VI.2.2.2.2.2.
2 Vgl. Frage A.3.1.3, Kapitel VI.2.1.2.1.3.
3 Vgl. Frage B.3.2.3, Kapitel VI.1.2.3.2.3.

der Rechnungslegung erwarten und diese durchaus kritisieren[1]. Damit zusammenhängend kann unterstellt werden, dass sich die stellungnehmenden Wirtschaftsprüfer der Thematik noch nicht bewusst sind. Ähnliche Erklärungsversuche sind bereits im Rahmen der Auswertungen von Stellungnahmen der Leasingnehmer zum DP und ED unternommen worden[2]. Darin erwarten zwar sämtliche diesbezüglich stellungnehmenden Leasingnehmer eine Ausweitung. Allerdings erscheint die relative Anzahl an Stellungnahmen von Leasingnehmern ebenfalls zu gering, um daraus ein eindeutiges Ergebnis ableiten zu können. Die Frage B.3.2.4 bleibt somit unbeantwortet.

2.2.2.2.5 Zusammenfassung

Im Rahmen der Untersuchung der von Wirtschaftsprüfern erwarteten Auswirkungen für zu prüfende Leasingnehmer zeigt sich, dass jeweils nur eine relativ geringe Anzahl an Stellungnahmen diesbezügliche Aussagen enthält. Die Aussagekraft der Ergebnisse ist vor diesem Hintergrund als eingeschränkt zu bezeichnen. Die Untersuchung der erwarteten Auswirkungen auf Finanzkennzahlen zu prüfender Leasingnehmer verdeutlicht, dass die diesbezüglich stellungnehmenden Wirtschaftsprüfer mehrheitlich Veränderungen der Bilanzstrukturkennzahlen – insbesondere Verschlechterungen der Eigenkapitalquote und der Verschuldungsgrade – erwarten. Eine Minderheit der Wirtschaftsprüfer mit Aussagen zu Auswirkungen auf Finanzkennzahlen zu prüfender Leasingnehmer rechnet zudem mit Veränderungen der Rentabilitätskennzahlen, die im Wesentlichen auf Verbesserungen von EBIT bzw. EBITDA zurückzuführen sind. Aussagen zu Veränderungen von kapitalmarktorientierten Kennzahlen werden in den Stellungnahmen nicht getroffen.

Sämtliche Wirtschaftsprüfer, die zu möglichen Auswirkungen auf künftige Kreditvergabeentscheidungen von Banken Stellung nehmen, erwarten leasinginduzierte Veränderungen der künftigen Kreditwürdigkeit. Aufgrund der verhältnismäßig geringen Anzahl diesbezüglicher Stellungnahmen können die erwarteten Auswirkungen auf künftige Kreditvergabeentscheidungen jedoch als gering erachtet werden. Hinsichtlich der Konsequenzen aus einer erwarteten Beeinflussung bestehender *covenants* besteht Heterogenität im Antwortverhalten der stellungnehmenden Wirtschaftsprüfer zum ED, während die relativ geringe Anzahl diesbezüglicher Stellungnahmen von Wirtschaftsprüfern zum DP unter Einbezug der entsprechenden Ergebnisse aus den Interviews mit Wirtschaftsprüfern auf lediglich geringe negative Konsequenzen aus der Beeinflussung von *covenants* hindeutet.

Veränderungen im Entscheidungsverhalten von Investoren und Analysten gegenüber zu prüfenden Leasingnehmern werden von sämtlichen (DP) bzw. der Mehrheit (ED) der diesbezüglich stellungnehmenden Wirtschaftsprüfer erwartet. Unter Berücksichtigung der verhältnismäßig geringen Anzahl entsprechender Stellungnahmen und mit Bezug auf die Interviews mit Wirtschaftsprüfern können die diesbezüglich von den Wirtschaftsprüfern erwarteten Auswirkungen allerdings als gering eingeschätzt werden. Die Frage bezüglich einer möglichen Ausweitung des Ansatzes zur Bilanzierung von Nutzungsrechten auf andere Bereiche der Rechnungslegung bleibt aufgrund der

1 Vgl. Frage B.3.2.4, Kapitel VI.1.2.3.2.4.
2 Vgl. hierzu und im Folgenden Frage A.3.1.7, Kapitel VI.2.1.2.1.7.

verhältnismäßig geringen Anzahl entsprechender Stellungnahmen unbeantwortet. Eine zusammenfassende Übersicht der erwarteten Auswirkungen der reformierten Leasingbilanzierung für zu prüfende Leasingnehmer aus Sicht der stellungnehmenden Wirtschaftsprüfer zum DP gibt Tabelle 41. Tabelle 42 bietet eine Übersicht der erwarteten Auswirkungen der reformierten Leasingbilanzierung für zu prüfende Leasingnehmer aus Sicht der stellungnehmenden Wirtschaftsprüfer zum ED.

Tabelle 41: Erwartete Auswirkungen der reformierten Leasingbilanzierung für zu prüfende Leasingnehmer aus Sicht der stellungnehmenden Wirtschaftsprüfer zum DP

Fragen B.3.2: Erwartete Auswirkungen für Leasingnehmer			**Wirtschaftsprüfer ($n_{DP,\,WP} = 37$)**		
			Absolut	Relativ*	Relativ**
Finanzkennzahlen (Frage B.3.2.1) ($d_{DP,\,WP} = 9$)	Bilanzstrukturkennzahlen ($w_{DP,\,WP} = 7$)	↑			
		↓	7	78%	19%
		↔			
		Ø			
	Rentabilitätskennzahlen ($x_{DP,\,WP} = 4$)	↑	4	44%	11%
		↓			
		↔			
		Ø			
Entscheidungsverhalten von Banken (Frage B.3.2.2) ($e_{DP,\,WP} = 5$)	Künftige Kreditvergabeentscheidungen ($y_{DP,\,WP} = 3$)	↑			
		↓	3	60%	8%
		↔			
		Ø			
	Konsequenzen aus Beeinflussung bestehender Kreditvereinbarungen ($z_{DP,\,WP} = 3$)	↑			
		↓			
		↔	1	20%	3%
		Ø	2	40%	5%
Entscheidungsverhalten von Investoren und Analysten (Frage B.3.2.3) ($f_{DP,\,WP} = 2$)		↑			
		↓	2	100%	5%
		↔			
		Ø			

Legende:

↑	Verbesserung
↓	Verschlechterung
↔	keine Veränderung
Ø	nicht abschätzbar
*	bezogen auf die Anzahl der Stellungnahmen von Wirtschaftsprüfern zum DP mit Aussagen zu einer Frage
**	bezogen auf sämtliche Stellungnahmen von Wirtschaftsprüfern zum DP
$n_{DP,\,WP}$	Anzahl der Stellungnahmen von Wirtschaftsprüfern zum DP
$d\text{-}f_{DP,\,WP}$	Anzahl der Stellungnahmen von Wirtschaftsprüfern zum DP mit Aussagen zu einer Frage
$w\text{-}z_{DP,\,WP}$	Anzahl der Stellungnahmen von Wirtschaftsprüfern zum DP mit Aussagen zu einer Unterkategorie einer Frage

Tabelle 42: Erwartete Auswirkungen der reformierten Leasingbilanzierung für zu prüfende Leasingnehmer aus Sicht der stellungnehmenden Wirtschaftsprüfer zum ED

Fragen B.3.2: Erwartete Auswirkungen für Leasingnehmer			**Wirtschaftsprüfer ($n_{ED, WP}$ = 84)**		
			Absolut	Relativ*	Relativ**
Finanzkennzahlen (Frage B.3.2.1) ($d_{ED, WP}$ = 25)	Bilanzstrukturkennzahlen ($w_{ED, WP}$ = 22)	↑			
		↓	22	88%	26%
		↔			
		Ø			
	Rentabilitätskennzahlen ($x_{ED, WP}$ = 11)	↑	11	44%	13%
		↓			
		↔			
		Ø			
Entscheidungsverhalten von Banken (Frage B.3.2.2) ($e_{ED, WP}$ = 26)	Künftige Kreditvergabeentscheidungen ($y_{ED, WP}$ = 11)	↑			
		↓	11	42%	13%
		↔			
		Ø			
	Konsequenzen aus Beeinflussung bestehender Kreditvereinbarungen ($z_{ED, WP}$ = 17)	↑			
		↓	5	19%	6%
		↔	6	23%	7%
		Ø	6	23%	7%
Entscheidungsverhalten von Investoren und Analysten (Frage B.3.2.3) ($f_{ED, WP}$ = 18)		↑			
		↓	13	72%	15%
		↔	5	28%	6%
		Ø			

Legende:

↑ Verbesserung
↓ Verschlechterung
↔ keine Veränderung
Ø nicht abschätzbar

* bezogen auf die Anzahl der Stellungnahmen von Wirtschaftsprüfern zum ED mit Aussagen zu einer Frage
** bezogen auf sämtliche Stellungnahmen von Wirtschaftsprüfern zum ED

$n_{ED, WP}$ Anzahl der Stellungnahmen von Wirtschaftsprüfern zum ED
$d\text{-}f_{ED, WP}$ Anzahl der Stellungnahmen von Wirtschaftsprüfern zum ED mit Aussagen zu einer Frage
$w\text{-}z_{ED, WP}$ Anzahl der Stellungnahmen von Wirtschaftsprüfern zum ED mit Aussagen zu einer Unterkategorie einer Frage

Die vorstehend von den Wirtschaftsprüfern erwarteten Auswirkungen der reformierten Leasingbilanzierung für zu prüfende Leasingnehmer könnten in einem veränderten Entscheidungsverhalten der Leasingnehmer resultieren. Die Erwartungen der Wirtschaftsprüfer hinsichtlich eines veränderten Entscheidungsverhaltens zu prüfender Leasingnehmer sind Gegenstand des folgenden Abschnitts.

2.2.2.3 Erwartete Veränderungen im Entscheidungsverhalten zu prüfender Leasingnehmer

2.2.2.3.1 Veränderung der Laufzeiten künftiger Leasingverträge

Im Rahmen der Frage B.3.3.1 wird untersucht, inwieweit die stellungnehmenden Wirtschaftsprüfer Veränderungen der Laufzeiten künftiger Leasingverträge seitens zu prüfender Leasingnehmer erwarten. Kürzere Leasingvertragslaufzeiten könnten von den

Leasingnehmern beispielweise angestrebt werden, um die bilanzielle Verschuldung zu reduzieren. Eine der 37 Stellungnahmen von Wirtschaftsprüfern zum DP bzw. drei der 84 Stellungnahmen von Wirtschaftsprüfern zum ED enthalten Aussagen zu möglichen Veränderungen der Laufzeiten künftiger Leasingverträge. Sämtliche dieser stellungnehmenden Wirtschaftsprüfer rechnen mit einer Verkürzung der Laufzeiten künftiger Leasingverträge, um erwartete negative Auswirkungen zu reduzieren.

> „I am concerned that the proposed accounting could cause lessees to change their long-term business decision making process to seek shorter term leases to address debt covenant issues and financial performance metrics." (ED-CL 629: 281-309)

Insgesamt erscheint die relative Anzahl an Stellungnahmen von Wirtschaftsprüfern, die Aussagen zu möglichen Veränderungen der Laufzeiten künftiger Leasingverträge enthalten, zur Ableitung eines eindeutigen Ergebnisses zu gering. Die relativ geringe Anzahl entsprechender Stellungnahmen lässt vermuten, dass die diesbezüglich von den Wirtschaftsprüfern erwarteten Veränderungen im Entscheidungsverhalten gering sind und insofern nicht thematisiert werden. Dagegen spricht allerdings die Untersuchung *Abdel-khaliks*, deren Aussagegehalt aufgrund der ex post-Perspektive und der Fokussierung der zugrundeliegenden Reform auf die ausschließliche Bilanzierungspflicht für Finanzierungsleasingverhältnisse jedoch eingeschränkt ist[1]. Die entsprechenden Ergebnisse aus den Auswertungen von Stellungnahmen der Leasingnehmer zum DP und ED deuten zwar gleichermaßen auf eine Verkürzung künftiger Leasinglaufzeiten hin[2]. Die verhältnismäßig geringe Anzahl entsprechender Stellungnahmen lässt jedoch ebenfalls den Schluss zu, dass die von den Leasingnehmern bzw. Wirtschaftsprüfern erwarteten Veränderungen gering sind. Die Interviews mit Wirtschaftsprüfern wirken aufgrund der diesbezüglich geäußerten heterogenen Erwartungshaltung nicht ergebnisstützend[3].

2.2.2.3.2 Verwendung von laufzeitbezogenen Optionen, Restwertgarantien und bedingten Leasingzahlungen

Die Frage B.3.3.2 zielt darauf ab, inwieweit Wirtschaftsprüfer die bilanzpolitisch motivierte Verwendung von laufzeitbezogenen Optionen, Restwertgarantien und bedingten Leasingzahlungen durch die zu prüfenden Leasingnehmer erwarten. Lediglich drei der 37 Stellungnahmen von Wirtschaftsprüfern zum DP bzw. zwei der 84 Stellungnahmen von Wirtschaftsprüfern zum ED enthalten entsprechende Aussagen. Sämtliche diesbezüglich stellungnehmenden Wirtschaftsprüfer erwarten die Verwendung von laufzeitbezogenen Optionen, Restwertgarantien und bedingten Leasingzahlungen zur Beeinflussung der bilanziellen Verschuldung und damit zu Strukturierungszwecken.

> „[...] structuring opportunities through the use of optional renewal periods that are not economically optional (i.e., lack economic substance)." (ED-CL 74: 1203-1205)

1 Vgl. Abdel-khalik (1981), S. 118-119.
2 Vgl. Frage A.3.2.2, Kapitel VI.2.1.2.2.2.
3 Vgl. Frage B.3.3.1, Kapitel VI.1.2.3.3.1.

Analog zu der vorstehenden Frage B.3.3.1 ist die relative Anzahl diesbezüglicher Stellungnahmen von Wirtschaftsprüfern zu gering, um ein fundiertes Ergebnis deduzieren zu können[1]. Eine ähnliche Feststellung ist bereits im Rahmen der Auswertungen von Stellungnahmen der Leasingnehmer zum DP und ED gemacht worden[2]. Während die verhältnismäßig geringe Anzahl entsprechender Stellungnahmen von Wirtschaftsprüfern zum DP mit dem Verweis auf die noch ungewisse finale Regulierung erklärt werden könnte, lässt die relativ geringe Anzahl diesbezüglicher Stellungnahmen zum weitaus konkreteren ED vermuten, dass die Mehrheit der Wirtschaftsprüfer keine bilanzpolitisch motivierte Verwendung von laufzeitbezogenen Optionen, Restwertgarantien und bedingten Leasingzahlungen erwartet. Möglicherweise unterstellen die Wirtschaftsprüfer den Leasingnehmern die Auffassung, dass eine solche Vorgehensweise einer Prüfung durch den Wirtschaftsprüfer ohnehin nicht standhalten und insofern unterbleiben würde. Die Verwendung von Optionen, Restwertgarantien und bedingten Leasingzahlungen zu Strukturierungszwecken könnte zudem als unvereinbar mit dem Geschäftsmodell der Leasingnehmer erachtet werden. Gegen die vorstehende Vermutung sprechen allerdings die Interviews mit Wirtschaftsprüfern, in denen die Mehrheit den bilanzpolitisch motivierten Einsatz von laufzeitbezogenen Optionen, Restwertgarantien und bedingten Leasingzahlungen erwartet[3]. Auch die Untersuchung *Abdel-khaliks* steht dieser Vermutung entgegen[4].

2.2.2.3.3 Substitution von Leasingtransaktionen durch alternative Finanzierungsmöglichkeiten

Ziel der Frage B.3.3.3 ist die Untersuchung, inwieweit die Wirtschaftsprüfer eine Substitution von Leasingtransaktionen durch alternative Finanzierungsmöglichkeiten seitens zu prüfender Leasingnehmer erwarten. Keine der 37 Stellungnahmen von Wirtschaftsprüfern zum DP bzw. lediglich zwei der 84 Stellungnahmen von Wirtschaftsprüfern zum ED enthalten entsprechende Aussagen. Diese zwei Wirtschaftsprüfer erwarten, dass zu prüfende Leasingnehmer Leasingtransaktionen durch Verwendung alternativer Finanzierungsmöglichkeiten in bestimmten Fällen substituieren würden.

> „Consequently, leasing may become a less desired option in certain cases depending upon the design and implementation of the lease and the accompanying contract." (ED-CL 137: 126-127)

Vor dem Hintergrund der verhältnismäßig geringen Anzahl an Stellungnahmen zu einer Substitution von Leasingtransaktionen durch alternative Finanzierungsmöglichkeiten kann die diesbezügliche Frage nicht abschließend beantwortet werden. Die Ergebnisse aus den Interviews mit Wirtschaftsprüfern tragen aufgrund deren Heterogenität nicht zur Stabilisierung beider Stellungnahmen bei[5]. Auch die in einer relativen

1 Vgl. Kapitel VI.2.2.2.3.1.
2 Vgl. Frage A.3.2.3, Kapitel VI.2.1.2.2.3.
3 Vgl. Frage B.3.3.2, Kapitel VI.1.2.3.3.2.
4 Vgl. Abdel-khalik (1981), S. 118-119. Hinsichtlich der Vergleichbarkeit der Studie mit den Ergebnissen in dieser Arbeit gelten die in Frage B.3.3.1 thematisierten Einschränkungen. Vgl. Kapitel VI.2.2.2.3.1.
5 Vgl. Frage B.3.3.3, Kapitel VI.1.2.3.3.3.

Betrachtung zu geringe Anzahl entsprechender Stellungnahmen von Leasingnehmern zum DP und ED sowie die fehlenden diesbezüglichen Stellungnahmen von Wirtschaftsprüfern zum DP erlauben nicht die Ableitung eines aussagekräftigen Ergebnisses[1]. Es kann lediglich vermutet werden, dass die Wirtschaftsprüfer keine diesbezüglichen Veränderungen im Entscheidungsverhalten zu prüfender Leasingnehmer erwarten. Diese Argumentation wird von der Befragung *Abdel-khaliks* gestützt[2]. Als mögliche Begründungen kämen die mit Leasingtransaktionen verbundene Flexibilität oder der Mangel alternativer Finanzierungsmöglichkeiten in Betracht[3]. Andererseits könnte eine weitere Erklärung darin bestehen, dass die Wirtschaftsprüfer zum Zeitpunkt der Kommentierung mögliche Substitutionshandlungen seitens zu prüfender Leasingnehmer noch nicht in Betracht gezogen haben.

2.2.2.3.4 Zusammenfassung

Die Untersuchung der von den stellungnehmenden Wirtschaftsprüfern erwarteten Veränderungen im Entscheidungsverhalten der Leasingnehmer geht der Frage nach, inwieweit Leasingnehmer nach Auffassung der Wirtschaftsprüfer auf die zuvor untersuchten erwarteten Auswirkungen der reformierten Leasingbilanzierung reagieren würden. Eine zusammenfassende Übersicht der diesbezüglichen Auswertung von Stellungnahmen der Wirtschaftsprüfer zum DP ist in Tabelle 43 zu finden. Tabelle 44 bietet eine zusammenfassende Übersicht der diesbezüglichen Auswertung von Stellungnahmen der Wirtschaftsprüfer zum ED.

Die Aussagekraft der Ergebnisse ist vor dem Hintergrund der relativ geringen Anzahl an Stellungnahmen mit diesbezüglichen Aussagen als eingeschränkt zu bezeichnen. Veränderungen der Laufzeiten künftiger Leasingverträge dürfte eine untergeordnete Bedeutung im Rahmen der von Wirtschaftsprüfern erwarteten Veränderungen im Entscheidungsverhalten der Leasingnehmer zukommen. Ein ähnliches Bild ergibt sich hinsichtlich der Verwendung von Optionen, Restwertgarantien und bedingten Leasingzahlungen zu Strukturierungszwecken. Allerdings deuten die wenigen Stellungnahmen von Wirtschaftsprüfern in Verbindung mit den Ergebnissen der Interviews mit Wirtschaftsprüfern darauf hin, dass die nicht diesbezüglich stellungnehmenden Wirtschaftsprüfer die bilanzpolitische motivierte Verwendung von laufzeitbezogenen Optionen, Restwertgarantien und bedingten Leasingzahlungen noch nicht erwogen haben. Leasingnehmer könnten demnach laufzeitbezogene Optionen, Restwertgarantien und bedingte Leasingzahlungen zur Beeinflussung der Höhe der bilanziellen Verschuldung gemäß den Erwartungen der Wirtschaftsprüfer verwenden.

1 Vgl. Frage A.3.2.4, Kapitel VI.2.1.2.2.4.

2 Vgl. Abdel-khalik (1981), S. 118-119. Hinsichtlich der Vergleichbarkeit der Studie mit den Ergebnissen in dieser Arbeit gelten die in Frage B.3.3.1 thematisierten Einschränkungen. Vgl. Kapitel VI.2.2.2.3.1.

3 Vgl. z.B. Mayes/Nicholas (1988), S. 5-9 zu den Motivationsgründen zum Eingehen von Leasingverhältnissen.

Tabelle 43: Erwartete Veränderungen im Entscheidungsverhalten zu prüfender Leasingnehmer aus Sicht der stellungnehmenden Wirtschaftsprüfer zum DP

Fragen B.3.3: Die Reform der Leasingbilanzierung führt zur...	**Wirtschaftsprüfer ($n_{DP, WP}$ = 37)**		
	Absolut	Relativ*	Relativ**
...Veränderung der Laufzeiten künftiger Leasingverträge (Frage B.3.3.1) ($g_{DP, WP}$ = 1)	1	100%	3%
...Verwendung von Optionen, Restwertgarantien, bedingten Leasingzahlungen (Frage B.3.3.2) ($h_{DP, WP}$ = 3)	3	100%	8%
...Substitution von Leasingtransaktionen durch alternative Finanzierungsmöglichkeiten (Frage B.3.3.3) ($i_{DP, WP}$ = 0)			

Legende:
* bezogen auf die Anzahl der Stellungnahmen von Wirtschaftsprüfern zum DP mit Aussagen zu einer Frage
** bezogen auf sämtliche Stellungnahmen von Wirtschaftsprüfern zum DP
$n_{DP, WP}$ Anzahl der Stellungnahmen von Wirtschaftsprüfern zum DP
$g\text{-}i_{DP, WP}$ Anzahl der Stellungnahmen von Wirtschaftsprüfern zum DP mit Aussagen zu einer Frage

Tabelle 44: Erwartete Veränderungen im Entscheidungsverhalten zu prüfender Leasingnehmer aus Sicht der stellungnehmenden Wirtschaftsprüfer zum ED

Fragen B.3.3: Die Reform der Leasingbilanzierung führt zur...	**Wirtschaftsprüfer ($n_{ED, WP}$ = 84)**		
	Absolut	Relativ*	Relativ**
...Veränderung der Laufzeiten künftiger Leasingverträge (Frage B.3.3.1) ($g_{ED, WP}$ = 3)	3	100%	4%
...Verwendung von Optionen, Restwertgarantien, bedingten Leasingzahlungen (Frage B.3.3.2) ($h_{ED, WP}$ = 2)	2	100%	2%
...Substitution von Leasingtransaktionen durch alternative Finanzierungsmöglichkeiten (Frage B.3.3.3) ($i_{ED, WP}$ = 2)	2	100%	2%

Legende:
* bezogen auf die Anzahl der Stellungnahmen von Wirtschaftsprüfern zum ED mit Aussagen zu einer Frage
** bezogen auf sämtliche Stellungnahmen von Wirtschaftsprüfern zum ED
$n_{ED, WP}$ Anzahl der Stellungnahmen von Wirtschaftsprüfern zum ED
$g\text{-}i_{ED, WP}$ Anzahl der Stellungnahmen von Wirtschaftsprüfern zum ED mit Aussagen zu einer Frage

Hinsichtlich der Substitution von Leasingtransaktionen durch alternative Finanzierungsmöglichkeiten lässt sich aufgrund der relativ geringen Anzahl diesbezüglicher Stellungnahmen ebenfalls keine eindeutige Erwartungshaltung der Wirtschaftsprüfer konstatieren.

2.3 Ergebnisse aus den Auswertungen von Stellungnahmen der Banken zum Diskussionspapier und Standardentwurf

2.3.1 Beurteilung der gegenwärtigen Leasingbilanzierung und der Reformbestrebungen

2.3.1.1 Beurteilung der gegenwärtigen Leasingbilanzierung

2.3.1.1.1 Beurteilung der Existenz unterschiedlicher Bilanzierungsmethoden für Leasingverhältnisse und der damit verbundenen Gestaltungsspielräume

Im Rahmen der Frage C.2.1.1 wird untersucht, wie Banken die unterschiedlichen Bilanzierungsmethoden für Leasingverhältnisse und damit zusammenhängende Gestaltungsspielräume beurteilen. 17 der 22 Stellungnahmen von Banken zum DP bzw. 22 der 55 Stellungnahmen von Banken zum ED enthalten entsprechende Aussagen. 13 (DP) bzw. elf (ED) Banken kritisieren die Existenz unterschiedlicher Bilanzierungsmethoden für Leasingverhältnisse. Im Fokus der Kritik steht die nach Auffassung dieser Banken ermessenbehaftete Klassifizierung in Finanzierungsleasingverhältnisse und operative Leasingverhältnisse, die mitunter zu einer willkürlichen Auswahl der Leasingbilanzierungsmethode führe.

> „We acknowledge that the current accounting by lessees is generally viewed as being conceptually flawed and failing to provide useful and relevant information for financial statement users. Another criticism leveled at the current guidance is that it can, at the margin, create opportunities for structuring off-balance sheet lease arrangements that are in substance financing arrangements." (ED-CL 436: 46-49)

Die verbleibenden vier (DP) bzw. elf (ED) diesbezüglich stellungnehmenden Banken geben an, dass ein Gewöhnungsprozess an die gegenwärtige Leasingbilanzierung stattgefunden hat. Jahresabschlussersteller und Adressaten könnten mit der dichotomen Leasingbilanzierung umgehen.

> „The existing approach is well understood by lessees, lessors, and users of financial statements […]." (ED-CL 262: 287-288)

Während die stellungnehmenden Banken zum DP die unterschiedlichen Bilanzierungsmethoden für Leasingverhältnisse und damit zusammenhängende Gestaltungsspielräume mehrheitlich kritisieren, offenbaren die diesbezüglich stellungnehmenden Banken zum ED ein heterogenes Antwortverhalten. Die mehrheitliche Kritik der stellungnehmenden Banken zum DP steht in Einklang mit den Studien von *Berry/ Robertson* und *Durocher/Fortin*[1]. Übereinstimmung besteht überdies mit den Ergebnissen aus den Auswertungen von Stellungnahmen der Wirtschaftsprüfer zum DP und

1 Vgl. Berry/Robertson (2006), S. 187-188, Durocher/Fortin (2009), S. 25-27.

ED sowie zu den Interviews mit Banken[1]. Zwischen der Auswertung von Stellungnahmen der Banken zum DP und den Auswertungen von Stellungnahmen der Leasingnehmer zum DP und ED besteht Übereinstimmung hinsichtlich der von beiden Gruppen identifizierten Gestaltungsspielräume im Rahmen der Klassifizierung[2]. Unterschiede bestehen jedoch insofern, als die Banken die Gestaltungsspielräume kritisieren, während die Leasingnehmer keine Beurteilung abgeben.

2.3.1.1.2 Beurteilung der Möglichkeit zur Einschätzung von Bilanzauswirkungen operativer Leasingverhältnisse

Gegenstand der Frage C.2.1.2 ist die Untersuchung, wie die stellungnehmenden Banken die Möglichkeiten beurteilen, anhand der Informationen zu operativen Leasingverhältnissen Aussagen zu deren bilanziellen Auswirkungen zu treffen. Zusätzlich wird untersucht, wie Banken die Möglichkeiten anderer Adressaten zur Beurteilung der Bilanzauswirkungen operativer Leasingverhältnisse einschätzen. Zwei Stellungnahmen von Banken zum DP bzw. 13 Stellungnahmen von Banken zum ED enthalten entsprechende Aussagen. Drei der 13 stellungnehmenden Banken zum ED geben an, dass die Beurteilung der Bilanzauswirkungen operativer Leasingverhältnisse anhand der vorhandenen Informationen erschwert ist. Das Argument der bereits heute angewendeten Bilanzkorrekturen gelte nur bedingt, da Bilanzkorrekturen um operative Leasingverhältnisse lediglich bei leasingintensiven Unternehmen vorgenommen würden.

> „In the basis for conclusions for the ED, the Board noted that many users of financial statements adjust the amounts presented in the statement of financial position to reflect assets and liabilities arising from operating leases. However, we believe this practice is most commonly performed for entities in industries where leasing is a significant factor in how the business is operated (e.g., airlines) and where the lease would typically relate to core assets." (ED-CL 93: 137-141)

Nach Auffassung der beiden diesbezüglich stellungnehmenden Banken zum DP bzw. zehn der diesbezüglich stellungnehmenden Banken zum ED sind die vorhandenen Informationen ausreichend, um die Bilanzauswirkungen abschätzen zu können. Dies gelte auch für andere Adressaten des Abschlusses.

> „Many commercial lenders are satisfied that the current accounting standards governing leases adequately reflects their customers' operations and fairly presents the effects that operating leases have on the leverage ratio of their customers." (ED-CL 522: 95-98)

> „Under current GAAP guidance, lessees are required to disclose their future minimum lease payments in the notes to the financial statements. In addition to numeric data, those notes often provide qualitative information about the nature of the leased property, lease terms, timing of lease payments, etc. The financial statement reader can incorporate this information into any future cash flow, balance sheet, or income statement models that he/she might be building." (ED-CL 555: 96-100)

Diese Banken verweisen zudem auf bestehende Analyseinstrumente und Verfahren zur Bilanzkorrektur um operative Leasingverhältnisse. Die daraus generierten Informa-

---

1 Vgl. Frage B.2.1.1, Kapitel VI.2.2.1.1.1, Frage C.2.1.1, Kapitel VI.1.3.2.1.1.

2 Vgl. hierzu und im Folgenden Frage A.2.1.1, Kapitel VI.2.1.1.1.1.

tionen seien zur Beurteilung der Bilanzauswirkungen operativer Leasingverhältnisse ausreichend.

> „Our informal research found that while commercial banking credit officers generally make adjustments to factor in the impact of an operating lease on operating leverage, a majority of them are satisfied with the current accounting and do not believe the proposed changes are needed." (ED-CL 274: 43-45)

Dieses Ergebnis überrascht insofern, als in Frage C.2.1.1 die unterschiedlichen Bilanzierungsmethoden vor dem Hintergrund der Strukturierungsanreize mehrheitlich von den stellungnehmenden Banken zum DP bzw. von der Hälfte der diesbezüglich stellungnehmenden Banken zum ED kritisiert werden[1]. Die Banken scheinen jedoch der Auffassung zu sein, dass sie selbst und andere Adressaten die Effekte dieser Strukturierungen mittels Bilanzanpassung vollständig korrigieren können. Widersprüche werden zu der experimentellen Studie *Abdel-khaliks* und der von *Durocher/Fortin* durchgeführten Befragung von Bankangestellten deutlich, die andeuten, dass Banken nur unzureichend in der Lage sind, die bilanziellen Auswirkungen operativer Leasingverhältnisse abschätzen zu können[2]. Parallelen bestehen demgegenüber zu dem Experiment von *Wilkins/Zimmer*[3].

Die vorstehenden Erkenntnisse weisen Unterschiede zu der Auswertung von Stellungnahmen der Wirtschaftsprüfer zum DP auf, die die Beurteilung der Bilanzauswirkungen operativer Leasingverhältnisse mehrheitlich für erschwert halten[4]. Sie stimmen allerdings mit den entsprechenden Stellungnahmen von Leasingnehmern zum DP und ED sowie mit den diesbezüglichen Stellungnahmen von Wirtschaftsprüfern zum ED überein, die jeweils mehrheitlich keine Schwierigkeit für Adressaten erkennen, bilanzielle Auswirkungen anhand der Informationen zu operativen Leasingverhältnissen im Anhang einschätzen zu können[5]. Die Bestätigung der diesbezüglichen Aussagen der Leasingnehmer durch Banken und Wirtschaftsprüfer könnte die Vermutung eines strategischen Antwortverhaltens der Leasingnehmer zur Beeinflussung der Reformbestrebungen zumindest abschwächen. Dafür spricht auch, dass die in den Interviews befragten Banken keine Erschwernis hinsichtlich der eigenen Beurteilung der bilanziellen Auswirkungen operativer Leasingverhältnisse erkennen[6]. Allerdings erachten die Befragten die Beurteilung für nicht-professionelle Adressaten, die nicht über Analyseprogramme verfügen, als erschwert. Die genannten Übereinstimmungen stützen das auf einer relativ geringen Anzahl diesbezüglicher Stellungnahmen von Banken basierende vorstehende Ergebnis.

1 Vgl. Kapitel VI.2.3.1.1.1.

2 Vgl. Abdel-khalik (1981), S. 103-108 und Anhang zu Kapitel 5, Durocher/Fortin (2009), S. 25-27.

3 Vgl. Wilkins/Zimmer (1983b).

4 Vgl. hierzu und im Folgenden Frage B.2.1.2, Kapitel VI.2.2.1.1.2.

5 Vgl. Frage A.2.1.2, Kapitel VI.2.1.1.1.2.

6 Vgl. hierzu und im Folgenden Frage C.2.1.2, Kapitel VI.1.3.2.1.2.

2.3.1.1.3 Beurteilung der Vergleichbarkeit von Jahresabschlüssen

Die Einschätzungen der stellungnehmenden Banken bezüglich eines möglichen Einflusses der gegenwärtigen Leasingbilanzierung auf die Vergleichbarkeit von Jahresabschlüssen zwischen Unternehmen und über die Zeit hinweg sind Gegenstand der Frage C.2.1.3. Keine der 22 Stellungnahmen von Banken zum DP bzw. acht der 55 Stellungnahmen von Banken zum ED enthalten entsprechende Aussagen. Drei der acht Banken geben an, dass die Vergleichbarkeit für die überwiegende Zahl der Leasingverhältnisse aufgrund der gegenwärtigen Informationen gewährleistet ist.

> „In our opinion, 'lease term' in the existing IAS 17 has already met the requirements for preparation and use of financial statements, and even better than the ED in terms of the accuracy, comparability and cost-effectiveness.“ (ED-CL 325: 201-205)

Fünf Banken erachten die Vergleichbarkeit der Jahresabschlüsse aufgrund der dichotomen Leasingbilanzierung demgegenüber als beeinträchtigt.

> „We acknowledge that there are shortcomings in the current lease accounting requirements set out in IAS 17, particularly the artificial distinction between operating and finance leases which leads to reduced comparability between entities.“ (ED-CL 390: 68-70)

Die mehrheitliche Auffassung der Banken mit entsprechenden Aussagen in deren Stellungnahmen zum ED korrespondiert mit der Befragung von *Durocher/Fortin*, in der insbesondere die Vergleichbarkeit zwischen Unternehmen als beeinträchtigt angesehen wird und formale Korrekturen um operative Leasingverhältnisse nur von einer Minderheit der Befragten durchgeführt werden[1]. Parallelen bestehen zudem zu den Auswertungen diesbezüglicher Stellungnahmen der Leasingnehmer und Wirtschaftsprüfer zum DP und ED, die ebenfalls mehrheitlich bzw. allesamt die Vergleichbarkeit aufgrund der gegenwärtigen Leasingbilanzierung als beeinträchtigt erachten[2]. Eine Beeinträchtigung der Vergleichbarkeit wird überdies von sämtlichen befragten Banken der Interviews geäußert[3]. Die befragten Banken behelfen sich allerdings, indem sie mithilfe der vorhandenen Analysetools und zusätzlichen Kundeninformationen eine für sie relevante Vergleichbarkeit der Jahresabschlüsse generieren. Die Aussagekraft des vorstehenden Ergebnisses ist aufgrund der relativ geringen Anzahl diesbezüglicher Stellungnahmen von Banken als eingeschränkt zu bezeichnen. Die relativ geringe Anzahl entsprechender Stellungnahmen von Banken zum ED bzw. der Mangel diesbezüglicher Stellungnahmen von Banken zum DP könnte damit erklärt werden, dass Banken – in Übereinstimmung mit dem Ergebnis der Frage C.2.1.2 und den Interviews mit Banken – Bilanzkorrekturen um operative Leasingverhältnisse durchführen, insofern Vergleichbarkeit herstellen und die Thematik nicht aufgreifen[4].

1 Vgl. Durocher/Fortin (2009), S. 25-28.
2 Vgl. Frage A.2.1.3, Kapitel VI.2.1.1.1.3, Frage B.2.1.3, Kapitel VI.2.2.1.1.3.
3 Vgl. hierzu und im Folgenden Frage C.2.1.3, Kapitel VI.1.3.2.1.3.
4 Vgl. Kapitel VI.2.3.1.1.2.

2.3.1.1.4 Beurteilung der Möglichkeit zur Einschätzung finanzieller Verpflichtungen aus Leasingverhältnissen

Im Rahmen der Frage C.2.1.4 werden die Beurteilungen der Banken untersucht, inwieweit Einschätzungen über die finanziellen Verpflichtungen eines Unternehmens anhand der gegenwärtigen Leasinginformationen vorgenommen werden können. Zwei der 22 Stellungnahmen von Banken zum DP bzw. zehn der 55 Stellungnahmen von Banken zum ED enthalten diesbezügliche Aussagen. Die Einschätzung der finanziellen Verpflichtungen ist nach Aussage von drei stellungnehmenden Banken zum ED aufgrund fehlender Bilanzinformationen zu operativen Leasingverhältnissen nur eingeschränkt möglich.

> „We acknowledge that the existing model for leases may not provide users with sufficient transparency related to the assets obtained and obligations assumed under certain leasing arrangements […].“ (ED-CL 242: 52-53)

Beide diesbezüglich stellungnehmenden Banken zum DP bzw. sieben stellungnehmende Banken zum ED geben demgegenüber an, dass die vorhandenen Informationen ausreichen, um die finanziellen Verpflichtungen aus Leasingverhältnissen abschätzen zu können.

> „Users already have access to the notes to financial statements information related to future minimum rental commitments and optional lease extensions.“ (ED-CL 209: 122-124)

Das Ergebnis dieser Frage unterscheidet sich von den Studien von *Abdel-khalik*, *Durocher/Fortin* und *Hartman/Sami*[1]. Unterschiede bestehen zudem zu der Auswertung diesbezüglicher Stellungnahmen von Wirtschaftsprüfern zum DP, die die Einschätzung finanzieller Verpflichtungen aus Leasingverhältnissen mehrheitlich als erschwert beurteilen[2]. Übereinstimmung zeigt sich demgegenüber zu den Auswertungen von Stellungnahmen der Leasingnehmer zum DP und ED, der Stellungnahmen der Wirtschaftsprüfer zum ED sowie den Interviews mit Banken[3]. Die in den Interviews befragten Banken erachten die Einschätzung der finanziellen Verpflichtungen aufgrund der unvollständigen und auf Schätzungen beruhenden Anhangangaben zwar grundsätzlich als erschwert. Allerdings schaffen sie eine verbesserte Einschätzung durch Berücksichtigung zusätzlicher Informationen, etwa zugrundeliegender Leasingverträge. Die Übereinstimmungen wirken vor dem Hintergrund der relativ geringen Anzahl diesbezüglicher Stellungnahmen von Banken ergebnisstützend und könnten – analog zu Frage C.2.1.2 – die Vermutung eines strategischen Antwortverhaltens der Leasingnehmer zur Beeinflussung der Reformbestrebungen abschwächen[4].

---

1 Vgl. Abdel-khalik (1981), S. 103-108 und Anhang zu Kapitel 5, Durocher/Fortin (2009), S. 25-27, Hartman/Sami (1989).

2 Vgl. hierzu und im Folgenden Frage B.2.1.4, Kapitel VI.2.2.1.1.4.

3 Vgl. hierzu und im Folgenden Frage A.2.1.4, Kapitel VI.2.1.1.1.4, Frage C.2.1.4, Kapitel VI.1.3.2.1.4.

4 Vgl. Kapitel VI.2.3.1.1.2.

2.3.1.2 *Beurteilung der Reformbestrebungen*

2.3.1.2.1 Beurteilung der Bilanzierungspflicht für sämtliche Leasingverhältnisse und des Ansatzes zur Bilanzierung und Bewertung von Nutzungsrechten

Im Mittelpunkt der Frage C.2.2.1 steht die Beurteilung der Bilanzierungspflicht für sämtliche Leasingverhältnisse. Dabei wird auch untersucht, wie die Banken den Ansatz zur Bilanzierung und Bewertung von Nutzungsrechten bewerten. Sämtliche 22 Stellungnahmen von Banken zum DP bzw. 40 der 55 Stellungnahmen von Banken zum ED enthalten diesbezügliche Aussagen. Die Einführung einer Bilanzierungspflicht für sämtliche Leasingverhältnisse wird von 16 (DP) bzw. 29 (ED) Banken befürwortet. Nach Auffassung dieser Banken sei es konzeptionell richtig, operative Leasingverhältnisse bilanzwirksam abzubilden.

> „We agree that a lessee should recognise assets and liabilities relating to all lease contracts. The rights and obligations arising from lease contracts meet the definition of assets and liabilities in accordance with the conceptual framework and will align lease accounting with other standards which recognise assets and liabilities arising from contractual arrangements.“ (ED-CL 438: 229-233)

Die Pflicht zur Bilanzierung sämtlicher Leasingverhältnisse wird von diesen Banken insofern positiv bewertet, als die mit der Klassifizierung von Leasingverhältnissen verbundenen Strukturierungsmöglichkeiten entfielen und Übereinstimmung mit dem gegenwärtigen Vorgehen von Adressaten bestünde, Bilanzen regelmäßig um operative Leasingverhältnisse zu korrigieren.

> „[W]e agree with recognising leases on the balance sheet, and removing the current arbitrary distinction between operating leases and finance leases.“ (ED-CL 292: 67-68)

> „We acknowledge that various users of financial statements often adjust a company's financial statements to incorporate certain contractual obligations related to lease arrangements that are currently off-balance sheet. Accordingly, an accounting framework to present such lease obligations on balance sheet should generally reflect the adjustments that financial statement users make today […].“ (ED-CL 311: 54-57)

Sechs (DP) bzw. elf (ED) Banken lehnen die Pflicht zur bilanzwirksamen Behandlung sämtlicher Leasingverhältnisse ab. Die Begründung hierfür liegt im Wesentlichen in dem von diesen Banken angeführten ökonomischen Unterschied zwischen mietähnlichen und kaufähnlichen Transaktionen. Zudem ist nach Ansicht dieser Banken die Erfüllung der Ansatzkriterien eines Vermögenswerts und einer Schuld gemäß Rahmenkonzept für operative Leasingverhältnisse zweifelhaft.

> „Many transactions which are currently classified as operating leases are ordinary rental agreements. Under such agreements, the lessee does not acquire enough rights to effectively control the leased item. Therefore, the definition of an asset as contained in the framework is not met. Such transactions should thus give rise to periodic expenses as they do today.“ (ED-CL 411: 169-173)

Die Einführung eines Ansatzes zur Bilanzierung von Nutzungsrechten statt des Leasinggegenstands erachten 16 kommentierende Banken zum DP bzw. 26 kommentierende Banken zum ED als konzeptionell richtig.

> „[W]e believe that the right-of-use model outlined in the exposure draft addresses many of the Boards' concerns related to the accounting for leasing transactions. We understand the

> Boards' desire to eliminate the 'bright lines' used to distinguish between operating and capital leases, and their interest in reflecting all lease obligations on a reporting entity's balance sheet. We believe that the right-of-use model is conceptually sound, the definition of a lease as outlined in the exposure draft is reasonable, and we have no significant objections to the scope exclusions outlined in the exposure draft." (ED-CL 503: 71-77)

Drei stellungnehmende Banken zum ED, die eine Bilanzierungspflicht für sämtliche Leasingverhältnisse befürworten, lehnen den Ansatz zur Bilanzierung von Nutzungsrechten ab. Die Begründung hierfür lautet wie folgt:

> „Consequently, we do not agree with the recognition of the right of use as an asset in the lessee's balance sheet but, on the other hand, and for certain types of leases, we consider that the underlying asset might be recognized in the lessee's financial statements. [...] In our opinion, the characterization of the right-of-use of the leased item for the lease term as an asset itself is (1) neither convenient nor necessary as a feasible balance sheet item and (2) does not fit in the IFRS conceptual framework and introduces confusion between an asset and the requisites required for its recognition in the financial statements." (ED-CL 186: 308-317)

Acht (DP) bzw. 13 (ED) Befürworter des Ansatzes zur Bilanzierung von Nutzungsrechten aus konzeptioneller Sicht äußern Bedenken hinsichtlich der Umsetzung in der Praxis. Die Kritik am Ansatz zur Bilanzierung von Nutzungsrechten konzentriert sich einerseits auf die Definition von Leasingverträgen und die Abgrenzung zu Dienstleistungsverträgen.

> „The proposed accounting treatment of lease transactions and service arrangements is significantly different. Therefore, it is crucial that the definition of a lease be further improved to clearly distinguish leases from services." (ED-CL 390: 179-181)

Andererseits würde die Umsetzung in der Praxis nach Aussage der stellungnehmenden Banken zum ED durch die propagierte Bewertung erschwert.

> „We agree with the basic premise of the proposed approach for lessee accounting, that is, to account for leases as on-balance sheet financings. However, we disagree with the proposed measurement methodology for the right-of-use asset and the lease obligation [...]." (ED-CL 407: 231-233)

Die Bewertung des Nutzungsrechts und der korrespondierenden Zahlungsverpflichtung in einem einfachen Leasingverhältnis wird von den stellungnehmenden Banken zum DP überwiegend positiv beurteilt.

Die mehrheitliche Befürwortung der Pflicht zur Bilanzierung sämtlicher Leasingverhältnisse von Banken, die diesbezüglich Stellung nehmen, korrespondiert mit der Untersuchung von *Durocher/Fortin*[1]. Übereinstimmung mit den Auswertungen von Stellungnahmen der Leasingnehmer und Wirtschaftsprüfer zum DP und ED sowie den Interviews mit Banken besteht insofern, als die Mehrheit der diesbezüglich stellungnehmenden Leasingnehmer und Wirtschaftsprüfer sowie sämtliche befragten Banken die Bilanzierungspflicht für sämtliche Leasingverhältnisse befürworten und auch den Ansatz zur Bilanzierung von Nutzungsrechten als konzeptionell richtig beurteilen[2]. Alle Gruppen äußern zudem Bedenken hinsichtlich der praktischen Umsetzung

1 Vgl. Durocher/Fortin (2009), S. 27-28, ähnlich Abdel-khalik (1981), S. 113-114.

2 Vgl. hierzu und im Folgenden Frage A.2.2.1, Kapitel VI.2.1.1.2.1, Frage B.2.2.1, Kapitel VI.2.2.1.2.1, Frage C.2.2.1, Kapitel VI.1.3.2.2.1. Allerdings sind die Ergebnisse aus der

des Ansatzes. Unterschiede bestehen in der Begründung der diesbezüglichen Problembereiche. So geben die stellungnehmenden Leasingnehmer zum DP und ED und die stellungnehmenden Banken zum DP hauptsächlich die Definition von Leasingverträgen und die Abgrenzung zu Dienstleistungsverträgen an. Die stellungnehmenden Wirtschaftsprüfer zum DP und ED verbinden – analog zu den stellungnehmenden Banken zum ED – zusätzlich eine Umsetzungserschwernis mit der Bewertung des Nutzungsrechts, während die Banken der Interviews die Umsetzungserschwernis in der Bewertung des Nutzungsrechts und der Übertragbarkeit des Ansatzes auf sämtliche Leasingverhältnisse erkennen. Die Bewertung des Nutzungsrechts in einfachen Leasingverhältnissen wird von den stellungnehmenden Leasingnehmern zum DP und ED sowie den stellungnehmenden Banken zum DP als unproblematisch erachtet.

2.3.1.2.2 Beurteilung der bilanziellen Behandlung von Optionen, Restwertgarantien und bedingten Leasingzahlungen

Die Frage C.2.2.2 hat die Beurteilung der bilanziellen Behandlung von Optionen, Restwertgarantien und bedingten Leasingzahlungen durch die stellungnehmenden Banken zum Gegenstand. 21 der 22 Stellungnahmen von Banken zum DP bzw. 50 der 55 Stellungnahmen von Banken zum ED enthalten diesbezügliche Aussagen. Acht kommentierende Banken zum DP befürworten den Vorschlag, laufzeitbezogene Optionen, Restwertgarantien und bedingte Leasingzahlungen innerhalb des Nutzungsrechts bzw. der Zahlungsverpflichtung zu erfassen (*single asset and liability approach*). Drei (DP) bzw. sechs (ED) Banken sprechen sich zwar für die Erfassung von laufzeitbezogenen Optionen, Restwertgarantien und bedingten Leasingzahlungen innerhalb des Nutzungsrechts bzw. der Zahlungsverpflichtung aus, kritisieren allerdings die Ermittlung des Barwerts der Leasingzahlungen auf Basis der wahrscheinlichsten Leasinglaufzeit (DP) bzw. der längstmöglichen Leasinglaufzeit, die sich nach dem Kriterium *more likely than not* ergäbe (ED) und schlagen mehrheitlich vor, den Grenzwert auf *virtually certain* zu erhöhen. Ähnliche Aussagen werden von diesen Banken hinsichtlich des im Rahmen von Restwertgarantien und bedingten Leasingzahlungen zu ermittelnden Erwartungswerts bzw. alternativen wahrscheinlichsten Werts im DP getroffen.

> „We agree that such options should not be separated from the underlying lease contract but we do not support the inclusion of these options in the liability until the definition of an asset or liability has been satisfied under the Boards own conceptual framework. […] Optional lease terms are dependent on future business conditions and it is therefore inappropriate to reflect these in the additional measurement, unless it is virtually certain that they will be exercised. Such an approach is pragmatic in that it is operational and minimises any structuring opportunities within the confines of the Boards conceptual frameworks. From an operational perspective there would be considerable judgement applied in order to determine the lease period that is more likely than not to occur and it is particularly onerous to consider potential rent periods for all leases." (ED-CL 438: 569-587)

Auswertung von Stellungnahmen der Banken zum DP und den Interviews mit Banken nicht vollständig mit den Ergebnissen aus der Auswertung von Stellungnahmen der Banken zum ED aufgrund teilweise voneinander abweichender Regulierungsvorschläge im DP bzw. ED vergleichbar. Vgl. hierzu Kapitel II.2.

Zehn (DP) bzw. 44 (ED) Banken lehnen demgegenüber eine Erfassung von laufzeitbezogenen Optionen bis zu deren Erfüllung ab. Diese Banken verweisen mehrheitlich auf die Ansatzkriterien eines Vermögenswerts und einer Schuld gemäß Rahmenkonzept, die Optionen regelmäßig nicht erfüllten. Teilweise begründen die Banken die ablehnende Haltung zudem mit Ermessensspielräumen im Rahmen der Bewertung. Die Einschätzung der Ausübungswahrscheinlichkeit von Optionen wäre höchst subjektiv und mit Unsicherheit verbunden. Insofern erwarten die Banken, dass sich das Verständnis von Jahresabschlussinformationen nicht verbessern würde.

> „We maintain the position that for the determination of the lease term they should not take into account the effect of any options to extend or terminate the lease. Only the amounts due under the primary lease term should be included in the estimation of the assets and liabilities associated to the lease. Thus, lease payments for extensions of contracts do not meet the definition of obligation under the conceptual framework, the same way the receivables during these periods do not meet the definition of assets. In addition, the lessee may have no reliable information on each reporting date on future market rentals for the particular asset, and therefore do not know if the extension option is favourable or not." (ED-CL 186: 893-901)

> „The lease term estimation method proposed in the exposure draft will be strongly swayed by subjective elements such as the method used to estimate probability. This will raise questions about the reliability and comparability of financial statements, and the results of such estimates will not constitute useful information for financial statement users." (ED-CL 293: 81-85)

Ähnliche Aussagen werden hinsichtlich Restwertgarantien und bedingten Leasingzahlungen getroffen.

> „We also disagree with the proposed treatment of contingent rentals. We firmly think that they are not a present obligation as they only arise if a specified future event occurs so they should not be included as part of the initial rental obligation. Furthermore, the estimate of those amounts would be costly, complex and, just the same as renewal options, it would increase the subjectivity of the figures included in the financial statements and would damage comparability." (ED-CL 334: 405-409)

Statt der Berücksichtigung von Optionen, Restwertgarantien und bedingten Leasingzahlungen innerhalb des Nutzungsrechts bzw. der Zahlungsverpflichtung schlägt ein Teil der Banken die Fokussierung auf die vertraglich abgesicherten Leasingzahlungen vor. Optionen, Restwertgarantien und bedingte Leasingzahlungen sollten in entsprechenden Anhangangaben kenntlich gemacht werden.

> „Our preference is to use the contractual term of the lease as defined in the lease agreement as this involves the use of only objective information and will ensure consistent application across entities. [...] The board should require entities to disclose options to extend or terminate the lease term in the notes to financial statements to provide users with relevant information about the leases." (ED-CL 471: 440-445)

Die mehrheitliche Ablehnung der Bilanzierung von laufzeitbezogenen Optionen, Restwertgarantien und bedingten Leasingzahlungen im Rahmen der diesbezüglichen Stellungnahmen von Banken zum ED stimmt mit der Auswertung diesbezüglicher Stellungnahmen der Leasingnehmer zum ED überein[1]. Die Stellungnahmen der

1 Vgl. hierzu und im Folgenden Frage A.2.2.2, Kapitel VI.2.1.1.2.2.

Banken zum DP liefern indes insofern kein eindeutiges Ergebnis, als sich etwa die Hälfte der Banken für eine bilanzielle Erfassung ausspricht. Ein ähnliches heterogenes Antwortverhalten offenbart sich im Rahmen der Auswertung diesbezüglicher Stellungnahmen der Leasingnehmer zum DP und der Wirtschaftsprüfer zum ED[1]. Unterschiede bestehen demgegenüber zu der Auswertung entsprechender Stellungnahmen der Wirtschaftsprüfer zum DP, die sich mehrheitlich für eine – wie auch immer ausgestaltete – bilanzielle Erfassung von Optionen, Restwertgarantien und bedingten Leasingzahlungen aussprechen.

Die Stellungnahmen von Banken zum DP und ED unterscheiden sich zudem von den Interviews mit Banken hinsichtlich der bilanziellen Erfassung von laufzeitbezogenen Optionen, Restwertgarantien und bedingten Leasingzahlungen[2]. Während eine knappe Mehrheit der Befragten eine kombinierte Erfassung von laufzeitbezogenen Optionen, Restwertgarantien und bedingten Leasingzahlungen innerhalb des Nutzungsrechts bzw. der Verbindlichkeit befürwortet, sprechen sich die verbleibenden befragten Banken für eine separate Erfassung aus. Keiner der Befragten lehnt die bilanzielle Erfassung dieser Posten ab. Parallelen bestehen indes hinsichtlich der Ablehnung der wahrscheinlichkeitsbasierten Bewertung, die in den Stellungnahmen der Banken zum DP am geringsten ausfällt.

2.3.1.3 Zusammenfassung

Die Beurteilung der Existenz unterschiedlicher Bilanzierungsmethoden für Leasingverhältnisse fällt in den Stellungnahmen der Banken zum DP und den Stellungnahmen der Banken zum ED unterschiedlich aus. Während die stellungnehmenden Banken zum DP die unterschiedlichen Bilanzierungsmethoden für Leasingverhältnisse und damit zusammenhängende Gestaltungsspielräume mehrheitlich kritisieren, offenbaren die diesbezüglich stellungnehmenden Banken zum ED ein heterogenes Antwortverhalten. Hinsichtlich der Beurteilung, inwieweit Banken und andere Adressaten die Bilanzauswirkungen operativer Leasingverhältnisse abschätzen können, erkennen sämtliche diesbezüglich stellungnehmenden Banken zum DP bzw. die Mehrheit der diesbezüglich stellungnehmenden Banken zum ED keine Schwierigkeit. Allerdings erscheint die Aussagekraft der Ergebnisse vor dem Hintergrund der relativ geringen Anzahl diesbezüglicher Stellungnahmen von Banken beeinträchtigt. Mit Bezug auf die Ergebnisse der Interviews mit Banken und anderer Studien kann vermutet werden, dass zumindest professionelle Adressaten die Bilanzauswirkungen operativer Leasingverhältnisse beurteilen können. Ein ähnliches Fazit kann im Rahmen der Beurteilung der Möglichkeit zur Einschätzung finanzieller Verpflichtungen aus Leasingverhältnissen gezogen werden: Die relative Anzahl entsprechender Stellungnahmen ist zu gering, um ein eindeutiges Ergebnis ableiten zu können. Allerdings lässt das homogene

1 Vgl. hierzu und im Folgenden Frage B.2.2.2, Kapitel VI.2.2.1.2.2.

2 Vgl. hierzu und im Folgenden Frage C.2.2.2, Kapitel VI.1.3.2.2.2. Allerdings sind die Ergebnisse aus der Auswertung von Stellungnahmen der Banken zum DP und den Interviews mit Banken nicht vollständig mit den Ergebnissen aus der Auswertung von Stellungnahmen der Banken zum ED aufgrund teilweise voneinander abweichender Regulierungsvorschläge im DP bzw. ED vergleichbar. Vgl. hierzu Kapitel II.2.

Antwortverhalten sämtlicher diesbezüglich stellungnehmenden Banken zum DP bzw. die mehrheitliche Auffassung der diesbezüglich stellungnehmenden Banken zum ED unter Berücksichtigung der entsprechenden Ergebnisse aus den Interviews mit Banken darauf schließen, dass Einschätzungen über die finanziellen Verpflichtungen eines Unternehmens anhand der gegenwärtigen Leasinginformationen vorgenommen werden können. Demgegenüber wird die Vergleichbarkeit von Jahresabschlüssen aufgrund der derzeitigen Leasingbilanzierung von der Mehrheit der diesbezüglich stellungnehmenden Banken zum ED als eingeschränkt erachtet, während die stellungnehmenden Banken zum DP keine Aussagen zu einer möglichen Beeinträchtigung der Vergleichbarkeit von Jahresabschlüssen treffen. Die relativ geringe Anzahl entsprechender Stellungnahmen von Banken zum ED bzw. der Mangel diesbezüglicher Stellungnahmen von Banken zum DP könnte allerdings unter Berücksichtigung der Ergebnisse aus den Interviews mit Banken darauf hindeuten, dass die stellungnehmenden Banken Bilanzkorrekturen um operative Leasingverhältnisse durchführen, insofern Vergleichbarkeit herstellen und die Thematik nicht aufgreifen.

Die Pflicht zur Bilanzierung sämtlicher Leasingverhältnisse sowie deren Umsetzung über den Ansatz zur Bilanzierung von Nutzungsrechten wird von der Mehrheit der diesbezüglich stellungnehmenden Banken als konzeptionell richtig bewertet. Bedenken bestehen hinsichtlich der praktischen Umsetzung des Ansatzes. Die Untersuchung der Beurteilung der bilanziellen Behandlung von Optionen, Restwertgarantien und bedingten Leasingzahlungen resultiert im Rahmen der Stellungnahmen von Banken zum DP in einem heterogenen Ergebnis: Etwa die Hälfte der diesbezüglich stellungnehmenden Banken spricht sich für eine bilanzielle Erfassung innerhalb des Nutzungsrechts bzw. der Zahlungsverpflichtung aus. Demgegenüber führt die Beurteilung der bilanziellen Behandlung von laufzeitbezogenen Optionen, Restwertgarantien und bedingten Leasingzahlungen bei den stellungnehmenden Banken zum ED zu vermehrter Kritik. Ein Großteil diesbezüglich Stellungnehmender lehnt die bilanzielle Erfassung ab. Die Banken, die eine Erfassung innerhalb des Nutzungsrechts bzw. der Zahlungsverpflichtung befürworten, sprechen sich gegen die Ermittlung des Barwerts der Leasingzahlungen auf Basis der längstmöglichen Leasinglaufzeit nach dem Kriterium *more likely than not* sowie die Bestimmung des Erwartungswerts für Restwertgarantien und bedingte Leasingzahlungen aus.

2.3.2 Erwartete Veränderungen im Entscheidungsverhalten der Banken, erwartete Auswirkungen für kreditnachfragende Leasingnehmer und Veränderungen in deren Entscheidungsverhalten

2.3.2.1 Erwartete Veränderungen im Entscheidungsverhalten der Banken

2.3.2.1.1 Erwartete Auswirkungen auf die Bedeutung des Jahresabschlusses in der Kreditwürdigkeitsprüfung

Im Rahmen der Frage C.3.1.1 wird untersucht, inwieweit Banken Veränderungen der Bedeutung des Jahresabschlusses für die Beurteilung der Kreditwürdigkeit von Unternehmen aufgrund der reformierten Leasingbilanzierung erwarten. Dabei wird auch untersucht, ob mit einer Veränderung der relativen Bedeutung einzelner Rechenwerke und des Anhangs gerechnet wird. 16 der 22 Stellungnahmen von Banken zum DP bzw. 34 der 55 Stellungnahmen von Banken zum ED enthalten Aussagen zu möglichen Auswirkungen auf die Bedeutung des Jahresabschlusses in der Kreditwürdigkeitsprüfung. Sämtliche diesbezüglich stellungnehmenden Banken erwarten, dass der Jahresabschluss im Allgemeinen und die darin enthaltenen Rechenwerke Bilanz, Gesamtergebnisrechnung sowie Kapitalflussrechnung im Besonderen weiterhin von hoher Bedeutung für die Beurteilung der Kreditwürdigkeit und die darauf basierende Kreditvergabeentscheidung sein würden.

> „We are a key user of financial statements. Our credit officers rely on financial statement information provided by businesses as part of the initial credit approval and ongoing credit monitoring processes.“ (ED-CL 584: 54-60)

> „The borrower's lease obligations and the related cash flow impact are of keen interest to us when evaluating the financial condition of the borrower.“ (ED-CL 555: 39-41)

> „As a lender, our primary focus for commercial customers' financial statements are net operating income, debt service coverage and sources and uses of cash flows.“ (ED-CL 618: 292-293)

Die Begründung hierfür liegt nach Auffassung der Banken im Wesentlichen in der künftigen Bilanzierungspflicht für sämtliche Leasingverträge und der kombinierten Bilanzierung von Nutzungsrecht bzw. Zahlungsverpflichtung und Optionen, Restwertgarantien sowie bedingten Leasingzahlungen. Zudem wären mit der Bewertung von Optionen, Restwertgarantien und bedingten Leasingzahlungen Unsicherheiten hinsichtlich der Ausübungs- bzw. Eintrittswahrscheinlichkeiten verbunden, die die Bilanz und Gesamtergebnisrechnung beeinflussten.

> „We believe that users of the financial statements will derive a benefit for material leases being recorded on the statement of financial position.“ (ED-CL 622:443-444)

Zehn (DP) bzw. drei (ED) Banken führen aus, dass die Berücksichtigung des Anhangs angesichts der bilanziellen Behandlung von Optionen, Restwertgarantien und bedingten Leasingzahlungen an Bedeutung gewinnen könnte.

> „We believe that supplemental disclosures of renewal options and contingent rents could address the opportunities/risks created by these types of provisions [...].“ (ED-CL 648:216-217)

Die Erwartung einer künftig hohen Bedeutung der Bilanz, Gesamtergebnisrechnung und Kapitalflussrechnung sowie des Anhangs sämtlicher diesbezüglich stellungnehmenden Banken stimmt mit den Interviews mit Banken überein[1]. Die Erwartung einer künftig höheren Bedeutung des Anhangs ist in den Interviews und den Stellungnahmen von Banken zum DP allerdings eindeutiger als in den Stellungnahmen von Banken zum ED. Die Ergebnisse korrespondieren zudem weitestgehend mit den Auswertungen von Stellungnahmen der Wirtschaftsprüfer zum DP und ED[2]. Darin werden eine gleichbleibend hohe Bedeutung der Bilanz und Gesamtergebnisrechnung sowie eine zunehmende Relevanz des Anhangs in der Prüfung von Leasingverhältnissen erwartet.

1 Vgl. hierzu und im Folgenden Frage C.3.1.1, Kapitel VI.1.3.3.1.1.
2 Vgl. hierzu und im Folgenden Frage B.3.1.2, Kapitel VI.2.2.2.1.2.

2.3.2.1.2 Erwartete Auswirkungen auf künftige Kreditvergabeentscheidungen

Die Frage C.3.1.2 zielt darauf ab, inwieweit Banken veränderte Beurteilungen der Kreditwürdigkeit und veränderte Kreditratings erwarten. Im Mittelpunkt steht somit die Frage, ob die reformierte Leasingbilanzierung einerseits zu Veränderungen der grundsätzlichen Beurteilung von Kreditanfragen (Bewilligung oder Ablehnung) und andererseits zu veränderten Kredithöhen und Konditionen künftig abzuschließender Kreditverträge führen würde. Elf der 22 Stellungnahmen von Banken zum DP bzw. zwölf der 55 Stellungnahmen von Banken zum ED enthalten diesbezügliche Aussagen. Sämtliche dieser Banken erwarten Veränderungen der Beurteilung der Kreditwürdigkeit.

> „The systemic impact of the changes proposed in the ED should not be underestimated, as these changes will impact how lenders analyze the creditworthiness of their customers.“ (ED-CL 274: 231-232)

Infolge der Beeinflussung der Kreditwürdigkeit werden verschlechterte Kreditkonditionen erwartet. Eine stellungnehmende Bank zum DP führt aus, dass künftig genauere Analysen von Leasingverhältnissen und daraus resultierenden Verpflichtungen möglich wären. Die bisherige pauschale Berücksichtigung operativer Leasingverhältnisse mithilfe von Korrekturmodellen habe die Schuldensituation eines kreditnachfragenden Unternehmens nicht genau widergespiegelt. Dies führte nach Angabe dieser Bank allerdings nicht zu wesentlichen Änderungen in der Beurteilung der Kreditwürdigkeit. Insgesamt erwarten die stellungnehmenden Banken zum DP Veränderungen der Kreditkonditionen. Eine Beeinflussung der grundsätzlichen Entscheidung zur Vergabe eines Kredits wird in den meisten Fällen bezweifelt. Demgegenüber erwarten die stellungnehmenden Banken zum ED neben der Verschlechterung der Kreditkonditionen eine Beeinflussung der grundsätzlichen Entscheidung zur Vergabe eines Kredits.

> „We judge that the proposal, if it is implemented, will detrimentally affect the options for the financing of companies, which would have an adverse impact on companies and economic development in general.“ (ED-CL 70: 627-629)

Die Begründung der erwarteten Auswirkungen auf künftige Kreditvergabeentscheidungen liegt einerseits in der Bilanzierung des Nutzungsrechts im Falle eines gegenwärtigen operativen Leasingverhältnisses. Nach Auffassung der Banken suggerierte die Bilanzwirksamkeit sämtlicher Leasingverhältnisse mit dem Eigentum verbundene Risiken beim Leasingnehmer, die bei wirtschaftlicher Betrachtung beim Leasinggeber lägen. Die diesbezüglichen Vermögenswerte in der Bilanz des Leasingnehmers würden zu der im Rahmen der Kreditwürdigkeitsprüfung generierten potentiellen Liquidationsmasse gezählt und erhöhten insofern das Risiko einer Fehleinschätzung. Zudem fänden sich Verpflichtungen in der Bilanz des Leasingnehmers, die nicht den Ansatzkriterien einer Schuld gemäß Rahmenkonzept entsprächen. Die künftige Bilanzierung resultiere insofern teilweise in einer Irreführung der Jahresabschlussadressaten.

> „Recognizing a right-of-use asset on the statement of financial position for a lease implies that the lessee is exposed to the associated risks of ownership. This may be misleading to users in the case of operating leases when, economically, substantially all of those risks remain with the lessor.“ (ED-CL 471: 75-77)

Andererseits erwarten die Banken neue Unsicherheiten in Verbindung mit der bilanziellen Behandlung von Optionen, Restwertgarantien und bedingten Leasingzahlungen in Leasingverträgen. Diese könnten das Kreditrisiko erhöhen.

> „We see the inclusion of subjectivity around lease terms, contingent rents and the reassessment process to add confusion for users […].“ (ED-CL 775: 831-833)

Die Befragung von *Durocher/Fortin* kommt – übereinstimmend zu den Stellungnahmen der Banken zum DP und ED – zu dem Ergebnis, dass sich das Kreditrisiko aufgrund der reformierten Leasingbilanzierung erhöhen und das Kreditrating einiger Leasingnehmer demzufolge verschlechtern könnte[1]. Zu ähnlichen Ergebnissen gelangen auch *Hartman/Sami*, die zeigen, dass die Erstellung des Kreditratings und die Festlegung des Sollzinssatzes signifikant von der bilanziellen Behandlung der Leasingverträge beeinflusst werden[2]. Inwieweit die reformierte Leasingbilanzierung Einfluss auf die grundsätzliche Beurteilung von Kreditanfragen hat, bleibt in beiden Studien indes offen. Die Erwartung der stellungnehmenden Banken hinsichtlich neuer Kreditrisiken im Rahmen der bilanziellen Behandlung von Optionen, Restwertgarantien und bedingten Leasingzahlungen korrespondiert mit der experimentellen Studie von *Hales/Venkataraman/Wilks*, wonach die Bereitschaft zur Vergabe eines Kredits an ein Unternehmen mit bilanzwirksamer Abbildung von Verlängerungsoptionen niedriger ist als an ein Unternehmen mit Angabe von Verlängerungsoptionen im Anhang[3]. Die experimentelle Studie *Abdel-khaliks* zeigt zwar ebenfalls übereinstimmend, dass die Bilanzierungsmethode für Leasingverhältnisse u.a. Auswirkungen auf die Beurteilung des finanziellen Risikos und der Kapitalrückzahlungsfähigkeit hat[4]. Konkrete Veränderungen im Entscheidungsverhalten der Banken werden jedoch nicht thematisiert. Unterschiede zwischen der Auswertung von Stellungnahmen der Banken zum ED und den experimentellen Studien von *Wilkins/Zimmer* und *Wilkins* bestehen insofern, als diese keine Beeinflussung der grundsätzlichen Kreditvergabeentscheidung feststellen[5].

Vor dem Hintergrund der relativ geringen Anzahl entsprechender Stellungnahmen der Banken – insbesondere zum ED – kann allerdings die Vermutung angestellt werden, dass die Auswirkungen auf künftige Kreditvergabeentscheidungen insgesamt gering sind – ein zu den diesbezüglichen Auswertungen von Stellungnahmen der Leasingnehmer und Wirtschaftsprüfer zum DP und ED konsistentes Ergebnis[6]. Als mögliche Erklärung der verhältnismäßig wenigen diesbezüglichen Stellungnahmen könnte angeführt werden, dass Banken bereits gegenwärtig operative Leasingverhältnisse in deren Analysen zur Beurteilung der Kreditwürdigkeit berücksichtigen, insofern keine Auswirkungen erwarten und eine Thematisierung in den Stellungnahmen unterlassen. Möglich ist auch, dass die Berücksichtigung von Leasingverhältnissen lediglich einen Einflussfaktor neben anderen Parametern im Kreditvergabeprozess darstellt und die Auswirkungen insofern als begrenzt erachtet und nicht thematisiert wer-

1 Vgl. hierzu und im Folgenden Durocher/Fortin (2009), S. 27-29.
2 Vgl. hierzu und im Folgenden Hartman/Sami (1989), ähnlich Gopalakrishnan/Parkash (1996).
3 Vgl. hierzu und im Folgenden Hales/Venkataraman/Wilks (2011).
4 Vgl. hierzu und im Folgenden Abdel-khalik (1981), S. 103-108 und Anhang zu Kapitel 5.
5 Vgl. Wilkins/Zimmer (1983b), Wilkins (1984).
6 Vgl. Frage A.3.1.2, Kapitel VI.2.1.2.1.2, Frage B.3.2.2, Kapitel VI.2.2.2.2.2.

den. Die Vermutung insgesamt geringer Auswirkungen auf künftige Kreditvergabeentscheidungen werden im Rahmen der Interviews mit Banken bestätigt[1]. In den Interviews erwarten die Banken zwar mehrheitlich veränderte Beurteilungen der Kreditwürdigkeit und infolgedessen regelmäßig verschlechterte Kreditkonditionen. Die Entscheidung für oder gegen einen Kredit würde in der Regel jedoch nicht beeinflusst. Interessant erscheint hierbei die von den Befragten teilweise geäußerte Begründung der erwarteten Veränderungen der Beurteilung der Kreditwürdigkeit, die auch deshalb auftreten könnten, weil bisher wesentliche Leasingverhältnisse fälschlicherweise mangels Informationen nicht im Kreditvergabeprozess berücksichtigt wurden. Dieses Eingeständnis findet sich nicht in den Stellungnahmen von Banken, was möglicherweise mit der in den Interviews zugesicherten Anonymität erklärt werden kann.

2.3.2.1.3 Erwartete Auswirkungen auf bestehende Kreditvereinbarungen

Im Rahmen der Frage C.3.1.3 wird untersucht, inwieweit die reformierte Leasingbilanzierung Auswirkungen auf gegenwärtig bestehende Kreditvereinbarungen haben könnte. Im Fokus der Untersuchung steht die Frage, ob die stellungnehmenden Banken eine Beeinflussung vereinbarter *covenants* erwarten und welche Konsequenzen aus einer möglichen Beeinflussung resultieren könnten. Drei der 22 Stellungnahmen von Banken zum DP bzw. 23 der 55 Stellungnahmen von Banken zum ED enthalten entsprechende Aussagen. Sämtliche diesbezüglich stellungnehmenden Banken erwarten eine Beeinflussung bestehender *covenants* aufgrund der reformierten Leasingbilanzierung. Demnach basierten die Kreditauflagen auf Finanzkennzahlen, insbesondere Verschuldungsgraden, deren Beeinflussung in entsprechenden Veränderungen von *covenants* resultierte.

> „As a lending institution, many of our customers' debt covenants are based on EBITDA or leverage ratios which will be impacted by the proposed ASU [Accounting Standards Update]." (ED-CL 162: 257-258)

Das Antwortverhalten der Banken hinsichtlich der Beeinflussung bestehender *covenants* verwundert vor dem Hintergrund der Aussage sämtlicher diesbezüglich stellungnehmenden Banken zum DP bzw. der Mehrheit der diesbezüglich stellungnehmenden Banken zum ED, Bilanzauswirkungen operativer Leasingverhältnisse aufgrund der vorhandenen technischen Lösungen und Analyseinstrumente beurteilen zu können[2]. Dementsprechend müssten auch die Auswirkungen sämtlicher Leasingverhältnisse auf Finanzkennzahlen Berücksichtigung finden. Eine Beeinflussung von *covenants* wäre unwahrscheinlich. Allerdings geben die Banken teilweise an, dass die gegenwärtigen Korrekturmaßnahmen nicht den Änderungen der Reformvorschläge entsprächen.

> „Finally, although analytical adjustments are often made to financial statement information to address existing operating leases, we note that those methods may differ from the changes suggested by the Exposure Draft. Furthermore, we believe that Exposure Draft may have implications to financial measures and ratios commonly used in credit arrangements […]." (ED-CL 311: 430-433)

1 Vgl. hierzu und im Folgenden Frage C.3.1.2, Kapitel VI.1.3.3.1.2.
2 Vgl. Frage C.2.1.2, Kapitel VI.2.3.1.1.2.

Die Konsequenzen der Beeinflussung bestehender *covenants* werden von zwei der drei stellungnehmenden Banken zum DP bzw. von 15 der 23 stellungnehmenden Banken zum ED als gering eingeschätzt. Statt einer Kürzung von Kreditlinien oder verschlechterten Kreditkonditionen wird eine Anpassung vereinbarter Kreditauflagen erwartet.

> „[Our] lending arrangements will also need to be reviewed based on any resulting impacts to customer's financial ratios and performance measures and lending documentation such as covenant calculations will need to be updated." (ED-CL 438: 971-973)

Eine stellungnehmende Bank zum DP bzw. sieben stellungnehmende Banken zum ED erwarten negative Auswirkungen aus der Beeinflussung von *covenants* in Form von vorzeitigen Kündigungen des Kredits, verschlechterten Kreditkonditionen, Kürzungen bestehender Kreditlinien oder Forderungen nach zusätzlicher Haftungsmasse.

> „We also foresee the deterioration of leverage ratios even though there has been no economic or operational change to the business. In today's sensitive lending market, lessees' loan covenants and financing arrangements will likely be called." (ED-CL 226: 813-815)

> „Accordingly, this approach may impact entities' loan covenant ratios, resulting in unintended negative business consequences to entities." (ED-CL 471: 291-292)

Eine stellungnehmende Bank zum ED kann die Konsequenzen einer Beeinflussung von *covenants* nicht einschätzen.

> „Across the broader economy, it is not clear how the change would impact existing banking covenants and any resultant breaches that may occur because of the change in accounting – even though there has been no change economically." (ED-CL 394: 801-803)

Die von den diesbezüglich stellungnehmenden Banken mehrheitlich erwartete Anpassung bestehender *covenants* steht in Einklang mit der Befragung von *Durocher/ Fortin*[1]. Übereinstimmung besteht zudem zu der Auswertung von Stellungnahmen der Leasingnehmer zum DP und den Interviews mit Banken[2]. Auch die relativ geringe Anzahl entsprechender Stellungnahmen der Wirtschaftsprüfer zum DP lässt den Schluss zu, dass die von den Wirtschaftsprüfern erwarteten diesbezüglichen Auswirkungen gering sind[3]. Die Auswertungen von Stellungnahmen der Banken weisen indes Unterschiede zu denjenigen der Leasingnehmer und Wirtschaftsprüfer zum ED auf. Diese erwarten zwar ebenfalls eine Beeinflussung bestehender *covenants*. Die Erwartungen hinsichtlich möglicher Konsequenzen der Beeinflussung sind jedoch nicht eindeutig.

2.3.2.1.4 Erwartete Auswirkungen auf die Komplexität der Kreditwürdigkeitsprüfung und das Kosten-Nutzen-Verhältnis

Die Frage C.3.1.4 beschäftigt sich mit Auswirkungen der reformierten Leasingbilanzierung auf die Komplexität der Kreditwürdigkeitsprüfung. 19 Stellungnahmen von Banken zum DP bzw. 25 Stellungnahmen von Banken zum ED enthalten diesbezüg-

---

1 Vgl. Durocher/Fortin (2009), S. 27-29. Ein ähnliches Verhalten ist bereits bei Einführung von SFAS 13 in den USA festgestellt worden. Vgl. Fogelson (1978), S. 776-777.

2 Vgl. hierzu und im Folgenden Frage A.3.1.2, Kapitel VI.2.1.2.1.2, Frage C.3.1.3, Kapitel VI.1.3.3.1.3.

3 Vgl. hierzu und im Folgenden Frage B.3.2.2, Kapitel VI.2.2.2.2.2.

liche Aussagen. Eine stellungnehmende Bank zum DP erwartet eine vereinfachte Beurteilung der Kreditwürdigkeit derart, dass künftig Bilanzkorrekturen um operative Leasingverhältnisse entfielen. Zudem führte die erhöhte Transparenz der Bilanzierung zu einer besser einschätzbaren Verschuldungssituation und reduzierte demzufolge das Kreditrisiko. Demgegenüber rechnen 18 der 19 stellungnehmenden Banken zum DP bzw. sämtliche 25 stellungnehmenden Banken zum ED mit einer erhöhten Komplexität, die zu einer erschwerten Beurteilung der Kreditwürdigkeit führte. Die Komplexität ergäbe sich nach Auffassung dieser Banken hauptsächlich aus der bilanziellen Behandlung von Optionen, Restwertgarantien und bedingten Leasingzahlungen. Damit verbundene Ermessensspielräume führten zu Entobjektivierungen und insofern zu einer erschwerten Einschätzung des Kreditrisikos.

> „These estimates will distort the amount of leverage used by the lessee and it complicates the analysis to project lessee cash flows for the sake of collectibility." (ED-CL 274: 141-143)

> „While we understand the Board's objective to include all transactions that meet the asset or the liability definition, in line with the theoretical basis of the right of use approach, we fear the practical implications of this approach will lead to complexity, desobjectivation and structuring problems." (ED-CL 635: 55-58)

Vor diesem Hintergrund resultierten die Reformbestrebungen nach Auffassung der Banken lediglich in einer Verlagerung der Komplexität. Während gegenwärtig die Erschwernis in der Klassifizierung von Leasingverhältnissen und damit notwendiger Simulationen der Bilanzwirksamkeit sämtlicher Leasingverhältnisse gesehen wird, würde die Erschwernis künftig hinsichtlich der bilanzielle Behandlung von Optionen, Restwertgarantien und bedingten Leasingzahlungen auftreten.

> „The current problems for qualifying finance or operating leases will be replaced by complex valuation problems and measurement issues." (ED-CL 403: 145-146)

Die Banken identifizieren zudem einen weiteren – zumindest temporären – Komplexitätstreiber. Dieser bezieht sich auf die Generierung neuer IT-Systeme und Analysetools, um die reformierte Regulierung im Rahmen der Kreditwürdigkeitsprüfung abbilden zu können.

> „Further, many of the potential consequential costs seem to have been missed, such as: […] costs for lenders in developing new models to facilitate lending to affected customers […]." (ED-CL 292: 785-797)

Vor dem Hintergrund der erwarteten Komplexität der künftigen Leasingbilanzierung gehen neun (DP) bzw. fünf (ED) Banken davon aus, dass die Kosten der Reformbestrebungen den Nutzen für Banken übersteigen würden. Die verbleibenden Banken äußern sich nicht zu Veränderungen der Kosten-Nutzen-Relation.

> „We think costs of implementing and maintaining the method proposed by the ED will outweigh benefits […]." (ED-CL 186: 909-910)

Die Erwartung eines erschwerten Prozesses zur Beurteilung der Kreditwürdigkeit stimmt mit den Stellungnahmen der Leasingnehmer und Wirtschaftsprüfer zum DP und ED insofern überein, als diese einen komplexeren Bilanzierungsprozess bzw. Prüfungsprozess von Leasingverhältnissen erwarten[1]. Unterschiede bestehen demgegenüber zu den Interviews mit Banken[2]. Diese offenbaren die mehrheitliche Erwartung einer Vereinfachung der Kreditwürdigkeitsprüfung. Die vollständige Bilanzwirksamkeit von Leasingverhältnissen resultierte nach Auffassung der Befragten in einer zur gegenwärtigen Regulierung vergleichsweise transparenteren Bilanzierung, die das Kreditrisiko minderte. Die Unterschiede zwischen der Auswertung von Stellungnahmen der Banken zum ED und den Interviews von Banken lassen sich möglicherweise mit der Anzahl diesbezüglicher Stellungnahmen erklären. Nur knapp die Hälfte der Banken treffen Aussagen zu möglichen Auswirkungen auf die Komplexität der Kreditwürdigkeitsprüfung. Insofern könnte die Vermutung angestellt werden, dass die andere Hälfte der Banken ohne entsprechende Aussagen keine Veränderung der Komplexität oder eventuell sogar eine Vereinfachung der Kreditwürdigkeitsprüfung erwartet, diese allerdings nicht thematisiert, weil die Stellungnahmen überwiegend für kritische Aspekte verwendet werden. Dagegen spricht allerdings die Auswertung von Stellungnahmen der Banken zum DP: 19 der 22 Stellungnahmen enthalten Aussagen zu Auswirkungen auf die Komplexität der Kreditwürdigkeitsprüfung. In 18 Stellungnahmen wird ein erschwerter Prozess zur Beurteilung der Kreditwürdigkeit erwartet.

2.3.2.1.5 Zusammenfassung

Die erwarteten Veränderungen im Entscheidungsverhalten der stellungnehmenden Banken zum DP werden in Tabelle 45 zusammenfassend dargestellt. Tabelle 46 enthält eine Übersicht der erwarteten Veränderungen im Entscheidungsverhalten der stellungnehmenden Banken zum ED. Die diesbezüglich stellungnehmenden Banken erwarten unisono keine wesentlichen Auswirkungen auf die Bedeutung des Jahresabschlusses in der Kreditwürdigkeitsprüfung. Der Jahresabschuss im Allgemeinen und die darin enthaltenen Rechenwerke Bilanz, Gesamtergebnisrechnung sowie Kapitalflussrechnung im Besonderen würden weiterhin von hoher Bedeutsamkeit für die Beurteilung der Kreditwürdigkeit und die darauf basierende Kreditvergabeentscheidung sein. Auch dem Anhang könnte künftig eine höhere Bedeutung zukommen. Veränderte Beurteilungen der Kreditwürdigkeit werden von sämtlichen diesbezüglich stellungnehmenden Banken erwartet. Infolgedessen rechnen die Banken mit verschlechterten Kreditkonditionen. Die stellungnehmenden Banken zum ED erwarten zusätzlich eine Beeinflussung der grundsätzlichen Kreditvergabeentscheidung. Vor dem Hintergrund der relativ geringen Anzahl entsprechender Stellungnahmen von Banken – insbesondere zum ED – und mit Bezug auf die Interviews mit Banken können die Auswirkungen auf künftige Kreditvergabeentscheidungen insgesamt als gering bezeichnet werden. Einen Einfluss der reformierten Leasingbilanzierung auf bestehende *covenants* wird von sämtlichen diesbezüglich stellungnehmenden Banken erwartet, auf die die Mehrheit der Kommentierenden mit Anpassungen der Kreditauflagen reagieren würde. Hinsichtlich möglicher Veränderungen der Komplexität der Kreditwürdigkeitsprüfung erwartet die Mehrheit der diesbezüglich stellungnehmenden Banken zum DP bzw. sämtliche diesbezüglich stellungnehmenden Banken zum ED eine Erschwernis, die

1 Vgl. Frage A.3.1.6, Kapitel VI.2.1.2.1.6, Frage B.3.1.3, Kapitel VI.2.2.2.1.3.
2 Vgl. hierzu und im Folgenden Frage C.3.1.4, Kapitel VI.1.3.3.1.4.

hauptsächlich aus der bilanziellen Behandlung von Leasingverhältnissen mit Optionen, Restwertgarantien und bedingten Leasingzahlungen resultierte. Die Kosten der reformierten Leasingbilanzierung dürften nach Auffassung der diesbezüglich stellungnehmenden Banken den daraus entstehenden Nutzen für Banken übersteigen.

Tabelle 45: Erwartete Veränderungen im Entscheidungsverhalten der stellungnehmenden Banken zum DP

Fragen C.3.1: Erwartete Veränderungen im Entscheidungsverhalten der Banken		**Banken ($n_{DP,BA}$ = 22)**		
		Absolut	Relativ*	Relativ**
Bedeutung des Jahresabschlusses (Frage C.3.1.1) ($a_{DP,BA}$ = 16)	↑			
	↓			
	↕			
	↔	16	100%	73%
Künftige Kreditvergabeentscheidungen (Frage C.3.1.2) ($b_{DP,BA}$ = 11)	↑			
	↓			
	↕			
	↔	11	100%	50%
Bestehende Kreditvereinbarungen (Frage C.3.1.3) ($c_{DP,BA}$ = 3)	↑			
	↓			
	↕	3	100%	14%
	↔			
Komplexität der Kreditwürdigkeitsprüfung (Frage C.3.1.4) ($d_{DP,BA}$ = 19)	↑	18	95%	82%
	↓	1	5%	5%
	↕			
	↔			

Legende:

↑	Erhöhung
↓	Reduktion
↕	Veränderung
↔	keine Veränderung
*	bezogen auf die Anzahl der Stellungnahmen von Banken zum DP mit Aussagen zu einer Frage
**	bezogen auf sämtliche Stellungnahmen von Banken zum DP
$n_{DP,BA}$	Anzahl der Stellungnahmen von Banken zum DP
a-$d_{DP,BA}$	Anzahl der Stellungnahmen von Banken zum DP mit Aussagen zu einer Frage

Tabelle 46: Erwartete Veränderungen im Entscheidungsverhalten der stellungnehmenden Banken zum ED

Fragen C.3.1: Erwartete Veränderungen im Entscheidungsverhalten der Banken		**Banken ($n_{ED, BA} = 55$)**		
		Absolut	Relativ*	Relativ**
Bedeutung des Jahresabschlusses (Frage C.3.1.1) ($a_{ED, BA} = 34$)	↑			
	↓			
	↕			
	↔	34	100%	62%
Künftige Kreditvergabeentscheidungen (Frage C.3.1.2) ($b_{ED, BA} = 12$)	↑			
	↓	12	100%	22%
	↕			
	↔			
Bestehende Kreditvereinbarungen (Frage C.3.1.3) ($c_{ED, BA} = 23$)	↑			
	↓			
	↕	23	100%	42%
	↔			
Komplexität der Kreditwürdigkeitsprüfung (Frage C.3.1.4) ($d_{ED, BA} = 25$)	↑	25	100%	45%
	↓			
	↕			
	↔			

Legende:

↑	Erhöhung
↓	Reduktion
↕	Veränderung
↔	keine Veränderung
*	bezogen auf die Anzahl der Stellungnahmen von Banken zum ED mit Aussagen zu einer Frage
**	bezogen auf sämtliche Stellungnahmen von Banken zum ED
$n_{ED, BA}$	Anzahl der Stellungnahmen von Banken zum ED
$a\text{-}d_{ED, BA}$	Anzahl der Stellungnahmen von Banken zum ED mit Aussagen zu einer Frage

Die Untersuchung der erwarteten Veränderungen im Entscheidungsverhalten der Banken führt zu der Frage, welche Auswirkungen der reformierten Leasingbilanzierung die Banken für kreditnachfragende Leasingnehmer erwarten. Die diesbezügliche Erwartungshaltung der Banken wird in dem folgenden Abschnitt untersucht.

2.3.2.2 *Erwartete Auswirkungen für kreditnachfragende Leasingnehmer*

2.3.2.2.1 Erwartete Auswirkungen auf Finanzkennzahlen kreditnachfragender Leasingnehmer

Im Mittelpunkt der Frage C.3.2.1 stehen die von den Banken erwarteten Auswirkungen auf die Finanzkennzahlen kreditnachfragender Leasingnehmer. Dabei wird die bereits vorgestellte Unterteilung der Finanzkennzahlen in Bilanzstrukturkennzahlen, Rentabilitätskennzahlen und kapitalmarktorientierte Kennzahlen beibehalten[1]. 16 der 22 Stellungnahmen von Banken zum DP bzw. 27 der 55 Stellungnahmen von Banken zum ED enthalten Aussagen zu möglichen Auswirkungen auf die Finanzkennzahlen

1 Vgl. Kapitel IV.1.3.1.

kreditnachfragender Leasingnehmer. Sämtliche diesbezüglich stellungnehmenden Banken zum DP bzw. 26 der 27 stellungnehmenden Banken zum ED erwarten Auswirkungen auf wesentliche Bilanzstrukturkennzahlen, insbesondere Verschlechterungen der Eigenkapitalquote und der Verschuldungsgrade.

> „The proposed guidance will also change the balance sheet with the additions of new assets and liabilities, both of which will affect various leverage ratios." (ED-CL 162: 263-264)

Hinsichtlich der Rentabilitätskennzahlen erwarten vier (DP) bzw. 13 (ED) Banken eine Verbesserung von EBIT und EBITDA, welche die erhöhte Kapitalbasis zumindest kompensierte und insgesamt zu einer Verbesserung der Rentabilitätskennzahlen führte.

> „The proposed accounting will have a direct impact on EBITDA because rent expense is being reclassified to interest and amortization expense. The interest and amortization expenses produce more volatility to the EBITDA calculation throughout the life of the leases based not only due to the effective interest method application, but also due to the uncertainty in estimating renewal options and contingent rent." (ED-CL 162: 258-263)

Aussagen zu Auswirkungen auf kapitalmarktorientierte Kennzahlen werden von den stellungnehmenden Banken nicht getroffen.

Übereinstimmung zu der Studie von *Durocher/Fortin* besteht hinsichtlich erwarteter Erhöhungen von Verschuldungsgraden[1]. Die Erwartung veränderter Bilanzstrukturkennzahlen stimmt mit den Interviews mit Banken weitgehend überein, in denen sämtliche Befragten diese Erwartung äußern[2]. Unterschiede in der Erwartungshaltung der stellungnehmenden und befragten Banken bestehen hinsichtlich der Veränderungen von Rentabilitätskennzahlen. Trotz der mehrheitlichen Erwartung einer Verbesserung von EBIT bzw. EBITDA, rechnen die Befragten nicht mit wesentlichen Veränderungen der Rentabilitätskennzahlen. Demgegenüber erwartet eine Minderheit der diesbezüglich stellungnehmenden Banken zum DP bzw. knapp die Hälfte der Banken mit entsprechenden Aussagen in den Stellungnahmen zum ED Verbesserungen der Rentabilitätskennzahlen. Die befragten Banken erwarten zudem keine Auswirkungen auf kapitalmarktorientierte Kennzahlen, während die Stellungnahmen der Banken keine diesbezüglichen Aussagen enthalten. Übereinstimmung mit den Auswertungen von Stellungnahmen der Leasingnehmer und Wirtschaftsprüfer besteht insofern, als die jeweilige Mehrheit diesbezüglich Kommentierender Auswirkungen auf Bilanzstrukturkennzahlen erwartet[3]. Nahezu die Hälfte der diesbezüglich stellungnehmenden Leasingnehmer und Wirtschaftsprüfer zum DP erwartet zudem Auswirkungen auf EBIT bzw. EBITDA und demzufolge eine Verbesserung der Rentabilitätskennzahlen. Veränderungen der Rentabilitätskennzahlen werden auch von einer Minderheit diesbezüglich stellungnehmender Wirtschaftsprüfer zum ED, jedoch mehrheitlich von den diesbezüglich stellungnehmenden Leasingnehmern zum ED erwartet. Allerdings rechnet lediglich die Hälfte der stellungnehmenden Leasingnehmer zum ED, die eine Veränderung der Rentabilitätskennzahlen erwarten, mit einer Verbesserung, während die

1 Vgl. Durocher/Fortin (2009), S. 27-28.

2 Vgl. hierzu und im Folgenden Frage C.3.2.1, Kapitel VI.1.3.3.2.1.

3 Vgl. hierzu und im Folgenden Frage A.3.1.1, Kapitel VI.2.1.2.1.1, Frage B.3.2.1, Kapitel VI.2.2.2.2.1.

Wirtschaftsprüfer unisono von einer Verbesserung ausgehen. Die stellungnehmenden Leasingnehmer zum ED erwarten zudem vereinzelt Auswirkungen auf kapitalmarktorientierte Kennzahlen. Die Stellungnahmen der Wirtschaftsprüfer und Leasingnehmer zum DP enthalten – in Übereinstimmung mit den Stellungnahmen von Banken – keine diesbezüglichen Aussagen.

2.3.2.2.2 Erwartete Auswirkungen auf das Entscheidungsverhalten von Investoren und Analysten

Im Rahmen der Frage C.3.2.2 wird untersucht, inwieweit die Banken Veränderungen im Entscheidungsverhalten von Investoren und Analysten gegenüber kreditnachfragenden Leasingnehmern erwarten. Zwei der 22 Stellungnahmen von Banken zum DP bzw. zehn der 55 Stellungnahmen von Banken zum ED enthalten entsprechende Aussagen. Sämtliche dieser Banken erwarten Veränderungen im Entscheidungsverhalten von Investoren und Analysten gegenüber kreditnachfragenden Leasingnehmern derart, dass sich Risikoeinschätzungen oder Ratings verschlechtern könnten. Diese Erwartungshaltung erklärt sich aus künftig erschwerten Analyseprozessen von Investoren und Analysten. Die leasinginduzierten Auswirkungen auf für Investoren und Analysten wesentliche Jahresabschlussinformationen und Kennzahlen könnten aufgrund der Bewertung des Nutzungsrechts und der Zahlungsverpflichtung sowie der bilanziellen Behandlung von Optionen, Restwertgarantien und bedingten Leasingzahlungen irreführend sein und insofern die Entscheidungen von Investoren und Analysten beeinflussen.

> „Incorporating projections around business decisions into the balance sheet before they are reasonably certain will reduce financial statement reliability and comparability and potentially confuse investors and other financial statement users. [...] We believe the resulting changes in financial statement amounts without substantive changes in the contractual arrangements will be confusing and unpredictable to investors.“ (ED-CL 584: 195-219)

> „We note that under the proposed approach, the right-of-use asset is amortized on a straight-line basis, whereas the lease payment liability is amortized using a level-yield method. We are concerned that over time the relationship between these balances could cause confusion for investors.“ (ED-CL 407: 304-307)

Dieses Ergebnis stimmt mit den Auswertungen diesbezüglicher Stellungnahmen der Leasingnehmer und Wirtschaftsprüfer zum DP und ED überein[1]. Widersprüche offenbaren sich gegenüber den Interviews mit Banken, in denen sämtliche Befragten keine grundsätzlich veränderten Investitionsentscheidungen erwarten[2]. Allerdings lässt die verhältnismäßig geringe Anzahl an Stellungnahmen von Banken zum DP und ED, die Aussagen zu Auswirkungen auf das Entscheidungsverhalten von Investoren und Analysten gegenüber kreditnachfragenden Leasingnehmern beinhalten, vermuten, dass die diesbezüglich erwarteten Auswirkungen gering sein dürften. In einer relativen Betrachtung stimmen die Ergebnisse aus den Auswertungen der Stellungnahmen von Banken demzufolge mit den Interviews überein. Die Übereinstimmung mit den Ergeb-

1 Vgl. hierzu und im Folgenden Frage A.3.1.3, Kapitel VI.2.1.2.1.3, Frage B.3.2.3, Kapitel VI.2.2.2.2.3.

2 Vgl. hierzu und im Folgenden Frage C.3.2.2, Kapitel VI.1.3.3.2.2.

nissen aus den Auswertungen von Stellungnahmen der Leasingnehmer und Wirtschaftsprüfer zum DP und ED ist insofern gewahrt, als auch diesbezüglich argumentiert werden kann, dass die verhältnismäßig wenigen Stellungnahmen auf lediglich geringe erwartete Auswirkungen schließen lassen. Möglich wäre indes auch, dass die Auswirkungen von den Banken nicht beurteilt werden können und insofern nicht in den Stellungnahmen thematisiert werden. Dagegen sprechen allerdings die eindeutigen Ergebnisse aus den Interviews mit Banken.

2.3.2.2.3 Erwartete Auswirkungen auf das Entscheidungsverhalten von Wirtschaftsprüfern kreditnachfragender Leasingnehmer

Frage C.3.2.3 zielt darauf ab, inwieweit die Banken Auswirkungen der reformierten Leasingbilanzierung auf das Prüfungsverhalten von Wirtschaftsprüfern kreditnachfragender Leasingnehmer erwarten. In den 22 Stellungnahmen von Banken zum DP werden keine diesbezüglichen Aussagen identifiziert. Von den 55 Stellungnahmen von Banken zum ED enthalten vier Stellungnahmen diesbezügliche Aussagen. Sämtliche dieser vier Banken erwarten eine Beeinflussung des Prüfungsverhaltens von Wirtschaftsprüfern aufgrund einer erhöhten Komplexität der Prüfung von Leasingverhältnissen. Die aufwendigere Prüfung begründen die vier Banken hauptsächlich mit der bilanziellen Behandlung von Optionen, Restwertgarantien und bedingten Leasingzahlungen, die intensivere Prüfungshandlungen erforderte. Vor dem Hintergrund der mit Optionen, Restwertgarantien und bedingten Leasingzahlungen regelmäßig verbundenen Ermessensspielräume wird zudem ein erhöhtes Prüfungsrisiko seitens der Wirtschaftsprüfer für wahrscheinlich gehalten. Dementsprechend erwarten die Banken einen diesbezüglichen Prüfungsschwerpunkt.

> „Audit costs will also increase for most constituents as performing audits on a probability weighted model will require more analysis and review and further runs the risk of auditors applying 20/20 hindsight when performing their audits.“ (ED-CL 226: 488-490)

Insgesamt ist zu konstatieren, dass die relative Anzahl diesbezüglicher Stellungnahmen von Banken zu gering ist, um ein fundiertes Ergebnis ableiten zu können, auch wenn sämtliche diesbezüglich stellungnehmenden Banken zum ED eine gesteigerte Komplexität der Wirtschaftsprüfung erwarten und dies hauptsächlich auf die bilanzielle Behandlung von Optionen, Restwertgarantien und bedingten Leasingzahlungen zurückführen. Ergebnisstützend wirken die Erkenntnisse aus den Auswertungen von Stellungnahmen der Leasingnehmer und Wirtschaftsprüfer zum DP und ED sowie den Interviews mit Banken[1]. Darin werden jeweils intensivere Prüfungshandlungen aufgrund der erhöhten Komplexität erwartet, die mehrheitlich in Verbindung mit der Prüfung von Optionen, Restwertgarantien und bedingten Leasingzahlungen gebracht werden. Insofern kann vermutet werden, dass die Mehrzahl der Banken, die keine Aussagen zu möglichen Auswirkungen auf das Entscheidungsverhalten von Wirtschaftsprüfern in den Stellungnahmen treffen, diese noch nicht in Betracht gezogen haben oder nicht beurteilen können. Möglich wäre auch, dass die Banken keine Ver-

1 Vgl. hierzu und im Folgenden Frage A.3.1.4, Kapitel VI.2.1.2.1.4, Frage B.3.1.1, Kapitel VI.2.2.2.1.1, Frage B.3.1.3, Kapitel VI.2.2.2.1.3, Frage C.3.2.3, Kapitel VI.1.3.3.2.3.

änderungen im Entscheidungsverhalten von Wirtschaftsprüfern erwarten und insofern nicht thematisieren. Dagegen sprechen allerdings die Ergebnisse aus den Interviews mit Banken.

2.3.2.2.4 Ausweitung des Ansatzes zur Bilanzierung von Nutzungsrechten auf andere Bereiche der Rechnungslegung

Im Rahmen der Frage C.3.2.4 wird untersucht, inwieweit die Banken eine Ausdehnung des Ansatzes zur Bilanzierung von Nutzungsrechten auf andere Bereiche der Rechnungslegung erwarten. Lediglich drei der 22 Stellungnahmen von Banken zum DP bzw. zwei der 55 Stellungnahmen von Banken zum ED enthalten entsprechende Aussagen. In diesen Stellungnahmen wird eine künftige Inkonsistenz zu anderen Dauerschuldverhältnissen, wie Arbeitsverträgen, festgestellt, die nach Auffassung dieser Banken eine Ausweitung des Ansatzes zur Bilanzierung von Nutzungsrechten erwarten lässt.

> „Furthermore, as far as accounting for rights-of-use is concerned, we feel that there is the danger of unequal treatment compared to other contracts (employment contracts, consultancy contracts) which still remain absent from the annual financial statement.“ (ED-CL 344: 175-177)

Die relativ geringe Anzahl an Stellungnahmen lässt vermuten, dass die Banken keine Ausweitung des Ansatzes zur Bilanzierung von Nutzungsrechten erwarten oder eine entsprechende Ausweitung als unproblematisch erachten und insofern nicht thematisieren. Dagegen sprechen allerdings die Ergebnisse aus den Interviews mit Banken[1]. Darin wird die Ausdehnung des Ansatzes zur Bilanzierung von Nutzungsrechten von sämtlichen Befragten erwartet und durchaus kritisiert. Die eindeutige Erwartungshaltung der Banken, die in den Interviews explizit nach einer solchen Auswirkung gefragt werden, lässt die Annahme zu, dass sich die stellungnehmenden Banken der Thematik noch nicht bewusst sind oder diese nicht einschätzen können. Ähnliche Erklärungsversuche der relativ geringen Anzahl an Stellungnahmen zu einer Ausweitung des Ansatzes zur Bilanzierung von Nutzungsrechten werden auch mit Blick auf die Auswertungen von Stellungnahmen der Leasingnehmer und Wirtschaftsprüfer zum DP und ED unternommen[2]. Darin erwarten zwar sämtliche diesbezüglich stellungnehmenden Leasingnehmer und Wirtschaftsprüfer eine Ausweitung. Allerdings erscheint die relative Anzahl jeweiliger Stellungnahmen ebenfalls zu gering, um daraus ein eindeutiges Ergebnis deduzieren zu können. Die Frage C.3.2.4 bleibt somit aufgrund der relativ geringen Anzahl diesbezüglicher Stellungnahmen unbeantwortet.

2.3.2.2.5 Zusammenfassung

Die Untersuchung der von den Banken erwarteten Auswirkungen auf die Finanzkennzahlen kreditnachfragender Leasingnehmer zeigt, dass die diesbezüglich stellungnehmenden Banken unisono (DP) bzw. mehrheitlich (ED) mit veränderten Bilanzstruktur-

1 Vgl. hierzu und im Folgenden Frage C.3.2.4, Kapitel VI.1.3.3.2.4.

2 Vgl. hierzu und im Folgenden Frage A.3.1.7, Kapitel VI.2.1.2.1.7, Frage B.3.2.4, Kapitel VI.2.2.2.2.4.

kennzahlen – insbesondere mit Verschlechterungen der Eigenkapitalquote und der Verschuldungsgrade – rechnen. Verbesserungen von EBIT und EBITDA und infolgedessen Verbesserungen der Rentabilitätskennzahlen werden demgegenüber von einer Minderheit der diesbezüglich stellungnehmenden Banken zum DP bzw. von nahezu der Hälfte der diesbezüglich stellungnehmenden Banken zum ED erwartet. Aussagen zu Auswirkungen auf kapitalmarktorientierte Kennzahlen sind in den Stellungnahmen der Banken nicht enthalten. Veränderungen im Entscheidungsverhalten von Investoren und Analysten werden von sämtlichen diesbezüglich stellungnehmenden Banken erwartet. Unter Berücksichtigung der verhältnismäßig geringen Anzahl entsprechender Stellungnahmen und mit Bezug auf die Interviews mit Banken dürften die erwarteten Veränderungen im Entscheidungsverhalten von Investoren und Analysten indes gering sein.

Sämtliche diesbezüglich stellungnehmenden Banken zum ED erwarten ein verändertes Entscheidungsverhalten von Wirtschaftsprüfern kreditnachfragender Leasingnehmer. Die relativ geringe Anzahl entsprechender Stellungnahmen im Rahmen der Kommentierung des ED und das Fehlen diesbezüglicher Aussagen in den Stellungnahmen zum DP lassen mit Bezug auf die Ergebnisse aus den Interviews mit Banken allerdings vermuten, dass die stellungnehmenden Banken entsprechende Auswirkungen auf das Entscheidungsverhalten von Wirtschaftsprüfern noch nicht in Betracht gezogen haben oder nicht abschätzen können. Die Frage bezüglich einer möglichen Ausdehnung des Ansatzes zur Bilanzierung von Nutzungsrechten auf andere Bereiche der Rechnungslegung bleibt aufgrund der relativ geringen Anzahl diesbezüglicher Stellungnahmen unbeantwortet. Eine zusammenfassende Übersicht der erwarteten Auswirkungen der reformierten Leasingbilanzierung für kreditnachfragende Leasingnehmer aus Sicht der stellungnehmenden Banken zum DP gibt Tabelle 47. Tabelle 48 bietet eine Übersicht der erwarteten Auswirkungen der reformierten Leasingbilanzierung für kreditnachfragende Leasingnehmer aus Sicht der stellungnehmenden Banken zum ED.

Tabelle 47: Erwartete Auswirkungen der reformierten Leasingbilanzierung für kreditnachfragende Leasingnehmer aus Sicht der stellungnehmenden Banken zum DP

Fragen C.3.2: Erwartete Auswirkungen für Leasingnehmer			**Banken ($n_{DP, BA} = 22$)**		
			Absolut	Relativ*	Relativ**
Finanzkennzahlen (Frage C.3.2.1) ($e_{DP, BA} = 16$)	Bilanzstrukturkennzahlen ($y_{DP, BA} = 16$)	↑ ↓ ↔ Ø	16	100%	73%
	Rentabilitätskennzahlen ($z_{DP, BA} = 4$)	↑ ↓ ↔ Ø	4	25%	18%
Entscheidungsverhalten von Investoren und Analysten (Frage C.3.2.2) ($f_{DP, BA} = 2$)		↑ ↓ ↔ Ø	2	100%	9%
Entscheidungsverhalten von Wirtschaftsprüfern (Frage C.3.2.3) ($g_{DP, BA} = 0$)		↑ ↓ ↔ Ø			

Legende:

↑	Verbesserung
↓	Verschlechterung
↔	keine Veränderung
Ø	nicht abschätzbar
*	bezogen auf die Anzahl der Stellungnahmen von Banken zum DP mit Aussagen zu einer Frage
**	bezogen auf sämtliche Stellungnahmen von Banken zum DP
$n_{DP, BA}$	Anzahl der Stellungnahmen von Banken zum DP
$e\text{-}g_{DP, BA}$	Anzahl der Stellungnahmen von Banken zum DP mit Aussagen zu einer Frage
$y\text{-}z_{DP, BA}$	Anzahl der Stellungnahmen von Banken zum DP mit Aussagen zu einer Unterkategorie einer Frage

Tabelle 48: Erwartete Auswirkungen der reformierten Leasingbilanzierung für kreditnachfragende Leasingnehmer aus Sicht der stellungnehmenden Banken zum ED

Fragen C.3.2: Erwartete Auswirkungen für Leasingnehmer			**Banken ($n_{ED, BA} = 55$)**		
			Absolut	Relativ*	Relativ**
Finanzkennzahlen (Frage C.3.2.1) ($e_{ED, BA} = 27$)	Bilanzstrukturkennzahlen ($y_{ED, BA} = 26$)	↑ ↓ ↔ Ø	26	96%	47%
	Rentabilitätskennzahlen ($z_{ED, BA} = 13$)	↑ ↓ ↔ Ø	13	48%	24%
Entscheidungsverhalten von Investoren und Analysten (Frage C.3.2.2) ($f_{ED, BA} = 10$)		↑ ↓ ↔ Ø	10	100%	18%
Entscheidungsverhalten von Wirtschaftsprüfern (Frage C.3.2.3) ($g_{ED, BA} = 4$)		↑ ↓ ↔ Ø	4	100%	7%

<u>Legende:</u>

↑ Verbesserung
↓ Verschlechterung
↔ keine Veränderung
Ø nicht abschätzbar

* bezogen auf die Anzahl der Stellungnahmen von Banken zum ED mit Aussagen zu einer Frage
** bezogen auf sämtliche Stellungnahmen von Banken zum ED

$n_{ED, BA}$ Anzahl der Stellungnahmen von Banken zum ED
$e\text{-}g_{ED, BA}$ Anzahl der Stellungnahmen von Banken zum ED mit Aussagen zu einer Frage
$y\text{-}z_{ED, BA}$ Anzahl der Stellungnahmen von Banken zum ED mit Aussagen zu einer Unterkategorie einer Frage

Die vorstehend von den Banken erwarteten Auswirkungen der reformierten Leasingbilanzierung für kreditnachfragende Leasingnehmer könnten in einem veränderten Entscheidungsverhalten der Leasingnehmer resultieren. Die Erwartungen der Banken hinsichtlich eines veränderten Entscheidungsverhaltens der Leasingnehmer sind Gegenstand des folgenden Abschnitts.

2.3.2.3 Erwartete Veränderungen im Entscheidungsverhalten kreditnachfragender Leasingnehmer

2.3.2.3.1 Veränderung der Laufzeiten künftiger Leasingverträge

Im Rahmen der Frage C.3.3.1 wird untersucht, inwieweit die Banken Veränderungen der Laufzeiten künftiger Leasingverträge seitens kreditnachfragender Leasingnehmer erwarten. Die Motivation der Leasingnehmer für kürzere Leasingvertragslaufzeiten könnte beispielweise in der Reduktion der bilanziellen Verschuldung liegen. Zwei der 22 Stellungnahmen von Banken zum DP bzw. sechs der 55 Stellungnahmen von Banken zum ED enthalten entsprechende Aussagen. Sämtliche dieser Banken rechnen mit künftig kürzeren Laufzeiten von Leasingverträgen, um erwartete negative Auswirkungen zu reduzieren.

> „Therefore, the lessee would likely change behaviour when entering onto a lease contract. This change would also have effects on the lessor. Indeed, the lessee would favour shortening lease terms […].“ (ED-CL 403: 95-97)

> „The implication of grossing up the balance sheet will lead to shorter lease terms.“ (ED-CL 775: 120-121)

Insgesamt erscheint die relative Anzahl an Stellungnahmen von Banken, die Aussagen zu möglichen Veränderungen der Laufzeiten künftiger Leasingverträge enthalten, zu gering, um ein eindeutiges Ergebnis ableiten zu können. Während die verhältnismäßig geringe Anzahl entsprechender Stellungnahmen von Banken zum DP mit dem Verweis auf die noch ungewisse finale Regulierung erklärt werden könnte, lässt die relativ geringe Anzahl diesbezüglicher Stellungnahmen zum weitaus konkreteren ED vermuten, dass die Mehrheit der Banken keine Veränderungen der Laufzeiten künftiger Leasingverträge seitens der Leasingnehmer erwartet und insofern nicht thematisiert. Diese Vermutung wird von den Ergebnissen der Befragung von *Durocher/Fortin* gestützt[1]. Dem steht allerdings die Studie *Abdel-khaliks* gegenüber, deren Aussagegehalt aufgrund der ex post-Perspektive und der Fokussierung der zugrundeliegenden Reform auf die ausschließliche Bilanzierungspflicht für Finanzierungsleasingverhältnisse jedoch eingeschränkt ist[2]. Die entsprechenden Ergebnisse aus den Auswertungen von Stellungnahmen der Leasingnehmer und Wirtschaftsprüfer zum DP und ED deuten zwar auf eine Verkürzung künftiger Leasinglaufzeiten hin[3]. Die verhältnismäßig geringe Anzahl diesbezüglicher Stellungnahmen von Leasingnehmern und Wirtschaftsprüfern lässt jedoch ebenfalls den Schluss zu, dass die erwarteten Veränderungen gering sind. Die Interviews mit Banken wirken aufgrund der diesbezüglich geäußerten heterogenen Erwartungshaltung nicht ergebnisstützend[4].

2.3.2.3.2 Verwendung von laufzeitbezogenen Optionen, Restwertgarantien und bedingten Leasingzahlungen

Die Frage C.3.3.2 zielt darauf ab, inwieweit die Banken die Verwendung von laufzeitbezogenen Optionen, Restwertgarantien und bedingten Leasingzahlungen durch kreditnachfragende Leasingnehmer erwarten. Über Optionen, Restwertgarantien und bedingte Leasingzahlungen bestünde für Leasingnehmer die Möglichkeit zur Strukturierung, um negative Auswirkungen der Reformbestrebungen zu vermeiden. Lediglich drei der 22 Stellungnahmen von Banken zum DP bzw. vier der 55 Stellungnahmen von Banken zum ED enthalten entsprechende Aussagen. Sämtliche dieser Banken erwarten die Verwendung von laufzeitbezogenen Optionen, Restwertgarantien und bedingten Leasingzahlungen zur Beeinflussung der bilanziellen Verschuldung und damit zu Strukturierungszwecken.

1 Vgl. Durocher/Fortin (2009), S. 27-29.
2 Vgl. Abdel-khalik (1981), S. 118-119.
3 Vgl. Frage A.3.2.2, Kapitel VI.2.1.2.2.2, Frage B.3.3.1, Kapitel VI.2.2.2.3.1.
4 Vgl. Frage C.3.3.1, Kapitel VI.1.3.3.3.1.

„[I]n particular longer lease term arrangements with extensive contingent rent clauses and low base rents […].” (ED-CL 226: 808-809)

In Übereinstimmung mit der vorstehenden Frage C.3.3.1 erscheint die relative Anzahl der diesbezüglichen Stellungnahmen von Banken zu gering, um ein fundiertes Ergebnis ableiten zu können[1]. Die geringe Anzahl der Stellungnahmen lässt einerseits vermuten, dass die Banken keine diesbezüglichen Veränderungen im Entscheidungsverhalten kreditnachfragender Leasingnehmer erwarten. Möglich wäre andererseits auch, dass sich die Banken einer solchen Veränderung noch nicht bewusst sind oder diese nicht einschätzen können. Dafür spricht zum einen das Ergebnis der Interviews mit Banken, wonach mehrheitlich der Einsatz von laufzeitbezogenen Optionen, Restwertgarantien und bedingten Leasingzahlungen zur Beeinflussung der Höhe der bilanziellen Verschuldung erwartet wird[2]. Dafür spricht zum anderen die Studie *Abdel-khaliks*[3]. Die Aussagekraft der Ergebnisse aus den Auswertungen von Stellungnahmen der Leasingnehmer und Wirtschaftsprüfer zum DP und ED erscheint aufgrund der jeweils relativ geringen Anzahl diesbezüglicher Stellungnahmen ebenfalls eingeschränkt[4].

2.3.2.3.3 Substitution von Leasingtransaktionen durch alternative Finanzierungsmöglichkeiten

Im Rahmen der Frage C.3.3.3 wird untersucht, inwieweit die Banken eine Substitution von Leasingtransaktionen durch alternative Finanzierungsmöglichkeiten seitens kreditnachfragender Leasingnehmer erwarten. Im Mittelpunkt der Untersuchung steht die Frage, ob die Banken mit Auswirkungen auf das Leasingvolumen und die Finanzierungsstrategie von Leasingnehmern aufgrund der reformierten Leasingbilanzierung rechnen. Drei der 22 Stellungnahmen von Banken zum DP bzw. acht der 55 Stellungnahmen von Banken zum ED enthalten Aussagen zu einer möglichen Substitution von Leasingtransaktionen durch alternative Finanzierungsmöglichkeiten. Sämtliche dieser Banken erwarten, dass kreditnachfragende Leasingnehmer Leasingtransaktionen durch Verwendung alternativer Finanzierungsmöglichkeiten, insbesondere Kauftransaktionen, substituieren würden.

„[W]e fear that some of the very significant proposed changes in the lease accounting treatment might even affect the economic rationale of several types of the lease business if the final standard is not modified.“ (ED-CL 186: 47-49)

Diese Erwartungshaltung wird einerseits mit dem Wegfall der Möglichkeit zur bilanzunwirksamen Behandlung von Leasingverhältnissen und den damit verbundenen positiven Auswirkungen auf Bilanzkennzahlen begründet.

„Behavioral changes by lessees and the market impact that will result from requiring lessees to capitalize lease obligations are considered to be potentially detrimental to the leasing

1 Vgl. Kapitel VI.2.3.2.3.1.
2 Vgl. Frage C.3.3.2, Kapitel VI.1.3.3.3.2.
3 Vgl. Abdel-khalik (1981), S. 118-119. Hinsichtlich der Vergleichbarkeit der Studie mit den Ergebnissen in dieser Arbeit gelten die in Frage C.3.3.1 thematisierten Einschränkungen. Vgl. Kapitel VI.2.3.2.3.1.
4 Vgl. Frage A.3.2.3, Kapitel VI.2.1.2.2.3, Frage B.3.3.2, Kapitel VI.2.2.2.3.2.

industry. This will likely occur where a lessor's main selling point is off-balance sheet financing […].“ (ED-CL 618: 211-213)

Andererseits könnte nach Auffassung dieser Banken der künftige Bilanzierungsaufwand einen Anreiz zur Substitution von Leasingtransaktionen durch alternative Finanzierungsmöglichkeiten für Leasingnehmer darstellen.

„The increased complexity entailed by the proposal for customers may, as mentioned, lead to leasing as a form of financing becoming less attractive and also being discriminated against in relation to other forms of financing.“ (ED-CL 70: 607-609)

Vor dem Hintergrund der verhältnismäßig geringen Anzahl an Stellungnahmen von Banken zu einer Substitution von Leasingtransaktionen durch alternative Finanzierungsmöglichkeiten kann die Frage C.3.3.3 nicht abschließend beantwortet werden. Die Erkenntnisse aus den Interviews mit Banken tragen aufgrund deren Heterogenität nicht zur Stabilisierung der Ergebnisse bei[1]. Auch die in einer relativen Betrachtung zu geringe Anzahl entsprechender Stellungnahmen der Leasingnehmer zum DP und ED, der Wirtschaftsprüfer zum ED sowie das Fehlen diesbezüglicher Aussagen in den Stellungnahmen der Wirtschaftsprüfer zum DP erlauben nicht die Ableitung eines aussagekräftigen Ergebnisses[2]. Es kann somit lediglich vermutet werden, dass die Banken keine diesbezüglichen Veränderungen im Entscheidungsverhalten kreditnachfragender Leasingnehmer erwarten. Möglich wäre indes auch, dass die Banken eine solche Veränderung nicht abschätzen können. Darauf deutet zumindest die Studie von *Durocher/ Fortin* hin[3]. Auch die Befragung von *Abdel-khalik* lässt diesen Schluss zu[4].

2.3.2.3.4 Zusammenfassung

Im Rahmen dieses Abschnitts wird untersucht, welche Veränderungen im Entscheidungsverhalten kreditnachfragender Leasingnehmer als Reaktion auf die zuvor untersuchten erwarteten Auswirkungen der reformierten Leasingbilanzierung von den stellungnehmenden Banken erwartet werden. Eine zusammenfassende Übersicht der erwarteten Veränderungen im Entscheidungsverhalten kreditnachfragender Leasingnehmer aus Sicht der stellungnehmenden Banken zum DP ist in Tabelle 49 zu finden. Tabelle 50 enthält eine Übersicht der erwarteten Veränderungen im Entscheidungsverhalten kreditnachfragender Leasingnehmer aus Sicht der stellungnehmenden Banken zum ED. Die Aussagekraft der Ergebnisse ist aufgrund der relativ geringen Anzahl diesbezüglicher Stellungnahmen eingeschränkt. Teilweise gestützt durch bisherige empirische Befunde kann vermutet werden, dass Veränderungen der Laufzeiten künftiger Leasingverträge eine untergeordnete Bedeutung im Rahmen der von Banken erwarteten möglichen Veränderungen im Entscheidungsverhalten der Leasingnehmer zukommt.

1 Vgl. Frage C.3.3.3, Kapitel VI.1.3.3.3.3.
2 Vgl. Frage A.3.2.4, Kapitel VI.2.1.2.2.4, Frage B.3.3.3, Kapitel VI.2.2.2.3.3.
3 Vgl. Durocher/Fortin (2009), S. 27-29.
4 Vgl. Abdel-khalik (1981), S. 118-119. Hinsichtlich der Vergleichbarkeit der Studie mit den Ergebnissen in dieser Arbeit gelten die in Frage C.3.3.1 thematisierten Einschränkungen. Vgl. Kapitel VI.2.3.2.3.1.

Tabelle 49: Erwartete Veränderungen im Entscheidungsverhalten kreditnachfragender Leasingnehmer aus Sicht der stellungnehmenden Banken zum DP

Fragen C.3.3: Die Reform der Leasingbilanzierung führt zur…	**Banken ($n_{DP, BA} = 22$)**		
	Absolut	Relativ*	Relativ**
…Veränderung der Laufzeiten künftiger Leasingverträge (Frage C.3.3.1) ($h_{DP, BA} = 2$)	2	100%	9%
…Verwendung von Optionen, Restwertgarantien, bedingten Leasingzahlungen (Frage C.3.3.2) ($i_{DP, BA} = 3$)	3	100%	14%
…Substitution von Leasingtransaktionen durch alternative Finanzierungsmöglichkeiten (Frage C.3.3.3) ($j_{DP, BA} = 2$)	3	100%	14%

Legende:
* bezogen auf die Anzahl der Stellungnahmen von Banken zum DP mit Aussagen zu einer Frage
** bezogen auf sämtliche Stellungnahmen von Banken zum DP
$n_{DP, BA}$ Anzahl der Stellungnahmen von Banken zum DP
$h\text{-}j_{DP, BA}$ Anzahl der Stellungnahmen von Banken zum DP mit Aussagen zu einer Frage

Tabelle 50: Erwartete Veränderungen im Entscheidungsverhalten kreditnachfragender Leasingnehmer aus Sicht der stellungnehmenden Banken zum ED

Fragen C.3.3: Die Reform der Leasingbilanzierung führt zur…	**Banken ($n_{ED, BA} = 55$)**		
	Absolut	Relativ*	Relativ**
…Veränderung der Laufzeiten künftiger Leasingverträge (Frage C.3.3.1) ($h_{ED, BA} = 6$)	6	100%	11%
…Verwendung von Optionen, Restwertgarantien, bedingten Leasingzahlungen (Frage C.3.3.2) ($i_{ED, BA} = 4$)	4	100%	7%
…Substitution von Leasingtransaktionen durch alternative Finanzierungsmöglichkeiten (Frage C.3.3.3) ($j_{ED, BA} = 8$)	8	100%	15%

Legende:
* bezogen auf die Anzahl der Stellungnahmen von Banken zum ED mit Aussagen zu einer Frage
** bezogen auf sämtliche Stellungnahmen von Banken zum ED
$n_{ED, BA}$ Anzahl der Stellungnahmen von Banken zum ED
$h\text{-}j_{ED, BA}$ Anzahl der Stellungnahmen von Banken zum ED mit Aussagen zu einer Frage

Hinsichtlich der Verwendung von Optionen, Restwertgarantien und bedingten Leasingzahlungen deuten die wenigen Stellungnahmen von Banken in Verbindung mit den Ergebnissen der Interviews mit Banken darauf hin, dass sich die nicht diesbezüglich stellungnehmenden Banken des bilanzpolitisch motivierten Einsatzes von laufzeitbezogenen Optionen, Restwertgarantien und bedingten Leasingzahlungen noch nicht bewusst sind oder diesen nicht beurteilen können. Eine eindeutige Erwartungshaltung der Banken lässt sich auch im Rahmen einer möglichen Substitution von Leasingtransaktionen durch alternative Finanzierungen seitens kreditnachfragender Leasingnehmer aufgrund der relativ geringen Anzahl diesbezüglicher Stellungnahmen nicht konstatieren.

Kapitel VII: Schlussbetrachtung und Implikationen

Die Reform der internationalen Leasingbilanzierung wird als Konvergenzprojekt zwischen IASB und FASB seit dem Jahr 2006 aktiv betrieben. Ziel des Projekts ist eine einheitliche Leasingbilanzierung. Das mittlerweile veröffentlichte DP und der anschließend herausgegebene ED deuten weitreichende Änderungen in der internationalen Leasingbilanzierung an, die im Kern die Abschaffung der Dichotomie in operative Leasingverhältnisse und Finanzierungsleasingverhältnisse sowie die vollumfängliche Bilanzierung von Nutzungsrechten umfasst. Dieses ehrgeizige Vorhaben kommt einem Paradigmenwechsel gleich und führt zu der Frage, welche Auswirkungen eine solche Reform auf das Entscheidungsverhalten der betroffenen Akteure haben könnte. Diese Frage ist nicht nur deshalb von Relevanz, weil die Reformbestrebungen derzeit zu teilweise erheblicher Kritik führen. Sie hat auch vor dem Hintergrund bisheriger zum Teil heterogener empirischer Befunde zur internationalen Leasingbilanzierung eine zentrale Bedeutung.

Gegenstand und Aufbau der Untersuchung werden im Folgenden kurz dargestellt und um die wesentlichen Ergebnisse dieser Arbeit zusammenfassend ergänzt:

- In der vorliegenden Arbeit wird untersucht, ob die reformierte Leasingbilanzierung Auswirkungen auf das Entscheidungsverhalten der Akteure der Rechnungslegung hätte und insofern mit ökonomischen Konsequenzen einherginge. Für diese Arbeit werden die Ersteller des Jahresabschlusses, die hauptsächlich als Leasingnehmer auftreten und in dieser Funktion betrachtet werden sollen, Wirtschaftsprüfer und Banken als Akteure der Rechnungslegung identifiziert.
- Für die Untersuchung werden drei übergeordnete Forschungsfragen mittels einer Auswertung der bestehenden Literatur hergeleitet und anschließend durch detaillierte Teilfragen konkretisiert. Die erste Forschungsfrage untersucht, wie Leasingverhältnisse in den jeweiligen Prozessen der Akteure berücksichtigt und behandelt werden. Die zweite Forschungsfrage zielt auf die Beurteilung der gegenwärtigen Leasingbilanzierung und der Reformbestrebungen ab, während im Rahmen der dritten Forschungsfrage untersucht wird, welche Auswirkungen der reformierten Leasingbilanzierung von den Akteuren erwartet werden und welches veränderte Entscheidungsverhalten der Akteure daraus resultieren könnte.
- Die Datenerhebung erfolgt anhand von deutschlandweiten Experteninterviews mit Vertretern aus den definierten Interessengruppen. Zusätzlich werden die Stellungnahmen dieser Interessengruppen zum DP und ED herangezogen. Das Datenmaterial wird anschließend einer qualitativen Inhaltsanalyse unterzogen, um eine strukturierte und intersubjektiv nachvollziehbare Auswertung der Daten zu gewährleisten.
- Um potentielle ökonomische Konsequenzen untersuchen zu können, muss im Rahmen der ersten Forschungsfrage zunächst ein Verständnis von der Berücksichtigung und Behandlung von Leasingverhältnissen in den gegenwärtigen

relevanten Prozessen der jeweiligen Interessengruppe (Bilanzierungsprozess der Leasingnehmer, Prüfungsprozess der Wirtschaftsprüfer, Kreditvergabeprozess der Banken) geschaffen werden. Diese Untersuchung wird lediglich im Rahmen der Interviews durchgeführt. Die Stellungnahmen enhalten keine diesbezüglichen Aussagen.

- Die erste Forschungsfrage zeigt, dass sich die befragten Leasingnehmer mehrheitlich an die Klassifizierung von Leasingverhältnissen gewöhnt haben und damit umzugehen wissen. Zusätzlich werden Leasingverträge unter Einbezug der Bilanzierungsabteilung und des Wirtschaftsprüfers abgeschlossen, um die bilanziellen Auswirkungen eines Leasingvertrags berücksichtigen und beeinflussen zu können sowie Diskussionen mit dem Wirtschaftsprüfer während der regulären Prüfung des Jahresabschlusses zu vermeiden.
- Die befragten Wirtschaftsprüfer nennen die Klassifizierung als gegenwärtig bedeutendsten Prüfungsschwerpunkt in der Prüfung von Leasingverhältnissen. Der risikoorientierte Prüfungsansatz führt zu einer Prüfung ausgewählter Leasingverträge unter Beachtung festgelegter mandatsindividueller Wesentlichkeitsgrenzen. Die Interviews mit Wirtschaftsprüfern offenbaren zudem einen Bedeutungsunterschied zwischen Bilanz und Anhang im Rahmen der Prüfung von Leasingverhältnissen und insofern intensivere Prüfungshandlungen hinsichtlich bilanzwirksamer Leasingverhältnisse.
- Die befragten Banken messen den testierten Informationen des Jahresabschlusses – insbesondere der Bilanz, Gesamtergebnisrechnung und Kapitalflussrechnung – eine hohe Bedeutung im Kreditvergabeprozess zu. Der Anhang wird nachgelagert berücksichtigt. Zudem verlangen die Banken zusätzliche Informationen zum Jahresabschluss. Bilanzstrukturkennzahlen, insbesondere Verschuldungsgrade und Eigenkapitalquote sowie Liquiditätskennzahlen, erweisen sich als wesentliche Finanzkennzahlen im Kreditvergabeprozess. Die Mehrheit der Banken entscheidet nach dem Kriterium der Wesentlichkeit, welche bilanzunwirksamen Elemente in den Kreditvergabeprozess einfließen. Leasingverhältnissen kommt in der Beurteilung der Kreditwürdigkeit eine hohe Bedeutung zu. Dementsprechend finden in der Regel sämtliche Leasingverhältnisse in den Analysen der Banken Berücksichtigung. Zur Korrektur des Jahresabschlusses um operative Leasingverhältnisse verwenden sämtliche befragten Banken formalanalytische Verfahren, die sich zumeist auf das einfache Faktormodell beschränken.
- Im Rahmen der zweiten Forschungsfrage offenbaren die Beurteilungen der Existenz unterschiedlicher Bilanzierungsmethoden für Leasingverhältnisse und der damit verbundenen Gestaltungsspielräume, dass die befragten und stellungnehmenden Leasingnehmer die Ermessensspielräume der Klassifizierung einräumen. Allerdings werden diese von den Befragten durchweg positiv beurteilt, während die stellungnehmenden Leasingnehmer keine Bewertung vornehmen. Die befragten und diesbezüglich stellungnehmenden Wirtschaftsprüfer kritisieren mehrheitlich die derzeit vorherrschende Dichotomie in der Bilanzierung von Leasingverhältnissen. Die befragten und diesbezüglich stellungnehmenden Banken zum DP beanstanden ebenfalls die Strukturierungsmöglichkei-

ten innerhalb der derzeitigen Bilanzierung von Leasingverhältnissen, während die diesbezüglich stellungnehmenden Banken zum ED ein heterogenes Antwortverhalten offenbaren.

- Sämtliche befragten Banken können die Bilanzauswirkungen operativer Leasingverhältnisse aufgrund der vorhandenen technischen Lösungen und weiterführenden Informationen von kreditnachfragenden Unternehmen beurteilen. Demgegenüber sehen die befragten Wirtschaftsprüfer mehrheitlich eine Erschwernis, bilanzielle Auswirkungen anhand der Informationen zu operativen Leasingverhältnissen im Anhang einschätzen zu können. Das Antwortverhalten der befragten Leasingnehmer erweist sich als heterogen. Die Mehrheit der diesbezüglich stellungnehmenden Leasingnehmer, Wirtschaftsprüfer und Banken zum ED erkennt keine Schwierigkeit, bilanzielle Auswirkungen anhand der Informationen zu operativen Leasingverhältnissen im Anhang einschätzen zu können.
- Während die befragten Banken im Rahmen der Beurteilung der Vergleichbarkeit von Jahresabschlüssen angeben, eine für sie relevante Vergleichbarkeit herstellen zu können, erachten die befragten Leasingnehmer und Wirtschaftsprüfer die Vergleichbarkeit mehrheitlich als beeinträchtigt. Über alle Auswertungen von Stellungnahmen hinweg erscheint die Anzahl diesbezüglicher Stellungnahmen zur Ableitung eines fundierten Ergebnisses zu gering.
- Sämtliche befragten Banken schaffen eine verbesserte Einschätzung der finanziellen Verpflichtungen durch die Berücksichtigung zusätzlicher Informationen. Das Antwortverhalten der befragten Leasingnehmer und Wirtschaftsprüfer fällt heterogen aus. Im Rahmen der Auswertungen von Stellungnahmen erachtet die Mehrheit der diesbezüglich stellungnehmenden Leasingnehmer die vorhandenen Informationen als ausreichend, um die finanziellen Verpflichtungen aus Leasingverhältnissen abschätzen zu können. Die relative Anzahl diesbezüglicher Stellungnahmen von Wirtschaftsprüfern und Banken ist zu gering, um ein eindeutiges Ergebnis ableiten zu können.
- Im Rahmen der Beurteilung der Bilanzierungspflicht für sämtliche Leasingverhältnisse und des Ansatzes zur Bilanzierung und Bewertung von Nutzungsrechten zeigt sich ein homogenes Antwortverhalten über sämtliche Auswertungen und Interessengruppen hinweg. Die Pflicht zur Bilanzierung sämtlicher Leasingverhältnisse sowie deren Umsetzung über den Ansatz zur Bilanzierung von Nutzungsrechten wird als konzeptionell richtig erachtet. Allerdings äußern alle Interessengruppen Bedenken hinsichtlich der Umsetzung des Ansatzes.
- In den Interviews mit Leasingnehmern und Wirtschaftsprüfern spricht sich etwa die Hälfte für eine – wie auch immer ausgestaltete – bilanzielle Erfassung von Optionen, Restwertgarantien und bedingten Leasingzahlungen aus. Demgegenüber befürworten sämtliche befragten Banken die bilanzielle Erfassung. In den diesbezüglichen Stellungnahmen der Leasingnehmer und Banken zum DP sowie der Wirtschaftsprüfer zum ED spricht sich etwa die Hälfte für eine bilanzielle Erfassung von Optionen, Restwertgarantien und bedingten Leasingzahlungen aus. In den Stellungnahmen der Wirtschaftsprüfer zum DP wird die bilanzielle Erfassung mehrheitlich befürwortet. Die diesbezüglich stellungneh-

menden Leasingnehmer und Banken zum ED lehnen die Erfassung dagegen mehrheitlich ab. Die konkrete Ausgestaltung der bilanziellen Erfassung von Optionen, Restwertgarantien und bedingten Leasingzahlungen gemäß deren Ausübungs- bzw. Eintrittswahrscheinlichkeiten erfährt in allen Auswertungen teilweise Kritik.

- Im Rahmen der dritten Forschungsfrage wird hinsichtlich der erwarteten Auswirkungen auf Finanzkennzahlen der Leasingnehmer über sämtliche Interessengruppen hinweg die homogene Erwartungshaltung verschlechterter Bilanzstrukturkennzahlen deutlich. Die Befragten erwarten keine wesentlichen Veränderungen von Rentabilitätskennzahlen und kapitalmarktorientierten Kennzahlen. Eine jeweilige Minderheit der diesbezüglich stellungnehmenden Leasingnehmer, Wirtschaftsprüfer und Banken rechnet hingegen mit Verbesserungen der Rentabilitätskennzahlen. Die von den Stellungnehmenden erwarteten Auswirkungen auf kapitalmarktorientierte Kennzahlen können insgesamt als gering bezeichnet werden.
- Die Mehrheit der befragten Leasingnehmer und sämtliche befragten Banken erwarten keine wesentlichen Veränderungen der künftigen Kreditvergabeentscheidungen. Das entsprechende Antwortverhalten der befragten Wirtschaftsprüfer erscheint heterogen. Die diesbezüglich stellungnehmenden Leasingnehmer, Wirtschaftsprüfer und Banken erwarten Auswirkungen auf künftige Kreditvergabeentscheidungen derart, dass Kreditzusagen nicht oder zu verschlechterten Konditionen gegeben werden. Allerdings ist die jeweilige relative Anzahl diesbezüglicher Stellungnahmen zu gering, um ein eindeutiges Ergebnis abzuleiten. Unter Berücksichtigung der Ergebnisse aus den Interviews kann vermutet werden, dass die erwarteten Auswirkungen auf künftige Kreditvergabeentscheidungen gering sind.
- Hinsichtlich bestehender Kreditvereinbarungen werden über sämtliche Interessengruppen Beeinflussungen bereits vereinbarter Kreditauflagen erwartet. Die Interviews zeigen, dass mehrheitlich keine Konsequenzen in Form verkürzter Kreditlinien und verschlechterter Kreditkonditionen, sondern Anpassungen vereinbarter *covenant*s erwartet werden. Auch die diesbezüglichen Stellungnahmen der Leasingnehmer zum DP und der Banken zum ED offenbaren, dass mehrheitlich von Anpassungen bestehender *covenant*s ausgegangen wird. Das Antwortverhalten der diesbezüglich stellungnehmenden Leasingnehmer und Wirtschaftsprüfer zum ED ist als heterogen zu bezeichnen.
- Die Mehrheit der befragten Leasingnehmer und Wirtschaftsprüfer sowie sämtliche befragten Banken erwarten keine Veränderungen im Entscheidungsverhalten von Investoren und Analysten. Von den stellungnehmenden Leasingnehmern, Wirtschaftsprüfern und Banken werden Veränderungen im Entscheidungsverhalten von Investoren und Analysten zwar erwartet. Allerdings ist die jeweilige relative Anzahl diesbezüglicher Stellungnahmen zu gering. Unter Berücksichtigung der Ergebnisse aus den Interviews lässt sich die Vermutung anstellen, dass die von den Stellungnehmenden erwarteten Auswirkungen insgesamt gering sein dürften.

- Bis auf die Stellungnahmen der Banken zum DP, die keine Aussagen zu Veränderungen im Entscheidungsverhalten der Wirtschaftsprüfer von Leasingnehmern enthalten, werden über alle Auswertungen und Interessengruppen hinweg Veränderungen der Prüfungsschwerpunkte erwartet. In sämtlichen Auswertungen wird ein künftiger Prüfungsschwerpunkt in der Bewertung komplexer Leasingverhältnisse erkannt. Damit zusammenhängend identifizieren die befragten und stellungnehmenden Leasingnehmer und Wirtschaftsprüfer die Dokumentation der Bewertung als weiteren Prüfungsschwerpunkt. Die befragten Leasingnehmer sowie die diesbezüglich stellungnehmenden Wirtschaftsprüfer nennen die Abgrenzung von Leasingverträgen zu Dienstleistungsverträgen als zusätzlichen künftigen Prüfungsschwerpunkt.
- Die variable Vergütung der Leasingnehmer scheint nicht betroffen von der reformierten Leasing-bilanzierung. Die Vergütungssysteme der Leasingnehmer sind entweder unabhängig von Einflussgrößen der Leasingbilanzierung, berücksichtigen bereits gegenwärtig sämtliche Leasingverhältnisse oder würden eine Anpassung erfahren.
- Die befragten und diesbezüglich stellungnehmenden Leasingnehmer erwarten mehrheitlich eine erhöhte Komplexität im Rahmen des künftigen Bilanzierungsprozesses von Leasingverhältnissen und führen dies maßgeblich auf die bilanzielle Behandlung komplexer Leasingverhältnisse zurück. Ebenfalls mit Bezug auf die bilanzielle Behandlung komplexer Leasingverhältnisse erwarten die befragten und diesbezüglich stellungnehmenden Wirtschaftsprüfer eine komplexere Prüfung von Leasingverhältnissen. Während die befragten Banken mehrheitlich mit einer Vereinfachung in der künftigen Kreditwürdigkeitsprüfung aufgrund erwarteter Gewöhnungsprozesse rechnen, gehen die diesbezüglich stellungnehmenden Banken von einer komplexeren Kreditwürdigkeitsprüfung aus, sofern Leasingverhältnisse Optionen, Restwertgarantien oder bedingte Leasingzahlungen enthielten. Mit Ausnahme der befragten Banken zeigt sich insgesamt die Erwartung, dass die Kosten der Reform den daraus entstehenden Nutzen übersteigen würden.
- Sämtliche befragten Leasingnehmer, Wirtschaftsprüfer und Banken erwarten eine Ausweitung des Ansatzes zur Bilanzierung von Nutzungsrechten auf andere Bereiche der Rechnungslegung und kritisieren diese zugleich. Die Ausdehnung schließt sowohl die Übertragung der Bilanzierung von Nutzungsrechten auf andere Rechnungslegungsstandards, etwa IAS 38, als auch die künftige bilanzielle Erfassung anderer Dauerschuldverhältnisse ein. Diese Erwartungshaltung wird auch in den Stellungnahmen der Leasingnehmer, Wirtschaftsprüfer und Banken deutlich. Allerdings erscheint die jeweilige relative Anzahl entsprechender Stellungnahmen zu gering, um die Frage eindeutig zu beantworten.
- Für die befragten und stellungnehmenden Wirtschaftsprüfer dürfte die hohe Bedeutung von Bilanz und Gesamtergebnisrechnung im Rahmen der Prüfung von Leasingverhältnissen angesichts der künftigen Bilanzierungspflicht für sämtliche Leasingverhältnisse fortbestehen. Die Wirtschaftsprüfer erwarten zudem eine künftig höhere Bedeutung des Anhangs in der Prüfung von Leasingverhältnissen. Dieses Ergebnis erklärt sich aus der Erläuterung des bilanzierten

Nutzungsrechts und der wertbestimmenden Parameter – insbesondere die Ermittlung der zugrundeliegenden Ausübungs- bzw. Eintrittswahrscheinlichkeiten von Optionen, Restwertgarantien und bedingten Leasingzahlungen. Insofern dürften sich die im Rahmen der Interviews mit Wirtschaftsprüfern festgestellten derzeitigen Bedeutungsunterschiede zwischen Bilanz und Anhang reduzieren.

- Von den befragten und stellungnehmenden Banken werden keine wesentlichen Auswirkungen auf die Bedeutung des Jahresabschlusses in der Kreditwürdigkeitsprüfung erwartet. Der Jahresabschluss im Allgemeinen und die darin enthaltenen Rechenwerke Bilanz, Gesamtergebnisrechnung sowie Kapitalflussrechnung im Besonderen würden weiterhin von hoher Bedeutsamkeit für die Beurteilung der Kreditwürdigkeit und die darauf basierende Kreditvergabeentscheidung sein. Dem Anhang würde künftig eine höhere Bedeutung zugeschrieben.
- Nachverhandlungen bestehender Leasingverträge zur Beeinflussung der erwarteten negativen Auswirkungen nehmen eine untergeordnete Bedeutung im Rahmen möglicher Veränderungen im Entscheidungsverhalten der Leasingnehmer ein. Ein ähnliches Bild offenbart sich hinsichtlich der Veränderung von Laufzeiten künftiger Leasingverträge. Während die befragten Leasingnehmer mehrheitlich keine Veränderung erwarten, zeigt sich im Rahmen der Interviews mit Wirtschaftsprüfern und Banken ein heterogenes Antwortverhalten. In den Stellungnahmen werden Veränderungen der Laufzeiten künftiger Leasingverträge zwar teilweise erwartet. Allerdings erscheint die jeweilige relative Anzahl entsprechender Stellungnahmen zur Ableitung eines eindeutigen Antwortverhaltens zu gering.
- Die Mehrheit der befragten Leasingnehmer, Wirtschaftsprüfer und Banken erwartet die Verwendung von laufzeitbezogenen Optionen, Restwertgarantien und bedingten Leasingzahlungen, um negative Auswirkungen – beispielsweise auf die Verschuldungssituation – zu reduzieren. Die Anzahl diesbezüglicher Stellungnahmen erscheint zur Ableitung eines eindeutigen Ergebnisses zu gering. Allerdings lässt die in den Stellungnahmen über alle Auswertungen und Interessengruppen hinweg geäußerte homogene Erwartungshaltung einer bilanzpolitisch motivierten Verwendung von laufzeitbezogenen Optionen, Restwertgarantien und bedingten Leasingzahlungen sowie der Bezug zu den Interviews vermuten, dass diesbezügliche Veränderungen im Entscheidungsverhalten der Leasingnehmer erwartet werden.
- Eine eindeutige Erwartungshaltung hinsichtlich der Substitution von Leasingtransaktionen durch alternative Finanzierungsmöglichkeiten lässt sich nicht ableiten. Die Interviews offenbaren ein heterogenes Antwortverhalten. Die jeweilige relative Anzahl diesbezüglicher Stellungnahmen erscheint zur eindeutigen Beantwortung der Frage zu gering, auch wenn sämtliche bzw. die Mehrheit der Stellungnehmenden mit entsprechenden Aussagen in den Stellungnahmen Substitutionshandlungen erwarten.

Auf Basis der Ergebnisse aus den Interviews und den Auswertungen von Stellungnahmen dürfte die Umsetzung der Reform der internationalen Leasingbilanzierung mit insgesamt geringen ökonomischen Konsequenzen einhergehen. Auch wenn Finanzkennzahlen, insbesondere Bilanzstrukturkennzahlen, teilweise erheblich von der Bilanzwirksamkeit sämtlicher Leasingverhältnisse betroffen wären, resultierte daraus in der Mehrzahl der Fälle kein grundlegend verändertes Entscheidungsverhalten von Banken sowie Investoren und Analysten. Als wesentliche Veränderungen sind lediglich die erwartete Verlagerung von Prüfungsschwerpunkten und die erhöhte Komplexität der Bilanzierung, Wirtschaftsprüfung und Kreditwürdigkeitsprüfung zu nennen. Inwieweit die Erwartung einer erhöhten Komplexität von „lobbyistischen Störgeräuschen" – zumindest seitens der bilanzierenden Leasingnehmer – beeinflusst ist, kann nicht abschließend geklärt werden. Angesichts der erwarteten geringen Auswirkungen auf Kreditvergabe- und Investitionsentscheidungen konzentrieren sich die erwarteten Veränderungen im Entscheidungsverhalten der Leasingnehmer im Sinne von Ausweichhandlungen auf die bilanzpolitisch motivierte Verwendung von laufzeitbezogenen Optionen, Restwertgarantien und bedingten Leasingzahlungen. In Einzelfällen könnten Leasingtransaktionen durch alternative Finanzierungsmöglichkeiten ersetzt oder Leasinglaufzeiten verkürzt werden. Insofern erscheint auch die Sorge einiger Leasinggesellschaften, die Reform könne das Leasinggeschäft beeinträchtigen, eher unbegründet. Die lediglich vereinzelte Substitution von Leasingtransaktionen deutet auf die Dominanz von mit Leasingfinanzierungen verbundenen Flexibilitäts- und Dienstleistungsargumenten gegenüber dem Vorteil einer bilanzunwirksamen Behandlung hin.

Mit der vorliegenden Arbeit sind erstmals die Auswirkungen der Vorschläge des DP und ED zur Reform der internationalen Leasingbilanzierung auf das Entscheidungsverhalten der Akteure der Rechnungslegung untersucht worden. Bisherige empirische Studien untersuchen die ökonomischen Konsequenzen der grundsätzlichen Reformüberlegungen der G4+1-Gruppe und stellen dabei auf Akteure der Rechnungslegung eines Landes ab. Die von deutschen Akteuren der Rechnungslegung diesbezüglich erwarteten ökonomischen Konsequenzen sind nicht Gegenstand dieser Studien. Eine Auswertung der Stellungnahmen zum DP und ED mit Bezug auf die ökonomischen Konsequenzen der darin enthaltenen Vorschläge ist bislang ebenfalls ausgeblieben. Die empirische Untersuchung dieser Arbeit erweitert somit die bisherigen Forschungsergebnisse und leistet einen Beitrag zur ex ante-Forschung mit Relevanz für den Standardsetzungsprozess.

Welche Implikationen ergeben sich nun für den weiteren Standardsetzungsprozess? Vor dem Hintergrund des Gesamtergebnisses stellt sich die Frage der Notwendigkeit einer Reform der Leasingbilanzierung. Offensichtlich beinhalten die gegenwärtigen Leasinginformationen eine hinreichende Entscheidungsnützlichkeit für die Mehrzahl der Jahresabschlussadressaten. Jahresabschlussadressaten können mit den vorhandenen Informationen umgehen und werden insofern in deren Entscheidungsfindung nicht von der gegenwärtigen Leasingbilanzierung beeinflusst, auch wenn die Transparenz im Vergleich zu einer vollständigen Bilanzwirksamkeit derzeit möglicherweise niedriger ist. Der erhöhten Transparenz infolge der Reform stünde allerdings die erwartete Komplexität gegenüber.

Die Einstellung des Projekts zur Reform der Leasingbilanzierung ist als unwahrscheinlich anzusehen. IASB und FASB werden diesen Schritt nach jahrelangen Diskussionen und wiederholter Betonung der Tragweite des Projekts kaum in Erwägung ziehen. Gegen eine Einstellung spricht auch die von der Regulierungsseite teilweise pointiert vorgetragene Kritik an der derzeit dichotomen Leasingbilanzierung, die beispielsweise in einem Zitat des ehemaligen Chairman des IASB Sir David Tweedie deutlich wird: „*One of my great ambitions before I die is to fly in an aircraft that is on an airline's balance sheet*"[1]. Da die Kritik an den Reformbestrebungen überwiegend auf die bilanzielle Behandlung komplexer Leasingverhältnisse abzielt, könnte ein Lösungsvorschlag darin bestehen, sämtliche Leasingverhältnisse über einen Ansatz zur Bilanzierung von Nutzungsrechten bilanzwirksam werden zu lassen, jedoch auf die Bilanzierung optionaler Komponenten zu verzichten[2]. Diesem Vorschlag liegt die Annahme zugrunde, dass beispielsweise im Falle einer günstigen (Verlängerungs-)Option höhere Leasingzahlungen während der Grundlaufzeit des Leasingvertrags für den Leasingnehmer anfielen als im Falle ohne Option. Die Differenz in den Leasingraten mit und ohne Option entspräche gerade dem Wert der Option bei Abschluss des Leasingvertrags. Die Bewertung von Nutzungsrecht und Verbindlichkeit zum Barwert der Leasingzahlungen würde automatisch die höheren Leasingzahlungen berücksichtigen. Die zu zahlenden Leasingraten während des Zeitraums der Optionsausübung wären – entgegen den Vorschlägen von IASB und FASB – nicht enthalten, weil insofern keine Vermögenswerte und Schulden vorlägen. Gegen diesen Vorschlag spricht allerdings das damit verbundene Strukturierungspotential. Schließlich könnten kürzere Grundlaufzeiten mit häufigeren Verlängerungsoptionen angestrebt werden. Diese Vorgehensweise ist in dieser Arbeit als die wahrscheinlichste Ausweichhandlung identifiziert worden. Dem ist allerdings entgegenzuhalten, dass kürzere Laufzeiten zumeist mit höheren Leasingraten verbunden sind, denn der Leasinggeber trägt bei Nichtausübung der Option durch den Leasingnehmer das Risiko des Wertverlusts des Leasinggegenstands. Die höheren Leasingraten dürften insofern prohibitiv wirken. Restwertgarantien sollten nicht zu der erwarteten Zahlung aus der Garantie, sondern zum Höchstbetrag der Garantie einbezogen werden, da sich der Leasingnehmer am gesamten Leasinggegenstand beteiligt. Die Abbildung der Restwertgarantie erfolgte unter der Annahme, dass sich der Leasingnehmer zum Erwerb des Leasinggegenstands verpflichtet hat. Dadurch würden etwaige Strukturierungsmöglichkeiten beseitigt.

Es bleibt mit Spannung abzuwarten, welche Entwicklung die internationale Leasingbilanzierung nehmen wird. Die Ankündigung eines erneuten ED lässt vermuten, dass die gegenwärtigen Reformbestrebungen weiteren Veränderungen unterliegen werden[3]. Die Fragestellung, ob und welche ökonomischen Konsequenzen mit diesen veränderten Reformvorschlägen verbunden wären, verbleibt der weiteren ex ante-Forschung. Ebenfalls ungeklärt ist die Frage, welche ökonomischen Konsequenzen seitens der Leasinggeber auftreten könnten. Diesbezügliche Simulationsstudien zur Untersuchung der Auswirkungen auf den Jahresabschluss sowie daran anschließende Analysen eines möglicherweise veränderten Entscheidungsverhaltens könnten zu einem verbesserten Erkenntnisstand der ex ante-Forschung beitragen und von Interesse für den weiteren Standardsetzungsprozess sein. Nach Umsetzung der Reformbestrebungen zur Leasingbilanzierung bedürfte es aus Sicht der ex post-Forschung einer

1 Tweedie (2008), S. 5.
2 Vgl. hierzu und im Folgenden ähnlich Findeisen/Sabel (2009).
3 Vgl. IASB/FASB (2011b).

Untersuchung der tatsächlich eingetretenen Veränderungen im Entscheidungsverhalten der Akteure. Im Rahmen der Lobbyismus-Forschung wäre zudem ex post der Frage nachzugehen, welche Gruppen sich am Standardsetzungsprozess beteiligt und – bezogen auf die jeweiligen Interessen – durchgesetzt haben.

Anhang

Anhang 1: Konkretisierung der Forschungsfragen 437
Anhang 2: Interviewleitfäden 443
Anhang 3: Übersicht der geführten Experteninterviews 455
Anhang 4: Zusätzlich Datenquellen im Rahmen der Datentriangulation 457
Anhang 5: Exemplarischer Codiervorgang 458
Anhang 6: Kategoriensysteme und Codierungen der Interviews 459
Anhang 7: Kategoriensysteme und Codierungen der Auswertungen von Stellungnahmen zum Diskussionspapier 466
Anhang 8: Kategoriensysteme und Codierungen der Auswertungen von Stellungnahmen zum Standardentwurf 472
Anhang 9: Chi-Quadrat-Unabhängigkeitstest 478

Anhang 1: Konkretisierung der Forschungsfragen

Leasingnehmer

Forschungsfrage A.1: Wie werden Leasingverhältnisse im Bilanzierungsprozess der Leasingnehmer berücksichtigt und behandelt?

Frage A.1.1: Wie gehen Leasingnehmer im Rahmen der Klassifizierung von Leasingverhältnissen vor?

Frage A.1.2: Inwieweit werden bilanzielle und prüfungsbezogene Konsequenzen bereits bei Abschluss von Leasingverträgen berücksichtigt?

Forschungsfrage A.2: Wie beurteilen Leasingnehmer die gegenwärtige Leasingbilanzierung und die Reformbestrebungen?

Frage A.2.1: Wie beurteilen Leasingnehmer die gegenwärtige Leasingbilanzierung?

Frage A.2.1.1: Wie beurteilen Leasingnehmer die Existenz unterschiedlicher Bilanzierungsmethoden für Leasingverhältnisse und die damit verbundenen Gestaltungsspielräume?

Frage A.2.1.2: Wie beurteilen Leasingnehmer die Möglichkeit der Jahresabschlussadressaten, anhand der Informationen zu operativen Leasingverhältnissen Aussagen zu deren bilanziellen Auswirkungen zu treffen?

Frage A.2.1.3: Wie beurteilen Leasingnehmer die Beeinflussung der Vergleichbarkeit von Jahresabschlüssen durch die gegenwärtige Leasingbilanzierung?

Frage A.2.1.4: Wie beurteilen Leasingnehmer die Möglichkeit der Jahresabschlussadressaten, anhand der gegenwärtigen Leasinginformationen Einschätzungen über die finanziellen Verpflichtungen eines Unternehmens vorzunehmen?

Frage A.2.2: Wie beurteilen Leasingnehmer die Reformbestrebungen?

Frage A.2.2.1: Wie beurteilen Leasingnehmer die Bilanzierungspflicht für sämtliche Leasingverhältnisse und den Ansatz zur Bilanzierung und Bewertung von Nutzungsrechten im Rahmen der Leasingbilanzierung?

Frage A.2.2.2: Wie beurteilen Leasingnehmer die angestrebte bilanzielle Behandlung von Optionen, Restwertgarantien und bedingten Leasingzahlungen?

Forschungsfrage A.3: Wie wirkt sich die reformierte Leasingbilanzierung aus und welches veränderte Entscheidungsverhalten resultiert daraus?

Frage A.3.1: Welche Auswirkungen erwarten Leasingnehmer?

Frage A.3.1.1: Inwieweit erwarten Leasingnehmer Auswirkungen auf wesentliche Kennzahlen?

Frage A.3.1.2: Inwieweit erwarten Leasingnehmer Auswirkungen auf das Entscheidungsverhalten von Banken?

Frage A.3.1.3: Inwieweit erwarten Leasingnehmer Auswirkungen auf das Entscheidungsverhalten von Investoren und Analysten?

Frage A.3.1.4: Inwieweit erwarten Leasingnehmer Auswirkungen auf das Entscheidungsverhalten von Wirtschaftsprüfern?

Frage A.3.1.5: Inwieweit erwarten Leasingnehmer Auswirkungen auf die variable Vergütung?

Frage A.3.1.6: Inwieweit erwarten Leasingnehmer Auswirkungen auf die Komplexität und das Kosten-Nutzen-Verhältnis der reformierten Bilanzierung von Leasingverhältnissen?

Frage A.3.1.7: Inwieweit erwarten Leasingnehmer eine Ausweitung des Ansatzes zur Bilanzierung von Nutzungsrechten auf andere Bereiche der Rechnungslegung?

Frage A.3.2: Inwieweit resultiert aus den erwarteten Auswirkungen ein verändertes Entscheidungsverhalten der Leasingnehmer?

Frage A.3.2.1: Inwieweit würden Leasingnehmer bestehende Leasingverträge vor dem Hintergrund der erwarteten Auswirkungen nachverhandeln?

Frage A.3.2.2: Inwieweit würden Leasingnehmer die Laufzeiten künftiger Leasingverträge vor dem Hintergrund der erwarteten Auswirkungen verändern?

Frage A.3.2.3: Inwieweit würden Leasingnehmer laufzeitbezogene Optionen, Restwertgarantien und bedingte Leasingzahlungen vor dem Hintergrund der erwarteten Auswirkungen verwenden?

Frage A.3.2.4: Inwieweit würden Leasingnehmer Leasingtransaktionen durch Verwendung alternativer Finanzierungsmöglichkeiten substituieren?

Wirtschaftsprüfer

Forschungsfrage B.1: Wie werden Leasingverhältnisse im Prüfungsprozess der Wirtschaftsprüfer berücksichtigt und behandelt?

Frage B.1.1: Wie gehen Wirtschaftsprüfer im Rahmen der Prüfung von Leasingverhältnissen vor?

Frage B.1.2: Welche Bedeutung messen Wirtschaftsprüfer den jeweiligen Rechenwerken und dem Anhang im Rahmen der Prüfung von Leasingverhältnissen bei?

Forschungsfrage B.2: Wie beurteilen Wirtschaftsprüfer die gegenwärtige Leasingbilanzierung und die Reformbestrebungen?

Frage B.2.1: Wie beurteilen Wirtschaftsprüfer die gegenwärtige Leasingbilanzierung?

Frage B.2.1.1: Wie beurteilen Wirtschaftsprüfer die Existenz unterschiedlicher Bilanzierungsmethoden für Leasingverhältnisse und die damit verbundenen Gestaltungsspielräume?

Frage B.2.1.2: Wie beurteilen Wirtschaftsprüfer die Möglichkeit, anhand der Informationen zu operativen Leasingverhältnissen Aussagen zu deren bilanziellen Auswirkungen zu treffen?

Frage B.2.1.3: Wie beurteilen Wirtschaftsprüfer die Beeinflussung der Vergleichbarkeit von Jahresabschlüssen durch die gegenwärtige Leasingbilanzierung?

Frage B.2.1.4: Wie beurteilen Wirtschaftsprüfer die Möglichkeit, anhand der gegenwärtigen Leasinginformationen Einschätzungen über die finanziellen Verpflichtungen eines Unternehmens vorzunehmen?

Frage B.2.2: Wie beurteilen Wirtschaftsprüfer die Reformbestrebungen?

Frage B.2.2.1: Wie beurteilen Wirtschaftsprüfer die Bilanzierungspflicht für sämtliche Leasingverhältnisse und den Ansatz zur Bilanzierung und Bewertung von Nutzungsrechten im Rahmen der Leasingbilanzierung?

Frage B.2.2.2: Wie beurteilen Wirtschaftsprüfer die angestrebte bilanzielle Behandlung von Optionen, Restwertgarantien und bedingten Leasingzahlungen?

Forschungsfrage B.3: Wie wirkt sich die reformierte Leasingbilanzierung aus und welches veränderte Entscheidungsverhalten resultiert daraus?

Frage B.3.1: Inwieweit erwarten Wirtschaftsprüfer Veränderungen in deren Entscheidungsverhalten?

Frage B.3.1.1: Inwieweit erwarten Wirtschaftsprüfer Veränderungen der Vorgehensweise im Rahmen der Prüfung von Leasingverhältnissen?

Frage B.3.1.2: Inwieweit erwarten Wirtschaftsprüfer Auswirkungen auf die Bedeutung der Rechenwerke und des Anhangs in der Prüfung von Leasingverhältnissen?

Frage B.3.1.3: Inwieweit erwarten Wirtschaftsprüfer Auswirkungen auf die Komplexität der Prüfung von Leasingverhältnissen und das entsprechende Kosten-Nutzen-Verhältnis?

Frage B.3.2: Inwieweit erwarten Wirtschaftsprüfer Auswirkungen für zu prüfende Leasingnehmer?

Frage B.3.2.1: Inwieweit erwarten Wirtschaftsprüfer Auswirkungen auf wesentliche Kennzahlen zu prüfender Leasingnehmer?

Frage B.3.2.2: Inwieweit erwarten Wirtschaftsprüfer Auswirkungen auf das Entscheidungsverhalten von Banken hinsichtlich zu prüfender Leasingnehmer?

Frage B.3.2.3: Inwieweit erwarten Wirtschaftsprüfer Auswirkungen auf das Entscheidungsverhalten von Investoren und Analysten gegenüber zu prüfenden Leasingnehmern?

Frage B.3.2.4: Inwieweit erwarten Wirtschaftsprüfer eine Ausweitung des Ansatzes zur Bilanzierung von Nutzungsrechten auf andere Bereiche der Rechnungslegung?

Frage B.3.3: Inwieweit erwarten Wirtschaftsprüfer Veränderungen im Entscheidungsverhalten zu prüfender Leasingnehmer?

Frage B.3.3.1: Inwieweit erwarten Wirtschaftsprüfer eine Veränderung der Laufzeiten künftiger Leasingverträge seitens zu prüfender Leasingnehmer?

Frage B.3.3.2: Inwieweit erwarten Wirtschaftsprüfer die Verwendung von laufzeitbezogenen Optionen, Restwertgarantien und bedingten Leasingzahlungen seitens zu prüfender Leasingnehmer?

Frage B.3.3.3: Inwieweit erwarten Wirtschaftsprüfer die Substitution von Leasingtransaktionen durch Verwendung alternativer Finanzierungsmöglichkeiten seitens zu prüfender Leasingnehmer?

Banken

Forschungsfrage C.1: Wie werden Leasingverhältnisse im Kreditvergabeprozess von Banken berücksichtigt und behandelt?

Frage C.1.1: Welche Bedeutung messen Banken dem Jahresabschluss im Rahmen der Kreditwürdigkeitsprüfung bei?

Frage C.1.2: Welche Kennzahlen werden von Banken im Rahmen der Kreditwürdigkeitsprüfung herangezogen?

Frage C.1.3: Inwieweit berücksichtigen Banken bilanzunwirksame Elemente im Rahmen der Kreditwürdigkeitsprüfung?

Frage C.1.4: Welche Bedeutung messen Banken Leasingverhältnissen im Rahmen der Kreditwürdigkeitsprüfung bei?

Frage C.1.5: Welche Methoden zur Jahresabschlusskorrektur um operative Leasingverhältnisse verwenden Banken im Rahmen der Kreditwürdigkeitsprüfung?

Forschungsfrage C.2: Wie beurteilen Banken die gegenwärtige Leasingbilanzierung und die Reformbestrebungen?

Frage C.2.1: Wie beurteilen Banken die gegenwärtige Leasingbilanzierung?

Frage C.2.1.1: Wie beurteilen Banken die Existenz unterschiedlicher Bilanzierungsmethoden für Leasingverhältnisse und die damit verbundenen Gestaltungsspielräume?

Frage C.2.1.2: Wie beurteilen Banken die Möglichkeit, anhand der Informationen zu operativen Leasingverhältnissen Aussagen zu deren bilanziellen Auswirkungen zu treffen?

Frage C.2.1.3: Wie beurteilen Banken die Beeinflussung der Vergleichbarkeit von Jahresabschlüssen durch die gegenwärtige Leasingbilanzierung?

Frage C.2.1.4: Wie beurteilen Banken die Möglichkeit, anhand der gegenwärtigen Leasinginformationen Einschätzungen über die finanziellen Verpflichtungen eines Unternehmens vorzunehmen?

Frage C.2.2: Wie beurteilen Banken die Reformbestrebungen?

Frage C.2.2.1: Wie beurteilen Banken die Bilanzierungspflicht für sämtliche Leasingverhältnisse und den Ansatz zur Bilanzierung und Bewertung von Nutzungsrechten im Rahmen der Leasingbilanzierung?

Frage C.2.2.2: Wie beurteilen Banken die angestrebte bilanzielle Behandlung von Optionen, Restwertgarantien und bedingten Leasingzahlungen?

Forschungsfrage C.3: Wie wirkt sich die reformierte Leasingbilanzierung aus und welches veränderte Entscheidungsverhalten resultiert daraus?

Frage C.3.1: Inwieweit erwarten Banken Veränderungen in deren Entscheidungsverhalten?

Frage C.3.1.1: Inwieweit erwarten Banken Auswirkungen auf die Bedeutung des Jahresabschlusses im Rahmen der Kreditwürdigkeitsprüfung?

Frage C.3.1.2: Inwieweit erwarten Banken Auswirkungen auf künftige Kreditvergabeentscheidungen?

Frage C.3.1.3: Inwieweit erwarten Banken Auswirkungen auf bestehende Kreditvereinbarungen?

Frage C.3.1.4: Inwieweit erwarten Banken Auswirkungen auf die Komplexität der Kreditwürdigkeitsprüfung und das entsprechende Kosten-Nutzen-Verhältnis?

Frage C.3.2: Inwieweit erwarten Banken Auswirkungen für kreditnachfragende Leasingnehmer?

Frage C.3.2.1: Inwieweit erwarten Banken Auswirkungen auf wesentliche Kennzahlen kreditnachfragender Leasingnehmer?

Frage C.3.2.2: Inwieweit erwarten Banken Auswirkungen auf das Entscheidungsverhalten von Investoren und Analysten gegenüber kreditnachfragenden Leasingnehmern?

Frage C.3.2.3: Inwieweit erwarten Banken Auswirkungen auf das Entscheidungsverhalten von Wirtschaftsprüfern kreditnachfragender Leasingnehmer?

Frage C.3.2.4: Inwieweit erwarten Banken eine Ausweitung des Ansatzes zur Bilanzierung von Nutzungsrechten auf andere Bereiche der Rechnungslegung?

Frage C.3.3: Inwieweit erwarten Banken Veränderungen im Entscheidungsverhalten kreditnachfragender Leasingnehmer?

Frage C.3.3.1: Inwieweit erwarten Banken eine Veränderung der Laufzeiten künftiger Leasingverträge seitens kreditnachfragender Leasingnehmer?

Frage C.3.3.2: Inwieweit erwarten Banken die Verwendung von laufzeitbezogenen Optionen, Restwertgarantien und bedingten Leasingzahlungen seitens kreditnachfragender Leasingnehmer?

Frage C.3.3.3: Inwieweit erwarten Banken die Substitution von Leasingtransaktionen durch Verwendung alternativer Finanzierungsmöglichkeiten seitens kreditnachfragender Leasingnehmer?

Anhang 2: Interviewleitfäden

Leasingnehmer

A.0 Allgemeine Informationen

Allgemeine Angaben
- Unternehmen/Unternehmenscode
- Ort/Datum/Uhrzeit
- Dauer des Interviews
- Aufzeichnung (ja/nein)

Angaben zum Gesprächspartner
- Name
- Qualifikation
- Position im Unternehmen
- Dauer der Zugehörigkeit zum Unternehmen
- Dauer in der aktuellen Position

Angaben zum Unternehmen
- Branche
- Konzernumsatz 2008/2009
- Anzahl der Mitarbeiter 2008/2009
- Leasingintensität 2008/2009
  - Anteil des Leasinggeschäfts am operativen Geschäft
  - Relation von Finanzierungsleasingverhältnissen zu operativen Leasingverhältnissen
  - Signifikanz der Verbindlichkeiten aus Leasingverhältnissen im Vergleich zu Gesamtverbindlichkeiten
  - Volumen der Leasingtransaktionen (viele kleine/wenige große, etc.)
  - Art der Leasinggeschäfte (Mobilien/Immobilien)
  - Nationale/Internationale Leasingtransaktionen

A.1 Berücksichtigung und bilanzielle Behandlung von Leasingverhältnissen im Bilanzierungsprozess der Leasingnehmer

A.1.1 Vorgehensweise im Rahmen der Klassifizierung von Leasingverhältnissen

- Wie gehen Sie im Rahmen der Klassifizierung von Leasingverhältnissen vor?
- Welche Probleme bestehen im Rahmen der Klassifizierung von Leasingverhältnissen?
- Welche Bedeutung messen Sie den einzelnen Klassifizierungskriterien bei?

A.1.2 Berücksichtigung bilanzieller und prüfungsbezogener Konsequenzen

- Inwieweit berücksichtigen Sie bilanzielle Konsequenzen bei Abschluss und Gestaltung von Leasingverträgen?
- Inwieweit ist die Bilanzierungsabteilung bei Abschluss und Gestaltung von Leasingverträgen involviert?
- Inwieweit berücksichtigen Sie prüfungsbezogene Konsequenzen bei Abschluss und Gestaltung von Leasingverträgen?
- Inwieweit ist der Wirtschaftsprüfer bei Abschluss und Gestaltung von Leasingverträgen involviert?

A.2 Beurteilung der gegenwärtigen Leasingbilanzierung und der Reformbestrebungen

A.2.1 Beurteilung der gegenwärtigen Leasingbilanzierung

- Wie schätzen Sie die Existenz unterschiedlicher Bilanzierungsmethoden im Rahmen der Leasingbilanzierung ein?
- Inwieweit sind Gestaltungsspielräume im Sinne einer Klassifizierung als operatives Leasingverhältnis möglich? Wie beurteilen Sie diese?
- Wie beurteilen Sie die Möglichkeit, anhand der Informationen zu operativen Leasingverhältnissen Aussagen zu deren Auswirkungen auf die Bilanz zu treffen?
- Inwieweit schränkt die gegenwärtige Leasingbilanzierung die Vergleichbarkeit von Jahresabschlüssen zwischen Unternehmen und über die Zeit hinweg ein?
- Inwieweit lassen sich anhand der gegenwärtigen Leasinginformationen Einschätzungen über die finanziellen Verpflichtungen eines Unternehmens vornehmen?

A.2.2 Beurteilung der Reformvorschläge

- Wie beurteilen Sie den Ansatz zur Bilanzierung und Bewertung von Nutzungsrechten?
- Wie beurteilen Sie die bilanzielle Behandlung von Optionen, Restwertgarantien und bedingten Leasingzahlungen?

A.3 Erwartete Auswirkungen der reformierten Leasingbilanzierung und Veränderungen im Entscheidungsverhalten der Leasingnehmer

A.3.1 Erwartete Auswirkungen

- Inwieweit erwarten Sie Auswirkungen auf wesentliche Kennzahlen?
- Inwieweit erwarten Sie Auswirkungen auf künftige Kreditvergabeentscheidungen von Banken, d.h. Veränderungen des Kreditratings und der Kreditkonditionen?
- Inwieweit erwarten Sie Auswirkungen auf bestehende Kreditvereinbarungen?
- Inwieweit erwarten Sie Auswirkungen auf Risikoeinschätzungen, Prognosen der Dividendenzahlungen und das Rating von Investoren und Analysten?
- Inwieweit erwarten Sie Auswirkungen auf die Prüfungshandlungen von Wirtschaftsprüfern, Verlagerungen von Prüfungsschwerpunkten und Veränderungen von Wesentlichkeitsgrenzen?
- Inwieweit erwarten Sie Auswirkungen auf Parameter zur Bemessung der variablen Vergütung?
- Inwieweit erwarten Sie Auswirkungen auf die Komplexität der Implementierung und der Befolgung der künftigen Regelungen zur Leasingbilanzierung?
- Inwieweit erwarten Sie Auswirkungen auf das Kosten-Nutzen-Verhältnis der reformierten Leasingbilanzierung?
- Inwieweit erwarten Sie eine Ausweitung des Ansatzes zur Bilanzierung von Nutzungsrechten auf andere Bereiche der Rechnungslegung?

A.3.2 Erwartete Veränderungen im Entscheidungsverhalten der Leasingnehmer

- Inwieweit würden Sie bestehende Leasingverträge zur Beeinflussung der bilanziellen Auswirkungen anpassen?
- Inwieweit würden Sie die Laufzeiten künftiger Verträge zur Beeinflussung der bilanziellen Auswirkungen verändern?
- Inwieweit würden Sie laufzeitbezogene Optionen, Restwertgarantien und bedingte Leasingzahlungen zur Beeinflussung der bilanziellen Auswirkungen verwenden?
- Inwieweit würden Sie Leasingtransaktionen durch alternative Finanzierungsmöglichkeiten substituieren?

A.4 Abschlussfragen

- Rückblickend auf das Interview, können Sie noch einmal die von Ihnen erwarteten Auswirkungen der reformierten Leasingbilanzierung und die möglichen Veränderungen in Ihrem Entscheidungsverhalten zusammenfassen?
- Welche Aspekte wurden im Rahmen der Fragestellung Ihres Erachtens in diesem Interview nicht berücksichtigt? Gibt es weitere Punkte, die zu beachten wären?

Wirtschaftsprüfer

B.0 Allgemeine Informationen

Allgemeine Angaben

- Wirtschaftsprüfungsgesellschaft/Gesellschaftscode
- Ort/Datum/Uhrzeit
- Dauer des Interviews
- Aufzeichnung (ja/nein)

Angaben zum Gesprächspartner

- Name
- Qualifikation
- Position in der Gesellschaft
- Dauer der Zugehörigkeit zur Gesellschaft
- Dauer in der aktuellen Position

Angaben zur Wirtschaftsprüfungsgesellschaft

- Umsatz 2008/2009
- Anzahl der Mitarbeiter 2008/2009
- Anzahl der Mandate mit Jahresabschlusserstellung nach IFRS 2008/2009
- Anzahl der Mandate mit Leasingbezug 2008/2009

Angaben zu den zu prüfenden Unternehmen

- Umsatz 2008/2009
- Anzahl der Mitarbeiter 2008/2009
- Leasingintensität
  - Anteil des Leasinggeschäfts am operativen Geschäft
  - Relation von Finanzierungsleasingverhältnissen zu operativen Leasingverhältnissen
  - Signifikanz der Verbindlichkeiten aus Leasingverhältnissen im Vergleich zu Gesamtverbindlichkeiten
  - Volumen der Leasingtransaktionen (viele kleine/wenige große, etc.)
  - Art der Leasinggeschäfte (Mobilien/Immobilien)
  - Nationale/Internationale Leasingtransaktionen

B.1 Berücksichtigung und Behandlung von Leasingverhältnissen im Prüfungsprozess der Wirtschaftsprüfer

B.1.1 Vorgehensweise in der Prüfung von Leasingverhältnissen

- Wie gehen Sie im Rahmen der Prüfung von Leasingverhältnissen vor?
- Welche Schwerpunkte werden in der Prüfung von Leasingverhältnissen gesetzt?
- Inwieweit werden leasinginduzierte Wesentlichkeitsgrenzen gesetzt?
- Inwieweit unterscheidet sich die Bestimmung von Prüfungsschwerpunkten und Wesentlichkeitsgrenzen in Abhängigkeit von den unterschiedlichen Leasingbilanzierungsmethoden?

B.1.2 Bedeutung der Rechenwerke und des Anhangs in der Prüfung von Leasingverhältnissen

- Welche Bedeutung messen Sie den einzelnen Rechenwerken im Rahmen der Prüfung von Leasingverhältnissen bei?
- Welche Bedeutung messen Sie dem Anhang im Rahmen der Prüfung von Leasingverhältnissen bei?

B.2 Beurteilung der gegenwärtigen Leasingbilanzierung und der Reformbestrebungen

B.2.1 Beurteilung der gegenwärtigen Leasingbilanzierung

- Wie schätzen Sie die Existenz unterschiedlicher Bilanzierungsmethoden im Rahmen der Leasingbilanzierung ein?
- Inwieweit sind Gestaltungsspielräume im Sinne einer Klassifizierung als operatives Leasingverhältnis möglich? Wie beurteilen Sie diese?
- Wie beurteilen Sie die Möglichkeit, anhand der Informationen zu operativen Leasingverhältnissen Aussagen zu deren Auswirkungen auf die Bilanz zu treffen?
- Inwieweit schränkt die gegenwärtige Leasingbilanzierung die Vergleichbarkeit von Jahresabschlüssen zwischen Unternehmen und über die Zeit hinweg ein?
- Inwieweit lassen sich anhand der gegenwärtigen Leasinginformationen Einschätzungen über die finanziellen Verpflichtungen eines Unternehmens vornehmen?

B.2.2 Beurteilung der Reformvorschläge

- Wie beurteilen Sie den Ansatz zur Bilanzierung und Bewertung von Nutzungsrechten?
- Wie beurteilen Sie die bilanzielle Behandlung von Optionen, Restwertgarantien und bedingten Leasingzahlungen?

B.3 Erwartete Veränderungen im Entscheidungsverhalten der Wirtschaftsprüfer, erwartete Auswirkungen für zu prüfende Leasingnehmer und Veränderungen in deren Entscheidungsverhalten

B.3.1 Erwartete Veränderungen im Entscheidungsverhalten der Wirtschaftsprüfer

- Inwieweit erwarten Sie Veränderungen der Vorgehensweise im Rahmen der Prüfung von Leasingverhältnissen?
- Inwieweit erwarten Sie Veränderungen der Schwerpunkte in der Prüfung von Leasingverhältnissen?
- Inwieweit erwarten Sie Veränderungen leasinginduzierter Wesentlichkeitsgrenzen?
- Inwieweit erwarten Sie Auswirkungen auf die Bedeutung der Rechenwerke und des Anhangs in der Prüfung von Leasingverhältnissen?
- Inwieweit erwarten Sie Auswirkungen auf die Komplexität im Rahmen der künftigen Prüfung von Leasingverhältnissen?
- Inwieweit erwarten Sie Auswirkungen auf das Kosten-Nutzen-Verhältnis der reformierten Leasingbilanzierung?

B.3.2 Erwartete Auswirkungen für zu prüfende Leasingnehmer

- Inwieweit erwarten Sie Auswirkungen auf wesentliche Kennzahlen?
- Inwieweit erwarten Sie Auswirkungen auf künftige Kreditvergabeentscheidungen von Banken, d.h. Veränderungen des Kreditratings und der Kreditkonditionen?
- Inwieweit erwarten Sie Auswirkungen auf bestehende Kreditvereinbarungen?
- Inwieweit erwarten Sie Auswirkungen auf Risikoeinschätzungen, Prognosen der Dividendenzahlungen und das Rating von Investoren und Analysten?
- Inwieweit erwarten Sie eine Ausweitung des Ansatzes zur Bilanzierung von Nutzungsrechten auf andere Bereiche der Rechnungslegung?

B.3.3 Erwartete Veränderungen im Entscheidungsverhalten zu prüfender Leasingnehmer

- Inwieweit erwarten Sie eine Veränderung der Laufzeiten künftiger Leasingverträge seitens zu prüfender Leasingnehmer?
- Inwieweit erwarten Sie die Verwendung von laufzeitbezogenen Optionen, Restwertgarantien und bedingten Leasingzahlungen seitens zu prüfender Leasingnehmer?
- Inwieweit erwarten Sie die Substitution von Leasingtransaktionen durch Verwendung alternativer Finanzierungsmöglichkeiten seitens zu prüfender Leasingnehmer?

B.4 Abschlussfragen

- Rückblickend auf das Interview, können Sie noch einmal die von Ihnen erwarteten Veränderungen in Ihrem Entscheidungsverhalten, die Auswirkungen der reformierten Leasingbilanzierung für zu prüfende Leasingnehmer und mögliche Veränderungen in deren Entscheidungsverhalten zusammenfassen?
- Welche Aspekte wurden im Rahmen der Fragestellung Ihres Erachtens in diesem Interview nicht berücksichtigt? Gibt es weitere Punkte, die zu beachten wären?

Banken

C.0 Allgemeine Informationen

Allgemeine Angaben

- Bank/Bankcode
- Ort/Datum/Uhrzeit
- Dauer des Interviews
- Aufzeichnung (ja/nein)

Angaben zum Gesprächspartner

- Name
- Qualifikation
- Position in der Bank
- Dauer der Zugehörigkeit zur Bank
- Dauer in der aktuellen Position

Angaben zur Bank

- Kreditvolumen 2008/2009
- Anzahl der Mitarbeiter 2008/2009
- Anzahl der kreditnachfragenden Unternehmen mit Jahresabschlusserstellung nach IFRS 2008/2009

Angaben zu den kreditnachfragenden Unternehmen

- Umsatz 2008/2009
- Anzahl der Mitarbeiter 2008/2009
- Leasingintensität
  - Anteil des Leasinggeschäfts am operativen Geschäft
  - Relation von Finanzierungsleasingverhältnissen zu operativen Leasingverhältnissen
  - Signifikanz der Verbindlichkeiten aus Leasingverhältnissen im Vergleich zu Gesamtverbindlichkeiten
  - Volumen der Leasingtransaktionen (viele kleine/wenige große, etc.)
  - Art der Leasinggeschäfte (Mobilien/Immobilien)
  - Nationale/Internationale Leasingtransaktionen

C.1 Berücksichtigung und Behandlung von Leasingverhältnissen im Kreditvergabeprozess von Banken

C.1.1 Bedeutung des Jahresabschlusses in der Kreditwürdigkeitsprüfung

- Welche Bedeutung messen Sie dem Jahresabschluss im Rahmen der Kreditwürdigkeitsprüfung bei?
- Welche Bedeutung kommt den einzelnen Rechenwerken zu?
- Welche Bedeutung kommt dem Anhang zu?
- Inwieweit ist das Testat des Jahresabschlusses von Bedeutung?

C.1.2 Relevante Finanzkennzahlen in der Kreditwürdigkeitsprüfung

- Welche Bedeutung messen Sie Bilanzstrukturkennzahlen im Rahmen der Kreditwürdigkeitsprüfung bei?
- Welche Bedeutung messen Sie Rentabilitätskennzahlen im Rahmen der Kreditwürdigkeitsprüfung bei?
- Welche Bedeutung messen Sie kapitalmarktorientierten Kennzahlen im Rahmen der Kreditwürdigkeitsprüfung bei?

C.1.3 Bedeutung und Berücksichtigung bilanzunwirksamer Elemente in der Kreditwürdigkeitsprüfung

- Welche Bedeutung messen Sie bilanzunwirksamen Elementen im Rahmen der Kreditwürdigkeitsprüfung bei?
- Inwieweit berücksichtigen Sie bilanzunwirksame Elemente im Rahmen der Kreditwürdigkeitsprüfung?

C.1.4 Bedeutung und Berücksichtigung von Leasingverhältnissen in der Kreditwürdigkeitsprüfung

- Welche Bedeutung messen Sie Leasingverhältnissen im Rahmen der Kreditwürdigkeitsprüfung bei?
- Inwieweit berücksichtigen Sie Leasingverhältnisse im Rahmen der Kreditwürdigkeitsprüfung?

C.1.5 Verwendete Methoden zur Jahresabschlusskorrektur um operative Leasingverhältnisse

- Inwieweit verwenden Sie ein formalanalytisches Verfahren zur Jahresabschlusskorrektur um operative Leasingverhältnisse?
- Welche konkreten Methoden zur Jahresabschlusskorrektur um operative Leasingverhältnisse verwenden Sie?

C.2 Beurteilung der gegenwärtigen Leasingbilanzierung und der Reformbestrebungen

C.2.1 Beurteilung der gegenwärtigen Leasingbilanzierung

- Wie schätzen Sie die Existenz unterschiedlicher Bilanzierungsmethoden im Rahmen der Leasingbilanzierung ein?
- Inwieweit sind Gestaltungsspielräume im Sinne einer Klassifizierung als operatives Leasingverhältnis möglich? Wie beurteilen Sie diese?
- Wie beurteilen Sie die Möglichkeit, anhand der Informationen zu operativen Leasingverhältnissen Aussagen zu deren Auswirkungen auf die Bilanz zu treffen?
- Inwieweit schränkt die gegenwärtige Leasingbilanzierung die Vergleichbarkeit von Jahresabschlüssen zwischen Unternehmen und über die Zeit hinweg ein?
- Inwieweit lassen sich anhand der gegenwärtigen Leasinginformationen Einschätzungen über die finanziellen Verpflichtungen eines Unternehmens vornehmen?

C.2.2 Beurteilung der Reformvorschläge

- Wie beurteilen Sie den Ansatz zur Bilanzierung und Bewertung von Nutzungsrechten?
- Wie beurteilen Sie die bilanzielle Behandlung von Optionen, Restwertgarantien und bedingten Leasingzahlungen?

C.3 Erwartete Veränderungen im Entscheidungsverhalten der Banken, erwartete Auswirkungen für kreditnachfragende Leasingnehmer und Veränderungen in deren Entscheidungsverhalten

C.3.1 Erwartete Veränderungen im Entscheidungsverhalten der Banken

- Inwieweit erwarten Sie Auswirkungen auf die Bedeutung des Jahresabschlusses im Rahmen der Kreditwürdigkeitsprüfung?
- Inwieweit erwarten Sie Auswirkungen auf die Bedeutung einzelner Rechenwerke und des Anhangs im Rahmen der Kreditwürdigkeitsprüfung?
- Inwieweit erwarten Sie Auswirkungen auf künftige Kreditvergabeentscheidungen, d.h. Veränderungen der Beurteilung der Kreditwürdigkeit und Veränderungen des Kreditratings und infolgedessen Veränderungen der Beurteilung von Kreditanfragen bzw. Kredithöhen und Kreditkonditionen?
- Inwieweit erwarten Sie Auswirkungen auf bestehende Kreditvereinbarungen?

- Inwieweit erwarten Sie Auswirkungen auf die Komplexität im Rahmen der künftigen Kreditwürdigkeitsprüfung?
- Inwieweit erwarten Sie Auswirkungen auf das Kosten-Nutzen-Verhältnis der reformierten Leasingbilanzierung?

C.3.2 Erwartete Auswirkungen für kreditnachfragende Leasingnehmer

- Inwieweit erwarten Sie Auswirkungen auf wesentliche Kennzahlen?
- Inwieweit erwarten Sie Auswirkungen auf Risikoeinschätzungen, Prognosen der Dividendenzahlungen und das Rating von Investoren und Analysten?
- Inwieweit erwarten Sie Auswirkungen auf die Prüfungshandlungen von Wirtschaftsprüfern, Verlagerungen von Prüfungsschwerpunkten und Veränderungen von Wesentlichkeitsgrenzen?
- Inwieweit erwarten Sie eine Ausweitung des Ansatzes zur Bilanzierung von Nutzungsrechten auf andere Bereiche der Rechnungslegung?

C.3.3 Erwartete Veränderungen im Entscheidungsverhalten kreditnachfragender Leasingnehmer

- Inwieweit erwarten Sie eine Veränderung der Laufzeiten künftiger Leasingverträge seitens kreditnachfragender Leasingnehmer?
- Inwieweit erwarten Sie die Verwendung von laufzeitbezogenen Optionen, Restwertgarantien und bedingten Leasingzahlungen seitens kreditnachfragender Leasingnehmer?
- Inwieweit erwarten Sie die Substitution von Leasingtransaktionen durch Verwendung alternativer Finanzierungsmöglichkeiten seitens kreditnachfragender Leasingnehmer?

C.4 Abschlussfragen

- Rückblickend auf das Interview, können Sie noch einmal die von Ihnen erwarteten Veränderungen in Ihrem Entscheidungsverhalten, die Auswirkungen der reformierten Leasingbilanzierung für kreditnachfragende Leasingnehmer und mögliche Veränderungen in deren Entscheidungsverhalten zusammenfassen?
- Welche Aspekte wurden im Rahmen der Fragestellung Ihres Erachtens in diesem Interview nicht berücksichtigt? Gibt es weitere Punkte, die zu beachten wären?

Anhang 3:
Übersicht der geführten Experteninterviews

Tabelle 51: Übersicht der geführten Experteninterviews

Nr.	Signum	Gesprächspartner aus der Gruppe "Leasingnehmer"	Ausübung der aktuellen Position im Unternehmen in Jahren	Unternehmens-zugehörigkeit in Jahren
1	AA	1. Mitarbeiter Abteilung Konzernrechnungswesen (Schwerpunkt Leasingbilanzierung)	2	5
		2. Mitarbeiter Abteilung Konzernrechnungswesen (Schwerpunkt Leasingbilanzierung)	3	5
2	AB	1. Leiter Grundsatzabteilung Konzernrechnungswesen	5	10
		2. Leiter Finanzabteilung	4	7
3	AC	1. Leiter Abteilung Konzernrechnungswesen	10	28
		2. Mitarbeiter Abteilung Konzernrechnungswesen (Schwerpunkt Leasingbilanzierung)	6	9
4	AD	1. Leiter Abteilung Konzernrechnungswesen	2	5
		2. Mitarbeiter Abteilung Konzernrechnungswesen (Schwerpunkt Leasingbilanzierung)	2	2
5	AE	1. Leiter Referat Leasingbilanzierung der Grundsatzabteilung Rechnungswesen	3	5
		2. Mitarbeiter Grundsatzabteilung Rechnungswesen (Schwerpunkt Leasingbilanzierung)	2	4
6	AF	Mitarbeiter Grundsatzabteilung Rechnungswesen (Schwerpunkt Leasingbilanzierung)	4	6
7	AG	1. Leiter Referat Leasingbilanzierung der Grundsatzabteilung Rechnungswesen	5	7
		2. Stellv. Leiter Referat Leasingbilanzierung der Grundsatzabteilung Rechnungswesen	1,5	3
8	AH	1. Leiter Konzernrechnungswesen	6	17
		2. Mitarbeiter Konzernrechnungswesen (Schwerpunkt Leasingbilanzierung)	7	10
9	AI	Leiter Konzernrechnungswesen	4	13
10	AJ	Mitarbeiter Konzernrechnungswesen (Schwerpunkt Leasingbilanzierung)	3	3
11	AK	1. Mitarbeiter Grundsatzabteilung Rechnungswesen (Schwerpunkt Leasingbilanzierung)	3	3
		2. Mitarbeiter Grundsatzabteilung Rechnungswesen (Schwerpunkt Leasingbilanzierung)	2,5	2,5
12	AL	1. Leiter Referat Leasingbilanzierung der Abteilung Konzernrechnungswesen	5	9
		2. Mitarbeiter Grundsatzabteilung Rechnungswesen (Schwerpunkt Leasingbilanzierung)	4	10
		3. Mitarbeiter Grundsatzabteilung Rechnungswesen	1	1
13	AM	Mitarbeiter Grundsatzabteilung Rechnungswesen (Schwerpunkt Leasingbilanzierung)	1,75	1,75
14	AN	Mitarbeiter Grundsatzabteilung Rechnungswesen (Schwerpunkt Leasingbilanzierung)	2	2
Mittelwert			3,70	7,01

Nr.	Signum	Gesprächspartner aus der Gruppe "Wirtschaftsprüfer"	Ausübung der aktuellen Position in der Gesellschaft in Jahren	Zugehörigkeit zu der Gesellschaft in Jahren
15	BA	Regionalpartner (eine Hierarchiestufe unter Vorstand)	5	10
16	BB	Partner und deutschlandweiter Verantwortlicher für Leasingbilanzierung	1,5	18
17	BC	1. Partner und deutschlandweiter Verantwortlicher für Leasingbilanzierung	9	22
		2. Mitarbeiter Grundsatzabteilung (Schwerpunkt Leasingbilanzierung)	3	7
18	BD	1. Gesellschafter-Geschäftsführer	4	12
		2. Mitarbeiter Grundsatzabteilung (Schwerpunkt Leasingbilanzierung)	4	9
19	BE	1. Gesellschafter-Geschäftsführer	6	15
		2. Mitarbeiter Grundsatzabteilung (Schwerpunkt Leasingbilanzierung)	3,5	3,5
20	BF	Partner und deutschlandweiter Verantwortlicher für Leasingbilanzierung	20	20
21	BG	Partner und deutschlandweiter Verantwortlicher für Leasingbilanzierung	2,5	15
22	BH	Mitarbeiter Grundsatzabteilung (Schwerpunkt Leasingbilanzierung)	3	3
23	BI	1. Gesellschafter-Geschäftsführer	2,5	2,5
		2. Mitarbeiter Grundsatzabteilung (Schwerpunkt Leasingbilanzierung)	2,5	2,5
Mittelwert			5,12	10,73

Nr.	Signum	Gesprächspartner aus der Gruppe "Banken"	Ausübung der aktuellen Position in der Bank in Jahren	Zugehörigkeit zu der Bank in Jahren
24	CA	1. Leiter Kreditvergabe Geschäftskunden	6	10
		2. Leiter Leasing, Factoring und Asset-Finanzierung	5	12
25	CB	Leiter Kreditwürdigkeitsprüfung	3	7
26	CC	Leiter Kreditvergabe Geschäftskunden	3,5	8
27	CD	1. Leiter Kreditvergabe Geschäftskunden	2	5
		2. Mitarbeiter Kreditvergabe Geschäftskunden	3	3
28	CE	Leiter Kreditwürdigkeitsprüfung	4	9
29	CF	Mitarbeiter Kreditwürdigkeitsprüfung (Schwerpunkt Leasingverhältnisse)	5	8
30	CG	1. Leiter Kreditvergabe Geschäftskunden	2,5	9,5
		2. Mitarbeiter Kreditvergabe Geschäftskunden	4	6
31	CH	Leiter Kreditwürdigkeitsprüfung	3	7
Mittelwert			3,73	7,68

Anhang 4: Zusätzliche Datenquellen im Rahmen der Datentriangulation

Tabelle 52: Übersicht der verwendeten zusätzlichen Datenquellen

Signum	Datenquellen der Gruppe "Leasingnehmer"
AA	Geschäftsbericht, internes Dokument
AB	Geschäftsbericht
AC	Geschäftsbericht
AD	Geschäftsbericht
AE	Geschäftsbericht, ergänzende Informationen per E-Mail
AF	Geschäftsbericht
AG	Geschäftsbericht, Stellungnahme Diskussionspapier
AH	Geschäftsbericht, internes Dokument
AI	Geschäftsbericht
AJ	Geschäftsbericht
AK	Geschäftsbericht, Stellungnahme Diskussionspapier
AL	Geschäftsbericht
AM	Geschäftsbericht
AN	Geschäftsbericht, Stellungnahme Diskussionspapier
Signum	**Datenquellen der Gruppe "Wirtschaftsprüfer"**
BA	Stellungnahme Diskussionspapier
BB	Stellungnahme Diskussionspapier, Aufsätze
BC	Stellungnahme Diskussionspapier, interne Präsentation
BF	Stellungnahme Diskussionspapier, Aufsatz
BG	Stellungnahme Diskussionspapier, Unternehmenspublikationen
Signum	**Datenquellen der Gruppe "Banken"**
CA	Ergänzende Informationen per E-Mail
CB	Stellungnahme Diskussionspapier
CE	Internes Dokument
CH	Internes Dokument

Anhang 5:
Exemplarischer Codiervorgang

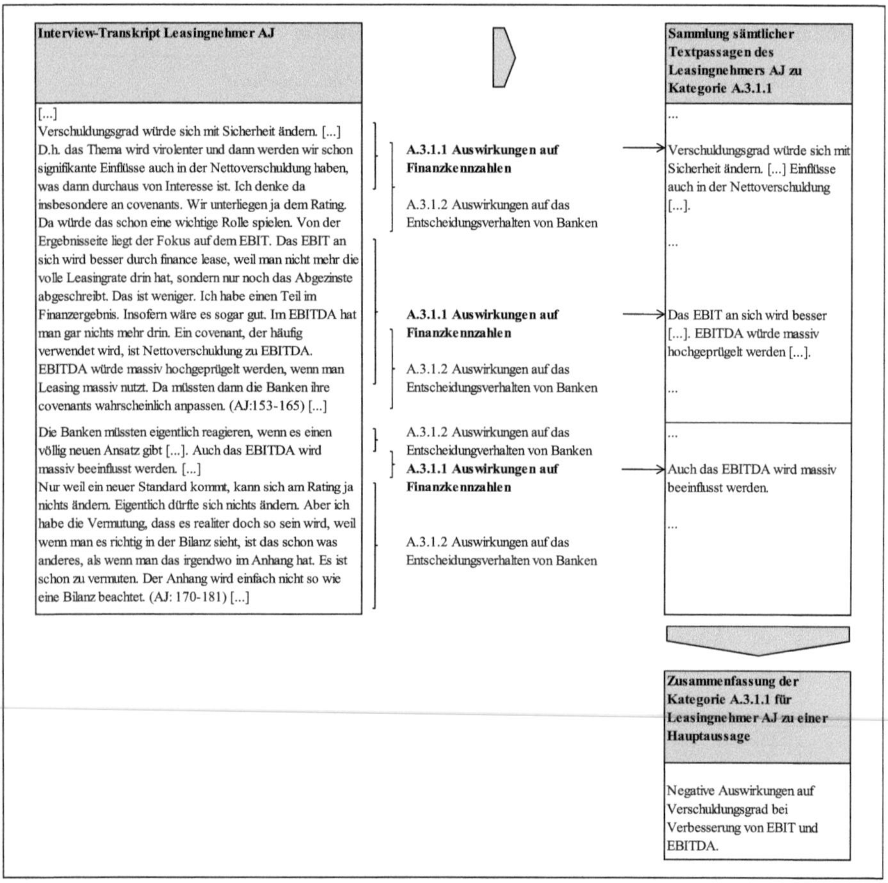

Abbildung 4: Exemplarischer Codiervorgang
Quelle: In Anlehnung an Weide (2009), S. 208.

Anhang 6: Kategoriensysteme und Codierungen der Interviews

Leasingnehmer

Kategorie	Bezeichnung	Definition	Anzahl der Codierungen
A.0	Statistische Angaben	Informationen zum Interviewpartner, dessen Position im Unternehmen, Dauer der Zugehörigkeit zum Unternehmen und Dauer in der aktuellen Position. Informationen zum Unternehmen	
A.1	**Berücksichtigung und bilanzielle Behandlung von Leasingverhältnissen im Bilanzierungsprozess der Leasingnehmer**		**98**
A.1.1	Vorgehensweise in der Klassifizierung von Leasingverhältnissen	Vorgehen, Probleme im Rahmen der Klassifizierung, Bedeutung der einzelnen Kriterien	69
A.1.2	Berücksichtigung bilanzieller und prüfungsbezogener Konsequenzen	Hinzuziehen der Bilanzierungsabteilung und des Wirtschaftsprüfers bei Abschluss/Gestaltung von Leasingverträgen	29
A.2	**Beurteilung der gegenwärtigen Leasingbilanzierung und der Reformbestrebungen**		**145**
A.2.1	**Beurteilung der gegenwärtigen Leasingbilanzierung**		**75**
A.2.1.1	Bilanzierungsmethoden für Leasingverhältnisse	Beurteilung der Existenz unterschiedlicher Bilanzierungsmethoden für Leasingverhältnisse und damit verbundene Gestaltungsspielräume	18
A.2.1.2	Bilanzauswirkungen operativer Leasingverhältnisse	Beurteilung der Möglichkeit zur Einschätzung der bilanziellen Auswirkungen operativer Leasingverhältnisse anhand der gegenwärtigen Informationen	19
A.2.1.3	Vergleichbarkeit von Jahresabschlüssen	Beurteilung der Beeinflussung der Vergleichbarkeit von Jahresabschlüssen durch die gegenwärtige Leasingbilanzierung	18
A.2.1.4	Einschätzung der finanziellen Verpflichtungen	Beurteilung der Möglichkeit zur Einschätzung finanzieller Verpflichtungen anhand der gegenwärtigen Leasinginformationen	20
A.2.2	**Beurteilung der Reformvorschläge**		**70**
A.2.2.1	Ansatz zur Bilanzierung und Bewertung von Nutzungsrechten	Beurteilung der Bilanzierung sämtlicher Leasingverhältnisse und des Ansatzes zur Bilanzierung und Bewertung von Nutzungsrechten	35
A.2.2.2	Bilanzielle Behandlung von Optionen, Restwertgarantien und bedingten Leasingzahlungen	Beurteilung der bilanziellen Behandlung von Optionen, Restwertgarantien und bedingten Leasingzahlungen	35

Kategorie	Bezeichnung	Definition	Anzahl der Codierungen
A.3	**Erwartete Auswirkungen der reformierten Leasingbilanzierung und Veränderungen im Entscheidungsverhalten der Leasingnehmer**		**282**
A.3.1	**Erwartete Auswirkungen**		**181**
A.3.1.1	Finanzkennzahlen	Veränderungen wesentlicher Kennzahlen, wie Verschuldungsgrade, Eigenkapitalquote	26
A.3.1.2	Entscheidungsverhalten von Banken	Veränderungen der Kreditvergabeentscheidungen von Banken, insb. Veränderungen des Kreditratings, Kreditkonditionen und Kreditauflagen	34
A.3.1.3	Entscheidungsverhalten von Investoren und Analysten	Veränderungen der von Investoren und Analysten vorgenommenen Risikoeinschätzungen, Prognosen der Dividendenzahlungen und des Ratings	33
A.3.1.4	Entscheidungsverhalten von Wirtschaftsprüfern	Veränderungen der Prüfungshandlungen, Verlagerung von Prüfungsschwerpunkten, Veränderung von Wesentlichkeitsgrenzen	27
A.3.1.5	Variable Vergütung	Veränderungen der Parameter zur Bemessung der variablen Vergütung	15
A.3.1.6	Komplexität, Kosten-Nutzen-Verhältnis	Komplexität der Umsetzung und Befolgung, Auswirkungen auf Kosten und Nutzen für Adressaten und Ersteller	31
A.3.1.7	Ausweitung des Ansatzes zur Bilanzierung von Nutzungsrechten auf andere Bereiche der Rechnungslegung	Ausdehnung des Nutzungsrechteansatzes z.B. auf die bilanzielle Behandlung immaterieller Vermögenswerte oder andere Dauerschuldverhältnisse	15
A.3.2	**Erwartete Veränderungen im Entscheidungsverhalten der Leasingnehmer**		**101**
A.3.2.1	Nachverhandlung bestehender Leasingverträge	Nachverhandlung bestehender Leasingverträge zur Beeinflussung der bilanziellen Auswirkungen, etwa der bilanzierten Verschuldung	20
A.3.2.2	Leasingvertragslaufzeiten	Veränderungen der Laufzeiten künftiger Verträge zur Beeinflussung der bilanziellen Auswirkungen, etwa der bilanzierten Verschuldung	23
A.3.2.3	Laufzeitbezogene Optionen, Restwertgarantien, bedingte Leasingzahlungen	Veränderungen der Verwendung von Optionen, Restwertgarantien und bedingten Leasingzahlungen zur Beeinflussung der bilanziellen Auswirkungen, etwa der bilanzierten Verschuldung	18
A.3.2.4	Substitution von Leasingtransaktionen	Substitution unter Verwendung alternativer Finanzierungsmöglichkeiten, etwa Kreditfinanzierung, Ausgabe neuer Aktien, Finanzierung aus Rücklagen	40
A.4	**Kausalität**		**167**
A.4.1	Erwartete Auswirkungen	Erneute Frage nach möglichen Auswirkungen	106
A.4.2	Erwartete Veränderungen im Entscheidungsverhalten der Leasingnehmer	Erneute Frage nach möglichen Veränderungen im Entscheidungsverhalten der Leasingnehmer	61
Summe Codierungen			**692**

Wirtschaftsprüfer

Kategorie	Bezeichnung	Definition	Anzahl der Codierungen
B.0	Statistische Angaben	Informationen zum Interviewpartner, dessen Position in der Gesellschaft, Dauer der Zugehörigkeit zur Gesellschaft und Dauer in der aktuellen Position. Informationen zur Gesellschaft, Informationen zu den zu prüfenden Unternehmen	
B.1	**Berücksichtigung und Behandlung von Leasingverhältnissen im Prüfungsprozess der Wirtschaftsprüfer**		**55**
B.1.1	Vorgehensweise in der Prüfung von Leasingverhältnissen	Schwerpunkte in der Prüfung von Leasingverhältnissen, leasinginduzierte Wesentlichkeitsgrenzen	34
B.1.2	Rechenwerke	Bedeutung der jeweiligen Rechenwerke und des Anhangs im Rahmen der Prüfung von Leasingverhältnissen	21
B.2	**Beurteilung der gegenwärtigen Leasingbilanzierung und der Reformbestrebungen**		**120**
B.2.1	**Beurteilung der gegenwärtigen Leasingbilanzierung**		**71**
B.2.1.1	Bilanzierungsmethoden für Leasingverhältnisse	Beurteilung der Existenz unterschiedlicher Bilanzierungsmethoden für Leasingverhältnisse und damit verbundene Gestaltungsspielräume	31
B.2.1.2	Bilanzauswirkungen operativer Leasingverhältnisse	Beurteilung der Möglichkeit zur Einschätzung der bilanziellen Auswirkungen operativer Leasingverhältnisse anhand der gegenwärtigen Informationen	14
B.2.1.3	Vergleichbarkeit von Jahresabschlüssen	Beurteilung der Beeinflussung der Vergleichbarkeit von Jahresabschlüssen durch die gegenwärtige Leasingbilanzierung	12
B.2.1.4	Einschätzung der finanziellen Verpflichtungen	Beurteilung der Möglichkeit zur Einschätzung finanzieller Verpflichtungen anhand der gegenwärtigen Leasinginformationen	14
B.2.2	**Beurteilung der Reformvorschläge**		**49**
B.2.2.1	Ansatz zur Bilanzierung und Bewertung von Nutzungsrechten	Beurteilung der Bilanzierung sämtlicher Leasingverhältnisse und des Ansatzes zur Bilanzierung und Bewertung von Nutzungsrechten	20
B.2.2.2	Bilanzielle Behandlung von Optionen, Restwertgarantien und bedingten Leasingzahlungen	Beurteilung der bilanziellen Behandlung von Optionen, Restwertgarantien und bedingten Leasingzahlungen	29

Kategorie	Bezeichnung	Definition	Anzahl der Codierungen
B.3	**Erwartete Veränderungen im Entscheidungsverhalten der Wirtschaftsprüfer, erwartete Auswirkungen für zu prüfende Leasingnehmer und Veränderungen in deren Entscheidungsverhalten**		**206**
B.3.1	**Erwartete Veränderungen im Entscheidungsverhalten der Wirtschaftsprüfer**		**106**
B.3.1.1	Vorgehensweise in der Prüfung von Leasingverhältnissen	Verlagerung von Prüfungsschwerpunkten, veränderte Wesentlichkeitsgrenzen	24
B.3.1.2	Rechenwerke	Veränderung der Bedeutung der jeweiligen Rechenwerke und des Anhangs im Rahmen der Prüfung von Leasingverhältnissen	34
B.3.1.3	Komplexität, Kosten-Nutzen-Verhältnis	Veränderung der Prüfungsintensität, Erschwernis/Vereinfachung der Prüfung von Leasingverhältnissen, Auswirkungen auf Kosten und Nutzen für Wirtschaftsprüfer	48
B.3.2	**Erwartete Auswirkungen für zu prüfende Leasingnehmer**		**52**
B.3.2.1	Finanzkennzahlen	Veränderungen wesentlicher Kennzahlen, wie Verschuldungsgrade, Eigenkapitalquote	12
B.3.2.2	Entscheidungsverhalten von Banken	Veränderungen der Kreditvergabeentscheidungen von Banken, insb. Veränderungen des Kreditratings, Kreditkonditionen und Kreditauflagen	17
B.3.2.3	Entscheidungsverhalten von Investoren und Analysten	Veränderungen der von Investoren und Analysten vorgenommenen Risikoeinschätzungen, Prognosen der Dividendenzahlungen und des Ratings	14
B.3.2.4	Ausweitung des Ansatzes zur Bilanzierung von Nutzungsrechten auf andere Bereiche der Rechnungslegung	Ausdehnung des Nutzungsrechteansatzes z.B. auf die bilanzielle Behandlung immaterieller Vermögenswerte oder andere Dauerschuldverhältnisse	9
B.3.3	**Erwartete Veränderungen im Entscheidungsverhalten zu prüfender Leasingnehmer**		**48**
B.3.3.1	Leasingvertragslaufzeiten	Veränderungen der Laufzeiten künftiger Verträge zur Beeinflussung der bilanziellen Auswirkungen, etwa der bilanzierten Verschuldung	12
B.3.3.2	Laufzeitbezogene Optionen, Restwertgarantien, bedingte Leasingzahlungen	Veränderungen der Verwendung von Optionen, Restwertgarantien und bedingten Leasingzahlungen zur Beeinflussung der bilanziellen Auswirkungen, etwa der bilanzierten Verschuldung	13
B.3.3.3	Substitution von Leasingtransaktionen	Substitution unter Verwendung alternativer Finanzierungsmöglichkeiten, etwa Kreditfinanzierung, Ausgabe neuer Aktien, Finanzierung aus Rücklagen	23
B.4	**Kausalität**		**99**
B.4.1	Erwartete Veränderungen im Entscheidungsverhalten der Wirtschaftsprüfer	Erneute Frage nach möglichen Veränderungen im Entscheidungsverhalten der Wirtschaftsprüfer	36
B.4.2	Erwartete Auswirkungen für zu prüfende Leasingnehmer	Erneute Frage nach möglichen Auswirkungen für zu prüfende Leasingnehmer	36
B.4.3	Erwartete Veränderungen im Entscheidungsverhalten zu prüfender Leasingnehmer	Erneute Frage nach möglichen Veränderungen im Entscheidungsverhalten zu prüfender Leasingnehmer	27
Summe Codierungen			**480**

Banken

Kategorie	Bezeichnung	Definition	Anzahl der Codierungen
C.0	Statistische Angaben	Informationen zum Interviewpartner, dessen Position in der Bank, Dauer der Zugehörigkeit zur Bank und Dauer in der aktuellen Position. Informationen zur Bank, Informationen zu den kreditnachfragenden Unternehmen	
C.1	**Berücksichtigung und Behandlung von Leasingverhältnissen im Kreditvergabeprozess von Banken**		**59**
C.1.1	Jahresabschluss	Bedeutung des Jahresabschlusses in der Kreditwürdigkeitsprüfung, Bedeutung der einzelnen Rechenwerke, Bedeutung des Anhangs, Bedeutung des Testats	17
C.1.2	Finanzkennzahlen	Relevante Kennzahlen für die Kreditwürdigkeitsprüfung	8
C.1.3	Bilanzunwirksame Elemente	Bedeutung und Berücksichtigung bilanzunwirksamer Elemente in der Kreditwürdigkeitsprüfung	8
C.1.4	Leasingverhältnisse	Bedeutung und Berücksichtigung von Leasingverhältnissen in der Kreditwürdigkeitsprüfung	12
C.1.5	Korrekturmethoden	Methoden zur Jahresabschlusskorrektur um operative Leasingverhältnisse	14
C.2	**Beurteilung der gegenwärtigen Leasingbilanzierung und der Reformbestrebungen**		**62**
C.2.1	**Beurteilung der gegenwärtigen Leasingbilanzierung**		**38**
C.2.1.1	Bilanzierungsmethoden für Leasingverhältnisse	Beurteilung der Existenz unterschiedlicher Bilanzierungsmethoden für Leasingverhältnisse und damit verbundene Gestaltungsspielräume	12
C.2.1.2	Bilanzauswirkungen operativer Leasingverhältnisse	Beurteilung der Möglichkeit zur Einschätzung der bilanziellen Auswirkungen operativer Leasingverhältnisse anhand der gegenwärtigen Informationen	8
C.2.1.3	Vergleichbarkeit von Jahresabschlüssen	Beurteilung der Beeinflussung der Vergleichbarkeit von Jahresabschlüssen durch die gegenwärtige Leasingbilanzierung	8
C.2.1.4	Einschätzung der finanziellen Verpflichtungen	Beurteilung der Möglichkeit zur Einschätzung finanzieller Verpflichtungen anhand der gegenwärtigen Leasinginformationen	10
C.2.2	**Beurteilung der Reformvorschläge**		**24**
C.2.2.1	Ansatz zur Bilanzierung und Bewertung von Nutzungsrechten	Beurteilung der Bilanzierung sämtlicher Leasingverhältnisse und des Ansatzes zur Bilanzierung und Bewertung von Nutzungsrechten	13
C.2.2.2	Bilanzielle Behandlung von Optionen, Restwertgarantien und bedingten Leasingzahlungen	Beurteilung der bilanziellen Behandlung von Optionen, Restwertgarantien und bedingten Leasingzahlungen	11

Kategorie	Bezeichnung	Definition	Anzahl der Codierungen
C.3	**Erwartete Veränderungen im Entscheidungsverhalten der Banken, erwartete Auswirkungen für kreditnachfragende Leasingnehmer und Veränderungen in deren Entscheidungsverhalten**		**117**
C.3.1	**Erwartete Veränderungen im Entscheidungsverhalten der Banken**		**53**
C.3.1.1	Jahresabschluss	Veränderungen der Bedeutung des Jahresabschlusses in der Kreditwürdigkeitsprüfung, Bedeutung der einzelnen Rechenwerke, Bedeutung des Anhangs, Bedeutung des Testats	8
C.3.1.2	Künftige Kreditvergabeentscheidungen	Veränderungen der Beurteilung der Kreditwürdigkeit und Veränderungen des Kreditratings und infolgedessen Veränderungen der Beurteilung von Kreditanfragen bzw. Kredithöhen und Kreditkonditionen	17
C.3.1.3	Bestehende Kreditvereinbarungen	Beeinflussung bestehender Kreditauflagen und mögliche Konsequenzen	17
C.3.1.4	Komplexität, Kosten-Nutzen-Verhältnis	Veränderungen hinsichtlich der Berücksichtigung von Leasingverhältnissen in der Kreditwürdigkeitsprüfung, Erschwernis/Vereinfachung der Kreditwürdigkeitsprüfung, Auswirkungen auf Kosten und Nutzen für Banken	11
C.3.2	**Erwartete Auswirkungen für kreditnachfragende Leasingnehmer**		**35**
C.3.2.1	Finanzkennzahlen	Veränderungen wesentlicher Kennzahlen, wie Verschuldungsgrade, Eigenkapitalquote	8
C.3.2.2	Entscheidungsverhalten von Investoren und Analysten	Veränderungen der von Investoren und Analysten vorgenommenen Risikoeinschätzungen, Prognosen der Dividendenzahlungen und des Ratings	8
C.3.2.3	Entscheidungsverhalten von Wirtschaftsprüfern	Veränderungen der Prüfungshandlungen, Verlagerung von Prüfungsschwerpunkten, Veränderung von Wesentlichkeitsgrenzen	11
C.3.2.4	Ausweitung des Ansatzes zur Bilanzierung von Nutzungsrechten auf andere Bereiche der Rechnungslegung	Ausdehnung des Nutzungsrechteansatzes z.B. auf die bilanzielle Behandlung immaterieller Vermögenswerte oder andere Dauerschuldverhältnisse	8
C.3.3	**Erwartete Veränderungen im Entscheidungsverhalten kreditnachfragender Leasingnehmer**		**29**
C.3.3.1	Leasingvertragslaufzeiten	Veränderungen der Laufzeiten künftiger Verträge zur Beeinflussung der bilanziellen Auswirkungen, etwa der bilanzierten Verschuldung	9
C.3.3.2	Laufzeitbezogene Optionen, Restwertgarantien, bedingte Leasingzahlungen	Veränderungen der Verwendung von Optionen, Restwertgarantien und bedingten Leasingzahlungen zur Beeinflussung der bilanziellen Auswirkungen, etwa der bilanzierten Verschuldung	8
C.3.3.3	Substitution von Leasingtransaktionen	Substitution unter Verwendung alternativer Finanzierungsmöglichkeiten, etwa Kreditfinanzierung, Ausgabe neuer Aktien, Finanzierung aus Rücklagen	12

Kategorie	Bezeichnung	Definition	Anzahl der Codierungen
C.4	**Kausalität**		**88**
C.4.1	Erwartete Veränderungen im Entscheidungsverhalten der Banken	Erneute Frage nach möglichen Veränderungen im Entscheidungsverhalten der Banken	32
C.4.2	Erwartete Auswirkungen für kreditnachfragende Leasingnehmer	Erneute Frage nach möglichen Auswirkungen für kreditnachfragende Leasingnehmer	32
C.4.3	Erwartete Veränderungen im Entscheidungsverhalten kreditnachfragender Leasingnehmer	Erneute Frage nach möglichen Veränderungen im Entscheidungsverhalten kreditnachfragender Leasingnehmer	24
Summe Codierungen			**326**

Anhang 7: Kategoriensysteme und Codierungen der Auswertungen von Stellungnahmen zum Diskussionspapier

Leasingnehmer

Kategorie	Bezeichnung	Definition	Anzahl der Codierungen
A.2	**Beurteilung der gegenwärtigen Leasingbilanzierung und der Reformbestrebungen**		**514**
A.2.1	**Beurteilung der gegenwärtigen Leasingbilanzierung**		**139**
A.2.1.1	Bilanzierungsmethoden für Leasingverhältnisse	Beurteilung der Existenz unterschiedlicher Bilanzierungsmethoden für Leasingverhältnisse und damit verbundene Gestaltungsspielräume	80
A.2.1.2	Bilanzauswirkungen operativer Leasingverhältnisse	Beurteilung der Möglichkeit zur Einschätzung der bilanziellen Auswirkungen operativer Leasingverhältnisse anhand der gegenwärtigen Informationen	24
A.2.1.3	Vergleichbarkeit von Jahresabschlüssen	Beurteilung der Beeinflussung der Vergleichbarkeit von Jahresabschlüssen durch die gegenwärtige Leasingbilanzierung	17
A.2.1.4	Einschätzung der finanziellen Verpflichtungen	Beurteilung der Möglichkeit zur Einschätzung finanzieller Verpflichtungen anhand der gegenwärtigen Leasinginformationen	18
A.2.2	**Beurteilung der Reformvorschläge**		**375**
A.2.2.1	Ansatz zur Bilanzierung und Bewertung von Nutzungsrechten	Beurteilung der Bilanzierung sämtlicher Leasingverhältnisse und des Ansatzes zur Bilanzierung und Bewertung von Nutzungsrechten	171
A.2.2.2	Bilanzielle Behandlung von Optionen, Restwertgarantien und bedingten Leasingzahlungen	Beurteilung der bilanziellen Behandlung von Optionen, Restwertgarantien und bedingten Leasingzahlungen	204
A.3	**Erwartete Auswirkungen der reformierten Leasingbilanzierung und Veränderungen im Entscheidungsverhalten der Leasingnehmer**		**309**
A.3.1	**Erwartete Auswirkungen**		**292**
A.3.1.1	Finanzkennzahlen	Veränderungen wesentlicher Kennzahlen, wie Verschuldungsgrade, Eigenkapitalquote	56
A.3.1.2	Entscheidungsverhalten von Banken	Veränderungen der Kreditvergabeentscheidungen von Banken, insb. Veränderungen des Kreditratings, Kreditkonditionen und Kreditauflagen	42
A.3.1.3	Entscheidungsverhalten von Investoren und Analysten	Veränderungen der von Investoren und Analysten vorgenommenen Risikoeinschätzungen, Prognosen der Dividendenzahlungen und des Ratings	38
A.3.1.4	Entscheidungsverhalten von Wirtschaftsprüfern	Veränderungen der Prüfungshandlungen, Verlagerung von Prüfungsschwerpunkten, Veränderung von Wesentlichkeitsgrenzen	22

Kategorie	Bezeichnung	Definition	Anzahl der Codierungen
A.3.1.5	Variable Vergütung	Veränderungen der Parameter zur Bemessung der variablen Vergütung	0
A.3.1.6	Komplexität, Kosten-Nutzen-Verhältnis	Komplexität der Umsetzung und Befolgung, Auswirkungen auf Kosten und Nutzen für Adressaten und Ersteller	129
A.3.1.7	Ausweitung des Ansatzes zur Bilanzierung von Nutzungsrechten auf andere Bereiche der Rechnungslegung	Ausdehnung des Nutzungsrechteansatzes z.B. auf die bilanzielle Behandlung immaterieller Vermögenswerte oder andere Dauerschuldverhältnisse	5
A.3.2	**Erwartete Veränderungen im Entscheidungsverhalten der Leasingnehmer**		**17**
A.3.2.1	Nachverhandlung bestehender Leasingverträge	Nachverhandlung bestehender Leasingverträge zur Beeinflussung der bilanziellen Auswirkungen, etwa der bilanzierten Verschuldung	2
A.3.2.2	Leasingvertragslaufzeiten	Veränderungen der Laufzeiten künftiger Verträge zur Beeinflussung der bilanziellen Auswirkungen, etwa der bilanzierten Verschuldung	4
A.3.2.3	Laufzeitbezogene Optionen, Restwertgarantien, bedingte Leasingzahlungen	Veränderungen der Verwendung von Optionen, Restwertgarantien und bedingten Leasingzahlungen zur Beeinflussung der bilanziellen Auswirkungen, etwa der bilanzierten Verschuldung	5
A.3.2.4	Substitution von Leasingtransaktionen	Substitution unter Verwendung alternativer Finanzierungsmöglichkeiten, etwa Kreditfinanzierung, Ausgabe neuer Aktien, Finanzierung aus Rücklagen	6
Summe Codierungen			**823**

Wirtschaftsprüfer

Kategorie	Bezeichnung	Definition	Anzahl der Codierungen
B.2	**Beurteilung der gegenwärtigen Leasingbilanzierung und der Reformbestrebungen**		**174**
B.2.1	**Beurteilung der gegenwärtigen Leasingbilanzierung**		**46**
B.2.1.1	Bilanzierungsmethoden für Leasingverhältnisse	Beurteilung der Existenz unterschiedlicher Bilanzierungsmethoden für Leasingverhältnisse und damit verbundene Gestaltungsspielräume	29
B.2.1.2	Bilanzauswirkungen operativer Leasingverhältnisse	Beurteilung der Möglichkeit zur Einschätzung der bilanziellen Auswirkungen operativer Leasingverhältnisse anhand der gegenwärtigen Informationen	6
B.2.1.3	Vergleichbarkeit von Jahresabschlüssen	Beurteilung der Beeinflussung der Vergleichbarkeit von Jahresabschlüssen durch die gegenwärtige Leasingbilanzierung	5
B.2.1.4	Einschätzung der finanziellen Verpflichtungen	Beurteilung der Möglichkeit zur Einschätzung finanzieller Verpflichtungen anhand der gegenwärtigen Leasinginformationen	6
B.2.2	**Beurteilung der Reformvorschläge**		**128**
B.2.2.1	Ansatz zur Bilanzierung und Bewertung von Nutzungsrechten	Beurteilung der Bilanzierung sämtlicher Leasingverhältnisse und des Ansatzes zur Bilanzierung und Bewertung von Nutzungsrechten	49
B.2.2.2	Bilanzielle Behandlung von Optionen, Restwertgarantien und bedingten Leasingzahlungen	Beurteilung der bilanziellen Behandlung von Optionen, Restwertgarantien und bedingten Leasingzahlungen	79
B.3	**Erwartete Veränderungen im Entscheidungsverhalten der Wirtschaftsprüfer, erwartete Auswirkungen für zu prüfende Leasingnehmer und Veränderungen in deren Entscheidungsverhalten**		**112**
B.3.1	**Erwartete Veränderungen im Entscheidungsverhalten der Wirtschaftsprüfer**		**77**
B.3.1.1	Vorgehensweise in der Prüfung von Leasingverhältnissen	Verlagerung von Prüfungsschwerpunkten, veränderte Wesentlichkeitsgrenzen	29
B.3.1.2	Rechenwerke	Veränderung der Bedeutung der jeweiligen Rechenwerke und des Anhangs im Rahmen der Prüfung von Leasingverhältnissen	23
B.3.1.3	Komplexität, Kosten-Nutzen-Verhältnis	Veränderung der Prüfungsintensität, Erschwernis/Vereinfachung der Prüfung von Leasingverhältnissen, Auswirkungen auf Kosten und Nutzen für Wirtschaftsprüfer	25

Kategorie	Bezeichnung	Definition	Anzahl der Codierungen
B.3.2	**Erwartete Auswirkungen für zu prüfende Leasingnehmer**		**31**
B.3.2.1	Finanzkennzahlen	Veränderungen wesentlicher Kennzahlen, wie Verschuldungsgrade, Eigenkapitalquote	11
B.3.2.2	Entscheidungsverhalten von Banken	Veränderungen der Kreditvergabeentscheidungen von Banken, insb. Veränderungen des Kreditratings, Kreditkonditionen und Kreditauflagen	9
B.3.2.3	Entscheidungsverhalten von Investoren und Analysten	Veränderungen der von Investoren und Analysten vorgenommenen Risikoeinschätzungen, Prognosen der Dividendenzahlungen und des Ratings	3
B.3.2.4	Ausweitung des Ansatzes zur Bilanzierung von Nutzungsrechten auf andere Bereiche der Rechnungslegung	Ausdehnung des Nutzungsrechteansatzes z.B. auf die bilanzielle Behandlung immaterieller Vermögenswerte oder andere Dauerschuldverhältnisse	8
B.3.3	**Erwartete Veränderungen im Entscheidungsverhalten zu prüfender Leasingnehmer**		**4**
B.3.3.1	Leasingvertragslaufzeiten	Veränderungen der Laufzeiten künftiger Verträge zur Beeinflussung der bilanziellen Auswirkungen, etwa der bilanzierten Verschuldung	1
B.3.3.2	Laufzeitbezogene Optionen, Restwertgarantien, bedingte Leasingzahlungen	Veränderungen der Verwendung von Optionen, Restwertgarantien und bedingten Leasingzahlungen zur Beeinflussung der bilanziellen Auswirkungen, etwa der bilanzierten Verschuldung	3
B.3.3.3	Substitution von Leasingtransaktionen	Substitution unter Verwendung alternativer Finanzierungsmöglichkeiten, etwa Kreditfinanzierung, Ausgabe neuer Aktien, Finanzierung aus Rücklagen	0
Summe Codierungen			**286**

Banken

Kategorie	Bezeichnung	Definition	Anzahl der Codierungen
C.2	**Beurteilung der gegenwärtigen Leasingbilanzierung und der Reformbestrebungen**		**114**
C.2.1	**Beurteilung der gegenwärtigen Leasingbilanzierung**		**30**
C.2.1.1	Bilanzierungsmethoden für Leasingverhältnisse	Beurteilung der Existenz unterschiedlicher Bilanzierungsmethoden für Leasingverhältnisse und damit verbundene Gestaltungsspielräume	25
C.2.1.2	Bilanzauswirkungen operativer Leasingverhältnisse	Beurteilung der Möglichkeit zur Einschätzung der bilanziellen Auswirkungen operativer Leasingverhältnisse anhand der gegenwärtigen Informationen	3
C.2.1.3	Vergleichbarkeit von Jahresabschlüssen	Beurteilung der Beeinflussung der Vergleichbarkeit von Jahresabschlüssen durch die gegenwärtige Leasingbilanzierung	0
C.2.1.4	Einschätzung der finanziellen Verpflichtungen	Beurteilung der Möglichkeit zur Einschätzung finanzieller Verpflichtungen anhand der gegenwärtigen Leasinginformationen	2
C.2.2	**Beurteilung der Reformvorschläge**		**84**
C.2.2.1	Ansatz zur Bilanzierung und Bewertung von Nutzungsrechten	Beurteilung der Bilanzierung sämtlicher Leasingverhältnisse und des Ansatzes zur Bilanzierung und Bewertung von Nutzungsrechten	39
C.2.2.2	Bilanzielle Behandlung von Optionen, Restwertgarantien und bedingten Leasingzahlungen	Beurteilung der bilanziellen Behandlung von Optionen, Restwertgarantien und bedingten Leasingzahlungen	45
C.3	**Erwartete Veränderungen im Entscheidungsverhalten der Banken, erwartete Auswirkungen für kreditnachfragende Leasingnehmer und Veränderungen in deren Entscheidungsverhalten**		**117**
C.3.1	**Erwartete Veränderungen im Entscheidungsverhalten der Banken**		**75**
C.3.1.1	Jahresabschluss	Veränderungen der Bedeutung des Jahresabschlusses in der Kreditwürdigkeitsprüfung, Bedeutung der einzelnen Rechenwerke, Bedeutung des Anhangs, Bedeutung des Testats	24
C.3.1.2	Künftige Kreditvergabeentscheidungen	Veränderungen der Beurteilung der Kreditwürdigkeit und Veränderungen des Kreditratings und infolgedessen Veränderungen der Beurteilung von Kreditanfragen bzw. Kredithöhen und Kreditkonditionen	19
C.3.1.3	Bestehende Kreditvereinbarungen	Beeinflussung bestehender Kreditauflagen und mögliche Konsequenzen	4
C.3.1.4	Komplexität, Kosten-Nutzen-Verhältnis	Veränderungen hinsichtlich der Berücksichtigung von Leasingverhältnissen in der Kreditwürdigkeitsprüfung, Erschwernis/Vereinfachung der Kreditwürdigkeitsprüfung, Auswirkungen auf Kosten und Nutzen für Banken	28

Kategorie	Bezeichnung	Definition	Anzahl der Codierungen
C.3.2	**Erwartete Auswirkungen für kreditnachfragende Leasingnehmer**		**30**
C.3.2.1	Finanzkennzahlen	Veränderungen wesentlicher Kennzahlen, wie Verschuldungsgrade, Eigenkapitalquote	22
C.3.2.2	Entscheidungsverhalten von Investoren und Analysten	Veränderungen der von Investoren und Analysten vorgenommenen Risikoeinschätzungen, Prognosen der Dividendenzahlungen und des Ratings	3
C.3.2.3	Entscheidungsverhalten von Wirtschaftsprüfern	Veränderungen der Prüfungshandlungen, Verlagerung von Prüfungsschwerpunkten, Veränderung von Wesentlichkeitsgrenzen	0
C.3.2.4	Ausweitung des Ansatzes zur Bilanzierung von Nutzungsrechten auf andere Bereiche der Rechnungslegung	Ausdehnung des Nutzungsrechteansatzes z.B. auf die bilanzielle Behandlung immaterieller Vermögenswerte oder andere Dauerschuldverhältnisse	5
C.3.3	**Erwartete Veränderungen im Entscheidungsverhalten kreditnachfragender Leasingnehmer**		**12**
C.3.3.1	Leasingvertragslaufzeiten	Veränderungen der Laufzeiten künftiger Verträge zur Beeinflussung der bilanziellen Auswirkungen, etwa der bilanzierten Verschuldung	2
C.3.3.2	Laufzeitbezogene Optionen, Restwertgarantien, bedingte Leasingzahlungen	Veränderungen der Verwendung von Optionen, Restwertgarantien und bedingten Leasingzahlungen zur Beeinflussung der bilanziellen Auswirkungen, etwa der bilanzierten Verschuldung	6
C.3.3.3	Substitution von Leasingtransaktionen	Substitution unter Verwendung alternativer Finanzierungsmöglichkeiten, etwa Kreditfinanzierung, Ausgabe neuer Aktien, Finanzierung aus Rücklagen	4
Summe Codierungen			**231**

Anhang 8: Kategoriensysteme und Codierungen der Auswertungen von Stellungnahmen zum Standardentwurf

Leasingnehmer

Kategorie	Bezeichnung	Definition	Anzahl der Codierungen
A.2	**Beurteilung der gegenwärtigen Leasingbilanzierung und der Reformbestrebungen**		**1.039**
A.2.1	**Beurteilung der gegenwärtigen Leasingbilanzierung**		**243**
A.2.1.1	Bilanzierungsmethoden für Leasingverhältnisse	Beurteilung der Existenz unterschiedlicher Bilanzierungsmethoden für Leasingverhältnisse und damit verbundene Gestaltungsspielräume	101
A.2.1.2	Bilanzauswirkungen operativer Leasingverhältnisse	Beurteilung der Möglichkeit zur Einschätzung der bilanziellen Auswirkungen operativer Leasingverhältnisse anhand der gegenwärtigen Informationen	59
A.2.1.3	Vergleichbarkeit von Jahresabschlüssen	Beurteilung der Beeinflussung der Vergleichbarkeit von Jahresabschlüssen durch die gegenwärtige Leasingbilanzierung	29
A.2.1.4	Einschätzung der finanziellen Verpflichtungen	Beurteilung der Möglichkeit zur Einschätzung finanzieller Verpflichtungen anhand der gegenwärtigen Leasinginformationen	54
A.2.2	**Beurteilung der Reformvorschläge**		**796**
A.2.2.1	Ansatz zur Bilanzierung und Bewertung von Nutzungsrechten	Beurteilung der Bilanzierung sämtlicher Leasingverhältnisse und des Ansatzes zur Bilanzierung und Bewertung von Nutzungsrechten	300
A.2.2.2	Bilanzielle Behandlung von Optionen, Restwertgarantien und bedingten Leasingzahlungen	Beurteilung der bilanziellen Behandlung von Optionen, Restwertgarantien und bedingten Leasingzahlungen	496
A.3	**Erwartete Auswirkungen der reformierten Leasingbilanzierung und Veränderungen im Entscheidungsverhalten der Leasingnehmer**		**1011**
A.3.1	**Erwartete Auswirkungen**		**954**
A.3.1.1	Finanzkennzahlen	Veränderungen wesentlicher Kennzahlen, wie Verschuldungsgrade, Eigenkapitalquote	203
A.3.1.2	Entscheidungsverhalten von Banken	Veränderungen der Kreditvergabeentscheidungen von Banken, insb. Veränderungen des Kreditratings, Kreditkonditionen und Kreditauflagen	123
A.3.1.3	Entscheidungsverhalten von Investoren und Analysten	Veränderungen der von Investoren und Analysten vorgenommenen Risikoeinschätzungen, Prognosen der Dividendenzahlungen und des Ratings	89
A.3.1.4	Entscheidungsverhalten von Wirtschaftsprüfern	Veränderungen der Prüfungshandlungen, Verlagerung von Prüfungsschwerpunkten, Veränderung von Wesentlichkeitsgrenzen	76

Kategorie	Bezeichnung	Definition	Anzahl der Codierungen
A.3.1.5	Variable Vergütung	Veränderungen der Parameter zur Bemessung der variablen Vergütung	13
A.3.1.6	Komplexität, Kosten-Nutzen-Verhältnis	Komplexität der Umsetzung und Befolgung, Auswirkungen auf Kosten und Nutzen für Adressaten und Ersteller	443
A.3.1.7	Ausweitung des Ansatzes zur Bilanzierung von Nutzungsrechten auf andere Bereiche der Rechnungslegung	Ausdehnung des Nutzungsrechteansatzes z.B. auf die bilanzielle Behandlung immaterieller Vermögenswerte oder andere Dauerschuldverhältnisse	7
A.3.2	**Erwartete Veränderungen im Entscheidungsverhalten der Leasingnehmer**		**57**
A.3.2.1	Nachverhandlung bestehender Leasingverträge	Nachverhandlung bestehender Leasingverträge zur Beeinflussung der bilanziellen Auswirkungen, etwa der bilanzierten Verschuldung	9
A.3.2.2	Leasingvertragslaufzeiten	Veränderungen der Laufzeiten künftiger Verträge zur Beeinflussung der bilanziellen Auswirkungen, etwa der bilanzierten Verschuldung	13
A.3.2.3	Laufzeitbezogene Optionen, Restwertgarantien, bedingte Leasingzahlungen	Veränderungen der Verwendung von Optionen, Restwertgarantien und bedingten Leasingzahlungen zur Beeinflussung der bilanziellen Auswirkungen, etwa der bilanzierten Verschuldung	17
A.3.2.4	Substitution von Leasingtransaktionen	Substitution unter Verwendung alternativer Finanzierungsmöglichkeiten, etwa Kreditfinanzierung, Ausgabe neuer Aktien, Finanzierung aus Rücklagen	18
Summe Codierungen			**2.050**

Wirtschaftsprüfer

Kategorie	Bezeichnung	Definition	Anzahl der Codierungen
B.2	**Beurteilung der gegenwärtigen Leasingbilanzierung und der Reformbestrebungen**		**286**
B.2.1	**Beurteilung der gegenwärtigen Leasingbilanzierung**		**74**
B.2.1.1	Bilanzierungsmethoden für Leasingverhältnisse	Beurteilung der Existenz unterschiedlicher Bilanzierungsmethoden für Leasingverhältnisse und damit verbundene Gestaltungsspielräume	40
B.2.1.2	Bilanzauswirkungen operativer Leasingverhältnisse	Beurteilung der Möglichkeit zur Einschätzung der bilanziellen Auswirkungen operativer Leasingverhältnisse anhand der gegenwärtigen Informationen	17
B.2.1.3	Vergleichbarkeit von Jahresabschlüssen	Beurteilung der Beeinflussung der Vergleichbarkeit von Jahresabschlüssen durch die gegenwärtige Leasingbilanzierung	5
B.2.1.4	Einschätzung der finanziellen Verpflichtungen	Beurteilung der Möglichkeit zur Einschätzung finanzieller Verpflichtungen anhand der gegenwärtigen Leasinginformationen	12
B.2.2	**Beurteilung der Reformvorschläge**		**212**
B.2.2.1	Ansatz zur Bilanzierung und Bewertung von Nutzungsrechten	Beurteilung der Bilanzierung sämtlicher Leasingverhältnisse und des Ansatzes zur Bilanzierung und Bewertung von Nutzungsrechten	94
B.2.2.2	Bilanzielle Behandlung von Optionen, Restwertgarantien und bedingten Leasingzahlungen	Beurteilung der bilanziellen Behandlung von Optionen, Restwertgarantien und bedingten Leasingzahlungen	118
B.3	**Erwartete Veränderungen im Entscheidungsverhalten der Wirtschaftsprüfer, erwartete Auswirkungen für zu prüfende Leasingnehmer und Veränderungen in deren Entscheidungsverhalten**		**283**
B.3.1	**Erwartete Veränderungen im Entscheidungsverhalten der Wirtschaftsprüfer**		**184**
B.3.1.1	Vorgehensweise in der Prüfung von Leasingverhältnissen	Verlagerung von Prüfungsschwerpunkten, veränderte Wesentlichkeitsgrenzen	83
B.3.1.2	Rechenwerke	Veränderung der Bedeutung der jeweiligen Rechenwerke und des Anhangs im Rahmen der Prüfung von Leasingverhältnissen	22
B.3.1.3	Komplexität, Kosten-Nutzen-Verhältnis	Veränderung der Prüfungsintensität, Erschwernis/Vereinfachung der Prüfung von Leasingverhältnissen, Auswirkungen auf Kosten und Nutzen für Wirtschaftsprüfer	79

Kategorie	Bezeichnung	Definition	Anzahl der Codierungen
B.3.2	**Erwartete Auswirkungen für zu prüfende Leasingnehmer**		**91**
B.3.2.1	Finanzkennzahlen	Veränderungen wesentlicher Kennzahlen, wie Verschuldungsgrade, Eigenkapitalquote	38
B.3.2.2	Entscheidungsverhalten von Banken	Veränderungen der Kreditvergabeentscheidungen von Banken, insb. Veränderungen des Kreditratings, Kreditkonditionen und Kreditauflagen	32
B.3.2.3	Entscheidungsverhalten von Investoren und Analysten	Veränderungen der von Investoren und Analysten vorgenommenen Risikoeinschätzungen, Prognosen der Dividendenzahlungen und des Ratings	19
B.3.2.4	Ausweitung des Ansatzes zur Bilanzierung von Nutzungsrechten auf andere Bereiche der Rechnungslegung	Ausdehnung des Nutzungsrechteansatzes z.B. auf die bilanzielle Behandlung immaterieller Vermögenswerte oder andere Dauerschuldverhältnisse	2
B.3.3	**Erwartete Veränderungen im Entscheidungsverhalten zu prüfender Leasingnehmer**		**8**
B.3.3.1	Leasingvertragslaufzeiten	Veränderungen der Laufzeiten künftiger Verträge zur Beeinflussung der bilanziellen Auswirkungen, etwa der bilanzierten Verschuldung	3
B.3.3.2	Laufzeitbezogene Optionen, Restwertgarantien, bedingte Leasingzahlungen	Veränderungen der Verwendung von Optionen, Restwertgarantien und bedingten Leasingzahlungen zur Beeinflussung der bilanziellen Auswirkungen, etwa der bilanzierten Verschuldung	2
B.3.3.3	Substitution von Leasingtransaktionen	Substitution unter Verwendung alternativer Finanzierungsmöglichkeiten, etwa Kreditfinanzierung, Ausgabe neuer Aktien, Finanzierung aus Rücklagen	3
Summe Codierungen			**569**

Banken

Kategorie	Bezeichnung	Definition	Anzahl der Codierungen
C.2	**Beurteilung der gegenwärtigen Leasingbilanzierung und der Reformbestrebungen**		**199**
C.2.1	**Beurteilung der gegenwärtigen Leasingbilanzierung**		**64**
C.2.1.1	Bilanzierungsmethoden für Leasingverhältnisse	Beurteilung der Existenz unterschiedlicher Bilanzierungsmethoden für Leasingverhältnisse und damit verbundene Gestaltungsspielräume	30
C.2.1.2	Bilanzauswirkungen operativer Leasingverhältnisse	Beurteilung der Möglichkeit zur Einschätzung der bilanziellen Auswirkungen operativer Leasingverhältnisse anhand der gegenwärtigen Informationen	15
C.2.1.3	Vergleichbarkeit von Jahresabschlüssen	Beurteilung der Beeinflussung der Vergleichbarkeit von Jahresabschlüssen durch die gegenwärtige Leasingbilanzierung	8
C.2.1.4	Einschätzung der finanziellen Verpflichtungen	Beurteilung der Möglichkeit zur Einschätzung finanzieller Verpflichtungen anhand der gegenwärtigen Leasinginformationen	11
C.2.2	**Beurteilung der Reformvorschläge**		**135**
C.2.2.1	Ansatz zur Bilanzierung und Bewertung von Nutzungsrechten	Beurteilung der Bilanzierung sämtlicher Leasingverhältnisse und des Ansatzes zur Bilanzierung und Bewertung von Nutzungsrechten	56
C.2.2.2	Bilanzielle Behandlung von Optionen, Restwertgarantien und bedingten Leasingzahlungen	Beurteilung der bilanziellen Behandlung von Optionen, Restwertgarantien und bedingten Leasingzahlungen	79
C.3	**Erwartete Veränderungen im Entscheidungsverhalten der Banken, erwartete Auswirkungen für kreditnachfragende Leasingnehmer und Veränderungen in deren Entscheidungsverhalten**		**216**
C.3.1	**Erwartete Veränderungen im Entscheidungsverhalten der Banken**		**134**
C.3.1.1	Jahresabschluss	Veränderungen der Bedeutung des Jahresabschlusses in der Kreditwürdigkeitsprüfung, Bedeutung der einzelnen Rechenwerke, Bedeutung des Anhangs, Bedeutung des Testats	54
C.3.1.2	Künftige Kreditvergabeentscheidungen	Veränderungen der Beurteilung der Kreditwürdigkeit und Veränderungen des Kreditratings und infolgedessen Veränderungen der Beurteilung von Kreditanfragen bzw. Kredithöhen und Kreditkonditionen	13
C.3.1.3	Bestehende Kreditvereinbarungen	Beeinflussung bestehender Kreditauflagen und mögliche Konsequenzen	30
C.3.1.4	Komplexität, Kosten-Nutzen-Verhältnis	Veränderungen hinsichtlich der Berücksichtigung von Leasingverhältnissen in der Kreditwürdigkeitsprüfung, Erschwernis/Vereinfachung der Kreditwürdigkeitsprüfung, Auswirkungen auf Kosten und Nutzen für Banken	37

Kategorie	Bezeichnung	Definition	Anzahl der Codierungen
C.3.2	**Erwartete Auswirkungen für kreditnachfragende Leasingnehmer**		**62**
C.3.2.1	Finanzkennzahlen	Veränderungen wesentlicher Kennzahlen, wie Verschuldungsgrade, Eigenkapitalquote	42
C.3.2.2	Entscheidungsverhalten von Investoren und Analysten	Veränderungen der von Investoren und Analysten vorgenommenen Risikoeinschätzungen, Prognosen der Dividendenzahlungen und des Ratings	13
C.3.2.3	Entscheidungsverhalten von Wirtschaftsprüfern	Veränderungen der Prüfungshandlungen, Verlagerung von Prüfungsschwerpunkten, Veränderung von Wesentlichkeitsgrenzen	5
C.3.2.4	Ausweitung des Ansatzes zur Bilanzierung von Nutzungsrechten auf andere Bereiche der Rechnungslegung	Ausdehnung des Nutzungsrechteansatzes z.B. auf die bilanzielle Behandlung immaterieller Vermögenswerte oder andere Dauerschuldverhältnisse	2
C.3.3	**Erwartete Veränderungen im Entscheidungsverhalten kreditnachfragender Leasingnehmer**		**20**
C.3.3.1	Leasingvertragslaufzeiten	Veränderungen der Laufzeiten künftiger Verträge zur Beeinflussung der bilanziellen Auswirkungen, etwa der bilanzierten Verschuldung	6
C.3.3.2	Laufzeitbezogene Optionen, Restwertgarantien, bedingte Leasingzahlungen	Veränderungen der Verwendung von Optionen, Restwertgarantien und bedingten Leasingzahlungen zur Beeinflussung der bilanziellen Auswirkungen, etwa der bilanzierten Verschuldung	4
C.3.3.3	Substitution von Leasingtransaktionen	Substitution unter Verwendung alternativer Finanzierungsmöglichkeiten, etwa Kreditfinanzierung, Ausgabe neuer Aktien, Finanzierung aus Rücklagen	10
Summe Codierungen			**415**

Anhang 9: Chi-Quadrat-Unabhängigkeitstest

Diskussionspapier

Erwartete Häufigkeit

	Leasingnehmer	Wirtschaftsprüfer	Banken
USA	43,33	13,59	8,08
UK	20,00	6,27	3,73
Kanada	8,00	2,51	1,49
Frankreich	7,33	2,30	1,37
Deutschland	6,00	1,88	1,12
Schweiz	5,33	1,67	0,99
Australien	6,00	1,88	1,12
Belgien	4,67	1,46	0,87
China	2,67	0,84	0,50
Spanien	1,33	0,42	0,25
Schweden	2,00	0,63	0,37
Dänemark	1,33	0,42	0,25
Niederlande	0,67	0,21	0,12
Japan	1,33	0,42	0,25
Neuseeland	1,33	0,42	0,25
Italien	0,67	0,21	0,12
Pakistan	0,67	0,21	0,12
Israel	1,33	0,42	0,25
Südafrika	0,67	0,21	0,12
Irland	0,67	0,21	0,12
Indien	0,67	0,21	0,12
Unbekannt	2,00	0,63	0,37

Differenz beobachtete-erwartete Häufigkeit

	Leasingnehmer	Wirtschaftsprüfer	Banken	Zeilensumme
USA	0,16	0,19	0,14	0,49
UK	0,45	3,57	0,80	4,82
Kanada	0,13	0,10	0,16	0,39
Frankreich	0,06	0,73	0,29	1,09
Deutschland	0,17	0,41	0,01	0,59
Schweiz	0,08	1,67	1,02	2,77
Australien	0,17	0,41	3,16	3,74
Belgien	0,60	0,15	5,21	5,96
China	0,04	0,03	0,50	0,57
Spanien	0,33	0,42	0,25	1,00
Schweden	0,00	0,22	0,37	0,59
Dänemark	0,33	0,42	0,25	1,00
Niederlande	0,17	0,21	0,12	0,50
Japan	0,08	0,81	0,25	1,14
Neuseeland	0,08	0,81	0,25	1,14
Italien	0,17	0,21	0,12	0,50
Pakistan	0,67	2,99	0,12	3,78
Israel	1,33	0,81	2,27	4,41
Südafrika	0,67	2,99	0,12	3,78
Irland	0,67	2,99	0,12	3,78
Indien	0,17	0,21	0,12	0,50
Unbekannt	0,50	0,63	0,37	1,50
Chi^2-Koeffizient				**44,07**
Freiheitsgrad				**42**
Vergleichswert (α 0,01, FG: 42)				**66,21**

Standardentwurf

Erwartete Häufigkeit

	Leasingnehmer	Wirtschaftsprüfer	Banken
USA	159,22	38,54	25,24
UK	54,98	13,31	8,71
Kanada	18,56	4,49	2,94
Australien	12,85	3,11	2,04
Frankreich	10,71	2,59	1,70
Deutschland	11,42	2,77	1,81
China	11,42	2,77	1,81
Spanien	9,28	2,25	1,47
Belgien	6,43	1,56	1,02
Japan	6,43	1,56	1,02
Neuseeland	6,43	1,56	1,02
Schweiz	6,43	1,56	1,02
Niederlande	1,43	0,35	0,23
Singapur	3,57	0,86	0,57
Italien	2,14	0,52	0,34
Schweden	2,86	0,69	0,45
Südkorea	2,86	0,69	0,45
Brasilien	1,43	0,35	0,23
Norwegen	1,43	0,35	0,23
Südafrika	2,86	0,69	0,45
Dänemark	2,14	0,52	0,34
Finnland	2,14	0,52	0,34
Indien	1,43	0,35	0,23
Irland	1,43	0,35	0,23
Israel	0,71	0,17	0,11
Jamaika	0,71	0,17	0,11
Luxemburg	0,71	0,17	0,11
Pakistan	0,71	0,17	0,11
Rumänien	0,71	0,17	0,11
Taiwan	0,71	0,17	0,11
Unbekannt	2,86	0,69	0,45

Differenz beobachtete-erwartete Häufigkeit

	Leasingnehmer	Wirtschaftsprüfer	Banken	Zeilensumme
USA	0,29	0,80	0,06	1,15
UK	0,29	2,43	0,34	3,06
Kanada	0,02	0,50	0,30	0,82
Australien	0,06	0,00	0,46	0,52
Frankreich	0,16	0,98	0,05	1,19
Deutschland	0,58	1,13	0,36	2,07
China	0,02	0,21	0,78	1,01
Spanien	0,01	2,25	4,35	6,60
Belgien	0,92	0,13	3,85	4,90
Japan	0,32	0,13	0,95	1,39
Neuseeland	0,39	0,20	1,02	1,60
Schweiz	0,03	1,56	3,85	5,44
Niederlande	0,23	0,35	0,23	0,80
Singapur	0,05	0,02	0,57	0,64
Italien	0,34	0,52	0,34	1,20
Schweden	1,21	2,48	0,66	4,34
Südkorea	0,46	0,69	0,45	1,60
Brasilien	0,23	0,35	0,23	0,80
Norwegen	0,23	0,35	0,23	0,80
Südafrika	0,01	0,14	0,45	0,60
Dänemark	0,34	0,52	0,34	1,20
Finnland	0,34	0,52	0,34	1,20
Indien	0,13	1,24	0,23	1,59
Irland	1,43	7,92	0,23	9,57
Israel	0,71	3,96	0,11	4,79
Jamaika	0,71	3,96	0,11	4,79
Luxemburg	0,11	0,17	0,11	0,40
Pakistan	0,71	3,96	0,11	4,79
Rumänien	0,71	3,96	0,11	4,79
Taiwan	0,11	0,17	0,11	0,40
Unbekannt	1,21	7,71	0,45	9,37
Chi^2-Koeffizient				**83,41**
Freiheitsgrad				**60**
Vergleichswert (α 0,01, FG: 60)				**88,38**

Literaturverzeichnis

Abdel-khalik, A. R. (1981): The economic effects on lessees of FASB Statement No. 13: Accounting for leases, Stamford, CT.

Abdel-khalik, A. R. (1994): Factors Limiting the Role of Behavioral Research in Standard Setting, in: Behavioral Research in Accounting, Supplement, 6. Jg., S. 213-222.

Abernethy, M. A./Chua, W. F./Luckett, P. F./Selto, F. H. (1999): Research in managerial accounting: Learning from others' experiences, in: Accounting and Finance, 39. Jg., S. 1-27.

Abernethy, M. A./Horne, M./Lillis, A. M./Malina, M. A./Selto, F. H. (2005): A multimethod approach to building causal performance maps from expert knowledge, in: Management Accounting Research, 16. Jg., S. 135-155.

Abernethy, M. A./Lillis, A. M. (1995): The impact of manufacturing flexibility on management control system design, in: Accounting, Organizations and Society, 20. Jg., S. 241-258.

Acito, A. A./Burks, J. J./Johnson, W. B. (2009): Materiality Decisions and the Correction of Accounting Errors, in: The Accounting Review, 84. Jg., S. 659-688.

Adedeji, A./Stapleton, R. C. (1996): Lease, debt and taxable capacity, in: Applied Financial Economics, 6. Jg., S. 71-83.

Adler, H./Düring, W./Schmaltz, K. (2002): Rechnungslegung nach Internationalen Standards, Abschnitt 12, Stuttgart.

Ahrens, T./Chapman, C. S. (2006): Doing qualitative field research in management accounting: Positioning data to contribute to theory, in: Accounting, Organizations and Society, 31. Jg., S. 819-841.

AICPA (1994): Improving Business Reporting – A Customer Focus (Jenkin's Report).

Alchian, A. A./Demsetz, H. (1973): The Property Right Paradigm, in: Journal of Economic History, 33. Jg., S. 16-27.

Alfredson, K./Leo, K./Picker, R./Loftus, J./Clark, K./Wise, V. (2009): Applying International Financial Reporting Standards, 2. Aufl., Milton, QLD.

Altamuro, J./Johnston, R./Pandit, S./Zhang, H. (2011): Operating Leases and Credit Assessments, SSRN Working Paper No. 1115924.

Altamuro, J. L. (2006): The Determinants of Synthetic Lease Financing and the Impact on the Cost of Future Debt, SSRN Working Paper No. 951514.

Altman, E. I. (1968): Financial Ratios, Discriminant Analysis and the Prediction of Corporate Bankruptcy, in: The Journal of Finance, 23. Jg., S. 589-609.

Altman, E. I./Haldeman, R. G./Narayanan, P. (1977): ZETA™ Analysis – A new model to identify risk of corporations, in: Journal of Banking & Finance, 1. Jg., S. 29-54.

Alvarez, M./Büttner, M. (2008): Bilanzierung verdeckter Leasingverhältnisse gem. IFRIC 4, in: Praxis der Internationalen Rechnungslegung, 4. Jg., S. 45-52.

Alvarez, M./Wotschofsky, S./Miethig, M. (2001): Leasingverhältnisse nach IAS 17 – Zurechnung, Bilanzierung, Konsolidierung, in: Die Wirtschaftsprüfung, 54. Jg., S. 933-947.

Ammann, H./Hucke, A. (2000): Rechtliche Grundlagen des Leasings und dessen Bilanzierung nach HGB, US-GAAP sowie IAS, in: Internationales Steuerrecht, 9. Jg., S. 87-94.

Ammann, H./Wulf, I. (2000): Leasingbilanzierung gemäß HGB, US-GAAP sowie IAS, in: Steuer- und Bilanzpraxis, 2. Jg., S. 909-917.

Anderson, R. (1981): The Usefulness of Accounting and Other Information Disclosed in Corporate Annual Reports to Institutional Investors in Australia, in: Accounting and Business Research, 11. Jg., S. 259-265.

Ang, J./Peterson, P. P. (1984): The Leasing Puzzle, in: The Journal of Finance, 39. Jg., S. 1055-1065.

Armstrong, C. S./Guay, W. R./Weber, J. P. (2010): The role of information and financial reporting in corporate governance and debt contracting, in: Journal of Accounting and Economics, 50. Jg., S. 179-234.

Arnold, J./Moizer, P. (1984): A Survey of the Methods Used by UK Investment Analysts to Appraise Investments in Ordinary Shares, in: Accounting and Business Research, 14. Jg., S. 195-207.

Ashton, R. K. (1985): Accounting for Finance Leases: A Field Test, in: Accounting and Business Research, 15. Jg., S. 233-238.

Atteslander, P. (2010): Methoden der empirischen Sozialforschung, 13. Aufl., Berlin.

Auste, T. (2011): Einfluss von Lobbying auf den IFRS-Standardsetzungsprozess, Frankfurt am Main.

Babel, M. (1997): Zur Aktivierungsfähigkeit von Nutzungsrechten, in: Betriebs-Berater, 52. Jg., S. 2261-2268.

Backhaus, K./Erichson, B./Plinke, W./Weiber, R. (2011): Multivariate Analysemethoden – Eine anwendungsorientierte Einführung, 13. Aufl., Berlin et al.

Baetge, J./Graupe, F. (2010): Der ED „Leases" – Paradigmenwechsel mit Schattenseiten, in: Zeitschrift für Internationale Rechnungslegung, 5. Jg., S. 477-478.

Ballwieser, W. (1998): Was leistet der risikoorientierte Prüfungsansatz?, in: Matschke, M. J./Schildbach, T. (Hrsg.): Unternehmensberatung und Wirtschaftsprüfung – Festschrift für Günter Sieben, Stuttgart, S. 359-374.

Bantleon, U./Fengler, P./Peter, A. (2009): Einsatz von Covenants im Firmenkundenkreditgeschäft der Volks- und Raiffeisenbanken, in: Finanz-Betrieb, 11. Jg., S. 751-757.

Barker, R. G. (1999): The role of dividends in valuation models used by analysts and fund managers, in: The European Accounting Review, 8. Jg., S. 195-218.

Barnes, P. (1987): The Analysis and Use of Financial Ratios: A Review Article, in: Journal of Business Finance & Accounting, 14. Jg., S. 449-461.

Barth, C. (1999): Die Zurechnung von Leasingobjekten im Jahresabschluss nach Handelsrecht, Steuerrecht und den International Accounting Standards, unter besonderer Berücksichtigung der Aktivierbarkeit eines Nutzungsrechts als immateriellen Vermögensgegenstand, Bamberg.

Barth, M. E. (2006): Research, Standard Setting, and Global Financial Reporting, in: Foundations and Trends in Accounting, 1. Jg., S. 71-165.

Bauman, M. P./Francis, R. N. (2011): Issues in Lessor Accounting: The Forgotten Half of Lease Accounting, in: Accounting Horizons, 25. Jg., S. 247-266.

Bayless, M. E./Diltz, J. D. (1986): An Empirical Study of the Debt Displacement Effects of Leasing, in: Financial Management, 15. Jg., S. 53-60.

Beattie, V./Edwards, K./Goodacre, A. (1998): The impact of constructive operating lease capitalisation on key accounting ratios, in: Accounting and Business Research, 28. Jg., S. 233-254.

Beattie, V./Goodacre, A./Thomson, S. (2000a): Recognition versus Disclosure: An Investigation of the Impact on Equity Risk Using UK Operating Lease Disclosure, in: Journal of Business Finance & Accounting, 27. Jg., S. 1185-1224.

Beattie, V./Goodacre, A./Thomson, S. (2000b): Operating Leases and the Assessment of Lease-Debt Substitutability, in: Journal of Banking & Finance, 24. Jg., S. 427-470.

Beattie, V./Goodacre, A./Thomson, S. J. (2006): International lease-accounting reform and economic consequences: The views of U.K. users and preparers, in: The International Journal of Accounting, 41. Jg., S. 75-103.

Beatty, A./Liao, W. S./Weber, J. (2010): The Effect of Private Information and Monitoring on the Role of Accounting Quality in Investment Decisions, in: Contemporary Accounting Research, 27. Jg., S. 17-47.

Beckman, J. K./Jervis, K. (2009): The FASB/IASB Lease Accounting Project: Implications for the Construction Industry, in: Construction Accounting & Taxation, 19. Jg., S. 30-35.

Beeler, J. D./Hunton, J. E. (2002): Contingent Economic Rents: Insidious Threats to Audit Independence, in: Arnold, V. (Hrsg.): Advances in Accounting Behavioral Research, 5. Aufl., Oxford, S. 21-50.

Begley, J. (1990): Debt Covenants and Accounting Choice, in: Journal of Accounting and Economics, 12. Jg., S. 125-139.

Beine, F./Nardmann, H. (2009): Leasingverhältnisse, in: Ballwieser, W./Beine, F./ Hayn, S./Peemöller, V. H./Schruff, L./Weber, C. P. (Hrsg.): Wiley-Kommentar zur internationalen Rechnungslegung nach IFRS 2009, 5. Aufl., Weinheim, S. 775-821.

Belkaoui, A. (1989): Behavioral Accounting – The Research and Practical Issues, New York, NY/Westport, CT/London.

Bennett, B. K./Bradbury, M. E. (2003): Capitalizing non-cancelable operating leases, in: Journal of International Financial Management and Accouning, 14. Jg., S. 101-114.

Berelson, B. (1952): Content Analysis in Communication Research, New York, NY.

Beresford, D. R. (1994): A Request for More Research to Support Financial Accounting Standard-Setting AAA-Accounting, Behavior and Organizations Section, in: Behavioral Research in Accounting, Supplement, 6. Jg., S. 190-203.

Beresford, D. R./Johnson, L. T. (1995): Commentary: Interactions between the FASB and the Academic Community, in: Accounting Horizons, 9. Jg., S. 108-117.

Berry, A./Citron, D./Jarvis, R. (1985): Foreign banks operating in the UK – their information requirements, usage and suggested improvements to financial reporting, implications for the accounting profession, Unpublished EAA Paper.

Berry, A./Robertson, J. (2006): Overseas bankers in the UK and their use of information for making lending decisions: Changes from 1985, in: British Accounting Review, 38. Jg., S. 175-191.

Berry, A. J./Faulkner, S./Hughes, M./Jarvis, R. (1993): Financial information, the banker and the small business, in: British Accounting Review, 25. Jg., S. 131-150.

Berry, A. J./Otley, D. T. (2004): Case-Based Research in Accounting, in: Humphrey, C./Lee, B. (Hrsg.): The Real Life Guide to Accounting Research – A Behind-the-Scenes-View of Using Qualitative Research Methods, Amsterdam et al., S. 231-255.

Berry, R. H./Waring, A. (1995): A User Perspective on "making corporate reports more valuable", in: British Accounting Review, 27. Jg., S. 139-152.

Biondi, Y./Bloomfield, R./Glover, J./Jamal, K./Ohlson, J. A./Penman, S./Tsujiyama, E./Wilks, J. (2011): A Perspective on the Joint IASB/FASB Exposure Draft on Accounting for Leases, SSRN Working Paper No. 1768083.

Birnberg, J. G. (1993): Current Trends in Behavioral Accounting Research in the United States, in: Die Betriebswirtschaft, 53. Jg., S. 5-25.

Blake, J. (1992): A Classification System for Economic Consequences Issues in Accounting Regulation, in: Accounting & Business Research, 22. Jg., S. 305-321.

Blake, J./Salas, O. A./Clarke, J. (1995): Managing the economic impact of accounting regulation: the spanish case, in: European Business Review, 95. Jg., S. 26-34.

Bloomfield, R. (2010): Traditional Versus Behavioral Finance, SSRN Working Paper No. 1596888.

Boatsman, J./Dong, X. (2011): Equity Value Implications of Lease Accounting, in: Accounting Horizons, 25. Jg., S. 1-16.

Bogner, A./Menz, W. (2005): Expertenwissen und Forschungspraxis: die modernisierungstheoretische und die methodische Debatte um die Experten. Zur Einführung in ein unübersichtliches Problemfeld, in: Bogner, A./Littig, B./Menz, W. (Hrsg.): Das Experteninterview – Theorie, Methode, Anwendung, 2. Aufl., Wiesbaden, S. 7-30.

Bolton, R. N. (1993): Pretesting Questionnaires: Content Analyses of Respondents' Concurrent Verbal Protocols, in: Marketing Science, 12. Jg., S. 280-303.

Bömelburg, P./Landgraf, C./Singh-Verma, J. (2009): Zukunft der Leasingbilanzierung nach IFRS – Kritische Würdigung des Discussion Paper „Leases – Preliminary Views“, in: Praxis der Internationalen Rechnungslegung, 5. Jg., S. 217-224.

Bonus, H./Weiland, R. (1995): Die Welt der Institutionen, in: Dieckheuer, G. (Hrsg.): Beiträge zur angewandten Mikroökonomie – Jochen Schuman zum 65. Geburtstag, Berlin et al., S. 29-52.

Bouwman, M. J./Frishkoff, P. A./Frishkoff, P. (1987): How do Financial Analysts make Decisions? A Process Model of the Investment Screening Decision, in: Accounting, Organizations and Society, 12. Jg., S. 1-29.

Bowman, R. G. (1980): The Debt Equivalence of Leases: An Empirical Investigation, in: The Accounting Review, 55. Jg., S. 237-253.

Bragg, S. M. (2011): Wiley GAAP 2011, Hoboken, NJ.

Branson, B. C. (1995): An Empirical Reexamination of the Leasing Puzzle, in: Quarterly Journal of Business and Economics, 34. Jg., S. 3-18.

Braun, K. W. (2001): The Disposition of Audit-Detected Misstatements: An Examination of Risk and Reward Factors and Aggregation Effects, in: Contemporary Accounting Research, 18. Jg., S. 71-99.

Brenner, M. (1981): Social Method and Social Life, London et al.

Breton, G./Taffler, R. J. (1995): Creative Accounting and Investment Analyst Response, in: Accounting and Business Research, 25. Jg., S. 81-92.

Brooks, R. C./Jerris, S. I./Pearson, T. A. (1996): The use of fair value disclosure to assess liquidity and solvency in credit decisions, in: Commercial Lending Review, 11. Jg., S. 67-72.

Brown, L. D. (1983): Accounting Changes and the Accuracy of Analysts' Earnings Forecasts, in: Journal of Accounting Research, 21. Jg., S. 432-443.

Brown, P./Howieson, B. (1998): Capital markets research and accounting standard setting, in: Accounting and Finance, 38. Jg., S. 5-28.

Brown, P. R. (1981): A Descriptive Analysis of Select Input Bases of the Financial Accounting Standards Board, in: Journal of Accounting Research, 19. Jg., S. 232-246.

Bruns, W. J./McKinnon, S. M. (1993): Information and managers: A field study, in: Journal of Management Accounting Research, 5. Jg., S. 84-108.

Bryan, S. H./Lilien, S./Martin, D. R. (2010): The Financial Statement Effects of Capitalizing Operating Leases – Assessing the Impact of the Right-of-Use Model, in: The CPA Journal, 80. Jg., S. 36-41.

Bryman, A. (1988): Quantity and Quality in Social Research, London.

Bryman, A./Bell, E. (2007): Business Research Methods, 2. Aufl., New York, NY.

Büschgen, H. E. (1998a): Grundlagen des Leasing, in: Büschgen, H. E. (Hrsg.): Praxishandbuch Leasing, München, S. 1-20.

Büschgen, H. E. (1998b): Bankbetriebslehre – Bankgeschäfte und Bankmanagement, 5. Aufl., Wiesbaden.

Campbell, D. (2006): Protocol Analysis, in: Hoque, Z. (Hrsg.): Methodological Issues in Accounting Research, London, S. 399-409.

Campbell, J. E. (1984): An application of protocol analysis to the "Little GAAP" controversy, in: Accounting, Organizations and Society, 9. Jg., S. 329-342.

Catanach, A. H./Kemp, R. S. (1999): The information needs of banking lending officers, in: Commercial Lending Review, 14. Jg., S. 76-108.

Chang, L. S./Most, K. S./Brain, C. W. (1983): The Utility of Annual Reports: An International Study, in: Journal of International Business Studies, 14. Jg., S. 63-84.

Cheung, J. K. (1982): The Association between Lease Disclosure and the Lessee's Systematic Risk, in: Journal of Business Finance & Accounting, 9. Jg., S. 297-305.

Christenson, C. (1983): The Methodology of Positive Accounting, in: The Accounting Review, 58. Jg., S. 1-22.

Collins, D. L./Pasewark, W. R./Strawser, J. R. (2002): Characteristics Influencing Perceptions of Accounting Pronouncement Quality, in: Accounting Horizons, 16. Jg., S. 137-151.

Comiskey, E. E./Mulford, C. W. (1998): Analyzing Small-Company Financial Statements: Some Guidance for Lenders, in: Commercial Lending Review, 13. Jg., S. 30-42.

Cornaggia, K. J./Franzen, L. A./Simin, T. T. (2011): Manipulating the balance sheet? Implications of off-balance-sheet lease financing, SSRN Working Paper No. 1680077.

Cote, J. A./Buckley, M. R. (1987): Estimating Trait, Method, and Error Variance: Generalizing Across 70 Construct Validation Studies, in: Journal of Marketing Research, 24. Jg., S. 315-318.

Crezelius, G. (1988): Das sogenannte schwebende Geschäft in Handels-, Gesellschafts- und Steuerrecht, in: Knobbe-Keuk, B./Klein, F./Moxter, A. (Hrsg.): Handelsrecht und Steuerrecht – Festschrift für Georg Döllerer, Düsseldorf, S. 81-95.

Danos, P./Holt, D. L./Imhoff, Jr., E. A. (1989): The Use of Accounting Information in Bank Lending Decisions, in: Accounting, Organizations and Society, 14. Jg., S. 235-246.

Deloof, M./Lagaert, I./Verschueren, I. (2007): Leases and Debt: Complements or Substitutes? Evidence from Belgian SMEs, in: Journal of Small Business Management, 45. Jg., S. 491-500.

Deloof, M./Verschueren, I. (1999): Are Leases and Debt Substitutes? – Evidence from Belgian Firms, in: Financial Management, 28. Jg., S. 91-95.

Demirakos, E. G./Strong, N. C./Walker, M. (2004): What Valuation Models Do Analysts Use?, in: Accounting Horizons, 18. Jg., S. 221-240.

Demsetz, H. (1966): Some Aspects of Property Rights, in: The Journal of Law and Economics, 9. Jg., S. 61-70.

Demsetz, H. (1967): Toward a Theory of Property Rights, in: American Economic Review, 57. Jg., S. 347-359.

Deters, J. (1992): Verhaltenswissenschaftliche Ursprünge in der Betriebswirtschaftslehre, in: Staehle, W. H./Conrad, P./de Gruyter, W. (Hrsg.): Managementforschung, Band 2, Berlin/New York, NY, S. 39-110.

Deutsche Börse (2010): Leitfaden zu den Aktienindizes der Deutschen Börsen, Januar 2010, Frankfurt am Main.

Deutsche Bundesbank (2009): Bankenstatistik – Richtlinien und Kundensystematik, Januar 2009, Frankfurt am Main.

Dietrich, J. R./Kaplan, R. S. (1982): Empirical Analysis of the Commercial Loan Classification Decision, in: The Accounting Review, 57. Jg., S. 18-38.

Doty, D. H./Glick, W. H. (1998): Common Methods Bias: Does Common Methods Variance Really Bias Results?, in: Organizational Research Methods, 1. Jg., S. 374-406.

Dreisbach, M./Gros, M. (2011): Auswirkungen geplanter Änderungen des IASB auf die Bilanzierung von Immobilienunternehmen und deren Kennzahlen – Financial Statement Presentation, Revenue Recognition und Leases, in: Zeitschrift für Internationale Rechnungslegung, 6. Jg., S. 133-140.

Drury, C./Braund, S. (1990): The leasing decision: a comparison of theory and practice, in: Accounting & Business Research, 20. Jg., S. 179-191.

Dunmore, P. (2010): Half a Defence of Positive Accounting Research, Unpublished EAA Paper.

Durocher, S. (2008): Canadian Evidence on the Constructive Capitalization of Operating Leases, in: Accounting Perspectives, 7. Jg., S. 227-256.

Durocher, S./Fortin, A. (2009): Proposed changes in lease accounting and private business bankers' credit decisions, in: Accounting Perspectives, 8. Jg., S. 9-42.

Durocher, S./Fortin, A. (2011): Practitioners' participation in the accounting standard-setting process, in: Accounting and Business Research, 41. Jg., S. 29-50.

Eades, K. M./Marston, F. C. (2002): Incentives for Leasing: Evidence from the Largest U.S. Lessees and Lessors, SSRN Working Paper No. 301552.

Elam, R. (1975): The Effect of Lease Data on the Predictive Ability of Financial Ratios, in: The Accounting Review, 50. Jg., S. 25-43.

El-Gazzar, S. M. (1993): Stock Market Effects of the Closeness to Debt Covenant Restrictions Resulting from Capitalization of Leases, in: The Accounting Review, 68. Jg., S. 258-272.

El-Gazzar, S./Lilien, S./Pastena, V. (1986): Accounting for Leases by Lessees, in: Journal of Accounting and Economics, 8. Jg., S. 217-237.

El-Gazzar, S./Lilien, S./Pastena, V. (1989): The Use of Off-Balance Sheet Financing to Circumvent Financial Covenants Restrictions, in: Journal of Accounting, Auditing & Finance, 4. Jg., S. 217-231.

Ely, K. M. (1995): Operating Lease Accounting and the Market's Assessment of Equity Risk, in: Journal of Accounting Research, 33. Jg., S. 397-415.

Epstein, B. J./Jermakowicz, E. K. (2010): Wiley IFRS 2010, Hoboken, NJ.

Epstein, M. J./Palepu, K. G. (1999): What Financial Analysts Want, in: Strategic Finance, 80. Jg., S. 48-52.

Ernst, H. (2003): Ursachen eines Information Bias und dessen Auswirkungen auf die Validität empirischer betriebswirtschaftlicher Forschung, in: Zeitschrift für Betriebswirtschaft, 73. Jg., S. 1249-1275.

Fahrholz, B. (1979): Leasing in der Bilanz – Die bilanzielle Zurechnung von Leasing-Gütern und die Frage der Aktivierbarkeit des Nutzungsrechts des Leasing-Nehmers, Köln.

Fama, E. F. (1970): Efficient Capital Markets: A Review of Theory and Empirical Work, in: The Journal of Finance, 25. Jg., S. 383-417.

Farmer, T. A./Rittenberg, L. E./Trompeter, G. M. (1987): An Investigation of the Impact of Economic and Organizational Factors on Auditor Independence, in: Auditing: A Journal of Practice & Theory, 7. Jg., S. 1-14.

Feldhoff, M. (1992): Die Regulierung der Rechnungslegung, Frankfurt am Main.

Ferreira, L. D./Merchant, K. A. (1992): Field Research in Management Accounting and Control: A Review and Evaluation, in: Accounting, Auditing & Accountability Journal, 5. Jg., S. 3-34.

Findeisen, K.-D. (1997): Die Bilanzierung von Leasingverträgen nach den Vorschriften des International Accounting Standards Committee, in: Recht der Internationalen Wirtschaft, 43. Jg., S. 838-847.

Findeisen, K.-D. (2005): Die günstige Kaufoption nach HGB, US GAAP und IFRS, in: Finanzierung Leasing Factoring, 52. Jg., S. 28-32.

Findeisen, K.-D./Sabel, E. (2009): Disukussionspapier von IASB und FASB zur Reform der Leasingbilanzierung, in: Der Betrieb, 62. Jg., S. 1885-1894.

Finnerty, J. E./Fitzsimmons, R. N./Oliver, T. W. (1980): Lease Capitalization and Systematic Risk, in: The Accounting Review, 55. Jg., S. 631-639.

Fischer, D. T. (2010): Der Standardentwurf „Leases“ (ED2010/9), in: Praxis der Internationalen Rechnungslegung, 6. Jg., S. 296-298.

Flick, U. (2009): Qualitative Sozialforschung – Eine Einführung, 2. Aufl., Reinbek.

Fogelson, J. H. (1978): The Impact of Changes in Accounting Principles on Restrictive Covenants in Credit Agreements and Indentures, in: The Business Lawyer, 33. Jg., S. 769-787.

Fölkersamb, R./Hellen, H.-H./Tesche, T. (2010): Neue Leasingbilanzierung und mögliche Konsequenzen, in: Wagenhofer, A./Brandt, W. (Hrsg.): Perspektiven der Finanzberichterstattung und der Corporate Governance, Düsseldorf, S. 25-45.

Fowler, Jr., F. J. (1995): Improving Survey Questions – Design and Evaluation, Thousand Oaks, CA.

Fowler, Jr., F. J. (2009): Survey Research Methods, 4. Aufl., Thousand Oaks, CA.

Franzen, L. A./Rodgers, K. J./Simin, T. T. (2009): Capital Structure and the Changing Role of Off-Balance-Sheet Lease Financing, SSRN Working Paper No. 1452971.

Friedrich, N. (2007): Die Rolle von Analysten bei der Bewertung von Unternehmen am Kapitalmarkt, Lohmar.

Früh, W. (2007): Inhaltsanalyse – Theorie und Praxis, 6. Aufl., Konstanz.

Fülbier, R. U. (2011): Hickhack um die neue Leasingbilanzierung, in: GoingPublic, Sonderausgabe „Kapitalmarktrecht 2011“, 7. Jg., S. 72-73.

Fülbier, R. U./Fehr, J. (2008): Aktueller Diskussionsstand im IASB/FASB-Leasingprojekt: Weiter Richtung full fair value?, in: Praxis der Internationalen Rechnungslegung, 4. Jg., S. 181-188.

Fülbier, R. U./Fehr, J. (2009a): Die bilanzwirksame Gleichbehandlung aller Leasingverträge steht vor der Tür: Das IASB/FASB-Discussion Paper zu „Leases“, in: Die Wirtschaftsprüfung, 62. Jg., S. 673-676.

Fülbier, R. U./Fehr, J. (2009b): Die Bilanzierung von Leasingverhältnissen in der internationalen Rechnungslegung – Aktueller Diskussions- und Forschungsstand, in: Egner, T./Henselmann, K./Schmidt, L. (Hrsg.): Steuern und Rechnungslegung – Festschrift für Jochen Sigloch zum 65. Geburtstag, Aachen, S. 581-611.

Fülbier, R. U./Fehr, J. (2010): IASB und FASB machen Ernst mit der neuen Leasingbilanzierung: Der Standardentwurf „Leases“ liegt vor, in: Die Wirtschaftsprüfung, 63. Jg., S. 1019-1023.

Fülbier, R. U./Hitz, J.-M./Sellhorn, T. (2009): Relevance of Academic Research and Researchers' Role in the IASB's Financial Reporting Standard Setting, in: ABACUS, 45. Jg., S. 455-492.

Fülbier, R. U./Lirio Silva, J./Pferdehirt, H. (2008): Impact of Lease Capitalization of Listed German Companies, in: Schmalenbach Business Review, 60. Jg., S. 122-144.

Fülbier, R. U./Pferdehirt, H. (2005): Überlegungen des IASB zur künftigen Leasingbilanzierung: Abschied vom off balance sheet approach, in: Zeitschrift für internationale und kapitalmarktorientierte Rechnungslegung, 5. Jg., S. 275-285.

Furubotn, E. G./Pejovich, S. (1972): Property Rights and Economic Theory: A Survey of Recent Literature, in: Journal of Economic Literature, 10. Jg., S. 1137-1162.

Gäfgen, D. (1968): Leasing in den USA, in: Hagenmüller, K. F. (Hrsg.): Leasing-Handbuch – Entwicklung und Einsatzmöglichkeiten bei den Unternehmungen, 2. Aufl., Frankfurt am Main, S. 107-166.

Gallery, G./Imhoff, Jr., E. A. (1998): Disclosure versus Recognition: Some Evidence from the Australian Capital Market Regarding Off-Balance Sheet Leasing, Paper presented at the University of Melbourne, Research Seminar Series.

Gant, D. R. (1959): ILLUSION in Lease Financing, in: Harvard Business Review, 37. Jg., S. 121-142.

Garrod, N. (1989): Regulation and Response: The Case of Lease Disclosure in the U.K., in: Research in Accounting Regulation, 3. Jg., S. 69-92.

Ge, W. (2006): Off-balance-sheet activities, earnings persistence and stock prices: Evidence from operating leases, SSRN Working Paper No. 816044.

Ge, W./Imhoff, Jr., E. A./Lee, L. F. (2008): Is Recognition for Operating Leases Necessary?, Michael G. Foster School of Business Working Paper.

Georgiou, G. (2004): Corporate Lobbying on Accounting Standards: Methods, Timing and Perceived Effectiveness, in: ABACUS, 40. Jg., S. 219-237.

Georgiou, G. (2005): Investigating Corporate Management Lobbying in the U.K. Accounting Standard-Setting Process: A Multi-Issue/Multi-Period Approach, in: ABACUS, 41. Jg., S. 323-347.

Gibson, C. (1983): Financial Ratios as Preceived by Commercial Loan Officers, in: Akron Business and Economic Review, 14. Jg., S. 23-27.

Giersberg, J./Vögtle, M. (2007): Bilanzielle Auswirkungen der Adjustierung von Operating-Leasingverhältnissen, in: Finanz-Betrieb, 9. Jg., S. 431-442.

Gillenkirch, R. M./Arnold, M C. (2008): State of the Art des Behavioral Accounting, in: Wirtschaftswissenschaftliches Studium, 37. Jg., S. 128-134.

Glaser, B. G. (1992): Basics of grounded theory analysis, New York, NY.

Glaser, B. G./Strauss, A. L. (1967): The Discovery of Grounded Theory, London.

Gniewosz, G. (1990): The Share Investment Decision Process and Information Use: An Exploratory Case Study, in: Accounting and Business Research, 20. Jg., S. 223-230.

Godfrey, J. M./Warren, S. M. (1995): Lessee Reactions to Regulation of Accounting for Leases, in: ABACUS, 31. Jg., S. 201-228.

Göllert, K./Nahlik, W. (2009): Financial Covenants und Verschuldungskapazität im Bewährungstest, in: BankPraktiker, 5. Jg., S. 508-513.

Goodacre, A. (2001): The potential impact of enforced lease capitalisation in the UK retail sector, SSRN Working Paper No. 279030.

Goodacre, A. (2003a): Assessing the potential impact of lease accounting reform: a review of the empirical evidence, in: Journal of Property Research, 20. Jg., S. 49-66.

Goodacre, A. (2003b): Operating lease finance in the UK retail sector, in: International Review of Retail, Distribution and Consumer Research, 13. Jg., S. 99-125.

Goodacre, A./Beattie, V. A. (1999): Gearing Up, in: Accountancy International, 123. Jg., S. 88-89.

Gopalakrishnan, V./Parkash, M. (1996): The debt equivalency of recognized vs. disclosed obligations: An examination of borrower and lender perceptions, in: Research in Accounting Regulation, 10. Jg., S. 63-77.

Gosman, M. L./Hanson, E. I. (2000): The Impact of Leasing on Lenders' Evaluations of Firms' Debt Levels, in: Commercial Lending Review, 15. Jg., S. 53-60.

Gotthold, J. (1980): Zur ökonomischen „Theorie des Eigentums", in: Zeitschrift für das gesamte Handels- und Wirtschaftsrecht, 144. Jg., S. 545-562.

Götz, J./Spanheimer, J. (2005): Nutzungsrechte im Anwendungsbereich von IAS 17 – Inhalt und Auswirkungen von IFRIC 4 zur Identifizierung von Leasingverhältnissen, in: Betriebs-Berater, 60. Jg., S. 259-265.

Graff, R. A. (2001): Off-Balance-Sheet Corporate Finance with Synthetic Leases: Shortcomings and How to Avoid Them with Synthetic Debt, in: The Journal of Real Estate Research, 22. Jg., S. 213-241.

Graff, R. A. (2002): Synthetic Debt: Off-Balance-Sheet Corporate Finance for the Twenty-First Century, in: Journal of Real Estate Portfolio Management, 8. Jg., S. 45-54.

Grafton, J./Lillis, A. M./Mahama, H. (2011): Mixed methods research in accounting, in: Qualitative Research in Accounting & Management, 8. Jg., S. 5-21.

Graham, J. R./Harvey, C. R./Rajgopal, S. (2005): The economic implications of corporate financial reporting, in: Journal of Accounting and Economics, 40 Jg., S. 3-73.

Graham, J. R./Lemmon, M. L./Schallheim, J. S. (1998): Debt, Leases, Taxes, and the Endogeneity of Corporate Tax Status, in: The Journal of Finance, 53. Jg., S. 131-162.

Griffith, E. E./Hammersley, J. S./Kadous, K. (2011): Auditing Complex Estimates: Process, Problems, and Preliminary Recommendations for Improving Auditor Performance, SSRN Working Paper No. 1857175.

Gritta, R. D. (1974): The Impact of the Capitalization of Leases on Financial Analysis – A Case Study in Air Transport, in: Financial Analysts Journal, 30. Jg., S. 47-52.

Gritta, R. D./Freed, E. J./Chow, G. (2000): The Effects of Operating and Financial Leverage on the Stability of Airlines Returns Over Time: The Contrast Between Southwest, Delta and USAir, in: Transportation Quarterly, 54. Jg., S. 7-22.

Gritta, R. D./Lippman, E./Chow, G. (1994): The Impact of the Capitalization of Leases on Airline Financial Analysis: An Issue Revisited, in: Logistics and Transportation Review, 30. Jg., S. 189-202.

Grossman, A. M./Grossman, S. D. (2010): Capitalizing Lease Payments: Potential Effects of the FASB/IASB Plan, in: The CPA Journal, 80. Jg., S. 6-11.

Groves, R. M./Fowler, Jr., F. J./Couper, M. P./Lepkowski, J. M./Singer, E./ Tourangeau, R. (2009): Survey Methodology, 2. Aufl., Hoboken, NJ.

Guiral, A. (2010): Audit Report Information Content and Auditor Independence in Credit Decisions: An Experiment, Unpublished EAA Paper.

Hackenbrack, K./Nelson, M. W. (1996): Auditors' Incentives and Their Application of Financial Accounting Standards, in: The Accounting Review, 71. Jg., S. 43-59.

Hales, J./Venkataraman, S./Wilks, T. J. (2011): Accounting for Lease Renewal Options: The Informational Effects of Unit of Account Choices, SSRN Working Paper No. 1896591.

Haller, A. (1989): Behavioral Accounting, in: Die Betriebswirtschaft, 49. Jg., S. 383-385.

Haller, A./Löffelmann, J. V./Beiersdorf, K./Bolin, M./Etzel, B./Haussmann, K. (2008): Rechnungslegung aus Sicht von Kreditinstituten als Rechnungslegungsadressaten – Empirische Ergebnisse und Implikationen für die Weiterentwicklung der nationalen und internationalen Rechnungslegungsnormen für mittelständische Unternehmen, Berlin/Regensburg.

Hansen, B. (2010): Lobbying of the International Accounting Standards Board: An Empirical Investigation, SSRN Working Paper No. 1081413.

Haring, Jr., J. R. (1979): Accounting Rules and "The Accounting Establishement", in: Journal of Business, 52. Jg., S. 507-519.

Harper, Jr., R. M./Mister, W. G./Strawser, J. R. (1987): The Impact of New Pension Disclosure Rules on Perceptions of Debt, in: Journal of Accounting Research, 25. Jg., S. 327-330.

Harper, Jr. R. M./Mister, W. G./Strawser, J. R. (1991): The Effect of Recognition Versus Disclosure of Unfunded Postretirement Benefits on Lenders' Perceptions of Debt, in: Accounting Horizons, 5. Jg., S. 50-56.

Hartman, B. P./Sami, H. (1989): The impact of accounting treatment of leasing contracts on user decision making: A field experiment, in: Advances in Accounting, 7. Jg., S. 23-35.

Hartmann-Wendels, T. (2003): Aus der Leasingforschung – Institutionenökonomische Ansätze, in: Finanzierung Leasing Factoring, 50. Jg., S. 171-174.

Hartmann-Wendels, T./Winter, J. (2005): Leasing und asymmetrische Informationsverteilung, in: Zeitschrift für das gesamte Kreditwesen, 58. Jg., S. 286-290.

Hax, G. (1998): Informationsintermediation durch Finanzanalysten, Frankfurt am Main et al.

Healy, P. M. (1985): The Effect of Bonus Schemes on Accounting Decisions, in: Journal of Accounting and Economics, 7. Jg., S. 85-107.

Helmschrott, H. (2000): Leasingbilanzierung im Umbruch: Betrachtung unterschiedlicher Konzepte der Bilanzierung von Leasinggeschäften unter besonderer Berücksichtigung neuerer Vorschläge von McGregor, Tweedie und Mellwig, Aachen.

Hendel, I./Lizzeri, A. (2002): The Role of Leasing under Adverse Selection, in: Journal of Political Economy, 110. Jg., S. 113-143.

Hennessy, J. L. (1961): Recording on Lease Obligations and Related Property Rights, in: The Journal of Accountancy, 111. Jg., S. 40-46.

Henselmann, K./Klein, M./Königer, S. (2011): Comment Letters zum ED Leases: Status Quo und erste Reaktionen des IASB auf die von Unternehmen, Wissenschaft und Wirtschaftsprüfung ausgesprochene Kritik zur Leasingbilanzierung, in: Praxis der Internationalen Rechnungslegung, 7. Jg., S. 188-196.

Hielscher, U. (1999): Investmentanalyse, 3. Aufl., München.

Hodge, S./Ahmed, K. (2003): The Effects of Constructive Capitalisation of Operating Leases on Firms' Performance Indicators: Evidence from Australia, in: Accounting, Accountability and Performance, 9. Jg., S. 23-45.

Hoffmann, W.-D. (2011): Editorial: Einmal mehr, Leasing-Bilanzierung, in: Praxis der Internationalen Rechnungslegung, 7. Jg., S. 1.

Hofstedt, T. R./Kinard, J. C. (1970): A Strategy for Behavioral Accounting Research, in: The Accounting Review, 45. Jg., S. 38-54.

Holsti, O. R. (1969): Content Analysis for the Social Sciences and Humanities, Reading, MA.

Holthausen, R. W./Leftwich, R. W. (1983): The Economic Consequences of Accounting Choice: Implications of Costly Contracting and Monitoring, in: Journal of Accounting and Economics, 5. Jg., S. 77-117.

Homburg, C. (2007): Betriebswirtschaftslehre als empirische Wissenschaft – Bestandsaufnahme und Empfehlungen, in: Zeitschrift für betriebswirtschaftliche Forschung, Sonderheft 56/07, S. 27-60.

Hopf, C. (1979): Soziologie und qualitative Sozialforschung, in: Hopf, C./Weingarten, E. (Hrsg.): Qualitative Sozialforschung, Stuttgart, S. 11-37.

Hopf, C. (2008): Qualitative Interviews – ein Überblick, in: Flick, U./Kardoff, E./ Steinke, I. (Hrsg.): Qualitative Forschung, 6. Aufl., Reinbek, S. 349-360.

Hopwood, A. G. (1983): On trying to study accounting in which it operates, in: Accounting, Organizations and Society, 8. Jg., S. 287-305.

Hopwood, A. G. (2007): Whither Accounting Research?, in: The Accounting Review, 82. Jg., S. 1365-1374.

Houlihan, W. A./Sondhi, A. C. (1984): De Facto Capitalisation of Operating Leases: The Effect on Debt Capacity, in: Corporate Accounting, 2. Jg., S. 3-13.

Hurrle, B./Kieser, A. (2005): Sind Key Informants verlässliche Datenlieferanten?, in: Die Betriebswirtschaft, 65. Jg., S. 584-602.

Hussey, R./Ong, A. (2010): Proposal to Change Lease Accounting: Evidence from Canada and Malaysia, in: The Journal of Law & Financial Management, 9. Jg., S. 2-15.

IASB (2006): IASB Update, July 2006, London.

IASB (2007a): Information for Observers – History of Lease Accounting (Agenda Paper 2), Board-Meeting vom 15. Februar 2007, London.

IASB (2007b): Information for Observers – Academic Research on Lease Accounting (Agenda paper 12D), Board Meeting vom 22. März 2007, London.

IASB (2009): Discussion Paper "Leases – Preliminary Views", DP/2009/1, London.

IASB (2010a): Exposure Draft "Leases", ED/2010/9, London.

IASB (2010b): Basis for Conclusions Exposure Draft "Leases", ED/2010/9, London.

IASB (2011a): Projektstatus Conceptual Framework, online verfügbar unter http://www.ifrs.org/Current+Projects/IASB+Projects/Conceptual+Framework/ Conceptual+Framework.htm, Stand: Februar 2011.

IASB (2011b): Projektstatus Revenue Recognition, online verfügbar unter http://www.ifrs.org/Current+Projects/IASB+Projects/Revenue+Recognition/Revenue+Recognition.htm, Stand: Februar 2011.

IASB (2011c): IASB Staff Paper: Effect of board redeliberations on Exposure Draft Leases, London.

IASB/FASB (2009): Comment Letter Summary – Discussion Paper, London/Norwalk, CT.

IASB/FASB (2011a): Comment Letter Summary – Exposure Draft, London/Norwalk, CT.

IASB/FASB (2011b): Press Release – IASB and FASB announce intention to re-exposure leasing proposal, London/Norwalk, CT.

ifo Institut für Wirtschaftsforschung (2008): ifo Schnelldienst 24/2008, München.

Ihantola, E.-M./Kihn, L.-A. (2011): Threats to validity and reliability in mixed methods accounting research, in: Qualitative Research in Accounting & Management, 8. Jg., S. 39-58.

Imhoff, Jr., E. A./Lipe, R. C./Wright, D. W. (1991): Operating Leases: Impact of Constructive Capitalization, in: Accounting Horizons, 5. Jg., S. 51-63.

Imhoff, Jr., E. A./Lipe, R./Wright, D. W. (1993): The Effects of Recognition Versus Disclosure on Shareholder Risk and Executive Compensation, in: Journal of Accounting, Auditing & Finance, 8. Jg., S. 335-368.

Imhoff, Jr., E. A./Lipe, R./Wright, D. W. (1997): Operating Leases: Income effects of constructive capitalization, in: Accounting Horizons, 11. Jg., S. 12-32.

Imhoff, Jr., E. A./Thomas, J. K. (1988): Economic Consequences of Accounting Standards: The Lease Disclosure Rule Change, in: Journal of Accounting and Economics, 10. Jg., S. 277-310.

Jacob, R./Heinz, A./Décieux, J. P./Eirmbter, W. H. (2011): Umfrage – Einführung in die Methoden der Umfrageforschung, 2. Aufl., München.

Jeanjean, T./Ramirez, C. (2009): Back to the Origins of Positive Theories: A Contribution to an Analysis of Paradigm Changes in Accounting Research, in: Accounting in Europe, 6. Jg., S. 107-126.

Jesswein, K. R. (2009): Analyzing Creditworthiness from Financial Statements in the Presence of Operating Leases, in: Academy of Accounting and Financial Studies Journal, 13. Jg., S. 75-90.

Jones, S./Widjaja, L. (1998): The Decision Relevance of Cash-Flow Information: A Note, in: ABACUS, 34. Jg., S. 204-219.

Jorissen, A./Lybaert, N./Orens, R./Van der Tas, L. (2010): Formal Participation in the IASB's Due Process of Standard Setting: A Multi-Issue/Multi-Period Analysis, SSRN Working Paper No. 1543208, voraussichtliche Veröffentlichung in European Accounting Review.

Jung, M./Ruthardt, F./Hermes, A.-S. (2011): Scheitert das IASB an einer tragfähigen Reform der Leasingbilanzierung?, in: Zeitschrift für Internationale Rechnungslegung, 6. Jg., S. 199-203.

Kaplan, R. S. (1986): The Role of Empirical Research in Management Accounting, in: Accounting, Organizations and Society, 11. Jg., S. 429-452.

Kare, D. D./Herbst, A. F. (1990): The influence of profitability on a firm's lease-or-borrow decision, in: Advances in Accounting, 8. Jg., S. 25-36.

Kemp, R. S./Overstreet, G. A. (1990): A study of the information needs of commercial loan officers, in: Journal of Commercial Bank Lending, 72. Jg., 6, S. 47-57.

Kets de Vries, M./Hellwig, T./Vrignaud, P./Guillen, L./Florent-Treacy, E./Korotov, K. (2009): Sustainable Effectiveness of a Transformational Leadership Development Program: An Exploratory Study, INSEAD Business School Research Paper No. 2009/34/EFE/IGLC.

Kilpatrick, B. G./Wilburn, N. L. (2007): Off-balance-sheet financing & operating lease impact on lessee financial ratios, in: RMA Journal, 89. Jg., S. 80-87.

Kirk, J. L./Miller, M. (1986): Reliability and Validity in Qualitative Research, Beverly Hills, CA.

Kirsch, H.-J. (2010): Leasingverhältnisse (Leases), in: Baetge, J./Wollmert, P./Kirsch, H.-J./Oser, P./Bischof, S. (Hrsg.): Rechnungslegung nach IFRS – Kommentar auf der Grundlage des deutschen Bilanzrechts, 2. Aufl., Stand: Dezember 2010, Stuttgart.

Knapp, M. (1985): Audit Conflict: An Empirical Study of the Perceived Ability of Auditors to Resist Management Pressure, in: The Accounting Review, 60. Jg., S. 202-211.

Knutson, P. H. (1993): Financial Reporting in the 1990s and Beyond, Charlottesville, VA.

Koh, W. C. (2011): What drives firms' decisions to lobby and determinants of their lobbying positions: Evidence from firms' comment letter submissions during FASB stock option expensing proposal in 2004, in: The International Journal of Accounting, 46. Jg., S. 1-24.

Königsgruber, R. (2009): Lobbying bei der Rechnungslegungsstandardsetzung. Ein Literaturüberblick, in: Zeitschrift für Betriebswirtschaft, 79. Jg., S. 1309-1329.

Königsgruber, R. (2010): A political economy of accounting standard setting, in: Journal of Management and Governance, 14. Jg., S. 277-295.

Kostolansky, J./Stanko, B. (2011): The Joint FASB/IASB Lease Project: Discussion And Industry Implications, in: Journal of Business & Economics Research, 9. Jg., S. 29-35.

Krippendorf, K. (2004): Content Analysis – An Introduction to Its Methodology, 2. Aufl., Thousand Oaks, CA.

Krische, S. D./Sanders, P. R./Smith, S. D. (2007): Users' Judgments of Managers and Auditors: The Impact of Accounting Treatment and Reconciliation, SSRN Working Paper No. 1013097.

Krishnan, G. V./Sengupta, P. (2011): How do Auditors Perceive Recognized vs. Disclosed Lease and Pension Obligations? Evidence from Fees and Going-Concern Opinions, in: International Journal of Auditing, 15. Jg., S. 127-149.

Krishnan, V. S./Moyer, R. C. (1994): Bankruptcy Costs and the Financial Leasing Decision, in: Financial Management, 23. Jg., S. 31-42.

Kromrey, H. (2009): Empirische Sozialforschung – Modelle und Methoden der standardisierten Datenerhebung und Datenauswertung, 12. Aufl., Stuttgart.

Kroner, M./Leuchtenstern, S./Ranker, D. (2010a): Reformierung der Leasingbilanzierung – Wo geht die Reise hin? (Teil 1), in: Zeitschrift für internationale und kapitalmarktorientierte Rechnungslegung, 10. Jg., S. 532-539.

Kroner, M./Leuchtenstern, S./Ranker, D. (2010b): Reformierung der Leasingbilanzierung – Wo geht die Reise hin? (Teil 2), in: Zeitschrift für internationale und kapitalmarktorientierte Rechnungslegung, 10. Jg., S. 605-613.

Kruschwitz, L./Loeffler, A. (2006): Discounted Cash Flow – A Theory of the Valuation of Firms, West Sussex.

Kümpel, T./Becker, M. (2006): Leasing nach IFRS – Beurteilung, Bilanzierung und Berichtspflichten, München.

Kümpel, T./Becker, M. (2008): Identifizierung, Isolierung und Bilanzierung verdeckter Leasingkomponenten nach Maßgabe von IFRIC 4 und IAS 17, in: Praxis der Internationalen Rechnungslegung, 4. Jg., S. 1-7.

Kümpel, T./Becker, M. (2010): (Internationale) Leasingbilanzierung im Wandel: Was ändert sich zukünftig bei der Leasingbilanzierung in der internationalen Rechnungslegung?, in: Deutsches Steuerrecht, 48. Jg., S. 456-462.

Kurz, G. (2009): Das IASB und die Regulierung der Rechnungslegung in der EU – Eine Analyse von Legitimation und Lobbying, Frankfurt am Main.

Kußmaul, H. (1987): Sind Nutzungsrechte Vermögensgegenstände bzw. Wirtschaftsgüter?, in: Betriebs-Berater, 41. Jg., S. 2053-2065.

Küting, K. (2011): Der Irrweg der IFRS, in: Frankfurter Allgemeine Zeitung, Nr. 91, vom 18.04.2011, S. 12.

Küting, K./Fölkersamb, R./Hellen, H.-H./Eichenlaub, R./Tesche, T. (2011): Paradigmenwechsel in der internationalen Leasingbilanzierung – Darstellung und kritische Würdigung des ED Leases bei Leasingnehmerbilanzierung, in: Praxis der Internationalen Rechnungslegung, 7. Jg., S. 1-5.

Küting, K./Hellen, H.-H./Brakensiek, S. (1998): Leasing in der nationalen und internationalen Bilanzierung – Eine vergleichende Darstellung unter Berücksichtigung neuer Ansätze, in: Betriebs-Berater, 53. Jg., S. 1465-1473.

Küting, K./Hellen, H.-H./Brakensiek, S. (2000): Leasingbilanzierung: Vorschlag zur Neuausrichtung nach dem Positionspapier der G4+1 Working Group, in: Betriebs-Berater, 55. Jg., S. 1720-1721.

Küting, K./Hellen, H.-H./Koch, C. (2006): Das Leasingverhältnis: Begriffsabgrenzung nach IAS 17 und IFRIC 4 sowie kritische Würdigung, in: Zeitschrift für internationale und kapitalmarktorientierte Rechnungslegung, 6. Jg., S. 649-657.

Küting, K./Koch, C./Tesche, T. (2010): Die internationale Leasingbilanzierung vor dem Umbruch – Eine bilanzanalytische Betrachtung der Leasingnehmerbilanzierung, in: Praxis der Internationalen Rechnungslegung, 6. Jg., S. 283-293.

Küting, K./Koch, C./Tesche, T. (2011): Umbruch der internationalen Leasingbilanzierung – Fluch oder Segen?, in: Der Betrieb, 64. Jg., S. 425-430.

Kuusela, H./Paul, P. (2000): A comparison of concurrent and retrospective protocol analysis, in: American Journal of Psychology, 113. Jg., S. 387-404.

Kvale, S. (1996): Interviews: An Introduction to Qualitative Research Interviewing, Thousand Oaks, CA.

Lanfranconi, C./Wiedman, C. (2000): If one goes, will the other follow? Operating Leases and off-balance sheet accounting, in: Ivey Business Journal, 64. Jg., S. 61-65.

Larson, R. K./Brown, K. L. (2001): Lobbying of the International Accounting Standards Committee: The Case of Construction Contracts, in: Advances in International Accounting, 14. Jg., S. 47-73.

Laubach, W./Findeisen, K.-D./Murer, A. (2010): Leasingbilanzierung nach IFRS im Umbruch – der neue Exposure Draft „Leases", in: Der Betrieb, 63. Jg., S. 2401-2410.

Leibfried, P./Kleibold, T. (2009): Neuregelung der Leasingbilanzierung im IFRS-Abschluss des Leasingnehmers, in: Zeitschrift für internationale und kapitalmarktorientierte Rechnungslegung, 9. Jg., S. 408-413.

Leibfried, P./Rogowski, C. (2005): Mögliche zukünftige Leasingbilanzierung nach IFRS – Empirische Untersuchung der bilanziellen Auswirkungen auf DAX- und MDAX-Unternehmen, in: Zeitschrift für internationale und kapitalmarktorientierte Rechnungslegung, 5. Jg., S. 552-555.

Leippe, B. (2002): Die Bilanzierung von Leasinggeschäften nach deutschem Handelsrecht und US-GAAP – Darstellung und Zweckmäßigkeitsanalyse, Frankfurt am Main.

Leuchtenstern, S./Ranker, D./Henneberger, M. (2011): Reformierung der Leasingbilanzierung – Wo geht die Reise hin? (Teil 3), in: Zeitschrift für internationale und kapitalmarktorientierte Rechnungslegung, 11. Jg., S. 26-34.

Libby, R./Bloomfield, R./Nelson, M. W. (2002): Experimental research in financial accounting, in: Accounting, Organizations and Society, 27. Jg., S. 775-810.

Libby, R./Kinney, Jr., W. R. (2000): Does Mandated Audit Communication Reduce Opportunistic Corrections to Manage Earnings to Forecasts?, in: The Accounting Review, 75. Jg., S. 383-404.

Libby, R./Nelson, M. W./Hunton, J. E. (2006): Recognition v. Disclosure, Auditor Tolerance for Misstatement, and the Reliability of Stock-Compensation and Lease Information, in: Journal of Accounting Research, 44. Jg., S. 533-560.

Libby, R./Seybert, N. (2009): Behavioral Studies of the Effects of Regulation on Earnings Management and Accounting Choice, SSRN Working Paper No. 1366425.

Liebold, R./Trinczek, R. (2002): Experteninterview, in: Kühl, S./Strodtholz, P. (Hrsg.): Methoden der Organisationsforschung – Ein Handbuch, Hamburg, S. 33-71.

Lillis, A. M. (1999): A framework for the analysis of interview data from multiple field research sites, in: Accounting and Finance, 39. Jg., S. 79-105.

Lillis, A. M./Mundy, J. (2005): Cross-Secional Field Studies in Management Accounting Research – Closung the Gap between Surveys and Case Studies, in: Journal of Management Accounting Research, 17. Jg., S. 119-141.

Lincoln, Y. S./Guba, E. G. (1985): Naturalistic Inquiry, Newbury Park, CA.

Linsmeier, T. J./Boatsman, J. R./Herz, R. H./Jennings, R. G./Jonas, G. J./Lang, M. H./Petroni, K. R./Shores, D./Wahlen, J. M. (1998): Criteria for Assessing the Quality of an Accounting Standard, in: Accounting Horizons, 12. Jg., S. 161-162.

Lipe, R. C. (2001): Commentary: Lease Accounting Research and the G4+1 Proposal, in: Accounting Horizons, 15. Jg., S. 299-310.

Lisch, R./Kriz, J. (1978): Grundlagen und Modelle der Inhaltsanalyse, Reinbek.

Loitz, R./Leuchtenstern, S./Kroner, M. (2011): Leasing Heute und Morgen – Die Unternehmenspraxis, in: Der Betrieb, 64. Jg., S. 1873-1881.

Lorenz, K. (2010): IFRS Exposure Draft „Leases": Abschaffung des wirtschaftlichen Eigentums bei Leasingverhältnissen?, in: Betriebs-Berater, 65. Jg., S. 2555-2560.

Lückerath-Rovers, M./de Bos, A. (2009): An extensive comparison of operating-lease capitalisation approaches and their unavoidable assumptions: Are further disclosures desirable? – Empirical evidence from the Netherlands, SSRN Working Paper No. 1411695.

Lüdenbach, N./Freiberg, J. (2010): Leasing, in: Lüdenbach, N./Hoffmann, W.-D. (Hrsg.): Haufe IFRS-Kommentar, 8. Aufl., Freiburg et al., S. 599-720.

Lünendonk (2009): Führende Wirtschaftsprüfungs- und Steuerberatungs-Gesellschaften in Deutschland, online verfügbar unter http://www.luenendonk.de/wirtschaftspruefungs_gesellschaften.php, Stand: Juni 2009.

MacArthur, J. B. (1996): An Investigation into the Influence of Cultural Factors in the International Lobbying of the International Accounting Standards Committee: The Case of E32, Comparablity of Financial Statements, in: The International Journal of Accounting, 31. Jg., S. 213-237.

Maglio, R. (2011): A Content Based Analysis of Comment Letters on the IASB Discussion Paper "Financial Instruments with Characteristics of Equity", SSRN Working Paper No. 1795982.

Maines, L. A. (1994): The Role of Behavioral Accounting Research in Financial Accounting Standard Setting, in: Behavioral Research in Accounting, Supplement, 6. Jg., S. 204-212.

Mandler, U. (1997): Kundenbindung und Vertrauen in der Beziehung zwischen Wirtschaftsprüfer und Mandant, in: Richter, M. (Hrsg.): Theorie und Praxis der Wirtschaftsprüfung, Berlin, S. 98-108.

Marek, M. (2001): Geschichte des Leasing – Abriss einer beeindruckenden Entwicklung – Arbeitspapier Nr. 73 des Fachbereichs Wirtschaftswissenschaften der Universität Paderborn, online verfügbar unter http://econweb.uni-paderborn.de/WiWi/Arbeitspapiere, Stand: August 2011.

Martin, J. D./Anderson, P. F./Keown, A. J. (1979): Lease Capitalization and Stock Price Stability: Implications for Accounting, in: Journal of Accounting, Auditing & Finance, 2. Jg., S. 151-163.

Mayes, D. G./Nicholas, C. S. (1988): The Economic Impact of Leasing, Houndmills et al.

Mayring, P. (2008): Qualitative Inhaltsanalyse – Grundlagen und Techniken, 10. Aufl., Weinheim.

McEwen, R. A./Welsh, M. J. (2001): The Effect of Bias on Decison Usefulness: A Review of Behavioral Financial Accounting Research, in: Advances in Accounting Behavioral Research, 4. Jg., S. 3-24.

McGregor, W. (1993): Accounting for Leases – a New Framework, in: Australian Accountant, 63. Jg., S. 17-20.

McGregor, W. (1996a): Accounting for Leases: A New Approach, Norwalk, CT.

McGregor, W. (1996b): Lease accounting: righting the wrongs, in: Accountancy – International Edition, 118. Jg., S. 76.

McKinnon, J. (1988): Reliability and Validity in Field Research: Some Strategies and Tactics, in: Accounting, Auditing & Accountability Journal, 1. Jg., S. 34-54.

McLeay, S./Ordelheide, D./Young, S. (2000): Constituent lobbying and its impact on the development of financial reporting regulations: evidence from Germany, in: Accounting, Organizations and Society, 25. Jg., S. 79-98.

Mellwig, W. (1998): Die bilanzielle Darstellung von Leasingverträgen nach den Grundsätzen des IASC – Derzeitige Regelung und Reformvorschläge, in: Der Betrieb, 51. Jg., Beilage 12/98, S. 1-16.

Mellwig, W./Sabel, E. (2005): Der Grundsatz der Nichtbilanzierung schwebender Geschäfte unter IAS/IFRS, in: Der Konzern, 3. Jg., S. 357-370.

Merriam, S. B. (2009): Qualitative Research – A Guide to Design and Implementation, San Francisco, CA.

Meuser, M./Nagel, U. (2005): ExpertInneninterviews – vielfach erprobt, wenig bedacht. Ein Beitrag zur qualitativen Methodendiskussion, in: Bogner, A./ Littig, B./Menz, W. (Hrsg.): Das Experteninterview – Theorie, Methode, Anwendung, 2. Aufl., Wiesbaden, S. 71-93.

Mezias, S. J./Chung, S. (1989): Due process and participation at the FASB, Morristown, NJ.

Miles, M. B./Huberman, A. M. (1994): Qualitative Data Analysis, 2. Aufl., Thousand Oaks, CA.

Moll, J./Major, M./Hoque, Z. (2006): The Qualitative Research Tradition, in: Hoque, Z. (Hrsg.): Methodological Issues in Accounting Research, London, S. 375-398.

Monson, D. W. (2001): Commentary: The Conceptual Framework and Accounting for Leases, in: Accounting Horizons, 15. Jg., S. 275-287.

Moody's (1999): Off-Balance Sheet Leases: Capitalization and Ratings Implications – Out of Sight But Not Out of Mind, New York, NY.

Moody's (2006): Moody's Approach to Global Standard Adjustments in the Analysis of Financial Statements for Non-Financial Corporations – Part I, New York, NY.

Moore, D. A. (2005): Commentary: Conflicts of Interest in Accounting, in: Moore, D. A./Cain, D. M./Loewenstein, G./Bazerman, M. H. (Hrsg.): Conflicts of Interest – Challenges and Solutions in Business, Law, Medicine, and Public Policy, New York, NY, S. 70-73.

Moore, D. A./Tetlock, P. E./Tanlu, L./Bazerman, M. H. (2006): Conflicts of Interest and the Case of Auditor Independence: Moral Seduction and Strategic Issue Cycling, in: Academy of Management Review, 31. Jg., S. 10-29.

Muggenthaler, B./Mujkanovic, R. (2010): Die Bilanzierung von Leasingverhältnissen nach ED/2010/9, in: Praxis der Internationalen Rechnungslegung, 6. Jg., S. 305-312.

Mulford, C./Gram, M. (2007): The Effects of Lease Capitalization on Various Financial Measures: An Analysis of the Retail Industry, in: The Journal of Applied Research in Accounting and Finance, 2. Jg., S. 3-13.

Munter, P./Ratcliffe, T. A. (1983): An Assessment of User Reactions to Lease Accounting Disclosure, in: Journal of Accounting, Auditing & Finance, 6. Jg., S. 108-114.

Murray, D. (1982): The Irrelevance of Lease Capitalization, in: Journal of Accounting, Auditing & Finance, 5. Jg., S. 154-159.

Myers, J. H. (1948): Presentation of Long-Term Lease Liabilities in the Balance Sheet, in: The Accounting Review, 23. Jg., S. 289-295.

Myers, J. H. (1962): Reporting of Leases in Financial Statements – AICPA Accounting Reseach Study No. 4, New York, NY.

Nailor, L./Lennard, A. (2000): Leases – Implementation of a New Approach, Norwalk, CT/London.

Nelson, M. W. (2003): Commentary: Behavioral Evidence on the Effects of Principies- and Rules-Based Standards, in: Accounting Horizons, 17. Jg., S. 91-104.

Nelson, M. W. (2005): A Review of Experimental and Archival Conflicts-of-Interest Research in Auditing, in: Moore, D. A./Cain, D. M./Loewenstein, G./Bazerman, M. H. (Hrsg.): Conflicts of Interest – Challenges and Solutions in Business, Law, Medicine, and Public Policy, New York, NY, S. 41-69.

Nelson, M. W. (2006): Ameliorating Conflicts of Interest and the Case of Auditor Independence: Moral Seduction and Strategic Issue Cycling, in: Academy of Management Review, 31. Jg., S. 30-42.

Nelson, M. W./Elliott, J. A./Tarpley, R. L. (2002): Evidence from Auditors about Managers' and Auditors' Earnings Management Decisions, in: The Accounting Review, Supplement, 77. Jg., S. 175-202.

Nelson, M. W./Elliott, J. A./Tarpley, R. L. (2003): How Are Earnings Managed? – Examples from Auditors, in: Accounting Horizons, Supplement, 17. Jg., S. 17-35.

Nelson, M. W./Smith, S. D./Palmrose, Z-V. (2005): The Effect of Quantitative Materiality Approach on Auditors' Adjustment Decisions, in: The Accounting Review, 80. Jg., S. 897-920.

Nelson, M. W./Tayler, W. B. (2007): Information Pursuit in Financial Statement Analysis: Effects of Choice, Effort, and Reconciliation, in: The Accounting Review, 82. Jg., S. 731-758.

Nelson, A. T. (1963): Capitalizing Leases – The Effect on Financial Ratios, in: The Journal of Account-ancy, 116. Jg., S. 49-58.

Neuendorf, K. A. (2002): The Content Analysis Guidebook, Thousand Oaks, CA.

Ng, T. B.-P./Tan, H.-T. (2003): Effects of Authoritative Guidance Availability and Audit Committee Effectiveness on Auditors' Judgements in an Auditor-Client Negotiation Context, in: The Accounting Review, 78. Jg., S. 801-818.

Noland, T. R. (2006): Lease agreements and their impact on financial ratios of small companies, in: Academy of Accounting and Financial Studies Journal, 10. Jg., S. 1-15.

Oertzen, C. von/Esser, M. (2010): ED 2010/9: Neue Spielregeln für die Leasingbilanzierung, in: Zeitschrift für Internationale Rechnungslegung, 5. Jg., S. 479-483.

Ordelheide, D. (1998): Zur Politischen Ökonomie der Rechnungslegung, in: Ballwieser, W./Schildbach, T. (Hrsg.): Rechnungslegung und Steuern international, Sonderheft Schmalenbachs Zeitschrift für betriebswirtschaftliche Forschung Nr. 40, Düsseldorf, S. 1-16.

Oswald, D. (2000): Discussion of Recognition versus Disclosure: An Investigation of the Impact on Equity Risk Using UK Operating Lease Disclosures, in: Journal of Business Finance & Accounting, 27. Jg., S. 1225-1232.

Oversberg, T. (2007): Paradigmenwechsel in der Bilanzierung von Leasingverhältnissen, in: Zeitschrift für internationale und kapitalmarktorientierte Rechnungslegung, 7. Jg., S. 376-386.

Parfet, W. U. (2000): Commentary: Accounting Subjectivity and Earnings Management: A Preparer Perspective, in: Accounting Horizons, 14. Jg., S. 481-488.

Pawelzik, K. U. (2009): Leasing, in: Heuser, P. J./Theile, C. (Hrsg.): IFRS Handbuch – Einzel- und Konzernabschluss, 4. Aufl., Köln, S. 206-231.

Pellens, B./Fülbier, R. U./Gassen, J./Sellhorn, T. (2011): Internationale Rechnungslegung, 8. Aufl., Stuttgart.

Peltzman, S. (1976): Towards a More General Theory of Regulation, in: The Journal of Law and Economics, 19. Jg., S. 211-240.

Pfadenhauer, M. (2005): Auf gleicher Augenhöhe reden. Das Experteninterview – ein Gespräch zwischen Experte und Quasi-Experte, in: Bogner, A./Littig, B./Menz, W. (Hrsg.): Das Experteninterview – Theorie, Methode, Anwendung, 2. Aufl., Wiesbaden, S. 113-130.

Pferdehirt, H. (2007): Die Leasingbilanzierung nach IFRS – Eine theoretische und empirische Analyse der Reformbestrebungen, Wiesbaden.

Phillips, L. W. (1981): Assessing Measurement Error in Key Informant Reports: A Methodological Note on Organizational Analysis in Marketing, in: Journal of Marketing Research, 18. Jg., S. 395-415.

Piore, M. J. (2006): Qualitative research: does it fit in economics?, in: European Management Review, 3. Jg., S. 17-23.

Plathe, P. (1970): Zur rechtlichen Beurteilung des Leasing-Geschäfts, in: Betriebs-Berater, 25. Jg., S. 601-605.

Posner, R. A. (1974): Theories of economic regulation, in: The Bell Journal of Economics and Management Science, 5. Jg., S. 335-358.

Prakash, P./Rappaport, A. (1977): Information Inductance and its Significance for Accounting, in: Accounting, Organizations and Society, 2. Jg., S. 29-38.

Previts, G. J./Bricker, R. J./Robinson, T. R./Young, S. J. (1994): A Content Analysis of Sell-Side Financial Analyst Company Reports, in: Accounting Horizons, 8. Jg., S. 55-70.

Puro, M. (1984): Audit firm lobbying before the financial accounting standards board: an empirical study, in: Journal of Accounting Research, 22. Jg., S. 624-646.

Realdon, M. (2006): Pricing the Credit Risk of Secured Debt and Financial Leasing, in: Journal of Business Finance & Accounting, 33. Jg., S. 1298-1320.

Reither, C. L. (1998): What are the Best and the Worst Accounting Standards?, in: Accounting Horizons, 12. Jg., S. 283-292.

Richter, R. (1990): Sichtweise und Fragestellungen der Neuen Institutionenökonomik, in: Zeitschrift für Wirtschafts- und Sozialwissenschaften, 110. Jg., S. 571-591.

Ritsert, J. (1975): Inhaltsanalyse und Ideologiekritik – Ein Versuch über kritische Sozialforschung, Frankfurt am Main.

Ro, B. T. (1978): The Disclosure of Capitalized Lease Information and Stock Prices, in: Journal of Accounting Research, 16. Jg., S. 315-340.

Roß, N./Kunz, J./Drögemüller, S. (2003): Verdeckte Leasingverhältnisse bei Outsourcing-Maßnahmen nach US-GAAP und IAS/IFRS, in: Der Betrieb, 56. Jg., S. 2023-2027.

Rouse, P. (1994): The Recognition of Executory Contracts, in: Accounting and Business Research, 25. Jg., S. 15-21.

Russo, J. E./Johnson, E. J./Stephens, D. L. (1989): The validity of verbal protocols, in: Memory & Cognition, 17. Jg., S. 759-769.

Ryan, S. G./Herz, R. H./Iannaconi, T. E./Maines, L. A./Palepu, K. G./Schipper, K./ Schrand, M./Skinner, D. J./Vincent, L. (2001): Commentary: Evaluation of the Lease Accounting Proposed in G4+1 Special Report, in: Accounting Horizons, 15. Jg., S. 289-298.

Sabel, E. (2006): Leasingverträge in der kapitalmarktorientierten Rechnungslegung, Frankfurt am Main.

Saemann, G. (1999): An Examination of Comment Letters Filed in the U.S. Financial Accounting Standard-Setting Process by Institutional Interest Groups, in: ABACUS, 35. Jg., S. 1-28.

Sakai, E. (2010): The Market Reaction to the Finance Lease Capitalization from the Viewpoint of Risk Assessment, SSRN Working Paper No. 1594748.

Samuelson, R. A. (1996): The Concept of Assets in Accounting Theory, in: Accounting Horizons, 10. Jg., S. 147-157.

Sannella, A. (1989): The Capitalization of Operating Leases: The Discounted Cashflow Approach, in: Journal of Commercial Bank Lending, 72. Jg., S. 49-55.

Scapens, R. W. (2004): Doing Case Study Research, in: Humphrey, C./Lee, B. (Hrsg.): The Real Life Guide to Accounting Research – A Behind-the-Scenes-View of Using Qualitative Research Methods, Amsterdam et al., S. 257-279.

Schimmelschmidt, U./Happe, P. (2004): Off-Balance-Sheet-Finanzierungen am Beispiel der Bilanzierung von Leasingverträgen im Einzelabschluss und im Konzernabschluss nach HGB, IFRS und US-GAAP, in: Der Betrieb, 57. Jg., S. 1-12.

Schipper, K. (1991): Analysts' Forecast, in: Accounting Horizons, 5. Jg., S. 105-121.

Schipper, K. (1994): Academic Accounting Research and the Standard Setting Process, in: Accounting Horizons, 8. Jg., S. 61-73.

Schipper, K. (2010): How can we measure the costs and benefits of changes in financial reporting standards?, in: Accounting and Business Research, 40. Jg., S. 309-327.

Schmidt, M. (2002): On the Legitimacy of Accounting Standard Setting by Privately Organised Institutions in Germany and Europe, in: Schmalenbach Business Review, 54. Jg., S. 171-193.

Schmidt, P./Hartmann-Wendels, T./Adolph, P. (2010): Zur Reform der Leasingbilanzierung: Leasingverhältnisse gemäß ED „Leases“ – Die Abbildung von Leasingverhältnissen beim Leasingnehmer, in: Zeitschrift für Internationale Rechnungslegung, 5. Jg., S. 537-545.

Schmidt, P./Hartmann-Wendels, T./Adolph, P. (2011): Zur Reform der Leasingbilanzierung: Leasingverhältnisse gemäß ED „Leases“ – Die Abbildung von Leasingverhältnissen beim Leasinggeber, in: Zeitschrift für Internationale Rechnungslegung, 6. Jg., S. 19-28.

Schönbrunn, N. (1988): Rechnungswesen und Verhaltenswissenschaften – Entwicklungsstand und motivationstheoretische Grundlagen des Behavioral Accounting, Marburg.

Schoppe, S. G. (1995): Moderne Theorie der Unternehmung, München/Wien.

SEC (2005): Report and Recommendations Pursuant to Section 401(c) of the Sarbanes-Oxley Act of 2002 on Arrangements with Off-Balance Sheet Implications, Special Purpose Entities, and Transparency of Filings by Issuers, Washington, D.C.

Seidler, J. (1974): On Using Informants: A Technique for Collecting Quantitative Data and Controlling Measurement Error in Organization Analysis, in: American Sociological Review, 39. Jg., S. 816-831.

Selltiz, C./Jahoda, M./Deutsch, M./Cook, S. W. (1964): Research Methods in Social Relations, New York, NY.

Sengupta, P./Wang, Z. (2011): Pricing of off-balance sheet debt: how do bond market participants use the footnote disclosures on operating leases and postretirement benefit plans?, in: Accounting and Finance, 51. Jg., S. 787-808.

Shah, S. K./Corley, K. G. (2006): Building Better Theory by Bridging the Quantitative-Qualitative Divide, in: Journal of Management Studies, 43. Jg., S. 1821-1835.

Sharpe, W. F. (1964): Capital Asset Prices – A Theory of Equilibrium under Conditions of Risk, in: The Journal of Finance, 19. Jg. S. 425-442.

Sharpe, S. A./Nguyen, H. H. (1995): Capital market imperfections and the incentive to lease, in: Journal of Financial Economics, 39. Jg., S. 271-294.

Sigloch, J. (2006): Leasing-Transaktionen in der Rechnungslegung – off- or on-balance sheet?, in: Siegel, T./Klein, A./Schneider, D./Schwintowsky, H.-P. (Hrsg.): Unternehmungen, Versicherungen und Rechnungswesen – Festschrift zur Vollendung des 65. Lebensjahres von Dieter Rückle, Berlin, S. 409-425.

Silverman, D. (2001): Interpreting qualitative data – Methods for analysing talk, text and interaction, 2. Aufl., London.

Slotty, C. F. (2009): Financial constraints and the decision to lease – Evidence from German SME, SSRN Working Paper No. 1216582.

Smith, M. (2005): Research Methods in Accounting, London.

Smith, Jr., C. W. (1989): Discussion of the Use of Off-Balance Sheet Financing to Circumvent Finacial Covenant Restrictions, in: Journal of Accounting, Auditing & Finance, 4. Jg., S. 233-235.

Smith, Jr., C. W./Wakeman, L. M. (1985): Determinants of Corporate Leasing Policy, in: The Journal of Finance, 40. Jg., S. 895-908.

Spittler, H. J. (1981): 20 Jahre Leasing in Deutschland, in: Süddeutsche Zeitung – Beilage „Leasing", Nr. 270, vom 24.11.1981, S. 1 und S. 7.

Srnka, K. J./Koeszegi, S. T. (2007): From Words to Numbers: How to Transform Qualitative Data into Meaningful Quantitative Results, in: Schmalenbach Business Review, 59. Jg., S. 29-57.

Standard & Poor's (2002): CreditStats Operating Lease Analytical Model, New York, NY.

Standard & Poor's (2008): Corporate Ratings Criteria, New York, NY.

Stanga, K. G./Benjamin, J. J. (1978): Information needs of bankers, in: Management Accounting, 59. Jg., S. 19-23.

Stanga, K. G./Tiller, M. G. (1983): Needs of loan officers for accounting information from large versus small companies, in: Accounting and Business Research, 14. Jg., S. 63-70.

Steinke, I. (1999): Kriterien qualitativer Forschung – Ansätze zur Bewertung qualitativ-empirischer Sozialforschung, Weinheim/München.

Stenka, R./Taylor, P. (2010): Setting UK standards on the concept of control: an analysis of lobbying behaviour, in: Accounting & Business Research, 40. Jg., S. 109-130.

Stigler, G. J. (1971): The theory of economic regulation, in: The Bell Journal of Economics and Management Science, 2. Jg., S. 3-21.

Strand Norman, C./Rose, J. M./Suh, I. S. (2011): The effects of disclosure type and audit committee expertise on Chief Audit Executives' tolerance for financial misstatements, in: Accounting, Organizations and Society, 36. Jg., S. 102-108.

Strauss, A./Corbin, L. (1990): Basics of Qualitative Research – Grounded Theory Procedures and Techniques, Newbury Park, CA.

Sudman, S./Bradburn, N. M. (1982): Asking Questions: A Practical Guide to Questionnaire Design, San Francisco.

Sutton, T. G. (1984): Lobbying of Accounting Standard-Setting Bodies in the U.K. and the U.S.A.: A Downsian Analysis, in: Accounting, Organizations and Society, 9. Jg., S. 81-95.

Tandy, P. R./Wilburn, N. L. (1992): Constituent Participation in Standard-Setting: The FASB's First 100 Statements, in: Accounting Horizons, 6. Jg., S. 47-58.

Taylor, P./Turley, S. (1985): The Views of Management on Accounting for Leases, in: Accounting and Business Research, 16. Jg., S. 59-67.

Terberger, E. (1994): Neo-institutionalistische Ansätze, Wiesbaden.

Tomkins, C./Groves, R. (1983): The Everyday Accountant and Researching his Reality, in: Accounting, Organizations and Society, 8. Jg., S. 361-374.

Tweedie, D. (2008): Prepared Remarks of Sir David Tweedie, Chairman of the International Accounting Standards Board – Speech at The Empire Club of Canada, Toronto, April 25.

Tweedie, D./Whittington, G. (1990): Financial Reporting: Current Problems and Their Implications for Systematic Reform, in: Accounting and Business Research, 21. Jg., S. 87-102.

Vancil, R. F. (1963): Leasing of Industrial Equipment, New York, NY.

Vancil, R. F./Anthony, R. N. (1959): The Financial Community Looks at Leasing, in: Harvard Business Review, 37. Jg., S. 113-130.

Vater, H. (2002): Bilanzierung von Leasingverhältnissen nach IAS 17: Eldorado bilanzpolitischer Möglichkeiten?, in: Deutsches Steuerrecht, 40. Jg., S. 2094-2100.

Vater, H. (2010): Financial Covenants im IFRS-Abschluss, in: Praxis der Internationalen Rechnungslegung, 6. Jg., S. 128-133.

Waldman, M. (1997): Eliminating the Market for Secondhand Goods: An Alternative Explanation for Leasing, in: Journal of Law and Economics, 40. Jg., S. 61-92.

Waßmer, S./Helmschrott, H. (2000): Leasingbilanzierung nach dem G4+1 Positionspapier: Fortschritt oder Rückschritt?, in: Der Betrieb, 53. Jg., S. 2025-2026.

Watts, R. L./Zimmerman, J. L. (1978): Towards a Positive Theory of the Determination of Accounting Standards, in: The Accounting Review, 53. Jg., S. 112-134.

Watts, R. L./Zimmerman, J. L. (1986): Positive Accounting Theory, Englewood Cliffs, NJ.

Weber, R. P. (1990): Basic Content Analysis, 2. Aufl., Newbury Park, CA.

Weide, G. (2009): Gestaltung und Erfolg des Management Reporting – Empirische Analyse der Auswirkungen einer Integration des Rechnungswesens, Hamburg.

Weidner, D. J. (2000): Synthetic leases: structured finance, financial accounting and tax ownership, in: Journal of Corporation Law, 25. Jg., S. 445-487.

Weinreis, M. (2009): Einfluss von empirischer Forschung und Rechnungslegungspraxis auf die internationalen Standardsetter, Hamburg.

White, G. I./Sondhi, A. C./Fried, D. (2003): The Analysis and Use of Financial Statements, 3. Aufl., Hoboken, NJ.

Whittred, P./Zimmer, I. (1988): Financial Accounting: Incentive Effects and Economic Consequences, Sydney.

Wicker, M. E./Young, P. J. (2011): Eliminating Operating Leases: The Effect on Reported Leverage, SSRN Working Paper No. 1993302.

Wilcox, J. W. (1971): A Simple Theory of Financial Ratios as Predictors of Failure, in: Journal of Accounting Research, 8. Jg., S. 389-395.

Wildner, S. (2004): Nutzungsrechte in Handels- und Steuerbilanz, Aachen.

Wilkins, T. (1984): A Behavioural Investigation of Alternative Methods of Financial Capital Acquisitions and Lease Capitalization, in: Accounting and Business Research, 14. Jg., S. 359-366.

Wilkins, T./Mok, W. M. (1993): A comparative analysis of the effect of lease capitalisation on financial analysis and economic consequences, in: Pacific Accounting Review, 5. Jg., S. 47-64.

Wilkins, T./Zimmer, I. (1983a): The Effects of Alternative Methods of Accounting for Leases – An Experimental Study, in: ABACUS, 19. Jg., S. 64-75.

Wilkins, T./Zimmer, I. (1983b): The effect of leasing and different methods of accounting for leases on credit valuations, in: The Accounting Review, 58. Jg., S. 749-764.

Wollmert, P. (2009): Editorial: IASB Discussion Paper „Leases – Preliminary Views" – Keine Experimente!, in: Die Wirtschaftsprüfung, 62. Jg., S. 1.

Wright, S./Wright, A. M. (1997): The Effect of Industry Experience on Hypothesis Generation and Audit Planning Decisions, in: Behavioral Research in Accounting, 9. Jg., S. 273-294.

Wrona, T. (2005): Die Fallstudienanalyse als wissenschaftliche Forschungsmethode, ESCP-EAP Working Paper Nr. 10.

Wulf, I./Seebacher, K. (2011): Bilanzierung von Leasingverhältnissen nach dem Right-of-Use-Approach – Eine Fallstudie zu den Auswirkungen des ED/2010/9 „Leases", in: Zeitschrift für internationale und kapitalmarktorientierte Rechnungslegung, 11. Jg., S. 322-331.

Yan, A. (2006): Leasing and Debt Financing: Substitutes or Complements?, in: The Journal of Financial and Quantitative Analysis, 41. Jg., S. 709-731.

Yap, C. (1997): Users' perceptions of the need for cash flow statements – Australian evidence, in: The European Accounting Review, 6. Jg., S. 653-672.

Yin, R. K (2009): Case Study Research – Design and Methods, 4. Aufl., Thousand Oaks, CA.

Zechman, S. L. C. (2010): The Relation Between Voluntary Disclosure and Financial Reporting: Evidence from Synthetic Leases, in: Journal of Accounting Research, 48. Jg., S. 725-765.

Zeff, S. A. (1978): The Rise of "Economic Consequences", in: The Journal of Accountancy, 146. Jg., S. 56-63.

Zeff, S. A. (2002): Commentary: "Political" Lobbying on Proposed Standards: A Challenge to the IASB, in: Accounting Horizons, 16. Jg., S. 43-54.

Zeyer, F. (2011): Auswirkungen der geplanten internationalen Leasingbilanzierung auf Kennzahlen und Financial Covenants, in: Betriebs-Berater, 66. Jg., S. 363-367.

Zwirner, C. (2010): Financial Covenants: (mögliche) Auswirkungen des BilMoG, in: Zeitschrift für Bilanzierung, Rechnungswesen und Controlling, 34. Jg., S. 278-284.

Zwirner, C. (2011): Financial Covenants im IFRS-Abschluss, in: Zeitschrift für Internationale Rechnungslegung, 6. Jg., S. 59-62.

Rechtsquellenverzeichnis

Deutsche Rechtsquellen

HGB, Handelsgesetzbuch vom 10. Mai 1897, RGBl. 1897, S. 219.

EU-Rechtsquellen

EU-Verordnung 16/2002, Verordnung Nr. 1606/2002 des Europäischen Parlaments und des Rates vom 19. Juli 2002 betreffend die Anwendung internationaler Rechnungslegungsstandards, ABl.EG L 243/1.

Standards des ASB

SSAP 21, Accounting for leases and hire purchase contracts, August 1984.

Standards des IASB

IASB Framework, The Conceptual Framework for Financial Reporting, September 2010.

IAS 16 (revised 2003), Property, Plant and Equipment, December 1993, amended and revised 1998, 2000, 2003, 2004, 2007, 2008.

IAS 17 (revised 2003), Leases, December 1997, amended and revised 2000, 2003, 2004, 2005, 2009, 2010.

IAS 18, Revenue, December 1993, amended 1998, 1999, 2001, 2003, 2004, 2007, 2008, 2009, 2010.

IAS 36 (revised 2004), Impairment of Assets, June 1998, amended and revised 1999, 2000, 2001, 2004, 2006, 2007, 2008, 2009, 2010.

IAS 37, Provisions, Contingent Liabilities and Contingent Assets, September 1998, amended 2003, 2004, 2005, 2007, 2008, 2010.

IAS 38 (revised 2004), Intangible Assets, September 1998, amended and revised 1998, 2003, 2004, 2007, 2008, 2009.

IAS 39 (revised 2003), Financial Instruments: Recognition and Measurement, March 1999, amended and revised 2000, 2003, 2004, 2005, 2007, 2008, 2009, 2010.

IAS 40 (revised 2003), Investment Property, April 2000, amended and revised 2003, 2004, 2007, 2008, 2009, 2010.

IAS 41, Agriculture, February 2001, amended 2003, 2004, 2007, 2008, 2009, 2010.

IFRS 7, Financial Instruments: Disclosures, August 2005, amended 2005, 2007, 2008, 2009, 2010.

Interpretationen des IASB

IFRIC 4, Determining Whether an Arrangement contains a Lease, December 2004, amended 2006, 2009, 2010.

SIC 12, Consolidation – Special Purpose Entities, December 1998, amended 2003, 2004.

SIC 15, Operating Leases – Incentives, July 1999.

SIC 27, Evaluating the Substance of Transactions Involving the Legal Form of a Lease, December 2001, amended 2003, 2010.

Standards des FASB (und der Vorgängerorganisationen)

ASC 840, Leases, July 2009.

APB Opinion No. 5, Reporting of Leases in Financial Statements of Lessee, September 1964.

APB Opinion No. 31, Disclosure of Lease Commitments by Lessees, June 1973.

ARB No. 38, Disclosure of Long-Term Leases in Financial Statements of Lessees, October1949.

EITF 01-8, Determining Whether an Arrangement Contains a Lease, May 2003.

SFAS No. 13, Accounting for Leases, November 1976.

Verlautbarungen der SEC

SAB No. 99, Materiality, August 1999.

Betriebswirtschaftliche Forschung im Rechnungswesen

Herausgegeben von Nils Crasselt, Rolf Uwe Fülbier,
Joachim Gassen, Bernhard Pellens und Thorsten Sellhorn

Band 1 Verena Hill: Rechnungslegungspolitik im Rahmen der Kaufpreisallokation. Eine theoretische und empirische Analyse deutscher kapitalmarktorientierter Unternehmen. 2011.

Band 2 Ulrich Küting: Rückstellungsbilanzierung nach HGB und IFRS. Normendeskription und empirische Analysen zur deutschen und internationalen Bilanzierungspraxis. 2011.

Band 3 Felix Fischer: Der Zusammenhang zwischen Rechnungslegung und Ausschüttungsbemessung. Eine empirische Analyse deutscher börsennotierter Aktiengesellschaften. 2011.

Band 4 Torben Auste: Einfluss von Lobbying auf den IFRS-Standardsetzungsprozess. 2012.

Band 5 Michael Fischkin: Determinanten der Prüferwahl und des Prüferwechsels auf dem deutschen Prüfungsmarkt für börsennotierte Unternehmen. Eine theoretische und empirische Untersuchung. 2012.

Band 6 Maximilian Lauerbach: Investitionssteuerung mit Risk Adjusted Performance Measures im Nicht-Finanzbereich. 2012.

Band 7 Marco Kreutzer: Wertorientierte Planung und Steuerung anhand des Residualgewinnkonzepts. Eine Analyse in Abhängigkeit vom zu Grunde liegenden Rechnungslegungssystem. 2012.

Band 8 Tim-Frederik Oehr: Sozio-ökonomische Aspekte der Regulierung der Rechnungslegung. 2012.

Band 9 Adam Strzyz: Determinanten der Dividendenpräferenz deutscher Privatanleger. 2013.

Band 10 Jane Fehr: Die künftige Leasingbilanzierung nach IFRS. Auswirkungen auf das Entscheidungsverhalten der Akteure. 2013.

www.peterlang.de